ISBN 978-1-332-37632-2
PIBN 10374352

1 MONTH OF
FREE
READING

at

www.ForgottenBooks.com

By purchasing this book you are
eligible for one month membership to
ForgottenBooks.com, giving you
unlimited access to our entire
collection of over 700,000 titles via
our web site and mobile apps.

To claim your free month visit:
www.forgottenbooks.com/free374352

English
Français
Deutsche
Italiano
Español
Português

www.forgottenbooks.com

Mythology Photography **Fiction**
Fishing Christianity **Art** Cooking
Essays Buddhism Freemasonry
Medicine **Biology** Music **Ancient
Egypt** Evolution Carpentry Physics
Dance Geology **Mathematics** Fitness
Shakespeare **Folklore** Yoga Marketing
Confidence Immortality Biographies
Poetry **Psychology** Witchcraft
Electronics Chemistry History **Law**
Accounting **Philosophy** Anthropology
Alchemy Drama Quantum Mechanics
Atheism Sexual Health **Ancient History**
Entrepreneurship Languages Sport
Paleontology Needlework Islam
Metaphysics Investment Archaeology
Parenting Statistics Criminology
Motivational

L'OCCIDENT

A L'ÉPOQUE BYZANTINE

GOTHS ET VANDALES

L'OCCIDENT

A L'ÉPOQUE BYZANTINE

GOTHS ET VANDALES

PAR

F. MARTROYE

PARIS

LIBRAIRIE HACHETTE ET Cⁱᵉ

79, BOULEVARD SAINT-GERMAIN, 79

—

1904

INTRODUCTION

La ruine de l'Empire Romain était consommée en Occident dès le milieu du ve siècle de notre ère. Ses provinces, dévastées par une longue série d'invasions, présentaient le spectacle de la plus effroyable détresse, de la désorganisation la plus complète. « Si tout l'Océan avait inondé ce pays, dit un auteur contemporain, il n'y aurait pas fait de plus horribles dégâts. On nous a pris nos bestiaux, nos fruits, nos grains. Nos maisons, dans les campagnes, ont été ruinées par le feu et par l'eau. Le peu qui nous reste demeure désert et abandonné. Ce n'est là que la moindre partie de nos maux. Depuis dix ans, les Goths et les Vandales font de nous une horrible boucherie. Les châteaux bâtis sur les rochers, les bourgades situées sur les plus hautes montagnes, les villes environnées de rivières, n'ont pu garantir leurs habitants de la fureur de ces barbares. Partout, on a été exposé aux dernières extrémités. Si je ne puis me plaindre du massacre qu'on a fait, sans discernement, de tant de personnages considérables par leur rang, de tant de peuples, qui peuvent n'avoir reçu que le juste châtiment des fautes qu'ils avaient commises, ne puis-je pas, au moins, demander ce qu'ont fait tant de jeunes enfants, encore incapables de pécher et enveloppés dans le même carnage.

« Pourquoi Dieu a-t-il laissé consumer ses temples par le feu ? Pourquoi a-t-il permis qu'on profanât les vases sacrés, la sainteté des vierges, la religion et la piété des veuves ? Les solitaires eux-mêmes, qui n'avaient point d'autre occupation, dans leurs grottes et dans leurs cavernes, que de louer Dieu nuit et jour, n'ont pas eu un meilleur sort que les plus profanes d'entre les hommes. C'est une tempête qui a emporté indifféremment les bons et les méchants, les innocents et les coupables. La dignité du sacerdoce n'a pas exempté ceux qui en étaient revêtus, de souffrir les mêmes indignités que la lie du peuple. Ils ont été enchaînés, déchirés à coups de fouet et condamnés au feu comme les derniers des hommes [1]. »

Ces plaintes n'étaient point exagérées. L'auteur de ce poème eut lui-même part aux malheurs qu'il décrit. Il fut emmené captif, contraint de marcher, à pied et chargé, au milieu des chariots et des armes des barbares, avec la triste consolation de voir dans le même état son évêque, qui était un saint vieillard, et tout le peuple [2].

A tant de maux, s'ajoutaient les souffrances causées par une administration tracassière et absorbante, par la rapacité du fisc, par l'avidité éhontée des magistrats et des fonctionnaires. L'administration romaine, prétendant tout régler, gens, choses et croyances, avait supprimé toute activité individuelle et ne permettait de se mouvoir qu'à travers un dédale de lois et de règlements. Elle ne cessait de resserrer, de plus en plus, les liens qui ligotaient la

---

1. *Carmen de Providentia divina*, V. 26-56 (Migne, Patrologie Latine, t. LI, p. 617-618). Ce poème semble n'être pas de saint Prosper d'Aquitaine auquel il a été attribué (Migne, Patrologie Latine, t. LI, p. 615. — Gaston Boissier, *La fin du Paganisme*, t. II, Liv. V, chap. IV, p. 403).

2, *Carmen de Providentia divina*, V. 57-60 (Migne, Patrologie Latine, t. LI, p. 618).

société tout entière. Prescrivant ce qu'il fallait croire, sous
peine de châtiments, ordonnant quand et comment il fallait se marier, à quel âge et dans quelles conditions on
pouvait entrer en religion ou dans le clergé, où et de
quelle façon on devait vivre, le pouvoir impérial enlevait
à ses sujets toute liberté de disposer de leurs personnes
et de leurs biens, les écrasait de charges, auxquelles
aucun asile ne pouvait les soustraire, et ne leur laissait
d'autre espoir que la destruction de cet Empire, rendu
odieux par tant de persécutions, de contraintes et d'exactions. Ce système de gouvernement, joint aux invasions,
aux luttes religieuses et politiques, avait achevé de tarir
les sources de prospérité. La diminution des fortunes
acquises, la difficulté de créer des ressources nouvelles
avaient amené partout la dépopulation des villes et des
campagnes.

Un procès, qui fit grande sensation à Rome, en l'année 469, montre ce qu'étaient devenus les fonctionnaires
romains[1]. Un personnage, nommé Arvandus, nom qui
semble indiquer qu'il pouvait être Perse ou Arménien, soit
de naissance, soit d'origine, avait été, à deux reprises,
préfet dans les Gaules. La première fois, il s'était acquis
de la popularité ; mais la seconde fois, il mit sa province
au pillage. Ruiné et perdu de dettes, il commit toutes sortes
d'extorsions, par crainte de ses créanciers. Il n'épargna
aucun moyen pour forcer les gens, même de la plus haute
qualité, de lui fournir de l'argent. Non seulement il s'était
rendu coupable de malversations, mais il avait adressé à
Euric, roi des Visigoths, une lettre dans laquelle il lui conseillait de partager les Gaules avec les Burgundes et le

1. *Cassiodori Chronica*, ann. 469 (édit Mommsen, Monumenta Germaniæ, in-4°, Auctores antiquissimi, t. XI, pars I, p. 158).

dissuadait de faire la paix avec l'empereur Anthémius, qu'il appelait l'empereur grec [1].

Un magistrat de l'étrange espèce d'Arvandus n'était pas alors une rare exception. Après lui, il y eut en Gaule un autre préfet, nommé Séronatus, qui commit les plus scandaleux excès et les plus effroyables violences [2]. Ce Catilina de son siècle, comme l'appelle Sidoine Apollinaire, en vint à une véritable fureur. Ouvertement envieux, abjectement faux, orgueilleux comme un esclave parvenu, il ordonnait en maître et agissait en tyran [3]. Calomniant comme un barbare et, comme juge, prononçant des confiscations, il ne cessait de punir de prétendus vols et volait lui-même, si publiquement qu'en sa présence, on ne pouvait s'empêcher d'en rire. Toutes les ressources de son esprit étaient sans cesse employées à inventer de nouvelles taxes et à rechercher d'anciens délits. De sorte qu'il remplissait les forêts de fugitifs et les prisons de prêtres [4].

Il n'avait d'affection et de bienveillance que pour les barbares. Insultant les Romains et exaltant les Goths, il foulait aux pieds les lois de Théodose et leur préférait les lois de Théoderic [5]. Il se rendait fréquemment auprès

1. *Sidonii Apollinaris epistolarum* lib. I, *epist.* VII (Migne, Patrologie Latine, t. LVIII, p. 457-458. — Monumenta Germaniæ, in-4°, Auctores antiquissimi, t. VIII, p. 10).

2. *Sidonii Apollinaris epistolarum* lib. II, *epist.* I (Migne, Patrologie Latine, t. LVIII, p. 471. — Monum. Germ., in-4°, Auct. Antiq., t. VIII, p. 21).

3. *Sidonii Apollinaris epistolarum* lib. II, *epist.* I (Migne, Patrologie Latine, t. LVIII, p. 471. — Monum. Germ., in-4°, Auct. Antiq., t. VIII, p. 21).

4. *Sidonii Apollinaris Epistolarum* lib. II, *epist.* I (Migne, Patrologie Latine, t. LVIII, p. 472. — Monum. Germ., in-4°, Auct. Antiq., t. VIII, p. 21).

5. *Sidonii Apollinaris epistolarum* lib. II, *épist.* I (Migne, Patrologie Latine, t. LVIII, p. 472. — Monum. Germ., in-4°, Auct. Antiq., t. VIII, p. 22). Sidoine Apollinaire oppose les lois de Théodose aux lois de Théoderic, à

d'Euric, le roi des Visigoths, dont il favorisait les intrigues et que, suivant l'exemple d'Arvandus, il encourageait à se rendre maître des provinces de la Gaule [1]. Ses rapines et sa tyrannie dit Sidoine Apollinaire, réduisirent toute la noblesse à l'alternative d'abandonner le pays ou d'entrer dans le clergé.

· Les mœurs dont l'histoire d'Arvandus et de Séronatus nous montre des exemples, n'étaient pas choses nouvelles. « Ce ne sont pas seulement les magistrats qui commettent toute espèce d'excès, dit un auteur qui écrivait après l'an 455 [2], ce sont aussi les fonctionnaires sous leurs ordres. Je ne dis pas seulement dans les villes, mais jusque dans les municipes et les bourgs, autant il y avait de curiales, autant il y a maintenant de tyrans ; peut-être se féliciteront-ils d'être appelés de ce nom ; peut-être s'en feront-ils un honneur ! Les bandits se glorifient quand on les dit plus atroces encore qu'ils ne sont. Quelle est, dis-je, la localité où les veuves et les orphelins ne sont pas dévorés par les principaux de la ville et où les saints n'ont pas le même sort ? Car ceux-ci ne veulent pas se défendre par zèle pour leur profession ou ne le peuvent pas, à cause de leur simplicité ou de leur humilité [3].

« Quant aux magistrats, ils ne gouvernent pas ceux qui

---

cause de la similitude des noms et de l'effet qu'il recherche. Mais ce fut Euric et non Théoderic qui codifia les lois des Visigoths, comme nous l'apprend l'histoire d'Isidore (*Isidori Historia Gothorum; Edit. Mommsen, Monum. Germ.*, in-4°, Auct. Antiq., t. XI, p. 281).

1. *Sidonii Apollinaris epistolarum* lib. V, *epist.* XIII et lib. VII, *epist.* VII (Migne, Patrologie Latine, t. LVIII, p. 543 et p. 572-573. — Monum. Germ., in-4°, Auct. Antiq., t. VIII, p. 86 et p. 110-111).

2. *Salviani Massiliensis presbyteri de Gubernatione Dei* (Migne, Patrologie Latine, t. LIII, *Prolegomena*, p. 2).

3. *Salviani Massiliensis presbyteri de Gubernatione Dei*, lib. V, § 4 (édit. Migne, Patrologie Latine, t. LIII, p. 98. — Edit. Halm, Monum. Germ., in-4°, Auct. Antiq., t. I, p. 58-59).

leur sont livrés ; comme des bêtes féroces, ils les dévorent. Ils ne se contentent point de leurs dépouilles, comme le font d'habitude les bandits ; ils les déchirent, pour ainsi dire et se repaissent de leur sang[1]. Il est arrivé ainsi que des gens, étranglés et meurtris, se sont mis à être des Bagaudes[2], parce qu'il ne leur était plus permis de vivre autrement. Ils sont devenus ce qu'ils n'étaient pas, parce qu'il ne leur a plus été possible d'être ce qu'ils étaient. Après avoir perdu toute liberté, ils ont été contraints de défendre leur vie. Que pouvaient faire d'autre des malheureux ruinés continuellement, sans aucun répit, par le fisc, toujours menacés de proscription, forcés de déserter leurs demeures pour ne pas être torturés dans leurs propres maisons, réduits à s'exiler pour échapper aux supplices. Les ennemis leur paraissent plus cléments que les exacteurs ; ils fuient vers l'ennemi pour se sauver de la rigueur des exactions[3].

« Où, chez quel peuple, autre que les Romains, voit-on de pareils maux ? De semblables injustices n'existent que chez nous. Les Francs ignorent ces crimes ; les Huns n'ont point de ces scélératesses. Rien de pareil ne se voit chez les Vandales ou chez les Goths. Chez les Visigoths, ces procédés sont si complètement inconnus que, non seulement ces barbares, mais les Romains qui vivent parmi

---

1. *Salviani de Gubernatione Dei*, lib. V, § 6 (Monum. Germ., in-4°, Auct. Antiq., t. I, p. 60).

2. On donnait, dans les Gaules, le nom de bagaudes à des vagabonds, esclaves fugitifs, colons pressurés par leurs maîtres, paysans sans feu ni lieu, débiteurs insolvables, qui s'étaient faits brigands et se liguaient entre eux pour se soustraire aux violences des riches, aux injustices des magistrats et aux vexations de ceux qui levaient les impôts. Selon Ducange, dans la langue celtique, bagad signifie une bande (Tillemont, *Empereurs*, t. VI, Valentinien III, art. XI. — Duruy, *Histoire des Romains*, chap. LXXVI ; édit. in-8°, t. VII, p. 6).

3. *Salviani de Gubernatione Dei*, lib. V, § 7 (édit. Migne, Patrologie Latine, t. LIII, p. 100. — Édit. Halm, Monum. Germ., in-4°, Auct. Antiq., t. I, p. 60).

eux, n'ont pas à les souffrir [1]. C'est pourquoi dans les pays qu'occupent les barbares, le vœu de tous les Romains est de n'avoir jamais à passer sous la domination romaine. Dans ces pays, la prière du peuple romain est qu'il lui soit donné de continuer à vivre avec les barbares. Il n'est pas étonnant que nos pères n'aient pas vaincu les Goths, puisque les Romains aiment mieux être chez eux que chez nous. Non seulement nos frères ne veulent en aucune façon les quitter pour venir à nous, mais ils nous quittent, pour se réfugier auprès d'eux. La seule chose dont on ne peut assez s'étonner, c'est que tous les tributaires, appauvris et réduits à la misère, ne fassent pas de même. La seule raison qui les en empêche, est qu'ils ne peuvent transporter chez les barbares leurs toits, leurs biens et leurs familles [2]. »

Les faits que révèle cette sombre description, sont attestés par le texte même d'une loi, datée de Ravenne, le VIII des ides de novembre, sous le consulat de Léon et de Majorien (6 novembre 458). « Il faut, écrit l'empereur, considérer les Curies, que les anciens appelaient, avec raison, des petits Sénats, comme l'âme des villes et le nerf de la république. Cependant, elles ont été tellement opprimées, par l'injustice des magistrats et par la vénalité des exacteurs, que la plupart de leurs membres, renonçant à leur dignité et à leur pays, ont cherché un asile obscur dans des provinces éloignées [3]. » Ainsi, après les avoir habitués à supporter passivement une tyrannie qui s'étendait à tous les actes de la vie, l'administration impériale avait fini

1. *Salviani de Gubernatione Dei*, lib. V, § 8 (édit. Migne, p. 102. — Édit. Halm, p. 62).

2. *Salviani de Gubernatione Dei*, lib. V, § 8 (édit. Migne, p. 102. — Édit. Halm, p. 62).

3. *Legum Novellarum divi Majoriani* tit. VII, *de Curialibus* (édit. Haenel, Bonn, 1844, p. 315).

par lasser la patience des peuples et les préparait, suivant l'expression de Salvien, à mieux aimer vivre libres sous la domination des barbares qu'esclaves sous les Romains [1]. L'exaspération, le dégoût de la population expliquent comment les Vandales, d'abord, puis les Goths purent, après des années de courses dévastatrices, faire de l'Afrique, de l'Espagne, de l'Italie des royaumes séparés. Déjà, en 429, quand les Vandales envahirent l'Afrique, tout un peuple de proscrits les attendait comme des libérateurs et, constituant un parti prêt à leur être dévoué, facilita l'établissement du premier royaume barbare.

En Italie, à Rome, il ne pouvait être question des tendances séparatistes qui se manifestaient dans les provinces. Mais les mêmes causes produisaient des effets analogues. Les procédés et les exigences du fisc, ses continuelles vexations qui fatiguaient les peuples; l'insécurité, sans cesse grandissante, qui ruinait l'industrie et le commerce; l'abolition des anciens cultes qui avait divisé les populations en deux partis hostiles; l'autorité absolue de l'empereur qui ne donnait aux citoyens aucune part aux affaires publiques et ne leur permettait aucun effort pour porter remède aux maux dont ils étaient victimes; l'organisation de la cour impériale qui faisait de l'empereur le jouet des intrigants, des coteries et des ambitieux; toutes ces causes de découragement avaient produit, dans toutes les classes de la société, la lassitude, l'indifférence, l'abaissement des caractères et de la moralité publique.

A Rome, la misère et l'éloignement de la cour avaient dépeuplé la ville, désormais trop grande ·pour ses habi-

---

1. *Salviani de Gubernatione Dei,* lib. V, § 5 (édit. Migne, Patrologie Latine, t. LIII, p. 99. — Édit. Halm, Monùm. Germ., in-4º, Auct. Antiq., t. I, p. 59).

tants.. Le second sac de Rome, prise par les Vandales de
Genséric en 455, avait porté le coup.fatal à la malheureuse capitale de l'Occident. Elle ne se releva plus. Un
grand nombre d'habitants avait péri ; d'autres avaient été
traînés en esclavage. Ceux qui avaient pu échapper ne
rentrèrent pas et continuèrent à mener leur misérable existence dans les provinces de l'Empire. Rome, dépeuplée,
couverte de décombres et de ruines, commença alors à
prendre son aspect de majestueuse désolation[1].

Après la mort de Valentinien III, la dynastie de Théodose étant éteinte en Occident, nul n'y pouvait prétendre
des droits à l'Empire. La dignité impériale devint alors le
jouet de chefs barbares qui, n'osant la prendre pour eux-
mêmes, en disposèrent à leur gré. En vingt ans, neuf
empereurs se succédèrent à Rome et à Ravenne, élevés et
presque aussitôt précipités du trône par les intrigues et
par les violences des barbares. Maximus, qui usurpa le
pouvoir, le 27 mars 455, périt, déchiré par le peuple, au
mois de juin de la même année, trois jours avant la prise
de Rome par Genséric. Il avait régné soixante-dix-sept
jours[2]. Avitus, créé empereur à Toulouse, par les Visigoths, le 10 juillet 455, fut renversé par Récimer et sacré
évêque de Placentia, le 6 ou le 16 octobre 456[3].

Majorien fut proclamé empereur, après un interrègne de

1. Grégorovius, *Histoire de la ville de Rome au Moyen âge,* liv. I, ch. vi,
§ 3.
2. *Marcellini Comitis Chronicon,* ann. 455 (édit. Mommsen, Monum.
Germ., in-4°, Auct. Antiq., t. XI, pars I, p. 86). — *Cassiodori Chronica,*
ann. 455-456 (ibid., p. 157). — *Victoris Tonnennensis Chronica,* ann. 455 456
(ibid., p. 186).
3. *Theophanis Chronographia,* ann. 447 (Corpus scriptorum Historiæ
Byzantinæ, édition de Bonn, p. 169). — *Victoris Tonnennensis Chronica,*
ann. 456 (édit. Mommsen, Monum. Germ., in-4°, Auct. Antiq., t. XI,
p. 186).

plusieurs mois, le 1ᵉʳ avril 457, ou plus probablement à la
fin de cette année. Les grandes espérances que faisaient ·
concevoir ses vertus et ses qualités éminentes, furent rendues vaines par les intrigues de Récimer qui, le 2 août 461,
réussit à s'emparer de lui, dans Dortona, le déposa et le
fit mettre à mort, cinq jours après, le 7 de ce mois [1].
Sévère, placé sur le trône par Récimer, mourut, empoi-
sonné par Récimer, moins de quatre ans plus tard,
en 465 [2].

Après un nouvel interrègne, Anthémius, désigné par
l'empereur Léon qui régnait en Orient et proclamé à Constantinople, prit possession de l'Empire à Rome, en 467 [3].
Deux ans plus tard, en 469, il ne réussit à éviter la guerre
civile, dont le menaçait Récimer, que grâce aux habiles
négociations de saint Épiphane, le vertueux évêque de
Ticinum [4]. Il périt en 472, lors de la prise de Rome par
Récimer [5]. Récimer mourut, de la peste selon toute probabilité, le quarantième jour après sa victoire [6]. Olybrius,
proclamé empereur par Récimer, dès avant la prise de

1. *Cassiodori Chronica*, ann. 457-461 (édit. Mommsen, Monum. Germ.,
in-4⁰. Auct. Antiq., t. XI, p. 157). — *Victoris Tonnennensis Chronica*,
ann. 458 et ann. 461-463 (ibid., p. 186-187).— *Marcellini Comitis Chronicon*,
ann. 461 (ibid., p. 88). — *Marii Aventicensis Chronica*, ann. 461 (ibid.,
p. 232).

2. *Marcellini Comitis Chronicon*, ann. 461-465. — *Cassiodori Chronica*,
ann. 465 (édit. Mommsen, Monum. Germ., in-4⁰, Auct. antiq., t. XI,
p. 88-89 et 158).

3. *Marcellini Comitis Chronicon*, ann. 467. — *Cassiodori Chronica*,
ann. 467. — *Victoris Tonnennensis Chronica*, ann. 467 (édit. Mommsen,
Monum. Germ,, in-4⁰, Auct. antiq., t. XI, p. 89, 158 et 186).

4. *Ennodii episcopi Ticinensis Vita B. Epiphanii Episcopi Ticinensis*
(édit. Migne, Patrologie Latine, t. LXIII, p. 215-216.— Édit. Vogel, Monum.
Germ., in-4⁰, Auct. antiq., t. VII, p. 90-93).

5. *Marcellini Comitis Chronicon*, ann. 472. — *Cassiodori Chronica*,
ann. 472 (édit. Mommsen, Monum. Germ., in-4⁰, Auct. Antiq., t. XI,
p. 90 et 158).

6. *Cassiodori Chronica*, ann. 472 (édit. Mommsen, Monum. Germ., in-4⁰,
Auct. antiq., t. XI, p. 158).

Rome, le suivit dans la tombe, le 23 octobre de la même année, après un règne de sept mois, en comptant du jour où il avait pris la pourpre [1].

Glycérius, dont l'histoire ne nous a rien appris, sinon qu'il était d'une probité estimable [2], fut fait empereur par Gundibald, neveu de Récimer. Il fut créé César, plus par usurpation que par élection, dit un chroniqueur [3]. Il ne garda pas longtemps le pouvoir qu'il avait usurpé. L'empercur Léon déclara Auguste Julius Nepos, fils de Népotianus, originaire de la Dalmatie, et dont la mère était sœur du patrice Marcellinus qui s'était rendu souverain de cette province [4]. Népos, envoyé ainsi en Occident, comme empereur légitime, expulsa Glycérius, dont il s'empara dans la ville de Portus. Il le fit sacrer évêque de Salone, en Dalmatie [5]. De Népos et de son successeur qui fut le dernier empereur à Rome, on peut dire, selon l'expression d'un historien, qu'ils ne sont connus que pour avoir enseveli avec eux l'Empire romain dans l'Occident [6].

L'établissement des royaumes barbares marque le commencement d'une période de l'histoire qu'on peut nommer proprement l'époque byzantine. L'Empire, réduit à ses provinces d'Orient, achève de prendre à Byzance une

---

1. *Marcellini Chronicon*, ann. 472. — *Cassiodori Chronica*, ann. 472. — *Victoris Tonnennensis Chronica*, ann. 473 (édit. Mommsen, Monum. Germ., in-4°, Auct. antiq., t. XI, p. 90, 158, 188).

2. *Theophanis Chronographia*, ann. 465 (Corpus Scriptorum Historiæ Byzantinæ, édit. de Bonn, p. 184, lig. 8).

3. *Marcellini Comitis Chronicon*, ann. 473 (édit. Mommsen, Monum. Germ., in-4°, Auct. antiq., t. XI, p. 90).

4. *Marcellini Comitis Chronicon*, ann 474 (édit. Mommsen, Monum. Germ., in-4°, Auct. antiq., t. XI, p. 91).

5. *Marcellini Comitis Chronicon*, ann. 474 (ibid., p. 91). — *Cassiodori Chronica*, ann. 474 (ibid., p. 158). — *Theophanis Chronographia* (Corpus Script. Hist. Byzant., p. 184).

6. Tillemont, *Empereurs*, t. VI, *Odoacre*, art. I.

forme nouvelle. En Afrique, en Espagne, en Italie, des conquérants, Goths et Vandales, exercent la souveraineté et, dans les pays dont ils se sont rendus maîtres, leurs guerriers demeurent distincts du reste de la population, par leur origine, leur langue, leurs lois, leur religion, leurs mœurs et leurs conditions d'existence. Les peuples de l'Occident, et en particulier les Italiens, ayant horreur des barbares, qui appartiennent à la secte des ariens, se groupent autour de l'Église, comme autour d'un centre d'opposition et d'une autorité morale capable de les protéger. L'Église romaine dont l'importance n'a cessé et ne cesse de croître, s'efforce de soumettre toutes les Églises à son autorité et revendique son indépendance, à la fois contre les princes dont la domination s'est établie dans les anciennes provinces romaines, et contre les empereurs de Byzance. Ainsi les causes et les origines du Moyen âge apparaissent à cette époque, dont on s'est proposé de retracer les événements et de reproduire la physionomie, d'après les auteurs originaux.

L'OCCIDENT

A L'ÉPOQUE BYZANTINE

CHAPITRE I

ÉTABLISSEMENT DES GOTHS EN ITALIE

Fin de l'Empire en Occident. — Domination d'Odoacre. — Julius Nepos en Dalmatie. — Guerre contre les Ruges. — L'opposition. — Le Sénat et l'Église. — Le Pape Félix III. — Théodoric, roi des Ostrogoths. — Sa jeunesse, ses guerres et ses traités avec l'Empire. — Conquête de l'Italie. — Défaites d'Odoacre. — Prise de Vérone, de Milan et de Pavie. — Ruse de Tufa. — Invasion des Burgundes. — Bataille de la Pinéta. — Prise de Rimini. — Siège et Capitulation de Ravenne. — Mort d'Odoacre. — Soumission de l'Italie.

Julius Nepos fut proclamé empereur dans Rome le 24 juin 474[1]. A cette époque, vivait en Italie un personnage originaire de la Pannonie, nommé Oreste, qui avait jadis servi de secrétaire à Attila et avait été envoyé par le roi des Huns en ambassade à Constantinople[2]. Après la mort d'Attila, Oreste était venu en Italie et avait fait fortune à la Cour d'Occident. C'était, dit Procope, un homme d'une singulière prudence[3]. Julius Nepos le nomma maître de la milice et lui donna le commandement des troupes[4]. Avec l'armée qu'on

---

1. *Marcellini Comitis Chronicon*, ann. 474 (édit. Mommsen, Monumenta Germaniæ, in-4°, Auct. Antiq., t. XI, pars I, p. 91).

2. *Excerpta e Prisci Historia* (Corpus Scriptorum Historiæ Byzantinæ, t. I, p. 150 et 212).

3. Procope, *de Bello Gothico*, lib. I, cap. 1 (Corpus Script. Hist. Byzant., édit. de Bonn).

4. Jornandès, *de Rebus Geticis* ou *Getica* (édit. Mommsen, Monum. Germ., in-4°, Auct. Antiq., t. V, pars I, cap. XLV p. 120 et Rerum Italicarum Scriptores, t. I, cap. XLV).

lui confiait, cet aventurier vint mettre le siège devant Ravenne. Julius Nepos, qui s'y était enfermé, ne put s'y maintenir et se vit réduit, le 28 août 475, à s'embarquer pour aller chercher un refuge dans Salone. C'était son pays ; il continua à y régner [1].

Oreste ne prit point la pourpre pour lui-même. Le 31 octobre 475, il fit proclamer empereur à Rome son fils Romulus Momulus Augustule à peine sorti de l'enfance [2]. Le surnom d'Augustule, diminutif du titre d'Auguste dont son père l'avait revêtu, fut donné à cet enfant soit à cause de son jeune âge, soit par dérision.

Un acte de violence militaire avait élevé Oreste et son fils, un autre acte semblable les précipita du trône [3]. L'armée romaine était composée de barbares. Ces mercenaires, devenus tout-puissants, exigèrent qu'on leur donnât le tiers des terres de l'Italie. Le refus que leur opposa Oreste les disposa à la révolte. Odoacre fut leur chef. Le père de cet aventurier se nommait Edecon, ce qui a fait conjecturer qu'il était fils d'Edicone, le principal ministre d'Attila. Mais, suivant un auteur, il était de basse naissance [4]. On ne sait quelle était sa nation. Scythe suivant les uns [5], Ruge ou Goth suivant d'autres [6], il avait quitté son pays, étant encore jeune, pour aller, avec quelques autres barbares, prendre du service en Italie. Passant par la Norique, lui et ses compagnons se détournèrent de leur route pour obtenir la bénédiction de saint Séverin, dont la réputation était alors fort grande dans cette contrée. Saint Séverin lui prédit ses brillantes destinées, malgré les pauvres habits et les mauvaises peaux dont il était

1. Anonymi Valesiani pars posterior (édit. Mommsen, Monum. Germ., in-4°, Auct. Antiq., t. IX, p. 308, n° 36).

2. Procope, de Bello Goth. lib. I, cap. 1. — Jornandes, de Rebus Get., cap. XLV (édit. Mommsen, Monum. Germ., in-4°, Auct. Antiq., t. V, pars I, p. 120).

3. Procope, de Bello Goth., lib. I, cap. 1 (Corpus Script. Hist. Byzant.).

4. Eugippius, Vita sancti Severini, VII-2 (Monum. Germ., in-4°, Auct. Antiq., t. I, pars II).

5. Excerpta e Prisci Historia (Corpus Script. Hist. Byzant., t. I, p. 146).

6. Jornandès, Romana (de Regnorum Successione) (édit. Mommsen, Monum. Germ., in-4°, Auct. Antiq., t. V, pars I, n° 344, p. 44). — Theophanes, Chronographia A. C., 465 (Corpus Script. Hist. Byzant., édit. de Bonn, p. 184).

couvert[1]. Cette anecdote, rapportée dans la vie de saint Séverin, fait voir qu'Odoacre était peu fortuné et de bien modeste origine. Elle nous apprend encore qu'il était de très grande taille; car il est dit que pour entrer dans la cellule du saint, il fut obligé de se baisser[2]. Il paraît avoir passé sa jeunesse en Italie et, à l'époque de la révolte dont il devint le chef, il servait dans les gardes de l'empereur Augustule[3].

Oreste s'était retiré à Ticinum, aujourd'hui Pavie, dont les fortifications lui offraient un refuge. Odoacre l'y poursuivit et la place fut prise d'assaut. La malheureuse cité fut pillée, saccagée et brûlée[4]. Oreste, tombé aux mains du vainqueur, fut traîné à Placentia où il fut massacré, le 28 août 476.

Non loin de Ravenne, s'étend le long de l'Adriatique une sombre et vaste forêt à laquelle les pins qui la composent ont fait donner le nom de Pinéta. Ce fut dans la plaine marécageuse qui s'étend entre ces bois et la ville, qu'Odoacre acheva sa victoire, le 4 septembre de la même année. Paul, frère d'Oreste, y fut vaincu et y perdit la vie[5]. Le même jour, Odoacre entrait dans la seconde capitale de l'Occident. Toute résistance était désormais impossible. Odoacre arriva jusque dans Rome, sans qu'aucun obstacle eût retardé sa marche. Romulus Augustule devint son prisonnier. On ne sait si ce fut dans Ravenne ou dans Rome, qu'il s'empara de cet enfant. Plus clément qu'il ne l'avait été pour Oreste, Odoacre ne fit point périr le dernier des empereurs d'Occident. Il se contenta de le reléguer à Lucullanum en Campanie, dans un château fort, lui assignant une rente de six mille sous ou livres d'or, afin qu'il pût y vivre avec ses parents[6].

---

1. Eugippius, *Vita sancti Severini* (Monum. Germ. in-4°, Auct. Antiq., t. I, pars II (vii-2). — Baronius, *ann.* 475, III. — *Anonymi Valesiani pars posterior* (Monum. Germ., in-4°, Auct. Antiq., t. IX, p. 314).

2. Baronius, *ann.* 475, III.

3. Procope, *de Bello Goth.*, lib. I, cap. 1 (Corpus Script. Hist. Byzant. Procopii vol. II, p. 6).

4. Ennodius, *Vita sancti Epiphanii* (Migne, Patrologie Latine, t. LXIII, p. 222. — Edit. Vogel, Monum. Germ., in-4°. Auct. Antiq., t. VII, p. 96 (97 et 99).

5. *Cassiodori Chronica* (édit. Mommsen, Monum. Germ., in-4°. Auct. Antiq., t. XI, pars I, p. 158-159).

6. Jornandès, *de Rebus Get.*, 46 (édit. Mommsen, p. 120). — *Marcellini*

La conquête de l'Italie fut promptement achevée. Les villes ouvrirent leurs portes aux barbares. Quelques-unes pourtant résistèrent sans succès. Elles payèrent leur audace par la mort de leurs habitants et le pillage de leurs richesses. Odoacre, maître de l'Italie, ne pouvait opposer aux barbares qui l'avaient aidé à vaincre, le refus par lequel Oreste avait mécontenté ces mercenaires. Le tiers des terres italiennes fut partagé entre eux, pour les récompenser de la victoire et pourvoir à leurs besoins [1]. Les Italiens virent ainsi s'accroître leur misère.

Odoacre avait pu, sans peine, s'emparer de l'Italie désarmée; mais il ne se sentait point de force à braver la colère de l'empereur d'Orient; il devait craindre le sort de Glycérius. Il essaya donc de rester en paix avec l'empereur Zénon et de faire, sinon reconnaître, au moins tolérer sa domination.

Il n'imita point ses prédécesseurs. Il ne prit point pour lui-même et ne donna à personne le titre d'empereur [2]. Préférant une solution plus modeste, mais plus sûre, il eut recours à une combinaison acceptable pour la cour de Byzance. Il eut l'idée de supprimer le trône à Rome. De cette façon, sous le simple titre de Patrice, il deviendrait le vrai maître de l'Italie, tandis que le seul empereur romain, qui subsisterait à Constantinople, conserverait, en tout temps, la souveraineté qu'il n'avait, autrefois, que lorsque le trône était vacant à Rome. Odoacre força donc Romulus Augustule à abdiquer et le Sénat à déclarer solennellement le trône vacant en Occident.

Une délégation du Sénat se rendit à Byzance pour y transporter les insignes impériaux et les remettre au souverain légitime. Un seul prince suffisant à gouverner l'Orient et l'Occident, le Sénat suppliait l'empereur de ne plus partager à l'avenir l'autorité souveraine, de renoncer à prolonger plus longtemps la succession impériale en Italie et d'accorder à Odoacre, homme illustre dans les arts de la paix et de la

---

Comitis Chronicon, ann. 476 (édit. Mommsen, Monum. Germ., in 4°, Auct. Antiq., t. XI, pars I, p. 91).

1. Procope, de Bello Goth., lib. I, cap. 1.

2. Evagrius, liv. II, ch. XVI (Migne, Patrologie, Pères Grecs, t. LXXXVI).

guerre, le titre de Patrice et le gouvernement du diocèse d'Italie [1]. Telle était la déclaration dont les délégués du Sénat étaient chargés et qu'ils remirent à Zénon l'Isaurien, qui, après une révolte dont le chef était Basiliscus, consul en cette même année, venait d'être rétabli sur le trône.

Zénon commença par repousser cette proposition. Il répondit qu'il avait envoyé à Rome deux empereurs ; que le premier avait été tué, le second chassé ; que ce dernier était le seul souverain légitime et pouvait seul nommer un patrice. Mais il comprit bien vite que la solution présentée par Odoacre était tout à son avantage. Il reçut les insignes impériaux des mains des sénateurs. Odoacre se reconnaissait ainsi le sujet de l'empereur et paraissait un gouverneur de province nommé par lui. Souvent on voit le nouveau maître de l'Italie désigné sous le titre de roi. Les barbares, sans doute, le désignaient ainsi, comme ils désignaient tous leurs chefs ; mais pour ses nouveaux sujets, il ne fut qu'un patrice, gouvernant au nom de l'empereur. Il n'avait pas demandé à être reconnu souverain ; jamais il ne se para des insignes de la royauté et on ne trouve aucune médaille, aucune monnaie à son effigie, ni aucune constitution promulguée par lui [2].

Il établit sa résidence à Ravenne [3], qui était, à cette époque, plus florissante que Rome et où le conquérant n'avait pas à redouter l'opposition, qu'il ne pouvait manquer de rencontrer dans l'ancienne capitale de l'Occident. Sa domination s'étendit sur l'Italie entière et, bientôt après, un traité qu'il conclut

1. *Excerpta e Malchi Historia* (Corpus Script. Hist. Byzant., t. I, p. 235).
2. *Cassiodori Chronica* (édit. Mommsen, Monum. Germ.. in-4°, Auct. Antiq., t. XI, pars I, p. 158-159.)
On n'a point de monnaies d'or d'Odoacre. Il n'y a de lui que des monnaies d'argent et de cuivre ; on verra dans la suite, à propos du droit concédé aux rois des Francs par Justinien, l'importance de ce fait. Les pièces d'argent d'Odoacre portent d'un côté le buste diadémé de l'empereur Anastase ; de l'autre se voit un monogramme dans lequel on trouve DN. ODVAC. Ces pièces ne portent donc que son nom, son effigie n'y figure pas. Ce n'est que sur les pièces de cuivre que le buste du roi des Hérules FL ODOAC remplace la tête et la mention impériales. Au revers le monogramme, moins compliqué sur le numéraire d'argent, ne laisse voir que les lettres ODVAC. Engel et Serrure, *Traité de Numismatique du Moyen Age*, t. I, p. 24.
3. Theophanès, *Chronographia* A. C. 465 (Corpus Script. Hist. Byzant., p. 185).

avec Genséric lui donna la Sicile que les Vandales avaient conquise. Elle lui fut cédée, moins le château de Lilybée, moyennant un tribut annuel [1].

Les autres pays qui jadis dépendaient de l'Empire d'Occident, devinrent ou étaient devenus les domaines de conquérants barbares. Les Vandales étaient maîtres de toute l'Afrique. Dans les Gaules, le royaume des Burgundes s'étendait depuis la forêt des Vosges jusqu'aux Alpes et comprenait les contrées connues depuis sous les noms de Bourgogne, de Dauphiné, de Lyonnais et de Savoie. Les Francs occupaient l'île des Bataves et l'ancien diocèse d'Arras et de Tournai, tandis que d'autres tribus de Francs habitaient les bords de la Meuse, de la Moselle et du Rhin. Les Bretons avaient formé un État indépendant. La province d'Aquitaine et le sud de la Gaule jusqu'aux Pyrénées, étaient soumis aux Visigoths, dont la domination s'étendait sur l'Espagne, à l'exception de la Galice où s'étaient établis les Suèves.

Au moment où il disparut, l'Empire d'Occident ne possédait plus, hors de l'Italie, qu'une partie de la Gaule centrale et de la Gaule méridionale. Ces pays ne reconnurent point la domination d'Odoacre. Ceux qui étaient situés au centre de la Gaule, séparés du monde romain, n'avaient plus de communication avec lui; et, si pendant quelque temps, ils continuèrent à considérer l'empereur comme leur souverain, ils n'en étaient pas moins réduits à se gouverner d'une façon indépendante. Euric, roi des Visigoths, s'empara des pays d'Arles et de Marseille. Il étendit ainsi son royaume jusqu'aux Alpes maritimes [2]. Procope prétend que ce fut Odoacre qui, pour se concilier l'amitié d'Euric, lui céda volontairement ces territoires [3]. Mais Odoacre n'avait pas le pouvoir de con-

---

1. Procope, *de Bello Vandalico*, lib. II, cap. 5 (Corpus Script. Hist. Byzant., édit. de Bonn). — Victor Vitensis, *Historia Persecutionis Vandalicæ*, lib. I-4, (Migne, Patrologie Latine, t. LVIII, p. 186, et Monum. Germ., in-4°, Auct. Antiq., t. III, pars I).

2. Jornandès, *de Rebus Get.*, 47 (édit. Mommsen, Monum. Germ., in-4°, Auct. Antiq., t. V, pars I, p. 120).

3. Procope, *de Bello Goth.*, lib. I, cap. 12 (Corpus Script. Hist. Byzant., édit. de Bonn).

sentir une pareille cession car sa domination ne s'étendait que sur l'Italie. La grande unité romaine était donc désormais détruite. Les barbares s'en étaient partagé les lambeaux. Ainsi finit l'Empire d'Occident, l'an 476 de notre ère, sous le second consulat de Basiliscus et celui d'Armatus. Le pape Simplice était dans la neuvième année de son pontificat [1].

Odoacre inaugura en Italie la domination étrangère. Les barbares victorieux restèrent isolés au milieu de la population romaine. Ils ne se mêlèrent point au peuple pour former avec lui une seule et même nation. Aussi, leur gouvernement fut-il celui d'une armée d'occupation, laissant vivre les vaincus à leur guise, pourvu qu'ils restassent soumis, et se contentant de lutter contre les institutions qui pouvaient devenir un élément de résistance. Sous le gouvernement des barbares, les lois romaines restèrent en vigueur. Rien ne fut changé à l'organisation intérieure de Rome et à l'administration publique. Les magistratures que nous voyons citées dans le recueil de Cassiodore sont encore celles que Constantin avait créées et que ses successeurs avaient conservées.

Aucun consul ne fut élu en 477 après la chute de l'Empire d'Occident et, pendant les années suivantes jusqu'en 480, il n'y eut de consuls qu'à Constantinople ; l'empereur n'en désignant point pour Rome. Mais à partir de l'année 480, il y eut, chaque année, excepté en 491, un consul en Occident ; soit qu'il fût créé par l'empereur Zénon, soit qu'Odoacre se fût arrogé ou eût reçu, par délégation de l'empereur, le droit de le désigner [2]. Quant au Sénat, il continua à subsister entouré de respect. Les rois Goths affectèrent toujours de le tenir en grande estime. Ils essayaient de se le rendre favorable, comprenant combien son influence était encore considérable. Mais sa compétence était réduite aux affaires municipales et à une part de juridiction dans les procès criminels. Cependant, c'était toujours parmi les sénateurs, dont la dignité était héréditaire, qu'étaient choisis les ambassadeurs près la cour

---

1. *Cassiodori Chronica*, ann. 476 (édit. Mommsen, Monum Germ., in-4°, Auct. Antiq., t. XI, pars I, p. 158). — Pagi, *ann.* 476.

2. Pagi, *ann.* 480 à 493.

de Byzance; et, suivant les anciens usages, les grands dignitaires de l'État continuaient à siéger dans la haute assemblée[1].

La soumission de l'Italie étant achevée, Odoacre se trouva
en mesure de tenter une nouvelle conquête, que les circonstances lui rendaient facile. L'empereur Julius Nepos, chassé
de l'Italie par la révolte d'Oreste, avait continué à régner en
Dalmatie[2]. Odoacre n'avait pu penser à le dépouiller de ce
reste de souveraineté, car une pareille entreprise l'eût exposé
à une guerre avec l'Orient. En 480, Julius Nepos mourut
assassiné, dans une de ses villas près de Salone, par deux de
ses officiers, Viator et Ovida[3]. Ovida se rendit, semble-t-il,
maître de la Dalmatie. Vers le même moment, probablement
dans les derniers mois de 481, un chef de la nation des Goths,
Théodoric, fils de Triarius, dit le louche, s'avança jusqu'à
quatre milles de Constantinople[4]. L'Orient se trouvait donc
engagé dans une guerre sérieuse et ne pouvait intervenir en
Dalmatie. D'ailleurs, ce pays étant devenu la proie d'un usurpateur, l'empereur n'avait plus les mêmes raisons de le
défendre. L'occasion était favorable pour Odoacre. Il passa en
Dalmatie à la tête d'une armée et bientôt, la défaite et la mort
du comte Ovida le rendirent maître de cette contrée[5].

Odoacre avait à redouter l'opposition du Sénat et de
l'Église. Le Sénat, conservant les traditions nationales, supportait avec peine la domination des barbares et l'Église ne
pouvait être favorable à un conquérant, d'autant plus dangereux pour son indépendance qu'il appartenait à la secte des
Ariens. L'influence de l'Église était, dès cette époque, très
puissante à Rome, et le Sénat pouvait appeler à son aide les

---

1. Gregorovius, *Histoire de la Ville de Rome au Moyen Age*, liv. II, ch. I
et II.

2. *Excerpta e Malchi Historia* (Corpus Script. Hist. Byzant., t. I, p. 235).

3. *Marcellini Comitis Chronicon* (édit. Mommsen, Monum. Germ, in-4°,
Auct. Antiq., t. XI, pars I, p. 92). — *Cassiodori Chronica* (édit. Mommsen,
Monum. Germ., in 4°, Auct. Antiq., t. XI, pars I. p. 159).

4. *Marcellini Comitis Chronicon* (édit. Mommsen, p. 92). — Jornandès,
Romana (de Regnorum Successione).

5. *Cassiodori Chronica* (édit. Mommsen, Monum. Germ., in-4°, Auct. Antiq.,
t. XI, pars I, p. 159).

armées de l'empereur d'Orient qui, resté souverain légitime, avait toujours le droit d'intervenir. Maîtriser le Sénat et dominer l'Église était donc une nécessité pour Odoacre.

La lutte contre l'Église s'engagea la première. Le pape Simplice étant mort le 2 mars 483 [1], Odoacre prétendit au droit de confirmer le nouveau pape. Il délégua pour le représenter le patrice Basile, préfet du prétoire, qui, en son nom, intima à l'assemblée du clergé la défense de proclamer l'élection du nouveau pontife, avant de s'être assuré de son consentement [2]. Il voulait placer à la tête de l'Église un pontife favorable à son pouvoir et disposé à ménager les Ariens. Rome se ressentait encore trop vivement de ses malheurs pour qu'on osât résister. Félix III fut élu sous la pression ou du moins, avec l'assentiment du roi barbare [3]. Le nouveau pontife appartenait à une famille romaine et remplissait, au moment où il fut appelé à la chaire de saint Pierre, la charge de prêtre du titre de Fasciola [4]. Odoacre ne s'était point trompé en l'acceptant. Félix III ne fit point d'opposition à la domination des barbares, ni à la secte des Ariens. Tous ses efforts furent dirigés contre les hérésies, qui ne cessèrent de se développer en Orient, grâce à la tolérance des empereurs Zénon et Anastase [5]. En se mettant en opposition avec la cour de Byzance, le pape enlevait à l'empereur et au parti national l'appui de l'Église. Il faisait ainsi l'affaire des barbares, dont la domination se trouvait affermie par les divisions de leurs adversaires.

Ce n'était point aux Romains qu'il était réservé de renverser Odoacre; il tomba sous les coups d'un autre chef barbare. La conquête de la Dalmatie et probablement d'une partie de la Norique, avait soumis à l'autorité d'Odoacre des pays exposés aux continuelles incursions des peuplades riveraines du Danube. Parmi celles-ci, les Ruges passaient pour les plus

1. Pagi, *ann.* 483, II.
2. *Concil. Roman. sub Symmacho*, Can. 12 (Baronius, *ann.* 483, XI).
3. Baronius, *ann.* 483, XVI. — Pagi, *ann.* 483, III.
4. Baronius, *ann.* 483, XVI.
5. Baronius, *ann.* 483, XVI. — *Liber Pontificalis* (édit. de Mgr Duchesne, t. I, p. 252).

redoutables[1]. Leurs voisins avaient sans cesse à souffrir de leurs courses. Odoacre résolut de mettre un terme à leurs déprédations. En 487, il rassembla toutes ses forces, composées de barbares de toutes les nations,[2] et entreprit de porter la guerre dans le pays où les Ruges s'étaient établis au delà du Danube[3]. Il les vainquit dans une bataille livrée le 15 novembre de la même année[4]. Leur roi, nommé Fava[5], fut fait prisonnier et mis à mort. S'il faut en croire Paul Diacre[6], leur pays fut entièrement ravagé et un nombre considérable de captifs fut emmené en Italie.

Frédéric, fils de Fava, s'était sauvé de cette ruine de sa famille et de son peuple par la fuite et en abandonnant son pays. Il y revint, dès que le vainqueur s'en fut éloigné. Odoacre, informé de son retour, envoya contre lui une armée nombreuse, sous les ordres d'Onulphe, son frère. Frédéric parvint de nouveau à trouver son salut dans la fuite[7]. Odoacre, reconnaissant combien il était difficile de protéger cette contrée contre les courses et les déprédations des peuples voisins sans y maintenir de fortes garnisons, et ne pouvant dégarnir l'Italie de ses troupes, qui y étaient nécessaires pour assurer sa domination, donna l'ordre à son frère de se retirer, en emmenant avec lui en Italie tous les Romains habitant ces contrées, afin qu'ils ne restassent point exposés aux ven-

---

1. Ennodius, *Vita sancti Epiphanii* (édit. Vogel, Monum. Germ., in-4°, Auct. Antiq., t. VII. p. 99. — édit. Migne, Patrologie Latine, t. LXIII, p. 226).

2. Paul Diacre, *de Gestis Langobardorum*, lib. I, cap. xix. (Monum. Germ., in-4°, Scriptores Rerum Langobardicarum, p. 57.) Paul Diacre, parlant de cette guerre, dit qu'Odoacre y mena non seulement des Italiens, mais d'autres nations qui lui obéissaient, les Turcilinges, les Hérules et même une partie des Ruges. Il avait sans doute des troupes de ces diverses nations, mais il n'était point maître de leurs pays.

3. Eugippius, *Vita sancti Severini* (Monum. Germ., in-4°, Auct. Antiq., t. I, *pars posterior* XLIV).

4. *Cassiod. Chron.* (édit. Mommsen, p. 159). — Bollandistes, *Acta Sanctorum* ad diem 8 Januarii. — Tillemont, *Empereurs*, t. VI, p. 448.

5. Il est appelé aussi Féban, Favien, Fethia, Feltée, Foeba.

6. Paul Diacre, *de Gest. Langobard.*, lib. I, cap. xix (Monum. Germ., in-4°, Scriptores Rerum Langobardicarum, p. 56).

7. Eugippius, *Vita sancti Severini* (Monum. Germ., in-4°, Auct. Antiq., t. I, pars II, XLIV-4.) — *Anonymi Valesiani pars posterior*, (édit. Mommsen, Monum. Germ., in-4°, Auct. Antiq., t. IX. Guerre contre les Ruges, p. 315.)

geances des barbares. On les dispersa en divers endroits, où ils s'établirent avec ce qu'ils avaient pu transporter de leurs biens. Ils emportèrent dans leur migration le corps de saint Séverin et cette précieuse relique fut placée dans le château de Lucullanum, situé entre Naples et Pouzzoles; là même où Odoacre avait relégué Romulus Augustule [1].

La double victoire remportée par Odoacre fut la cause du désastre qui allait l'accabler. Frédéric s'était réfugié en Mésie, auprès de Théodoric, roi des Ostrogoths, auquel il était uni par un lien de parenté. Théodoric trouva dans l'injure faite à un des siens l'occasion d'aller tenter en Occident des conquêtes que l'Orient n'avait pu lui fournir [2]. Il s'unit aux Ruges, et ceux que Frédéric avait conservés autour de lui, le suivirent dans ses campagnes [3].

Théodoric était fils de Théodemir [4], de la maison royale des Amali, considérée par les Goths comme la plus illustre de leur nation. Sa jeunesse s'était passée au milieu des aventures, des expéditions de guerre et de rapines qui remplissaient, à cette époque, toute la vie des barbares. Tantôt au service de l'Empire, tantôt ravageant les provinces de l'Orient, la guerre avait été pour lui, comme pour tous ceux de sa nation, l'occupation constante de son esprit, le but de son ambition et le moyen d'assurer sa richesse avec la subsistance de son armée. Parmi tant d'aventuriers qui désolaient et ruinaient le monde romain, aucun n'était plus audacieux que lui; aucun ne devait avoir une fortune plus brillante.

1. Eugippius, *Vita sancti Severini*, XLVI, 1 et 2 (Monum. Germ., in-4°, Auct. Antiq., t. I, pars II).
2. Ennodius, *Panegyricus Theodorici*.
3. Procope, *de Bello Goth.*, lib. III, cap. 2.
4. Jornandès, *de Rebus Get.*, 55 et suiv. dans l'édit. Mommsen : Getica, 52 (Monum. Germ., in-4°, Auct. Antiq., t. V, pars I, p. 127).
Theophanes (corpus Script. Hist. Byzant., p. 202) donne Théodoric comme fils de Valamir que Malchus (Corpus Hist. Byzant., t. I, p. 237) appelle Balamer, l'indiquant également comme père de Théodoric. D'après Jornandès (édit. Mommsen, Monum. Germ., in-4°, Auct. Antiq., t. V, pars I, p. 127), ce Valamir était oncle de Théodoric. Le comte Marcellin (*Marcellini Comitis Chronicon*, édit. Mommsen, Monum. Germ., in-4°, Auct. Antiq., t. XI, pars I, p. 92, ann. 482) nomme Théodoric. « Theodoricus cognomento Valamer. » Ce nom de Valamir serait alors un qualificatif qui, suivant Grotius, aurait signifié « prince ».

Il naquit sur les bords du lac Pelsodis (ou Pelsoïs), dans le voisinage de Carnuntum [1] et non loin de Vienne, peu d'années après la mort d'Attila. Une victoire venait de rétablir l'indépendance des Ostrogoths qui habitaient la Pannonie et avaient divisé cette province en trois royaumes, sur lesquels régnaient trois frères : Walamir, Théodemir et Widimir. Walamir périt dans une bataille et Widimir alla, à la tête d'une armée, chercher fortune en Italie et en Gaule. Théodemir resta ainsi seul chef de la nation des Ostrogoths [2].

Ce prince, après avoir sans doute commencé par dévaster les frontières de l'Empire, se mit à la solde de l'empereur, moyennant un subside annuel de trois cents livres d'or; et, comme gage de sa fidélité, il dut envoyer son fils Théodoric en otage à Byzance. Théodoric avait alors huit ans. Il resta dix ans à Constantinople, jusqu'au jour où, en 473, l'empereur le renvoya à son père, dans l'espoir de s'attacher davantage celui-ci en lui témoignant plus de confiance. Les Ostrogoths rentraient en ce moment dans la Pannonie après avoir achevé de vaincre les Alamans et les Suèves de la Germanie. Le jeune Théodoric revenait parmi les siens plein d'ardeur et de passion guerrière; fidèle aux traditions de sa race, il n'avait souci que des armes et bien qu'il eût été élevé à la cour de Constantinople, il ne savait ni lire, ni écrire et ne le sut jamais. Quand il fut roi en Italie, il fallut imaginer une marque grossière pour représenter sa signature. Les quatre lettres représentant le mot *Legi* (lu par moi) furent gravées sur une plaque d'or percée à jour. On posait cette plaque sur le papier et le roi conduisait sa plume entre les intervalles [3].

Peu après son retour en Pannonie, il réunit, à l'insu de son

1. Jornandès, *de Reb. Get.*, 52 (édit. Mommsen, Monum. Germ., in-4°, Auct. Antiq., t. V, pars I, p. 127). L'anonyme de Valois qui le donne comme fils naturel de Walamir dit qu'il était né d'une femme catholique nommée Ererileva (anonymus Valesianus, Monum. Germ., in-4°,.Auct. Antiq., t. IX, p. 322, n° 58).

2. Jornandès, *de Reb. Get.*, 54-55 (édit. Mommsen, Monum. Germ., in-4°, Auct. Antiq., t. V, pars I, p. 129-130).

3. *Anonymi Valesiani pars posterior* (Monum. Germ. Hist., Auct. Antiq., t. IX, p. 326, n° 79).

père, une troupe de six mille hommes et, passant le Danube, il attaqua à l'improviste les Sarmates qui, peu auparavant, avaient vaincu un général romain. Leur roi périt dans la mêlée et Théodoric revint chargé de butin, après avoir repris Singidunum que les Sarmates avaient enlevé à l'Empire et qui passa ainsi sous la domination des Goths.

L'Empire était sans cesse exposé aux coups de ceux mêmes des barbares qu'il avait à sa solde. Quand ils ne trouvaient point à piller ailleurs, ils se retournaient contre lui. Théodemir et son fils traversèrent la Mésie, prirent d'assaut plusieurs villes, s'emparèrent de Larisse et d'Éraclée en Thessalie, puis vinrent mettre le siège devant Thessalonique. Cette campagne eut l'issue ordinaire de ces sortes d'aventures en ce temps-là. Le défenseur de Thessalonique, ne se sentant point de force à défendre la place, négocia. Les Goths reçurent des présents et s'engagèrent à se retirer, sur la promesse que leur fit l'empereur de leur céder une partie de la Thrace. Théodemir étant mort peu de temps après, son fils lui succéda[1].

Le jeune Théodoric continua les traditions de sa famille et de sa nation. Il multiplia les incursions sur les domaines de l'Empire, dont il fut tour à tour le serviteur et l'ennemi. En 476 ou 477, il combattit Basiliscus et aida à rétablir sur le trône l'empereur Zénon[2]; puis, en 479, il se retourna contre celui qu'il venait de défendre. Il dévasta la Grèce[3] et s'empara de la ville de Dyrrachium, l'ancienne Épidamne, aujourd'hui Durazzo. Un homme de valeur, nommé Sabinianus, commandait alors les troupes impériales. Il leur avait donné plus de consistance en restaurant la discipline, et se trouva ainsi en mesure d'opposer une résistance sérieuse à l'invasion. Suivant l'usage des barbares, quand ils se heurtaient à une force capable d'arrêter leurs progrès, Théodoric demanda à entrer au service de l'Empire et, comme toujours aussi, trop faible pour le détruire, on l'admit dans l'armée romaine. Il reçut

1. Jornandès, de Rebus Get., 56 (édit. Mommsen, p. 132).
2. Ennodius, Panegyr. Theodorici. — Anonymi Valesiani pars posterior (Monum. Germ., in-4°, Auct. Antiq., t. IX).
3. Marcellini Comitis Chronicon (édit. Mommsen, p. 92).

le titre de général et de citoyen, puis fut envoyé combattre dans la Thrace un autre parti de Goths qui reconnaissait pour chef Théodoric, fils de Triarius [1]. Il s'éloigna, mais pour reparaître bientôt. En 482, il se jeta sur la Macédoine, puis sur la Thessalie qu'il couvrit de ruines : Larisse fut saccagée. L'empereur, impuissant à mettre un terme à ses déprédations, dut encore composer avec lui et le prendre à sa solde. Les circonstances étaient critiques et, de même qu'à l'époque de la révolte de Basiliscus, Zénon se voyait réduit à acheter le secours des barbares, pour défendre son trône.

Le patrice Illus, préfet de l'Orient, s'était révolté en 483, faisant cause commune avec le patrice Léontius. Les conjurés s'emparèrent de la forteresse de Papurium en Cappadoce où Zénon avait relégué Vérina Augusta, la veuve de l'empereur Léon. Ils l'emmenèrent à Tarse, où elle proclama et couronna empereur le patrice Léontius, qui se trouva bientôt entouré de partisans [2]. En présence de si graves difficultés, Zénon voulut à tout prix s'assurer le concours des Goths. Il accorda à Théodoric le titre de général de ses gardes et le désigna consul pour l'année suivante. Il l'adopta, non par l'adoption légale qui entraînait le droit de succéder à l'Empire, mais par une adoption honorifique et lui fit élever une statue équestre devant le palais impérial [3]. Il lui accorda ensuite le droit de conquérir une partie de la Dacie et de la Mésie, que possédaient sans doute les Gépides et les Bulgares, afin que les Goths pussent s'établir dans ces provinces [4]. En conséquence de ce traité, Théodoric fut créé consul en 484. Ce fut revêtu de cette dignité, qu'il joignit ses troupes à celles de Zénon et qu'il combattit Léontius et Illus, qui, au mois de juin de la même année, étaient entrés dans Antioche, maîtres déjà

---

1. *Excerpta e Malchi Historia* (Corpus Script. Hist. Byzant., t. I, p. 235-255).

2. Theophanès, *Chronographia* A. C., 472 à 480 (Corpus Script. Hist. Byzant., édit. de Bonn).

3. Jornandès, *de Reb. Get.*, 57 (édit. Mommsen, Monum. Germ., in-4°, Auct. Antiq., t. V, p. 132).

4. *Marcellini Comitis Chronicon* (édit. Mommsen, Monum. Germ., in-4°, Auct. Antiq., t. XI, pars I, p. 92).

d'une partie de l'Asie[1]. Une victoire remportée par les troupes de Zénon et de Théodoric, arrêta leurs progrès et les força à chercher un refuge dans ce même château de Papurium où avait éclaté leur rébellion[2]. Léontius y mourut en 485 ; Illus s'y maintint encore durant près de quatre ans[3].

La reconnaissance et l'amitié des Goths n'étaient jamais de longue durée. Trois ans après son consulat, Théodoric quittait, à la tête d'une armée nombreuse, la Mésie où il s'était établi, grâce à sa précédente réconciliation avec l'empereur. Brûlant et saccageant tout sur son passage, il étendit ses courses jusque non loin des murs mêmes de Constantinople[4].

Un historien grec de ce temps, Eustatius Epifaniensis, que reproduisent Evagrius et Nicéphore Calliste, prétend que Théodoric se décida à cette invasion parce qu'il apprit que l'empereur Zénon méditait de le faire assassiner[5]. C'est peu probable. L'empereur n'avait rien à gagner à sa mort. Sa conduite était celle de tous les chefs barbares. Celui qui lui aurait succédé aurait agi de même. Le profit qu'il avait tiré de ses courses aventureuses, suffisait à le pousser à en entreprendre de nouvelles. Il savait que les richesses de l'Empire étaient une proie facile à saisir et, qu'avec du butin, il obtiendrait une paix d'autant plus profitable qu'il se serait montré plus dangereux et plus avide. Cette paix, il l'obtint en effet de nouveau, au moment où son intervention dans la lutte entre Odoacre et les Ruges lui préparait les plus brillantes destinées.

L'histoire des premières années de Théodoric fait connaître son caractère bien mieux que les éloges de ses panégyristes.

---

1. Theophanes, *Chronographia* A. C., 476 (Corpus Script. Hist. Byzant., p. 201). — *Marcellini Comitis Chronicon* (édit. Mommsen, p. 92). — Victor Tonnennensis, *Chronicon* (édit. Mommsen, Monum. Germ., in-4°, Auct. Antiq., t. XI, pars I, p. 190.)

2. Theophanès, *Chronographia*. A. C., 480 (p. 204). — *Evagrius*, lib. III, cap. XXVII.

3. *Marcellini Comitis Chronicon* (édit. Mommsen, p. 92-93).

4. *Marcellini Comitis Chronicon* (édit. Mommsen, p. 93).

5. *Evagrius*, l. III, cap. XXVII (Migne, Patrologie, Pères grecs, t. LXXXVI, p. 2653). — *Nicéphore Calliste* (Migne, Patrologie, Pères grecs, t. CXLVII, liv. XVI, cap. VIII, p. 130.)

Vrai barbare, il n'estimait que la force, ne concevait d'autre existence que celle d'un chef de bande vendant le concours de son armée au plus offrant et cherchant, dans de continuelles aventures, l'occasion de s'enrichir par le pillage. Il avait passé son enfance à Constantinople, mais la civilisation n'avait pas eu de prise sur sa rude nature; elle n'avait ni adouci ses mœurs, ni orné son esprit. Comme tous les barbares, il méprisait et enviait à la fois les hommes policés, sentant en eux une supériorité qu'il ne pouvait atteindre. Il est bien difficile d'admettre qu'un tel homme, profondément ignorant et n'ayant vécu que de la vie d'un pirate, eût des idées bien larges et une intelligence bien haute. Il est à croire, comme on le verra dans la suite, qu'il y a beaucoup d'exagération dans les éloges qui l'ont fait paraître si grand aux yeux de la postérité. Mais il avait cette habileté et cette ruse que développe une vie d'aventures et que les anciens notaient comme un des caractères distinctifs des barbares. D'ailleurs il était sans scrupules, et jamais le respect de la parole donnée ne l'arrêta quand ses engagements se trouvaient opposés à ses intérêts. Tel nous l'avons vu dans ses rapports avec l'empereur, trahissant tous les traités qui le liaient, dès qu'il n'y trouvait plus son intérêt, tel nous le retrouverons dans la suite de son histoire.

Comme tous les gens de sa race, il était d'une haute et puissante stature. Sa force était peu commune, même parmi les siens[1].

Ses sujets, semblables à lui-même, constituaient une armée plutôt qu'un peuple. Les Goths ne vivaient que de rapines. Méprisant toute autre industrie que la guerre, ils cherchaient leur subsistance dans le pillage et consommaient rapidement, au retour de leurs expéditions, le butin qu'ils en rapportaient. Leur pauvreté était donc incurable, et sans cesse leurs besoins les poussaient à de nouvelles entreprises. En vain, les empereurs leur abandonnaient des pays entiers; leurs déprédations avaient bientôt fait d'y détruire la culture. Entre

---

1. Ennodius, *Panegyr. Theodorici* (édit. Migne, Patrologie Latine, t. LXIII. — Ldit. Vogel, Monum. Germ., in-4°, Auct. Antiq., t. VII).

leurs mains, les terres les plus fertiles devenaient bientôt
stériles, et après avoir dévoré la contrée qu'on leur cédait, ils
étaient poussés par la nécessité à en ravager d'autres[1]. La
Mésie qui leur avait été livrée en dernier lieu, ne leur suffisait
déjà plus et ils aspiraient à reprendre leur vie errante, à la
recherche de nouvelles conquêtes[2].

On dit que l'empereur Zénon, fatigué de leur terrible voisinage et voulant à tout prix débarrasser ses États de ce
fléau, persuada lui-même à Théodoric de porter ses armes du
côté de l'Italie[3]. Ce conseil était en effet d'une politique habile.
En mettant aux prises Théodoric et Odoacre, il les engageait
l'un et l'autre dans une guerre longue et difficile, durant
laquelle l'Orient n'aurait plus à redouter les incursions des
barbares, occupés à se déchirer entre eux. Le résultat, quel
qu'il fût, ne pouvait être nuisible à l'empereur, puisque, si
Odoacre demeurait victorieux, il ne devait être que ce qu'il
était déjà : maître de l'Italie. On pouvait espérer en tous cas
qu'il sortirait de la lutte meurtri et affaibli ; et Théodoric vaincu
serait anéanti. Si, au contraire, Théodoric réussissait dans son
entreprise, Odoacre disparaissait pour faire place à son vainqueur. Puisque l'Italie était, au moins momentanément, perdue, peu importait qu'elle obéît à l'un ou à l'autre. De toute
façon, on était assuré de voir succomber un des deux adversaires et de n'en avoir plus qu'un à combattre, le jour où il
deviendrait possible de penser à restaurer l'Empire dans ses
anciennes limites. Jornandès, qui tient à laisser au héros de
sa nation, non seulement la gloire d'avoir mené à bien l'entreprise, mais aussi celle de l'avoir conçue, raconte que ce
fut Théodoric qui, en personne ou par un message, demanda
à l'empereur Zénon l'autorisation de passer en Italie avec
toutes ses forces, « pour délivrer cette contrée de la tyrannie
du roi des Turcilinges et des Ruges. »

1. Gibbon, *Décadence de l'Empire Romain*, ch. xxxix.
2. *Historiæ Miscellæ*, lib. XV (Rerum Italic. Script., t. I).
3. Procope, *De Bello Goth.*, lib. I, cap. 1. — *Evagrius*, liv. III, ch. xxvii (Migne,
Patrologie, Pères Grecs, t. LXXXVI. — Theophanes, *Chronographia* A C., 477,
p. 202. (Corpus Script. Hist. Byzant.). — *Anonymi Valesiani pars posterior*
(Monum. Germ., in-4º. Auct. Antiq., t. IX, p. 316, nº 49).

« Si je triomphe, dit Théodoric dans le discours que lui prête l'historien des Goths, Votre Majesté aura la gloire de ma victoire, car je devrai mes conquêtes à votre munificence et ce sera de vous que je tiendrai ces États. Si, au contraire, je suis vaincu, ma défaite ne vous fera rien perdre. Vous n'y trouverez que profit, puisque vous épargnerez les pensions que vous me payez ; et vous serez délivré du poids de ma nation[1]. » Ces raisons étaient en effet de nature à convaincre l'empereur d'encourager les Goths dans leurs projets et de leur en donner l'idée, s'ils ne l'avaient pas d'eux-mêmes.

On était arrivé à l'automne de l'année 488 quand les Goths se mirent en marche. Ce n'était plus cette fois une armée d'aventuriers qui se préparait à ravager l'Italie : l'invasion des Ostrogoths fut la migration de tout un peuple. Théodoric rassembla toutes les tribus qui le reconnaissaient pour chef et elles quittèrent sous ses ordres, sans esprit de retour, la Mésie, la Pannonie et les autres pays voisins du Danube où elles se trouvaient campées à cette époque. Elles partirent en masse, emmenant femmes, enfants et vieillards. Une longue file de chariots portaient ceux que leur âge, leur faiblesse ou leurs infirmités empêchaient de suivre les troupes. D'immenses convois traînaient tout ce que l'on avait pu emporter, le bétail et les approvisionnements dont on disposait[2]. Aucune indication ne permet de fixer, même approximativement, le nombre de ces émigrants ; mais ils nous sont représentés comme formant une multitude[3].

. Pour atteindre la frontière de l'Italie, les Goths avaient à traverser des contrées habitées par des peuplades guerrières que la crainte de la violence et, peut-être, l'influence d'Odoacre firent recourir aux armes pour s'opposer aux progrès de l'envahisseur[4]. Quand, au mois de février, Théodoric parvint

1. Jornandès, de Reb. Get., 57 (Rerum Italic. Script., t. I. — Édit. Mommsen, Monum. Germ., in-4°, Auct. Antiq., t. V, pars I, n° 57, p. 132-133).
2. Marcellini Comitis Chronicon (édit. Mommsen, Monum. Germ., in-4°, Auct. Antiq., t. XI, pars I, p. 93).
3. Ennodius, Panegyr. Theodorici. Innumeros diffusa per populos gens una contrahitur, migrante tecum ad Ausoniam mundo.
4. Historiæ Miscellæ, lib. XV (Rerum Italic. Scrip., t. I). — Anonymus Valesianus.

aux bords d'une rivière nommée l'Ulca, il y trouva les Gépides prêts à défendre le passage. Les vivres commençaient à s'épuiser et les Goths, n'ayant rien laissé derrière eux, s'étaient rendu toute retraite impossible. Il fallut combattre. Une victoire sanglante permit à Théodoric de continuer sa route ; mais, bientôt après, il eut à briser la résistance des Bulgares d'abord et ensuite des Sarmates[1]. Ce ne fut qu'après une série de combats, livrés au milieu des neiges, dans un pays rigoureux, que les Goths apparurent aux portes de l'Italie, au mois d'avril de l'année 489[2].

Odoacre avait eu le temps de rassembler les troupes nombreuses qu'il entretenait à son service. Elles étaient composées de bandes de barbares de diverses nations, dont les chefs prenaient le titre de rois[3]. A la tête d'une puissante armée, il avait pris position sur les bords du Sontius (l'Isonzo), couvrant la ville d'Aquilée. Cette place était alors de la plus grande importance, car là se trouvait la jonction de la voie Émilienne avec les routes de la Rhétie, de la Pannonie, de l'Istrie et de la Dalmatie[4].

Après quelques jours de repos donnés à ses troupes, Théodoric voulut forcer le passage du fleuve. Il s'ensuivit une bataille décisive, qui fut pour les Goths une complète victoire. Après une mêlée sanglante, Odoacre ne put défendre Aquilée ; il se replia en désordre sur Vérone. Non loin de cette ville forte, il essaya de défendre le passage de l'Adige[5]. La seconde rencontre fut pour lui plus désastreuse et plus meurtrière que sa première défaite. Telle fut la déroute de son armée, que le vainqueur réussit à jeter dans le fleuve une partie de

1. Ennodius, *Panegyr. Theodorici* (édit. Vogel, Monum. Germ.. in-4°, Auct. Antiq., t. VII, (VII 35).

2. *Cassiodori Chronica*, ann. 489 (édit. Mommsen, Monum. Germ., in-4°, Auct. Antiq., t. XI, pars 1, p. 159).

3. Ennodius, *Panegyr. Theodorici*. On sait que tous les chefs de barbares s'affublaient du titre de roi (Migne, Patrologie Latine, t. LXIII, p. 174 et Monum. German., in-4°, Auct. Antiq., t. VII, édit. Vogel).

4. *Anonymi Valesiani pars posterior* (édit. Mommsen, Monum. Germ. Auct. Antiq., t. IX, p. 316, n° 50.) — Jornandès, *Getica*, (édit. Mommsen, 57, p. 133).

5. *Anonymi Valesiani pars posterior* (édit. Mommsen, Monum. Germ., in-4°, Auct. Antiq.. t. IX, p. 316, n° 50).

ses troupes et à lui couper la retraite sur Vérone. La ville, mal défendue, fut prise sans coup férir.

L'armée qu'Odoacre commandait était, sinon anéantie, au moins hors d'état de tenir la campagne avec quelque éspérance de succès. Mais sa retraite vers le centre de l'Italie était assurée ; car Tufa, général d'Odoacre, se trouvait à Milan avec une seconde armée, qui pouvait opérer sur les derrières de l'armée des Goths. De sorte que Théodoric ne pouvait inquiéter la retraite d'Odoacre, sans s'exposer à être pris entre deux armées ennemies. Ce danger, qui arrêtait la marche victorieuse de Théodoric, pouvait se présenter également pour Odoacre. Rome subissait impatiemment la domination étrangère et ne pouvait manquer de faire cause commune avec l'envahisseur, ou du moins de profiter de l'affaiblissement du barbare qui la dominait, pour essayer de secouer le joug. A Rome, on était nécessairement du parti de celui qui venait détruire la domination étrangère, sauf à devenir ensuite son adversaire. Or, le soulèvement de Rome pouvait faire perdre à Odoacre toute ligne de retraite vers le sud de l'Italie, et une armée pouvait s'y lever derrière lui. Il chercha à prévenir ce péril et se retira précipitamment vers les bords du Tibre. Il arrivait trop tard. La nouvelle de sa défaite l'avait précédé et, quand il se présenta aux portes de Rome, il les trouva fermées. Impuissant à tirer vengeance de ce soulèvement, il ne put que ravager la campagne[1]. Sa situation était extrêmement critique. Pour continuer la guerre, il lui fallait trouver un refuge et une base d'opérations en dehors de la ligne où il se trouvait placé entre la révolte et l'invasion.

Ravenne répondait à cette nécessité. Les fortifications de cette ville et les marais qui l'entouraient, la mettaient à l'abri d'un coup de main et rendaient un assaut à peu près impossible, tandis que le voisinage de la mer et la sûreté du port permettaient de ravitailler la place. L'armée d'Odoacre pouvait donc s'y refaire. Elle y trouvait d'autres avantages encore. Placée à Ravenne, elle empêchait Théodoric de mar-

---

1. *Historiæ Miscellæ*, lib. XV (Rerum Italic. Script., t. I).

cher sur Rome. Si, en effet, il tentait de s'avancer par la voie Émilienne, il était exposé à être attaqué en flanc ou par derrière et, en cas de défaite, à n'avoir aucune retraite possible. L'assaillant conservait, au contraire, dans Ravenne, un refuge assuré. D'autre part, si l'armée de Milan tenait assez longtemps pour permettre à Odoacre de reconstituer ses forces, il avait, dans Ravenne, une base d'opérations, d'où il pouvait tenter une marche, dont le résultat devait être de placer Théodoric entre l'armée de Tufa et la sienne. Odoacre prit donc le seul parti que les circonstances lui permettaient. Revenant sur ses pas par la voie Émilienne, il alla s'enfermer dans Ravenne.

Après la bataille de Vérone, la présence à Milan de l'armée commandée par Tufa avait empêché Théodoric d'inquiéter la retraite d'Odoacre. Force lui était d'anéantir cette armée, avant de songer à continuer ses conquêtes vers le centre de l'Italie. Il marcha donc sur Milan. Tufa ne se sentant pas de force à soutenir le choc, se sauva par une ruse de barbare. Il feignit de vouloir entrer au service du vainqueur. Il n'y avait dans une pareille défection rien qui dût étonner Théodoric. N'était-ce point de cette façon que lui-même avait constamment agi dans ses engagements vis-à-vis de l'empereur? Les barbares n'avaient-ils pas toujours pour habitude de se vendre au plus offrant et de se tourner sans scrupule du côté où ils trouvaient le plus d'avantages? Théodoric ne comprenait pas qu'un chef de bande pût rester fidèle à un parti vaincu. C'est ce qui permit à Tufa de se jouer de lui. Le général d'Odoacre livra donc Milan et sans doute Pavie (Ticinum). Ce fut l'évêque saint Épiphane qui traita de la reddition de cette ville. Les troupes de Tufa furent dès lors considérées par Théodoric comme faisant partie de son armée. Il voulut les utiliser sans retard. Tufa reçut l'ordre de former l'avant-garde des Goths et de marcher sur Ravenne. C'était précisément ce qu'il désirait, et l'on peut croire, sans crainte de se tromper, que si cette mission lui fut confiée, c'est qu'il la sollicita. Aussitôt il s'avança jusqu'à Faventia. Odoacre sortit de Ravenne à sa rencontre et lorsque les deux chefs furent en présence, ils se réunirent. La défection de Tufa n'avait été qu'une ruse, destinée à le sauver du désastre qui le menaçait et à lui permettre d'accomplir sa jonction avec Odoacre. Il avait obtenu mieux encore. Théodoric avait mis sous ses ordres une partie des Goths. Officiers et soldats de ces troupes furent faits prisonniers. Odoacre et Tufa rentrèrent ensuite ensemble dans Ravenne[1].

Les forces d'Odoacre étaient ainsi reconstituées et rassemblées, au lieu que celles de son adversaire se trouvaient amoindries. Il voulut profiter d'un si grand avantage et reprit l'offensive. Il s'avança jusqu'à Crémone, qui sans doute n'avait cessé d'être occupée par une garnison de son parti et dont la possession assurait sa marche ou sa retraite. De Crémone il marcha vers Milan à la rencontre des Goths. Cette fois encore, il arrivait trop tard. Théodoric avait demandé du secours aux Visigoths établis dans les Gaules et Alaric, qui régnait alors sur ce peuple, s'était empressé de lui envoyer un puissant renfort dont la jonction avec les Goths était accomplie, quand Odoacre approcha. Aussi Théodoric, laissant dans Pavie toute la population et les longs convois qui alourdissaient et retardaient sa marche, prit à son tour l'offensive. Le choc se produisit sur les bords de l'Adda, le 13 août 490. Cette bataille était décisive. De part et d'autre, on lutta avec la même ardeur et le même acharnement. Ce fut, semble-t-il, la rencontre la plus sanglante de cette guerre. Elle se termina par la défaite complète d'Odoacre, qui fut réduit à fuir vers Ravenne, avec les restes débandés de ses troupes, dont la meilleure partie périt avec Pierius, comte des domestiques.

Aucun obstacle n'arrêtait plus Théodoric. Il fut bientôt sous les murs de Ravenne. Il ne pouvait penser à enlever d'assaut une place aussi forte. Il en commença le siège et, comme l'avait fait jadis Odoacre, ce fut sur la lisière de la Pinéta que lui aussi établit son camp qu'il fortifia[2].

Tandis que se disputait ainsi la possession de l'Italie, un

---

1. *Anonymi Valesiani pars posterior* (Monum. Germ., in-4°, Auct. Antiq., t. IX, p. 316, n° 50). — *Historiæ Miscellæ*, lib. XV. — Ennodius, *Vita sancti Epiphanii Ticinensis episcopi* (Migne, Patrologie Latine, t. LXIII, p. 225).

2. *Anonymi Valesiani pars posterior* (édit. Mommsen, p. 316, nᵒˢ 50, 53).

nouveau malheur vint accabler cet infortuné pays. Gundebaud, roi des Burgundes, passa les monts, à la tête d'un
parti nombreux de barbares de sa nation. Il se jeta sur la
Ligurie qu'aucune force ne protégeait et mit cette contrée à feu
et à sang. Après avoir pillé les villes et les campagnes, il
reprit le chemin des Gaules, chargé de butin et emmenant
en esclavage une grande partie de la population[1]. On peut
conclure du récit des anciens chroniqueurs que Gundebaud
fut attiré en Italie par les demandes de secours que lui avait
adressées un des chefs qui s'y trouvaient aux prises. Mais
ils ne nous disent point si ce fut Odoacre ou bien Théodoric
qui appela Gundebaud. Il semble plus probable que ce fut
Théodoric. Nous savons en effet que Théodoric entretenait
des rapports avec les différents chefs barbares et nous
l'avons vu s'adresser aux Visigoths, quand la jonction de
Tufa et d'Odoacre l'avait mis en péril. En même temps
qu'il s'était adressé aux Visigoths, il s'était adressé sans doute
aussi aux Burgundes. Ceux-ci arrivèrent après la bataille de
l'Adda, quand leur aide n'était plus nécessaire. Ils se payèrent
de leur concours, en pillant un pays livré sans défense à
leurs rapines.

Tandis que cette course de pirates achevait de désoler et de
ruiner le nord de l'Italie, Théodoric tenait Ravenne assiégée.
Odoacre la défendait avec la plus courageuse énergie. Il
essaya plus d'une fois de surprendre les assiégeants par de
brusques sorties; mais ce fut toujours en vain. Une fois il
parvint à assaillir le camp de la Pinéta et à y jeter l'alarme,
mais il fut repoussé avec des pertes énormes, laissant parmi
les morts Levila, maître de la Milice, qui périt dans le Bidente
ou le Vegente (Bedese ou Binco), en cherchant à repasser
cette rivière[2]. Quelque temps après, il profita de l'obscurité

Suivant Cassiodore, la troisième bataille entre Théodoric et Odoacre eut
lieu sur les bords de l'Adda (*Cassiodori Chronica*, édit. Mommsen, Monum.
Germ., in-4°, Auct. Antiq., t. XI, pars 1, p. 159).

1. *Historiæ Miscellæ*, lib. XV. — Ennodius, *In Natali Laurentii Mediola-
nensis Episcopi Dictio prima* (Migne, Patrologie Latine, t. LXIII, p. 263). —
In Natali Laurentii Mediol. Episc. (édit. Vogel).

2. *Anonymi Valesiani pars posterior* (édit. Mommsen, p. 318, n° 54). —
Historiæ Miscellæ, lib. XV (Rerum Italic. Script., t. I).

dè la nuit pour essayer une nouvelle surprise. Cette tentative
amena une nouvelle bataille, livrée au pont du Candidianum,
lieu bien connu dans les environs de Ravenne [1]. Le camp de
la Pinéta était sans doute voisin de cet endroit. Là encore les
Goths furent victorieux [2]. Cette victoire, comme les précédentes, n'eut d'autre résultat que d'éviter aux Goths l'obligation de lever le siège. Elle ne pouvait amener la reddition de
la place. Odoacre disposait encore de forces suffisantes pour
repousser un assaut que la position de Ravenne rendait, d'ailleurs, extrêmement difficile, même si la ville eût été mal
défendue; et comme elle était constamment ravitaillée par
mer, le siège traînait en longueur.

Pour forcer Ravenne à capituler, il fallait réussir à l'affamer. Dans ce but, Théodoric s'éloigna avec une partie de ses
troupes et alla s'emparer d'Ariminum (Rimini) où il s'occupa
de réunir une flotte, avec laquelle il se rendit maître de
Portus Leonis, coupant ainsi aux assiégés leurs communications par mer. Il s'établit dans ce lieu et y construisit un petit
palais qui, plus tard, devint un monastère de sainte Marie et
fut démoli, au IXe siècle, par ordre de l'évêque [3]. Les Goths
étant maîtres de la mer, l'investissement de Ravenne se trouvait achevé. Quelques mois plus tard, la ville affamée était,
après de terribles souffrances, réduite à se rendre. L'archevêque reçut la mission de négocier la capitulation [4]. On ne
sait quelles conditions il obtint.

Procope affirme qu'il fut stipulé qu'Odoacre partagerait le
pouvoir avec son vainqueur [5]. D'autres auteurs disent qu'il

---

1. *Cassiodori Chronica* (édit. Mommsen, Monum. Germ., in-4°, Auct.
Antiq., t. XI, pars I, p. 159).
2. *Historiæ Miscellæ*, liv. XV. — Cassiodore (*Chron.*) désigne le lieu de
cette bataille sous le nom ad pontem Candidiani. — Agnellus (*Vitæ Archiepiscoporum Ravenn.*, pars I, *Vita sancti Johannis*, cap. III) dit que Théodoric avait pris position non loin de Ravenne dans le champ qu'on appelle
Candianum et qu'Odoacre après deux défaites revint l'attaquer dans cette
même plaine et y fut vaincu une troisième fois (Muratori, Rerum. Italic.
Script., t. II, pars I).
3. Agnellus, *Vitæ Archiepisc. Ravenn.*, pars I, *Vita sancti Johannis*,
cap. III (Rerum Italic. script., t. II et Monum. Germ. in-4°, Scriptores Rerum
Langobardicarum, p. 303-304),.
4. Agnellus, *ibid.* — Procope, *de Bello Goth.*, lib. I, cap. 1.
5. Procope, *de Bello Goth.*, lib. I, cap. 1.

n'obtint que la vie sauve, ou qu'il reçut la promesse d'une cession de territoire en Italie[1]. On est donc réduit à cet égard à des conjectures. Peut-être Procope est-il le plus près de la vérité. Les troupes d'Odoacre étaient encore nombreuses et, réduit au désespoir, il pouvait se rendre redoutable. Il est donc fort admissible qu'il ait fait avec Théodoric un de ces accords, si fréquents dans l'histoire des barbares, par lesquels ils s'enrôlaient au service de leurs ennemis, quand ils ne pouvaient pas les combattre avec succès. Quelque pouvoir fut peut-être laissé à Odoacre, comme chef militaire sous l'autorité du roi des Goths. La façon dont ce dernier se débarrassa de lui, semble prouver qu'il en fut ainsi. Quel intérêt aurait pu pousser Théodoric à manquer à sa parole, s'il ne lui avait laissé que la vie sauve.

La capitulation fut conclue le 25 février 493[2] ou le 27 février de ce mois. Odoacre livra son fils comme otage[3], et le 5 mars, Théodoric entra solennellement dans Ravenne. L'archevêque, accompagné du clergé tout entier, s'avança processionnellement à sa rencontre, portant les Évangiles et chantant des psaumes. Tous se prosternèrent devant le roi des Goths, le priant d'épargner la cité et ses habitants. La promesse que fit à cet égard le roi des Goths, fut scrupuleusement observée. Mais il n'en fut pas de même de celle qui concernait Odoacre. Peu de jours après, Théodoric invita Odoacre et ses principaux partisans à un festin. Ils s'y rendirent sans méfiance et furent tous massacrés. Théodoric frappa de sa main son rival. Le même jour, tous ceux qu'on pouvait croire fidèles au parti des vaincus furent mis à mort[4].

1. *Anonymi Valesiani pars posterior* (édit. Mommsen, Monum. Germ., in-4°, Auct. Antiq., t. IX, p. 320, n° 54).

2. Agnellus, *Vitæ Archiepisc. Ravenn.*, pars I, *Vita sancti Johannis*, cap. III.

3. Agnellus, *Vitæ Archiepisc. Ravenn.*, pars I, *Vita sancti Johannis*, cap. III.

4. *Anonymi Valesiani pars posterior* (édit. Mommsen, p. 320, n°ˢ 54, 56). — Procope, *de Bello Goth.*, l. I, cap. 1. — *Cassiodori Chronica* (édit. Mommsen, p. 159). — *Marcellini Comitis Chronicon* (édit. Mommsen, p. 93). — Agnellus. *Vitæ archiepisc. Ravenn.*, pars I. *Vita sancti Johannis* (Rerum Italic. Script., t. II).

Procope et Cassiodore racontent qu'une conspiration, ourdie par Odoacre, fut la cause de ce parjure et de ces meurtres[1]. Théodoric n'avait point besoin d'une semblable raison; son intérêt était à ses yeux une raison suffisante. Il n'en connaissait point d'autres et l'histoire de sa vie montre combien peu la parole donnée comptait pour ce barbare.

Ainsi se termina cette guerre mémorable qui avait duré plus de quatre ans. Ravenne s'était défendue pendant près de trois ans[2]. L'Italie entière succombait avec elle; Théodoric acheva promptement sa conquête, sans avoir, semble-t-il, rencontré de résistance sérieuse. A l'exemple d'Odoacre, il ne prit pas le titre d'empereur et continua à porter celui de roi dont se paraient les chefs barbares[3]. Comme l'avait fait Odoacre, il établit sa résidence à Ravenne. Le choix de cette ville était motivé par l'importance militaire de sa position et par le peu de sympathie des Romains pour les conquérants étrangers. Rome ne leur offrait aucune sécurité et leur inspirait une sorte de crainte.

1. *Cassiodori Chronica* (édit. Mommsen, p. 159). — Procope, *de Bello Goth.*, lib. I, cap. 1.

2. Procope, *de Bello Goth.*, lib. I, cap. 1. — Agnellus, *Vitæ archiepisc. Ravenn.* pars I. *Vita sancti Johannis*, cap. III. (Rerum Italic. Script., t. II et Monum. Germ., in-4°, Scriptores Rerum Langobardicarum, p. 304).

3. Procope, *de Bello Goth.*, lib. I, cap. 1 (Corpus Script. Hist. Byzant.).

CHAPITRE II

POLITIQUE EXTÉRIEURE ET DIPLOMATIE DE THÉODORIC

Cassiodore. — But de la diplomatie de Théodoric. — Alliances politiques et de -famille. — Intervention en faveur des Alamans. — Guerre contre les Bulgares. — Conquête de la Pannonie et de la Dalmatie. — Relations avec la cour de Byzance. — Ambassade de Faustus. — Intervention de Pitzia en faveur de Mundus. — Défaite des armées impériales. — Théodoric et Clovis. — Ambassades et négociations. — Guerre des Francs contre les Visigoths. — Défaite et mort d'Alaric. — Giselic. — Siège d'Arles. — Conquête de Théodoric en Gaule. — Dévastation des côtes de l'Italie par la flotte impériale. — Alliance de l'Empire avec Clovis. — Paix entre les Goths et les Francs. — Expédition d'Ibba en Espagne. — Les Visigoths soumis à Théodoric. — Rétablissement des relations entre Théodoric et l'Empire. — Mort de Clovis. — Partage de ses États. — Guerre et paix entre les Goths et les Francs. — Saint Césaire à Ravenne. — Partage de la Burgundie.

Théodoric était âgé de trente-neuf ans lorsqu'en 494, il se trouva maître de l'Italie tout entière[1]. Il s'était montré le plus grand homme de guerre de son temps; mais étranger à la civilisation romaine et dépourvu de toute culture intellectuelle, il était peu préparé à gouverner le peuple que le sort des armes lui avait soumis. Il dut la prospérité et la gloire de son règne aux conseils d'hommes habiles et intègres qu'il eut le mérite de savoir choisir et de savoir comprendre.

Cassiodore, que nous désignerons, pour le distinguer, par la dignité de patrice dont il fut revêtu et son fils, Flavius Magnus Aurélius Sénator Cassiodore, paraissent avoir eu tout particulièrement part à la confiance de Théodoric dont ils furent, semble-t-il, les principaux conseillers[2].

---

1. Il naquit probablement en 455. Nous avons vu, en effet, qu'il devait être âgé de dix-huit ans quand l'empereur le renvoya à son père en 473.

2. *Cassiodori Variarum* lib. I, ep. III et IV; lib. III, ep. XXVIII; lib. IX, ep. XXIV et ep. XXV (édit. Mommsen, Monum. Germ., in-4°, Auct. Antiq., t. XII). — Mommsen, *Cassiod. Variar. Prooemium*, p. VIII-XI.

Cassiodore, le père, s'attacha à la fortune du roi des Goths
dès la prise de Ravenne et devint, pour son nouveau maître,
un serviteur dévoué. Il était né, en 460 probablement, d'une
famille ancienne et illustre qui, originaire de la Syrie, était
établie depuis plusieurs générations à Scyllaceum, ville principale du Brutium[1]. Son grand-père avait sauvé la Sicile et
le Brutium d'une invasion des Vandales, quelque temps avant
l'époque où Genséric s'empara de Rome[2]. Son père avait
occupé à la cour d'Occident les dignités importantes de tribun
et de notaire, puis était retourné vivre dans sa ville natale,
après avoir été le conseiller de l'empereur Valentinien et avoir
eu l'honneur d'être choisi pour accompagner dans une ambassade auprès d'Attila, Carpilion, le fils d'Aëtius dont il était
l'ami[3]. Les Cassiodores étaient alliés aux plus grandes familles
romaines. On sait en effet, de la façon la plus certaine, que
Proba, qui tenait aux plus illustres maisons de Rome, était
leur parente[4].

Le patrice Cassiodore avait été appelé fort jeune aux fonctions publiques. Il ne devait guère avoir plus de vingt ans
environ, quand, sous le règne d'Odoacre, il fut honoré de la
Comitiva Privatarum, dont il s'acquitta de manière à mériter
les plus grands éloges et de nouveaux honneurs. Créé *comes
sacrarum largitionum*, il continua à faire preuve du plus
noble caractère et de la plus grande intelligence[5]. Quand
Odoacre tomba, Cassiodore se montra favorable à Théodoric
dans sa province où il s'était retiré ou qu'il était alors chargé
d'administrer[6]. Il y rendit au roi des Goths un service signalé,
en empêchant par son habileté la Sicile de se soulever et

1. *Cassiod. Variar.* lib. XI, ep. xxxix (p. 353, lig. 17-18), lib. XII, ep. xv
(p. 372, lig. 15) (Monum. Germ., in-4°, Auct. Antiq., t. XII.) — Mommsen,
Prœmium, ibid., p. viii.
2. *Cassiod. Variar.* lib. I, ep. iv (p. 15, lig. 26) (édit. Mommsen, Monum.
Germ., in-4°, Auct. Antiq., t. XII).
3. *Cassiod. Variar.* lib. I, ep. iv (*ibid.,* p. 15, lig. 8 à 26).
4. *Cassiodori de Institutione divinarum litterarum,* cap. xxiii (édit. Migne,
Patrologie Latine, t. LXX, p. 1137).
5. *Cassiod. Variar.* lib. I, ep. iv (édit. Mommsen, Monum. Germ., in-4°, Auct.
Antiq., t. XII, p. 14, lig. 9 à 20).
6. *Cassiod. Variar.* lib. I, ep. iii. — Mommsen, *Cassiod. Variar. Prœmium,*
p. viii.

en amenant cette province à se soumettre au vainqueur dans un moment où, comme le dit Théodoric, les provinces hésitaient à accepter une domination nouvelle[1]. Le roi le récompensa en lui laissant ou en lui donnant l'administration du Brutium, puis en l'appelant à la cour où il reçut la dignité consulaire[2]. Il fut nommé préfet du prétoire en l'an 500 ou peu après, sortit de charge en 507 et fut alors honoré de la dignité de patrice[3].

L'importance des services qu'il rendit au roi des Goths, est attestée par les éloges que Théodoric lui-même se plaît à lui prodiguer. Notifiant au Sénat qu'il l'a revêtu de la dignité de patrice, il ne lui ménage point les marques de son affection et de sa reconnaissance. « Il est, écrit-il, plein de modération et d'équité. Ses mérites provoquent sans cesse la gratitude et, toujours avide de donner, il n'accepte qu'à regret. Guidé par l'amour de la justice et la haine du crime, il a fait plus que se couvrir de gloire, car il laisse à la postérité l'exemple de ses bonnes actions[4]. » A un moment où il se trouvait éloigné de la cour, Théodoric presse son retour par une lettre qui contient le plus bel éloge de ses vertus et de ses talents. Après avoir déclaré hautement que lui-même doit à ce fidèle serviteur la gloire de son règne et les peuples le bienfait d'une sécurité complète, d'une justice devant laquelle aucun innocent n'a jamais craint de comparaître et qui est d'autant plus chère à tous que rien ne peut la corrompre, le roi le rappelle dans ce palais qu'il a orné par son intégrité et ses vertus, puis, termine en lui disant : « Hâte-toi ; accélère ton retour[5]. »

Le fils du patrice Cassiodore, Flavius Magnus Aurélius Sénator Cassiodore, naquit en l'année 490 ou plus probablement quelques années avant cette date[6]. Il reçut une éduca-

---

1. *Cassiod. Variar.* lib. I, ep. iii (édit. Mommsen, p. 12, lig. 27).

2. *Cassiod. Variar.* lib. I, ep. iv (p. 14, lig. 21). — Mommsen, *Cassiod. Variar. Prooemium*, p. viii.

3. Mommsen, *Cassiod. Variar. Prooemium*, p. ix.

4. *Cassiod. Variar.* lib. I, ep. iv (édit. Mommsen, Monum. Germ., in-4°, Auct. Antiq. t. XII, p. 14, n° 8).

5. *Cassiod. Variar.* lib. III, ep. xxviii.

6. Mommsen, *Cassiod. Variar. Prooemium*, p. x.

tion conforme à sa naissance et fut soigneusement instruit dans les lettres. Attaché, avec le titre de conseiller, à la préfecture du prétoire alors que son père exerçait cette magistrature, il prononça un éloge de Théodoric qui, frappé des qualités et du talent qu'il faisait paraître, le nomma questeur, bien qu'il fût encore dans la première jeunesse[1]. Les fonctions du questeur étaient celles de secrétaire du roi et de chef de sa chancellerie. Il était chargé de la rédaction de tous les actes, de tous les ordres de l'autorité royale[2].

Le secrétaire d'un prince illettré devait, sans peine, prendre beaucoup d'influence sur l'esprit de son maître. Dès cette époque, Cassiodore devint le conseiller intime du roi qui ne se sépara plus de lui que pendant le temps, sans doute assez court, durant lequel il l'envoya administrer le Brutium et la Lucanie[3]. Cassiodore employa ce temps à faire dans son pays d'origine de grands travaux d'utilité publique[4]. Il revint ensuite à Ravenne et géra successivement les plus importantes magistratures. En 514, il fut créé consul ordinaire[5]. Quand Théodoric mourut en 526, il exerçait les fonctions de-maître des offices[6]. Sous la régence d'Amalasunthe, il fut nommé préfet du prétoire et conserva cette charge, la plus importante de toutes, sous les règnes de Théodat et de Vitigès[7]. Mais sa fonction véritable et constante fut d'être le confident, le conseiller intime, on pourrait dire le ministre du roi des Goths. Jusqu'à la fin du règne de Théodoric, il continua à donner ses soins au service de la questure et resta toujours ainsi le secrétaire de son maître[8]. Théodoric avait fait de cet homme

---

1. *Cassiod. Variar.* lib. IX, ep. xxiv (édit. Mommsen, Monum. Germ., in-4°, Auct. Antiq., t. XII, p. 289, n° 3). — Mommsen, *Cassiod. Variar.* Proœmium, p. ix.

2. *Cassiod. Variar.* lib. VI, v. Formula quæsturæ.

3. *Cassiod. Variar.* lib. XI, ep. xxxix.

4. *Cassiod. Variar.* lib. XII, ep. xv.

5. *Cassiodori Senatoris Chronica,* ann. 514 (édit. Mommsen, Monum. Germ., in-4°, Auct. Antiq., t. XI, pars I, p. 160).

6. Reperimus eum quidem Magistrum, écrit Athalaric en parlant de Cassiodore (*Cassiod. Variar.* lib. IX, ep. xxv, édit. Mommsen, Monum. Germ., in-4°, Auct. Antiq., t. XII, p. 292-8).

7. *Cassiod. Variar.* lib. IX, ep. xxiv et xxv. Lib. XI et lib. XII.

8. *Cassiod. Variar.* lib. IX, ep. xxiv (édit. Mommsen, p. 290-6, lig. 9 et 10).

éminent son commensal et son ami. Dans ses loisirs, il se plaisait à converser avec lui, à l'entendre parler de poésie, d'histoire et de science[1]. Le ministre était aussi l'éducateur de ce roi barbare, qui ne lui ménageait point son affection et sa reconnaissance[2]. Le concours du patrice Cassiodore et de son fils suppléa aux qualités dont manquait Théodoric et permit à ce rude barbare d'agir en habile politique et en administrateur intelligent.

. Sénator Cassiodore écrivit, après la mort de Théodoric, de 526 à 533, une histoire des Goths en douze livres. Cette histoire n'est point parvenue jusqu'à nous ; nous n'avons que l'espèce de résumé qu'en fit Jornandès[3]. Mais nous possédons un recueil de pièces officielles, rédigées par Cassiodore, au nom du roi, en sa qualité de questeur et, en son propre nom, en sa qualité de préfet du prétoire. Ces pièces, rassemblées par Cassiodore lui-même, sont, pour l'histoire de la politique et du gouvernement des rois Goths, la source la plus précieuse.

Pour asseoir sa conquête et la rendre définitive, Théodoric avait besoin de la paix. L'empereur, seul souverain légitime de l'Italie, pouvait lui créer les plus graves difficultés, en ne reconnaissant point les faits accomplis. Une intervention à main armée pouvait même être à craindre de sa part, maintenant que l'Orient était délivré du voisinage des Goths et, par suite, n'était plus entravé par la crainte perpétuelle d'avoir à réprimer les incursions de ce peuple guerrier. Théodoric, en homme avisé, donna tous ses soins à éviter ce péril et à faire accepter par la cour de Byzance la situation qu'il s'était créée. Il avait d'autant plus sujet de s'inquiéter que l'empereur Zénon, qui semblait l'avoir encouragé dans ses desseins, était mort depuis le 9 avril 491[4].

Des historiens grecs rapportent, à propos de la fin de ce

---

1. *Cassiod. Variar.* lib. IX, ep. xxiv (édit. Mommsen, p. 290-8, lig. 19 et 20).

2. *Cassiod. Variar.* lib. IX, ep. xxiv et xxv.

3. Mommsen, *Cassiod. Variar.* *Prœmium*, p. ix.

4. Pagi, *ann.* 491, III.

prince, un bruit étrange qui courut à Constantinople[1]. Un
jour, disait-on, que l'empereur était ivre, suivant les uns,
ou, suivant les autres, que très malade il était tombé dans un
état de prostration complète, sa femme Ariadne le fit ensevelir dans le tombeau impérial, comme s'il était mort, et fit
sceller la pierre du sarcophage. Quand il eut cuvé son vin
ou recouvré ses sens, il eut beau appeler ; sur l'ordre de
l'impératrice, on le laissa mourir étouffé. Mais, observe Tillemont, sans examiner si ce fait est probable ou non, il suffit
à ceux qui n'aiment que la vérité dans ceux-mêmes qui en
ont été les ennemis, de voir qu'un fait de cette importance
n'a point d'autre auteur que des Grecs relativement modernes[2]. Cédréne rapporte encore sa mort d'une autre façon
fabuleuse. Le bruit courait, dit-il, qu'une puissance surnatu-
relle lui avait coupé la tête, d'une manière qu'on n'en pouvait
rien voir, car la tête demeurait attachée au tronc par la
peau qui était restée intacte[3]. Ces contes furent sans doute
répandus par les orthodoxes, pour faire croire que le prince,
qui avait été leur ennemi, avait péri frappé d'un châtiment
divin. La vérité est que Zénon mourut de la dysenterie[4].

Ce qui paraît certain, c'est que l'influence de l'impératrice
Ariadne valut la pourpre à Anastase, personnage inférieur de
la cour où il remplissait la charge de silenciaire du Sacré
Palais et qui n'était même pas sénateur[5]. Un auteur prétend
qu'un eunuque nommé Urbice, très puissant auprès de l'impératrice, eut la principale part à l'élévation d'Anastase[6].

1. *Joannis Zonaræ Epitome Historiarum* XIV (Corpus Script. Hist.
Byzant., t. III, p. 132). — *Cedreni Historiarum Compendium*, t. I, p. 622
(Corpus Script. Hist. Byzant.).

2. Tillemont, *Empereurs. Zénon*, art. XXVII.

3. *Cedreni Histor. Compend.*, t. I, p. 622 (Corpus Script. Hist. Byzant.).

4. Jean Malala, *Chronographia*, lib. XV, p. 391 (Corpus Script. Hist.
Byzant.).

5. *Evagrius*, liv. III, c. XXIX (Migne, Patrologie, Pères Grecs, t. LXXXVI,
p. 2654).

6. Toute cette histoire relative aux circonstances de l'élévation d'Anastase est fort douteuse. Il y a quelque apparence, en effet, qu'Ariadne était
morte avant Zénon et même que celui-ci avait contracté une nouvelle
union avec Arcadia ; car Arcadia est dénommée la seconde épouse de Zénon
et il est certain qu'Ariadne fut la première et non la troisième femme de
cet empereur. Pagi, *ann.* 491, III note.

Le patriarche de Constantinople, Euphémius, considérant Anastase comme indigne de l'Empire, refusa, dit-on, d'accepter son élection comme valable. Mais Anastase se le rendit bientôt favorable par la promesse qu'il lui fit de suivre le concile de Chalcédoine, comme règle de foi. Son autorité reconnue, il n'en fit rien, ne voulant point exciter à nouveau les querelles religieuses[1].

Dès la fin de l'année 493, Théodoric envoya au nouvel empereur une ambassade dont il chargea deux sénateurs romains, Faustus, maître des offices, et Irénée[2]. Ces ambassadeurs avaient la mission d'obtenir que l'empereur reconnût le pouvoir du roi des Goths, comme légal en Italie[3]. Théodoric n'entendait donc point rompre avec l'Empire et il s'empressait, dès les premiers jours de son règne, de faire hommage à l'empereur, dont il reconnaissait l'autorité suprême, en lui demandant de légitimer le nouvel état de choses que la guerre avait créé en Occident.

La première des épîtres de Théodoric conservées par Cassiodore est une lettre adressée à l'empereur Anastase. Elle accrédite auprès de la cour de Byzance des ambassadeurs dont la mission est de rétablir la paix entre les Goths et l'Empire. Cette pièce se rapporte-t-elle à l'ambassade dont Faustus et Irénée furent chargés en 493 ? On l'a cru et, par suite, on s'est plu à penser qu'Anastase avait commencé par se montrer hostile à Théodoric, puisque celui-ci demande le rétablissement de la paix, troublée par les événements qui se

---

1, Theophanès, *Chronographia* A. C. 483 (Corpus Script. Hist. Byzant., t. I, p. 210). — *Georgii Cedreni Histor. Compend.*, t. I, p. 626 (Corpus Script., Hist. Byzant.). Les anciens auteurs ne font point mention de ce fait, qui semble au moins douteux, car l'autorité religieuse n'avait rien à voir dans la nomination de l'empereur.

2. Baronius, *ann.* 493, III-VI.

3. L'anonyme de Valois (Monum. Germ., in-4°, t. IX, p. 316) met cette ambassade en 490. C'est peu probable, car à cette époque Zénon régnait encore et les encouragements qu'il semble avoir donnés à Théodoric rendaient une ambassade auprès de lui inutile. D'ailleurs, en 490, l'entreprise du roi des Goths était trop peu avancée pour qu'il pût demander à l'empereur de se déclarer en sa faveur. — Baronius, *ann.* 493, VI, prouve par une lettre du pape Gélase, que le personnage qui accompagna Irénée dans cette ambassade, fut Faustus et non Festus.

sont produits[1]. Rien ne permet de pareilles suppositions. La
lettre n'est point datée et les personnages qu'elle accrédite
n'y sont point dénommés. D'autre part, nous savons que l'empereur n'avait aucun intérêt à préférer Odoacre à Théodoric
et qu'il s'était gardé de toute intervention en Italie. Il paraît
donc certain que la lettre accréditant Faustus et Irénée ne
nous a pas été conservée et que celle dont il vient d'être question, n'a été écrite que plus tard, quand des événements que
nous aurons bientôt à raconter, eurent amené une rupture
entre les Goths et l'Empire. Au lendemain de sa victoire, ce
n'était pas la paix que Théodoric demandait, mais la reconnaissance de la domination qu'il venait d'acquérir en exécutant,
à ce qu'il prétendait au moins, une mission que l'empereur
Zénon lui avait confiée[2].

Un chroniqueur rapporte qu'Anastase ne se contenta pas de
reconnaître Théodoric, mais lui renvoya les ornements impériaux qu'Odoacre avait fait porter à Constantinople[3]. C'est
peu probable ; car l'empereur n'entendait point aliéner ses
droits sur l'Italie. A ses yeux, Théodoric ne pouvait être qu'un
gouverneur de province, auquel il n'avait pas à accorder les
insignes impériaux. Il est plus probable qu'il se borna à
répondre d'une manière évasive et à différer, de façon à pouvoir considérer le roi des Goths, suivant les circonstances,
comme un sujet ou comme un ennemi.

 Un conquérant barbare, qui s'était emparé d'une des parties
les plus importantes de l'Empire et de Rome elle-même, ne
pouvait être sympathique à l'empereur, dont la politique
devait nécessairement tendre à rétablir l'unité du monde

1. *Cassiod. Variarum*, lib. I, ep. I.

2. La preuve que Théodoric expliquait ainsi son invasion en Italie nous
est fournie par ce fait, que c'est dans Jornandès que se trouve le récit du
consentement donné par Zénon à l'entreprise des Goths ; or nous savons
que Jornandès a puisé ses renseignements dans Cassiodore qui écrivait
nécessairement l'histoire officielle.

3. Facta pace cum Anastasio imperatore per Festum de præsumptione
regni et omnia ornamenta palatii quæ Odoacar Constantinopolim transmi-
serat remittet. *Anonymi Valesiani pars posterior* (édit. Mommsen, Monum.
Germ., in-4°, Auct. Antiq., t. IX, p. 322, n° 64). — Baronius, *ann.* 493, VI,
prouve par les lettres du pape Gélase que ce fut Faustus et non Festus
qui fut l'ambassadeur de Théodoric.

romain et à chasser les barbares de l'Occident. Pour Constantinople, Théodoric était un ennemi irréconciliable. On ne
pouvait le tolérer qu'en attendant d'être assez fort pour lui
arracher sa proie. La lutte pouvait être différée, elle n'en
restait pas moins inévitable. Telle étant la situation, la politique de Théodoric était toute tracée. Placé entre Byzance,
dont il avait tout à craindre et rien à espérer, et des princes
barbares comme lui, qui, comme lui aussi, s'étant taillé des
royaumes dans les territoires de l'Empire, avaient à redouter
le relèvement de la puissance romaine, il devait se rapprocher
de ces derniers et chercher un appui parmi eux. Ses intérêts
religieux se trouvaient en cela d'accord avec ses intérêts
politiques, car les Burgundes, les Visigoths et les Vandales
appartenaient, comme lui-même, à la secte des ariens.

Guidé par ses propres sympathies et, sans doute, par les
conseils de Cassiodore, Théodoric comprit nettement les
avantages qu'il pouvait tirer de cette communauté d'origine,
d'intérêts et de croyances. Il s'appliqua à créer tout un système d'alliances entre lui et les barbares établis en Gaule, en
Espagne, en Afrique ou demeurés sur les bords du Rhin.
Faire cause commune avec eux, leur assurer leurs conquêtes
contre les revendications de l'empereur et assurer chacun
d'eux contre les entreprises des autres, former en un mot
une ligue puissante dont le centre serait à Ravenne et dont
il serait le chef et l'arbitre, que tous auraient ainsi intérêt à
défendre, tel fut le but de Théodoric. Il parvint à l'atteindre,
dans les premières années de son règne et dut à cette con-
ception sa grandeur et sa sécurité.

Il prépara ce groupement d'alliances en unissant sa famille
aux principaux rois barbares[1]. Lui-même épousa une sœur de
Clovis, nommée Audelfrède ou Audeflada[2]. En 496, il maria

---

1. *Historiæ Miscellæ*, lib. XV (Rerum Italic. Script., t. I). — Jornandès,
de Rebus Get., cap. LVIII (édit. Mommsen, 58, p. 134 et 135).

5. Grégoire de Tours, *Historia Francorum*, lib. III, 31 (édit. Arndt et
Krusch dans les Monum. Germ. Script. Rerum Merovingicarum, t. I,
pars I, p. 134). — Jornandès et l'Historia miscella désignent Audelfrède
comme la fille de Clovis. L'erreur est évidente, car à cette époque Clovis
était trop jeune pour avoir une fille en âge d'être mariée (Jornandès,

sa sœur Amalafrède à Trasamund, roi des Vandales [1]. La possession de l'Afrique donnait aux Vandales une situation
privilégiée et rendait leur appui particulièrement désirable.
Théodoric fit voir le prix qu'il attachait à cette alliance. Il
donna en dot à Amalafrède le territoire de Lilybée, en Sicile ;
puis, quand elle partit, il la fit accompagner par mille nobles
Goths et lui donna une garde d'environ cinq mille hommes [2].
Il avait deux filles, nées d'une union qu'il avait contractée
dans sa première jeunesse. Il maria l'une d'elles à Alaric,
roi des Visigoths, l'autre à Sigismund, fils du roi des Burgundes, Gundebaud [3]. Sa sœur, Amalafrède, était veuve lorsqu'elle épousa le roi des Vandales et elle avait une fille, née
de son premier mariage. Cette fille, nommée Amalaberge,
devint en l'an 500 l'épouse d'Hermenfrid, roi de Thuringe [4].
Enfin, il s'attacha le roi des Hérules, peuple redoutable de
la Germanie, en lui envoyant pour présent des chevaux et des
armes et en l'adoptant par cette adoption militaire, qui était
usitée parmi les barbares et que nous avons vu pratiquer
par l'empereur Zénon à l'égard de Théodoric lui-même [5].

Devenu ainsi beau-frère du roi des Francs et du roi des

---

de Rebus Get., édit. Mommsen, 57, p. 134). L'anonyme de Valois (*Anonymi
Valesiani pars posterior*, édit. Mommsen, Monum. Germ., in-4º. Auct.
Antiq.; t. IX, p. 322, nº 63), nomme Augaflada la femme franque qu'épousa
Théodoric.

1. Procope, *de Bello Vandal.*, lib. I, cap. 8. — Jornandès, *de Gothorum
origine et rebus gestis*, cap. LVIII (édit. Mommsen, p. 134-135). — L'Historia
miscella dit qu'Amalafrède fut mariée à Huneric, roi des Vandales. C'est
évidemment une erreur ; car Huneric mourut en 484 et eut pour successeur Gundamund, qui lui-même cessa de vivre en 496, laissant le trône à
son frère Trasamund que Théodoric entraîna dans son alliance en l'unissant à sa famille. L'anonyme de Valois la nomme Amalafrigda (édit. Mommsen, p. 324, nº 68).

2. Muratori, *ann.* 496.

3. *Anonymi Valesiani pars* II (édit. Mommsen, p. 322, nº 63). — Jornandès,
de Rebus Get., cap. LVIII. La première est désignée sous le nom de
Teudicusa par Procope et de Theudicodo par Jornandès. La seconde est
nommée Ostrogoto par Procope et Jornandès. L'anonyme de Valois nomme
l'une Areaagni mariée à Alaric, l'autre Theodegotha mariée à Sigismund.

4. Jornandès, *de Rebus Get.*, cap. LVIII. (édit. Mommsen, Monum. Germ.,
in-4º, p. 134-135.) — *Anonymi Valesiani pars posterior* (Monum. Germ., in-4º,
Auct. Antiq., t. IX, p. 324, nº 70).

5. *Cassiod. Variar.* lib. IV, ep. II.

Vandales, beau-père du roi des Visigoths et du roi des Burgundes, oncle du roi de Thuringe et père adoptif du roi des Hérules, Théodoric se trouvait être, en quelque sorte, le chef de toutes les familles régnantes en Occident, le trait d'union entre elles et l'arbitre de leurs différends. Par lui, une entente était établie entre tous les barbares. Mais il était moins facile de maintenir cette ligue qu'il ne l'avait été de la créer. Les Vandales, les Visigoths et les Burgundes, rassasiés de conquêtes et ayant désormais plus à perdre qu'à gagner dans la guerre, pouvaient être amenés à demeurer en paix les uns avec les autres. Mais il n'en était point de même des Francs. Tandis que les autres barbares commençaient à s'installer dans leurs conquêtes et avaient besoin de repos, pour s'y établir d'une façon durable, les Francs étaient encore en pleine période d'invasion. Ils n'avaient rien perdu de leurs mœurs guerrières et de leur esprit d'aventure, qui les poussait sans cesse à s'étendre aux dépens de leurs voisins. A l'époque où Théodoric s'empara de l'Italie, Clovis commandait, depuis dix ans, à ce peuple belliqueux[1]. Il avait singulièrement augmenté les modestes États que possédait son père. Sa victoire sur Syagrius lui avait soumis une grande partie de la Gaule et avait fait disparaître, dans ce pays, les derniers restes de la puissance romaine. Le royaume des Francs s'étendait jusqu'au sud de la Loire et Clovis n'entendait pas renoncer à l'étendre au delà de cette limite. On verra Théodoric essayer en vain de modérer ou de contenir son insatiable ambition. Dès l'année 496, elle suscita une première difficulté.

Après la bataille de Tolbiac, Clovis envahit le pays des vaincus dont un grand nombre périt ou fut réduit en esclavage[2]. Des milliers de ces malheureux, fuyant devant la violence et l'inhumanité des Francs, passèrent les Alpes et vinrent en Italie demander un refuge et la protection de Théodoric[3].

1. Baronius, *ann.* 481.

2. *Cassiod. Variar.* lib. II, ep. xli.

3. Ennodius, *Panegyr. Theodorici*, Alamanniæ generalitas intra Italiæ terminos sine detrimento Romanæ possessionis inclusa est (édit. Migne,

Cette émigration était embarrassante pour le roi des Goths, car elle l'obligeait à sortir de la réserve qu'il avait précédemment gardée. S'il repoussait les Alamans et les rejetait en proie aux vengeances des Francs, il diminuait son autorité parmi les barbares de la Germanie et les détournait de l'accepter comme protecteur et comme chef commun, puisqu'il se montrait impuissant à les défendre, ou peu disposé à les protéger. Si, au contraire, il leur donnait asile contre la fureur de Clovis, il risquait de mécontenter ce dernier et de l'éloigner d'une alliance qui ne servait qu'à l'empêcher d'user jusqu'au bout de sa victoire.

Théodoric se tira avec habileté de cette situation difficile. Il fit bon accueil aux réfugiés Alamans; il leur distribua des terres dans les pays du nord de l'Italie, que les dernières guerres avaient achevé de dépeupler[1]. Mais vis-à-vis de Clovis, il voulut avoir l'air de ne rien faire pour eux sans l'assentiment de leur vainqueur, auquel il s'empressa de témoigner la plus vive sympathie. Il lui écrivit, pour le féliciter de sa victoire et le supplier de faire grâce aux débris exténués des peuples dont il avait abattu l'orgueil. Il affecta de ne se préoccuper que de l'intérêt de Clovis, dont il considère, dit-il, le triomphe comme une gloire pour lui-même, et dont les succès seront toujours un bonheur pour le royaume d'Italie. S'il lui demande d'être clément, c'est parce qu'il sait par expérience, que la modération après la victoire est le plus sûr moyen d'achever heureusement la guerre. Quant aux fugitifs, il convient, pense-t-il, de les épargner, parce qu'ils sont venus se réfugier auprès de lui, proche parent de leur vainqueur à qui seul ils devront leur salut[2]. Deux ambassadeurs furent chargés de remettre cette lettre au roi des Francs et de l'amener à ne point voir dans la conduite de son beau-frère, une intention hostile envers lui. Pour mieux

Patrologie Latine, t. LXIII, p. 180. — Édit. Vogel, Monum. Germ., in-4°, Auct. Antiq., t. VII, n° XV).

1. Ennodius, *Panegyr. Theodorici* (Monum. Germ., in-4°, Auct. Antiq., t. VII. — Migne, Patrologie Latine, t. LXIII, p. 180).

2. *Cassiod. Variar.* lib. II, ep. xli (édit. Mommsen, Monum. Germ., in-4°, Auct. Antiq., t. XII).

le convaincre, Théodoric chercha à lui être agréable et lui envoya, en guise de présent, un joueur de cithare fort habile, dit-il, à chanter en s'accompagnant [1]. Ainsi, vis-à-vis de Clovis, il agissait en allié fidèle et dévoué, tandis qu'aux yeux des Germains, il se montrait un protecteur puissant prêt à les soutenir, au risque d'une rupture même avec les siens. Théodoric, secondé par Cassiodore, était un habile diplomate.

Tandis que Théodoric n'avait d'autre but que de maintenir la paix en Occident, il poursuivait, du côté du Danube, une politique de conquêtes. Il avait quitté ce pays pour conquérir l'Italie, mais il n'avait point renoncé à ses anciens domaines qu'il voulait rattacher à son nouveau royaume, en soumettant les contrées qui les séparaient.

Nous avons vu les Gépides, maîtres de Sirmium, s'opposer au passage de Théodoric, pendant sa marche vers l'Italie. Ils avaient été battus et leur roi Trastila était mort sur le champ de bataille ; mais ils n'avaient point été anéantis. Trasaric, fils de Trastila, continuait à régner à Sirmium, lorsqu'en l'année 504, Théodoric, n'ayant plus rien à craindre pour sa situation en Italie, jugea le moment venu de mettre ses projets à exécution. Prenant sans doute pour prétexte quelque incursion des Gépides dans les contrées sur lesquelles il prétendait avoir conservé le droit de souveraineté, il organisa contre eux une expédition dont il confia le commandement à deux de ses généraux, Herduic ou Arduic et Pitzia [2]. Ce dernier avait une grande situation à la cour de Ravenne [3]. Le roi des Gépides n'essaya point de résister : il se hâta de passer le Danube, abandonnant aux Goths le territoire et la ville de Sirmium, c'est-à-dire la Pannonie inférieure. Pitzia ne traita point cette contrée en pays conquis ; il ne permit pas à ses troupes d'y causer le moindre dommage ; car elle devait désormais être considérée comme faisant partie des États

---

1. *Cassiod. Variar.* lib. II, ep. XLI.

2. Ennodius, *Panegyr. Theodorici* (Migne, Patrologie Latine, t. LXIII. Monum. Germ., in-4°, Auct. Antiq., t. VII, n° XII-62).

3. Jornandès, *de Rebus Get.*, 58 (édit. Mommsen, Monum. Germ., in-4°, Auct. Antiq., t. V, p. 135).

de Théodoric [1]. Cette conquête semble avoir été faite sans coup férir. Mais la campagne ne se termina pas par ce facile triomphe. Pour assurer sa domination sur les rives du Danube, Théodoric eut à réduire les Bulgares qui étaient devenus la terreur de ces contrées. Une victoire, remportée sur eux par l'armée de Pitzia, rendit définitives les conquêtes faites sur les Gépides.

Les détails manquent sur les opérations de cette guerre. Peut-être faut-il supposer que les Bulgares firent cause commune avec les Gépides et que ces deux peuples alliés furent vaincus ensemble. Cette hypothèse est la seule, en effet, qui permette de mettre d'accord le récit d'Ennodius qui, étant le panégyriste officiel de Théodoric, devait nécessairement connaître les faits et Cassiodore qui ne pouvait les ignorer. Ennodius nous apprend que Sirmium tomba aux mains des Goths, par suite de la retraite des Gépides ; et Cassiodore dit brièvement que l'Italie resta en possession de ce territoire, après la défaite des Bulgares [2]. Une contradiction pareille, entre deux auteurs également bien renseignés, ne peut être qu'apparente. Il n'y a plus de contradiction aucune, si l'on admet que les Gépides se retirèrent devant les Goths pour opérer leur jonction avec les Bulgares et, unis à ceux-ci, livrèrent une ou plusieurs batailles dans lesquelles ils furent vaincus les uns et les autres. De cette façon aussi s'explique le récit de Jornandès qui résume une histoire aujourd'hui perdue, écrite par Cassiodore lui-même. Théodoric, dit-il, envoya le comte Pitzia s'emparer de Sirmium. Cette ville fut conquise. Le roi Trasaric, fils de Trastila, en fut chassé et sa mère demeura prisonnière [3]. Or comment admettre que Trasaric eût abandonné sa mère dans une ville qu'il livrait à l'invasion d'une armée ennemie ? Comment admettre, d'autre part, que Pitzia eût négligé d'inquiéter les Gépides dans leur

1. Ennodius, *Panegyr. Theodorici.*

2. *Cassiodori Chronica* (édit. Mommsen, Monum. Germ., in-4°, Auct. Antiq., t. XI, pars I. Chronica minora, p. 160).

3. Jornandès, *de Rebus Get.*, 58 (édit. Mommsen, Monum. Germ., in-4°, Auct. Antiq., t. V, p. 135).

retraite, pour aller commencer une nouvelle guerre contre les Bulgares, avant d'avoir terminé sa première campagne? C'eût été s'exposer bien sottement à être pris entre deux ennemis. Quoi qu'il en soit, l'autorité de Théodoric se trouva, dès cette époque, solidement établie au delà des Alpes, du côté de l'Orient. Sa domination s'étendait sur la Dalmatie et la Norique[1] et il venait d'annexer la Pannonie à ses États.

Théodoric désirait demeurer en paix avec l'Empire, auquel il n'avait cessé de témoigner son bon vouloir et sa soumission, par une série d'ambassades. En 497, on voit le sénateur Festus envoyé à Constantinople[2]. Mais si Théodoric voulait éviter ou retarder, autant que possible, un conflit avec l'Empire, il n'ignorait point qu'il n'avait pas à attendre de la sympathie de ce côté et il n'entendait point, pour complaire à l'empereur, renoncer au rôle de protecteur des barbares qui faisait sa véritable force. Tant que sa domination ne dépassait pas l'Italie, il lui avait été facile de demeurer neutre dans les luttes continuelles de l'Empire avec les barbares, ses voisins. Il ne le pouvait plus, sans paraître abandonner ses alliés naturels, du moment que ses troupes se trouvaient, pour ainsi dire, sur le théâtre des hostilités. Cette situation devait nécessairement amener une rupture qui ne tarda pas à se produire.

Un certain Mundus qui, suivant Jornandès, descendait de la race d'Attila et qu'un autre chroniqueur nous représente comme appartenant à la nation des Goths[3], fuyant devant les Gépides, s'était retiré dans les steppes désertes qui s'étendaient au delà du Danube. Il y avait réuni une troupe nombreuse d'aventuriers et, suivant l'usage des chefs barbares, avait pris le titre de roi. Puis, repassant le fleuve, il s'était emparé d'un château, nommé Herta, où il s'était fortifié. De ce repaire, il s'élançait sur les pays environnants et étendait au loin ses ravages. Il poussa sans doute ses courses jusqu'en Illyrie, sur le territoire de l'Empire; car ce fut Sabinianus,

---

1. *Cassiod. Variar.* lib. III, ep. L.
2. Baronius, *Ann.* 497, XII et suiv.
3. *Marcellini Comitis Chronicon* (édit. Mommsen, p. 96, ann. 505).

consul en Orient, pendant cette même année 505 et gouverneur de l'Illyrie, qui fut chargé de réprimer ses incursions.
Sabinianus unit ses forces à celles des Bulgares, récemment
vaincus par les Goths, mais toujours prêts à faire campagne,
moyennant profit. Il réduisit bientôt Mundus dans ses derniers
retranchements; si bien que ce chef de bande, réduit au
désespoir, négociait déjà sa reddition, quand Pitzia vint à son
secours. Aucun ordre n'avait sans doute été envoyé de
Ravenne, à ce sujet; mais Théodoric était compris de ses
lieutenants et ils étaient bien sûrs, en soutenant partout les
barbares, de ne point déplaire à leur maître. L'avantage d'une
politique conforme aux traditions et à la situation où l'on se
trouve, est d'être toujours bien servie par l'instinct de ceux
qu'elle emploie.

Pitzia n'avait sous ses ordres que deux mille fantassins et
cinq cents cavaliers, quand il rejoignit Mundus et livra bataille
à l'armée grecque sous les murs de Margoplanum, situé entre
le Danube et une rivière désignée sous le nom de Margum ou
Martianum [1]. Les Grecs et les Bulgares essuyèrent une si
sanglante défaite que Sabinianus ne sauva qu'une partie de
son armée, à l'abri du château fort de Natum [2]. L'issue de
cette rencontre produisit sur les troupes impériales une impression profonde. Elles perdirent confiance et toute espérance
de pouvoir triompher des Goths. Il fallut longtemps pour leur
rendre courage [3]. Quant à Mundus, il se soumit à l'autorité
du roi des Goths. Lui et sa bande entrèrent ainsi au service
de celui qui les avait sauvés [4].

Théodoric se hâta d'organiser l'administration de ses nouvelles conquêtes. Il s'attacha à y établir l'ordre et un gouvernement régulier. Ses instructions à Colosseus, le premier
gouverneur qu'il envoya dans la Pannonie Sirmienne, nous
ont été conservées par Cassiodore, qui sans doute les avait

---

1. Jornandès, de Rebus Get., 58 (édit. Mommsen, p. 135).—Ennodius, Panegyr. Theodorici.

2. Marcellini Comitis Chronicon (édit. Mommsen, Monum. Germ., in-4°,
Auct. Antiq., t. XI, pars I, ann. 505).

3. Marcellini Comitis Chronicon (ibid.).

4. Jornandès, de Rebus Get., 58 (édit. Mommsen, p. 135).

rédigées[1]. Le programme qu'elles contiennent donne une haute idée des principes d'administration et d'équité qui guidaient son auteur.

« Va, dit Théodoric à Colosseus, dans la Pannonie Sirmienne, cet ancien séjour des Goths, pars sous d'heureux auspices. Protège par les armes la province qui t'est confiée; mais organise-la par la légalité, suivant les principes du droit, afin qu'elle puisse accepter avec joie le retour de ses anciens défenseurs, elle qui se souvient d'avoir été heureuse, quand elle obéissait à nos ancêtres. Tu n'as qu'un seul moyen de nous plaire : imite notre exemple. Sois équitable, défends l'innocence avec force et courage, afin d'opposer la justice des Goths à la perversité des autres nations ». Puis, lui signalant la coutume néfaste des duels par lesquels les hommes de ce pays vidaient leurs querelles, il l'exhorte à n'épargner aucun effort pour la faire disparaître et y substituer l'usage des tribunaux. « Il faut, dit-il, que les procès se décident par des plaidoiries, non par les armes; que les discordes entre particuliers cessent de faire périr plus de monde que n'en détruit la guerre et qu'on se serve de ses armes contre ses ennemis, non contre ses parents. Il convient de faire pénétrer nos mœurs dans ces âmes sauvages, jusqu'à ce qu'elles aient appris à vouloir vivre[2]. »

Il revient et insiste sur cette nécessité de supprimer le duel, dans la lettre ou proclamation, qu'il adressa aux peuples de la Pannonie pour leur faire connaître la nomination de Colosseus au gouvernement de cette province[3] : « Nous croyons devoir vous exhorter tout particulièrement à n'avoir le désir de vous servir de vos armes que contre l'ennemi; n'en faites point usage contre vous-mêmes. Ne vous laissez pas entraîner aux plus extrêmes violences par des questions de peu d'intérêt. Confiez-vous à la justice, qui assure le bonheur de tout le

---

1. *Cassiod. Variar.* lib. III, ep. xxiii (édit. Mommsen, Monum. Germ., in-4°, Auct. Antiq., t. XII).

2. *Cassiod. Variar.* lib. III, ep. xxiii (édit. Mommsen, Monum. Germ., in-4°, Auct. Antiq., t. XII).

3. *Cassiod. Variar.* lib. III, ep. xxiv.

monde. Pourquoi recourir à des combats singuliers, quand vous avez un juge intègre? Déposez les armes, vous qui n'avez point d'ennemis. Donner sa vie pour ses parents est, aux yeux de tous les hommes, un glorieux devoir. Vous commettez une mauvaise action, quand vous levez la main contre les vôtres. A quoi donc servirait aux hommes le langage qui leur permet de s'expliquer, s'il leur fallait vider leurs différends les armes à la main? Peut-on se figurer vivre en paix dans un État où les citoyens combattent entre eux? Suivez l'exemple de mes sujets Goths qui savent combattre, pendant la guerre et se conduire entre eux avec modération. Nous voulons que vous viviez comme les hommes de notre race, que vous voyez prospérer avec l'aide de Dieu. »

Cette remarquable proclamation affirme les plus sages idées et les plus nobles intentions. « Notre devoir, dit Théodoric, est d'être prévoyant et toujours attentif au bien de nos sujets, d'assurer leur prospérité dans l'avenir. Notre but est d'augmenter la fidélité de nos peuples, en leur prouvant le soin que nous avons de leurs intérêts. Voilà pourquoi nous avons confié à Colosseus, homme illustre, noble et puissant, la mission de vous gouverner et de vous défendre. Il a donné des preuves nombreuses de son mérite; sa position nouvelle va lui permettre de se surpasser. Montrez donc de nouveau, pendant son séjour parmi vous, votre docilité précédemment éprouvée, afin que les sages mesures qu'il ordonnera, pour le bien de notre royaume, soient exécutées avec dévouement. »

Ce désir d'une bonne administration, prévoyante, équitable et régulière, ce sentiment élevé des devoirs du souverain se retrouvent dans une autre lettre portant nomination du comte Siméon dans l'administration de la Dalmatie [1]. On y voit que ce sont les qualités morales dont Siméon a fait preuve, qui l'ont fait choisir pour rétablir l'ordre dans les finances de cette province et rechercher les fraudes qui peuvent porter préjudice aux intérêts du trésor; non parce que le roi cherche surtout à augmenter ses ressources, mais parce qu'il s'ef-

---

1. *Cassiod. Variar.* lib. III, ep. xxv.

force de corriger les mœurs de ses sujets. Il lui donne, en outre, la mission de rechercher les gisements de fer qui se trouvent en Dalmatie et de les mettre en exploitation.

Tandis que Théodoric organisait sa domination à l'est des Alpes et y exerçait une influence bienfaisante, la guerre menaçait d'éclater aux deux bouts de l'Europe. Du côté de l'Orient, l'intervention de Pitzia en faveur de Mundus et sa victoire sur les troupes impériales avaient créé un état d'hostilités déclarées entre les Goths et l'Empire. En Occident, le développement que prenait la puissance du roi des Francs faisait prévoir de redoutables conflits. Depuis plusieurs années, Clovis s'était créé des intérêts bien différents de ceux de la ligue dont Théodoric était le chef. Cette ligue était composée de rois barbares qui, entourés de leurs guerriers, dominaient les peuples conquis, comme une armée victorieuse tient dans la soumission les pays qu'elle occupe. Théodoric les avait unis en leur faisant comprendre que leur intérêt commun était de se soutenir les uns les autres pour résister ensemble à toute velléité de révolte ou de revendication. Clovis avait compris ce qu'avait de précaire la situation de ces rois qui demeuraient étrangers ou hostiles aux croyances, aux aspirations nationales des peuples sur lesquels ils régnaient. Ils avaient beau s'affubler du vêtement de la civilisation vaincue, affecter son langage, prendre ses formules, ils n'en demeuraient pas moins des étrangers aux yeux des populations avec lesquelles ils n'avaient ni une idée, ni un sentiment commun. Leur pouvoir restait sans racines. Ils ne pouvaient jamais être que des conquérants détestés, dont on conservait toujours l'espoir de se débarrasser un jour.

Clovis, au contraire, se convertit à la religion de ses nouveaux sujets, s'unit intimement au clergé qu'ils aimaient et respectaient et se rapprocha d'eux, en se faisant le protecteur de leur foi. En devenant catholique, il cessa, en quelque sorte, d'être étranger. Le barbare disparut pour faire place au fils aîné de l'Église et le conquérant devint moins odieux. Tous les catholiques dans la Gaule entière, mirent en lui leurs espérances. Ceux qui se trouvaient soumis aux ariens, Goths

ou Burgundes, appelèrent de leurs vœux le triomphe du roi
catholique qui leur apparaissait comme un libérateur. Ce
barbare consacré à Reims était devenu, pour les Gaulois, le
vengeur de l'Église contre la barbarie. Les autres princes
cherchaient dans leur mutuelle alliance un appui chancelant
contre leurs peuples. Lui trouvait dans les peuples un solide
appui contre les rois. Qu'avait-il désormais besoin de ces combinaisons, de ces habiletés de chancellerie, à l'aide desquelles
les barbares maintenaient leur empire toujours menacé. Ils
étaient réduits, pour conserver ce qu'ils avaient, à faire les uns
aux autres le sacrifice de leurs ambitions. Lui, au contraire,
pouvait concevoir de vastes espérances. La sympathie des
catholiques lui promettait de nouvelles conquêtes. Ainsi il
grandissait, grâce à l'influence des évêques tout-puissants
dans les Gaules, et l'Église, isolée au milieu des royaumes
ariens et abandonnée par l'Empire, secondait de sa grande
influence l'œuvre de ce chef victorieux qui, entouré d'une
armée redoutable, affectait de combattre en son nom et se
faisait gloire de lui être fidèle.

La ligue formée par Théodoric avait été conclue contre
l'Empire et l'influence romaine ; c'était contre Clovis qu'elle
allait avoir à combattre. Cet antagonisme se révéla presque
immédiatement après la conversion des Francs. Dans la
Gaule entière, le clergé s'agitait en faveur de Clovis, agissait
de concert avec lui et préparait ses victoires, en augmentant
sa popularité. Bientôt, toute la population catholique des pays
gaulois soumis aux Visigoths, en vint à désirer ardemment
d'être délivrée par une conquête franque de la domination des
princes ariens dont elle redoutait l'intolérance[1]. Clovis se
trouvait ainsi appelé à de nouvelles entreprises par la conspiration du clergé et les aspirations du peuple tout entier.

Le roi des Visigoths, Alaric, voulut empêcher cette propagande qui menaçait son empire. Saint Césaire, évêque d'Arles,
fut exilé et, tandis qu'il allait chercher un refuge en Burgun-

---

1. Grégoire de Tours, *Historia Francorum*, lib. II, xxxvi-xxxvii (édit.
Arndt, Monum. Germ., in-4°, Scriptorum Rerum Merovingicarum, t. I,
pars I).

die [1], Quintianus, évêque de Rodez, dut se soustraire par la fuite à la mort dont le menaçait la fureur des Goths [2]. Comme il arrive toujours en pareil cas, les rigueurs ne firent que rendre plus puissante l'influence des évêques et donner un aliment de plus à la haine des catholiques contre les ariens. A Arles, l'exaspération alla sans doute jusqu'à faire craindre un soulèvement, car nous voyons qu'Alaric fut obligé de céder et de rappeler saint Césaire. Quand la population apprit le retour de son évêque, sa joie fut grande. Elle sortit en foule à sa rencontre, portant des croix et des cierges et chantant des psaumes [3].

Clovis ne tarda pas à vouloir profiter d'une situation si favorable à ses projets. En l'année 507, il prit ouvertement une attitude qui ne permettait plus aucun doute sur ses intentions. Dans une assemblée des Francs, il proclama l'espèce de croisade qu'il se préparait à entreprendre : « Je ne puis souffrir, dit-il, de voir des ariens posséder la plus belle partie de la Gaule. Marchons contre eux avec l'aide de Dieu ; et quand nous aurons vaincu les hérétiques, nous partagerons et posséderons leurs fertiles provinces [4]. »

Il était évident que s'il parvenait à repousser les Visigoths au delà des Pyrénées, il aurait bientôt réduit toute la Gaule en son pouvoir. Les Burgundes, déjà à moitié vaincus, ne pourraient lui résister et il invoquerait pour leur enlever leurs domaines, les mêmes motifs religieux qu'il invoquait contre Alaric, se prévalant en outre des droits de Clotilde. Or l'unification de la Gaule sous la domination des Francs, devait avoir pour conséquence de détruire le système d'équilibre qui assurait aux Goths la possession paisible de l'Italie et la prédominance sur les autres nations de l'Occident. Clovis victorieux

---

1. Baronius, *ann.* 507, VI.

2. Grégoire de Tours, *Historia Francorum*, lib. II, xxxvi (édit. Arndt, Monum. Germ., in-4°).

3. Baronius, *ann.* 507, VIII.

4. *Grégoire de Tours*, lib. II, xxxvii (édit. Arndt, Monum. Germ. in-4°). Valde molestum fero quod hi Ariani partem teneant Galliarum. Eamus cum Dei adjutorium et superatis redegamus terram in ditione nostra. L'auteur des Gesta Francorum reproduit cette harangue en ajoutant à « partem Galliarum » l'épithète « optimam ».

devenait pour Théodoric, non seulement un voisin aussi puissant que lui-même, mais un ennemi redoutable. Les Ostrogoths établis en Italie et les Visigoths d'Espagne et de Gaule
appartenaient à la même nation : ils avaient même origine,
même religion, mêmes intérêts ; l'ennemi des uns était nécessairement l'ennemi des autres. Vainqueur d'Alaric, Clovis
avait donc intérêt à abattre la puissance de Théodoric, afin
d'éviter sa vengeance. Dès lors, il devenait l'allié naturel de
l'empereur qui ne pouvait avoir de répugnance à reconnaître
la domination franque au delà des Alpes. Pour faire rentrer
l'Italie dans le domaine impérial, il ne devait pas lui coûter
de sacrifier la Gaule, perdue depuis longtemps, et même de
livrer l'Espagne à l'ambition de Clovis. Toutes ces raisons
empêchaient Théodoric de rester neutre dans la lutte qui se
préparait. Il ne pouvait d'ailleurs abandonner un peuple ami
de sa race, sans perdre tout prestige aux yeux de ses alliés
et être abandonné à son tour. Ainsi toutes les savantes combinaisons d'alliances qu'il avait mises en œuvre pour amener
les princes barbares à le défendre, aboutissaient à le forcer
d'entrer en guerre, au profit de ceux-là mêmes dont il espérait
du secours. Il avait voulu obliger ses alliés à combattre pour
lui, et c'était lui qui allait être obligé de combattre pour eux,
non contre l'ennemi commun, mais contre celui dont il avait
le plus recherché l'alliance.

En présence de complications aussi sérieuses, son premier
soin devait être d'assurer sa liberté d'action en Occident et
de ne pas rester exposé à avoir deux guerres à soutenir à
la fois. Plus que jamais, il lui importait de faire la paix avec
l'empereur. Théodoric était trop avisé pour ne pas le comprendre ; c'est sans doute à ce moment qu'il envoya une
ambassade à Constantinople et écrivit à l'empereur la lettre
qui figure la première parmi celles du recueil de Cassiodore ;
lettre dans laquelle, comme nous l'avons dit précédemment,
il demande le rétablissement de la paix troublée par des circonstances fortuites. Les faits nous montreront que ces ambassadeurs du roi des Goths ne réussirent point à apaiser
l'empereur qui avait, en effet, intérêt à attendre les événements.

En Gaule, Théodoric n'hésita pas à intervenir. Décidé à protéger les Visigoths, mais désirant surtout maintenir la paix et l'équilibre entre les différents royaumes barbares, il se déclara ouvertement résolu à prendre parti contre celui qui commencerait les hostilités et refuserait d'accepter son arbitrage[1]. En même temps, il s'adressa à tous ses alliés pour les presser de se joindre à lui, afin de donner plus de poids à ses démarches et d'empêcher la guerre par leur coalition. Ainsi, fidèle à la politique qu'il avait constamment suivie, il se posait en chef et en arbitre de tous les barbares. Il accrédita auprès des rois de la Gaule et de la Germanie deux ambassadeurs qui se rendirent d'abord auprès d'Alaric, puis en Burgundie, auprès de Gundebaud, en Germanie, auprès des rois des Hérules, des Guarnes et des Thuringiens. Le but de leur mission nous est révélé par les lettres dont ils étaient porteurs et qui nous ont été conservées par Cassiodore[2].

A Alaric, le roi des Goths recommande la patience et la modération, lui rappelant le danger d'entreprendre la guerre contre un peuple belliqueux, avec une armée qu'une longue paix avait déshabituée du métier des armes. Il le conjure de ne rien précipiter, d'attendre le résultat de la démarche qu'il a chargé ses ambassadeurs de faire auprès de Clovis, pour l'amener à accepter son arbitrage. Il lui marque l'espoir de terminer tout différend à l'amiable, « car, dit-il, il n'y a point entre vous de sang versé, aucune de vos provinces n'est occupée; il ne s'agit que de contestations et il sera facile de transiger, si vous n'irritez pas la querelle en recourant aux armes. » Il lui indique clairement le dessein qu'il poursuit, son désir d'éviter toute rupture d'équilibre entre les nations. « Nous ne voulons point qu'entre deux princes qui nous sont unis, l'un et l'autre, par des liens de parenté, il s'élève un conflit d'où l'un des deux pourrait sortir amoindri. » Il termine en annonçant la mission de ses ambassadeurs auprès de Gundebaud et des autres rois et en affirmant sa résolution de con-

1. *Cassiod. Variar.* lib. III, ep. I.
2. *Cassiod. Variar.* lib. III. ep. I, II et III.

sidérer tout ennemi des Visigoths comme un ennemi commun.
« Celui qui essayera de vous être hostile, nous aura pour
adversaire [1]. » En un mot il veut la paix ; mais, quelle que
soit l'issue des négociations qu'il entame, Alaric sera toujours
son protégé, car les Visigoths sont de sa race et de sa religion. Par eux, son empire se continue au delà de ses limites ;
par eux, les Goths dominent non seulement en Italie et sur
le Danube, mais également en Gaule et en Espagne.

Pour entraîner à sa suite Gundebaud, qui dépendait quelque
peu de Clovis et inclinait du côté des Francs, il lui fallait
prendre une autre attitude et cacher ses préférences. Dans sa
lettre au roi des Burgundes il ne parle que de concorde, que
de son désir d'éviter une lutte entre deux de leurs parents. Il
a bien soin de faire parade de son impartialité, et c'est parce
que Gundebaud et lui sont les aînés parmi les rois de leur
famille, qu'il le prie de se joindre à lui pour intervenir dans
ce débat. « Vous avez tous, lui dit-il, des gages de ma plus
grande bienveillance et je ne fais d'exception pour aucun de
vous. Si vous manquez à vos devoirs, les uns envers les autres,
j'en ressens la plus vive douleur. C'est à nous de modérer ces
jeunes rois, en leur opposant notre raison. Il convient qu'ils
sentent combien ils nous déplaisent quand, possédés d'un
injuste désir, ils ne savent point mettre un frein à l'audace de
leurs passions. Bien qu'ils soient dans la force de leur âge,
ils doivent le respect à leurs aînés. Il faut qu'ils sachent que
nous nous opposons à leurs querelles. Nous devons donc, par
un langage sévère, empêcher que nos parents en viennent aux
résolutions extrêmes.

« J'ai cru bon d'accréditer auprès de vous ces deux ambassadeurs, qu'avec le consentement de mon fils Alaric, je dois
envoyer vers le roi des Francs, conjointement avec les repré-
sentants des peuples coalisés avec moi. Je vous prie de
joindre vos efforts aux miens, afin de rétablir la concorde
entre nos parents. Qui pourrait croire qu'ils en viennent aux
mains, malgré notre opposition, si nous marquons clairement

---

1. *Cassiod. Variar.* lib. III, ep. ι (édit. Mommsen, Monum. Germ., in-4°,
Auct. Antiq., t. XII).

que, décidés à ne point permettre une pareille guerre, nous combattrons, s'il le faut, pour l'empêcher[1]. »

Ces ménagements n'étaient pas nécessaires en s'adressant aux rois de la Germanie. Dans la lettre que ses ambassadeurs furent chargés de remettre aux rois des Hérules, des Guarnes et des Thuringiens, il ne cache pas son irritation. On y trouve, dès l'abord, un véritable appel aux armes. « Vous, leur écrit-il, que guide le sentiment de la justice, vous qu'indigne une détestable présomption, envoyez au roi des Francs des ambassadeurs qui, de concert avec les nôtres et ceux de notre frère Gundebaud, placeront Clovis dans l'alternative d'être équitable et de renoncer à la guerre contre les Visigoths ou de souffrir les conséquences d'une invasion de toutes nos forces réunies, s'il repousse l'arbitrage de tant de princes puissants. Que peut prétendre de plus celui à qui l'on offre une justice absolue ? Je veux vous dire ici ma pensée tout entière : celui qui ne veut respecter aucune loi, est un danger pour tous les États et mieux vaut réprimer tout de suite sa néfaste violence. Tandis que des forces isolées auraient peut-être peine à lui résister, tous ensemble nous en viendrons aisément à bout[2]. »

Après avoir cherché à grouper autour de lui toutes les puissances de l'Occident, Théodoric envoya ses ambassadeurs à Clovis, avec mission de lui remettre un message qui est un véritable ultimatum d'avoir à choisir entre son arbitrage ou son hostilité. Ce message, qui est comme un résumé de tous les principes politiques du roi des Goths, est conçu à peu près en ces termes : « Dieu a voulu multiplier les liens de parenté entre les rois, afin de leur inspirer, les uns envers les autres, des sentiments pacifiques, capables d'assurer aux peuples la tranquillité qu'ils désirent. A quel gage pourrait-on en effet se fier, si l'on ne pouvait avoir confiance dans les affections qui imposent des devoirs sacrés, qu'il n'est point permis de violer. Les princes sont unis par leurs alliances de famille, pour que les diverses nations soient inspirées d'un même

---

1. *Cassiod. Variar.* lib. III, ep. ii.
2. *Cassiod. Variar.* lib. III, ep. iii.

esprit et que les peuples soient unis dans un commun désir de concorde. Puisqu'il en est ainsi,. nous nous étonnons de voir vos passions excitées par des motifs mesquins, au point de vous pousser à une guerre néfaste contre le roi Alaric, notre fils. Voulez-vous donc que vos divisions fassent la joie de tous ceux qui vous craignent? Tous deux, vous êtes rois de puissantes nations, tous deux, vous êtes jeunes et forts; vos royaumes auront beaucoup à souffrir si, donnant libre cours à la violence, vous en venez aux mains.

« Nous entendons vous exprimer notre pensée avec affection et en toute liberté. Vouloir recourir aux armes, dès la première négociation, c'est marquer trop d'impatience. Consentez à prendre vos parents pour juges. Renoncez à ce conflit qui pourrait mener l'un de vous à la ruine. Rejetez ces armes dont vous voulez user pour notre honte. C'est en ami, en père, que nous nous interposons dans votre querelle. Mais celui d'entre vous qui, ce qu'à Dieu ne plaise, mépriserait de tels avertissements, nous aurait pour adversaires nous et nos alliés. Voilà pourquoi nous avons jugé à propos d'accréditer auprès de Votre Excellence ces deux ambassadeurs, que nous avons également chargés de remettre une note au roi Alaric. Nous voulons ainsi éviter tout éclat entre vous et faire en sorte que, continuant à ne point troubler la paix, vous terminiez à l'amiable, par l'arbitrage de vos amis, le différend qui vous divise.

« Nos ambassadeurs ont ordre de vous faire, en notre nom, d'autres communications, dans le but d'éviter que les peuples, qui ont joui d'une longue paix sous le gouvernement de vos propres parents, ne soient ruinés par un bouleversement subit. Tout doit vous inspirer confiance en nous, car vous nous avez toujours trouvé favorable à vos intérêts et vous devez comprendre que l'on n'avertit pas avec dévouement, comme nous vous avertissons, ceux qu'on veut précipiter dans une situation critique[1]. »

Cette ambassade et ces démarches n'eurent d'autre résultat

---

1. *Cassiod. Variar.* lib. III, ep. IV.

que de hâter la guerre. Clovis, qui, à aucun prix, n'entendait renoncer à ses projets de conquêtes, comprit qu'il lui fallait sans retard frapper un grand coup et prévenir la coalition dont on le menaçait. Entrant immédiatement en campagne, il était à peu près assuré d'écraser les Visigoths, avant que Théodoric pût venir à leur secours ; et il pouvait compter sur l'effet moral d'une victoire pour intimider les alliés de Théodoric, se les rendre favorables ou les amener à ne pas intervenir dans la lutte.

La première rencontre fut décisive. Elle se produisit dans la plaine de Vouillé, sur les bords du Clain, à dix milles environ au sud de Poitiers, et se termina par la défaite complète et irréparable de l'armée des Visigoths. Alaric périt, dit-on, de la main même de son rival. Toulouse, capitale des Visigoths, Bordeaux, Angoulême tombèrent au pouvoir du vainqueur et la conquête des pays de la Gaule soumis aux Visigoths, fut promptement poursuivie. Après avoir pénétré jusqu'aux confins de l'Espagne, Clovis établit des colonies de Francs dans l'Aquitaine et dans la Saintonge ; puis il retourna à Tours faire ses dévotions et rendre grâce à Saint-Martin. Il laissait à ses lieutenants le soin d'achever la soumission de l'ancien royaume des Visigoths, par le siège d'Arles, qui était à cette époque la ville la plus florissante de la Gaule ; on l'appelait la petite Rome. Alaric avait laissé pour seul héritier légitime un fils en bas âge, nommé Amalaric, issu de son mariage avec la fille de Théodoric. Les débris de l'armée des Visigoths refusèrent d'obéir à un enfant incapable de les gouverner et de les commander dans des circonstances aussi critiques. Ils reconnurent pour roi un bâtard d'Alaric, nommé Giselic, qui, à leur tête, alla chercher un refuge dans Narbonne.

La rapidité avec laquelle les événements s'étaient précipités, n'avait pas permis à Théodoric d'intervenir à temps pour les empêcher de s'accomplir. Mais il ne pouvait lui convenir d'accepter les faits accomplis et d'admettre à la fois le développement effrayant de la puissance de Clovis et la déchéance de son propre petit-fils. La situation était pour lui plus grave

qu'elle n'avait dû lui paraître d'abord. Il ne s'agissait plus
en effet, d'envoyer une armée au secours des Visigoths. La
puissance de ceux-ci était anéantie et le peu qui en restait,
se trouvant aux mains d'un usurpateur, n'était qu'un ennemi
de plus à combattre.

D'autre part, il se voyait abandonné par ces alliés qu'il avait
pris tant de peine à grouper autour de lui. Les princes
d'outre-Rhin ne bougeaient point et, dans la Gaule même, les
Burgundes s'étaient déclarés en faveur des Francs [1].

Cette conduite du roi des Burgundes, qui avait à craindre,
plus que tout autre, l'ambition de Clovis, fut sans doute la
conséquence de la prompte victoire des Francs. Voyant les
Visigoths abattus et Théodoric encore en Italie, Gundebaud
crut sans doute plus prudent de se mettre du côté du vainqueur,
que seul il ne pouvait braver impunément. Quoi qu'il en soit,
l'armée de Théodoric ne pouvait plus compter sur aucun allié,
quand elle entra en Gaule. Procope et l'auteur de la *Vie de
Saint Césaire* [2] nous apprennent que Théodoric la commandait en personne ; mais Jornandès, qui a tiré ses renseignements de l'histoire perdue de Cassiodore, dit que Théodoric
abandonna le commandement de ses troupes au général Ibba
ou Hibbas [3].

Les Ostrogoths s'avancèrent vers les rives du Rhône, pour
dégager Arles dont les Francs continuaient le siège. Cette
ville était défendue par une garnison de Visigoths, assez
forte pour opposer une opiniâtre résistance à l'assiégeant et
pour empêcher, dans la place, ces sortes de miracles par
lesquels les catholiques aidaient si bien leurs libérateurs:
L'évêque, saint Césaire, entretint en vain des intelligences
avec les Francs. Elles furent découvertes et le saint prélat

---

1. Cyprianus, *Vita Sancti Cæsarii* (Migne, Patrologie Latine, t. LXVII).
— Baronius, ann. 50S, VII. — *Isidori Junioris Episcopi hispalensis Historia
Gothorum* (édit. Mommsen, Chronica minora, Monum. Germ., in-4°, Auct.
Antiq., t. XI, pars II, p. 282).

2. Procope, *de Bello Goth.*, lib. I, cap. 12. — Cyprianus, *Vita Sancti Cæsarii* (Migne, Patrologie Latine, t. LXVII).

3. Jornandès, *Getica*, cap. LVIII (édit. Mommsen, Monum. Germ., in-4°, Auct.
Antiq., t. V, p. 135).

faillit périr victime de son zèle pour la liberté de sa foi[1].
Les écrivains ecclésiastiques s'efforcent de disculper
l'évêque d'Arles de l'accusation que les Goths firent peser
sur lui. Ce fut, disent-ils, une calomnie des juifs, qui eux-
mêmes songeaient à livrer la ville[2]. Leur héros n'aurait sans
doute pas été fort satisfait de cette plaidoirie posthume. Quand,
au risque de sa vie, il essayait de délivrer sa patrie et son
église de l'oppression d'étrangers infidèles à sa foi, loin de
commettre une trahison, il accomplissait courageusement son
devoir. Ne pas le comprendre, c'est comprendre bien peu le
dévouement, l'intelligence et la force d'âme de ce clergé gaulois qui, seul au milieu de l'écroulement du monde antique,
a su rendre l'indépendance à sa religion et à sa patrie et a
su créer une puissance durable. Défendre son héros d'avoir eu
le courage de lutter pour ses convictions, c'est une singulière
façon de faire son éloge. Les évêques de la Gaule avaient des
audaces que ne comprennent point leurs historiens qui, venus
dans un temps où le pouvoir était favorable à l'Église, prê-
chent l'obéissance à l'autorité comme une vertu, sans distinguer l'autorité légitime de celle qui ne l'est pas.

L'avant-garde des Goths, commandée par un général
nommé Toluin, parvint à s'emparer d'un pont situé sur le
Rhône en face d'Arles; assurant ainsi à l'armée qu'elle précé-
dait, le libre passage du fleuve. Les Francs, comprenant de
quelle importance était cette position dans laquelle ils s'étaient
laissé prévenir, résolurent d'en déloger Toluin[3]. La résistance que celui-ci leur opposa, donna le temps au gros des
troupes de Théodoric d'arriver. Ce qui ne semblait devoir
être qu'un combat d'avant-garde, devint une bataille où, de
part et d'autre, chacun engagea toutes ses forces. En même
temps, les Visigoths de la garnison d'Arles opérèrent une
vigoureuse sortie. Les Francs, pris ainsi entre deux ennemis,
furent complétement battus et forcés d'opérer une retraite

---

1. Cyprianus, *Vita Sancti Cæsarii* (Migne, Patrologie Latine, t. LXVII).
— Baronius, *ann.* 508, VIII.

2. Muratori, *ann.* 508.

3. *Cassiod. Variar.* lib. VIII, ep. x.

désastreuse. Ils perdirent dans cette journée trente mille des leurs, sans compter ceux qui, en grand nombre, furent faits prisonniers[1]. Dès la première rencontre, les vieilles troupes de Théodoric avaient infligé un véritable désastre à l'armée, jusque-là victorieuse, de Clovis.

La défaite des Francs livrait immédiatement au vainqueur Arles et la Provence[2]. Clovis, rendu circonspect par un si grave échec, paraît n'avoir plus songé qu'à conserver ce qu'il pourrait de ses rapides conquêtes, heureux de se tirer d'embarras en les partageant. Procope raconte, il est vrai, que les Francs assiégèrent encore Carcassonne, où l'on prétendait que les rois Visigoths conservaient les dépouilles de Rome; que Théodoric vint en personne débloquer la place et les forcer à la retraite; puis, que le roi des Goths s'en retourna à Ravenne, emportant avec lui les trésors des Visigoths[3]. Mais Procope est mal renseigné sur tout ce qui se passa en Gaule à cette époque. Les anciens historiens des Francs, plus dignes de confiance, ne font aucune mention de ce prétendu siège de Carcassonne. Ils nous apprennent, au contraire, qu'après sa défaite devant Arles, Clovis renonça à la guerre.

Théodoric ne songea point d'ailleurs à l'inquiéter. Il voulut profiter de la liberté d'action que lui laissaient la retraite des Francs et l'impossibilité dans laquelle ils se trouvaient de reprendre l'offensive, pour soumettre le sud de la Gaule et

---

1. Jornandès, *de Rebus Get.*, cap. LVIII (édit. Mommsen, Monum. Germ., in-4°, Auct. Antiq., t. V, p. 135). — *Cassiod. Variar.* lib. VIII, ep. x. Dans la lettre par laquelle Athalaric signifie au Sénat l'élévation de Toluin à la dignité de patrice, il rappelle ce succès comme un des mérites de ce général. — *Cassiodori Chronica* ann. 508 : His conss. contra Francos a domno nostro destinatur exercitus qui Gallias Francorum deprædatione confusas victis hostibus ac fugatis suo adquisivit imperio (édit. Mommsen, Monum. Germ., in-4°, Auct. Antiq., t. XI, pars I, p. 160). — *Cypriani Vita Sancti Cæsarii* lib. I, cap. III. In Arelato Vero Gothis cum captivorum immensitate reversis, replentur sacræ Basilicæ, repletur etiam domus (Migne, Patrologie Latine, t. LXVII, p. 1012, n° 23). — Procope ne parle point de cette bataille. Il dit que les Francs se retirèrent par crainte des troupes de Théodoric.

2. Cyprianus, *Vita Sancti Cæsarii*, lib. I, cap. III. Sic deinde Arelatensis civitas a Visigothis ad Ostrogothorum devoluta est regnum (Migne, Patrologie Latine, t. LXVII, p. 1013, n° 24).

3. Procope, *de Bello Goth.*, lib. I, cap. 12 (Corpus Script. Hist. Byzant.).

báttre Giselic. Le roi des Burgundes, délivré de la crainte qui l'avait poussé à seconder Clovis, fournit sans doute à Théodoric le secours que celui-ci lui avait précédemment demandé, car nous savons que ce furent les Burgundes qui allèrent assiéger Narbonne où Giselic s'était réfugié. Ils prirent cette place d'assaut et la saccagèrent. Quant à Giselic, il parvint à échapper à ses ennemis et alla chercher un refuge à Barcelone[1]. Il y fut poursuivi par une armée commandée par Ibba et bientôt chassé d'Espagne. Il passa en Afrique, auprès de Trasamund, roi des Vandales, qui lui fit bon accueil et lui fournit des ressources, qui lui permirent de gagner l'Aquitaine[2]. Théodoric, informé de cette circonstance, se hâta de lui enlever un appui qui pouvait le rendre dangereux. Il envoya une ambassade, avec mission de remettre à Trasamund une lettre, dans laquelle il se plaignait de l'accueil fait à son ennemi. Rappelant ces liens de parenté, qu'il ne manquait jamais d'invoquer comme lui donnant des droits à la fidélité et à l'alliance des princes barbares : « Que dois-je attendre, dit-il, de ceux qui me sont étrangers, si mes parents se conduisent ainsi envers moi[3] »? Trasamund se hâta de s'excuser et, pour preuve de son dévouement au roi des Goths, il lui envoya des présents que celui-ci le pria de reprendre, n'attachant de prix, écrit-il, qu'à la loyauté[4].

Mais les ressources que Trasamund avait fournies à Giselic, permirent bientôt à ce dernier de susciter de nouveau la guerre. Pendant un an environ, il parvint à se soustraire aux poursuites des Goths et mit ce temps à profit pour enrôler une troupe nombreuse d'aventuriers. Quand il se crut assez fort, il passa en Espagne, espérant y provoquer un soulève-

---

1. *Isidori Historia Gothorum* (édit. Mommsen, Chron. Min., Monum. Germ., in-4°, Auct. Antiq., t. XI, pars II, p. 282).

2. *Isidori Historia Gothorum* (Monum. Germ., in-4°, Auct. Antiq., t. XI, pars II, p. 282).

3. *Cassiod. Variar.* lib. V, ep. XLIII.

4. *Cassiod. Variar.* lib. V, ep. XLIV (édit. Mommsen, Monum. Germ., in-4°, Auct. Antiq., t. XII).

ment en sa faveur. Ibba réussit à l'atteindre, non loin de Barcelone. Complètement battu, il fut rejeté en Gaule, où il perdit
la vie dans une dernière défaite, sur les bords du Druentium [1],
en l'année 511 [2]. Théodoric acheva ainsi de soumettre à son
autorité la plus grande partie des pays qui jadis formaient le
royaume d'Alaric. Il était maître de l'Espagne, d'Arles,. de la
Provence et de toute la contrée riveraine de la Méditerranée,
depuis les Alpes jusqu'aux Pyrénées, sans en excepter Marseille. On ne sait si cette ville faisait précédemment partie des
domaines d'Alaric, ou si elle fut enlevée aux Burgundes; mais
il est hors de doute qu'à partir de cette époque, elle fut soumise aux Goths [3].

Théodoric était non moins prudent que Clovis. Il appréciait
à sa valeur la puissance militaire des Francs et l'avantage que
leur donnait la sympathie des populations gauloises. Il comprit
que chercher à leur arracher ce qui leur restait de leurs conquêtes, c'était s'engager dans une guerre longue et difficile,
d'autant plus dangereuse pour lui, que la supériorité de ses
troupes serait amplement compensée par l'obligation de faire
face de deux côtés à la fois. Tout ennemi de Théodoric était
naturellement l'allié de l'Empire. Dès l'année 508, lorsque
Clovis retourna à Tours après avoir vaincu Alaric, il y reçut,
dit Grégoire de Tours, un codicille impérial par lequel l'empereur Anastase le nommait consul [4]. C'était sans doute la
dignité de patrice qui lui était conférée et que Grégoire confond avec le consulat, car le nom de Clovis ne figure nulle
part dans les fastes consulaires [5]. Quoi qu'il en soit, ce n'était
pas un vain honneur, mais un avantage très réel que l'empereur accordait au roi des Francs. Pour en bien comprendre

1. *Isidori Historia Gothorum* (Monum. Germ., in-4°, Auct. Antiq., t. XI,
pars II, p. 282).

2. Muratori, *ann.* 511.

3. *Cassiod. Variar.* lib. III, ep. xli.

4. *Grégoire de Tours*, lib. II-38 (édit. Arndt, Monum. Germ., in-4°).

5. *Le P. Pagi*, notes aux *Annales* de Baronius, ann. 508. — Baronius,
ann. 508, croit à tort que Clovis fut honoré du consulat. M. Godefroid
Kurth paraît avoir établi qu'il s'agit du consulat honoraire (Godefroid
Kurth, *Clovis*).

l'importance, il faut se rappeler la majesté et l'autorité morale de l'empereur, seul souverain légitime de tous les pays autrefois soumis à Rome.

La Gaule avait été, plus peut-être que toute autre contrée, dévouée à l'Empire; elle lui demeurait attachée par ses souvenirs et ses regrets. A ses yeux, tout pouvoir qui n'émanait pas de l'empereur, n'était qu'une usurpation. Elle pouvait préférer le roi des Francs à un autre barbare; mais hors de l'Empire, il n'y avait point pour elle d'autorité légitime. Or, la dignité de patrice faisait de Clovis un fonctionnaire romain, elle constituait une reconnaissance de son pouvoir et lui donnait la légitimité qui lui manquait. Désormais, il allait paraître gouverner avec le consentement et par une sorte de délégation de l'empereur. Son autorité, déjà sanctionnée par l'Église, devenait ainsi légale. Il le comprit à merveille et, se parant avec ostentation de son nouveau titre, il voulut établir, aux yeux de tous, les droits que ce titre lui donnait. Il se rendit solennellement dans l'église de Saint-Martin; là, il plaça sur sa tête son diadème et se revêtit d'une tunique et d'un manteau de pourpre; puis, montant à cheval dans ce costume, il traversa la ville, semant de sa propre main dans les rues des poignées d'or et d'argent. Il fallait que le peuple le vît revêtu des emblèmes de la puissance romaine. A partir de ce jour, ajoute Grégoire, il se fit appeler Consul et Auguste [1]. Il s'affublait ainsi de titres qui ne lui revenaient point, tant il tenait à rappeler l'honneur qui lui donnait, aux yeux de ses sujets, l'apparence d'un prince légitime.

L'empereur s'alliait à Clovis, pensant le pousser à poursuivre la guerre contre Théodoric, tandis que lui-même, profitant d'une occasion si favorable, attaquerait les Goths en Italie. Mettant ce plan à exécution, il arma une flotte de deux cents vaisseaux, montés par huit mille hommes, qui, dès que l'armée de Théodoric eut passé les Alpes, alla, sous les ordres des comtes Romanus et Rusticus, dévaster les côtes de

---

1. *Grégoire de Tours*, lib. II, cap. xxxviii (édit. Arndt, Monum. Germ., in-4°).

l'Italie jusqu'à Tarente[1]. La défaite des Francs devant Arles et leur retraite précipitée forcèrent la flotte impériale à regagner Constantinople. Pour reparaître, elle n'attendait que le moment où Théodoric aurait recommencé contre les Francs une guerre dans laquelle il serait obligé d'engager toutes ses forces. D'autre part, Rome et l'Italie étaient prêtes à se révolter, le jour où l'armée des Goths ne serait plus là en assez grand nombre pour les maintenir et où elles pourraient compter sur l'appui d'une armée impériale. Dans ces conditions, la continuation de la guerre était pleine de dangers pour Théodoric. Il l'évita en abandonnant à Clovis Toulouse et l'Aquitaine, qui demeurèrent indissolublement unies au royaume des Francs.

Ayant rétabli à ce prix la paix dans les Gaules, il chercha à apaiser l'empereur. Il ne pouvait espérer une réconciliation formelle, car à Constantinople, on n'avait rien à craindre de lui et l'on y voulait conserver le moyen de reprendre la querelle, dès qu'une occasion opportune se présenterait. Il ne demanda donc plus, comme autrefois, le rétablissement de la paix, mais affecta de reprendre les relations ordinaires, comme si elles n'avaient jamais été rompues. Quand en 511, il nomma consul le Gaulois Félix[2], il s'empressa de communiquer cette élection à l'empereur Anastase, en lui demandant, suivant l'usage, de la ratifier. Il faisait ainsi acte de soumission à l'empereur, dont il se plut à reconnaître en termes précis la souveraineté sur l'Occident et le droit d'y participer à la nomination des consuls[3]. Nous ne savons comment cet hommage fut reçu à Byzance; mais il est facile de le supposer : l'empereur était impuissant à continuer seul la guerre contre les Goths, redevenus libres de disposer de

1. *Marcellini comitis Chronicon* (édit. Mommsen, Monum. Germ., in-4°, Auct. Antiq., t. XI, pars I, Chronica Minora, p. 97, ann. 508).

2. *Cassiodori Chronica* (édit. Mommsen, p. 160). *Cassiod. Variar.* lib. II, ep. II et III.

3. *Cassiod. Variar.* lib. II, ep. I. Atque ideo vos, qui utriusque reipublicæ bonis indiscreta potestis gratia delectari, jungite favorem, adunate sententiam. Amborum judicio dignus est eligi qui tantis fascibus meretur augeri (édit. Mommsen, Monum. Germ., in-4°, Auct. Antiq., t. XII).

toutes leurs forces; il dut donc accepter sans protestation, mais aussi sans s'engager à rien, une communication qui avait pour lui l'avantage de contenir une affirmation nouvelle de ses droits sur l'Italie.

Théodoric ne se faisait d'ailleurs point illusion. Craignant un retour offensif de la flotte impériale, il s'était mis en mesure, dès 509, de protéger les côtes de l'Italie. Le recueil de Cassiodore contient une série de cinq ordonnances qui témoignent de l'empressement que les Goths mirent à se créer une armée navale[1]. Ordre fut donné à Abundantius, préfet du prétoire, de rechercher dans l'Italie entière les bois de pins et de cyprès propres à la construction des navires. Uvilia, comte du patrimoine, et Aliulf reçurent mission de faire couper dans la région du Pô tous les arbres pouvant servir à cet usage. Aliulf fut chargé en outre de maintenir libre le cours du Mincio, de l'Olio, du Serchio, du Tibre et de l'Arno, et de faire enlever à cet effet les filets qu'y tendaient les pêcheurs. En même temps, il est ordonné à ces différents officiers de rassembler partout des matelots et de les diriger sur Ravenne, où nous voyons, dans une autre ordonnance, adressée par le roi au sajon Gudinandus, qu'ils devaient être réunis le 13 juin de la même année. Théodoric eut à se louer du zèle avec lequel ses ordres furent exécutés. Mille gros vaisseaux que l'on pouvait utiliser pour la guerre et pour les transports des blés, furent bientôt prêts à prendre la mer. Ainsi, grâce à la force de ses armes et à l'habileté de sa politique, Théodoric sortait plus puissant de cette longue guerre, qui fut le plus grand danger auquel il eut à faire face.

Le royaume des Visigoths avait disparu tout entier; une partie de ses anciens domaines restait au pouvoir de Clovis, tandis que l'Espagne et le sud de la Gaule étaient occupés par les troupes des Ostrogoths. Théodoric ne jugea pas à propos de le rétablir au profit de son petits-fils, trop jeune pour être capable de régner. Il réunit le sud de la Gaule

---

1. *Cassiod. Variar.* lib. V, ep. XVI, XVII, XVIII, XIX, XX. Ces ordonnances semblent convenir à cette époque plutôt qu'aux dernières années du règne de Théodoric.

à son empire et fit gouverner l'Espagne en son nom par un
de ses lieutenants, nommé Théode[1]. Procope dit, il est vrai,
qu'après la mort de Giselic, Théodoric donna le trône d'Espagne à son petit-fils Amalaric[2], et le P. Pagi accepte ce
récit comme exact[3]. Mais nous avons déjà eu occasion de
constater combien Procope était mal renseigné sur les événements de cette époque, et le témoignage digne de foi de
saint Isidore nous apprend que Théodoric régna en Espagne
pendant quinze ans et eut à sa mort, pour successeur dans ce
pays, son petit-fils Amalaric[4]. D'ailleurs, les annales de l'Espagne nous montrent qu'à cette époque on compta les
années à partir du règne de Théodoric et non de celui
d'Amalaric[5].

Le roi des Goths se hâta d'organiser ses nouvelles conquêtes, comme il avait organisé précédemment celles qu'il
avait faites sur les rives du Danube. Il donna mission à un
sénateur, du nom de Gemellus, de diriger l'administration
dans ces pays de la Gaule, qu'avec l'aide de Dieu, dit-il, il
venait de soumettre[6]. Les recommandations qu'il adresse à
ce gouverneur, reproduisent les principes d'ordre et de justice
à l'aide desquels nous l'avons déjà vu chercher à asseoir sa
domination sur la reconnaissance et l'affection des peuples
soumis. « Si tu veux nous plaire, lui écrit-il, agis suivant
nos instructions : aie horreur du trouble ; évite toute avarice,
afin que ces provinces fatiguées trouvent en toi un magistrat
qui leur rappelle qu'elles sont passées de nouveau sous le
gouvernement d'un prince romain. Pour réparer leurs désas-
ters, elles veulent des hommes remarquables. A toi de faire en
sorte qu'elles soient heureuses d'avoir été conquises et se
consolent de leurs malheurs. Il convient qu'elles soient

---

1. *Cassiodori Chronica*, loc. cit. — Cyprianus, *Vita sancti Cæsarii.*
2. Procope, *de Bello Goth.*, lib. I, cap. 12 (Corpus Script. Hist. Byzant.).
3. Pagi, *ann.* 508, VIII et 511, XV.
4. *Isidori Historia Gothorum* (édit. Mommsen. Monum. Germ. in-4°,
Auct. Antiq., t. XI, p. 283).
5. Cardinal d'Aguirre, *Collectio Conciliorum Hispaniæ*, t. II, p. 235 et 241.
6. *Cassiod. Variar.* lib. III, ep. XVI.

heureuses, maintenant que leurs vœux sont accomplis[1] ».
Présenter aux populations gauloises la conquête des
Ostrogoths comme le retour de la domination romaine, qu'elles
regrettaient et appelaient en effet de leurs vœux, est une de
ces habiletés auxquelles se plaisait ce barbare, qui essayait de
faire illusion aux vaincus en affectant leur costume et leur
langage. Il semble avoir compté beaucoup sur cette illusion,
pour faire accepter sa domination en Gaule, car, dans la
proclamation qu'il adressa aux populations de ce pays, il
insiste pour faire croire qu'avec lui, c'est Rome qui revient.
« Il doit vous être doux, leur dit-il, d'obéir à l'autorité
romaine, à laquelle vous êtes aujourd'hui rendus après un
si long temps. Le retour à un état de choses qui a fait la
prospérité de vos ancêtres, est un bonheur pour vous. Rappelés à votre antique liberté, reprenez la toge et les modes
romaines ; dépouillez la barbarie ; renoncez à l'esprit de violence. Il ne convient pas, sous notre règne, que vous viviez
suivant des mœurs étrangères. Préoccupé de vos besoins,
nous avons jugé bon d'envoyer au milieu de vous Gemellus,
homme de la plus haute dignité, dont le dévouement et le
mérite nous sont connus. Nous lui avons donné mission d'organiser l'administration dans la Province. Nous comptons qu'il
ne manquera à son devoir envers personne, car il sait combien nous déplaisent ceux qui y manquent. Obéissez donc
aux ordonnances qu'il édictera d'après nos ordres. Reprenez
peu à peu les mœurs d'un état policé, et ne regardez pas le
bien comme une nouveauté pénible. Ne dépendre que des
lois et ne craindre rien autre, quoi de plus heureux pour les
hommes ! La légalité est la consolation de la vie humaine, la
protection des faibles et la garantie de tous contre les puissants. Aimez donc cette source de sécurité et de plus parfaite
loyauté. Ne craignez plus désormais de montrer les richesses
que vous ont léguées vos parents. Rendez à la lumière les biens
que vous avez longtemps enfouis dans de secrètes cachettes,

---

1. *Cassiod. Variar.* lib. III, ep. xvi (édit. Mommsen. Monum. Germ., in-4°,
Auct. Antiq., t. XII).

car le rang de chacun doit être fixé par son honnêteté et sa fortune [1] ».

Cassiodore se faisait peut-être illusion à lui-même, quand il posait son maître en Romain ; mais il est certain qu'il ne faisait point illusion aux autres. Les Gaulois, qui n'avaient échappé à la domination des Visigoths que pour tomber au pouvoir d'autres Goths, aussi étrangers à leur race et à leur religion que leurs précédents maîtres, ne se figuraient nullement être libérés de la barbarie. Ne pouvant redevenir réellement sujets de l'Empire, ils eussent préféré être réunis à leurs frères, sous la domination des Francs, qui partageaient au moins leur foi. Ce désir était surtout celui du clergé. Aussi continua-t-il ses intelligences avec Clovis. Les Goths furent obligés d'avoir recours contre lui à des mesures de rigueur. Dès 509, Ara, qui commandait à Arles au nom de Théodoric, fit saisir un archidiacre, nommé Jean, que, dit-on, un miracle sauva [2]. L'agitation et les conspirations n'en continuèrent pas moins. En 513, alors que la guerre était terminée depuis plus de deux ans et que le calme était rétabli à la surface, l'évêque d'Arles, saint Césaire, accusé, non sans raison sans doute, d'entretenir une correspondance avec les Francs, fut arrêté et conduit à Ravenne sous bonne garde [3]. Il y fut amené au palais devant Théodoric qu'il salua sans se troubler. Le roi, voyant son assurance et son aspect vénérable, se leva en signe de respect et lui rendit son salut avec bienveillance, puis s'enquit des fatigues de son voyage et lui parla des Goths et des habitants d'Arles. Quand le prélat se fut retiré, le roi dit à ceux qui l'entouraient : « Que ceux-là craignent la colère de Dieu, qui ont contraint un homme si saint et si innocent à entreprendre un pareil voyage ! Quand il est entré pour me saluer, je me suis senti tout ému. J'ai vu en lui un apôtre ; le mal juger ou lui faire sentir la moindre rigueur me paraîtrait un crime ».

---

1. *Cassiod. Variar.* lib. III, ep. xvii.

2. *Gregorii Episcopi Turonensis liber in Gloria Martyrum* (édit. Krusch., Monum. Germ., in-4°, n° 77, p. 539-540).

3. Baronius place cette arrestation en 508, au lieu de 513, sa date plus exacte. V. Muratori, *ann.* 513.

Lorsque le saint homme fut entré dans le logis réservé aux étrangers, le roi lui envoya un plat d'argent d'un grand prix, pesant environ soixante livres, et trois cents solidi. Il ordonna qu'on les lui offrît en ces termes : « Reçois ces présents, saint évêque, le roi, ton fils, te prie de les accepter et de te servir de cette coupe pour ton usage, en souvenir de lui. » Mais le saint homme, qui ne permettait point qu'on se servît d'argent pour sa table, fit estimer la coupe et, trois jours après, la fit vendre aux enchères publiques. Il fit usage du prix qu'il en obtint, pour racheter plusieurs captifs. Aussitôt les gens du roi apprirent à leur maître qu'ils avaient vu vendre publiquement le cadeau royal et délivrer, à l'aide du prix de la vente, un grand nombre de captifs. Alors une multitude de pauvres se porta vers la résidence du prélat. Telle fut la foule de ceux qui accouraient lui exposer leurs misères, qu'on ne pouvait qu'à grand'peine approcher pour le saluer. Quand Théodoric apprit ce qui s'était passé, il se répandit en éloges et en paroles d'admiration ; de telle sorte que tous ceux qui étaient de service au palais, nobles et sénateurs, se mirent à l'envi à offrir des présents au saint homme, en le priant de les distribuer de sa main [1].

Tel est le récit que nous a laissé le biographe de saint Césaire. Dans son désir d'être édifiant, il attribue la clémence du roi au respect qu'inspirait son héros. Théodoric n'avait pas l'émotion si prompte. Celui qui fit mourir un pape en prison, ne devait pas avoir tant de timidité en présence d'un évêque. Mais cet évêque était populaire ; agir envers lui avec violence, c'était exaspérer l'opinion publique, risquer de provoquer une révolte et précipiter la lutte avec l'Église. Fidèle aux principes qu'il pratiquait alors, Théodoric préféra faire montre de sa modération aux yeux des catholiques de Rome et de la Gaule. Aussi envoya-t-il saint Césaire se présenter au pape Symmaque et aux sénateurs qui le reçurent en rendant grâce à Dieu et au roi. Le pape le confirma dans la dignité de métropolitain, lui accorda un privilège spécial

---

1. Cyprianus, *Vita sancti Cæsarii*, lib. I, cap. III (Migne, *Patrologie Latine*, t. LXVII, p. 1015, n° 27).

quant à l'usage du pallium et donna à ses diacres le droit de porter la dalmatique comme la portaient alors les diacres de l'église romaine. Saint Césaire repartit ensuite pour Arles. Grande fut la joie à son retour. La foule se porta au-devant de lui, en chantant des psaumes et des cantiques. Parti comme un coupable qu'on emmenait en exil, il rentrait en triomphe [1].

Le voisinage des Francs et l'état des esprits obligeaient Théodoric à entretenir de nombreuses garnisons dans les Gaules et il ne pouvait y envoyer de nouvelles troupes de Goths, sans dégarnir l'Italie. Là aussi, il avait besoin d'une armée assez puissante pour assurer l'obéissance et se faire craindre de l'empereur. Son gouvernement ne cessait pas d'être une occupation militaire; il lui fallait, toujours et partout, être prêt à combattre. Une extension des pays à occuper exigeait donc qu'il augmentât le nombre de ses troupes. Les populations des pays danubiens étaient toujours prêtes à fournir des mercenaires, car la guerre était leur unique industrie. Il y enrôla un corps de Gépides, si nombreux que lui-même l'appelle une multitude [2]. Ces barbares furent destinés à aller défendre les nouvelles conquêtes du roi des Goths.

Pour se rendre en Gaule, ils traversèrent la Vénétie et la Ligurie. Cassiodore nous a conservé les ordres donnés à Véranus, afin d'éviter qu'ils ne se livrassent à des déprédations dans les pays situés sur leur passage. Nous y voyons qu'au lieu de leur fournir en nature les vivres qui leur étaient nécessaires, on leur donna une solde suffisante pour se les procurer eux-mêmes, en les achetant aux particuliers. Chacun des Gépides reçut, à cet effet, une solde de trois sous d'or par semaine [3]. Théodoric donne, dans l'ordre qu'il leur adresse, le motif de cette mesure, qui semble avoir été une exception aux usages adoptés dans son armée.

« D'après les dispositions que nous avons prises, leur dit-il, des vivres devaient vous être fournis pendant votre

---

1. Cyprianus, *Vita sancti Cæsarii*, lib. I, cap. IV (Migne, Patrologie Latine, t. LXVII, p. 1016, n° 31).

2. *Cassiod. Variar.* lib. V, ep. X.

3. *Cassiod. Variar.* lib. V, ep. X.

marche ; mais, pour éviter toute difficulté relativement aux distributions et à la qualité des subsistances, nous avons préféré vous distribuer trois sous d'or par semaine. Vous pourrez, avec cette solde, vous procurer des rations, les fourrages étant en abondance, et vous aurez à acheter ce qui vous conviendra. Les gens accourront pour vous vendre ce qui vous sera nécessaire, quand on saura que vous payez. Agissez avec modération et que votre marche soit heureuse. Ayez la conduite que doivent avoir ceux qui ont pour mission d'assurer le salut public ».

La guerre était à peine terminée, quand un événement imprévu modifia la situation au nord des Alpes.

Le 27 novembre 511, Clovis mourut à Paris, à l'âge de quarante-cinq ans, d'après les calculs les plus probables, et dans la trentième année de son règne. Il laissait quatre fils : Théoderic qui lui était né d'une concubine, avant son mariage avec Clotilde ; Clodomir, Childebert et Clotaire qu'il avait eus de ce mariage. Le royaume des Francs fut divisé entre eux et Théoderic obtint, dans sa part, les pays enlevés aux Visigoths. Grégoire de Tours rapporte que les Goths profitèrent de ces circonstances pour recommencer la guerre contre les Francs[1]. Mais aucun autre historien ne reproduit ce récit. Peut-être ne s'agit-il que d'un incident qui n'eut point pour conséquence de longues hostilités. Quoi qu'il en soit, Théodoric n'eut à se préoccuper d'aucune guerre jusqu'au jour où il devint l'allié des Francs contre les Burgundes.

Le royaume des Burgundes périt sous le règne de Sigismund, fils et successeur de Gundebaud. Sigismund était catholique et l'Église lui a reconnu les honneurs de saint et de martyr; mais ce pieux roi, cédant à d'injustes soupçons, teignit ses mains du sang de son propre fils. Dans sa jeunesse et durant le règne de son père Gundebaud, il avait épousé, comme nous l'avons dit, une fille de Théodoric. Il lui était né de ce mariage un fils nommé Sigeric. Devenu veuf, il s'était remarié à une femme qui semble avoir été d'une naissance peu

---

1. Grégoire de Tours, *Historia Francorum*, lib. III-xxi (édit. Arndt, Monum. Germ., in-4°).

illustre et qui ne tarda pas à manifester des sentiments de haine et de jalousie contre son beau-fils Sigeric. Un jour que celui-ci l'aperçut couverte, pour une cérémonie, des vêtements royaux qui avaient appartenu à la défunte reine, il se laissa emporter à lui dire, dans un moment d'émotion : « Tu n'étais point digne de porter ces habits qui furent ceux de ma mère, ta maîtresse. » La femme de Sigismund résolut de se venger. Elle parvint à persuader son mari de l'existence d'une conspiration tramée, prétendait-elle, par Sigeric, qu'elle accusait d'avoir médité le meurtre de son père, pour s'emparer du trône. Sigismund se laissa tromper par les intrigues de cette marâtre et fit étrangler son fils. Reconnaissant aussitôt après son erreur et saisi de remords, le malheureux père se jeta sur le corps de son enfant et répandit les larmes les plus amères. Un de ses officiers, témoin de cette scène, s'écria, dit-on : « C'est toi qu'il faut pleurer, malheureux roi, qu'un conseil criminel a rendu coupable d'un parricide affreux. L'infortuné que tu as fait étrangler injustement, n'a point besoin de larmes[1] ».

Le sort de Sigismund allait en effet être bientôt digne de larmes ; le châtiment de son crime ne devait pas se faire attendre. Le meurtre de Sigeric fut accompli en l'année 522[2] et, dès l'année suivante, le royaume des Burgundes était anéanti. Sigismund avait cherché à apaiser le cri de sa conscience par les libéralités qu'il fit au monastère d'Agaunum (Saint-Maurice, dans le Valais). Il avait fondé lui-même ce monastère en l'honneur des Martyrs de la légion Thébaine. Il s'y retira, après la mort de son fils, et y institua une psalmodie de prières continuelles. Il pratiquait les dévotions les plus austères et suppliait Dieu de le punir de ses péchés

---

1. Grégoire de Tours, *Historia Francorum*, lib. III-v (édit. Arndt, Monum. Germ., in-4°).

2. *Marii Aventicensis Chronica* (édit. Mommsen. ' Chronica Minora. Monum. Germ., in-4°, Auct. Antiq., t. XI, p. 234). Baronius place cet événement et la guerre entre les Burgundes et les Francs en 526 (*Baronius*, 526, XLIV et suiv.) ; mais son erreur est rectifiée dans les notes du P. Pagi (*Pagi*, ann. 526, XI et 523, XVIII). Si la défaite des Burgundes se produisit en 523, le meurtre de Sigeric remonte à 522.

avant sa mort[1]. Sa prière fut exaucée ; les ministres de vengeance n'étaient pas loin.

Théodoric, vivement irrité du traitement barbare infligé à son petit-fils, ne cacha ni son ressentiment, ni son désir d'en tirer vengeance. Le repentir de Sigismund ne-suffit point à l'apaiser. Il ne manquait d'ailleurs point de raisons politiques pour désirer abattre la puissance des Burgundes. Depuis la mort de Clovis et le partage de ses états entre ses fils, les Francs n'étaient plus à craindre. Isolés, ils ne pouvaient inquiéter les Goths ; mais une alliance avec les Burgundes les eût de nouveau rendus redoutables. Ce danger n'existait pas, lorsqu'un lien de famille unissait le roi des Burgundes à Théodoric, qui pouvait considérer comme un prolongement de son Empire un royaume dont son petit-fils était destiné à devenir le maître. L'existence de son petit-fils était, pour le roi des Goths, une garantie de la fidélité des Burgundes. Cette garantie disparaissait avec Sigeric. Désormais, Théodoric avait tout intérêt à détruire une puissance qui pouvait se tourner contre lui. Mais déclarer la guerre à Sigismund, c'était le précipiter dans cette alliance avec les Francs que l'on voulait prévenir. Il fallait donc s'entendre avec les fils de Clovis et consentir à partager la Burgundie avec eux. Ils étaient tout disposés à une pareille entreprise ; car ils n'attendaient qu'une occasion favorable, pour revendiquer les droits de leur mère sur une partie de la Burgundie. Clotilde, jugeant le moment propice, les excitait, dit-on, à venger le meurtre de ses parents.

Dans ces conditions, une entente s'établit entre les rois des Francs et Théodoric. Il fut convenu que, tous ensemble, ils attaqueraient Sigismund et son frère Godomar et que les États de ces deux princes seraient partagés entre les alliés[2]. Les Francs entrèrent immédiatement en campagne.

Sigismund et Godomar réunirent leurs forces pour repousser l'invasion. Ils furent vaincus ensemble par Clodomir dans

---

1. *Gregorii Episcopi Turonensis. Liber in Gloria Martyrum*, 74 (édit. Krusch, Monum. Germ., in-4°).

2. Procope, *de Bello Goth.*, lib. I, cap. 12.

une première bataille, qui eut pour résultat de mettre en
déroute l'armée de Godomar et de la séparer de celle que
commandait son frère. Celui-ci fut battu isolément dans une
seconde rencontre et fait prisonnier avec sa femme et ses fils,
tandis qu'il fuyait vers le monastère d'Agaunum, dans l'espoir d'y trouver un asile [1]. Ces malheureux furent amenés
en captivité à Orléans. Cependant Godomar parvint à réunir
de nouvelles forces et à reprendre possession de ses États.
Au moment de marcher contre lui, Clodomir voulut mettre
à mort son prisonnier. En vain, saint Avitus, que sa piété
rendait alors illustre parmi les prêtres, chercha-t-il à sauver
l'infortuné Sigismund, en menaçant son vainqueur d'un châtiment prochain : « Si par respect pour la loi divine, lui dit-il,
tu renonces à ton dessein, si tu ne souffres pas que ces
hommes soient mis à mort, Dieu sera avec toi et tu obtien-
dras la victoire. Si, au contraire, tu les massacres, toi aussi
tu tomberas aux mains de tes ennemis et tu subiras le sort
que tu leur auras fait subir. Il sera fait pour toi, pour ta
femme, pour tes enfants comme tu auras fait pour Sigismund,
pour sa femme, pour ses enfants. »

Clodomir, dédaignant de suivre les conseils du saint, lui
répondit : « Il est insensé, à mon avis, de laisser des ennemis
chez soi, quand on va en combattre d'autres. Avec ceux-ci
derrière moi et l'autre en face, je me trouverais pris entre
deux ennemis. Mieux vaut, pour rendre ma victoire plus facile,
m'en défaire séparément. Celui-ci mort, il me sera facile de
supprimer l'autre également. » Il ordonna de massacrer
immédiatement Sigismund, avec sa femme et ses fils et les fit
jeter dans un puits [2]. La prédiction de saint Avitus ne tarda
pas à se réaliser. Clodomir livra bataille à Godomar, non loin
de Vienne. Les Burgundes furent mis en fuite ; mais tandis
que Clodomir les poursuivait, il se trouva à un moment donné

---

1. Grégoire de Tours, *Historia Francorum*. lib. III-vi (édit. Arndt, Monum.
Germ., in-4°). — Procope, *de Bello Goth.*, lib. I, cap. 13. — Pagi, *ann.* 523,
XVIII et XIX.

2. Grégoire de Tours, *Historia Francorum*, lib. III-vi. *Liber in Gloria
Martyrum*, 74 (Monum. Germ., in-4°).

séparé des siens. Une troupe de Burgundes lui fit signe d'approcher, lui criant : « Ici, ici, nous sommes des tiens. » Il le crut et tomba au milieu de ses ennemis. Ils lui coupérent la tête qu'ils élevèrent au bout d'une lance.

Les Francs demeurèrent pourtant victorieux et la défaite de Godomar acheva de leur livrer la Burgundie[1].

Pendant que ces événements s'accomplissaient, Théodoric avait concentré, au sud des Alpes, une armée prête à passer en Gaule. Mais il avait donné à son général l'ordre de ne point précipiter ses mouvements, afin de voir quelle tournure prendrait la guerre. Dès qu'il apprit les succès des Francs, il fit avancer rapidement ses troupes qui, en exécution du pacte conclu avec les fils de Clovis, prirent possession d'une grande partie de l'ancien royaume des Burgundes. Apt, Genève, Carpentras, Avignon furent du nombre des pays que Théodoric acquit ainsi, sans avoir eu à combattre ou à faire le moindre sacrifice[2]. Cette habile conquête termina, par un dernier succès, le long règne de Théodoric.

1. Grégoire de Tours, *Historia Francorum*, lib. III-VI (édit. Arndt, Monum. Germ., in-4º).

2. *Cassiod. Variar.* lib. VIII, ep. x. — Procope, *de Bello Goth..* lib. I, cap. 12 (Corpus Script. Hist. Byzant.).

CHAPITRE III

GOUVERNEMENT DE THÉODORIC

Etat de l'Italie. — Politique intérieure de Théodoric. — Mission de saint Epiphane. — Importance de Rome. — Distributions et approvisionnements. — Le préfet de l'Annone. — Entrée triomphale de Théodoric à Rome. — Discours et promesses. — Aspect de Rome. — Etat des monuments. — Mesures de préservation. — Le curator statuarum. — Entretien des murailles. — Cloaques, aqueducs et théâtres. — Forum de Trajan et Capitole. — Représentations scéniques. — Le cirque et l'amphithéâtre. — Administration de la justice. — Concessions. — Finances. — Armées. — Postes. — L'Opposition. — L'Eglise et l'Empire. — Mort d'Anastase II. — Compétitions de Symmaque et de Laurent. — Election d'Hormisdas. — Avènement de Justin. — Influence de Justinien. — Réconciliation entre l'Eglise et l'Empire. — Conséquence de la paix religieuse. — Révolte en Sicile. — Mort d'Hormisdas. — Election de Jean Ier. — Edit de Justin contre les païens et les hérétiques. — Eglises enlevées aux Ariens. — Représailles de Théodoric. — Accusation contre Albinus. — Mort de Boëtius et de Symmaque. — Violences contre l'Église. — Le pape Jean à Constantinople. — Son retour et sa mort. — Mort de Théodoric. — Son tombeau. — Ses petits-fils Amalaric et Athalaric. — Tutelle et usurpation de Théode en Espagne. — Election du pape Félix.

Le régime établi par Odoacre était l'occupation de l'Italie par une armée étrangère. La victoire de Théodoric ne changea rien à cet état de choses. Les circonstances restant les mêmes, il fut amené nécessairement à suivre la politique que son prédécesseur avait inaugurée.

Établir la domination étrangère sur des bases solides, la faire accepter comme un système définitif, tel était le but de cette politique. Pour atteindre ce but, Théodoric essaya d'accoutumer les Italiens à la présence et à la prédominance des Goths. Il évita avec soin tout ce qui aurait pu humilier ou exaspérer les vaincus. Il témoigna la plus vive admiration pour leur civilisation et leurs monuments, leur laissa leurs lois et leurs institutions, ne les inquiéta point dans leurs croyances, affecta d'agir, de se vêtir, de parler comme un Romain. Il espérait faire illusion à ses sujets, au point de leur persuader que c'était toujours l'Empire romain qui les gouvernait, comme il l'écrivit lui-même aux Gaulois[1].

Lui seul se faisait illusion; il s'en aperçut vers la fin de son règne, quand, irrité du peu de succès obtenu par tant de modération, il eut recours aux mesures de rigueur les plus violentes. Barbare et arien comme Odoacre, il devait, lui aussi, se heurter à l'opposition de l'Église et du Sénat représentant le parti national. Mais, pendant les années qui suivirent la conquête, cette opposition ne pouvait se manifester d'une façon redoutable. Rome et l'Italie, dépeuplées, exténuées, tombées dans la plus effroyable misère, étaient incapables de résistance.

L'Italie était ravagée dès le temps d'Odoacre. Les Ostrogoths achevèrent sa ruine, en ramenant les horreurs de la guerre dans ce pays dévasté. Tant d'invasions avaient fini par transformer les plus riches provinces en déserts incultes, et le pape Gélase pouvait écrire, sans pousser trop loin l'exagération, que, dans l'Émilie et dans toutes les autres provinces, il ne restait presque personne[2]. D'autre part, si l'Église était peu favorable à la domination d'un prince arien dont elle avait beaucoup à craindre, elle était également peu disposée à mettre sa grande influence au service de l'Empire d'Orient qui méconnaissait son autorité et s'était séparé d'elle. Quant à l'empereur, il était peut-être en état de venir en aide à un soulèvement des Italiens, mais il n'était point assez fort pour tenter seul de chasser les Goths de leur nouvelle demeure. Théodoric se trouvait donc en présence d'adversaires dont les divisions faisaient sa sécurité.

Il ne tarda pas à profiter de ces circonstances pour essayer d'attirer à lui les Italiens, en diminuant, autant que possible,

---

1. *Cassiodori Variarum*, lib. III, ep. xvi et xvii.

2. Gelasius papa adversus Andromachum senatorem cœterosque Romanos qui Lupercalia secundum morem pristinum colenda constituebantur. (Baronius, *ann.*, 496, XXXVI.)

leurs souffrances matérielles, en rétablissant un peu d'ordre et une administration régulière dans leur pays si longtemps troublé. Mais il ne comprit pas dès l'abord les avantages de ce système d'habile modération. Par une loi promulguée après la mort d'Odoacre, il enleva le droit de tester et de disposer de leurs biens à tous ceux qui avaient soutenu le parti de son adversaire. Cet acte de violence atteignait un grand nombre de personnes et menaçait indirectement tous les Italiens qui, ne s'étant point prononcés en faveur de l'envahisseur, pouvaient tous être accusés d'avoir favorisé Odoacre. L'Italie tout entière en fut alarmée. Saint Épiphane, l'illustre évêque de Ticinum (Pavie), se fit le défenseur de ses concitoyens opprimés et parvint à leur éviter le nouveau malheur dont les menaçait la vengeance de Théodoric..

Saint Épiphane était un des personnages les plus influents de l'Italie. Sa piété imposait à tous le respect, son ardente charité le faisait aimer passionnément par le peuple de la Ligurie dont il ne cessait de soulager les cruelles misères. Avec une merveilleuse habileté, il avait réussi à traverser, en se faisant aimer et respecter de tous les partis, la longue période de luttes intestines et d'invasions qui avait désolé sa patrie[1]. Sa charité ne connaissait point d'ennemis; il secourait indistinctement tous les malheureux et n'était suspect à personne.

Il était né en 439. On raconte que, lorsqu'il était à peine en âge d'être sevré, beaucoup de personnes le virent dans son berceau environné d'une grande et éclatante lumière. Son père, surpris de ce prodige, voua l'enfant à Dieu et le mena à saint Crispin, alors évêque de Ticinum, qui le prit en affection et auquel il succéda, en 467[2]. Il ne tarda point à acquérir une grande réputation d'austérité et de vertu qui, en 469, le fit désigner pour ménager une réconciliation entre l'empereur Anthémius et Récimer. L'heureuse issue du double

---

1. Ennodius, *Vita Epifani* (édit. Vogel, Monumenta Germaniæ, in-4°, Auct. Antiq., t. VII, p. 90, n° 51).

2. Ennodius, *Vita Epifani* (Migne, Patrologie Latine, t. LXIII, p. 210. — Edit. Vogel, Monum. Germ., in-4°, Auct. Antiq., t. VII, p. 83, n° 8).

voyage qu'il fit dans ce but à Milan et à Rome, ne laissa pas que d'augmenter son influence[1]. On rapporte que, désireux de se trouver dans son diocèse avant la fête de Pâques qui approchait, saint Épiphane quitta la cour de l'empereur, aussitôt que celui-ci eut juré la paix, et-qu'il-parcourut en quatorze jours la distance de Rome à Pavie. Cette diligence est marquée comme tout à fait extraordinaire.

Sous les règnes éphémères de Glycérius et de Népos, son influence ne cessa de croître, à tel point qu'en 474, Népos le chargea de traiter de la paix avec Euric, roi des Visigoths[2]. Il se rendit alors à Toulouse et obtint d'Euric les conditions les moins défavorables que la faiblesse de Népos permettait d'espérer. Bientôt après, ce prince fut dépossédé par Oreste qui, attaqué à son tour par Odoacre, fut réduit à se réfugier dans Ticinum, dont les troupes d'Odoacre ne tardèrent point à s'emparer. La ville fut livrée au pillage et incendiée, ainsi que les deux églises qu'elle contenait. Saint Épiphane faillit périr victime de la cupidité des barbares. Ils se précipitèrent sur sa demeure, pensant qu'un homme qui répandait de si abondantes aumônes, devait posséder de grands trésors.

Ils furent bientôt persuadés, dit son biographe, que sa pauvreté faisait ses richesses. Ainsi, on n'eut pour lui que du respect; on lui accorda la liberté de sainte Honorate, sa sœur, et d'un grand nombre de personnes, principalement des femmes, que l'on se préparait à emmener captives; et par sa charité, il remédia aux maux dont il fut le témoin. L'estime qu'il sut inspirer à Odoacre lui permit de protéger plus d'une fois, ses concitoyens contre les vexations dont les menaçait la domination des barbares[3].

Durant la guerre qui se termina par la victoire de Théodoric, la loyauté de sa conduite inspira le respect à l'un et à l'autre parti. Il se tint en dehors de la lutte et secourut indistinctement toutes les misères. Tel fut l'ascendant qu'il

1. Ennodius, *Vita Epifani* (édit. Vogel, Monum. Germ., in-4°, t. VII, p. 91 et 93). — Tillemont, *Vie de saint Épiphane.*

2. Ennodius, *Vita Epifani* (édit. Vogel, p. 94-95).

3. Ennodius, *Vita Epifani* (Monum. Germ., in-4°, Auct. Antiq., t. VII, p. 96).

prit sur l'esprit de Théodoric que celui-ci, plein d'admiration, s'écria, dès leur première rencontre, que l'Orient ne possédait rien de comparable à ce saint homme et qu'il ne trouvait point mauvais que saint Épiphane se servît des présents qu'il lui faisait, pour secourir tous les malheureux, sans distinction d'amis ou d'ennemis[1]. Quand Théodoric quitta Ticinum pour reprendre la campagne contre Odoacre, il y laissa une forte garnison dont l'insolence et les excès désolèrent la ville pendant trois années, durant lesquelles le vertueux évêque fut l'unique consolation de ses infortunés concitoyens[2]. Il poussa la patience jusqu'à recevoir à sa table les auteurs de tant de maux et ceux-là même qui avaient ruiné les terres de son église. Il évitait ainsi de les exaspérer et de leur fournir l'occasion de nouvelles violences. A cette garnison de Goths succédèrent des Ruges qui occupèrent la ville pendant deux ans. Ces Ruges passaient pour les plus cruels et les plus intraitables de tous les barbares[3]. La douceur de saint Épiphane les rendit plus humains. Un grand nombre d'entre eux l'aimèrent et ne se séparèrent de lui, pour retourner dans leur patrie, qu'en versant des larmes. Ce départ des Ruges eut lieu en 493. Ce fut alors seulement que Ticinum recouvra la paix. Son évêque fut de nouveau son bienfaiteur. Ce fut lui qui travailla à la repeupler, en y appelant ce qui restait de la population des autres villes de la Ligurie, entièrement ruinées.

Tel était l'homme qui, en 494, se rendit à Ravenne pour supplier Théodoric d'abroger le décret qui jetait l'épouvante et le désespoir dans toute l'Italie. Il fut accompagné dans cette délicate mission par Laurent, archevêque de Milan ; mais Laurent, bien qu'il fût métropolitain de l'évêque de Ticinum, l'obligea de porter la parole[4].

L'habile prélat rappela à Théodoric sa promesse d'aimer

1. Ennodius, *Vita Epifani* (Monum. Germ., in-4°, Auct. Antiq., t. VII, p. 97-98).

2. Ennodius, *Vita Epifani* (édit. Vogel, p. 98).

3. Ennodius, *Vita Epifani* (édit. Vogel, p. 99).

4. Ennodius, *Vita Epifani* (édit. Vogel, Monum. Germ., in-4°, Auct. Antiq., t. VII, p. 99 et 100).

les peuples qui lui étaient confiés et de ne point imiter ceux dont Dieu avait puni les méfaits[1]. Représenter la chute d'Odoacre comme la conséquence et la punition de la dureté avec laquelle ce chef barbare avait agi à l'égard des vaincus, c'était montrer combien il était utile, pour se maintenir en Italie, de ménager la population et de se faire aimer d'elle. Saint Épiphane ne s'en tint sans doute pas à la courte menace de la vengeance divine que relate son biographe. Il connaissait les barbares et savait que leur intérêt était l'unique mobile de leur conduite. Il ne manqua donc certainement pas d'insister sur les avantages de la clémence. Ces avantages étaient trop certains et trop évidents pour ne pas frapper l'esprit rusé de Théodoric. Saint Épiphane eut donc gain de cause. Un édit, dressé aussitôt, accorda aux anciens adversaires des Goths une amnistie plus étendue qu'ils n'avaient osé l'espérer. Le vainqueur se borna à obliger quelques personnes, particulièrement compromises, à quitter les endroits où elles pouvaient être en état de lui nuire[2]. Le vainqueur se réservait le droit de proscrire; mais au moins la proscription en masse était remplacée par des proscriptions individuelles. Théodoric avait compris le profit qu'il pouvait tirer des conseils de saint Épiphane, qui fut ainsi le premier inspirateur de la politique qu'il adopta dans la suite. Mais, clément par intérêt, il s'étudia toujours, comme il le fit dans son édit d'amnistie, à flatter le bas peuple, tout en frappant sans pitié ceux qui pouvaient réveiller dans les masses le sentiment de l'indépendance.

Encouragé par le succès qu'il venait d'obtenir, saint Épiphane entreprit de réparer, dans une plus large mesure, les malheurs de sa patrie. Il conseilla à Théodoric de faire racheter et de ramener en Ligurie les captifs que les Burgundes avaient emmenés en foule au delà des Alpes. C'était offrir au nouveau maître de l'Italie le moyen de mériter la reconnais-

---

1. Ennodius, *Vita Epifani* (édit. Migne, Patrologie Latine, t. LXIII, p. 227. — Édit. Vogel, Monum. Germ., in-4°, Auct. Antiq., t. VII, p. 100).

2. Ennodius, *Vita Epifani* (Patrologie Latine, t. LXIII, p. 228. — Édit. Vogel, p. 100).

sance d'une partie importante des populations qu'il venait de soumettre. Le vertueux évêque de Pavie offrit de se charger de cette bienfaisante mission. Nul, en effet, n'était plus que lui en état de la faire réussir. La renommée de ses vertus s'était étendue en Gaule où il était connu depuis le temps de son voyage à la cour d'Euric, et Gundebaud, roi des Burgundes, qui avait pour lui le plus grand respect, souhaitait ardemment de le voir. Épiphane était donc assuré de trouver en Burgundie un accueil sympathique et il pouvait compter sur l'appui des évêques, si puissants dans les Gaules.

Saint Épiphane décida Victor, évêque de Turin, à se joindre à lui[1]. Les deux évêques partirent au mois de mars, au milieu du froid et des glaces qui duraient encore et qui leur rendirent le passage des Alpes fort difficile. Lorsqu'ils arrivèrent dans les Gaules, les populations se portèrent au-devant d'eux, s'empressant de leur fournir ce qui leur était nécessaire, leur offrant de nombreux présents que les pieux voyageurs distribuaient aussitôt aux pauvres. Ils se dirigèrent vers Lyon, où se trouvait alors le roi Gundebaud. L'évêque de cette ville, saint Rustique, alla à leur rencontre. Une lettre du pape Gélase l'avait averti de l'arrivée des évêques italiens et l'avait prié de lui témoigner son affection, en les accueillant et en les aidant. Saint Rustique ne manqua point de les mettre au courant des circonstances dans lesquelles se trouvait Gundebaud et de leur indiquer comment il fallait traiter avec lui. Ce que rapporte le biographe de saint Épiphane montre que ces conseils ne furent point perdus[2].

« Quand il fallut aller à l'audience, dit-il, saint Épiphane pria Victor de porter la parole; mais Victor le pria aussi de ne se point décharger d'une chose qui lui convenait si parfaitement. Saint Épiphane exposa donc à Gundebaud l'objet de sa mission et lui dit qu'il venait pour être témoin devant Dieu entre deux grands rois; que la miséricorde, qui obligeait

---

1. Ennodius, *Vita Epifani* (édit. Vogel, p. 101-102. — Édit. Migne, p. 230).

2. *Ennodii Vita S. Epiphanii* (Patrologie, t. LXIII, p. 230. — Édit. Vogel, Monum. Germ., in-4°, Auct. Antiq., t. VII, p. 103).

l'un à demander la liberté de tant de captifs, obligeait l'autre à l'accorder ; que l'un était louable de n'épargner point ses ressources pour une œuvre de piété et que l'autre ne le serait pas moins, s'il rendait les captifs et refusait l'argent qu'on lui apportait. » Sans doute, il indiqua plus clairement combien l'alliance et l'amitié de Théodoric étaient désirables, car Gundebaud répondit, ajoute le biographe, qu'il ne souhaitait rien davantage que d'avoir une paix sincère avec Théodoric et que pour l'affaire dont les évêques lui parlaient, il examinerait ce qui était le plus utile pour son salut et pour son État[1].

Les deux évêques n'eurent pas à attendre longtemps la réponse du roi. Gundebaud avait un trop grand besoin de plaire à Théodoric et de ménager les catholiques de son royaume, pour refuser la demande qui lui était faite, au nom du roi des Goths, par un des évêques les plus populaires de la chrétienté. Il fit dresser un ordre accordant gratuitement la liberté à tous ceux des captifs italiens qui n'avaient pas porté les armes contre les Burgundes et permettant à ceux qui avaient été pris les armes à la main, de se racheter moyennant une faible rançon à payer aux soldats dont ils étaient devenus la propriété[2]. Ces malheureux étaient en si grand nombre que l'argent fourni par Théodoric ne put suffire à les racheter. La libéralité de saint Avitus, évêque de Vienne, et d'une dame pieuse et riche, nommée Syagria, fournit à saint Épiphane les ressources qui lui manquaient[3]. Le nombre de ceux qui furent délivrés gratuitement se monta à plus de six mille. La seule ville de Lyon en fournit jusqu'à quatre cents en un jour.

Épiphane et Victor se rendirent dans toutes les villes des pays soumis aux Burgundes, pour surveiller eux-mêmes l'exécution des ordres donnés par Gundebaud. Ils allèrent également à Genève où régnait Godegisèle qu'ils déterminèrent à suivre

1. Ennodius, *Vita Epifani* (édit. Vogel, Monum. Germ., in-4°, Auct. Antiq. t. VII, p. 105. — Édit. Migne, Patrologie, t. LXIII, p. 230-233).

2. Ennodius, *Vita Epifani* (édit. Vogel, Monum. Germ., in-4°, p. 105. — Édit. Migne, Patrologie, p. 233).

3. Ennodius, *Vita Epifani* (édit. Vogel, Monum. Germ., in-4°, p. 105. — Édit. Migne, Patrologie, p. 234).

le généreux exemple de son frère. Ils s'en retournèrent ensuite comme en triomphe, accompagnés de la foule des captifs libérés qu'ils ramenaient dans leurs foyers. Tout cela fut fait avec tant de diligence qu'au mois de juin, trois mois après son départ, saint Épiphane était déjà à Tarentaise et rentrait en Italie. Quand il fut de retour à Ticinum, son infatigable charité ne cessa de protéger ceux qu'il avait su délivrer. Il obtint même de Théodoric que leurs biens leur fussent rendus [1].

La Ligurie entière le considérait comme son protecteur. Deux ans plus tard, en 497, elle eut de nouveau recours à lui. L'année ayant été très mauvaise, cette malheureuse province se sentit plus accablée que jamais par les impôts dont elle était grevée et particulièrement par le tribut destiné à l'entretien des armées. Ému de la misère du peuple, saint Épiphane résolut d'intercéder de nouveau en sa faveur. Il entreprit, à la fin de l'automne, malgré les rigueurs de la saison, un voyage à Ravenne. Il s'y rendit par eau. A cette époque, le Pô coulait à travers des marais, à partir de Brixia. Plus d'une fois, durant cette pénible navigation, saint Épiphane fut forcé de dormir sans abri, sur les rives du fleuve [2]. Il fut récompensé de tant de fatigues par l'accueil que lui fit Théodoric. Il supplia le roi de décharger la Ligurie des tributs à lever l'année suivante, lui représentant que les richesses des particuliers font celles des bons princes, à qui rien n'est plus avantageux que de soulager les peuples dans leurs besoins et de les mettre en état de continuer à payer les impôts. Il n'obtint pas tout ce qu'il demandait ; mais le roi consentit à accorder à ses prières un dégrèvement, se montant aux deux tiers de l'impôt primitivement fixé.

Saint Épiphane, déjà affaibli et souffrant, quitta Ravenne par un temps de neige et prit cette fois le chemin de terre. A Parme, il fut atteint d'un refroidissement ; pressé de rentrer dans son diocèse, il ne voulut pas interrompre son voyage. Le jour même de son arrivée à Ticinum, où il fut reçu avec des

1. *Ennodii Vita Epifani* (édit. Vogel, p. 106. — Édit. Migne, p. 235-236).

2. Ennodius, *Vita Epiphanii* (Migne, Patrologie Latine, t. LXIII, p. 236. — Édit. Vogel, p. 107).

transports de joie, il tomba plus gravement malade. Il mourut le septième jour qui suivit son retour; c'était probablement le 21 janvier 497, jour auquel le martyrologe romain marque sa fête [1].

Rome, en partie dépeuplée, était en proie à la peste et à la famine. La misère ne permettait plus de faire disparaître les traces du passage des barbares. Le sol demeurait jonché de décombres et de débris, et les restes exténués de la population romaine s'accoutumaient à végéter au milieu des ruines. Ce peuple misérable n'était pourtant pas à négliger. Rome était l'objet de la vénération du monde; son nom seul constituait une puissance; et déchue, elle n'en continuait pas moins à être la ville la plus importante de l'Italie. Elle avait à sa tête ce Sénat que les nations respectaient comme la plus auguste des assemblées et qui, grâce à ses traditions, était encore un corps redoutable. L'Église enfin avait fait d'elle le centre de l'univers chrétien et lui donnait un titre nouveau. Après avoir été la capitale politique du monde civilisé, elle devenait sa métropole religieuse. Il importait aux Goths de ménager une ville qui contenait de si grands éléments d'influence.

Cette nécessité politique explique les soins que prit Théodoric pour se rendre populaire dans Rome et l'admiration qu'il affecta pour l'histoire et les monuments de la ville éternelle. La série des décrets de Théodoric, conservés par Cassiodore, nous montre comment il essaya de faire accepter son autorité, en répandant des largesses et en flattant la vanité des Romains. Il chercha d'abord à gagner la faveur de la populace, en renouvelant les distributions gratuites de vivres et d'huile. Cent vingt mille boisseaux de blé furent distribués chaque année. L'Afrique et l'Égypte ne fournissant plus les grains nécessaires, on les tirait des Pouilles et de la Calabre [2].

1. Ennodius, *Vita S. Epiphanii* (édit. Migne, Patrologie Latine, t. LXIII, p. 237-238. — Édit. Vogel, Monum. Germ., in-4°, Auct. Antiq., t. VII, p. 108). — Tillemont, *Vie de saint Epiphane*.

2. *Cassiod. Variar.* lib. I, xxxv, VI, xviii, XI, V et xxxix (édit. Mommsen, Monum. Germ., in-4°, Auct. Antiq., t. XII).

Le roi s'occupa en outre d'assurer à la ville des approvisionnements abondants et réguliers[1]. Ils paraissent n'avoir pas
fait défaut sous l'administration des Goths; car nous savons
que soixante boisseaux de blé ne coûtaient qu'un solidus et
que pour pareille somme on achetait trente amphores de vin[2].

Le préfet de l'Annone était un des magistrats les plus
populaires. On voulut laisser croire que son ancienne importance lui était rendue. Les plus grands honneurs lui furent
attribués[3]; on lui donna notamment le droit d'être placé à
côté du préfet de la Ville, quand celui-ci présidait aux jeux du
cirque. En réalité, le pouvoir du préfet de l'Annone était exercé
par des fonctionnaires royaux et le magistrat qui portait ce
titre ne conservait que de vains honneurs. Son emploi n'était
plus qu'une charge onéreuse de la dignité sénatoriale[4].
« Jadis, écrit Boëtius, celui qui prévoyait aux besoins du peuple
était entouré de respects; mais aujourd'hui, il n'y a point d'office moins désirable que celui du préfet de l'Annone[5] ».

Les distributions donnaient du pain aux malheureux, mais
ne restauraient pas la prospérité publique. Le gouvernement
des Goths feignit de croire et fit dire hautement que Rome
était heureuse. A force de le dire, on espérait le faire croire, et
les panégyristes du roi déclamaient sur la félicité de son règne.
« Les richesses publiques, dit Ennodius, dans son éloge de
Théodoric[6], les richesses publiques croissent avec la fortune
des particuliers et, grâce à la modération de la cour, les

---

1. *Cassiod. Variar.*, lib. VI, ep. XVIII.

2. *Anonymi Valesiani pars posterior* (édit. Mommsen, Monum. Germ.,
in-4°, Auct. Antiq., t. IX, p. 324, n° 73). Le solidus correspondait à $\frac{1}{72}$
d'une livre d'or. — Grégorovius, *la Ville de Rome au Moyen âge*, vol. I,
ch. II, § 4.

3. *Cassiod. Variar.* lib. VI, ep. XVIII.

. 4. *Boetii de Consolatione Philosophiæ* lib. III, Prosa IV (édit. Migne,
Patrologie Latine, t. LXIII, p. 738).

5. *Boetii de Consolatione Philosophiæ* lib. III, Prosa IV, p. 738 (édit. Migne,
Patrologie Latine, t. LXIII).

6. La question de savoir si ce panégyrique fut prononcé ou s'il est un
exercice oratoire destiné à être lu, est traitée par M. Maurice Dumoulin
(Gouvernement de Théodoric, d'après les œuvres d'Ennodius. *Revue Historique*, janvier 1902).

sources de prospérité apparaissent partout. » Ces louanges ne trompaient personne et le mécontentement durait toujours.

En l'an 500, Théodoric vint à Rome. Il y entra avec l'appareil triomphal des empereurs [1]. Le Sénat, le peuple et le pape, suivi du clergé, allèrent le recevoir en dehors de la ville [2]. Le roi voulait séduire tout le monde. Il était arien, mais, pour plaire au clergé et ne point froisser les sentiments religieux de la population, il se rendit tout d'abord à la basilique de Saint-Pierre. Il y pria sur la tombe de l'apôtre « avec la pieuse ardeur d'un catholique ». Pénétrant ensuite dans la ville par le pont d'Adrien, il alla au Sénat ; et dans l'endroit nommé ad Palmam, il harangua le peuple [3]. Cet endroit nommé ad Palmam, était situé non loin de l'arc de Septime Sévère, près du temple de Janus, et par conséquent à côté du Forum. Là était la curie de Domitien. Un portique était, paraît-il, attenant au palais sénatorial et ce serait de ce portique, que Théodoric aurait parlé au peuple [4]. Son discours lui était dicté par les circonstances. Il fallait essayer de se rendre le peuple favorable, en lui faisant illusion. Aussi, le roi des Goths proclama-t-il bien haut qu'avec l'aide de Dieu, il entendait maintenir les institutions établies par les princes ses prédécesseurs. Pour donner plus de créance à ses paroles, il annonça qu'il les ferait graver sur une table d'airain [5].

Rome en ruines était si belle encore qu'elle arracha un cri de naïve admiration à l'un des spectateurs de cette scène. Dans la foule se trouvait saint Fulgence, que les persécutions des Vandales avaient chassé de l'Afrique où il fut une des

---

1. *Cassiodori Chronica*, ann. 500 (édit. Mommsen, Monum. Germ., in-4°. Auct. Antiq., t. XI, pars I, p. 160).

2. Gregorovius, *Histoire de la Ville de Rome au Moyen âge*, liv. II, ch. II.

3. *Anonymi Valesiani pars posterior* (édit. Mommsen, Monum. Germ., in-4°, Auct. Antiq., t. IX, p. 324). « Venit ad senatum et ad Palmam populo adloquitus se omnia deojuvante *quod* retro principes romani ordinaverunt servaturum promisit. »

4. Gregorovius, *Histoire de la Ville de Rome au Moyen âge*, liv. II, ch. II, note.

5. *Anonymi Valesiani* (édit. Mommsen, Monum. Germ., in-4°, Auct. Antiq., t. IX, p. 324, n° 69).

gloires de son église [1]. Il accomplissait un pèlerinage aux tombeaux des martyrs, quand Théodoric fit son entrée dans la ville. Mêlé au peuple, il écouta le discours royal et, contemplant les splendeurs de cette scène dont le Forum avec ses monuments encore debout formait le décor, il ne put retenir un cri d'enthousiasme : « Que la Jérusalem Céleste doit être belle, puisque sur terre, Rome a de pareilles splendeurs [2] ! » Telle était l'impression que produisait, même à cette époque de décrépitude, l'ancienne capitale du monde. Elle avait beaucoup souffert, mais une grande ville ne périt pas en quelques années. Les monuments avaient subi bien des injures ; ils portaient les traces de l'incendie et du pillage ; la plupart étaient plus ou moins ruinés ; mais ils n'avaient point disparu et Rome, tout abîmée qu'elle était, présentait encore un aspect à nul autre pareil.

Les Romains étaient fiers de leur cité où tout leur rappelait de grands souvenirs. Flatter leur passion, prodiguer l'admiration pour l'objet de leur culte, veiller à la conservation de ce qui restait des monuments de la ville impériale, était un moyen de se faire bien voir des citoyens amoureux du passé et de la gloire nationale. Théodoric était trop habile homme pour ne pas le comprendre. « Nul ne peut être indifférent quand il s'agit de Rome, écrit-il. Mère de l'Éloquence, temple immense de toutes les vertus, elle n'est étrangère à personne [3]. » Ailleurs, il se plaît à célébrer les merveilles qu'elle contient. « On peut dire en vérité, ajoute-t-il, que Rome tout entière est une merveille [4]. » Ces éloges, il les répète avec emphase à tout propos ; qu'il s'agisse des cloaques, des statues ou des théâtres, on les retrouve constamment. Mais des paroles ne suffisaient point. Rome dut à la politique du roi des Goths d'utiles mesures de conservation.

Déjà, durant les années qui précédèrent la chute de l'Em-

---

1. Baronius, *ann.* 500-ix et *ann.* 522-xi.
2. Baronius, *ann.* 500-ix.
3. *Cassiod. Variar.* lib. IV, ep. vi.
4. *Cassiod. Variar.* lib. VII, ep. xv. Formula ad Præfectum Urbis de Architecto faciendo in urbe Roma.

pire d'Occident, on avait vu des malheureux chercher des
matériaux dans les monuments en ruines. Depuis, la misère
ayant augmenté à la suite des derniers désastres, ces déprédations s'étaient renouvelées. Des hommes à bout de ressources
allaient jusqu'à enlever les crampons de métal qui attachaient les revêtements de marbre aux murs des théâtres et
des thermes[1]. Des statues de bronze furent mises en pièces
par des gens que leur valeur tentait[2]. Ce désir de se procurer quelques parcelles d'un métal relativement précieux fut,
pendant tout le moyen âge, une cause de délabrement pour les
monuments antiques et acheva, sans doute, de faire disparaître bon nombre de statues, échappées à l'avidité des barbares. On a voulu tirer de ce fait la preuve que les Romains
de cette époque furent les véritables destructeurs de l'antiquité.
Pourquoi accabler à tout propos ce malheureux peuple d'un
mépris rétrospectif ? On veut établir que les barbares n'ont
point fait de mal. Ils étaient de la même race que quelques
nations modernes et l'on se croit obligé de les défendre. Le
pillage et la dévastation étaient alors le droit de la guerre.
Les barbares n'ont donc fait ni plus ni moins que d'autres
auraient fait à leur place. Ils ont bel et bien ravagé Rome, du
mieux qu'ils ont pu et ils auraient été fort étonnés de se
voir reprocher une action qui paraissait si légitime aux vainqueurs de leur temps. Ce qui est vrai, c'est qu'après leur
départ, il se produisit ce qui arrive partout où il y a des
ruines abandonnées : les misérables allèrent prendre dans les
décombres, ce qui leur paraissait utile ou précieux.

A l'époque des Goths, ces enlèvements de matériaux et ces
bris de statues étaient des faits isolés, considérés comme des
vols, et provoquaient l'indignation du public honnête. Les mesures prises par Théodoric le prouvent suffisamment ; si elles
avaient dû le rendre impopulaire, il s'en serait abstenu. Il ne
devait pas éprouver une si grande passion pour Rome, car il
n'y fit qu'un seul voyage. Cette ville lui causait trop d'ennuis

---

1. *Cassiod. Variar.* lib. III, ep. xxxi.
2. *Cassiod. Variar.* lib. VII, ep. xiii.

pour qu'il pût l'aimer. Mais il est juste de dire que les lois de
Théodoric retardèrent l'anéantissement des merveilles créées
par l'Empire. Les mesures qu'il prit pour les conserver furent
nombreuses. L'ancienne magistrature du *curator statuarum*
fut rétablie pour veiller aux monuments. Elle prit le nom de
comitiva romana, ou de charge du comte romain, soumise à
l'autorité du préfet de la ville[1]. Les cohortes de la garde reprirent leur service et des rondes furent ordonnées, pendant la
nuit, pour prévenir le vol ou le bris des statues. « Elles ne sont
point muettes, dit l'édit; par leur bruit sonore, elles savent
appeler la garde à leur secours, quand la main d'un voleur les
frappe.[2] »

Ce passage de l'édit royal est peut-être l'origine d'une
légende qui se forma au moyen âge. Il y avait au Capitole,
disent les *Mirabilia,* des statues représentant toutes les provinces de l'Empire. Chacune de ces statues avait au cou une
clochette et si quelque province se révoltait, la clochette de sa
statue s'agitait[3].

A en croire les édits de Théodoric, Rome aurait encore
possédé de son temps tout un peuple de statues et une troupe
nombreuse de chevaux, c'est-à-dire de statues équestres[4]. Il
nous dit aussi que leur nombre égalait celui des habitants[5].
Voilà qui nous montre par quelles exagérations enfantines,
on essayait de bercer et d'endormir l'esprit public. Il
existait sans doute un certain nombre de statues échappées
aux barbares ; on en parle comme si Rome en possédait plus
qu'elle n'en avait jamais eu. Ne fallait-il pas proclamer, à
propos de tout, la prospérité du nouveau règne !

---

1. *Cassiod. Variar.* lib. VII, ep. XIII.

2. *Cassiod. Variar.* lib. VII, XIII.

3. Gregorovius, *Histoire de la ville de Rome au Moyen âge,* liv. II,
ch. II § 2.

4. *Cassiod. Variar.* lib. VII, XIII. Nam quidam populus copiosissimus statuarum, greges etiam abundantissimi equorum, tali sunt cautela servandi,
quali et cura videntur affixi.

5. *Cassiod. Variar.* lib. VII, XV. Has (statuas) primum Tusci in Italia inve-
nisse referuntur quas amplexa posteritas pœne parem populum urbi dedit
quam natura procreavit.

Sous les empereurs, un magistrat, nommé *curator operum publicorum*, veillait à l'entretien et à la construction des monuments. Cette office fut conservé. Rome eut son architecte soumis au préfet de la ville. Il fut recommandé d'imiter dans les bâtisses nouvelles, le style de l'antiquité [1]. Recommandation facile à observer, dans un temps où l'on ne bâtissait pas.

Les murailles attirèrent spécialement l'attention du roi des Goths. Les ouvrages militaires étaient, plus que les autres, de son goût. Le recueil de Cassiodore fait mention, à plusieurs reprises, des réparations dont ils furent l'objet [2].

Les monuments que l'on entretint avec un peu de soin, furent ceux que l'on ne pouvait négliger sans provoquer des murmures, parce qu'ils étaient indispensables à l'existence de la population. Les cloaques, les aqueducs et les théâtres étaient de ce nombre. Théodoric s'en occupa, avec cette emphase et cet enthousiasme qu'il affectait dans tout ce qu'il faisait pour Rome. « Les cloaques, dit-il, sont des canaux souterrains d'une construction merveilleuse. Renfermés dans des montagnes, creusés en cavernes, ils traversent des étangs immenses. Il faut y naviguer avec prudence pour éviter les naufrages. » Puis toujours les flatteries exagérées : « Par cela seul, ô Rome, à laquelle nulle ville ne peut être comparée, on voit quelle est ta grandeur. Jamais cité n'a atteint ta splendeur, puisque rien n'égale la profondeur de tes souterrains [3]. »

« Les aqueducs semblent les lits naturels des fleuves qu'ils transportent. On dirait des montagnes élevées par la main de l'homme. Ils demeurent inébranlables, plus forts que les rochers. Les merveilles du Nil et de l'Égypte ne leur sont point comparables [4]. » Voilà pour les aqueducs qui étaient placés sous la surveillance du *comes formarum urbis* [5]. Ils

---

1. *Cassiod. Variar.* lib. VII, ep. xv, formula ad Præfectum Urbis de architecto faciendo in urbe Roma.
2. *Cassiodori Chronica*, ann. 500. — *Cassiod. Variar.* lib. I, ep. xxv.
3. *Cassiod. Variar.* lib. III, ep. xxx.
4. *Cassiod. Variar.* lib. VII, ep. vi.
5. *Cassiod. Variar.* lib. VII, ep. vi.

n'avaient guère souffert et, comme le dit le roi dans la formule de la *comitiva formarum urbis*, il suffisait de les entretenir, en extirpant les plantes qui y prenaient racine et en
réparant les brèches qui pouvaient se produire.

Le théâtre était la grande passion des Romains. Théodoric les prit par leur faible.

Le théâtre de Pompée, le plus grand, le plus important de
tous, était en mauvais état. Ce gigantesque édifice menaçait
ruine. Le roi des Goths ne manqua pas une si belle occasion
d'étaler sa sympathie pour les plaisirs favoris du peuple. Ici,
son lyrisme ne connaissait plus de bornes. Ce sont d'intermi-
nables dissertations sur les représentations dramatiques ;
puis des cris d'enthousiasme. « En construisant une pareille
salle de spectacle, Pompée a mérité le titre de grand, plus
encore que par tous ses hauts faits. Ce théâtre est une masse
plus puissante que les rochers ; ses galeries semblent des
grottes creusées dans des montagnes. »

« O vieillesse, s'écrie-t-il, que ne parviens-tu pas à détruire,
puisque tu as pu ébranler une telle masse. »

Et toute cette déclamation se termine par l'ordre, donné à
Symmaque, la future victime des Goths, d'étayer, à l'aide de
piliers, les voûtes croulantes du théâtre et d'y faire les restaurations que la sécurité du public rendait indispensables [1]. De
simples piliers, après de si pompeuses exagérations, voilà, en
un mot, tout le système de Théodoric.

Le Forum de Trajan et le Capitole étaient des lieux particulièrement chers aux Romains ; il ne fallait pas les oublier. On
sait que le Capitole avait été brûlé et dépouillé par les Vandales. Cela n'empêche pas Théodoric d'en célébrer la splendeur comme s'il était intact. « Plus on contemple le Forum de
Trajan, dit-il, plus on est frappé d'une si grande merveille,
et quand on monte au Capitole, on a sous les yeux une
œuvre qui surpasse tout ce que le génie des hommes a pu
créer [2]. » Ce passage montre à quel point il convient de se

---

1. *Cassiod. Variar.* lib. IV, ep. LI.
2. *Cassiod. Variar.* lib. VII, ep. VI.

défier de Cassiodore, si l'on veut se faire une idée exacte de l'état de Rome, au temps des Goths.

Le goût des jeux scéniques n'avait pas diminué dans le peuple. L'Odéon de Domitien, les théâtres de Marcellus et de Pompée continuaient à faire ses délices. Chanteurs, joueurs d'orgue, pantomimes accompagnés de chansons libertines, y donnaient des représentations. Les ballets étaient surtout en faveur et il suffit de se rappeler ce que les anecdotes attribuées à Procope disent de Théodora, pour se faire une idée de la licence à cette époque [1]. « On représente, dit Salvien, des spectacles si abominables, que la pudeur ne permet pas même d'en citer le nom. La lubricité est leur seul attrait. Les obscénités que l'on y débite et les turpitudes que l'on y expose aux regards, salissent à la fois les yeux et les oreilles [2]. » Théodoric déplore cette décadence de l'art mimique [3]. Mais il fallait contenter le public et le roi des Goths ne voulait pas lui déplaire pour si peu. Aussi, la charge du *Tribunus voluptatum* continua-t-elle d'exister. Ce magistrat était le directeur des plaisirs de Rome. Il avait à veiller aux jeux scéniques et était le juge des histrions que la loi soumettait à sa surveillance [4].

Le cirque et l'amphithéâtre étaient toujours les divertissements préférés des Romains. Il n'y avait point de solennité sans de pareils jeux. A leur entrée en charge, les consuls ne manquaient pas à leur devoir d'amuser le peuple. Théodoric leur en donnait l'exemple. Quand en 519, Eutharic, son gendre, vint à Rome, après avoir été élevé au consulat, il fit amener d'Afrique des bêtes féroces qui furent chassées dans l'amphithéâtre de Titus. Ravenne eut ensuite des spectacles sem-

---

1. Procope, *Historia Arcana*, c. 9 (Corpus Script. Hist. Byzant. Procopii vol. III, p. 60). — Gregorovius *Histoire de Rome au Moyen âge*, liv. II, ch. ii, § 3.

2. *Salviani de Gubernatione Dei,* lib. VI (iii-xvi et xvii). (Monum. Germ., in-4°, Auct. Antiq., t. I, p. 70).

3. *Cassiod. Variar.* lib. IV, ep. li (édit. Mommsen, Monum. Germ., in-4°, Auct. Antiq., t. XII, p. 139, lig. 15).

4. *Cassiod. Variar.* lib. VII, ep. x. Formula Tribuni Voluptatum (édit. Mommsen, p. 209).

blables et Cassiodore note ces fêtes extraordinaires comme une des gloires du règne de son maître[1]. Le roi se plaisait à protéger les chasseurs et les cochers du cirque ; ceux enfin dont le métier était de fournir au peuple ses plaisirs favoris. En l'an 523, le consul Massimus ayant refusé de satisfaire un de ceux qui avaient figuré dans les chasses qu'il avait données dans l'amphithéâtre, ce chasseur s'adressa à Théodoric. Le roi s'empressa d'écrire à Massimus une longue lettre, pour l'inviter à ne pas refuser le salaire demandé.

Cassiodore nous a conservé cette lettre qui contient toute une description des fêtes alors en usage. Il se complaît à nous représenter l'arénarius se lançant contre les ours et les lions, une lance de bois à la main, rampant sur les genoux ou à plat ventre ; puis se roulant, comme un hérisson, dans une armure de jonc. « Si les lutteurs couverts d'huile, si les joueurs d'orgue et les chanteurs ont quelque droit à la libéralité des consuls, s'écrie-t-il, un chasseur n'y a-t-il pas bien plus droit, lui qui joue sa vie pour obtenir les applaudissements du public ». Mais bien des gens, dont le christianisme avait adouci les mœurs, trouvaient ces spectacles barbares et cruels ; aussi Théodoric, qui tient à flatter les idées de tout le monde, s'empresse-t-il d'ajouter : « O déplorable erreur des hommes ! Si la moindre lueur de raison éclairait leur esprit, ils cesseraient d'user tant de richesses à acheter la mort ; ils préféreraient s'en servir pour rendre la vie meilleure ». Théodoric condamne avec l'aristocratie morale ce qu'il admire avec la populace pervertie. Étranger et indifférent à tout ce qui se passe à Rome, il lui est si facile d'être de l'avis de tout le monde.

Les courses du cirque plaisaient plus encore que les chasses de l'amphithéâtre. La passion pour ce genre de spectacle divisait le peuple en factions. « On est stupéfait, écrit Théodoric, de voir la fureur qui agite les esprits quand il s'agit des jeux du cirque. Qu'un cocher de la faction des verts l'emporte, et le peuple en gémit ; qu'un cocher de la faction des

---

1. *Cassiodori Chronica* (édit. Mommsen, Monum. Germ., in-4°, Auct. Antiq., t. XI, pars I, ann. 519, p. 161).

rouges soit vainqueur, et voilà la plus grande partie de la ville en deuil. Ceux qui gagnent, sont pleins d'insolence, ceux qui perdent, sont profondément humiliés; ces luttes pour une cause si futile agitent la multitude, comme s'il s'agissait du salut de la patrie en danger[1]. » Aux yeux de la foule, un cocher célèbre était un personnage, et Théodoric se plaît à le traiter comme tel. Un cocher, nommé Thomas, chassé de Constantinople par les factions qui agitaient cette ville, vint à Rome. On lui fit une pension mensuelle, parce que, dit une lettre du roi, « il a quitté sa patrie pour honorer la capitale de notre Empire[2] ». « Il faut quelquefois faire le fou pour donner au peuple les joies qu'il désire. » C'est Théodoric lui-même, qui définit ainsi la pensée de son gouvernement[3].

Fidèle à cette doctrine, il multiplia les jeux dans les cirques de Flaminius et de Maxence. Le grand cirque avait beaucoup souffert. Sans doute il avait été dépouillé par les barbares et était fort délabré ; mais il était encore en état de servir et il ne fut abandonné que beaucoup plus tard. Ordonner les représentations du cirque et y présider, restait une des fonctions les plus importantes des consuls[4].

Telle était la passion que les jeux du cirque excitaient dans le peuple, qu'en 509, les factions en vinrent aux mains, au milieu même de l'arène, parce que deux sénateurs, Importunus et Théodorus, qui appartenaient au parti des rouges, s'étaient permis de molester le parti des verts qui les avait publiquement injuriés. Les verts voulurent se rendre à la cour pour porter leur plainte devant le roi ; ils furent attaqués en route. Il y eut mort d'homme. Le roi ne ménagea pas sa protection aux cochers. L'occasion était belle pour faire montre de justice impartiale et pour plaire au peuple, aux dépens de l'ordre sénatorial. Il fit citer les coupables devant le tribunal

---

1. *Cassiod. Variar.* lib. III, ep. LI (édit. Mommsen, Monum. Germ., in-4°, Auct. Antiq., t. XII, p. 106, lig. 24 et suiv.).

2. *Cassiod. Variar.* lib. III, ep. LI (édit. Mommsen, p. 105, lig. 10).

3. *Cassiod. Variar.* lib. III, ep. LI, p. 107, lig. 4. Expedit interdum desipere ut populi possimus desiderata gaudia continere.

4. *Gregorovius*, t. I, ch. II, § 3.

de deux personnages, Cælianus et Agapitus, préfet de la ville, qu'il désigna pour les juger ; et il défendit aux sénateurs de porter atteinte à la liberté des gens de condition inférieure. Le cirque, dit-il, n'est pas la place des Catons [1].

Le roi semble avoir donné une grande importance à cette affaire, car le recueil de Cassiodore ne contient pas moins de quatre pièces qui s'y rapportent [2]. Théodoric y ordonne à la fois de condamner quiconque insulterait un sénateur et de frapper d'amende tout sénateur qui, oubliant son devoir, ferait tuer un homme libre [3]. D'après le principe admis à cette époque, la peine était d'autant moins forte que le coupable était plus haut placé. Mais le roi des Goths n'en soumettait pas moins tout le monde à sa justice et s'empressait de saisir l'occasion de le faire sentir.

Pour habituer les peuples conquis à supporter la domination étrangère, pour les accoutumer à l'accepter comme un régime définitif, il ne suffisait pas de flatter la vanité et les passions des Romains, il fallait leur assurer des avantages plus solides. Théodoric s'appliqua à rétablir l'ordre et la sécurité publique, à favoriser les intérêts des particuliers, à protéger leurs droits. « Ses sujets, dit Procope, n'eurent à souffrir aucune injustice commise par lui-même et il ne se prêta aux injustices de personne. Sa souveraineté n'était pas légitime ; mais il se montra véritablement empereur et on ne peut lui préférer aucun de ceux qui, depuis l'origine de l'Empire, ont été élevés à cet honneur suprême. Contrairement aux inclinations ordinaires de la nature humaine, il eut pour les Italiens et pour les Goths une égale affection [4]. »

Ce magnifique éloge ne paraît point exagéré, quand on considère les principes de gouvernement que rappellent sans cesse les pièces qui nous ont été conservées par Cassio-

---

1. *Cassiod. Variar.* lib. l, ep. xxvii. Ad circum nesciunt convenire Catones (édit. Mommsen, Monum. Germ., in-4°, Auct. Antiq., t. XII, p. 29 lig. 22).

2. *Cassiod. Variar.* lib. I, ep. xxvii, xxx, xxxi, xxxii.

3. *Cassiod. Variar.* lib. I, xxxi (édit. Mommsen, Monum. Germ., in-4°, Auct. Antiq. t. XII, p. 32, lig. 15 et suiv.).

4. Procope, *de bello Goth.*, lib. I, cap. 1 (Corpus Script. Hist. Byzant.).

dore et qui, certainement, ont été rédigées par lui-même.

« Jour et nuit, fait-il écrire par Théodoric, nous n'avons qu'une pensée : veiller à la conservation de notre État par le respect le plus absolu de l'équité, comme nous le défendons par nos armes » [1].

« Le désir de notre Piété est que partout on agisse légalement, avec ordre et modération » [2].

« Nous nous réjouissons de faire vivre sous la loi romaine ceux que nous avons souhaité affranchir et nous n'avons pas moins souci des œuvres de paix que des œuvres de guerre. A quoi servirait-il d'avoir expulsé les barbares, si ce n'était point pour vivre conformément aux lois. Il se peut que d'autres rois ne désirent que batailles et butin de villes prises et ruinées. Pour nous, notre intention est, grâce à Dieu, d'user de notre victoire de façon que nos sujets regrettent de n'avoir pas été plus tôt soumis à notre pouvoir » [3].

« Notre Piété déteste les auteurs de violences. Ce n'est pas la force qui doit décider les contestations, c'est la justice. Pourquoi user de violence, quand on a des tribunaux? Si nous donnons des émoluments aux juges, si nos largesses de toutes sortes entretiennent tant d'offices, c'est pour ne pas laisser se multiplier des procédés dont l'effet serait d'engendrer la haine entre nos sujets. Soumis à un même pouvoir, tous doivent être unis de cœur. Nous nous adressons à l'un et à l'autre peuple que nous aimons également. Les Goths dont les propriétés sont voisines de celles des Romains, doivent être unis à ceux-ci par des sentiments de bienveillance. Les Romains doivent avoir une grande affection pour les Goths qui, en temps de paix, leur procurent le bienfait d'un important surcroît de population, qui ,en temps de guerre, défendent l'État tout entier. Que les Goths obéissent donc au juge établi par nous ; qu'ils se soumettent à ce qu'il décidera pour l'exécution des lois. Notre but est de donner satisfaction à

1. *Variar.* lib. I, ep. xxxix.
2. *Variar.* lib. III, ep. xxxviii.
3. *Variar.* lib. III, ep. xliii.

leurs intérêts et aux intérêts de notre Empire[1]. La prospérité de notre république est l'objet de nos soins infatigables. Notre désir est de rétablir toutes choses, avec l'aide de Dieu, dans leur état ancien[2]. »

« Toujours attentif à toutes les parties de notre royaume, écrit Théodoric aux Gaulois, notre esprit est accablé d'une foule de préoccupations. Nous nous hâtons pourtant de porter remède à vos souffrances, car notre conscience est lésée en quelque sorte par tout retard, quand il s'agit d'une mesure utile pour l'avenir[3] ».

Ces principes de bon gouvernement sont rapportés dans tous les ordres du roi des Goths, commè les motifs de toutes ses décisions. La justice est l'objet de sa constante sollici- tude. « Il importe, écrit-il, que ceux qui ont assumé la charge de rendre la justice aux peuples, chérissent et observent eux-mêmes la justice ; car aucune faute n'est per- mise à celui qui est commis pour soumettre les autres aux règles de l'équité. Il ne faut point que le mauvais exemple vienne de celui qui est choisi pour une mission respectable[4] ».

« Notre Piété n'entend point refuser audience aux plai- gnants, principalement parce qu'en toutes circonstances, notre coutume est de décider conformément aux lois ; afin que celui qui a sujet de se plaindre, obtienne réparation et que celui qui a été lésé, ne supporte aucun préjudice[5] ».

« Il est de la fonction royale, écrit-il encore, de venir au secours de ceux qui sont lésés dans leurs droits, afin que le redressement des torts fasse aimer davantage la justice »[6]. Et dans un édit, on lit cette phrase si digne d'un bon prince : « Tout préjudice causé aux gens de médiocre condition semble à notre Piété une perte pour nous-même »[7].

1. *Variar.* lib. VII-iii. Formula Comitivæ Gothorum per singulas civitates.
2. *Variar.* lib. III, xxxi.
3. *Variar.* lib. III, ep. xl.
4. *Variar.* lib. I, ep. xviii.
5. *Variar.* lib. III, ep. xxxvi.
6. *Cassiod. Variar.* lib. XI, ep. x.
7. *Cassiod. Variar.* lib. II, xxv (Edictum Theodorici Regis).

Il revient à tout propos sur cette nécessité d'aimer et d'observer la justice[1]. Il a surtout à cœur d'empêcher qu'on use de violence, qu'on cherche à se faire justice par soi-même. « En quoi, écrit-il à Jean, consulaire de Campanie, y aurait-il lieu de préférer la tranquillité de la paix aux troubles de la guerre, si les procès se terminaient par la force et non devant les tribunaux[2] » ?

Les Italiens, habitués aux lois d'un état policé, n'avaient guère besoin de ces continuelles exhortations ; mais il n'était point aisé d'amener les Goths à renoncer à la violence, dans les compétitions qui s'élevaient entre eux et surtout dans leurs contestations avec leurs voisins de race romaine. D'autre part, il n'était point possible de les rendre justiciables des tribunaux romains. Ils n'auraient certainement pas consenti à se soumettre, eux les conquérants, à des juges pris parmi le peuple vaincu et ils continuaient, comme on l'a vu, à vivre sous la loi de leur nation que les magistrats romains ignoraient. Il fallait donc créer une juridiction qui leur parût acceptable et une juridiction spéciale pour décider leurs contestations avec les Italiens. Cette nécessité fit établir la magistrature nouvelle du Comte des Goths, dont les fonctions nous sont indiquées par la formule d'investiture de la *Comitiva Gothorum* que l'on peut résumer en ces termes :

« Avec l'aide de Dieu, sachant que les Goths habitent mêlés aux Italiens, nous avons jugé nécessaire, pour éviter les désordres possibles entre gens qui ont des intérêts communs, de déléguer vers vous, en qualité de comte, ce personnage dont les bonnes mœurs nous sont connues et qui, conformément à nos édits, doit décider tout procès entre deux Goths. Si quelque contestation vient à s'élever entre un Goth et un Romain, il s'adjoindra un jurisconsulte romain, pour résoudre la question d'une façon équitable. Entre deux Romains, le différend sera porté à l'audience des juges romains que nous avons délégués dans les provinces ».

1. *Variar.* lib. I, ep. xxxix-xli ; lib. IV, ep. xlvi.
2. *Variar.* lib. IV, ep. x (Monum. Germ., in-4°, Auct. Antiq., t. XII, p. 119, lig. 4).

« Ainsi, chacun conservera ses lois et, malgré la diversité de législation, il y aura pour tous une même justice. Ainsi, avec le secours de Dieu, l'une et l'autre nation jouiront du bienfait de la sécurité. Sachez que nous avons pour tous une égale bienveillance, mais que ceux-là se recommanderont plus particulièrement à notre affection, qui seront plus fidèles à observer les lois[1] ».

Le gouvernement de Théodoric ne se borna point à proclamer les principes dont il entendait s'inspirer ; il veilla, autant qu'il était en son pouvoir, à leur application. Toute une série des pièces conservées par Cassiodore a pour objet de protéger les citoyens et de leur faire rendre justice[2].

Des propriétaires avaient été contraints de payer plus qu'ils ne devaient et avaient même été privés de leurs biens, parce que des personnages puissants s'étaient soustraits aux prestations qui incombaient à leurs maisons. Le roi, informé de ce fait, se hâta d'adresser des ordres au Sénat pour mettre un terme aux abus de ce genre et promulgua un édit, ordonnant qu'à l'avenir tout propriétaire grevé de prestations dues par autrui, serait admis à porter ses réclamations devant l'audience royale[3].

Un certain Firminus ou Firmius avait un procès contre le patrice Vénantius qui, prétendait-il, avait, à diverses reprises, dédaigné de répondre à sa demande. Le roi, auquel Firmius avait adressé sa plainte, écrivit au comte Arigerne d'obliger Vénantius à désigner un mandataire pour le représenter devant les juges, qui seraient commis par une ordonnance royale pour connaître de cette affaire. Mais, ajoute Théodoric, le demandeur recevra le châtiment de son audace, s'il se trouve qu'il a attaqué à tort un personnage magnifique[4]. Voilà une

---

1. *Cassiod. Variar.* lib. VII-III. Formula Comitivæ Gothorum per singulas civitates.

2. *Cassiod. Variar.* lib. II, ep. x-xi-xxv. — *Cassiod. Variar.* lib. III, ep. xxxvi et xxxvii ; IV, ep. ix ; V, ep. xv.

3. *Cassiod. Variar.* lib. II, ep. xxv (Monum. Germ., in.4º, Auct. Antiq., t. XII, p. 60, lig. 27).

4. *Cassiod. Variar.* lib. III, ep. xxxvi (Monum. Germ., in-4º, Auct. Antiq., t. XII, p. 98, lig. 5.).

menace peu encourageante pour les faibles en lutte avec les puissants.

Un évêque, nommé Pierre, détenait une partie de la succession d'un certain Thomas et refusait de la restituer au fils légitime de ce dernier. Théodoric lui écrit en ces termes : « Votre Béatitude ayant le devoir de s'interposer pour apaiser les contestations des autres, il faut, à plus forte raison, vous confier le soin de régler vous-même les demandes qui vous concernent. Que Votre Sainteté sache donc que Germain prétend qu'il est fils légitime de feu Thomas et que vous détenez une partie des biens de son père, lesquels biens lui sont dévolus en vertu des lois... Que si cette affaire n'est pas terminée suivant l'équité, de votre propre mouvement, sachez que la demande de Germain sera introduite à notre audience ». La lettre se termine, non sans ironie, par ces mots : « Vous enseignez qu'il ne faut pas négliger les demandes que nous adressent les pauvres et que la justice peut accompagner[1] ».

Dans deux lettres du recueil de Cassiodore, il s'agit d'aliénations de biens, faites par une femme séparée de son mari. Le roi annule, par application de la loi, les contrats consentis par cette femme, postérieurement à sa séparation et ordonne la restitution immédiate des biens dont elle a disposé[2]. D'autres lettres ont pour objet d'ordonner de poursuivre et de punir des criminels[3].

Ces exemples font voir la surveillance continuelle exercée par le pouvoir royal sur l'administration de la justice. Elle ne fut pas l'unique objet de ses soins. Le gouvernement de Théodoric chercha par tous les moyens à s'attacher les personnages considérables, à amener les particuliers et les différentes classes de la nation à désirer, dans leur propre intérêt, la conservation du régime nouveau. Il se plut à appeler aux plus hautes charges les descendants des familles illustres et à témoigner qu'il comptait pour services rendus à sa per-

---

1. *Cassiod. Variar.* lib. III, ep. xxxvii.
2. *Cassiod. Variar.* lib. II, ep. x et xi.
3. *Cassiod. Variar.* lib. II, ep. xiv. xix.

sonne, ceux que leurs ancêtres avaient rendus à l'État[1]. Leurs fils eurent part à sa bienveillance et on le vit charger des personnages de la plus haute qualité de veiller sur eux, à Rome où les appelaient leurs études[2]. Sa protection s'étend à toutes choses et à tout le monde : aux biens des Églises ; aux intérêts des commerçants et des navigateurs ; aux populations victimes de la guerre ou des éruptions du Vésuve ; aux juifs victimes de la malveillance populaire[3].

En toutes circonstances, il s'efforce de ne mécontenter personne et de se concilier le dévouement de tous ceux qu'il sera possible de gagner. Sa pensée apparaît nettement dans une épître adressée au préfet de la ville, Argolicus. « Les dons royaux, lui écrit Théodoric, sont comme les semences qui, éparpillées, produisent une moisson et qui, accumulées en une seule place, périssent inutilement. Nous désirons donc partager nos dons entre un grand nombre de personnes, pour que nos bienfaits produisent partout des fruits[4] ». Nous le voyons, en effet, faire profiter de ses largesses des particuliers, des cités, des provinces entières.

L'épître où se trouve ce passage, a pour objet la concession au patrice Paulinus de greniers tombés de vétusté. Le roi l'autorise à les reconstruire et à les affecter à son usage particulier[1]. Dans une autre épître, il est question d'une concession de marais, situés sur le territoire de Spolétium. Ces marais avaient été concédés à deux personnages, Spes et Domitius, qui sont désignés avec leur titre de « spectables », sous condition de les dessécher et de les transformer en terres cultivables. Les travaux n'étant pas effectués, par la faute de Domitius qui s'obstinait à ne pas vouloir en faire la dépense, Spes avait présenté requête au roi. Théodoric ordonne à l'appariteur Jean d'obliger Domitius à exécuter les travaux qui

---

1. *Cassiod. Variar.* lib. I. ep. xli ; lib. II, ep. xv, xvi ; lib. III, ep. v.

2. *Cassiod. Variar.* lib. I, ep. xxxix ; lib. ii, ep. xxii ; lib. IV, ep. vi.

3. *Cassiod. Variar.* lib. IV, ep. xvii ; lib. II, ep. xxvi ; lib. IV, ep. vii et ep. l ; lib. II, ep. xxvii ; lib. IV, ep. xxxiii et xliii ; lib. V, ep. xxxvii ; lib. III, ep. xxxii, xl, xlii ; xliii ; lib. IV, ep. v.

4. *Cassiod. Variar.* lib. III, ep. xxix (édit Mommsen, *Monum. Germ.,* in-4º, Auct. Antiq., t. XII, p. 94, lig. 5.).

lui incombent, ou à céder sa part à Spes, s'il estime que l'entreprise est trop onéreuse[1]. Un marais qui, est-il dit, dévaste comme un ennemi la contrée environnante, est également concédé en toute propriété au patrice Décius à condition de le dessécher[2]. Ailleurs, il s'agit d'un ancien portique délabré, qui est concédé avec les terrains adjacents au diacre Elpidius. Si ce monument ne sert plus à aucun usage public, Elpidius aura le droit d'y élever des constructions, sans avoir à craindre aucune revendication dans l'avenir[3]. A Rome, le patrice Albinus est gratifié du droit d'élever des constructions, destinées à servir d'habitation, au-dessus d'un portique, situé au Forum et joignant l'édifice nommé ad Palmam[4].

Quatre pièces du recueil de Cassiodore nous font connaître les mesures prises par Théodoric, pour porter remède aux misères causées par la guerre dans les villes et les pays de la Gaule dont il s'était rendu maître. Il fait remise aux habitants d'Arles des impôts dus au fisc pendant la quatrième indiction, c'est-à-dire pendant l'année 511[5]. Il fait également remise des impôts de cette quatrième indiction, à tous les provinciaux de la Gaule qui ont eu à souffrir des dévastations de l'ennemi. Il ne fait d'exception que pour les localités qui sont demeurées intactes ; celles-ci auront à contribuer aux dépenses militaires, parce que, dit-il, les citoyens ne doivent pas se désintéresser complètement de ceux qui fatiguent pour eux. « Un défenseur mal nourri n'est guère valide et il manque d'audace, quand son courage est destitué de force corporelle[6] ». Mais, pour que les propriétaires gaulois n'aient pas à supporter de trop lourdes charges, il annonce, dans une proclamation adressée à tous les provinciaux de la Gaule, qu'il a expédié d'Italie de quoi subvenir aux dépenses de l'armée et

---

1. *Variar.* lib. II, ep. XXI.
2. *Variar.* lib. II, ep. XXXII et XXXIII.
3. *Variar.* lib. IV, ep. XXIV.
4. *Variar.* lib. IV, ep. XXX, Juxta domum Palmatam (Monum. Germ., in-4°, Auct. Antiq., t. XII, p. 127, lig. 18).
5. *Variar.* lib. III, ep. XXXII.
6. *Variar.* lib. III, ep. XL.

qu'il a fait passer aux chefs des sommes suffisantes pour leur permettre d'acheter, sans dommage pour personne, les subsistances nécessaires à leurs troupes, dans le cas où on ne pourrait les leur expédier par convois [1].

Comme la Gaule souffre d'une grande disette et de la cherté des choses nécessaires à la vie, il donne mission au comte Dévotus d'y faire transporter des quantités de vivres, destinés à être mis en vente et de réquisitionner, à cet effet, tous les navigateurs de la Campanie, de la Lucanie et de la Toscane [2].

Si on considère les grandes expéditions entreprises par Théodoric et les sacrifices qu'il s'imposa pour venir en aide à ses sujets, il semble que, sous son règne, les finances de l'État furent prospères et bien administrées. Deux pièces du recueil de Cassiodore fournissent des preuves d'une gestion financière régulière, intelligente et économe. « Tout en désirant ne grever personne, écrit Théodoric, nous ne devons point perdre ce qui nous est dû. Nous fuyons l'indigence ; et ce n'est pas sans raison, car elle mène aux expédients et aux abus. Le manque de ressources est chose pernicieuse dans un gouvernement [3]. » Aussi, le voit-on donner tous ses soins à la rentrée régulière des impôts. Il se montre, à cet égard, d'une rigueur sans ménagements pour personne. Il entend obliger les Goths à acquitter, comme les Italiens, les prestations qui leur incombent [4]. « Il ne faut pas, dit-il, laisser s'établir des habitudes détestables qui ne tarderaient pas à se propager »; c'est pourquoi, il ordonne de poursuivre le recouvrement de ce qui est dû au fisc par les Goths établis dans le Picénum et les deux Toscanes, « car ils ont le devoir d'être plus exacts que les autres, eux qui jouissent des avantages d'une dotation. Quant à ceux qui ne s'exécuteront pas de bonne volonté, il faut les frapper d'amende, afin qu'on sache que, pour n'avoir pas voulu payer une somme raisonnable, ils per-

---

1. *Variar*. lib. III, ep. xlii.

2. *Variar*. lib. IV, ep. v.

3. *Variar*. lib. I, ep. xix.

4. *Variar*. lib. I, ep. xix (Monum. Germ., in-4°, Auct. Antiq., t. XII, p. 24).

dent une somme plus importante [1]. » On voit que les Goths vivaient dispersés dans leurs habitations sur les terres qui leur avaient été assignées et qui avaient été partagées entre eux. Ils devaient à leur roi le service militaire, dans les conditions indiquées par l'ordre de mobilisation que leur adressa Théodoric, à l'époque de l'expédition contre les Francs selon toute apparence, et dont le sens peut être traduit en ces termes :

« Il suffit de faire connaître aux Goths qu'ils vont avoir à combattre. Toute exhortation est inutile : pour une race belliqueuse, faire preuve de valeur est une joie. On ne craint point les fatigues, quand on a l'ambition de la gloire que donne le courage. Avec l'aide de Dieu, auteur de toute prospérité, nous avons résolu, pour le bien commun, d'envoyer l'armée dans les Gaules. Cette expédition vous donnera occasion de vous procurer de nouveaux avantages ; elle nous permettra de constater que vous méritiez ce que vous avez reçu de nous. Durant la paix, la valeur, si digne de louanges, reste ignorée et, ne pouvant paraître, le mérite demeure dans l'ombre. Nous avons donc pris soin de vous faire avertir par notre « sajon [2] » Nandius d'avoir, en vue de cette expédition entreprise au nom de Dieu, à vous mettre en mouvement le huitième jour des calendes de juillet prochain. Vous aurez, suivant la coutume, à vous présenter munis d'armes, de chevaux et de toutes les choses nécessaires, pour montrer que vous êtes dignes de la valeur de vos pères et pour exécuter nos ordres avec succès.

« Instruisez vos jeunes gens dans la discipline militaire. Qu'ils voient en vous les vertus qu'à leur tour ils transmettront à leurs descendants ; ce qu'on n'a pas appris dans la jeunesse, on l'ignore dans l'âge mûr. La nature vous a doués d'une fierté que l'amour de la réputation a exaltée en vous ; faites en sorte de laisser des fils semblables à ceux qu'ont eus vos pères [3] ».

1. *Variar.* lib. IV, ep. xiv.

2. Les sajons étaient des officiers goths de la cour du roi qui les chargeait de missions diverses pour assurer l'exécution de ses ordres, l'observation des lois et le maintien de la paix publique.

3. *Variar.* lib. I, ep. xxiv (édit. Mommsen, Monum. Germ., in-4°. Auct. Antiq., t. XII).

On a vu que les États de Théodoric s'étant étendus par suite de ses conquêtes successives, les Goths n'avaient pas suffi au recrutement de ses armées et qu'il avait dû enrôler d'autres barbares. Ceux-ci étaient des mercenaires qui, ne jouissant point, comme les Goths, de concessions de terres, n'avaient point, comme eux, l'obligation de s'équiper à leurs frais. Leurs armes leur étaient fournies par le roi. Une épître adressée au comte Osuin nous en fournit la preuve [1].

En récompense de leurs services, les Goths recevaient des dons qui parfois, sinon toujours, leur étaient remis en présence du roi. Il semble qu'ils étaient tenus de se rendre auprès de lui, comme pour une sorte de revue. Une proclamation adressée à tous les Goths établis dans le Picénum et le Samnium est rédigée à peu près en ces termes :

« Bien que notre munificence soit partout très agréable à tous, nous croyons que notre présence la rendra plus précieuse encore ; car les peuples retirent plus d'avantages de la vue de leur prince que de ses largesses. En effet, celui qui est ignoré de son souverain est presque semblable à un mort. Inconnu de son roi, il vit sans honneur et sans défense. C'est pourquoi, nous vous mandons par le présent ordre d'avoir à vous rendre en notre présence, avec le secours de Dieu, le huitième jour des ides de juin. Si vous vous hâtez de venir, vous recevrez solennellement les dons royaux.

« Nous vous recommandons de faire en sorte que sur votre passage, il ne se produise aucun excès et que vous ne dévastiez ni les moissons ni les prés des possesseurs de terres. Que votre marche s'accomplisse sans la moindre licence et en observant la discipline, afin que votre venue puisse nous être agréable. Si nous supportons volontiers les dépenses militaires, c'est pour qu'aucun trouble ne soit causé par les hommes d'armes [2] ».

Dans une autre pièce du recueil de Cassiodore, ordre est donné au sajon Guduin d'avertir sans retard les chefs, les

1. *Variar.* lib. I, ep. XL.
2. *Variar.* lib. V, ep. XXVI (Monum. Germ., in-4°, Auct. Antiq., t. XII, p. 158, lig. 32).

millénaires du Picénum et du Samnium, afin que ceux qui ont à recevoir les récompenses accordées chaque année aux Goths par la libéralité royale, soient convoqués et se rendent à la cour. Il est marqué dans cette pièce que ces récompenses étaient octroyées aux Goths en plus de la solde ou des prestations ordinaires et qu'elles étaient distribuées à chacun suivant ses mérites, après enquête sur sa conduite dans le service[1].

L'armée des Goths s'était montrée de force à prendre l'offensive dans toute guerre extérieure ; mais il importait qu'elle eût en Italie des places de sûreté, pour lui servir de bases d'opérations en cas d'une invasion favorisée par une révolte du peuple conquis. Les fortifications furent donc mises ou remises en état de défense dans les principales villes. De même qu'à Rome, à Vérone, à Pavie, à Ravenne elles furent soigneusement restaurées et entretenues. Des forteresses nouvelles furent élevées dans le nord de l'Italie.

Ces travaux furent, semble-t-il, les constructions les plus importantes du règne de Théodoric. Les exagérations de ses panégyristes et ses propres déclamations sur les monuments de Rome ont fait considérer Théodoric comme un grand bâtisseur[2]. Cependant, il dit lui-même qu'il aime mieux conserver que construire[3] ; et si on cherche à savoir quels furent ces fameux monuments dont il est tant parlé, on ne trouve qu'un palais à Pavie et le palais de Ravenne[4]. Encore est-ce à tort qu'on attribue à Théodoric la construction du palais de Ravenne ; il ne fit qu'achever l'ancien palais impérial et y ajouter des portiques. Ce fut sans doute pour édifier et orner ces portiques, qu'il fit porter à Ravenne des colonnes de marbre et des matériaux antiques, dont une partie provenait de la maison Pinciana[5]. Quant aux autres monuments

1. *Variar.* lib. V, ep. xxvii.

2. *Anonymi Valesiani pars II* (édit. Mommsen, p. 324, n° 70).

3. *Variar.* lib. I, ep. xxv. Major in conservandis rebus quam in inveniendis adhibenda cautela est; et lib. III, ep. ix. Propositi quidem nostri est nova construere, sed amplius vetusta servare (édit. Mommsen, Monum. Germ., in-4°, Auct. Antiq., t. XII).

4. *Anonymi Valesiani pars II* (édit. Mommsen, p. 324, n° 71).

5. *Variar.* lib. III, ep. ix et x.

dont.il est fait mention, les aqueducs de Ravenne, les thermes et l'aqueduc de Vérone, des thermes et un amphithéâtre à Pavie, il ne s'agit que de réparations à des édifices antiques. L'aqueduc de Ravenne était l'œuvre de Trajan et il ne pouvait plus être question, à cette époque, d'amphithéâtres nouveaux.

Le gouvernement de Théodoric réorganisa le service des postes. Il établit des relais, fournis de chevaux rapides dont il défendit l'usage aux particuliers, sous les peines les plus sévères, pour que les agents royaux fussent toujours assurés de les trouver frais et en bon état [1]. Une amende de cent solidi fut édictée contre quiconque, soit Goth, soit Romain, et de n'importe quel rang, se serait enhardi à prendre un de ces chevaux, malgré ceux qui étaient chargés d'en avoir soin. « Non point, est-il dit, parce qu'il y a lieu d'estimer à ce prix la perte d'un seul cheval, mais parce qu'il faut réprimer une importune audace, en infligeant au délinquant une perte considérable. » Aux sajons qui étaient autorisés à se servir de la poste, il fut prescrit de se rendre directement, sans aucun détour, à leur destination et d'en revenir par le même chemin. Défense fut faite de charger les chevaux de poste de plus de cent livres, sous peine d'une amende de cinquante solidi à payer non par le courrier, mais par le préposé au relai [2]. Théodoric, ayant été informé qu'il arrivait fréquemment que des chevaux de poste étaient employés à l'usage de particuliers, envoya à Rome le sajon Gudisal, avec ordre d'y rester, aussi longtemps que le service public l'exigerait, à la disposition du préfet du prétoire et du maître des offices et de ne laisser sortir de la ville aucun Goth, ni aucun Romain, sans l'autorisation spéciale de ces deux magistrats [3].

Cet ordre montre que sous les rois Goths, la liberté des particuliers se trouvait étrangement restreinte ; puisque l'ad-

---

1. *Variar*. lib. IV, ep. xlvii. Ces chevaux de poste étaient nommés *veredi*, nom donné par les anciens à des chevaux très rapides qu'on employait à la chasse. Les coursiers royaux étaient nommés *Veredarii*.

2. *Variar*. lib. IV, ep. xlvii et lib. V, ep. v.

3. *Variar*. lib. IV, ep. xlvii.

ministration allait jusqu'à leur interdire de sortir de leur ville. Il ne semble pas qu'une mesure de ce genre ait été momentanée et tout à fait exceptionnelle. Dans une épître adressée à Eusébius, qui est qualifié du titre d'homme illustre, mais qui n'est point indiqué comme remplissant une fonction, le roi lui permet d'aller passer en Lucanie huit mois, qui courront du jour de son départ et à l'expiration desquels il devra retourner à Rome [1].

A défaut de liberté individuelle, Théodoric a-t-il donné à ses sujets les bienfaits de cette modération, de cette sécurité pour les biens et pour les personnes, de cette administration équitable et prévoyante que prescrivaient les ordres de la chancellerie royale ?

Suivant Ennodius, le règne de Théodoric fut proprement l'âge d'or; l'âge de la justice idéale, de l'ordre parfait, de toutes les vertus, de toutes les prospérités [2]. « Puisse, s'écrie-t-il, un successeur de sa race continuer à faire revivre les souvenirs de l'âge d'or [3] ! » A ses yeux, les Goths sont des modèles de douceur, de modestie et de réserve ; les magistrats et les fonctionnaires sont uniquement préoccupés du bien public ; le fisc est plein de modération. Point d'exactions au détriment des sujets ; point de concussions au détriment du roi ; et partout les villes se relèvent de leurs ruines, riches et florissantes [4]. Mais Ennodius fut le panégyriste officiel du roi des Goths. Il prend pour faits accomplis les circulaires administratives et leurs belles promesses. Il n'a souci que de développements oratoires, écrits en un style de rhéteur si étrangement tourmenté qu'il est à peine compréhensible.

Un fragment dont on ignore l'auteur et qu'on appelle du nom de son premier éditeur, l'anonyme de Valois, confirme, il est vrai, les éloges d'Ennodius. Mais le fait que ce frag-

---

1. *Variar.* lib. IV, ep. xlviii.

2. V. Maurice Dumoulin, Le Gouvernement de Théodoric et la domination des Ostrogoths en Italie d'après les œuvres d'Ennodius (*Revue Historique*, janvier-juin 1902).

3. *Ennodii Panegyricus Theodorico regi dictus.*

4. *Ennodii epistolarum* lib. IX, ep. xxiii. Liberio (Migne, Patrologie Latine, t. LXIII, p. 158.) — Ennodius, *Panegyr. Theodorici.*

ment est anonyme et les exagérations de ses louanges ne sont pas de nature à inspirer une confiance absolue. Sous le règne de Théodoric, y est-il dit, on pouvait sans danger laisser l'or et l'argent exposés à la campagne et les villes ne fermaient plus leurs portes [1]. C'est trop beau pour être croyable.

Si on tient compte de bien des faits qui nous sont révélés par les pièces du recueil de Cassiodore, la réalité apparaît moins belle. Il ne pouvait en être autrement. L'administration romaine, dans les derniers temps de l'Empire, avait fini par lasser la patiente fidélité des peuples. Sous Théodoric, elle continua à subsister sans aucune modification. Les magistratures, les fonctions dont Cassiodore nous donne les formules d'investiture, sont celles qui existaient sous les derniers empereurs et on sait que le personnel administratif fut le même, se recruta de la même façon que précédemment [2]. Les honneurs et les émoluments des fonctions civiles continuèrent à être réservés aux Italiens. L'administration ne fut donc point l'objet d'une réforme importante. Quant aux Goths, on sait quelle était la rapacité des barbares, quelles étaient leurs habitudes de violence et de rapines à l'égard des populations conquises. Théodoric ne cessa d'adresser aux magistrats, aux fonctionnaires, aux Goths de belles recommandations pour les exhorter à se conduire, en toutes circonstances, avec équité et modération. Mais il y aurait vraiment trop de naïveté à croire que de belles circulaires suffirent pour changer tout à coup des abus enracinés depuis plus d'un siècle, pour adoucir en un instant les mœurs de barbares habitués à vivre de pillage et à considérer les biens et les personnes mêmes des vaincus, comme la juste récompense de leurs fatigues, comme le fruit légitime de leur victoire.

---

1. *Anonymi Valesiani pars II* (édit. Mommsen, Monum. Germ.; in-4°, Auct. Antiq., t. IX, p. 324, n° 70). Passage cité et traduit par M. Maurice Dumoulin (*Revue historique*, juin 1902). Ce passage suffit à prouver que l'auteur de l'anonyme de Valois n'était pas contemporain de l'époque dont il parle. Il semble que cet ouvrage fut écrit après la mort de Théodoric (Mommsen, Monum. Germ., Auct. Antiq., ix, préface). Il s'est inspiré sans doute des œuvres d'Ennodius.

2. *Cassiod. Variar.* lib. VI, Formulæ.

Dans un royaume de peu d'étendue, l'autorité du roi, s'exerçant par lui-même, eût pu se faire obéir partout. Mais les conquêtes de Théodoric avaient soumis à son pouvoir l'Italie et
la Sicile, la Provence, la province de Narbonne, une partie
du royaume des Burgundes, l'Espagne tout entière et, du
côté de l'Orient, la Rhétie, la Norique, la Dalmatie, la Pannonie, depuis la source du Danube et le territoire des Bava-
rois. Ce vaste empire était composé de trop de provinces, comprenait des provinces trop éloignées de Ravenne, pour qu'il
fût possible de les soumettre à un contrôle efficace. Les lieutenants du roi des Goths s'y trouvaient si complètement
maîtres, que Théode avait usurpé en Espagne un pouvoir en
quelque sorte indépendant et que Théodoric ne put le contraindre de se rendre à sa cour. On peut penser que les
épîtres du roi étaient lettres mortes en Espagne, et il en fut
sans doute de même dans bien d'autres provinces.

Il eût fallu des exemples et une sévérité implacable, pour
réformer l'administration romaine; pour mettre un terme à des
habitudes invétérées de concussions et d'exactions sans merci;
pour mettre un frein à la violence des Goths. Ces barbares ne
pouvaient être bien sensibles à de belles paroles, écrites dans
une langue qu'ils ne comprenaient même pas. Or, s'il est
vrai, comme le dit Procope, que Théodoric ne favorisa pas
les auteurs de violences, on ne voit point qu'il les ait châtiés,
autrement qu'en paroles. En fait, sa clémence intervenait pour
tempérer sa justice et la rigueur des lois[1]. Il était obligé de
se montrer indulgent; il ne pouvait s'exposer à mécontenter
à la fois les Goths et les fonctionnaires romains. On ne peut
donc s'étonner de trouver, dans le recueil de Cassiodore, de
nombreux indices d'abus qui continuaient à subsister et d'excès
dont les particuliers étaient victimes.

Une épître adressée à Faustus, préfet du prétoire, nous apprend
que les blés qui devaient être expédiés de la Calabre et de
l'Apulie, pendant l'été, par les soins de la chancellerie de ce

---

1. *Variar.* lib. II, ep. xxxiv. Sed affuit moderatrix, semper quæ nobis
est juncta clementia (Monum. Germ., in-4°, Auct. Antiq., t. XII, p. 65,
lig. 29).

magistrat, n'étaient point encore arrivés à destination, dans le courant de l'automne. Le roi se montre très ému de ce retard et presse le préfet de le réparer au plus vite, afin, dit-il, que la disette ne semble pas causée, plutôt par la négligence que par la stérilité de l'année [1]. Dans ce cas il ne s'agissait que d'une négligence dans un service public. Mais voici des exemples de concussion. Une épître, adressée à Maximianus, homme illustre, et au sénateur Andrea, ordonne à ces personnages de faire une enquête sur les fraudes commises dans l'emploi de sommes d'argent, envoyées pour payer les ouvriers de la ville de Rome [2]. Ailleurs, il est encore question d'un détournement sembable. Ordre est donné à Artemidorus, préfet de la ville, de faire restituer l'argent qui avait été envoyé pour payer les ouvriers romains et qui avait été détourné.

« Nous devrions, écrit Théodoric, punir impitoyablement les coupables. Mais la clémence modère toujours en nous les exigences de la justice. Il nous suffit que leur cupidité n'arrive pas à ses fins. On ne peut mieux les punir qu'en leur faisant perdre ce qu'ils avaient pensé s'approprier honteusement [3]. » La justice du roi des Goths n'est vraiment pas trop exigeante.

Elle ne se montre pas plus inflexible à propos d'une statue de bronze qui avait été volée. Théodoric promet cent pièces d'or à celui qui la représentera. S'il se dénonce lui-même, le coupable aura droit à cette récompense et à l'impunité. S'il est dénoncé par d'autres, il est menacé de mort. Mais, comme le dit le roi, « qui serait assez fou pour ne pas se tirer d'affaire en se procurant toute sécurité avec une récompense [4] » !

Un certain Frontosus s'était rendu coupable et avait été convaincu par son propre aveu de détournement de deniers publics. Il s'était engagé bien des fois à en opérer la restitution. Mais, semblable à Protée, écrit le roi, toujours il trouvait moyen de se soustraire aux poursuites. Il en sera quitte, comme l'indique l'ordre adressé à Abundantius, préfet du prétoire, pour

---

1. *Variar.* lib. I, ep. xxxv.
2. *Variar.* lib. I, ep. xxi.
3. *Variar.* lib. II, ep. xxxiv.
4. *Variar.* lib. II, ep. xxxv et xxxvi.

être contraint de restituer, sans plus de retard, ce qu'il pourra payer équitablement [1]. Il n'est pas trop hardi de penser que ce Protée trouva équitable de ne pas payer grand'chose.

Le domaine public n'était guère plus respecté que les deniers de l'État. Des particuliers ne craignaient point de détourner, pour leurs usages privés, l'eau des aqueducs. D'autres avaient enlevé les bronzes et le plomb qui ornaient les murailles de Rome. Ordre est donné au Sénat d'ouvrir une enquête à ce sujet et la chancellerie royale en prend occasion pour raconter l'invention du bronze et du plomb [2]. Une enquête prescrite avec ce ton de dilettantisme littéraire, ne dut pas paraître bien effrayante.

Les fautes des magistrats et des fonctionnaires ne leur attirant que des avertissements ornés de dissertations sur les devoirs qui leur incombaient et sur les principes de morale publique, ils ne se gênaient guère. Le sajon Amara avait blessé à coups d'épée un certain Pétrus, désigné avec le titre de spectable, qu'il était chargé de protéger. Le roi se déclare très irrité de cet acte de violence. Il exige qu'Amara paye à Pétrus le double de ce qu'il avait reçu de ce dernier, en abusant sans doute de son autorité. Pour le fait de la blessure, le sajon aura à comparaître à l'audience du sénateur Duda, chargé de juger cette affaire et il sera tenu de payer la composition fixée par les édits royaux [3]. Cette fois au moins justice sera faite, parce qu'il s'agit d'un crime particulièrement odieux, dont la victime est un personnage notable. Dans des circonstances moins tragiques, le roi n'use point de sévérité. Le préfet de la ville, Argolicus, n'avait point tenu compte, volontairement et dans son propre intérêt, des ordres qui lui avaient été adressés. Théodoric lui écrit : « Nous avons à cœur de ne pas punir une première faute et de nous en tenir à un avertissement [4]. »

Quant aux violences contre les personnes et les biens des

1. *Variar.* lib. V, ep. xxxiv.

2. *Variar.* lib. III, ep. xxxi.

3. *Variar.* lib. IV, ep. xxvii et xxviii.

4. *Variar.* lib. IV, ep. xxix (Monum. Germ., in-4°, Auct. Antiq., t. XII, p. 127, lig. 9).

particuliers, le recueil de Cassiodore nous en fournit de nombreux exemples[1]. Dans ces pièces, comme dans les précédentes, il s'agit de préjudices causés à l'État, au service du roi ou à des personnages qu'il importait de ménager et de satisfaire. Si ces personnages avaient sujet de se plaindre au roi, si lui-même était victime de détournements, quelle sécurité pouvaient avoir, pour leurs biens et pour elles-mêmes, les personnes de modeste ou de petite condition ? De ces personnes-là, il n'est pas fait mention dans les pièces de Cassiodore, sauf pour énoncer des principes généraux sans application particulière. Il est vrai que dans deux de ces pièces, il est question de trois hommes libres, réduits en servitude, auxquels le roi ordonne de restituer leurs droits. Mais ces trois hommes sont des Goths[2]. Théodoric ne pouvait se dispenser de protéger les hommes de sa nation, pour se conserver le dévouement de son armée. Il ne réussissait pas même à contenir et à réprimer la rapacité des princes de sa propre famille. Nous le voyons obligé d'interposer son autorité pour faire rendre à un certain Domitianus des propriétés dont Théodat s'était emparé[3]. Dans une autre épître, le roi intervient encore pour faire rendre aux héritiers de deux personnages, nommés Argolicus et Amandianus, des biens que Théodat avait également usurpés[4]. Les actes de spoliation commis par les Goths excitèrent sans doute de l'agitation et du trouble dans certaines provinces, car nous voyons Théodoric obligé d'envoyer dans le Samnium un agent, chargé d'apaiser les querelles entre Goths et habitants de race romaine[5].

Les prescriptions de la chancellerie royale ne furent donc pas fidèlement observées. Les bonnes intentions du gouvernement de Théodoric ne produisirent pas tous les effets qu'il avait intérêt à désirer sincèrement, mais que l'obligation

---

1. Violences contre les personnes (*Variar.* lib. III, ep. xlvi ; lib. V, ep. xxix-xxx-xxxii-xxxiii ; lib. IV, ep. xviii). — Violences contre les biens (*Variar.* lib. I, ep. xviii; lib. III, ep. xxxvii).

2. *Variar.* lib. V, ep. xxix et xxx.

3. *Variar.* lib. IV, ep. xxxix.

4. *Variar.* lib. V, ep. xii.

5. *Variar.* lib. III, ep. xiii.

d'user de ménagements ne lui permettait pas d'imposer avec l'énergie qui eût été nécessaire. Cependant, il remit un peu d'ordre dans l'administration des provinces soumises à son pouvoir et l'Italie, préservée du fléau des invasions et des guerres civiles, put reprendre quelque prospérité. Sous ce rapport, son long règne fut bienfaisant. Il ne le fut pas assez pour lui concilier l'affection des populations de race romaine et pour leur faire oublier la conquête. Théodoric n'atteignit point son but. Le régime qu'il avait établi ne cessa point d'être considéré comme une occupation étrangère. Les peuples conquis ne perdirent pas le désir et l'espoir d'en être un jour délivrés. Mais toute opposition déclarée était impossible en Italie, sans le secours de l'Empire et l'appui de l'Église.

Pendant que les agitations intérieures et les invasions des barbares achevaient de ruiner le monde antique, l'Église n'avait cessé de grandir. Elle était, à la fin du vᵉ siècle, la plus puissante des forces sociales; car le christanisme était maître de tout l'ancien monde romain et la foi était la passion la plus vive du peuple tout entier. L'influence du clergé était prépondérante dans toutes les anciennes provinces de l'Empire et plus particulièrement en Italie, où l'évêque de Rome revendiquait pour son siège la suprématie sur toutes les Églises qu'il s'efforçait de soumettre à son autorité. La domination des Goths fut donc favorisée par les circonstances qui, jusque vers la fin du règne de Théodoric, imposèrent à l'Église une neutralité presque bienveillante à leur égard. Certes elle n'était pas favorable à des barbares de la secte des ariens; mais leur présence à Rome était, pour les papes, une garantie d'indépendance, durant la lutte que l'Église romaine avait à soutenir contre les Églises et les empereurs d'Orient.

Il n'y a pas lieu d'exposer ici l'histoire ecclésiastique, si intéressante à cette époque; mais il importe de la résumer, afin d'expliquer l'attitude des différents partis, pendant le règne de Théodoric.

Les difficultés entre l'Église et l'Empire avaient commencé à l'époque où, vers l'an 448, l'hérésie d'Eutychès s'était répandue en Orient et y avait servi de prétexte pour mettre en ques-

tion la suprématie et l'autorité du siège de Rome. Les discussions théologiques intéressaient en réalité fort peu les évêques orientaux, comme le prouve l'indifférence avec laquelle
ils donnaient tour à tour leur assentiment aux hérésies et
aux doctrines orthodoxes, suivant que le pouvoir impérial
prescrivait les unes ou protégeait les autres. Ces discussions
agitaient le monde religieux, uniquement parce qu'elles servaient de prétextes aux ambitions personnelles et aux rivalités
des Églises. Les patriarches de l'Orient s'emparaient volontiers
des définitions et des distinctions subtiles inventées par les
théologiens, parce qu'en les proclamant ou en les proscrivant,
sans les soumettre au pape, ils trouvaient une occasion d'affirmer leur indépendance à l'égard de l'Église romaine. C'était
la primauté de l'Église de Rome qu'ils entendaient mettre en
question, quand ils s'efforçaient de modifier ses enseigne-
ments.

Quant aux empereurs, ils avaient intérêt, comme souverains, à ne pas permettre le développement d'une autorité
morale toute-puissante qui, si elle parvenait à soumettre
toutes les Églises, pourrait, à un moment donné, résister à la
puissance impériale et constituer pour elle un danger. En
maintenant l'indépendance des Églises, l'empereur pouvait
les opposer les unes aux autres, dans le cas où l'une d'elles
aurait cherché à prendre dans l'État une situation prépondérante et, arbitre de leurs discussions, il faisait accepter et respecter son pouvoir. Telle était la raison politique qui déter-
minait les empereurs, tantôt à favoriser les hérésies, tantôt à
combattre ces mêmes hérésies, au nom de la paix publique,
sans jamais reconnaître la suprématie de l'évêque de Rome.

Dans le concile réuni à Chalcédoine, en 451, les légats de
saint Léon avaient fait prévaloir contre les erreurs d'Eutychès,
la doctrine qu'enseignait l'Église romaine; mais ce concile
avait ensuite adopté, en l'absence des légats, une décision qui,
considérant, est-il dit, les décisions antérieures des Pères et
plus spécialement celles du concile de Constantinople, reconnaissait à l'Église de Constantinople, la Nouvelle Rome, les
mêmes droits et les mêmes privilèges qui avaient été attri-

bués à l'Église romaine, à l'exception de la préséance, à laquelle celle-ci avait droit [1]. Les légats de saint Léon avaient protesté avec la plus vive énergie contre ce canon du concile. Saint Léon avait ensuite refusé de l'admettre et avait déclaré, dans une lettre à l'empereur Marcien, qu'il ne souffrirait jamais que les privilèges attribués aux Églises par les canons des saints Pères, fussent violés par aucune nouveauté. « C'est à quoi, écrivit-il, je suis résolu, avec la grâce de Jésus-Christ, d'apporter une vigilance continuelle et une fidélité inviolable; c'est à quoi je suis engagé par le ministère dont je suis chargé. Je me rendrais coupable d'un grand crime, si les décrets du concile de Nicée étaient violés par ma négligence ou par ma faute [2]. » Il avait adressé les mêmes protestations à Anatole, le patriarche de Constantinople, qui s'était contenté de ne point publier sa lettre et de n'y faire aucune réponse. Ce dédain avait envenimé les rapports entre Rome et Constantinople. Il s'en était suivi une rupture, entre le pape et le patriarche, qui avait duré jusque vers la fin de 453 [3]. L'empereur Marcien étant alors intervenu pour les réconcilier, saint Léon était demeuré inflexible. Le 9 mars 454, il avait répondu à l'empereur que c'était Anatole qui, par son silence, avait rompu les relations et que, quant à lui, il était prêt à les reprendre. Mais il avait exigé qu'Anatole renonçât par écrit à l'ambition dont il s'était rendu coupable [4]. Le 15 avril suivant, comme il n'avait point reçu cette renonciation, il avait écrit de nouveau à l'empereur, menaçant d'agir contre Anatole avec tous les évêques, si celui-ci persistait dans sa conduite [5]. Enfin une lettre d'Anatole était arrivée à Rome et saint Léon s'était contenté de cet acte d'apparente soumission [6].

On a prétendu que l'empereur Marcien avait aboli, par une

1. *Concil. de Chalcéd.*, 28° Can. — Baronius, *ann.* 451, CXXXVI.
2. *Saint Léon*, ep. civ, cap. iii (Migne, Patrologie Latine, t. LIV, p. 995).
3. Tillemont, *Saint Léon*, CXXXVI.
4. *Saint Léon*, ep. ci.
5. *Saint Léon*, ep. cv.
6. Tillemont, *Saint Léon*, CXXXVII.

loi de 454, la décision de Chalcédoine[1]. Cela est bien peu probable, car ce canon ne cessa d'être exécuté avec l'appui des empereurs, malgré les protestations des papes[2] ; et le texte que nous avons de la loi à laquelle il est fait allusion, ne contient rien de ce qu'on y veut ajouter[3]. Les causes de mésintelligence continuèrent donc à subsister. Cependant les relations entre le Saint-Siège et l'Orient ne furent point troublées, pendant les dernières années du pontificat de saint Léon et pendant le pontificat de son successeur saint Hilaire. Les difficultés recommencèrent, plus âpres que jamais, à l'époque où l'empereur Zénon fut rétabli sur le trône de Constantinople, après la défaite de Basiliscus.

Dans une loi dont le but était d'abolir tout ce qui avait été fait durant l'usurpation de Basiliscus, Zénon confirma tous les honneurs et les privilèges attribués à l'Église de Constantinople, qu'il appelle sa mère et la mère de tous les chrétiens orthodoxes[4]. Cette affirmation solennelle des droits auxquels prétendait le siège de Constantinople, présageait un conflit avec l'Église romaine. Les troubles de l'Église d'Alexandrie en furent l'occasion.

Timothée Elure, qui s'était emparé du siège d'Alexandrie, d'où il avait chassé l'évêque orthodoxe Salofacial, mourut peu après le rétablissement de Zénon. Aussitôt les Eutychiens élevèrent à sa place Pierre Mongus que consacrèrent des évêques hérétiques[5]. Il n'y demeura que trente-six jours ; des moines le chassèrent de l'église et de la maison épiscopale et rétablirent Salofacial. Le pape Simplice, qui, vers la fin de l'année 467, avait succédé à saint Hilaire, se joignit à Acace, patriarche de Constantinople, pour condamner Pierre Mongus[6]. Salofacial mourut au commencement de l'année 482[7]. Son

---

1. Baronius, *ann.* 454, XII et XIII.
2. Tillemont, *Saint Léon*, CXXXVII.
3. *Codicis Justinianei*, lib. I, t. II, § 12.
4. *Codicis Justinianei*, lib. I, t. II, § 16.
5. *Evagrius*, lib. III, cap. xx (Migne, Patrologie, Pères Grecs, t. LXXXVI).
6. Tillemont, *Mém. eccl. Acace*, XV.
7. Tillemont, *Mém. eccl. Acace*, note 13.

successeur fut un prêtre nommé Jean Talaïa[1]. La coutume voulait que tout évêque nouvellement élu notifiât son élection aux patriarches qui lui envoyaient en réponse des lettres de communion[2]. Conformément à cet usage, Talaïa adressa une lettre synodique au pape Simplice, auquel elle fut remise, vers la fin du mois de juin, par un prêtre, nommé Isidore, et un diacre du nom de Pierre. Il écrivit en même temps au patriarche d'Antioche et à Acace de Constantinople. Mais il n'envoya pas directement sa lettre à ce dernier. Il chargea Illus, personnage alors très puissant à la cour, de la lui remettre. Illus, désigné pour exercer un commandement à Antioche, n'était plus à Constantinople et la lettre de Talaïa n'arriva point à son adresse. Acace vit, dit-on, dans ce fait un mauvais procédé et, croyant que Talaïa était décidé à le négliger, il résolut de renverser celui qu'il considérait désormais comme un adversaire. Il persuada à l'empereur que Talaïa avait solennellement juré de ne point briguer le siège d'Alexandrie et s'était rendu parjure, en acceptant de succéder à Salofacial ; que d'ailleurs son élection ne ferait que perpétuer les divisions dont souffrait l'Égypte et que Mongus était seul capable de rétablir la paix religieuse dans ce pays où il était très aimé du peuple[2].

Zénon écrivit en ce sens au pape Simplice[3]. Mais ce pontife, tout en ne se pressant pas de confirmer l'élection de Talaïa, ne voulut point entendre parler de Mongus. Il le déclara formellement à Acace, dans une lettre qu'il lui adressa le 15 juillet. Acace, voyant bien qu'il n'obtiendrait pas le consentement du pape, se décida à se passer de lui. Il ne fit aucune réponse aux lettres de Simplice et persuada à Zénon d'adresser aux évêques, aux clercs, aux moines et aux peuples de l'Égypte et de la Libye un rescrit impérial destiné à faire rentrer dans l'Église ceux qui s'en étaient séparés[4].

1. Evagrius, *Hist. Ecclesiast.*, lib. III, cap. xii (Migne, Patrologie Gréco-Latine, t. LXXXVI).

2. *Liberati diaconi Breviarium Causæ Eutychianorum* (édit. Migne, Patrologie Latine, t. LXVIII, p. 1022).

3. Evagrius, *Hist. Ecclésiast.*, lib. III, cap. xv.

4. Tillemont, *Mém. eccl. Acace*, XXIII.

Ce rescrit, connu sous le nom d'Hénotique, provoqua de graves et longues difficultés entre l'Empire et l'Église romaine. Il détermina même un véritable schisme. L'empereur y proteste de son zèle pour la foi et des peines qu'il a prises pour réunir tous les chrétiens dans une même communion. Il ajoute que des abbés, des ermites et d'autres personnages vénérables l'ont supplié de faire un nouvel effort pour réconcilier les Églises.

Après ce préambule, il déclare, au nom de toutes les Églises, qu'il n'y a point d'autre symbole ni d'autre définition de foi reçue ou à recevoir que celle des Pères de Nicée, confirmée par ceux de Constantinople; que si quelqu'un en reçoit un autre, il le regarde comme séparé de l'Église. Il rejette ouvertement le concile de Chalcédoine, en prononçant anathème contre quiconque tiendra ou aura tenu pour vrai rien de plus que ce qui est dans son Hénotique, en quelque temps et en quelque lieu que ce soit, à Chalcédoine, ou en quelque autre concile [1]. En même temps, ordre fut donné au préfet d'Égypte de chasser Talaïa et d'établir Mongus en sa place. Il fut prescrit au nouvel évêque de signer l'Hénotique, d'adresser des lettres de communion à Acace, au pape Simplice, à tous les évêques et de recevoir dans sa communion les partisans de Salofacial [2]. Acace, de son côté, se hâta d'accorder sa communion à Mongus, dont il fit réciter le nom dans les diptyques [3]. Ce que l'on raconte de la susceptibilité d'Acace peut être vrai; mais ce petit incident n'est certainement pas la cause des décisions prises par Zénon. L'empereur voulait à tout prix mettre fin aux troubles religieux qui agitaient l'Égypte et c'est dans ce but, qu'il s'appliqua à donner satisfaction aux désirs des Alexandrins et des Égyptiens qui, en grande majorité, demeuraient attachés aux doctrines que le concile de Chalcédoine avait condamnées. Fidèle

---

1. Tillemont, *Mém. Ecclés. Acace*, XXIV.

2. *Liberati diaconi Breviarium Causæ Eutychianorum*, cap. xvii et xviii (Migne, Patrologie Latine, t. LXVIII, p. 1026-1027). — Evagrius, *Hist. ecclesiast.*, lib. III, cap. xii et xiii.

3. *Liberati diaconi Breviarium Causæ Eutychianorum*, cap. xvii (Migne, Patrologie Latine, t. LXVIII, p. 1026).

à la tradition des empereurs, Zénon se décidait, dans les questions religieuses, suivant ses intérêts et ses nécessités politiques.

La pensée exclusivement politique qui a inspiré l'Hénotique apparaît d'une façon évidente, quand on considère que ce rescrit n'est adressé qu'au clergé et aux peuples d'Alexandrie, d'Égypte et de Libye. Il n'était point destiné d'abord aux autres provinces de l'Empire. Ainsi, tandis qu'en Égypte le concile de Chalcédoine était condamné par ordre de l'empereur, il devait continuer à être une règle de foi pour le reste de l'Orient. L'empereur n'avait rien à perdre en favorisant les idées d'indépendance dont l'Église d'Égypte était animée. Diviser les Églises, c'était assurer son autorité sur chacune d'elles. Il n'imposa l'Hénotique aux autres provinces que plus tard, en présence de l'attitude prise par l'Église romaine.

Le Saint-Siège ne pouvait accepter la solution adoptée par Zénon, sans renoncer à tous ses droits. Il ne pouvait laisser l'empereur rétablir, sans même consulter le pontife romain, un évêque condamné par le pape. Il ne pouvait admettre que l'empereur condamnât, de sa seule autorité, un concile qui avait été approuvé par l'Église romaine et dont la doctrine était celle que saint Léon avait fait triompher après tant d'efforts. Les protestations de l'Église romaine ne se firent point attendre.

Les nouvelles de l'Orient furent apportées au pape Simplice par Talaïa lui-même qui, après avoir cherché d'abord un refuge à Antioche auprès d'Illus, passa à Rome, comprenant que sa cause devenait celle de la papauté[1]. Simplice n'hésita pas à prendre sa défense, dans deux lettres qu'il adressa successivement à Acace[2].

L'affaire en était à ce point, lorsque Simplice mourut[3]. Son successeur, Félix III, qui fut élu, comme on l'a dit précédem-

---

1. Evagrius, *Hist. ecclésiast.*, liv. III, ch. xv, xvi.

2. *Liberati Breviarium Causæ Eutychianorum*, cap. xviii (Migne, Patrologie Latine, t. LXVIII, p. 1026).

3. Tillemont, *Mém. pour l'hist. ecclés. Acace*, XXVIII.

ment, sur l'ordre ou du moins avec l'approbation d'Odoacre,
s'empressa de donner suite à la requête que Talaïa lui présenta, aussitôt après son élection. Il ne garda aucun ménagement à l'égard des Orientaux. Lorsque, suivant l'usage, il
envoya à Constantinople des légats chargés de notifier son
élection à la cour impériale, il leur donna mission de remettre à l'empereur et à Acace des lettres dont le ton violent
et hautain laissait peu d'espoir d'arriver à un accommodement.
S'adressant à l'empereur, il alla, chose inouïe à cette époque,
jusqu'à lui reprocher ouvertement d'avoir déchiré l'unité de
l'Église et de violer la foi qui l'avait établi et rétabli sur le
trône; insinuant ainsi qu'elle pourrait bien encore l'en faire descendre. « Permettez-moi, dit-il, de vous ouvrir mon cœur avec
liberté, puisqu'il n'est pas à propos que je garde le silence.
Permettez-moi de vous représenter qu'il ne vous reste plus
que le nom de ce que vous étiez autrefois. Ne travaillez pas,
je vous supplie, à vous perdre, malgré notre sollicitude pour
votre salut, et à diminuer en nous la confiance d'offrir à Dieu
nos prières pour vous. Cherchez les moyens d'apaiser le
Seigneur et de ne point irriter sa colère. Je vous en prie, je
vous en supplie, je vous en conjure ; car je crains que le
changement de votre conduite ne fasse, ce qu'à Dieu ne
plaise, changer l'événement des choses[1]. » Parlant ensuite de
Mongus, il ne craint pas de s'écrier : « Dans quel dessein,
souffrez-vous que cette bête, que vous aviez cru devoir
chasser du troupeau de J.-C., retourne le ravager et y
mettre la désolation[2]? »

Les empereurs n'étaient guère habitués à un pareil langage.
L'irritation que la lettre de Félix causa à la cour de Byzance,
fut d'autant plus vive que bientôt une révolte d'Illus, le protecteur de Talaïa, parut la mise à exécution des menaces du
pape.

Acace ne pouvait pas s'attendre à beaucoup de ménagements de la part d'un pontife qui s'adressait à l'empereur

1. _Felicis Papæ III_, ep. n, _ad Zenonem imper._ (Migne, Patrologie Latine,
t. LVIII, p. 900).

2. _Felicis Papæ_ III, ep. n (Migne, Patrologie Latine, t. LVIII, p. 902).

avec si peu de respect. « La seule considération de vos obligations, lui écrit-il, devait vous faire lever généreusement
pour maintenir la pureté de la foi catholique, pour défendre
les décrets de nos saints Pères, pour soutenir les décisions
du concile de Chalcédoine qui approuvent entièrement les
définitions du concile de Nicée; pour vous montrer le digne
successeur des évêques catholiques de votre ville. Cessez
absolument de fomenter les maux qui se sont répandus sur
toute la terre. C'est, pour vous, le seul moyen de vous faire
reconnaître entre les membres du corps de J.-C. »[1].

Il ne s'en tint pas là. Il adressa à Acace la requête de Talaïa
avec une citation à comparaître au plus tôt devant le Saint-
Siège, pour y répondre, en présence des évêques, aux accusations formulées contre lui[2]. A l'empereur, il notifia officiellement qu'il avait fait citer Acace à comparaître avec obéissance, devant le Saint-Siège apostolique[3].

On ne pouvait affecter avec plus de dédain de considérer
comme nulle et non avenue la loi promulguée par l'empereur,
au sujet des privilèges de l'Église de Constantinople. Tout en
reprochant si amèrement à Acace de ne point respecter le
concile de Chalcédoine, Félix en prenait à son aise avec les
décisions de ce concile, relatives aux droits qui avaient été
solennellement reconnus au siège épiscopal de la nouvelle
Rome. De plus, il s'arrogeait le droit de condamner ceux qu'il
jugeait coupables, parce qu'ils avaient obéi aux lois impériales. Affecter ces prétentions, avec ce ton et ce langage,
c'était provoquer une rupture éclatante qui ne pouvait profiter
à l'Église qu'elle allait diviser profondément. Les barbares,
maîtres de Rome et de l'Italie, pouvaient seuls trouver leur
avantage dans une lutte dont l'effet était d'enlever au parti
impérial en Italie le puissant appui de l'Église.

L'empereur fut sans doute informé, avant l'arrivée des
légats, de la mission dont ils étaient chargés, car, lorsqu'ils
abordèrent aux Dardanelles, ils furent arrêtés, emprisonnés

1. *Felicis Papæ* III, ep. 1 (Migne, Patrologie Latine, t. LVIII, p. 895, 896).
2. Baronius, *ann.* 483, XLVII.
3. Baronius, *ann.* 483, XLVIII.

et dépouillés des papiers et des lettres dont ils étaient porteurs [1]. Zénon les menaça même de les faire mettre à mort,
s'ils ne consentaient pas immédiatement à communiquer avec
Acace et avec Mongus [2]. Des présents achevèrent, dit-on, de
les gagner [3]. On les vit marcher publiquement avec Acace, en
compagnie des nonces de Mongus, pour aller célébrer les
saints mystères. En leur présence, Mongus fut nommé à la
récitation des diptyques et, au lieu que jusqu'alors on ne
l'avait nommé que tout bas, on le nomma cette fois tout haut [4].

Zénon répondit ensuite à l'épître de Félix, mais en témoignant avec dédain qu'il avait été ennuyé de la longueur de
sa lettre et peu satisfait de ses exhortations. Il se borna à
ajouter que Talaïa s'était rendu parjure en se faisant élire au
siège d'Alexandrie, après avoir juré solennellement de ne point
le briguer et que Mongus n'avait été admis à la communion
qu'après s'être engagé, par écrit, à recevoir la foi du concile
de Nicée, à laquelle celle du concile de Chalcédoine était
semblable [5].

Quand les légats rentrèrent à Rome, ils y trouvèrent le
pape instruit de leur conduite et un concile de soixante-sept
évêques Italiens réunis pour les juger [6]. Ils alléguèrent en
vain qu'ils avaient été trompés et n'avaient cédé qu'à la violence; ils furent dépouillés de la dignité épiscopale et exclus
de la communion des fidèles [7]. On leur laissa espérer qu'ils
obtiendraient leur pardon, lorsque l'Église d'Alexandrie aurait
reçu un évêque orthodoxe, soit du consentement de l'empereur
et du peuple, soit malgré eux [8].

Le concile prononça ensuite une nouvelle sentence d'ana-

--

·1. *Liberati Breviarium Causæ Eutychianorum*, XVIII (Migne, Patrologie
Latine, t. LXVIII, p. 1028). — *Felicis Papæ* III, ep. IX (Migne, Patrologie
Latine, t. LVIII, p. 934).

2. *Theophanis Chronographia* A. C. 480 (Corpus Script. Hist. Byzant.
Theophanis t. I, p. 204).

3. *Evagrius*, lib. III, cap. XXI (Migne, Patrologie Gréco-Latine t. LXXXVI).

4. Tillemont, *Acace*, XXXIV.

5. Baronius, *ann.* 484, VI.

6. Baronius, *ann.* 484, VII.

7. Baronius, *ann.* 484, XII.

8. Tillemont, *Mém. ecclés. Acace*, XXXVI.

thème contre Mongus et, s'attribuant le droit de juger Acace, même sans l'entendre, il le condamna, non comme hérétique, mais comme coupable de s'être uni aux ennemis de la foi et d'avoir usé de violence envers les légats du Saint-Siège[1]. Un acte de déposition fut dressé, au nom du pape seul, suivant l'usage observé en Italie ; mais les soixante-sept évêques du concile le signèrent. Le dispositif de cet acte est rédigé en ces termes : « Subissez donc, par cette sentence, le sort de ceux que vous avez librement adoptés avec une si grande inclination. Soyez déposé de la dignité de l'épiscopat, privé de la communion catholique et retranché du nombre des fidèles. Sachez que vous n'avez plus ni le nom, ni le pouvoir d'un évêque; que vous êtes dégradé par le jugement du Saint-Esprit et condamné par l'autorité apostolique, sans pouvoir jamais être délié des liens de cet anathème »[2].

Félix dressa en outre un acte destiné à être affiché pour porter l'excommunication d'Acace à la connaissance du public. Ce second acte se terminait par cette menace : « Si un évêque, un ecclésiastique, un moine ou un laïque communique désormais avec Acace, qu'il soit frappé d'anathème et puni par le Saint-Esprit[3]. » Les décisions du concile de Rome furent notifiées par des messages à l'empereur, aux évêques et au clergé de l'Orient. « Jamais, écrit Félix à l'empereur, l'Église romaine n'a souffert, elle ne souffrira jamais que l'on communique avec Mongus. Ainsi, je vous laisse à juger laquelle des deux communions il faut choisir : ou celle de l'Apôtre saint Pierre, ou celle de Pierre Mongus[4] ».

Cet ultimatum du pape à l'empereur et la déposition d'Acace eurent les conséquences qu'il était aisé de prévoir. Acace ne se mit point en peine de la sentence rendue contre lui et toute l'Église de Constantinople, à l'exception de quelques personnes, lui demeura fidèle. L'Orient tout entier

1. *Liberati Breviarium Causæ Eutychianorum*, XVIII (édit. Migne, Patrologie Latine, t. LXVIII, p. 1028). — *Evagrius*, lib. III, XXI. — *Felicis III*, ep. VI (Migne, Patrologie Latine, t. LVIII, p. 921).

2. *Felicis III*, ep. VI (Migne, Patrologie Latine, t. LVIII, p. 923).

3. *Edictum sententiæ Felicis Papæ* (Migne, Patrologie, t. LVIII, p. 934).

4. *Felicis III*, ep. IX (Migne, Patrologie Latine, t. LVIII, p. 935).

se sépara de l'Église de Rome. L'empereur étendit l'Hénotique
à tout l'Empire. Les évêques qui ne voulurent point se soumettre, furent déposés et remplacés. Le pape Gélase dit qu'un
grand nombre d'évêques furent ainsi chassés ; mais on n'en
connaît que quatre, en plus de ceux du patriarcat d'Antioche[1].
Ces derniers furent certainement frappés pour avoir pris part
à la révolte d'Illus. Un auteur affirme que le pape Félix fut
le seul patriarche qui ne signa pas l'Hénotique[2] ; et le pape
Gélase, traitant d'hérétiques tous ceux qui communiquaient
avec les évêques signataires de l'Hénotique, avoue que tout
l'Orient était dans ce cas[3].

Acace continua à gouverner l'Église de Constantinople
durant cinq ans environ. Il mourut, probablement en 489[4]. Il
eut pour successeur un prêtre nommé Flavite, qui s'efforça
de réconcilier l'Orient avec Rome. Il écrivit à Félix, pour lui
notifier son élection et lui demander la communion du Saint-
Siège. L'empereur appuya sa demande. Il écrivit également
au pape, l'assurant de son zèle pour la foi et protestant qu'il
avait cherché à élever sur le trône épiscopal de Constantinople
un homme qui en fût vraiment digne, afin de raffermir l'unité
des Églises et de la foi catholique. Lorsque ces lettres furent
apportées à Rome par des ecclésiastiques, accompagnés de
moines fidèles à la foi catholique, elles y causèrent une grande
joie. La lecture qui en fut faite en présence du clergé, excita
des acclamations enthousiastes en faveur de l'empereur[5]. Le
peuple et le clergé de Rome espéraient voir la fin de ce malheureux schisme qui séparait davantage l'Italie de l'Empire
et affaiblissait la résistance contre les barbares. Mais les exigences de Félix III firent échouer cette tentative de réconciliation. Félix répondit à l'empereur et à Flavite, avec beaucoup
d'aménité dans la forme ; mais il leur imposa une condition à
laquelle il leur était presque impossible de consentir. Il exigea

---

1. *Theophanis Chronographia* (Corpus Script. Hist. Byzant, p. 205).
2. *Théodore Lecteur* (Migne, Patrologie Gréco-Latine, t. LXXXVI, p. 165).
3. Tillemont, *Acace*, art. XLVII.
4. Tillemont, *Acace*, art. LII et note 32.
5. Tillemont, *Acace*, LIII, LIV.

qu'on effaçât des diptyques les noms de Mongus et d'Acace[1].
L'empereur ne pouvait laisser condamner publiquement des
évêques qu'il avait soutenus. D'ailleurs la popularité dont
Mongus jouissait en Égypte, le respect que le peuple de Constantinople conservait pour la mémoire d'Acace, ne permettaient point de les flétrir, sans risquer de provoquer de nouveaux troubles.

Flavite n'occupa le siège épiscopal que pendant trois mois
et dix-sept jours. Il mourut, selon toute probabilité, au mois
de mars de l'année 490[2]. On élut en sa place un prêtre
nommé Euphème. Le nouvel évêque, très orthodoxe, s'empressa, suivant la coutume, d'adresser au pape une lettre
synodique. Il fit un pas de plus pour se rapprocher de Rome.
Il se sépara de Mongus, dont il fit supprimer le nom dans les
diptyques. Il semblait que le pape ne pouvait demander
davantage, puisque Mongus était le seul de ses adversaires
qui fût encore vivant. Félix III n'en garda pas moins son
attitude intraitable. Il exigea qu'on supprimât, non plus seulement le nom d'Acace, mais aussi celui de Flavite, qui avait
pourtant témoigné tant de zèle pour la foi catholique[3].

Mongus mourut le 31 octobre de cette même année 490[4].
L'empereur Zénon et le pape Félix disparurent peu après.
Zénon mourut au mois d'avril 491. Anastase lui succéda et
fut couronné, le 11 avril de la même année[5]. Félix suivit
Zénon dans la tombe, le 24 février 492 et le 1er mars suivant,
Gélase fut élu pape[6].

Le nouveau pontife ne pouvait se dispenser de notifier
son élection à l'empereur ; mais il se dispensa d'écrire à
Euphème, affirmant, par cette dérogation aux usages, qu'il
le considérait comme séparé de l'Église romaine. L'empe-

1. *Felicis* III, ep. xii et xiii (Migne, Patrologie Latine. t. LVIII, p. 969-974).

2. *Evagrius*, lib. III, cap. xxiii (Migne, Patrologie, Pères Grecs, t. LXXXVI).

3. Theophanès, *Chronographia* (Corpus Script. Hist. Byzant., p. 209).

4. *Evagrius*, lib. III, cap. xxiii.

5. *Evagrius*, lib. III, cap. xxix.

6. *Evagrius*, lib. III, cap. xxix. — Theophanès, *Chronographia* (Corpus Script. Hist. Byzant., p. 210).

reur Anastase ne daigna pas répondre à la lettre du pape ; mais Euphème, espérant trouver Gélase mieux disposé à la conciliation que son prédécesseur, lui écrivit successivement deux lettres. Ces démarches furent inutiles. Gélase se borna à répondre qu'il ne pouvait consentir à laisser le nom d'Acace dans les diptyques. L'attitude du pape irrita Anastase et la séparation en vint à ce point, que des envoyés de l'empereur étant arrivés à Rome, publièrent par la ville qu'ils avaient ordre de ne pas même voir le pontife.

Cette rupture de toutes relations entre l'Orient et l'Église se produisait au moment où Théodoric achevait la conquête de l'Italie. Elle était pour lui une circonstance particulièrement favorable, puisqu'elle obligeait l'Église, privée de la protection de l'empereur, à de grands ménagements envers le conquérant hérétique dont la tolérance pouvait, d'un moment à l'autre, se changer en persécution. Lorsqu'en 493, Théodoric envoya Faustus et Irénée à Byzance, en qualité d'ambassadeurs, Gélase les chargea, dit-on, de travailler à amener une réconciliation entre l'Orient et le Saint-Siège ; mais les instructions qu'il leur donna ne furent point de nature à faciliter leur mission. Il se refusa à la moindre concession et continua à affecter le ton hautain qui précédemment avait tant déplu à Constantinople[1]. « S'ils ne se corrigent pas, écrit-il, dans un mémoire adressé à Faustus qui lui avait demandé de nouvelles instructions, il ne convient pas plus d'avoir une entrevue avec eux qu'il n'y a lieu de recommencer à discuter avec les sectateurs des autres hérésies[2] ». Cette manière de négocier eut la conséquence qu'elle ne pouvait manquer de produire. Il ne fut plus question de réconciliation et la rupture entre l'Orient et l'Occident fut plus complète que jamais.

Gélase mourut, probablement le 21 novembre 496[3]. Il

---

1. Baronius, *ann*. 493, X et suiv. — Tillemont *Mém. Ecclés. Euphème.* VII et suiv.

2. *Gelasii Papæ*, ep. IV, Commonitorium ad Faustum (Migne, Patrologie Latine, t. LIX, p. 30).

3. Baronius, *ann*. 496.—*Liber Pontificalis*, Gelasius (édit. de Mgr Duchesne, t. I, p. 255). — Tillemont, *Euphème*, art IX.

avait donc gouverné l'Église durant quatre années environ [1].
Il avait montré dans Rome, à l'égard des hérétiques, la même
intolérance dont il avait fait preuve dans ses relations avec
l'Orient. Il avait fait rechercher et persécuter les Manichéens. Il les avait fait déporter en exil et avait fait brûler
leurs livres [2]. On remarque que, durant tout le pontificat de
Gélase, Théodoric ne gêna en rien l'Église catholique [3]. Cela
n'est point étonnant. Le caractère intraitable de Gélase
faisait si bien l'affaire des barbares qu'ils eussent été bien
sots s'ils l'avaient contrarié.

Vers la fin de novembre de cette année 496, Anastase II
fut élevé au trône pontifical. Il était fils d'un nommé Pierre et
appartenait à une famille romaine qui habitait la cinquième
région, dite région *caput tauri*. Il s'appliqua au gouvernement
de l'Église, avec des sentiments fort différents de ceux dont
son prédécesseur n'avait cessé d'être animé. Autant ce dernier s'était montré intraitable, autant Anastase se montra
désireux de rétablir la paix dans l'Église et l'union avec
l'Empire. Quand on réfléchit qu'il était Romain et quand on
considère les dispositions pacifiques qu'il s'empressa de
témoigner à l'Orient, on est porté à croire qu'il inclinait
plutôt vers le parti national et que, sans vouloir sacrifier les
intérêts supérieurs de la foi, il ne dédaignait pas de se
préoccuper de l'indépendance de sa patrie. Il s'empressa
d'envoyer à Constantinople des légats, chargés de remettre
à l'empereur une lettre écrite avec une grande douceur et
une réelle élévation d'esprit. Il n'exige pas en termes impé-
rieux, mais il prie avec instance qu'on veuille ôter des
diptyques le nom d'Acace et qu'on ne déchire point la robe
de Jésus-Christ pour une chose de si peu d'importance.
L'Église romaine ne peut, dit-il, être blâmée de demander
cette satisfaction après avoir condamné Acace, par zèle et non

1. Marcellinus Comes lui donne quatre années de pontificat. — *Marcellini Comitis Chronicon*, ann. 494 (Monum. Germ. in-4°). — Le *Liber Pontificalis* lui donne quatre années huit mois et neuf ou dix-neuf jours.

2. *Liber Pontificalis*, Gelasius. — Baronius, ann. 496, XXII et LIII.

3. Baronius, ann. 493, XXXVIII.

pour montrer sa puissance. Il ajoute à cela une considération capable de toucher ceux qui pouvaient avoir une inclination humaine pour Acace ou pour l'honneur de l'Église de Constantinople. Ni la condamnation prononcée par le Saint-Siège contre Acace, écrit-il, ni tout ce qui peut être fait contre sa mémoire, ne sont des preuves indubitables de sa culpabilité devant Dieu. Les hommes agissent en hommes, selon les preuves humaines ; mais la connaissance du secret des cœurs est réservée pour le dernier jour [1].

Le pape lève entièrement, dit Tillemont dans son exact résumé de la lettre d'Anastase, la crainte que les Grecs témoignaient avoir pour ceux qui avaient reçu d'Acace le baptême et même l'ordination, depuis qu'il avait été déposé. Il s'étend beaucoup à leur dire et même à leur prouver que cela ne peut leur faire aucun préjudice, parce que c'est Jésus-Christ même qui leur a donné ces sacrements, quoique par Acace. Aussi, Anastase ne demande-t-il plus que l'on ôte des diptyques les noms des successeurs d'Acace [2].

Quand la nouvelle de l'arrivée des légats et des instructions conciliantes dont ils étaient porteurs, se répandit en Orient, on vit se manifester partout un grand désir d'apaisement. Les négociations se poursuivirent pendant l'année 498. Elles étaient en bonne voie et ne pouvaient manquer d'aboutir à une pacification, quand les événements changèrent tout à coup la face des choses. Le pape Anastase mourut dans le courant du mois de novembre de cette année 498. Il avait gouverné l'Église pendant deux ans moins six ou sept jours [3].

La majorité du Sénat, ceux que préoccupait surtout l'intérêt national, se réjouissaient du rapprochement qui semblait devoir se réaliser prochainement entre l'Église et l'Orient. Ils voulaient, à tout prix, un pape décidé à persévérer dans la voie suivie par Anastase et étaient résolus à ne reculer devant aucun moyen pour éviter l'avènement à la

1. Baronius, *ann.* 497, II et suiv.
2. Tillemont, *Mém. Ecclés. Saint Macédone*, art. II.
3. Baronius, *ann.* 498, I.

chaire de saint Pierre, d'un pontife intransigeant. Ils choisirent pour candidat un prêtre de nationalité romaine, nommé Laurent [1]. Dans le clergé, au contraire, l'indulgence dont Anastase avait fait preuve, avait causé de nombreux mécontentements. Beaucoup estimaient qu'on avait été trop loin dans la voie des concessions. Ceux qui partageaient les principes du pape Gélase, n'étaient point satisfaits que l'on se fût écarté de sa tradition et ils étaient résolus, eux aussi, à ne reculer devant aucune extrémité, pour faire élire un pape de leur opinion, sur lequel ils pussent compter afin d'éviter une transaction qui leur paraissait une capitulation du Saint-Siège et un malheur pour la foi orthodoxe. Ils étaient naturellement soutenus par ceux qui, dans le Sénat ou dans le public, étaient ralliés au régime établi en Italie par Théodoric. Ils décidèrent de porter leurs suffrages sur un diacre, sarde d'origine, nommé Symmaque.

Le quatrième jour après la mort d'Anastase, le 22 novembre 498 probablement, Symmaque fut élu dans Saint-Pierre. Mais le même jour, une autre assemblée se réunissait dans Sainte-Marie-Majeure et donnait ses voix à Laurent qui était également consacré pape [2]. Théodoric s'arrogea le droit de décider entre les deux prétendants. Il les fit citer devant lui à Ravenne, où ils se rendirent et où le roi jugea que celui-là avait droit au siège apostolique, qui avait été ordonné le premier et avait réuni le plus de suffrages. Il fut reconnu que c'était Symmaque qui se trouvait dans ces conditions. L'adversaire du parti national était nécessairement celui que préférait Théodoric.

1. *Theodori lectoris excerpta ex Ecclesiastica Historia* (édit. Migne, Patrologie Gréco-Latine, t. LXXXVI-LXXXVI *bis*, p. 191-194). *Théodore lecteur* dit que Laurent était déjà évêque et il fait remarquer qu'il était contraire à la coutume de nommer un évêque à un autre siège que celui qu'il occupait déjà (ex secundo libro, Migne, p. 191-194). Théodore est évidemment dans l'erreur, car au concile réuni en 499, dans lequel il fut nommé à l'évêché de Nocera (Nuceria), Laurent figure comme archiprêtre du titre de Sainte-Praxede (Baronius, *ann.*, 499, X). D'ailleurs il est évident que les adversaires de Symmaque n'auraient pas choisi pour le lui opposer un personnage à qui on aurait pu reprocher la qualité dont il était revêtu.

2. *Theodori lectoris excerpta ex Ecclesiastica Historia, ex secundo libro* (édit. Migne, Patrologie Gréco-Latine, t. LXXXVI, p. 193-194).

Le *Liber pontificalis* ne manque pas de dire que ce furent les deux partis qui, librement et d'un commun accord, soumirent leur différend au roi des Goths [1]. Cette affirmation est évidemment inspirée par le désir de déguiser un précédent fâcheux et de ne point admettre que jamais le souverain ait pu intervenir dans les affaires ecclésiastiques, sans en être prié. Mais Théodoric avait des prétentions bien différentes ; il entendait appliquer, en la développant, la théorie d'Odoacre et affirmer le droit qu'il revendiquait de juger la légalité des élections pontificales. Cela est si vrai que l'on verra bientôt Symmaque lui-même et un concile romain se déclarer contre la prétention des rois Goths. Quelle apparence y a-t-il d'ailleurs, que deux prétendants à la chaire de saint Pierre aient pu choisir pour arbitre un prince hérétique, dont l'Église tout entière ne cessait de redouter l'intervention et auquel les partisans de Laurent étaient particulièrement hostiles.

Mis en possession du pontificat à la suite de la décision du roi des Goths, Symmaque s'empressa de convoquer les évêques de l'Italie à un concile qui se réunit dans la basilique de Saint-Pierre, au commencement de l'année 499. Le but de ce concile était d'éviter, par un règlement sur l'élection des pontifes, le retour des abus qui venaient de se produire [2]. Dans ce concile, Laurent fut ordonné évêque de Nucéria [3]. C'était un moyen de l'éloigner de Rome.

Symmaque était le chef des orthodoxes et n'hésitait pas à sacrifier les intérêts nationaux de l'Italie et à laisser l'Église privée de la protection de l'empereur, plutôt que de consentir à transiger, même en apparence, sur les droits du Saint-Siège et sur ce qu'il considérait comme nécessaire à la pureté de la foi ; mais il n'était pas la créature de Théodoric. Si le roi des Goths s'était fait des illusions à cet égard, l'attitude indépendante du nouveau pontife ne tarda

---

1. *Liber pontificalis*, Vie de Symmaque (édit. de M⁵ʳ Duchesne, t. I, p. 260 et note 4).

2. Baronius, *ann.* 499, I et suiv.

3. *Liber pontificalis*, Vie de Symmaque (édit. de M⁵ʳ Duchesne, t. I, p. 260).

pas à les lui faire perdre. Il paraît même que Symmaque, revendiquant hautement les libertés de l'Église et protestant solennellement, au milieu des évêques italiens assemblés en concile, contre toute intervention du pouvoir civil dans les élections pontificales, déclara nulle la loi d'Odoacre, qui attribuait aux souverains de l'Italie le droit de confirmer les papes [1]. C'était aussi l'opinion des partisans de Laurent. A leur avis, l'intervention de Théodoric en faveur de Symmaque n'était autre chose qu'un acte de violence et ils ne considéraient pas le différend comme légalement résolu.

Il est probable que lorsqu'ils virent Symmaque repousser ouvertement les prétentions des Goths, ils pensèrent que Théodoric ne soutiendrait plus leur adversaire. Jugeant l'occasion favorable, ils recommencèrent la lutte. L'antipape Laurent avait été éloigné et confiné dans son diocèse de Nucéria. Les sénateurs et les membres du clergé qui étaient à la tête de son parti, l'introduisirent secrètement dans la ville, puis répandirent un libelle, plein des plus graves accusations contre Symmaque. En même temps, ils adressaient leurs plaintes à Théodoric. Le roi n'avait pas trouvé dans Symmaque la souplesse qu'il désirait, mais il ne pouvait évidemment lui préférer le candidat du parti national. Mieux valait pour lui un pape indépendant qu'un pape qui aurait mis l'influence de l'Église au service de ses ennemis. Il avait pourtant intérêt à ne pas repousser la démarche des partisans de Laurent. Elle lui fournissait l'occasion d'intervenir de nouveau dans les affaires ecclésiastiques, d'affirmer son autorité sur l'Église. Festus, qui dirigeait le mouvement contre le pape, paraît avoir bien compris que le roi ne pouvait se dispenser de lui être favorable, au moins de l'écouter. Ce fut ce qui arriva. Théodoric envoya à Rome Pierre, évêque d'Altina, avec le titre de visiteur royal, pour instruire l'affaire. Symmaque ne faillit point à ses principes et, refusant tout droit à l'envoyé de Théodoric, il s'opposa avec énergie à l'accomplissement de sa mission. Il alla

1. Gregorovius, *Histoire de la ville de Rome au Moyen âge*, liv. II, ch. ii, § 5.

jusqu'à le condamner, en même temps que Laurent, en le traitant d'envahisseur du siège apostolique[1].

Un concile fut pourtant réuni par ordre de Théodoric, à ce qu'il semble[2]. Symmaque reconnut l'autorité de cette assemblée. Donner son assentiment à un concile, ce n'était pas faire acte d'adhésion aux prétentions des rois Goths. Ce concile est désigné sous le nom de *synodus palmaris*, parce qu'il se réunit d'abord sous le portique de Saint-Pierre, où Symmaque s'était réfugié pour échapper aux coups de ses ennemis, qui lui avaient lancé des pierres, lorsqu'il avait cherché à se rendre au synode[3]. Ce portique s'appelait *ad Palmata*, comme nous l'apprend le *Liber pontificalis* dans la *Vie d'Honorius*[4]. Suivant une autre opinion, ce concile fut nommé *palmaris*, parce que, le Sénat soutenant le mouvement en faveur de Laurent, le concile aurait délégué quelques-uns de ses membres pour traiter avec la haute assemblée, qui siégeait dans la curie située à l'endroit nommé *ad Palmam*[5]. Dans cette première réunion, Symmaque fit reconnaître et sanctionner par le concile que seul le pontife romain avait le droit de convoquer le synode et que ce droit n'appartenait pas au souverain[6].

La basilique Julienne de Sainte-Marie (in Trastevere) servit

---

1. Mgr Duchesne, *Liber pontificalis*, Vie de Symmaque, note 10, t. I, p. 264 et 265. — Baronius, *ann.* 500, II et suiv.

2. *Theodore Lecteur*, Cum hujusmodi perturbatio tres continuos annos in urbe Roma perseverasset, Theodoricus, quamvis secta esset arianus, collecta tamen Synodo Symmacho quidem episcopatum urbis Romæ confirmavit (*Theodori Lectoris excerpta ex ecclesiastica Historia, ex libro secundo*, édit. Migne, Patrologie Gréco-Latine, t. LXXXVI, p. 194).

3. Baronius, *ann.* 502, II.

4. Item fecit Basilicam beati Apollinaris martyris in urbe Roma in porticum beati Petri Apostoli qui appellatur ad Palmata (*Liber Pontificalis*, Vie d'Honorius I; édit. de Mgr Duchesne, t. I, p. 323-326,). Ce portique était appelé ad Palmata à cause du voisinage du cirque dont l'extrémité semi-circulaire se voyait tout près de là (Mgr Duchesne, *Liber Pontificalis*, t. I, p. 326, note 10).

5. Baronius, *ann.* 502, II. — Du Cange, *Gloss. med. latin.* au mot palmaris synodus. — Gregorovius, *Histoire de la ville de Rome*, I, liv. II, ch. II, § 3. — G. B. de Rossi et G. Gatti (*Bollettino della commissione archeologica communale di Roma*, février 1877, p. 65).

6. Baronius, *ann.* 502, VI.

ensuite aux séances du concile, jusqu'au moment où une émeute l'en chassa et le força à chercher un refuge dans la basilique Sessorienne de Sainte-Croix de Jérusalem. Pendant que Symmaque et les évêques gagnaient cette basilique, ils furent assaillis et poursuivis à coups de pierres. Il y eut des blessés et même des morts[1]. Enfin, Symmaque fut déclaré innocent et Laurent condamné à l'exil[2]. Pour rendre plus éclatant par une cérémonie publique l'acquittement du pape, on le conduisit de nouveau, dit-on, à Saint-Pierre où il fut solennellement intronisé, avec le cérémonial suivi après l'élection des pontifes[3].

Les troubles n'en continuèrent pas moins. Pendant trois ou quatre ans, les rues de Rome furent, jour et nuit, le théâtre de sanglants combats. On vit plus d'une fois les partisans de Symmaque massacrés, des prêtres et des diacres lapidés devant leurs églises, les couvents pris d'assaut, les religieuses dépouillées de leurs vêtements et frappées de verges. Au milieu de pareils désordres, les pillards ne manquaient naturellement pas de se donner libre carrière[4]. Les mœurs du Moyen âge firent alors leur apparition dans Rome. Si la violence se calma à la longue, le mécontentement et les divisions désolèrent Rome et l'Église romaine jusqu'à la mort de Symmaque[5]. « Lorsque je fus consul, écrit Cassiodore, s'adressant à Théodoric, votre règne eut la gloire de voir la paix reparaître dans l'église de Rome, après tant d'années de trouble[6]. » Cassiodore était consul en 514 et ce fut en effet le 14 juillet 514 que Symmaque mourut[7].

1. Baronius, *ann.* 502, XI.

2. Baronius, *ann.* 502, XI.

3. Gregorovius, *Histoire de la ville de Rome au Moyen âge*, liv. II, ch. II, § 5.

4. Fragment d'une vie de Symmaque dans Muratori (Rerum Italic. Script., t. III). — *Liber Pontificalis*, Vie de Symmaque (édit. de Mgr Duchesne t. I, p. 260 et 261 et note 10). — *Théodore lecteur*, excerpta ex libro secundo (édit. Migne, Patrologie Gréco-Latine t. LXXXVI, p. 194).

5. Fragment publié par Muratori cité plus haut.

6. *Cassiodori Chronica* (édit. Mommsen, Monum. Germ., in-4°, Auct. Antiq., t. XI, pars I, ann. 514, p. 160).

7. Baronius, *ann.* 514. VI.

Ce fut sous le pontificat de Symmaque, que s'introduisit un usage qui donna naissance à l'institution des bénéfices ecclésiastiques. Précédemment, les clercs vivaient d'une pension que leur évêque leur distribuait chaque mois, en la prélevant sur les revenus de son église. Au commencement du VI⁰ siècle, certains évêques concédèrent temporairement des biens ecclésiastiques à des clercs ou à des moines, afin que ces personnes pussent ainsi pourvoir à leurs besoins. Il semble que ce fut d'abord dans les Gaules que s'établit cette coutume[1].

A l'égard de l'Orient, Symmaque n'était point d'humeur à suivre les errements du pape Anastase. Il ne fut plus question de négocier. Les rapports entre Rome et Constantinople devinrent plus acerbes qu'ils ne l'avaient jamais été. Bientôt, la rupture fut complète. L'empereur, froissé et menacé par les catholiques, les traita en ennemis dans ses États; et à une époque d'apaisement succéda une longue période de luttes acharnées, qui désolèrent l'Orient jusqu'à la fin du règne d'Anastase.

Dans la nuit du 1ᵉʳ juillet ou dans la nuit du 8 au 9 juillet de l'année 518, l'empereur Anastase mourut à Constantinople[2]. Il était âgé de plus de quatre-vingts ans; probablement de quatre-vingt-huit ou même de quatre-vingt-dix ans et cinq mois[3]. Étant monté sur le trône le 11 avril 491, il avait régné vingt-huit ans environ, ou, plus exactement, vingt-sept ans et trois mois, moins deux ou trois jours[4].

Peu de temps avant sa mort, il eut, dit-on, connaissance d'un complot, tramé contre lui dans le palais même et fit

1. *Lettre de Césaire, évêque d'Arles, au pape Symmaque* (Migne, Patrologie Latine, t. LXII, p. 53) et *lettre de Symmaque à Césaire* (édit. Migne, Patrologie Latine, t. LXII, p. 54).

2. Bollandus qui marque qu'Anastase mourut dans la nuit du 1ᵉʳ juillet 518, paraît avoir pris cette date de la *vie originale de saint Sabas* (*Bollandus*, 20 janvier, p. 301, § 15.). Le texte latin de la *vie de saint Sabas* porte qu'Anastase mourut dans la nuit du 8 au 9 juillet. — Tillemont, *Empereurs, Vie d'Anastase*, art. XXII.

3. Jornandès, *de Temporum successione* ou *Romana* (édit. Mommsen, Monum. Germ., in-4⁰, Auct. Antiq. t. V, n⁰ 359, p. 47).

4. Jornandès, *Romana* (*de Temporum successione*), édit. Mommsen, Monum. Germ., in-4⁰, Auct. Antiq., t. V, p. 47, n⁰ 359. — Tillemont, *Empereurs, Vie d'Anastase*, XXVI.

arrêter un grand nombre de personnages, parmi lesquels Justin et Justinien. On raconte qu'il voulut faire périr ces deux derniers. Mais, ajoute-t-on, car dans tout ce qui a rapport à la mort d'Anastase, la légende se mêle à l'histoire, il en fut empêché par une apparition. Un homme d'un aspect terrible se montra à lui et lui défendit de faire aucun mal à Justin et à Justinien, parce que Dieu voulait se servir un jour de l'un et de l'autre. Anastase, profondément effrayé, leur aurait pardonné le crime dont ils étaient accusés et dont on semble avouer qu'ils étaient coupables. Ce récit ne se trouve que dans Zonare et dans Cédréne qui ne méritent pas une très grande confiance[1].

Suivant une autre légende, Anastase, étant extrêmement âgé, pensa, dit-on, à désigner son successeur. Il souhaitait laisser l'Empire à un de ses trois neveux : Pompée, Probus et Hypatius. Pour savoir lequel des trois il convenait de choisir, il leur fit préparer à chacun un lit pour dormir après dîner et fit mettre sous le chevet d'un de ces lits une couronne ou quelque autre marque. Un de ses neveux se mit sur un des trois lits, les deux autres se couchèrent ensemble et le lit où était la couronne, fut laissé vide. De sorte qu'Anastase jugea qu'aucun de ses neveux n'était destiné à lui succéder[2]. Il se mit alors à prier et à jeûner pour obtenir de Dieu qu'il lui désignât son successeur. La nuit suivante, une apparition lui révéla que son successeur serait celui qui, le lendemain, demanderait le premier à lui parler. La première personne qu'il vit dans la matinée, fut Justin qui vint lui rendre compte de l'exécution d'un ordre dont il l'avait chargé. Anastase rendit grâce à Dieu, mais ne témoigna rien de cette révélation à Justin, sinon par quelques mots couverts[3].

La vérité est que Justin fut élevé à l'empire, non par le

1. *Joannis Zonaræ Epitomæ Historiarum* (Corpus Script. Hist. Byzant., t. III, p. 143). — *Georgii Cedreni Historiarum Compendium* (Corpus Script. Hist. Byzant., t. I, p. 635, lig. 10).

2. *Anonymi Valesiani pars II* (Monum. Germ., in-4°, Auct. Antiq., t. IX, p. 324, n° 74).

3. *Anonymi Valesiani pars posterior* (édit. Mommsen, Monum. Germ., in-4°, Auct. Antiq., t. IX, p. 324, n° 74 et 326, n°ˢ 76-78).

choix de son prédécesseur, mais par une intrigue habilement conduite. Son avènement fut une aventure, comme tout avait été aventure dans sa vie.

« A l'époque où Léon régnait en autocrate à Byzance, dit l'auteur des anecdotes attribuées à Procope, trois jeunes cultivateurs, illyriens d'origine, Zimarque, Ditibyste et Justin de Bédériane, qui étaient aux prises avec la misère, par suite de la pauvreté de leurs maisons, abandonnèrent leur patrie pour le service militaire. Ils se rendirent à pied à Byzance, portant sur leurs épaules chacun un sac, dans lequel ils n'avaient pu mettre en partant que des pains surcuits. Ils arrivèrent à leur destination. Après les avoir passés en revue dans les rangs des militaires, l'empereur les incorpora dans la garde du palais, car tous les trois étaient de très beaux hommes. Postérieurement, sous le règne d'Anastase, la guerre éclata contre la nation des Isauriens, qui avaient pris les armes contre ce prince. Il envoya contre eux une armée remarquable par sa beauté et en confia le commandement à Joannès Kyrtos (le bossu). Ce général avait fait arrêter Justin, comme coupable d'infraction à la discipline et devait le lendemain le rayer de la liste des vivants. Il en fut empêché par un songe. Il raconta qu'il lui était apparu un homme d'une grandeur extraordinaire et d'ailleurs supérieur à l'humanité, qui lui avait ordonné de remettre en liberté le soldat qu'il avait, ce jour-là, fait mettre en prison. Lorsqu'il fut éveillé, il méprisa cette vision; mais, la nuit suivante, elle lui apparut de nouveau et il lui sembla qu'elle lui tenait le même discours. Cependant il ne voulut pas encore exécuter ce qu'elle lui prescrivait. Elle lui apparut une troisième fois et lui fit les plus grandes menaces, pour le cas où il n'exécuterait pas ce qui lui avait été ordonné; ajoutant que dans un temps ultérieur, il aurait besoin de cet homme et de ses parents, quand lui-même serait dans la détresse. Ce fut ainsi que Justin échappa au sort qui l'avait menacé.

« Avec le temps, ce Justin s'éleva à une grande puissance. L'empereur Anastase lui donna le commandement de la garde du palais et, quand ce prince fut effacé du livre de vie, l'influence de cette place procura l'empire à Justin. Il était alors arrivé à un âge voisin de la tombe. Il était tellement illettré qu'on pouvait dire qu'il ne savait ni lire, ni écrire ; ce qui ne s'était jamais vu chez les Romains, dans un si haut rang. Il était d'usage que l'empereur apostillât les écrits qui lui étaient présentés afin de faire connaître ses ordres. Mais Justin était incapable de rien écrire de semblable. Celui qui remplissait auprès de sa personne les fonctions de questeur, Proclus, décidait de toutes choses à sa fantaisie. Mais afin que ceux qui en avaient la charge eussent la preuve que la main de l'empereur avait passé sur chaque affaire, on imagina le procédé que voici. On grava sur une planche, amincie à cet effet, la forme de quatre lettres appartenant à la langue latine et, trempant dans la pourpre le stylet dont les rois ont coutume de se servir pour écrire, on le mettait, ainsi préparé, dans la main de ce prince ; puis, plaçant la tablette dont j'ai parlé sur le papier, on conduisait la main de l'empereur, on amenait le stylet sur le type des quatre lettres, c'est-à-dire sur toutes les formes sculptées dans la tablette et on retirait ainsi l'écrit muni de la signature de Justin. Voilà par quel procédé s'expédiaient, sous son règne, les affaires de l'empire. Il épousa Luppicine, esclave de race barbare, qu'il acheta et qu'il eut d'abord pour maîtresse. Elle lui fut associée quand, sur la fin de sa vie, Justin parvint à l'empire. Ce prince ne fut ni bon ni mauvais pour ses sujets. Il était d'une grande bonhomie, sans aucune facilité d'élocution et excessivement rustique[1] ».

Il exerçait donc les fonctions importantes de commandant des gardes du palais, lorsque survint la mort d'Anastase. Amantius, qui était eunuque et qui, par conséquent, ne pouvait prétendre à l'Empire, voulut placer sur le trône Théocrite et conserver ainsi, sous le règne de sa créature, la toute-puissance qu'il devait à la faveur du défunt empereur.

Pour préparer l'avènement de Théocrite, il eut recours à Justin dont il n'avait point de raison de se défier. Il remit à

1. Procope, *Historia Arcana*, cap. 6 (Corpus Script. Hist. Byzant. Procopii pars II, vol. III, p. 43-46).

ce.dernier une somme importante, en lui recommandant de là distribuer entre les gens dont le concours était nécessaire ou utile à ses projets. A l'aide de cet argent, Justin travailla pour lui-même. Il gagna le peuple ou corrompit les gardes et il s'empara du pouvoir. Son premier soin fut ensuite de faire mettre à mort Amantius, Théocrite, d'autres encore[1]. Puis il affecta d'avoir été élu malgré lui par le Sénat, les principaux personnages du palais et l'armée tout entière[2].

Il était l'homme du parti orthodoxe qui sans doute contribua beaucoup à son succès. Après avoir donné satisfaction aux orthodoxes en Orient et fourni des gages de son dévouement à la cause catholique, Justin s'empressa de notifier son avènement au pape Hormisdas qui, le 27 juillet 514, avait succédé à Symmaque. Cette communication officielle fut portée à Rome par un personnage du nom d'Alexandre. Elle est datée du premier août 518[3]. Bientôt après, un autre personnage de la cour impériale, nommé Gratus, reçut la mission de se rendre auprès d'Hormisdas et de lui remettre une lettre plus longue, datée du 7 septembre, dans laquelle l'empereur demandait le rétablissement de l'unité dans l'Église et de la paix religieuse[4].

Jean, patriarche de Constantinople, joignit ses instances à celles de Justin. Il adressa, lui aussi, une lettre à Hormisdas, faisant valoir qu'il avait fait en sorte que le nom de saint Léon et aussi celui d'Hormisdas fussent rétablis dans les diptyques et demandant la paix et la communion du siège apostolique. Mais il se garda bien de dire qu'il avait également ment réinscrit dans les diptyques le nom d'Euphème et quant à Acace, il n'en faisait pas la moindre mention[5]. Ce silence pouvait faire craindre qu'on ne sortît pas du cercle

---

_1. *Evagrius*, lib. IV, cap. II. — Jornandès, *Romana* ou *de Temporum succcessione* (édit. Mommsen, p. 47, nᵒ 360).

2. *Epistola Justini imper. ad Hormisdam* (Migne, Patrologie Latine, t. LXIII, p. 426).

3. Baronius, *ann.* 518, LXVII.

4. *Epistola Justini ad Hormisdam* (Migne, Patrologie Latine, t. LXIII, p. 427).

5. Baronius, *ann.* 518, LXXI.

vicieux dans lequel tournaient, depuis si longtemps, les négociations entre Constantinople et le Saint-Siège. Sans l'intervention de Justinien, la nouvelle tentative de conciliation
essayée par Justin aurait probablement eu le sort des précédentes et se serait terminée comme elles, par une rupture.

Justinien était fils de la sœur de Justin[1]. Il était né à
Taurésium, bourgade de la Dardanie, voisine de Bédériane,
patrie de son oncle. Il avait trente-cinq ans, lorsque Justin
parvint à l'Empire. L'ignorance de son oncle ne contribua
pas peu à lui permettre de prendre dans le gouvernement
une influence prépondérante. Ce fut lui, en réalité, qui devint
maître du pouvoir[1].

. Méditant sans doute déjà les projets qu'il mit plus tard à
exécution, il voulut, à tout prix, terminer les querelles religieuses, afin de s'assurer en Occident l'appui moral de l'Église.
Dans une lettre qu'il chargea Gratus de remettre au pape, en
même temps que les lettres de l'empereur et du patriarche,
il n'hésita pas à se déclarer d'accord avec le Saint-Siège, en ce
qui concernait la mémoire d'Acace. « C'est pour cela même,
ajoute-t-il, que le Prince Sérénissime, notre maître, a chargé
Gratus, homme illustre qui partage mon sentiment, comme il
est lié avec moi par les liens de l'amitié, de remettre des
lettres officielles à Votre Sainteté[2] ». Il s'engageait donc, non
seulement en son nom, mais au nom de son oncle. Dès lors,
tout empêchement à la réconciliation semblait avoir disparu.
Aussi, Justinien presse-t-il le pape de se rendre en personne à
Constantinople ou d'y envoyer sans retard des légats, dans le
cas où lui-même ne pourrait entreprendre immédiatement ce
voyage. « Tout le monde, dans nos provinces, dit-il, est disposé à l'union ; il ne faut donc point tarder ». Et pour qu'aucun
doute sur ses intentions ne soit possible, il insiste sur le consentement qu'il vient d'exprimer. « Nous savons, dit-il, tout

---

1. Procope, *Historia Arcana*, cap. 6 (Corpus Script. Hist. Byzant., p. 45).

2. *Epistola Justiniani ad Hormisdam* (Migne, Patrologie Latine. t. LXIII
p. 430-431).

ce que contiennent, relativement à cette affaire, vos lettres et celles de vos prédécesseurs [1] ».

Malgré de si belles et si complètes assurances, Hormisdas ne crut pas inutile d'agir avec la plus grande circonspection. Ce ne fut qu'après de lentes négociations, que la paix et l'unité de l'Église furent rétablies. Justinien avait réussi enfin à procurer au Saint-Siège toutes les satisfactions qu'il exigeait.

Tandis qu'Hormisdas faisait triompher la foi catholique en Orient, il veillait à ce que, dans Rome, il n'y fût pas porté atteinte. Ayant découvert que des manichéens y vivaient cachés, il les fit exiler et fit brûler leurs livres, devant les portes de la basilique de Constantin [2].

Deux ans après la pacification de l'Orient, la mort de Trasamund, roi des Vandales, mit un terme aux persécutions dont les catholiques étaient victimes en Afrique. Saint Fulgence et les autres évêques qui vivaient en Sardaigne, purent rentrer dans leurs diocèses [3]. Cet heureux événement s'accomplit dans les derniers temps du pontificat d'Hormisdas. Ce grand pape mourut le 8 des ides d'août de l'année 523. Il avait gouverné l'Église pendant neuf ans et onze jours [4].

Le Siège Apostolique demeura vacant pendant sept jours seulement : Jean fils de Constantin, toscan d'origine et prêtre du titre de Pammachius, fut élu, le 13 août, à l'unanimité [5].

Le rétablissement de la paix religieuse modifiait la situation politique. L'accord entre le Saint-Siège et la cour de Byzance faisait rentrer l'Orient sous l'autorité du pape et l'empereur devenait pour le pontife un appui contre les Goths ariens. Désormais le Sénat, l'empereur et l'Église se trouvaient nécessairement unis contre les barbares, leurs ennemis communs. L'empereur put reprendre le projet de reconquérir l'Italie.

---

1. Migne, Patrologie Latine, t. LXIII, p. 431.
2. *Liber Pontificalis*, Vie d'Hormisdas (édit. de Mgr Duchesne, t. 1, p. 271).
3. Baronius, *ann.* 522, X.
4. Baronius, *ann.* 523, III et suiv. — Pagi, *ann.* 523, II et III.
5. Baronius, *ann.* 523, X. — Pagi, *ann.* 523, III.

Afin de pousser le peuple à la lutte, il chercha d'abord à raviver les haines religieuses des Romains contre les barbares, ou des catholiques contre les ariens. Dès l'année 524, peu de mois après la mort d'Hormisdas, Justin promulgua une loi punissant tous les hérétiques, sans distinction, des peines les plus sévères et leur interdisant l'exercice de leur culte. Cette loi, qui marque le commencement des persécutions non interrompues pendant tout le règne de Justinien, est sans doute celle dont le texte figure dans le Code [1]. Elle édicte la peine de mort contre tout manichéen trouvé dans l'Empire et exclut des magistratures, des dignités, des charges et des grades de l'armée, tous les autres hérétiques et les païens. Les magistrats et le patriarche, à Constantinople, les présidents de provinces et les évêques, dans les autres localités, sont chargés de l'exécution rigoureuse de ces prescriptions. Les ariens ne sont point spécialement désignés dans ce texte, mais il définit hérétique « quiconque n'est pas de l'Église catholique et de notre sainte foi orthodoxe ». La loi punit donc ainsi l'arianisme, comme les autres hérésies, sans avoir besoin de le désigner. Une exception est faite pourtant en faveur des Goths et des personnes appartenant aux autres nations alliées. Mais cette tolérance est restreinte à ceux-là seuls qui sont à la solde de l'empereur. Tous ceux qui ne servent pas dans l'armée impériale, sont donc frappés et, comme la loi porte qu'elle sera applicable, non seulement dans Constantinople, mais également dans les provinces et en tous lieux et comme l'empereur conserve la prétention de faire des lois pour l'Empire tout entier, les provinces occupées par les barbares continuant légalement à être soumises à son autorité, les Goths établis en Italie se trouvaient menacés comme les autres.

Les ariens furent bientôt frappés ou menacés par toute une série de lois, promulguées contre les hérétiques. Il leur fut défendu, sous peine de mort, de se réunir pour célébrer

1. *Codicis Justinianei* lib. I, tit. V, *de Hæreticis et Manichæis et Samaritis*, 12.

leur culte, d'ordonner des prêtres, de donner le baptême[1]. Ils furent privés des droits civils. Il leur fut interdit, toujours sous peine de mort, d'administrer des biens, soit par eux-mêmes, soit par personnes interposées[2]. C'était en réalité les priver du droit de propriété. Le droit de succession leur fut également enlevé, ainsi que le droit d'élever leurs enfants dans leur religion. « Si l'un des époux est orthodoxe et l'autre hérétique, dit la loi, les enfants devront être ortho-doxes. Si parmi les enfants, les uns deviennent orthodoxes et les autres demeurent hérétiques, les orthodoxes succè-dent seuls à l'un et à l'autre de leurs parents. Si tous les enfants sont hérétiques, la succession de leurs parents échoit aux cognats orthodoxes, ou bien au fisc, à défaut de ceux-ci[3]. »

On n'osa pas aller tout d'abord jusqu'à cette fureur de persécution ; cette dernière loi date du règne de Justinien. Mais dès le premier jour, il dut paraître évident que l'Empire ne s'arrêterait pas dans la voie où il s'engageait, à moins d'être arrêté dès ses premiers pas.

Déjà un souffle de révolte agitait les populations italiennes. Il y a lieu de croire que dès l'année qui avait précédé la mort d'Hormisdas, c'est-à-dire dès l'année 522, la Sicile s'était soulevée contre les barbares. Un auteur rapporte en effet que, dans le cours de la trentième année de son règne, Théo-doric envoya en Sicile l'armée de Ravenne, qui ravagea l'île tout entière et la réduisit dans l'obéissance du roi. Or il ne peut s'agir d'une conquête, car la Sicile était depuis long-temps conquise. Il faut donc croire à une rébellion énergi-quement réprimée[4].

Partout, les esprits surexcités étaient disposés à la vio-lence. A Ravenne, le bruit s'étant répandu que les juifs avaient souvent jeté des hosties dans la rivière, cette rumeur

---

1. *Codicis Justinianei* lib. I, tit. V, xiv.

2. *Codicis Justinianei* lib. I, tit. V, xiv.

3. *Codicis Justinianei* lib. I, tit. V, xviii § 1.

4. *Agnelli Vitæ archiepiscoporum Ravenn.*, *de Sancto Johanne*, XX (Monum. Germ., in-4°, Script. Rerum Langobardicarum, p. 304).

suffit pour provoquer des troubles graves. Le peuple ameuté courut incendier les synagogues. Théodoric était alors à Vérone qu'il s'occupait de fortifier. Ce ne fut point en vain que les juifs y envoyèrent demander protection et justice. Le roi voulut, par sa sévérité, empêcher le retour de pareils excès. Il frappa le peuple de Ravenne d'une contribution, destinée à restaurer les synagogues et édicta que quiconque refuserait de payer cet impôt extraordinaire serait châtié et battu de verges[1]. A Rome, les juifs furent également victimes de la fureur populaire. Plusieurs d'entre eux possédaient des esclaves chrétiens qui les massacrèrent, sous prétexte de haine religieuse. Les assassins furent punis, mais le peuple se souleva et brûla la synagogue[2]. Théodoric adressa aussitôt un rescrit au Sénat pour ordonner de châtier les principaux coupables. L'indulgence et les ménagements de ce rescrit montrent clairement à quel degré de surexcitation les passions religieuses étaient montées. Le roi n'ose point donner raison aux juifs et les défendre ouvertement. Il n'ose point punir Rome comme Ravenne. Il se contente d'ordonner qu'on sévisse contre quelques-uns des coupables. Il ne demande qu'un petit nombre de condamnations et s'il requiert l'application des lois, c'est, non pas pour venger les victimes, mais dans l'intérêt des monuments qu'il veut maintenir en parfait état et pour conserver à Rome sa bonne réputation et sa dignité. « On s'est, dit-il, vengé des fautes des hommes, en ruinant les monuments. S'il était prouvé que quelqu'un d'entre les juifs avait commis des excès, il fallait s'en prendre à lui, mais non pas recourir à la sédition et incendier les édifices. » Il ordonne encore au Sénat de connaître des plaintes que l'on croirait avoir sujet de porter contre les juifs. Mais de la reconstruction de la synagogue, il n'est pas dit un mot.

---

1. *Anonymi Valesiani pars II* (édit. Mommsen, Monum. Germ., p. 326, n° 82).

2. Gregorovius, *Histoire de la ville de Rome au Moyen âge*, liv. II. ch. II, § 4, fait remonter cet événement à l'année 521. — *Cassiod. Variar.* lib. IV, ep. XLIII (Monum. Germ., in-4°, Auct. Antiq., t. XII). De la date indiquée pour cette pièce par M. Mommsen il résulte, que cet événement se serait produit à Rome dès une époque antérieure, de 509 à 511.

Telle était la situation, lorsque parurent les lois de Justin. Théodoric comprit qu'elles étaient le signal d'une levée générale contre les Goths. Il ne douta pas que le Sénat de Rome, soutenu par l'Église, ne fût disposé à ordonner en Italie l'exécution de ces lois et à soulever le peuple, au nom de la religion et de la liberté. Il voulut prévenir ce danger par la terreur.

Pour se mettre en garde contre une révolution que pouvaient exciter les violences qu'il méditait, il fit enlever aux Romains toute espèce d'armes, ne leur permettant pas même de posséder des couteaux [1]. Quand cette mesure eut rendu toute résistance impossible, il ne garda plus aucun ménagement. Il menaça d'interdire l'exercice du culte catholique en Italie et bientôt, la démolition d'un sanctuaire, consacré à saint Étienne en dehors des portes de Vérone, parut le premier acte d'une nouvelle persécution [2]. Mais Théodoric ne voulait pas aller, dès le premier moment, jusqu'aux rigueurs extrêmes. Ce sanctuaire fut détruit uniquement parce qu'il gênait la défense de la place. L'empereur était loin d'user de pareils ménagements. Toutes les églises ariennes de l'Orient furent fermées et, pour conserver leurs dignités, un grand nombre d'ariens furent forcés de se convertir au catholicisme.

Théodoric considérait le Sénat de Rome comme un redoutable adversaire. Il voulut le terrifier et le réduire à l'impuissance, en le privant de ses chefs.

Anicius Manlius Torquatus Sévérinus Boëtius était, à cette époque, le plus illustre parmi les sénateurs et le premier des citoyens de Rome. Héritier des plus nobles et des plus glorieuses familles romaines, il avait augmenté par ses vertus l'éclat de sa naissance. Puissamment riche et célèbre pour son éloquence, il ne se lassait point de consacrer son talent à défendre les opprimés contre la rapacité des barbares, ses

---

1. *Anonymi Valesiani pars II* (édit. Mommsen, Monum. Germ., in-4°, Auct. Antiq., t. IX, p. 326, n° 82).

2. *Anonymi Valesiani pars II* (Monum. Germ., in-4°, Auct. Antiq., t. IX, p. 326, n° 83).

richesses à secourir les malheureux que les invasions avaient
réduits à l'indigence. Ses bienfaits lui avaient acquis l'affection du peuple, non seulement dans Rome, mais dans l'Italie
tout entière et sa science était pour ses contemporains un
objet d'admiration. Durant le long séjour de dix-huit ans que,
dans sa jeunesse, il avait fait à Athènes, il s'était pénétré de
la philosophie et du génie des Grecs [1].

De retour dans sa patrie, il s'était appliqué à mériter la
reconnaissance de ses concitoyens, en vulgarisant parmi eux
les sciences de la Grèce. Il traduisit et éclaircit la géométrie
d'Euclide, la musique de Pythagore, l'arithmétique de Nico-
maque, la mécanique d'Archimède, l'astronomie de Ptolémée,
les idées théologiques de Platon et la logique d'Aristote, avec le
commentaire de Porphyre. Il était universellement considéré
comme l'homme le plus savant de l'Italie. Au temps où
Théodoric désirait se concilier les bonnes grâces de Gundebaud, roi des Burgundes et voulait flatter ce prince, en lui
envoyant des présents capables de frapper l'imagination d'un
barbare, ce fut à Boëtius qu'il s'adressa. Cet habile homme
confectionna pour le roi un cadran solaire, une horloge à
eau et une sphère céleste qui furent envoyés en Burgundie
et qui parurent d'étonnantes merveilles [2]. S'agissait-il de
se procurer un joueur de cithare, destiné à Clovis, ou de
vérifier et de régler le taux de la monnaie, c'était toujours
aux connaissances multiples de Boëtius que le roi avait
recours [3]. Boëtius conciliait les philosophes grecs et le christianisme; sa piété n'était pas moins remarquable que sa
science. Fidèle catholique, il avait édifié l'Église, en défendant dans ses écrits le symbole de Nicée et le mystère de la
Trinité contre les hérésies d'Eutychès, de Nestorius et d'Arius [4].
En religion comme en politique, il combattait les conquérants

---

1. *Cassiod. Variar.* lib. I, ep. XLV. — *Boelius, de Disciplina scholarium*,
cap. IV (édit. Migne, Patrologie Latine, t. LXIV), mais ce traité paraît supposé.

2. *Cassiod. Variar.* lib. I, XLV et XLVI.

3. *Cassiod. Variar.* lib. I, X; lib. II, XL.

4. Cassiodore dans ses écrits théologiques cite à plusieurs reprises ces
ouvrages de Boëtius.

de sa patrie. Il était le véritable chef de ce parti national qui rêvait la reconstitution de l'empire et l'expulsion des barbares.

Les Goths ne pouvaient avoir un ennemi plus acharné. Cependant, telle était sa situation, que Théodoric n'avait pu se dispenser de l'élever aux plus grands honneurs et de les accorder à ses enfants. En 510, il avait été créé consul. Un an avant que la lutte éclatât, en 522, ses fils Symmaque et Boëtius avaient été revêtus de cette haute dignité, malgré leur jeune âge [1]. Le jour de leur inauguration, on put voir combien était populaire le nom qu'ils portaient; ce fut au milieu des applaudissements du peuple et du Sénat, qu'ils se rendirent de leur palais au Forum et, qu'accompagnés de leur père, ils présidèrent aux jeux du cirque [2].

Quand Théodoric eut résolu de terrifier le Sénat, Boëtius fut sa première et sa plus illustre victime. Le roi n'osa point sévir contre lui dans Rome même, mais il trouva moyen de l'attirer à la cour qui résidait alors à Vérone, comme on l'a vu précédemment.. Des poursuites furent d'abord exercées contre un personnage moins populaire. Le référendaire Cyprianus, qui fut récompensé du rôle qu'il joua dans cette affaire, par le grade de général et la dignité de trésorier, accusa Albinus, homme consulaire, d'avoir entretenu avec la cour de Byzance une correspondance coupable. Boëtius était tout indiqué comme défenseur dans un procès qui intéressait le Sénat tout entier. Fidèle à son devoir, il ne craignit pas de se rendre à Vérone, pour plaider devant le roi la cause d'Albinus. Il donnait ainsi dans le piège qui lui était tendu.

Ses ennemis n'hésitèrent pas à le perdre, quand ils le virent en leur puissance. Dès qu'il fut dans Vérone, Cyprianus l'accusa d'avoir également commis le crime reproché à Albinus. Mais il fallait au moins un semblant de preuves ;

---

1. *Boetii de Consolatione Philosophiæ* lib. II, Prosa IV (édit. Migne, Patrologie Latine, t. LXIII, p. 679). — Baronius et Pagi *ann.* 510 et 522.

2. *Boetii de Consolatione Philosophiæ* lib. II, Prosa III (Migne, Patrologie Latine, t. LXIII, p. 672 et 673).

on cita et l'on entendit, comme témoins à charge, trois individus qui consentirent à jouer le rôle de délateurs ; un
certain Basilius, homme perdu de dettes qui, quelque temps
auparavant, avait été chassé de la cour ; Opilion, qu'il ne faut
pas confondre avec le personnage qui était consul pendant
cette même année 524, et Gaudentius. Ces deux derniers se
trouvaient sous le coup de condamnations et vivaient réfugiés
dans l'asile d'une église [1]. Cassiodore lui-même nous donne
sur ceux dont le gouvernement des Goths ne craignit pas de
se servir, des renseignements qui leur sont peu favorables.
Il nous apprend qu'il y avait eu entre Basilius et sa femme
une séparation scandaleuse et qu'il s'était occupé de magie,
fait à raison duquel il avait été poursuivi. Cassiodore nous
apprend aussi qu'Opilion était un homme vénal, dont la cupidité avait entravé la carrière [2].

Pour appuyer les témoignages de ces gens-là, on produisit
des lettres qu'un faussaire avait fabriquées. On y faisait dire
à Boëtius qu'il espérait la délivrance de Rome [3]. Il l'espérait,
en effet, et ne daigna point s'en cacher. « Si, répondit-il,
Albinus a fait ce qu'on lui reproche, je l'ai fait également et
le Sénat tout entier est de cœur avec nous. » Le Sénat partageait en effet ses espérances ; mais il n'avait ni sa fierté, ni
son courage. Ce fut par le Sénat lui-même que, sur l'ordre de
Théodoric, Boëtius fut condamné à mort, sans avoir été admis
à se défendre [4]. Le roi barbare put ensuite se donner des airs
de clémence et transformer la sentence de mort en exil. En
fait, l'exil devint une étroite captivité. Détenu à Pavie, suivant les uns, à Calventianum, dans le territoire de Milan,
non loin de Mélignano, suivant d'autres, Boëtius fut sans
faiblesse devant ses bourreaux, n'exprimant d'autre regret
que celui d'être loin de la salle, décorée d'ivoire et de cris-
taux peints, où il avait coutume de vivre au milieu de ses

---

1. *Boetii de Consolatione Philosophiæ* lib. I, Prosa IV (Migne, Patrologie
Latine, t. LXIII, p. 619 et suiv.).

2. *Cassiod. Variar.* lib. II, ep. x et xi, lib. IV, ep. xxii, lib. V, ep. xli.

3. *Boetii de Consolatione Philosophiæ* lib. I, Prosa IV (Migne, Patrologie
Latine, t. LXIII, p. 621-633).

4. *Boetii de Consolatione Philosophiæ* (Patrologie Latine, t. LXIII, p. 628).

livres, les chers maîtres de ses études bien-aimées[1]. Dans la solitude de sa prison, il écrivit son apologie, perdue pour nous, et un livre intitulé : *De la consolation de la philosophie*, dernier soupir de l'antiquité expirante. On y voit éclater un ardent amour de la liberté et de la patrie, une haine profonde contre « les chiens du palais et l'avidité impunie des barbares[2]. »

Théodoric n'avait feint d'user de clémence que pour mieux se venger en secret. La mort de Boëtius ne fut que différée ; il périt, dans sa prison, par un odieux supplice. Une corde liée autour de son front, fut serrée jusqu'à ce que les yeux lui sortissent de la tête. On l'acheva ensuite[3].

On peut fixer la date de sa naissance vers l'an 470. D'après un chroniqueur, on place généralement en 524 la date de sa mort[4]; mais on confond sans doute. Car il fut condamné en 524 et, si l'on tient compte de ce fait, qu'il eut le temps d'écrire deux ouvrages pendant sa captivité, on est amené à croire qu'elle se prolongea jusqu'en 525. Il fut honoré comme un martyr de la foi catholique et le nom de saint Sévérinus Boëtius martyr, figura dans quelques catalogues de Saints [5].

Des légendes se formèrent à propos de sa mort. On racontait que décapité, il avait, comme saint Denis, soutenu sa tête de ses deux mains et était allé s'agenouiller, pour mourir, dans une église voisine[6].

Boëtius avait pu espérer que les rigueurs exercées contre lui, assouviraient la vengeance des Goths; que ses deux fils, sa femme Rusticiana et le vénérable Symmaque, son beau-père,

---

1. *Boetii de Consolatione Philosophiæ* lib. I, prosa V (Migne, Patrologie. Latine, t. LXIII, p. 643). — *Anonymi Valesiani pars II* (édit. Mommsen, p. 328).

2. *Boetii de Consolatione Philosophiæ* lib. I, Prosa IV (Patrologie Latine, t. LXIII, p. 618 et 619).

3. Qui accepta chorda in fronte diutissime tortus, ita ut oculi ejus creparent, sic sub tormenta ad ultimum cum fuste occiditur. *Anonymi Valesiani pars poster.* (édit. Mommsen, Monum. Germ., in-4°, Auct. Antiq., t. IX, p. 328, n° 87).

4. *Marii Aventicensis Chronica*, ann. 424 (édit. Mommsen, Monum. Germ., in-4°, Auct. Antiq., t. XI, p. 235).

5. Pagi, *ann.* 526, VII.

6. Baronius, *ann.* 526, XVII.

n'auraient rien à craindre. Mais une seule victime. ne parut pas suffisante pour terroriser le Sénat. Symmaque était trop puissant par sa naissance et sa fortune, trop illustre par ses vertus, pour n'être pas à redouter. Théodoric le fit saisir dans Rome et traîner à Ravenne où il fut livré au-bourreau[1].

Le peuple était impuissant; le Sénat, consterné, demeurait privé de ses chefs. Théodoric crut le moment venu de soumettre l'Église. Déjà, dès l'année 524, il avait contraint le pape Jean à venir le trouver à Ravenne et là, il avait ordonné au chef de l'Église catholique de partir pour Constantinople, afin d'y solliciter l'empereur de cesser là persécution contre les ariens[2]. Il exigeait que ses coreligionnaires fussent remis en possession de leurs églises, que le droit d'exercer librement leur culte leur fût rendu et que ceux d'entre eux qui avaient été forcés d'abjurer, fissent retour à l'arianisme[3]. Le pape refusa d'accepter cette mission[4]. Mais le roi, irrité, le fit embarquer de force, en menaçant de traiter les catholiques en Italie comme les ariens étaient traités en Orient[5].

Jean partit donc, accompagné de l'évêque de Ravenne, de quatre autres évêques, des sénateurs Théodore, Importunus, Agapitus et d'un autre Agapitus qui avait rang de patrice[6]. Quand le pape débarqua à Constantinople, il y fut reçu avec les honneurs dus au chef suprême de l'Église. L'empereur,

1. *Anonymi Valesiani pars II* (édit. Mommsen, Monum. Germ., in-4°, Auct. Antiq., t. IX, p. 328, n° 92). — Procope, *de bello Goth.*, lib. I, cap, 1 (Corpus Script. Hist. Byzant.). — *Historiæ miscellæ*, lib. XV, (Rerum Italic. Script., t. I).

2. *Baronius, ann.* 525, I. — *Anonymi Valesiani pars II* (édit. Mommsen, p. 328, n° 87 et 89). Baronius place à tort le voyage du pape et sa mort avant les rigueurs exercées contre Boëtius et Symmaque. V. Pagi, *ann.* 524, III et 525, III. — *Marcellini Comitis Chronicon*, ann. 525. — Théophanès, *Chronographia*, A. C. 516, t. I, p. 261.

3. *Marcellini Comitis Chronicon* (Monum. Germ., in-4°, ann. 525). — *Anonymi Valesiani pars II* (édit. Mommsen, p. 328, n° 91). — *Liber Pontificalis, Joannes.*

4. *Anonymi Valesiani pars II* (édit. Mommsen, p. 328, n° 89).

5. Théophanès, *Chronographia* (Corpus Script. Hist. Byzant., t. I, p. 261). — *Anonymi Valesiani pars II* (édit. Mommsen, p. 328, n° 90). — *Liber Pontificalis, Joannes.*

6. *Historiæ Miscellæ*, lib. XV. — *Liber Pontificalis, Joannes* (édit. de Mgr Duchesne, t. I, p. 275).

le Sénat tout entier et le peuple, en foule, sortirent de la ville
à sa rencontre et lui firent cortège. Jean se montra très
attentif à soutenir les prérogatives de son siège. Il exigea de
ne paraître avec Éphiphane qu'à la place d'honneur qui lui revenait en sa qualité de pontife romain, et le jour de Pâques de
de l'année 525, il célébra la liturgie en latin[1]. La violence
exercée par Théodoric aboutissait au triomphe de la foi orthodoxe et cimentait l'union religieuse de l'Orient et de l'Occident.

L'empereur se laissa convaincre de la nécessité de soustraire les catholiques italiens aux représailles du roi des
Goths. Il promit de rendre aux ariens les églises qui leur
avaient été enlevées et de leur permettre l'exercice de leur
culte; mais il ne consentit pas à laisser les ariens convertis
faire retour à leur secte[2]. Théodoric se montra vivement irrité
de n'avoir pas obtenu pleine satisfaction. Comprenant que
tous les catholiques d'Orient et d'Occident étaient désormais,
plus que jamais, étroitement unis contre lui, il résolut de
jeter la terreur parmi eux, en choisissant pour victime le chef
même de leur Église. Quand le pape débarqua, l'année suivante, à Ravenne où il ne craignit point d'aborder à son retour
en Italie, Théodoric le fit jeter en prison avec les évêques et
les sénateurs qui l'accompagnaient[3]. Le pape y mourut, peu
de jours après son arrestation, le 15 des calendes de juin,
c'est-à-dire le 18 mai de l'année 526[4]. Son corps fut porté à Rome

1. Théophanès, *Chronographia* (ibid, p. 261). — *Marcellini Comitis Chronicon*, ann. 525 (Monum. Germ., in-4°, Auct. Antiq., t. XI, pars I). — Pagi,
ann. 525, IV.

2. *Anonymi Valesiani pars II* (édit. Mommsen, p. 328, n° 91). — *Historiæ
Miscellæ*, lib. XV. — Baronius prétend que, loin d'engager Justin à rendre
aux ariens leurs églises, Jean consacra au culte catholique celles qui se
trouvaient dans les lieux où il séjourna. Baronius, *ann.* 525, IX, donne à
l'appui de son opinion une prétendue lettre adressée par Jean lui-même
aux évêques de l'Italie; mais cette lettre ne paraît pas authentique. *Pagi*,
ann. 526, III.

3. *Anonymi Valesiani pars posterior* (édit. Mommsen, Monum. Germ.,
in-4°, Auct. Antiq., t. IX. p. 328, n°⁵ 91-92).

4. *Liber Pontificalis, Joannes* (édit. de Mgr Duchesne, t. I, p. 275-276). —
Anonymi Valesiani pars II (édit. Mommsen, Monum. Germ., in-4°, Auct.
Antiq., t. IX, p. 328, n° 92). Suivant d'autres, il serait mort le 5 du mois
de juin (Pagi, *ann.* 526, II et note).

et enseveli dans la basilique de Saint-Pierre[1]. L'Église l'a placé au nombre des martyrs. Ses funérailles furent un véritable triomphe. Lorsqu'elles sortirent de Ravenne, les sénateurs et le peuple les accompagnèrent[2]. Dans la foule qui se portait à la rencontre du convoi, un homme tomba, dit-on, frappé d'un mal démoniaque. Il se releva subitement guéri, quand le lit sur lequel le pontife était étendu, vint à passer. Témoins de ce miracle, gens du peuple et sénateurs se pressèrent pour arracher quelque relique aux vêtements du saint martyr[3].

L'enthousiasme de la population aurait dû faire comprendre au roi des Goths la faute qu'il commettait, en persécutant les catholiques. Il n'eut point la prudence de mettre un terme à ses rigueurs. Il imposa aux fidèles un pape de son choix. Les électeurs résistèrent d'abord, mais la tyrannie était trop forte pour qu'ils ne fussent pas réduits à céder. Félix IV fut élu le 24 juillet et consacré le 2 août 526[4]. Pour enregistrer ce précédent, comme conforme à la loi, le successeur de Théodoric s'empressa, à peine arrivé au trône, de féliciter le peuple, le clergé et le Sénat de Rome d'avoir obéi aux ordres du roi[5].

Théodoric, croyant pouvoir compter désormais sur l'obéissance du Saint-Siège, résolut de forcer la main à l'empereur, en proscrivant le culte catholique en Italie, comme le culte arien avait été proscrit en Orient. Il chargea un juif, nommé Symmaque, de rédiger un décret prescrivant aux ariens de s'emparer des basiliques catholiques. Ce décret fut dressé le 26 du mois d'août et devait être mis à exécution le dimanche suivant, qui était le 30 du même mois[6].

Théodoric n'eut point le temps de réaliser l'acte de vio-

1. *Liber Pontificalis, Joannes* (édit. de Mgr Duchesne, t. I, p. 276 et notes). — Agnellus (*Vitæ Archiepiscoporum Ravenn., de sancto Johanne*) dit que le pape Jean fut enseveli à Ravenne (Monum. Germ., in-4°, Script. Rerum Langobardicarum, p. 304).

2. *Anonymi Valesiani pars II* (édit. Mommsen, p. 328, n° 93).

3. *Anonymi Valesiani pars II*, n° 93.

4. Baronius, *ann.* 526, XXII. — Pagi, *ann.* 526, VIII et II notes.

5. *Cassiod. Variar*, lib. VIII, ep. XV.

6. *Anonymi Valesiani pars II* (édit. Mommsen, p. 328, n° 94). — Agnellus, *Vitæ Archiepiscoporum Ravenn.* (Monum. Germ., in-4°, Script. Rerum Langobardicarum, p. 304 et Rerum Italic. Script., t. II, pars I).

lence qu'il méditait. Pris d'une dysenterie qui dura trois jours, il mourut dans le palais de Ravenne, précisément le 30 du mois d'août de l'année 526[1]. Il était âgé de soixante et onze ans, suivant toute probabilité et avait régné trente-trois ans, depuis la mort d'Odoacre, ou trente-sept ans, si on compte depuis son entrée en Italie[2]. Il était dans la quinzième année de son règne en Espagne.

Le Goth Jornandès fait un tableau solennel de la mort du plus grand roi de sa nation. « Quand il se sentit près de quitter ce monde, dit Jornandès, il convoqua les comtes goths et les principaux de sa nation et établit roi Athalaric, enfant de dix ans à peine, né du mariage de sa fille Amalasunthe avec Eutharic. Déclarant à tous ceux qui l'entouraient ses dernières volontés, comme par un testament oral, il leur ordonna de servir fidèlement leur roi, d'aimer le Sénat et le peuple romain, de se ménager toujours les bonnes grâces et la bienveillance de l'empereur[3]. »

Les écrivains catholiques et le peuple, dans ses légendes, furent sévères pour la mémoire de celui qui avait lourdement opprimé l'Église et l'Italie. Sa mort fut représentée comme une vengeance divine, et Procope rapporte une légende qui ne tarda pas à se répandre dans le public. Un jour, dit-il, on servit sur la table royale un énorme poisson, dont la tête revêtit aux yeux de Théodoric les traits du sénateur Symmaque. Sa victime lui apparut menaçante, les yeux pleins de fureur et la bouche armée de longues dents, prêtes à le dévorer. Frappé de terreur et tout tremblant, il se retira pour se mettre au lit où il continua de frissonner sous un amas de couvertures. Au milieu des rapides progrès de sa maladie, il ne cessa de témoigner à son médecin, Elpidius, sa douleur et son repentir du crime qu'il avait commis, en faisant périr Boëtius et Symmaque. Il mourut peu après[4].

---

1. Pagi, *ann.* 526, IX.

2. *Anonymi Valesiani pars posterior* (édit. Mommsen, Monum. Germ., in-4°, p. 328, n° 95).

3. Jornandès, *de Rebus Get.*, cap. LIX (édit. Mommsen, Monum. Germ., in-4°, Auct. Antiq., t. V, p. 136).

4. Procope, *de Bello Goth.*, lib. I, cap. 1.

Un anachorète qui vivait dans l'île de Lipari, avait de ses yeux vu, disait-on encore, les ombres irritées de Jean Ier et de Symmaque traîner à travers les airs et précipiter dans le cratère du volcan, l'âme de Théodoric nue et les mains chargées de chaînes [1].

Théodoric fut enseveli dans le tombeau qu'il s'était fait construire et que l'on admire encore, non loin de Ravenne. Sous la coupole, formée d'un seul bloc de granit, s'élevaient quatre colonnes qui soutenaient un sarcophage de porphyre, environné des statues de bronze des douze apôtres. Plus tard, lorsque la puissance des Goths fut anéantie, les cendres de leur grand roi furent enlevées et sans doute dispersées. Le sarcophage qui les avait contenues, se trouvait placé au IXe siècle devant la porte du monastère de Sainte-Marie. Ce monastère érigé, disait-on, à la mémoire du roi Théodoric, était voisin du mausolée qu'on désignait, à cette époque, sous le nom de Farum [2].

Théodoric n'avait point eu d'enfant mâle. Ses héritiers furent les fils de deux de ses filles. L'une d'elles, née d'une union contractée par le roi des Goths avant la conquête de l'Italie, avait été mariée à Alaric, le dernier roi des Visigoths et avait eu de ce mariage un fils, nommé Amalaric. L'autre, Amalasunthe, était née du mariage de Théodoric avec la sœur de Clovis. Elle avait épousé en 515 Eutharic, de la maison royale des Amali et, par conséquent, son parent [3]. A l'époque où les Ostrogoths conquirent l'Italie, Eutharic, jeune encore et distingué autant par sa sagesse et sa bravoure que par ses qualités physiques, vivait en Espagne. Théodoric l'appela à Ravenne pour réunir par un mariage la race des

---

1. Saint Grégoire, *Dialogues*, lib. IV, cap. xxxi (édit. Migne, Patrologie Latine, t. LXXVII). Ce passage, reproduit par Baronius, *ann.* 526, XXVIII, se trouve aussi avec d'autres extraits des dialogues de saint Grégoire dans les Monumenta Germaniæ in-4°, Scriptores Rerum Langobardicarum, p. 540.

2. *Anonymi Valesiani pars II* (édit. Mommsen, p. 328, n° 96). — Agnellus, *Vitæ Archiepiscoporum Ravenn.*, *vita sancti Joannis*, cap iii (Rerum Italic. Script., t. II et Monum. Germ., in-4°, p. 304).

3. *Cassiodori Chronica*, ann. 515 (édit. Mommsen, Monum. Germ., in-4°, t. XI, pars I, p. 160). — Jornandes, *de Rebus Get.* (édit. Mommsen, Monum. Germ., in-4°, Auct. Antiq., t. V p. 136, cap. lix).

Amali, divisée en deux branches [1]. Il le considéra comme son héritier présomptif et s'efforça de le rendre populaire [2]. En 519, il le créa consul et, pour lui concilier l'affection des Romains, il donna, à l'occasion de son entrée en charge, des fêtes d'une splendeur inusitée. On fit combattre dans l'amphithéâtre des bêtes féroces envoyées d'Afrique par Trasamund, roi des Vandales. Des fêtes magnifiques furent données également à Ravenne, quand le nouveau consul y retourna [3].

Eutharic mourut avant Théodoric, laissant un fils nommé Athalaric et une fille nommée Mathasunte [4]. Athalaric eut l'Italie en partage. L'Espagne échut à Amalaric.

On a vu comment, après la défaite et la mort du dernier roi des Visigoths, Théodoric avait soumis à son pouvoir le sud de la Gaule et les pays situés au delà des Pyrénées. Il régna pendant quinze années sur ces provinces qu'il faisait administrer par ses lieutenants [5]. Mais il semble avoir toujours eu le projet de remettre l'Espagne sous l'autorité du fils d'Alaric, quand cet enfant serait en âge de gouverner. C'est en Espagne qu'il l'avait fait élever, sous la tutelle de Théode, général de l'armée des Goths. Théode n'avait pas tardé à prendre une attitude qui avait paru inquiétante. Il s'était marié à une espagnole, riche et influente dans le pays et, avec les ressources que lui assurait la grande fortune de sa femme, il s'était entouré d'une garde de deux mille hommes. Il prenait des airs de souverain. Théodoric, inquiet de ses agissements, ne pouvait user de rigueur, car il avait à craindre, dans les anciens pays visigoths, une révolte dont les Francs n'auraient pas manqué de profiter. Il essaya de se débarrasser de son ambitieux lieutenant par la ruse. Il chercha à l'attirer à la cour de Ravenne ; mais Théode comprit le piège et se

1. Jornandès, de Rebus Get., cap. LIX (édit. Mommsen, p. 136).
2. Cassiodore le nomme Dominus noster (Cassiodori Chronica, ann. 519, Monum. Germ., in-4°, Auct. Antiq., t. XI, pars I, p. 161).
3. Cassiodori Chronica, ann. 519.
4. Jornandès, de Rebus Get., cap LIX. (Rerum Italic. Script., t. I et édit. Mommsen, Monum. Germ., in-4°, Auct. Antiq., t. V, p. 136).
5. Procope, de bello Goth., lib. I, cap. 12.

garda bien d'entreprendre un voyage en Italie. Les tributs annuels furent d'ailleurs régulièrement payés à Ravenne et l'autorité du roi des Goths ne fut jamais ouvertement méconnue [1]. L'avènement d'Amalaric s'accomplit donc sans difficultés [2]. Quant aux provinces gauloises soumises par Théodoric, elles furent partagées entre ses deux héritiers. Athalaric eut les territoires qui s'étendaient entre les Alpes et le Rhône. Les territoires entre ce fleuve et les Pyrénées échurent à Amalaric. Les trésors qui avaient été pris jadis dans Carcassonne lui furent restitués [3].

Le règne de Théodoric fut moins glorieux qu'on ne s'est plu à le dire sur la foi de ses panégyristes. Ce conquérant que quelques décrets promulgués pour la conservation des monuments de Rome et beaucoup de rhétorique ont fait considérer comme le restaurateur de la civilisation, ne fut que le chef heureux d'une armée victorieuse. Il ne comprit ni les circonstances, ni les hommes du milieu où l'avait placé le succès de ses armes et ne sut rien fonder de durable.

S'appuyant uniquement sur la fidélité des guerriers de sa nation, il ne mêla point les Goths avec les Italiens. Il les laissa différents de ceux-ci par les mœurs, le langage et surtout par la religion et il ne réussit point à transformer dans ses États la conquête en un régime national. Ne se séparant point de la secte des ariens, la religion des barbares, pour adopter la religion du peuple qu'il était appelé à gouverner, il ne sut pas profiter des luttes de l'Église contre l'Empire et se concilier la grande influence du clergé catholique qui, en

1. Procope, de Bello Goth., lib. I, cap. 12.

2. Saint Isidore, Historia Gothorum, dit que Théodoric régna pendant quinze années en Espagne et à sa mort légua cette contrée à son petit-fils Amalaric (édit. Mommsen, Monum. Germ., in-4°, Auct. Antiq., t. XI, pars II, p. 283). Cependant les notes chronologiques du second concile de Tolède (Aguirre, Collectio Conciliorum Hispaniæ t. II, p. 265) disent que ce concile fut tenu, anno V regni domini nostri Amalarici regis, era DLXV. Or cette année DLXV est, suivant notre manière de compter, l'année 527. Si l'année 527 avait été réellement la cinquième du règne d'Amalaric, celui-ci aurait commencé à gouverner l'Espagne quatre ans avant la mort de son grand-père. Mais il y a lieu de croire que le texte du concile de Tolède est corrompu et qu'il faut lire au lieu de anno V, anno I.

3. Procope, de Bello Goth., lib. I, cap. 13.

retour de sa protection, eût pu décider les populations latines à accepter son autorité.

Doué de cet esprit de ruse que la vie d'aventures avait développé chez les barbares, il crut réussir à contenir les ambitions de ses alliés par des combinaisons de chancellerie, à faire oublier aux Italiens, par d'habiles ménagements, leur indépendance et leur liberté. Quand, dans sa lutte contre Clovis, sa diplomatie se trouva vaine, le barbare reparut en lui ; il se contenta de partager avec les Francs le royaume d'Alaric dont il avait entrepris la défense. Quand il reconnut que des dissertations archéologiques, des éloges du passé et de belles promesses ne suffisaient point pour faire illusion aux Romains et aux catholiques, il n'eut plus souci de tous ses beaux principes ; ce fut en barbare qu'il agit aussitôt, par l'oppression et par la violence. Habiletés et violences échouèrent également. A l'intérieur comme à l'extérieur, il fut déçu par les événements et son règne s'acheva dans l'attente des troubles et des guerres qu'il léguait à ses successeurs.

CHAPITRE IV

DÉCADENCE DU ROYAUME DES GOTHS

Régence d'Amalasunthe. — Politique de paix et d'apaisement. — Élection du pape et des évêques. — Opposition des Goths. — Éducation d'Athalaric. — Conspiration. — Boniface et Dioscore. — Élection de Jean II. — Théodat. — Négociations avec Justinien. — Les agents impériaux Démétrius, Hypatius et Pierre. — Isolement des Goths. — Rupture de leurs alliances. — Guerre de Childebert contre les Visigoths. — Mort d'Amalaric. — Avènement de Theudès. — Défaite des Goths orientaux. — Fin de l'alliance des Vandales et des Goths.

Athalaric était âgé de huit ou dix ans au plus quand, au commencement du mois de septembre de l'année 526, il fut appelé à régner en Italie[1]. Sa mère Amalasunthe gouverna en son nom.

Théodoric, dit Jornandès, avait recommandé aux chefs Goths qui l'entouraient à son lit de mort, de servir fidèlement leur roi ; d'aimer le Sénat et le peuple romain ; de s'assurer la paix avec l'Empire et la bienveillance de l'empereur[2]. Cette politique de paix à l'extérieur, d'apaisement en Italie s'imposait au gouvernement d'une femme et d'un enfant, trop faibles pour continuer la lutte entreprise par Théodoric, vers la fin de son règne, contre le parti hostile aux barbares. L'avènement d'Athalaric allait donc amener, avec la fin des persécutions contre l'Église et le Sénat, un retour au régime de pacification qui avait procuré à l'Italie quelques années relativement heureuses.

Cassiodore continua d'être le ministre de ce régime, dont il avait été jadis l'inspirateur et le conseiller. Amalasunthe,

1. Baronius, *ann.* 526, XXXIV. — Pagi, *ann.* 526, IX.
2. Jornandès, *de Rebus Geticis*, LIX.

qui nous est représentée comme une femme intelligente et de beaucoup de caractère, n'eut garde de se priver des services de cet homme éminent dont le dévouement et l'habileté avaient été si longtemps utiles à son père.

Cassiodore, tout en exerçant les magistratures importantes dont il fut revêtu, demeura constamment le secrétaire et le conseiller intime de la régence[1]. Les dépêches et les proclamations, qu'il nous a conservées et qui ont été rédigées apparemment par lui-même, pour notifier l'avènement de son nouveau maître à la cour de Constantinople, aux Goths, aux peuples conquis et aux évêques, expriment toutes un désir ardent de paix, de stabilité et de concorde.

Le premier de ces documents est une lettre accréditant auprès de Justinien deux ambassadeurs, dont la mission est d'obtenir ses bonnes grâces. Dans cette pièce, habilement rédigée avec un respect presque suppliant, le jeune roi des Goths multiplie les protestations de dévouement ; déclarant tout d'abord que son premier devoir est de rechercher l'amitié de l'empereur.

« Je pourrais être justement blâmé, ô le plus clément des princes, écrit-il, si je mettais la moindre négligence à rechercher votre amitié que mes parents ont si vivement désirée. En quoi serais-je digne de leur succéder,' si je ne les égalais pas dans un sentiment si glorieux ». Rappelant l'adoption militaire dont Théodoric avait été honoré et les bienfaits dont il avait été comblé par l'empereur, Athalaric se complaît à se représenter comme un fils, encore enfant, qui demande aide et protection. Il insiste sur sa jeunesse. Elle était, en effet, rassurante pour l'Empire qu'elle devait préserver longtemps de toute tentative guerrière de la part des Goths. Du différend existant au moment de la mort de Théodoric, il n'est fait mention que par une discrète allusion : « Que les tombeaux, en se fermant, ensevelissent les haines ; que les colères périssent avec leurs objets. Seule la bienveillance ne - doit point succomber avec les êtres chers ; elle ne peut

1. *Cassiodori Variarum* lib. IX, ep. xxiv et xxv (édit. Mommsen, Monumenta Germaniæ, in-4°, Auct. Antiq., t. XII, p. 289-290).

qu'augmenter à l'égard d'un enfant dont l'innocence est, sur le trône, à l'abri de tout soupçon ».

Puis, après avoir parlé ainsi en son nom personnel, comme invoquant un lien de famille, il prend le style d'un souverain et employant le pluriel : « Que notre enfance, dit-il en terminant, obtienne l'appui de vos bonnes grâces et, fort d'une si puissante protection, nous ne serons pas complètement orphelin. Que notre royaume soit lié à vous par la reconnaissance et vous régnerez davantage encore en ce pays dont l'affection vous appartient tout entière. Aussi, avons-nous jugé à propos de vous envoyer ces deux ambassadeurs, pour obtenir votre amitié, aux mêmes conditions et avec les mêmes engagements qui ont réglé les relations de vos illustres prédécesseurs avec notre aïeul, notre maître de divine mémoire[1] ».

Dans les anciennes éditions, la suscription de ce document porte qu'il est adressé à l'empereur *Justinien*[2]. Il est probable que lorsqu'il fut expédié à Constantinople, Justin y régnait encore. Justin mourut, en effet, le 1er août 527, onze mois environ après l'avènement d'Athalaric[3]. On a donc pensé qu'il fallait substituer le nom de Justin à celui de Justinien dans la suscription de la lettre d'Athalaric, où l'on a été d'ailleurs porté à voir une faute de copiste, parce que, dans le corps de la lettre, Athalaric fait allusion au grand âge de l'empereur ; alors que Justinien était âgé, à cette époque, d'environ quarante ans[4]. Mais il est à remarquer que Justinien fut associé à l'Empire et couronné le 4 avril 527 et qu'il régna avec son oncle pendant quatre mois[5]. Même avant cette date, il avait pris à la cour de Constantinople une

1. *Cassiod. Variar.* lib. VIII, ep. i (édit. Mommsen, Monum. Germ., in-4°, Auct. Antiq., t. XII).

2. Édit. Migne, Patrologie Latine, t. LXIX, p. 733.

3. Pagi, *ann.* 527, II.

4. Mommsen, dans son édition des *Variæ de Cassiodore* (Monum. Germ., in-4°, Auct. Antiq., t. XII), tranche la difficulté en mettant dans la suscription de cette épitre le nom de Justin au lieu de celui de Justinien.

5. *Georgii Cedreni Historiarum Compendium* (Corpus Scriptorum Historiæ Byzantinæ, Cedreni, t. I, p. 641-642).

influence qui faisait de lui le véritable maître de l'Empire.
Lorsque Théodoric mourut, c'était à Justinien, plus encore qu'à
Justin, qu'il importait de plaire. Il se peut donc que le document rédigé à Ravenne et expédié vers la fin de l'année 526,
ou bien au commencement de l'année 527, n'ait été remis
à Constantinople qu'après l'élévation de Justinien au rang
d'Auguste et qu'on ait alors substitué son nom à celui de son
oncle, sans supprimer dans le texte l'allusion à l'âge du vieil
empereur. On faisait ainsi une lettre commune aux deux
souverains, tout en marquant qu'on entendait attacher une
importance toute particulière à celui qui bientôt devait
demeurer seul en possession du trône. Il est d'ailleurs probable que la lettre fut présentée à Justinien et non à Justin,
qui était déjà très malade quand il fit couronner son neveu[1].

L'empereur Justin ou Justinien, ne pouvait être que favorable au jeune roi des Goths. L'empereur n'était point encore
en situation de disputer aux barbares la possession de l'Italie
et, réduit à y souffrir leur présence et leur souveraineté, il
devait nécessairement préférer un enfant et une femme que
leur faiblesse obligeait à user de ménagements à l'égard de
l'Orient, comme à l'égard des éléments romains subsistant en
Italie, à tout autre chef barbare qui eût été capable de poursuivre la politique des dernières années de Théodoric. Créer
des difficultés à la régence d'Amalasunthe, c'eût été exposer
le jeune Athalaric à être renversé du trône par un chef goth
audacieux et redoutable. Ce sont ces raisons que Cassiodore
fait valoir, dans la lettre que nous venons d'analyser, quand
il fait allusion, avec insistance, au jeune âge de son nouveau
maître. Certain que la cour de Constantinople ne peut se
dispenser de reconnaître Athalaric, il néglige d'avouer en
termes formels la souveraineté de l'Empire sur l'Italie. Il se
borne à de vagues protestations, qui ne nient rien, mais qui
n'obligent à rien. Il demande à continuer les relations d'amitié
avec l'Empire, aux conditions anciennes, mais il se garde de
rappeler ces conditions. Désireux d'assurer la paix dans le

---

1. *Cedreni Historiarum Compendium* (Corpus Script. Hist. Byzant.,
Cedreni, t. I, p. 641).

présent, sans engager l'avenir, il sollicite les bonnes grâces de l'empereur et ne demande point de traité. Il sait que la chancellerie impériale n'admet l'occupation des territoires de l'Empire par les barbares qu'à titre de possession précaire, comme une concession toujours révocable et il n'a point avantage à créer un document où cette condition se trouverait expressément stipulée.

La minorité d'Athalaric était une circonstance heureuse pour le Sénat de Rome, pour l'Église catholique et pour les Italiens, plus encore que pour l'Empire. Tout conflit pouvait être fatal à la régence; elle était forcée, non seulement de renoncer à un système d'oppression et de persécution, mais encore de ménager l'Église et le Sénat, de donner satisfaction aux intérêts du peuple italien, de devenir, en quelque sorte, un gouvernement national.

Il était nécessaire de répandre ces idées dans le public, pour s'assurer la fidélité et les sympathies des populations romaines. Il était dangereux de les exprimer trop clairement; car si les Romains gagnaient beaucoup au changement qui venait de s'accomplir, les Goths ne pouvaient qu'y perdre et on avait à craindre leur mécontentement. Aussi est-ce avec une prudence extrême que Cassiodore révèle, ou plutôt insinue la pensée du nouveau règne, dans ses proclamations adressées à tous les Romains établis en Italie et en Dalmatie, à Libérius, préfet des Gaules, à tous les provinciaux établis en Gaule[1]. Les Goths étaient répandus dans les provinces; les proclamations qu'on y publiait étaient destinées à être connues des Goths, comme des Romains. Il fallait donc rassurer les uns, sans inquiéter les autres. Il fallait se faire comprendre, en parlant à mots couverts et se borner à dire aux Romains de l'Italie et de la Dalmatie : « Pour vous faire connaître entièrement toute notre bienveillance, nous vous avons fait, sous la foi du serment, des promesses qui vous indiquent nos intentions et qui doivent affermir les espérances de tous[2] ».

1. *Cassiod. Variar.* lib. VIII, ep. IV, VI et VII.
2. *Cassiod. Variar.* lib. VIII, ep. IV.

S'adressant aux provinciaux de la Gaule, Athalaric se
contente également de leur dire : « Que les Goths prêtent
serment aux Romains, que les Romains confirment par serment aux Goths leur dévouement sincère à notre royauté ;
afin que votre loyale sincérité nous soit connue et que la
concorde, promise par les uns comme par les autres, profite
à votre repos. Que la tranquillité résulte de l'observation des
lois ; que le plus fort ne soit pas un ennemi pour le plus
faible. Ayez l'esprit en paix, puisqu'il n'y a point pour vous
de guerre étrangère. Vous réussirez à nous plaire, en veillant
ainsi à vos propres intérêts[1] ».

L'établissement d'un ordre régulier de succession au trône,
dans la maison des Amali, présentait l'avantage considérable,
pour les Italiens et pour les habitants romains des provinces,
d'éviter des compétitions entre chefs barbares, des guerres et
des dévastations dont l'Italie et les provinces auraient été le
théâtre, sans profit pour leur liberté. Cette idée-là, qui, plus
que toute autre, devait inspirer la fidélité aux Romains,
pouvait être clairement exprimée, sans crainte d'inquiéter les
Goths. Cassiodore ne néglige pas de la répandre dans le
public, par toutes ses proclamations. « C'est par une inspiration divine, dit-il, que Théodoric à prévu et réglé toutes
choses pour le temps où il ne serait plus, afin de léguer la
paix aux pays soumis à sa puissance, afin d'éviter que le
repos ne soit troublé par des tentatives de nouveautés[2] ».

Dans toutes ses proclamations, il insiste sur ce fait que la
transmission du pouvoir royal s'est accomplie régulièrement,
du consentement unanime des Goths et des Romains, qui
tous ont déjà prêté serment de fidélité, avec si peu de trouble
enfin, qu'on pourrait croire qu'aucun changement n'est survenu[3]. « Notons, fait-il dire à Athalaric, que lorsque, par la
grâce divine, nous sommes monté sur le trône, tout nous à
cédé d'une façon heureuse et paisible. Le cri de la population
tout entière fut si unanime, qu'il semblait proféré par une

---

1. *Cassiod. Variar.* lib. VIII, ep. vii.
2. *Cassiod. Variar.* lib. VIII, ep. vi.
3. *Cassiod. Variar.* lib. VIII, ep. iii, iv, vi.

seule voix et que, chose qu'on eût pu croire presque impossible parmi les hommes, il ne s'est pas trouvé la moindre
contradiction dans les vœux de tant de peuples nombreux[1]. »

La proclamation adressée au peuple romain révèle, plus
complètement que les autres, l'esprit politique du gouvernement de la régence. Après un pompeux éloge de Théodoric
et la notification de l'avènement du nouveau roi, universellement accepté, Cassiodore fait dire par Athalaric : « Nous vous
avons promis sous serment de pratiquer la justice, l'équité et
la clémence qui nourrissent les peuples, de considérer les
Goths et les Romains comme égaux en droit devant nous,
de ne faire entre eux aucune différence, sinon celle qui résulte
de ce que les Goths ont à supporter les fatigues de la guerre,
pour l'utilité commune, tandis que vous, Romains, vous pros-
pérez paisiblement dans Rome. Voyez, nous avons inauguré
notre règne de la façon la plus clémente, en nous soumettant
à un serment, pour que les peuples, dont notre glorieux aïeul
a assuré la prospérité, ne puissent avoir ni doute, ni crainte.
Voyez, nous restaurons la tradition, célèbre depuis des
siècles, de votre Trajan ; le prince, dont vous invoquez le
nom dans vos serments, prête serment à vous-mêmes et nul
ne peut être trompé par lui, puisqu'on ne peut mentir impunément, en invoquant son nom. Élevez maintenant vos cœurs
et espérez, avec l'aide de Dieu, des destinées toujours
meilleures, car après avoir commencé notre règne par un
acte de bienveillance, nous aurons pour but dans l'avenir, la
tranquillité publique qui plaît à Dieu[2] ».

Pour augmenter la confiance par des engagements solennels, on avait jugé à propos de restaurer un ancien usage
dont l'origine remontait à Trajan[3]. Lorsqu'un empereur

---

1. *Cassiod. Variar.* lib. VIII, ep. vii.

2. *Cassiod. Variar.* lib. VIII, ep. iii.

3. Pline le Jeune, *Panégyrique de Trajan* (édit. Panckoucke, n° 64,
t. III, p. 342). « Accedis ad Consulis sellam ; adigendum te præbes in
verba principibus ignota, nisi quum jurare cogerent alios ». Et plus
loin : « Quin etiam sedens stanti præivit jusjurandum ; et ille juravit,
expressit, explanavitque Verba, quibus caput suum, domum suam, si
sciens fefellerit, deorum iræ consecraret » (Ibid. n° 64, p. 342).

prenait les insignes de l'Empire, le Sénat et le peuple lui prêtaient serment; et le prince, à son tour, prêtait serment au peuple et au Sénat. Cette coutume, imitée par les rois barbares, se retrouve dans les cérémonies du sacre de nos anciens rois.

Le message adressé au Sénat y fut porté par une légation, chargée de prêter serment devant l'assemblée, au nom du roi. Dans ce message, Athalaric fait valoir tous les avantages que présente, pour le bien et la tranquillité de l'État, une succession au trône régulière et paisible, universellement admise, sans guerres, sans préjudice pour la République. Mais le passage le plus important de ce document et qui achève d'indiquer le programme qu'on se propose de suivre, est celui où le roi promet aux sénateurs d'avoir égard à leurs désirs : « Voulant vous témoigner, dès les premiers moments de notre règne, la bienveillance avec laquelle il convient de se présenter parmi vous et résolu à observer inviolablement nos promesses solennelles, nous avons chargé l'illustre Sigismer, notre comte, et les personnages que nous avons délégués avec lui de vous prêter serment.

« Si vous souhaitez augmenter les garanties de votre sécurité, n'hésitez pas à nous adresser vos demandes. Nous vous invitons sincèrement à exprimer vos désirs. Voyez en ceci une promesse, plutôt qu'un avis ; car les demandes du Sénat, si digne de respect, ne peuvent compromettre en rien nos droits et nos intérêts légitimes. A vous maintenant, de désirer ce qui peut être utile à la grandeur de l'État[1]. »

Il était aisé de se concilier les Romains par des promesses qu'on était en effet obligé et décidé à tenir ; il l'était beaucoup moins de représenter aux Goths comme avantageuse pour eux, une situation qui ne pouvait que diminuer leur importance dans les pays conquis et leur influence au dehors. Le seul avantage que présentait pour eux l'avènement d'Athalaric, était celui de perpétuer la maison des Amali, qui avait tant contribué et pouvait contribuer encore par sa gloire à la

---

1. *Cassiod. Variar.* lib. VIII, ep. II.

grandeur de leur nation. Cette considération n'est pas la seule que fait valoir Cassiodore, pour affermir la fidélité des Goths ; auprès d'eux, comme auprès des Romains, il insiste sur le fait accompli, sur le consentement unanime de tous les chefs présents à la cour[1]. Le langage est le même dans les proclamations aux Romains et dans les proclamations aux Goths ; mais l'intention est différente. De l'unanimité du consentement résulte, pour les Romains, un gage de paix ; pour les Goths, une impossibilité de la troubler, une nécessité de suivre le mouvement général, d'accepter ce qui ne peut plus être mis en discussion.

Le gouvernement d'Amalasunthe concevait l'espoir de conserver la fidélité des Goths, tout en cherchant à satisfaire les Romains ; il ne pouvait se faire aucune illusion sur les dispositions de l'Église à son égard. L'Église catholique était, pour les Goths ariens, un ennemi irréconciliable, qu'on pouvait juger à propos de ne pas exaspérer par des persécutions, mais dont on ne pouvait essayer de modifier l'esprit irrévocablement hostile à tous les hérétiques. Dans une lettre à l'évêque Victòrinus, lettre dont le but est de porter à la connaissance du clergé la mort de Théodoric et l'avènement de son successeur, Athalaric s'abstient de toute promesse, sachant bien que toutes les promesses seraient inutiles. Il s'abstient également de tout raisonnement, sachant bien qu'aucune considération ne peut déterminer l'Église à la bienveillance envers un gouvernement hérétique et qu'elle ne vivra en paix avec lui que s'il lui est impossible de le combattre. Athalaric se borne donc à demander les prières du clergé et à exprimer l'espoir de trouver la fidélité chez tous ses sujets, afin qu'il lui soit possible de les en récompenser largement[2]. Mais il compte moins sur la bonne volonté de l'Église romaine que sur sa propre résolution de continuer à la dominer.

Le pape Jean étant mort en prison à Ravenne le 18 mai 526, la chaire de saint Pierre était demeurée vacante pendant

1. Cassiod. Variar. lib. VIII, ep. v.
2. Cassiod. Variar. lib. VIII, ep. viii.

cinquante-cinq jours[1]. Théodoric, imitant l'exemple d'Odoacre, s'était arrogé le droit d'intervenir dans l'élection pontificale et avait proposé aux suffrages du clergé, du Sénat et du peuple romain un prêtre nommé Félix, fils de Castorius. Félix était de race romaine, étant né dans le Samnium ; mais le clergé et le Sénat ne voulaient point admettre l'intervention du roi dans la nomination de leur évêque. Ils avaient résisté longtemps à la pression de la cour de Ravenne. Ils avaient pourtant dû finir par céder et Félix IV avait été ordonné le 12 juillet, six semaines environ avant la mort de Théodoric[2]. L'un des premiers actes de la régence fut de maintenir le droit revendiqué par Théodoric. Par un message adressé au Sénat, au nom d'Athalaric, elle s'empressa de féliciter l'assemblée d'avoir obéi aux volontés du roi défunt. Les termes employés dans la rédaction de cette pièce, revendiquent nettement pour le prince, quelle que soit sa religion, le droit de choisir les évêques. On y lit en effet le passage suivant : « Il fallait obéir à la décision d'un bon prince qui, par une sage délibération, bien qu'il fût d'une autre religion, a su choisir un pontife dont les mérites doivent plaire à tous ; montrant ainsi son désir de remplir toutes les églises de bons prêtres[3] ».

Cette prétention des rois goths ne fut point acceptée et donna lieu à des difficultés et à des résistances qui aboutirent à une sorte de transaction. Les élections pontificales se firent, suivant l'ancienne coutume, par le clergé, le peuple et le Sénat ; mais l'assentiment du roi fut reconnu nécessaire. Cette loi fut établie, non seulement pour l'élection des pontifes de Rome, mais aussi pour les élections de tous les évêques de l'Italie, et elle fut observée tant que subsista la domination des Goths. Elle le fut même par Justinien, après la destruction du royaume des barbares. Une certaine somme d'argent fut exigée de l'Église pour l'obtention de la confirmation royale ;

1. Pagi, *ann.* 526, V.

2. Baronius, *ann.* 526, XXII. — Pagi, *ann.* 526, V.

3. Cassiod._Variar._ lib. VIII, ep. xv (Monum. Germ., in 4º, Auct. Antiq., t. XII).

et, afin d'éviter le mécontentement du peuple et de séparer
ses intérêts de ceux de l'Église, la régence décréta, par un
édit contre la simonie, que cet argent serait distribué aux
pauvres [1].

Le nouveau gouvernement des Goths jugeait nécessaire de
surveiller l'Église romaine et de la tenir dans sa dépendance ;
mais, loin de chercher à l'exaspérer par des rigueurs, il voulait essayer de diminuer son hostilité, en lui concédant des privilèges. Il accorda au Saint-Siège le jugement de tout procès
intenté contre un membre du clergé romain. Le demandeur
ne conserva le droit de recourir à la justice que si l'audience
lui était refusée par le pape et une amende de dix livres d'or
fut édictée contre celui qui serait convaincu d'avoir dédaigné
la juridiction épiscopale. Cette amende devait être payée au
pape, pour être par lui distribuée aux pauvres [2].

Les respects, les ménagements, les concessions ne pouvaient, pas plus que les persécutions, amener l'Église à accepter
définitivement, sans arrière-pensée, la domination des hérétiques ; mais impuissante à rien entreprendre par elle-même,
elle se trouvait forcée d'agir avec patience et prudence ; son
seul moyen d'action était son influence sur les masses et le
moment n'était pas venu de l'exercer. Un soulèvement des
Italiens n'avait aucune chance de succès, tant que l'empereur
n'était pas disposé à leur porter secours. Pour l'Église, comme
pour le peuple, mieux valait, somme toute, une régence qui
lui évitait des persécutions inutiles. Elle ne provoqua aucune
agitation pendant les premières années du règne d'Athalaric.

Ainsi, l'apaisement semblait se faire de tous côtés. Cassiodore put rêver de relever sa patrie grâce à une longue paix.
Il put espérer rendre impossibles dans l'avenir les troubles
et les guerres civiles, en opérant peu à peu la fusion des
Goths et des Romains en une seule nation, sous la dynastie
des Amali, définitivement acceptée par les populations
romaines comme la garantie la plus sûre de leur indépendance, de leurs droits et de leur liberté, fidèlement défendue

1. Pagi, ann. 526, VIII. — Cassiod. Variar. lib. IX, ep. xv.
2. Cassiod. Variar. lib. VIII, ep. xxiv.

par les Goths, réduits à n'être plus qu'une milice au service de leurs rois. Cette grande pensée politique, si nettement exprimée dans le message au Sénat et dans la proclamation au peuple romain, était faite pour plaire à Amalasunthe. Elle avait été élevée à Ravenne. Elle n'était point, comme son père, étrangère à la civilisation romaine et son esprit cultivé était capable de comprendre les hautes destinées que l'union des Romains et des Goths assurerait à son fils. Maître de Rome et de l'Italie, le plus illustre et le plus puissant des rois barbares qui tous lui étaient attachés par des alliances et des liens de famille, Athalaric était appelé à restaurer la puissance des empereurs d'Occident, si le dévouement de tous ses sujets, rendant inutile une occupation militaire dans ses États, lui permettait d'employer contre ses ennemis toutes les forces des Goths et de leurs alliés. Le but que Charlemagne devait atteindre un jour, fut entrevu en Italie, dès le VIᵉ siècle.

Les chefs goths, qui étaient restés les rudes et ignorants guerriers de la conquête, n'étaient point faits pour comprendre une idée politique d'une pareille étendue. Ne connaissant que la guerre, ils ne pouvaient concevoir qu'il fût utile d'user de ménagements avec ceux que la guerre leur avait soumis. N'estimant que la force, ils étaient peu disposés à traiter les vaincus comme leurs égaux. Faire promettre par Athalaric de considérer les Romains comme égaux à eux-mêmes, c'était, à leurs yeux, imposer une trahison à leur roi qui leur paraissait devoir être uniquement le chef de la nation victorieuse. Ils n'admettaient d'autre système que celui de la conquête, sans rapprochement possible entre les Goths et les Romains dont la civilisation, qu'ils méprisaient, leur semblait propre à amollir leur courage. Ils ne virent dans la politique d'Amalasunthe qu'un dangereux abandon de leurs traditions, qu'un relèvement des populations conquises, au préjudice de leurs propres intérêts. Ce fut parmi les Goths que se forma une opposition contre laquelle la régente eut bientôt à lutter.

Cependant, Amalasunthe prouvait, par les actes de son gouvernement, la sincérité de ses promesses et s'efforçait de

mériter l'affection des Romains. Pendant toute la durée de sa
régence, aucun d'entre eux ne fut frappé, pour cause politique,
ni de peines corporelles, ni de confiscation. Ils furent constamment protégés contre les vexations que les Goths brûlaient
de leur infliger. Les biens de Symmaque et de Boëtïus furent
restitués à leurs enfants. L'éducation du jeune roi fut réglée
de façon à rassurer les Romains pour l'avenir, en préparant
leur prince à ne plus être un étranger parmi eux. Amalasunthe voulut que son fils fût élevé comme l'étaient les
princes romains, dont elle désirait qu'il adoptât les mœurs
et le genre de vie. Elle le fit initier aux études littéraires
et, comme elle ne pouvait se dispenser de le confier à des
Goths, elle plaça auprès de lui trois vieillards de cette nation,
connus tous les trois pour leur grande intelligence et leur
extrême modération.

Tout cela ne plaisait guère aux Goths qui voulaient un roi
d'une éducation toute barbare, pour avoir, sous son règne,
pleine licence d'insulter leurs sujets. Les Goths mécontents
cabalèrent et enfin éclatèrent au premier prétexte. Il arriva
que le jeune Athalaric, ayant été pris en faute par sa mère,
reçut d'elle un soufflet. L'enfant s'enfuit en pleurant et, sorti
de son appartement, rencontra des Goths qui prirent feu aussitôt, se répandirent en injures contre Amalasunthe et l'accusèrent de vouloir faire mourir son fils, pour se remarier et
régner, par elle-même, avec son époux sur les Goths et les
Italiens. A la suite de cet incident, les principaux chefs se
réunissent, se rendent auprès d'Amalasunthe et lui repré-
sentent que l'éducation du roi n'est ni convenable, ni à leur
convenance, que courage et littérature sont choses fort différentes, qu'une éducation faite par des vieillards inspire trop
souvent la timidité et la faiblesse de caractère ; qu'il convient
d'habituer aux armes et non à la crainte des docteurs, un
prince destiné à aimer une vie guerrière et glorieuse. Ils rappellent l'exemple de Théodoric qui n'avait jamais permis aux
Goths d'envoyer leurs fils dans les écoles, disant que des
enfants habitués à redouter le fouet, ne peuvent devenir
capables d'affronter sans crainte une lance ou une épée. La

reine doit se souvenir, ajoutent-ils, que Théodoric, mort en possession de tant de provinces conquises et du royaume dont il s'était emparé, n'avait de toute sa vie prêté aux lettres l'oreille un seul instant. « Ordonnez donc, notre maîtresse, s'écrient-ils, que ces pédagogues s'en aillent aujourd'hui même et entourez Athalaric de compagnons de son âge qui lui inspireront des sentiments généreux et le pousseront à régner comme il convient à un roi barbare ». Ces discours n'étaient point du goût d'Amalasunthe ; mais elle craignait une insurrection des barbares. Elle feignit donc d'approuver leurs sentiments et consentit à leur demande. Les précepteurs furent éloignés et Athalaric fut entouré de jeunes gens à peu près de son âge [1].

Cette concession touchant l'éducation du roi, eut les plus funestes conséquences. Les Goths, encouragés par ce premier succès, continuèrent leurs entreprises. Maîtres désormais de la personne du roi, sans que sa mère pût le soustraire à leur influence, ils méditèrent de se faire d'Athalaric lui-même un instrument pour se débarrasser de la régente. Ils comptaient ne plus rencontrer d'obstacles à leurs caprices, quand ils n'auraient laissé sur le trône qu'un enfant, privé de toute protection. Un moment vint où ils se crurent près de réussir dans leurs calculs. Athalaric avait grandi au milieu des jeunes gens de sa nation. Il avait pris leurs idées et leurs mœurs. Il était à peine passé de l'enfance à la toute première jeunesse, que ses compagnons l'avaient entraîné dans une vie de débauches. Excité par son entourage, qui le pressait de régner par lui-même, il affectait, à l'égard de sa mère, du dédain et des mauvais sentiments ; tandis que les Goths en étaient venus à conspirer ouvertement contre elle.

Amalasunthe, énergiquement résolue à défendre son autorité, prit le parti de prévenir la révolte des Goths. Elle crut d'abord qu'il lui suffirait d'éloigner et de disperser les principaux agitateurs. Les mécontents avaient pour chefs trois des personnages les plus nobles et les plus considérables de leur

1. Procope, de Bello Goth., lib. I, cap. 2 (Corpus Script., Hist. Byzant., édit. de Bonn).

nation. Ces trois chefs reçurent l'ordre de se rendre séparément sur les extrêmes frontières de l'Italie, dans des garnisons fort éloignées les unes des autres, sous prétexte de défendre le royaume contre des menaces d'invasion. Ils n'en continuèrent pas moins leurs intrigues, échangeant leurs vues, malgré la distance qui les séparait, grâce à la connivence de leurs complices, et préparant, avec l'aide de leurs proches et de leurs amis, la ruine d'Amalasunthe. Amalasunthe en vint à penser qu'elle ne pouvait plus se sauver que par le meurtre de ses ennemis. Attenter à la vie des chefs goths, c'était s'exposer à un soulèvement de toute la nation, si on ne réussissait pas. La régente jugea prudent de s'assurer une retraite, en cas d'insuccès. Elle envoya demander à Justinien s'il lui serait fait bon accueil à Byzance, dans le cas où elle se verrait réduite à quitter l'Italie. L'empereur, fort aise de se réserver une occasion d'intervenir dans les luttes qui se préparaient en Italie, s'empressa d'assurer Amalasunthe qu'elle serait bien reçue. Il lui fit même préparer des logements dans la plus belle habitation d'Épidamne, aujourd'hui Durazzo, afin qu'elle pût y demeurer, jusqu'au moment où il lui conviendrait de se rendre à Constantinople. Aussitôt qu'Amalasunthe fut certaine des bonnes dispositions de l'empereur à son égard, elle fit charger sur un navire, monté par des gens dont la fidélité lui était connue, une quantité de richesses et quarante mille livres d'or. Elle envoya ce navire à Épidamne, avec ordre de demeurer dans ce port et d'y attendre ses instructions. Cela fait, elle donna mission à quelques hommes résolus, choisis parmi les Goths qui lui étaient restés fidèles, de se rendre auprès des trois chefs qu'elle redoutait et de les mettre à mort. Ayant réussi à accomplir ce triple meurtre, Amalasunthe ne songea plus à quitter Ravenne où elle rappela le navire qui portait ses richesses [1].

L'opposition des Goths n'était pas la seule contre laquelle la régence avait à lutter. L'Église romaine supportait impatiemment l'autorité d'un gouvernement hérétique. Le pape

1. Procope, *de Bello Goth.*, lib. I, cap. 2.

Félix IV étant mort le 18 septembre 530, l'élection de son successeur ne se fit pas sans difficultés [1]. La régence protégeait la candidature d'un prêtre nommé Boniface, romain de naissance, mais qui était sans doute goth d'origine. Son père portait en effet le nom germain de Sigisvult. L'influence du gouvernement royal décida l'élection de Boniface qui fut consacré le 21 septembre, trois jours après la mort de Félix [2]. Mais tandis que Boniface était élu dans la basilique Julienne, Santa-Maria in Trastevere, d'autres électeurs, déterminés à ne pas souffrir un pape imposé par des hérétiques, se réunissaient dans la basilique Constantinienne, Saint-Jean de Latran, et donnaient leurs suffrages au diacre Dioscore. Ce Dioscore était sans doute le même qui avait été jadis envoyé, comme légat, auprès de l'empereur Justin, en même temps que les évêques Germain et Jean, le prêtre Blandus et le diacre Félix [3].

Les désordres que ce schisme faisait craindre, furent évités par la prompte mort de Dioscore qui cessa de vivre vers la fin de septembre, peu de jours après son élection. Boniface fut alors reconnu par le clergé tout entier. Poursuivant son adversaire jusqu'au delà du tombeau, il le frappa d'anathème, par un acte plein de fiel et de haine qu'il fit déposer dans les archives de l'Église, mais qui ne fut souscrit par aucun évêque; car la majorité des électeurs s'était prononcée pour Dioscore [4]. On ne se borna pas à condamner Dioscore comme auteur d'un schisme, on le déclara de plus coupable de simonie, pour avoir acheté des votes par des promesses ou par des dons [5]. Cette condamnation, prononcée probablement dans le premier des trois synodes réunis par Boniface dans le cours de l'année 531, fut annulée quatre ans plus tard, en 535, par le pape Agapet, et l'acte qui en avait

---

1. Baronius, *ann.* 530, I et suiv. — Pagi, *ann.* 530, I et suiv.

2. Baronius, *ann.* 530, II. — Pagi, *ann.* 530, V.

3. Baronius, *ann.* 530, II.

4. *Liber Pontificalis*, *Vie de Boniface* (édit. de Mgr Duchesne, t. I, p. 281).

5. Baronius, *ann.* 530, IV.

été dressé, fut tiré des archives et brûlé au milieu de l'église, en présence des fidèles[1].

Boniface ne s'était pas contenté de blâmer le choix de la majorité, en frappant la mémoire de celui qu'elle avait élu ; il avait tenté de priver de leur droit le clergé, le peuple et le Sénat. Ayant réuni un synode dans la basilique de Saint-Pierre, il s'était fait attribuer le droit de désigner son successeur et avait déclaré, sous serment devant la confession de l'apôtre saint Pierre et par acte solennel, qu'il désignait le diacre Vigile pour gouverner l'Église après lui.

Cette usurpation violente provoqua sans doute une indignation qu'on n'osa exaspérer, car, bientôt après, un second synode fut réuni, dans lequel les prêtres, à l'unanimité, cassèrent la décision de Boniface qui fut contraint d'avouer qu'en désignant son successeur, il s'était rendu coupable du crime de lèse-majesté. Quant à l'acte qu'il avait fait dresser de sa décision et de son choix, il fut brûlé en présence des membres du synode, de tout le clergé, du peuple et du Sénat[2].

Le pontificat de Boniface ne fut pas de longue durée. Ce pape mourut le 17 octobre 532. On ne sait comment se fit l'élection de son successeur ; mais ce ne fut pas apparemment sans difficultés ; car le Saint-Siège demeura vacant pendant deux mois et demi. Jean II, surnommé Mercurius, ne fut ordonné que le 31 décembre. Jean était né à Rome, d'une famille romaine habitant le quartier du Cœlius. Ainsi, tous les efforts faits par la régence pour dominer l'Église catholique, échouaient misérablement devant l'opposition du clergé et de la population romaine.

Amalasunthe était également impuissante à maintenir les Goths dans l'obéissance. Les principaux chefs, entraînés par leur ambition et leur cupidité, allaient jusqu'à concevoir l'idée de sacrifier à leurs intérêts personnels le salut commun et l'indépendance de leur nation. Les intrigues du plus puissant d'entre eux révèlent l'esprit dont ils étaient tous animés.

1. *Liber Pontificalis, Agapetus* (édit. de Mgr Duchesne, t. I, p. 287).

2. *Liber Pontificalis, Bonifacius* (édit. de Mgr Duchesne, t. I, p. 281, lig. 10).

Théodat était fils d'Amalafrède, sœur de Théodoric et appartenait ainsi par sa mère à la famille royale des Amali; c'était un homme déjà avancé en âge, imbu de littérature latine et de philosophie platonicienne, mais inhabile aux choses de la guerre, d'un caractère bas et d'une cupidité excessive, même pour un barbare. Il possédait la plupart des domaines de la Toscane et s'efforçait sans cesse de s'approprier le reste de ce pays, considérant, dit Procope, comme une infortune d'avoir des voisins. Amalasunthe ayant réprimé avec énergie la cupidité de cet homme, celui-ci la poursuivait d'une haine implacable. Impatient de se venger et de satisfaire son insatiable avarice, il forma le projet de livrer la Toscane à Justinien, dans l'espoir d'aller vivre à Byzance, après avoir tiré de sa trahison le titre de sénateur et de nouvelles richesses. Deux évêques de la Macédoine, Hypatius d'Éphèse et Démétrius de Philippes, se trouvant à Rome, en qualité de légats de l'Orient : pour traiter avec le pape diverses questions religieuses, Théodat se mit secrètement en rapport avec eux, leur confia ses projets et leur donna mission de les communiquer à Justinien [1].

L'empereur ne se pressa point de répondre aux propositions de Théodat. Il poursuivait avec Amalasunthe des négociations autrement avantageuses à l'Empire. Amalasunthe, voyant la santé de son fils détruite par de précoces débauches, considérant qu'en aucun cas elle ne pouvait compter sur un aussi misérable caractère et que, dans le cas où il viendrait à mourir, l'hostilité des chefs goths mettrait sa vie en danger, Amalasunthe elle-même avait fini par prendre son parti de pourvoir à son salut, en résignant entre les mains de Justinien sa souveraineté sur les Goths et les Italiens. Depuis le jour où elle avait demandé la protection de l'Empire et l'autorisation de se réfugier à Constantinople, Justinien avait compris qu'elle serait forcée d'en venir là. Lorsqu'il avait vu Amalasunthe renoncer à rejoindre le navire qu'elle avait envoyé à Épidamne, il avait jugé utile d'avoir à Ravenne un

1. Procope, *de Bello Goth.*, lib. I, cap. 3.

agent, chargé de le renseigner exactement sur ce qui se passait. Le sénateur Alexandre avait donc reçu l'ordre de se rendre en Italie avec Démétrius et Hypatius. La mission apparente et avouée d'Alexandre était de remettre à Amalasunthe une lettre de l'empereur, réclamant satisfaction au sujet de différentes injures qu'il prétendait lui avoir été faites par les Goths.

Procope résume en ces termes la demande d'explications qu'Alexandre présenta à Amalasunthe, en audience publique : « Vous retenez le château de Lilybée qui nous appartient et dont vous vous êtes emparés par violence. Vous avez donné refuge à des barbares qui avaient déserté nos troupes. Vous avez enfin commis des actes de grave hostilité contre notre ville de Gratiana ». En réalité ces griefs étaient de peu d'importance. Il s'agissait de dix soldats huns, déserteurs de l'armée d'Afrique, qui avaient cherché un refuge en Campanie et qu'Uliaris, commandant de Naples, avait reçus dans cette ville; puis de déprédations commises par les Goths au cours d'une campagne contre les Gépides et dont la ville de Gratiana, située sur les confins de l'Illyrie, avait eu à souffrir[1].

Amalasunthe répondit à la note impériale dans un langage qui rappelait le temps de Théodoric. « Un empereur puissant et généreux se doit, dit-elle, de soutenir un jeune prince orphelin, au lieu de lui chercher querelle sans raison. D'un conflit injuste ne sort jamais une victoire honorable. Vous rappelez à Athalaric, d'un ton menaçant, Lilybée, les dix déserteurs et l'offense faite à une ville amie, tandis que nos soldats poursuivaient nos ennemis. Rejetez tout cela loin de votre souvenir. Que ne faites-vous plutôt en sorte de vous rappeler que nous n'avons point fait obstacle à votre expédition contre les Vandales; que nous avons fourni libéralement à vos troupes libre passage et marchés de subsistances; que nous leur avons fourni des chevaux, en si grand nombre que votre cavalerie a été le principal agent de votre succès. Fournir ouvertement les moyens d'entreprendre une expédition, c'est se

---

1. Procope, *de Bello Goth.*, lib. I, cap. 3.

conduire en allié et en ami, tout comme si on prenait soi-même part à la guerre. Souvenez-vous que votre flotte n'eût pu trouver, ailleurs qu'en Sicile, un refuge contre la tempête et se procurer ce qui lui était nécessaire pour poursuivre sa course jusqu'en Afrique. Vous devez nous attribuer la plus grande part dans votre victoire, car le mérite et l'honneur d'une entreprise reviennent à ceux qui l'ont rendue possible. Nous avons supprimé les obstacles qui s'opposaient à votre conquête, notre concours vous a permis de subjuguer vos ennemis et vous a ainsi procuré la satisfaction la plus douce au cœur de l'homme. Nous, au contraire, nous avons eu à supporter une grave offense. Non seulement nous n'avons point eu part aux dépouilles de vos ennemis, chose contraire aux lois de la guerre, mais voici que, sous un vain prétexte, vous voulez nous enlever Lilybée qui, depuis longtemps déjà, est au pouvoir des Goths. Même si Lilybée avait jadis fait partie de votre Empire, vous devriez l'abandonner à Athalaric, comme prix du secours que vous avez tiré de lui[1]. »

Cette fière réponse avait uniquement pour but de donner le change aux Goths sur des pourparlers secrets qui aboutirent à la promesse faite par Amalasunthe, de livrer l'Italie tout entière à Justinien. Lorsqu'après le retour de ses envoyés, Justinien fut instruit par Alexandre des desseins d'Amalasunthe, par Démétrius et par Hypatius, des dispositions de Théodat et de la puissance dont ce dernier disposait en Toscane, il dépêcha sur le champ en Italie un nouvel agent nommé Pierre. Ce personnage, originaire de l'Illyrie et né à Thessalonique, exerçait à Byzance la profession de rhéteur et d'avocat. C'était un homme d'une habileté tout à fait remarquable, de beaucoup d'entregent et d'une force de persuasion singulière[2]. On verra bientôt les résultats de sa mission.

Les difficultés intérieures, contre lesquelles la régence s'épuisait à lutter, n'étaient pas l'unique motif qui avait amené peu à peu Amalasunthe à désespérer de la situation au point

1. Procope, de Bello Goth., lib. I, cap. 3.
2. Procope, de Bello Goth., lib. I, cap. 3.

de sacrifier à sa sûreté le royaume de son père. L'indiscipline des chefs goths, durant la minorité d'Athalaric, avait mis la régence dans l'obligation de demeurer en paix à tout prix avec ses voisins et de ne rien entreprendre de considérable, même pour la défense de ses alliés. Il en était résulté pour le royaume des Goths, d'abord la perte totale de son ancien prestige, ensuite un isolement complet. Le système d'alliances, de ligue entre princes barbares, que Théodoric avait créé et maintenu par la crainte et le respect qu'inspiraient sa puissance militaire et sa situation de chef de famille, s'était affaibli promptement et avait bientôt disparu. Le successeur de Théodoric n'étant pas en situation de défendre les uns contre les autres les princes de sa famille, ceux-ci ne se sentaient plus tenus de le défendre, et, n'ayant plus à redouter l'intervention toute-puissante des Goths dans leurs querelles, ils avaient donné libre carrière à leurs ambitions. Ils s'étaient remis à se combattre entre eux, à se détruire les uns les autres. Le faisceau si habilement groupé par Théodoric, était définitivement rompu.

La rupture avait commencé de se produire, peu après l'avènement d'Athalaric. Dès l'année 528, l'aîné des fils de Clovis, Théoderic, commença contre Hermenefrid, roi de Thuringe, qui avait reçu en mariage Amalaberge, une des nièces de Théodoric le Grand, une guerre qui dura plusieurs années et se termina par la défaite des Thuringiens et la conquête de leur pays. Hermenefrid se reconnut vassal de Théoderic qui le décida, en lui garantissant toute sûreté, à se rendre à Tolbiac. Il y fut accueilli avec bienveillance par son vainqueur; mais un jour qu'il se promenait sur les remparts de la ville, « poussé par on ne sait qui », il tomba du haut des murailles et se tua dans sa chute [1].

Presqu'en même temps que s'achevait la ruine du roi des Thuringiens, deux autres fils de Clovis, Childebert et Clotaire triomphaient des Visigoths et Amalaric, le petit-fils de Théodoric le Grand, était tué devant Narbonne. Ceux des

---

1. Grégoire de Tours, *Historia Francorum*, lib. III, viii (édit. Arndt, Monum. Germ., in-4°, p. 116).

Visigoths qui survécurent au désastre, dit Procope, passèrent
en Espagne, avec leurs femmes et leurs enfants, sous la protection de Theudès qui s'y était emparé du pouvoir[1]. Ce
Theudès ou Théode était apparemment le même chef goth qui
avait jadis servi de tuteur au jeune Amalaric et dont la puissance avait effrayé Théodoric le Grand. On a accusé Théode
d'avoir ordonné le meurtre d'Amalaric et on en a donné
comme preuve que, frappé par un assassin, il défendit de
punir le coupable, disant que Dieu lui faisait payer, par la
main de cet homme, la peine d'un crime semblable, commis
autrefois par lui-même[2].

Théode était arien, comme tous les Goths, mais il eut
l'habileté de ne point inquiéter ses sujets catholiques [3]. Il s'efforça au contraire de leur donner satisfaction, enlevant ainsi
aux Francs leurs plus utiles auxiliaires. Il sut mettre un
terme aux conquêtes des Francs et réussit sans doute à les
chasser de nouveau de la Septimanie. Procope dit en effet
que la défaite d'Amalaric eut pour conséquence de livrer
aux Francs toute la partie de la Gaule qui avait précédemment appartenu aux Visigoths[4]. Or, on sait que le royaume
des Visigoths continua de s'étendre en deçà des Pyrénées et
que la possession de la Gaule méridionale fut longtemps disputée. Mais si l'Empire des Visigoths ne fut point sensible-
ment diminué, sa puissance n'en demeura pas moins amoin-
drie et les Goths de l'Italie n'eurent plus aucun secours à
attendre de leurs frères d'Espagne.

Vers la même époque, en l'année 530, les Goths orientaux,
ayant envahi l'Illyrie, y furent défaits et mis en fuite par les
troupes impériales que commandait, dans cette province, ce
même Mundus qui, en 505, avait triomphé des Grecs avec le
secours de Théodoric le Grand et qui depuis était passé

---

1. Procope, *de Bello Goth.*, lib. I, cap. 13. — Grégoire de Tours, *Historia
Francorum*, lib. III, xxix et xxx (édit. Arndt, ·Monum. Germ., in-4°,
p. 133-134).

2. Muratori, *annales*, ann. 531.

3. Baronius, *ann.* 531.

4. Procope, *de Bello Goth.*, lib. I, cap. 13.

au service de l'Empire [1]. Tandis que ces événements s'accomplissaient en Europe, l'Afrique était le théâtre de révolutions qui mirent fin à l'alliance des Vandales et des Ostrogoths et préparèrent la ruine définitive du royaume de Genséric.

Après la mort de Trasamund, sa veuve Amalafrède, sœur de Théodoric le Grand, ne pouvant se résigner à ne pas régner, s'était livrée à des intrigues, à la suite desquelles le nouveau roi, Hilderic, l'avait fait emprisonner. Il n'avait osé user de plus de rigueur envers elle, par crainte de Théodoric le Grand qui vivait encore à cette époque [2]. Il la fit mettre à mort, lorsqu'il n'eut plus à redouter la vengeance du puissant roi des Goths. Amalasunthe ne put venger le meurtre de sa tante, pas plus qu'elle ne pouvait secourir ses alliés. Entreprendre une guerre lui était devenu complètement impossible. Elle avait à craindre également, en présence du mécontentement des Goths, de réussir ou d'échouer dans une expédition entreprise alors qu'Athalaric n'était point capable de prendre en personne le commandement de son armée. Le chef qui aurait conduit les Goths à la victoire, aurait acquis nécessairement toute leur faveur et serait devenu un danger pour le jeune roi et sa mère. Si, au contraire, les Goths étaient vaincus, le renversement de la régence était la conséquence inévitable de leur défaite. D'autre part, Hildéric ne comprenant que son avantage immédiat et ne soupçonnant pas les projets de Justinien, avait formé une étroite alliance avec l'empereur qui, si Amalasunthe avait déclaré la guerre, n'aurait pas manqué d'intervenir pour ruiner les Goths avec l'aide des Vandales, sauf à accabler ensuite ces derniers.

Amalasunthe se contenta d'envoyer à Carthage deux ambassadeurs, pour demander à Hilderic satisfaction du meurtre d'Amalafrède, menaçant de rompre l'alliance et même la paix avec les Vandales [3]. Hilderic ne s'effraya point de ces

---

1. *Marcellini Comitis Chronicon*, ann. 530 (édit. Mommsen, Monum. Germ., in-4°, Auct. Antiq., t. XI, p. 103).

2. Procope, *de Bello Vandalico*, lib. I, cap. 9 (Corpus Script. Hist. Byzant.).

3. *Cassiod. Variar.* lib. IX, ep. I (édit. Mommsen, Monum. Germ., in-4°, t. XII, p. 267-268).

menaces qu'il savait destinées à demeurer sans effets. Ainsi apparaissait clairement l'irrémédiable décadence de l'Empire des Goths, miné par des difficultés intérieures et réduit à un isolement complet. Amalasunthe elle-même avouait sa ruine et ne songeait plus qu'à se sauver d'une débâcle désormais inévitable et prochaine.

CHAPITRE V

DÉCADENCE ET DESTRUCTION DU ROYAUME DES VANDALES

Le royaume des Vandales après Genséric. — Règle de succession au trône. — Règne d'Hunéric. — Meurtre des princes de la famille royale. — Affaiblissement des donatistes. — Les catholiques. — Alternatives de persécutions et de tolérance. — Déogratias et Eugène. — Règne de Gundamund. — Règne de Trasamund. — Incursions des Maures. — Rigueurs contre les évêques. — Saint Fulgence. — Règne d'Hildéric. — Restitution des églises. — Intrigues d'Amalafrède. — Son emprisonnement et sa mort. — Révolte des Vandales. — Avènement de Gélimer. — Politique de Justinien. — Défaite des Bulgares. — Intervention en Afrique. — Victoire de Bélisaire. — Prise de Carthage. — Gélimer à Pappua. — Conflit avec les Goths au sujet de Lilybée. — Capitulation de Gélimer. — Rappel de Bélisaire.

Tandis que la puissance des barbares déclinait en Italie, en Afrique, le royaume des Vandales, sans cesse harcelé par les Maures dont il s'épuisait à repousser les incursions, toujours menacé du côté de l'Empire, luttant en vain contre l'irréconciliable opposition des catholiques romains, était tombé en décadence, presqu'aussitôt après la mort de son fondateur. Genséric mourut le 24 ou le 25 janvier 477[1]. Il laissait plusieurs fils, entre lesquels son royaume eût dû être partagé, suivant le mode de succession généralement admis chez les barbares et usité parmi les princes vandales, avant la conquête de l'Afrique. Genséric avait compris à quels dangers un pareil partage aurait exposé sa nation. Il avait voulu, pour qu'elle pût conserver sa puissance, qu'elle demeurât unie sous un chef unique. Il avait disposé de son royaume à perpétuité, par un testament fait en présence de tous ses enfants

1. Pagi, ann. 476, XX. — Ruinart, *Historia Persecutionis Vandalicæ*, pars II, cap. vii (édit. Migne, Patrologie Latine, t. LVIII).

assemblés auprès de son lit de mort. Il avait ordonné que son royaume serait toujours transmis en entier au plus âgé de ses descendants mâles[1]. De telle sorte que l'aîné des fils de Genséric était seul appelé au trône et qu'après ce fils aîné, la succession royale devait être transmise, non pas aux descendants de ce dernier, mais à son frère puîné ou, à défaut de celui-ci, à son second frère et après l'extinction de la descendance immédiate de Genséric, au plus âgé des princes issus de lui. Cet ordre de succession, fidèlement observé, préserva le royaume des Vandales du morcellement qui détruisit le royaume de Clovis ; mais il multiplia les crimes dans la famille royale.

  Hunéric, le fils aîné de Genséric, avait reçu en mariage Eudoxie, fille de l'empereur Valentinien III et de l'impératrice Eudoxie, qui, prise dans Rome avec sa mère et sa sœur Placidie, avait été emmenée captive à Carthage. De ce mariage, Hunéric avait un fils nommé Hildéric. Le désir de laisser la couronne à ce fils, dit Victor de Vite, décida Hunéric, presqu'aussitôt après son avènement, à faire périr tous ceux de ses parents dont l'existence pouvait être un obstacle à ses projets. Il fit d'abord périr, comme coupables d'un crime supposé, la femme et le fils aîné de son frère Théoderic, dont les biens furent confisqués et qui alla mourir en exil. Théoderic mort, on se débarrassa également de son second fils encore enfant et de ses deux filles. Genzon, le second des fils de Genséric, était mort avant son père ; mais il avait laissé des fils dont l'aîné, nommé Godagès, était plus âgé qu'Hildéric. Hunéric relégua en exil Godagès et la femme de celui-ci, les traitant avec une si cruelle rigueur qu'il ne leur permit pas même d'emmener avec eux un seul serviteur.

  Ces faits nous sont connus par le récit de Victor de Vite qui les note uniquement pour montrer le caractère implacable d'Hunéric dont les catholiques eurent tant à souffrir. Historien de l'Église et indifférent à tout ce qui n'intéresse pas

---

1. Procope, *de Bello Vandalico*, lib. I, cap, 7. — Jornandès, *de Rebus Geticis*, XXXIII. — Victor Vitensis, *Historia Persecutionis Vandalicæ*, lib. II, cap. V (édit. Migne, Patrologie Latine, t. LVIII, p. 205).

l'histoire ecclésiastique, Victor de Vite néglige de nous faire connaître le prétexte de tant de cruautés. Mais il ajoute que d'autres victimes, illustres et en grand nombre, partagèrent le sort des princes de la famille royale. Jocundus, le patriarche et le principal des évêques ariens, intimement lié à Théoderic, fut brûlé vif sur une des places de Carthage. Des comtes et d'autres nobles hommes qui tenaient également pour Théoderic, furent brûlés vifs ou décapités. Enfin, un vieillard, nommé Heldic, qui avait rempli de grands emplois sous le règne de Genséric et que Genséric avait recommandé à son successeur, en exigeant la promesse sous serment de le traiter avec bienveillance, fut également décapité. La femme de ce personnage fut brûlée publiquement, en pleine ville, avec une autre femme, nommée Theucaria. Les corps de ces malheureuses furent traînés, par ordre du roi, à travers les rues et les places; ce ne fut qu'à la nuit que cédant aux prières des évêques de sa religion, il consentit à les laisser ensevelir. Camut, le frère d'Heldic, échappa à la mort, en se réfugiant dans une église arienne; mais n'échappa point aux traitements les plus cruels auxquels d'autres encore furent condamnés.

Ces condamnations, prononcées et exécutées publiquement, contre des personnages qui, n'appartenant pas à la famille royale, ne pouvaient prétendre au trône, font supposer qu'Hunéric eut à punir une conspiration, ourdie pour empêcher l'exécution du testament de Genséric. Si, comme Victor de Vite le croit, il ne s'était agi pour le nouveau roi des Vandales que de faire disparaître des héritiers éventuels qui gênaient son ambition, il se serait contenté de les faire périr le plus secrètement qu'il lui eût été possible, sans exercer d'autres cruautés, non seulement inutiles, mais dangereuses, puisqu'elles pouvaient provoquer contre lui le ressentiment de familles considérables parmi les Vandales. De plus, il n'eût certainement pas épargné la vie de ceux de ses parents qui se trouvaient être ses héritiers immédiats et nécessaires. Or, nous le voyons se contenter de reléguer son frère Théoderic, son héritier immédiat, et Godagès, son héritier après Théo-

deric, dans un exil d'où ces princes pouvaient revenir disputer le trône à son fils. D'autre part, Victor de Vite nous
apprend que la femme de Théoderic était ambitieuse et intri-
gante ; que son fils était un homme prudent et entendu, et que
ce fut parce qu'Hunéric craignait leurs intrigues, qu'il les fit
mettre à mort. Il paraît donc certain qu'aussitôt après la mort
de Genséric, son premier successeur eut à vaincre l'hostilité
d'une partie des Vandales. Chez les conquérants de l'Afrique,
comme chez les Goths et chez les Francs, l'union ne durait
qu'autant que le chef redouté de la conquête la maintenait
par son prestige et son autorité personnels. Elle disparaissait avec lui. Hunéric resta maître de l'Afrique tout entière ;
mais par la force et la terreur, non du consentement unanime
de toute sa nation. S'il eût vécu, ajoute Victor de Vite, il n'eût
épargné aucun des siens[1]. Il y eût été forcé sans doute, pour
se défendre contre de nouvelles conspirations.

Le mécontentement des princes de la famille royale et de
leurs partisans ne fut pas l'unique cause d'affaiblissement
pour le royaume des Vandales qui, peu nombreux relativement à l'étendue de leur conquête, demeuraient comme
campés au milieu d'une population hostile. Si, lors de leur
débarquement en Afrique, ils avaient trouvé des alliés parmi
les donatistes, persécutés par les catholiques, ils trouvaient
parmi ceux-ci une résistance que les concessions ne dimi-
nuaient pas et que les persécutions changeaient en une haine
implacable. L'Église catholique, étant dans le monde entier
l'adversaire irréconciliable des barbares ariens et la fidèle
alliée de l'Empire, la population d'origine romaine se pressait autour de ce centre d'opposition aux vainqueurs ; ses
aspirations politiques et sociales se confondaient désormais
avec ses croyances religieuses. Les donatistes eurent beau
rouvrir librement leurs églises, alors que les églises catholiques étaient fermées ; leur propagande semble avoir eu peu
de succès. Ils continuèrent d'exister ; mais leur nombre
paraît avoir diminué, plutôt qu'augmenté. Ils étaient les pro-

---

1. Victor Vitensis, *de Persecut. Vandal.*, lib. II, cap. v (édit. Migne,
Patrologie Latine, t. LVIII, p. 205).

tégés des Vandales ; on ne pouvait que s'éloigner d'eux.
La lutte entre le clergé catholique et les Vandales commença presque immédiatement après la conquête. Il semble
que Genséric se fit d'abord illusion, espérant gagner les
catholiques par la douceur et les amener même à adopter la
religion des barbares. « Nous voyons, écrit saint Prosper, les
ariens séduire les catholiques, tantôt par les moyens dont dispose le pouvoir temporel, tantôt par des insinuations perfides
ménagées avec art et surtout par leur abstinence, par leur
sobriété, par d'autres signes d'une vie vertueuse [1] ». Genséric
réussit à provoquer quelques apostasies ; on vit même,
paraît-il, des évêques passer à l'arianisme [2]. Mais les apostats
furent certainement peu nombreux ; la masse du clergé ne se
laissa entamer ni par la crainte, ni par la corruption. Les
prêtres catholiques, dédaignant toute prudence, paraissent
avoir excité les fidèles au mépris, à la haine des tyrans étrangers. Victor de Vite nous apprend en effet, que les Vandales
voyaient une allusion à leur prince dans les noms de Pharaon,
de Nabuchodonosor, d'Holopherne que les prédicateurs se
plaisaient à citer [3].

Genséric vit une provocation et un danger dans l'attitude
du clergé catholique, qui apparaissait comme la tête du parti
romain. Il résolut de prévenir par la terreur, un soulèvement
que les évêques et les prêtres eussent pu provoquer, tandis
que les armées vandales seraient aux prises avec les forces
de l'Empire. Dès 437 ou 439, c'est-à-dire peu de temps après
la paix d'Hippone, Genséric commença à persécuter ouvertement les catholiques et à leur défendre l'exercice de leur
culte. Lorsqu'il s'empara de Carthage, il fit saisir l'évêque,
nommé Quodvultdeus, avec la plus grande partie de son
clergé, les dépouilla de tous leurs biens, sans leur laisser la
moindre ressource et, les ayant fait embarquer sur des

---

1. Saint Prosper d'Aquitaine, *de Promissionibus*, pars IV, cap. V (édit.
Migne, Patrologie Latine, t. LI, p. 841).

2. Marcus, *Histoire des Vandales*.

3. Victor Vitensis, *de Persecut. Vandal.*, lib. I, cap. VII (édit. Migne, Patrologie Latine, t. LVIII, p. 190).

navires en mauvais état, il les expulsa d'Afrique. Dieu, dans sa miséricorde et sa bonté, ajoute Victor de Vite, daigna leur accorder une heureuse traversée jusqu'à Naples, en Campanie[1]. Après l'expulsion de l'évêque et du clergé, les églises catholiques de Carthage furent toutes fermées. La principale, la basilique Restituée, fut livrée aux ariens et toutes les autres furent également confisquées, avec tous les biens qui en dépendaient. On ne laissa pas même aux catholiques les sanctuaires situés dans les environs de la ville. Ils furent privés notamment de deux églises particulièrement vénérées et importantes : celles de saint Cyprien, martyr, construites dans un lieu nommé Mappalia ; l'une à l'endroit où saint Cyprien avait souffert le martyre, l'autre à l'endroit de sa sépulture. Le culte catholique fut prohibé, jusque dans les funérailles qui durent se faire en silence, sans aucun chant religieux[2]. A ce moment, Genséric semble avoir eu la pensée de détruire complètement, dans ses États, la religion qui lui faisait obstacle.

La conquête achevée, Genséric avait partagé les territoires de l'Afrique en provinces du prince et en provinces vandales. Les premières étaient celles que le roi s'était réservées, où devait s'étendre son domaine et dont les impôts étaient destinés à alimenter le trésor royal. Les provinces du prince furent d'abord : la Byzacène, l'Abaritane, la Gétulie et une partie de la Numidie[3]. Puis, lorsque toute l'Afrique fut définitivement soumise, la Numidie tout entière, les Mauritanies et la Tripolitaine devinrent également provinces du prince. Les provinces vandales furent ainsi appelées, parce que le vainqueur les donna en partage à son armée, comme une part de butin. Procope nous apprend, en ces termes, de quelle manière furent traitées ces provinces : « Quant à ce qu'il y avait de mieux parmi les Africains, terres, biens, richesses de toutes sortes, tout fut donné par Genséric à ses fils Hunéric et

1. Victor Vitensis, *de Persecut. Vandal.*, lib. I. cap. v.
2. Victor Vitensis, *de Persecut. Vandal.*, lib. I, cap. v, p. 187.
3. Victor Vitensis, *de Persecut. Vandal.*, lib. I, cap. iv (édit. Migne, Patrologie Latine, t. LVIII, p. 186).

Genzon ; Théodat, son fils cadet, étant déjà mort sans enfants. De plus, toutes les meilleures terres de l'Afrique furent enlevées à leurs propriétaires et distribuées aux Vandales. On les désigne encore aujourd'hui sous le nom de champs des Vandales. Quant aux anciens propriétaires de ces domaines, ils furent tous réduits à la plus grande pauvreté, mais on leur laissa la liberté et la faculté d'émigrer où bon leur sembla. Les terres abandonnées par Genséric à ses fils et aux Vandales furent exemptes d'impôt, à perpétuité [1]. »

Dans les provinces des Vandales, les catholiques ayant été privés de leurs églises et de tout ce qui en dépendait, des prêtres du haut clergé, qui avaient échappé à la proscription, prirent le parti d'aller, avec d'autres personnages illustres, porter au roi leurs supplications. Ils le trouvèrent sur le rivage de la mer, non loin d'une ville de la Proconsulaire, nommée Maxulitana, en un lieu appelé vulgairement Lugula. On raconte que Genséric, plein de colère, se contenta de leur faire transmettre cette réponse : « J'ai résolu de n'épargner personne de votre nom et de votre race ; et vous osez m'adresser de pareilles demandes ! » Il voulut à l'instant les faire jeter à la mer ; ceux qui l'entouraient eurent les plus grandes peines à l'en détourner et à préserver des effets de sa colère, les malheureux qui avaient espéré l'attendrir. Ces prêtres infortunés s'éloignèrent, accablés de tristesse, mais non découragés. Privés de leurs églises, ils n'en continuèrent pas moins à célébrer les divins mystères où et comme ils le pouvaient [2]. Une quantité de sénateurs et de personnages du plus haut rang furent enveloppés dans les proscriptions ordonnées contre le clergé catholique. Ils furent d'abord exilés loin de leurs demeures, puis déportés hors de l'Afrique [3].

Le bannissement des principaux citoyens de race romaine, ordonné en même temps et pour les mêmes motifs que les

---

1. Procope, de *Bello Vandal.*, lib. I, cap. 5 (Corpus Script. Hist. Byzant.).

2. Victor Vitensis, *de Persecut. Vandal.*, lib. I, cap. V (édit. Migne, Patrologie Latine, t. LVIII, p. 188).

3. Victor Vitensis, *de Persecut. Vandal.*, lib. I, cap V, p. 188.

persécutions contre le clergé catholique, sont une preuve que Genséric n'était point emporté par la passion religieuse et qu'en persécutant le clergé catholique, c'était le parti romain qu'il pensait anéantir. Ces persécutions acharnées durèrent sans relâche, aussi longtemps que les Vandales eurent à se préparer à lutter, en Afrique même, contre les armées des empereurs d'Orient ou d'Occident. Elles furent moins rigoureuses, durant les années qui suivirent la paix qu'en 442, l'empereur Théodose II fut contraint de conclure avec Genséric, après avoir été obligé de rappeler pour défendre l'Illyrie, ravagée par les Huns d'Attila, la flotte formidable qu'il avait armée contre les Vandales. Le culte catholique fut alors toléré. On vit même, le 25 octobre 454, un nouveau métropolitain monter sur le siège épiscopal de Carthage et plusieurs églises furent rouvertes dans cette ville [1],

. Déogratias, le nouvel évêque de Carthage, eut bientôt l'occasion de déployer son ardente charité quand, en 455, l'Afrique fut remplie des innombrables captifs que Genséric y amena, après la prise et le sac de Rome. Ces malheureux étaient donnés comme esclaves aux Vandales et aux Maures. Les femmes étaient séparées de leurs maris, les enfants de leurs parents. Déogratias n'hésita point à vendre les vases d'or et d'argent de son église, pour en consacrer le prix au rachat des captifs dont il ne cessa de consoler et de secourir les infortunes. Le nombre de ces malheureux était si grand qu'on ne savait où les loger. Déogratias les recueillit dans deux des principales églises de Carthage, transformées en refuges : la basilica Novarum et la basilica Fausti, où les fonts baptismaux et le siège épiscopal avaient été transportés, la basilique Restituée continuant à être occupée par les ariens [2]. Les Romains traînés en captivité durent ainsi à la charité de l'évêque de Carthage, non seulement la liberté, mais encore un abri, avec des distributions de vivres et des

---

1. Victor Vitensis, *de Persecut. Vandal.*, lib. I, cap. viii (édit. Migne, Patrologie Latine, t. LVIII, p. 191).

2. Victor Vitensis, *de Persecut. Vandal.*, lib. I, cap. viii (édit. Migne, Patrologie Latine, t. LVIII, p. 191). Note de l'édition Migne (Patrologie Latine, t. LVIII, p. 191, note b).

soins pour ceux d'entre eux qui, en grand nombre, étaient tombés malades, à la suite des misères qu'ils avaient eu à supporter. Même pendant la nuit, il poursuivait son œuvre de miséricorde, dit Victor de Vite, visitant les asiles ouverts par ses soins, s'arrêtant auprès de chaque lit, pour s'informer de l'état de chacun de ses hôtes. Il se donnait ainsi tout entier, sans souci de la fatigue, sans ménagements pour sa vieillesse. Les ariens, dont tant de vertu enflammait l'envie, tentèrent plus d'une fois de mettre à mort ce saint homme et lui dressèrent souvent des embûches. Dieu le délivra bientôt des serres de ces vautours. Les captifs romains pleurèrent sa mort, comme un nouveau malheur. Ils se sentirent, en quelque sorte, davantage dans les mains des barbares, quand leur protecteur fut monté au Ciel [1].

Déogratias avait gouverné son Église pendant trois ans. Après son décès, le siège épiscopal de Carthage demeura vacant [2]. On était en l'an 457 ou 458, c'est-à-dire à l'époque de l'avènement de Majorien. Genséric, craignant d'être attaqué dans l'Afrique même, redoublait ses rigueurs contre les catholiques. On sait les luttes qu'il eut à soutenir contre les forces de l'Occident, sous le règne de Majorien. D'autre part, il avait sujet de craindre l'hostilité de l'Orient. Dès que la nouvelle du sac de Rome avait été connue à Constantinople, l'empereur Marcien, qui régnait alors en Orient, avait marqué sa volonté de mettre un terme aux dévastations des Vandales.

1. Victor Vitensis, *de Persecut. Vandal.*, lib. I, cap. VIII.

2. Victor Vitensis, lib. I, cap. IX, parle, il est vrai, d'un prêtre, nommé Thomas, qui aurait été ordonné évêque de Carthage après la mort de Déogratias et qui, peu après son ordination, aurait été assassiné par les ariens. Mais Victor de Vite est le seul auteur qui fasse mention de cet évêque. Son nom ne figure pas dans le très ancien calendrier carthaginois où tous les évêques de cette époque sont indiqués avec le plus grand soin. On y trouve, non seulement les noms de Aurélius, Capréolus, Déogratias qui sont morts en Afrique, mais aussi les noms de Quodvultdeus et d'Eugène qui moururent en exil. Il y a donc lieu de croire que le texte de Victor de Vite est corrompu et qu'au lieu de : « Ordinatus quondam sacerdos nomine Thomas », il faut lire : « Ordinator quondam memorati sacerdotis nomine Thomas ». Le personnage dont Victor de Vite raconte la mort, serait donc, non pas le successeur de Déogratias, mais un évêque africain qui-avait donné l'ordination à Déogratias. — Baronius, *ann.*, 455, XVII. — Pagi, *ann.*, 455, VIII. — Migne, Patrologie Latine, t. LVIII, p. 192, note e.

Marcien n'ayant point reconnu l'usurpation de Maxime en Occident, se considérait, depuis la mort de Valentinien, comme seul souverain de l'Empire tout entier. Il envoya donc à Genséric une ambassade, pour le sommer de cesser ses ravages et pour réclamer la mise en liberté de l'impératrice Eudoxie et de ses deux filles. Genséric ne lui ayant point donné satis-faction, Marcien s'était persuadé qu'un ambassadeur arien réus-sirait mieux à Carthage et y avait envoyé Bléda, évêque de la secte arienne. L'évêque n'avait pas été plus favorablement écouté, bien qu'il eût représenté à Genséric que sa prospérité présente ne devait pas l'enorgueillir, au point de mépriser` le ressentiment d'un prince guerrier, qui pourrait rendre à l'Afrique tous les maux que l'Afrique faisait souffrir à l'Italie[1].

Les auteurs qui prétendent que Marcien s'était engagé sous serment à ne jamais faire la guerre contre les Vandales, croient aussi qu'il ne songea point à tirer vengeance de l'injure faite à l'Empire. D'autres, au contraire, pensent qu'il se pré-parait à passer en Afrique, au moment où il mourut, le 26 jan-vier 457[2]. Si on peut croire que Marcien eût hésité à déclarer la guerre aux Vandales, il est certain que toute hésitation avait disparu après lui. Porter la guerre en Afrique, fut l'idée con-stante et le but de son successeur, l'empereur Léon. Les efforts de ce prince aboutirent à la grande expédition que fit échouer la destruction de la flotte de Basiliscus.

Les événements qui, pendant les années suivantes, boulever-sèrent le monde romain, le mirent dans l'impossibilité de rien entreprendre pour réparer cet échec. L'Empire d'Occident, réduit à peu près à l'Italie, acheva de disparaître, sous les règnes éphémères d'Olybrius, de Glycérius, de Népos, de Romulus Augustule. L'Empire d'Orient, troublé par l'ambi-tion d'Aspar et, après la mort de Léon, survenue au mois de janvier 474, par les incursions des Sarrasins et des Huns, ne

---

1. *Evagrius*, lib. II, cap. VII.

2. Procope, de *Bello Vandal.*, lib. I, cap. 4 (Corpus Script. Hist. Byzant.). — *Théodore Lecteur*, lib. I, n° 7 (édit. Migne, Patrologie Gréco-Latine, t. LXXXVI, p. 170).

put que se défendre. La défaite de Basiliscus avait donc mis fin aux tentatives des empereurs pour reconquérir l'Afrique ; mais elle n'avait été suivie d'aucun traité de paix et les Vandales s'étaient remis à piller les rivages de l'Empire. Enfin, en 475, l'empereur Zénon se vit contraint à une négociation que ses prédécesseurs n'avaient point voulu admettre. Il se trouvait dans l'impossibilité de mettre obstacle aux courses continuelles des Vandales et il avait le plus grand intérêt à se les rendre favorables, à les détourner de donner l'appui de leurs armes à Basiliscus, dont les intrigues troublaient l'Orient et allaient amener la guerre civile.

Zénon, s'étant donc résolu à traiter avec Genséric, lui députa un sénateur, nommé Sévère, qu'il éleva à la dignité de patrice, pour donner plus d'éclat à son ambassade. Dès que Genséric avait appris cette démarche de l'empereur, il s'était hâté d'armer une flotte, de dévaster l'Empire et de saccager Nicopolis. Sévère, arrivé à Carthage, se plaignit de cet acte d'hostilité. Genséric se borna à lui répondre : « J'étais en droit d'agir jusqu'ici en ennemi ; mais, puisque maintenant on vient me faire des propositions de paix, je les écouterai volontiers ». Il se montra en effet tout disposé à faire bon accueil à l'envoyé de l'empereur, qui, de son côté, paraît avoir su gagner la sympathie et l'estime du roi barbare, par son intelligence et par la dignité et la probité de son caractère. Le désintéressement étant la qualité dont les barbares étaient le plus dépourvus, c'était aussi celle qui faisait la plus vive impression sur leur esprit. Sévère réussit à exciter l'admiration de Genséric, en refusant les présents qui lui étaient offerts et en déclarant qu'un ambassadeur ne pouvait recevoir aucun présent plus digne de lui que la délivrance des captifs de sa nation. Genséric loua fort cette grandeur d'âme et répondit qu'il le faisait maître de tous les captifs que lui-même et ses enfants avaient eus dans leur part de butin et qu'il lui permettait de racheter ceux qui auraient été partagés entre les Vandales, à condition que ceux-ci consentissent à les vendre. Sévère, ayant ainsi obtenu gratuitement la liberté des prisonniers du roi, fit vendre publiquement à l'encan toute son argenterie, ses meubles et même ses habits, pour racheter les autres[1].

L'ambassade de Sévère aboutit à un traité de paix perpétuelle entre l'empire et le roi des Vandales. Cette paix ne fut point troublée, jusqu'au temps où Justinien jugea le moment venu d'intervenir en Afrique[2]. Zénon n'avait traité que pour l'Orient. L'année suivante, en 476, un second traité fut conclu entre Genséric et Odoacre, qui venait de s'emparer de l'Italie et de mettre fin à l'empire en Occident[3]. Victor de Vite dit que par ce traité, Genséric céda la Sicile à Odoacre, moyennant un tribut annuel[4]. Mais à l'époque de l'expédition de Basiliscus, les Romains étaient maîtres de la Sicile et on ne voit point qu'ils en aient été chassés après la victoire des Vandales. Il y a donc lieu de croire que Genséric ne céda pas la Sicile qu'il ne possédait plus, mais qu'il renonça, moyennant un tribut, à toute prétention sur les territoires de cette île qu'il avait précédemment occupés.

Aussi longtemps que dura l'état de guerre avec l'empire, les catholiques furent cruellement persécutés en Afrique. Les églises furent de nouveau fermées, à Carthage et ailleurs; il ne fut plus permis de donner des successeurs aux évêques de la Proconsulaire et de la Byzacène qui venaient à mourir; les livres saints, les objets consacrés au culte, les ornements des églises, tout fut enlevé aux ecclésiastiques, qui furent chassés de leurs sièges et de leurs demeures. Dépouillés de leurs biens, ils demeurèrent sans asile, car il était défendu de les recueillir; ou ils furent déportés et relégués chez les Maures[5]. La paix, conclue avec l'empereur Zénon, rendit un peu de calme à la malheureuse Église d'Afrique. Sévère avait obtenu et sans doute imposé comme condition que l'Église

1. Tillemont, *Empereurs, Zénon*, art. IV.
2. Procope, *de Bello Vandal.*, lib. I, cap. 7.
3. Victor Vitensis, *de Persecut. Vandal.*, lib. I, cap. IV (édit. Migne, Patrologie Latine, t. LVIII, p. 186).
4. Victor Vitensis, *de Persecut. Vandal.*, lib. I, cap. IV (édit. Migne, Patrologie Latine, t. LVIII, p. 187).
5. Victor Vitensis, *de Persecut. Vandal.*, lib. I, cap. IX-XVI (édit. Migne, Patrologie Latine, t. LVIII).

fût rouverte à Carthage. Les prêtres revinrent de leur exil[1].
Au commencement du règne d'Hunéric, les catholiques
continuèrent à jouir de la tolérance relative qu'ils devaient
à l'intervention de l'empereur Zénon. Hunéric fut d'abord
assez doux et assez modéré, principalement à leur égard. Il
permit leurs asssemblées publiques que Genséric n'avait
point autorisées et, voulant faire montre de zèle religieux, il
ordonna des poursuites contre les manichéens, dont plusieurs
furent brûlés et dont un grand nombre fut exilé outre-mer[2].
A peine délivrés des persécutions, les chrétiens d'Afrique ne
songeaient qu'à persécuter à leur tour. A cette époque d'ar-
dentes luttes religieuses, il ne pouvait venir à l'esprit de personne qu'il fût injuste de traiter ses adversaires avec cette
rigueur qu'on avait trouvée si injuste pour soi-même. Les supplices des manichéens, que l'Église traquait sans merci,
comme ses plus dangereux ennemis, étaient une satisfaction
donnée aux catholiques, bien plus qu'aux ariens qui eurent
le déplaisir de voir constater que presque tous les hérétiques
faisaient partie de leur clergé[3].

Hunéric ménageait les catholiques dans ses États, en vue
d'obtenir de la cour de Constantinople des ménagements analogues pour les ariens, sur le territoire de l'Empire. Il crut
atteindre ce but lorsque, trois ans après son avènement, en 481,
sa belle-sœur Placidie, veuve d'Olybrius, et Zénon le firent
prier par un ambassadeur, nommé Alexandre, de permettre
que l'église de Carthage, qui n'avait point eu d'évêque depuis
vingt-quatre ans, en eût un librement élu et le fît ordonner[4].
Hunéric envoya Alexandre, l'ambassadeur de Zénon, à l'église
catholique de Carthage, afin que les fidèles pussent choisir
en sa présence, celui qu'ils jugeraient digne de la dignité
épiscopale; mais il fit accompagner Alexandre par son secré-

---

1. Victor Vitensis, *de Persecut. Vandal.*, lib. I, cap. xvii (édit. Migne,
Patrologie Latine, t. LVIII, p. 202).

2. Victor Vitensis, *de Persecut. Vandal.*, lib. II, cap. i.

3. Victor Vitensis, *de Persecut. Vandal.*, lib. II, cap. i (édit. Migne,
Patrologie Latine, t. LVIII, p. 202).

4. Victor Vitensis, *de Persecut. Vandal.*, lib. II, cap. i (édit. Migne, Patrologie Latine, t. LVIII, p. 202).

taire, nommé Vitarit, porteur d'un édit dont lecture devait être donnée en public. Cet édit assurait toute liberté aux catholiques et les autorisait à faire ordonner l'évêque de leur choix, à condition que les évêques ariens qui étaient à Constantinople et dans les provinces de l'Orient, auraient la liberté, dans leurs églises, de prêcher dans la langue qu'ils voudraient et de suivre la loi chrétienne, c'est-à-dire les dogmes des ariens. L'édit royal portait que si cette condition n'était pas observée dans l'Empire, l'évêque qui serait ordonné à Carthage et son clergé, ainsi que tous les évêques de toutes les provinces d'Afrique et leur clergé, seraient envoyés chez les Maures[1].

« Cet édit ayant été lu le 18 juin (ou le 19 mai, selon quelques éditions), à toute l'Église, en notre présence, raconte Victor de Vite, l'historien de la persécution des Vandales, nous commençâmes à gémir et à dire tout bas que l'on cherchait des prétextes pour nous persécuter. C'est chose connue que nous nous adressâmes, en ces termes, à l'ambassadeur : « S'il en est ainsi et si l'on nous impose des conditions si dangereuses, cette église aime mieux n'avoir point d'évêque. Le Christ continuera de la gouverner, comme il a daigné la gouverner jusqu'à ce jour ». L'ambassadeur négligea de tenir compte de cet avis. En même temps, le peuple s'échauffa et prit feu pour avoir immédiatement un évêque. Il n'y eut point moyen de résister à ses clameurs que rien ne put apaiser. Eugène fut donc ordonné. C'était un saint homme, d'une vertu éclatante, respecté et vénéré, même hors de l'Afrique. L'influence que lui donnaient ses grandes qualités et ses prodigieuses aumônes, excita l'envie des évêques ariens et principalement de Cyrila. Ils s'acharnèrent en vain à le discréditer par de continuelles calomnies. Bientôt, ils réussirent à faire plus. Ils obtinrent du roi qu'il lui fût défendu de siéger sur son trône épiscopal et d'adresser la parole aux fidèles, suivant la coutume. A leur instigation, le roi lui enjoignit ensuite de défendre l'entrée de l'église à tous ceux, hommes

---

1. Victor Vitensis, *de Persecut. Vandal.*, lib. II, cap. II (édit. Migne, Patrologie Latine, t. LVIII, p. 203).

et femmes, qui s'y présenteraient vêtus de l'habit des barbares. C'était exclure un grand nombre de catholiques qui, étant attachés à la maison royale, portaient le costume des Vandales. Eugène répondit que la Maison de Dieu est ouverte à tout le monde et que nul ne peut repousser ceux qui y entrent. Cette réponse décida Hunéric à employer aussitôt la plus cruelle violence. Il fit placer à l'entrée de l'église des bourreaux qui, dès qu'ils apercevaient des hommes ou des femmes portant le costume vandale, saisissaient ces malheureux, à l'aide d'instruments qu'ils leur jetaient à la tête et qui s'emmêlaient dans leurs cheveux. Puis, tirant vivement, ils leur arrachaient, avec la chevelure, la peau de la tête. Il y en eut beaucoup qui perdirent les yeux ; d'autres moururent de la douleur que causait ce traitement inhumain. On traînait les femmes, le crâne dépouillé de la peau, par les places de la ville, précédées d'un crieur public, pour les montrer à tout le monde. Aucune des victimes de cette cruauté, n'abandonna sa foi. D'autres mauvais traitements, les travaux pénibles imposés dans les conditions les plus dures aux serviteurs catholiques de la maison royale, ne purent vaincre leur constance.

Victor de Vite donne pour uniques raisons de ce commencement de persécution, l'envie des évêques ariens et la méchanceté de leur roi. Ces raisons ne fournissent pas une explication suffisante. Si Hunéric avait été animé d'une haine fanatique contre les catholiques, il ne leur eût point permis l'exercice public de leur culte et si ces évêques avaient eu assez d'autorité sur son esprit pour le décider à violer sa promesse, ils eussent été assez puissants pour l'empêcher de la donner. Sans doute les catholiques, à peine libres, firent-ils une active propagande, et ceux que le roi fit traiter si durement étaient peut-être des Vandales convertis à la religion orthodoxe. Quoi qu'il en soit, le véritable motif des persécutions renouvelées par Hunéric, fut que la condition imposée à Alexandre, lors de l'élection d'Eugène, ne fut pas acceptée ou du moins, ne fut pas remplie en Orient. Les lois impériales contre les ariens demeurèrent en vigueur. Aussi, Hunéric ne tarda-t-il pas à accomplir les menaces de son édit. Mais avant de proscrire en masse le clergé catholique, il voulut être assuré de n'avoir, autour de lui, que des serviteurs dévoués. C'est apparemment dans le but de se débarrasser de ceux dont les croyances religieuses, contraires aux siennes, rendaient la fidélité douteuse, qu'il prescrivit que nul ne pourrait exercer une fonction publique ou un office du palais, à moins d'être ou de se faire arien. Un grand nombre de catholiques quittèrent courageusement leur emploi, plutôt que de renier leur croyance.

Une persécution générale et violente contre des prêtres irréprochables n'était pas sans danger. L'indignation populaire pouvait éclater en un soulèvement de la population romaine et catholique. Hunéric tenta de flétrir la réputation de ses victimes, pour se donner, aux yeux du peuple, l'apparence de ne frapper que des coupables, indignes de sympathie et de respect. A cet effet, il fit torturer des religieuses, pour leur arracher l'aveu de fautes commises avec leurs évêques et leurs prêtres. Ces saintes filles résistèrent à tous les tourments. Il fallut renoncer aux calomnies dont on voulait les rendre complices et user ouvertement de violence, sans excuse et sans prétexte [1].

Hunéric fit arrêter, pour les envoyer en exil dans le désert, 4 976 évêques, prêtres, diacres et autres membres de l'Église. Cette exécution fut faite sans pitié. Parmi ces ecclésiastiques, beaucoup étaient perclus de douleurs ; d'autres étaient privés de la vue, par suite de leur grand âge. De ce nombre était le bienheureux Félix, évêque d'Abbir, qui était dans l'épiscopat depuis quarante-quatre ans et qui, frappé de paralysie, ne sentait plus rien et ne parlait plus du tout. Considérant qu'il était impossible de transporter ce vieillard sur une bête de somme, ses compagnons d'infortune ou peut-être Victor de Vite, qui raconte lui-même cette circonstance, s'employèrent à faire prier le roi, par des personnes de son entourage, de permettre, puisque Félix allait bientôt mourir, qu'on le laissât à Carthage. Le tyran, dit-on, répondit avec fureur : « S'il

---

1. Victor Vitensis, *de Persecut. Vandal.*, lib. II, cap. VII (édit. Migne, Patrologie Latine, t. LVIII, p. 208-209).

ne peut se tenir à cheval, qu'on l'attache, avec des cordes, à des bœufs indomptés qui le traîneront où j'ai ordonné ».

On fut obligé de lier le malheureux vieillard sur un mauvais cheval et de le porter, tout le long de la route, comme une pièce de bois[1].

Tous les prêtres et ecclésiastiques arrêtés furent conduits et rassemblés dans les villes de Sicca et de Lara où les Maures devaient venir les prendre pour les conduire au désert. Deux comtes allèrent les y trouver pour les engager, par des promesses et de flatteuses paroles, à obéir aux ordres du roi qui, disaient-ils, les aurait en grande estime, s'ils mettaient de l'empressement à se soumettre à sa volonté. Ces discours furent interrompus à l'instant par un cri unanime de protestation et de profession de foi catholique. Les confesseurs furent alors plus étroitement enfermés, tout en étant encore assez au large, puisqu'on leur laissa la faculté de voir leurs frères, de s'entretenir avec eux, de prêcher et de célébrer les divins mystères. Le spectacle de tant de prêtres persécutés enflammait le zèle religieux du peuple et il n'y eut pas même un seul enfant qui se laissât intimider; bien que plus d'une mère, dit Victor de Vite, se fût efforcée de faire rebaptiser son fils pour le détacher de la foi, tandis que d'autres se réjouissaient d'avoir donné le jour à des martyrs.

Bientôt, quand on eut reconnu qu'on ne pouvait compter sur aucune défection, on chercha les lieux les plus étroits et les plus affreux, pour y resserrer l'armée du Seigneur. Toute visite fut interdite, avec tant de rigueur que la moindre complaisance des gardiens fut punie du fouet ou d'autres châtiments cruels. Les confesseurs du Christ furent jetés les uns sur les autres, comme des sauterelles et, comme ils ne pouvaient s'écarter pour les nécessités naturelles, ils firent de leur étroite prison un lieu d'horreur, plus insupportable que tous les supplices. Victor de Vite rapporte que, parfois, tandis que les Vandales dormaient, il put gagner, au prix de grands présents, les Maures chargés de garder les prisonniers

---

1. Victor Vitensis, *de Persecut. Vandal.*, lib. II, cap. viii (édit. Migne, Patrologie Latine, t. LVIII, p. 209).

et pénétrer auprès de ces malheureux qu'il trouvait dans un lieu infect, où on enfonçait dans l'ordure jusqu'aux genoux [1].

Victor de Vite est évidemment un homme d'imagination. Pour inspirer la haine des persécuteurs, il grossit volontiers les misères des persécutés. Quoi qu'il en soit, on voit aisément à travers son récit, que rien ne diminuait l'énergique ardeur du clergé catholique et que, même en prison, sans crainte d'augmenter ses souffrances, il continuait non seulement à se montrer inébranlable, mais à exercer son influence sur les populations romaines; ce qui décida les Vandales à agir, à son égard, avec une impitoyable rigueur. Les bruyants apprêts des Maures avertirent enfin les confesseurs qu'ils devaient se préparer au voyage qui leur était réservé. Ce fut un dimanche qu'ils furent emmenés. On les vit apparaître, les vêtements couverts de la malpropreté du lieu d'où on les tirait, souillés jusqu'à la tête et au visage, mais non point abattus et chantant, au milieu des menaces des Maures, l'hymne : *Hæc est gloria omnibus sanctis ejus.*

Ce fut un pénible voyage. « Nous ne pûmes pas compter tous ceux qui moururent en chemin, parce que le nombre en fut trop grand », écrit Victor de Vite, qui paraît avoir accompagné les saints confesseurs jusqu'au bout de leur exil. Quand la faiblesse ou la vieillesse les faisait défaillir, les Maures les forçaient à courir, en leur jetant des pierres et en les perçant avec la pointe de leurs lances, augmentant encore ainsi leur fatigue. On finit par ordonner aux Maures d'attacher par les pieds, ceux qui ne pouvaient plus marcher et de les traîner, comme des cadavres d'animaux morts, à travers les pierres qui déchiraient leurs vêtements et leurs membres. La tête écrasée, ou les flancs entr'ouverts, on continuait à les traîner ainsi, jusqu'à ce qu'ils eussent rendu l'âme. Les plus vigoureux parvinrent seuls jusqu'au désert, où ils ne trouvèrent à se nourrir que comme des bêtes de somme, dans une contrée remplie d'une si grande quantité d'animaux venimeux et de scorpions que la chose paraît incroyable à qui ne le sait pas, dit Victor de Vite;

---

1. Victor Vitensis, *de Persecut. Vandal.*, lib. II, cap. ix et x (p. 209-210).

et il ajoute : « Ces bêtes empoisonnent de leur venin ceux mêmes qui en sont éloignés. Il n'y a pas, d'ailleurs, d'exemple, prétend-on, que personne ait jamais guéri de l'atteinte du scorpion. Mais, par la grâce du Christ, aucun de ses serviteurs n'eut à en souffrir [1] ».

Hunéric méditait des desseins plus cruels encore, continue Victor de Vite. Après avoir déchiré quelques membres de l'Église, il voulait perdre son corps tout entier. Le jour de l'Ascension de Notre-Seigneur, il adressa à l'évêque Eugène un édit, dont lecture devait être donnée publiquement dans l'Église, en présence de Réginus, l'ambassadeur de l'empereur Zénon. En même temps, des courriers furent dépêchés partout en Afrique, pour y porter l'édit royal, conçu en ces termes :

« *Hunéric, roi des Vandales et des Alains, à tous les évêques omousiniens* [2].

« On sait qu'à diverses reprises, il a été défendu à vos prêtres de tenir des assemblées dans les pays des Vandales et d'y séduire et troubler les âmes chrétiennes. Il a été constaté, tout récemment, qu'au mépris de cette défense et malgré l'interdit dont ils sont frappés, beaucoup de vos prêtres ont dit des messes dans les pays des Vandales, prétendant professer l'exacte règle de la vraie foi chrétienne. Comme nous ne voulons point de scandale dans les provinces qui nous ont été concédées par Dieu, apprenez que nous avons établi, avec l'assentiment de nos saints évêques, que vous aurez à venir tous à Carthage, le jour des calendes de février prochain, pour conférer sans crainte avec nos vénérables évêques et prouver, par les divines écritures, la foi des omousiniens que vous défendez; afin qu'on puisse reconnaître si vous observez la vraie foi. Nous avons adressé également le texte de cet édit à tous vos évêques établis dans toute l'Afrique.

1. Victor Vitensis, *de Persecut. Vandal.*, lib. II, cap. xi et xii (édit. Migne, Patrologie Latine, t. LVIII, p. 211-212).

2. Ὁμοούσιος, qui a la même essence; consubstantiel. Les Catholiques sont traités par Hunéric d'*Omoousiens* et d'*Omousiniens*, à raison de la doctrine de l'Église touchant la consubstantialité de la nature divine et de la nature humaine en Jésus-Christ.

Donné le treizième jour des calendes de juin, la septième année du règne d'Hunéric (20 mai 483[1]). »

Le fait que la lecture de cet édit fut donnée en présence d'un ambassadeur de Zénon, semble indiquer que la convocation d'une conférence entre évêques catholiques et ariens fut la conséquence de représentations adressées par l'empereur au roi des Vandales. Il était aisé de prévoir le résultat inévitable d'une pareille conférence. La doctrine catholique, livrée au jugement des ariens, était condamnée d'avance. Le roi ne laissait aucun doute sur les conséquences de cette condamnation, après laquelle la foi catholique pourrait être considérée comme scandaleuse; et Hunéric ne voulait point de scandale dans ses États.

Grande fut la consternation du clergé catholique, qui comprit aussitôt qu'on méditait sa perte complète et celle de ses fidèles. Il ne pouvait pourtant opposer un refus, dont on n'aurait point manqué de tirer parti pour déclarer qu'il s'avouait vaincu. Le clergé de Carthage essaya de se tirer d'embarras, en opposant à Hunéric une habile exception d'incompétence. Eugène, son évêque, adressa au roi une requête dans laquelle, tout en se déclarant prêt à se rendre à la conférence, il opposait cette spécieuse objection que la cause de la foi catholique étant celle de tous les fidèles qui professaient la vraie croyance, non seulement en Afrique, mais dans le monde entier, on ne pouvait la discuter valablement, à moins de convoquer les évêques de toutes les contrées; ce qu'il priait humblement Hunéric de bien vouloir faire; s'offrant, de son côté, à inviter ses frères à bien vouloir se rendre à l'appel du roi des Vandales. Hunéric se borna à lui répondre : « Soumets-moi l'univers, ô Eugène, et je ferai à l'instant ce que tu proposes. » Il ne restait qu'à obéir, à se rendre à la conférence.

Au jour indiqué, le 1er février 484, les évêques catholiques se trouvèrent à Carthage, au nombre de 466. Tel est du moins le nombre des évêques présents qui se trouve indiqué dans

---

1. Victor Vitensis, *de Persecut. Vandal.*, lib. II, cap. xiii (édit. Migne. Patrologie Latine, t. LVIII, p. 213). — Pagi, *ann.* 483, IX.

une notice, considérée comme devant faire suite à l'histoire de Victor de Vite[1]. Mais le nombre total des évêques nominativement indiqués, est de 463. Ce nombre paraît considérable, même en tenant compte, comme le dit Victor de Vite, de ce que les évêques de toute l'Afrique et même ceux de plusieurs îles se rendirent à la conférence. Si véritablement il y eut 463 évêques présents à Carthage, ce fait donnerait à penser que Victor de Vite s'est livré à de bien grandes exagérations, dans son récit des souffrances infligées aux ecclésiastiques exilés chez les Maures. Il rapporte en effet que les plus vigoureux avaient seuls pu atteindre le désert, les autres ayant péri en route. Les évêques n'étaient certainement pas les plus jeunes et les plus vigoureux parmi les exilés. Cependant, bien peu étaient morts en exil, si, en 484, l'épiscopat africain comptait 466 membres ou 458, si on en retranche 8 de Sardaigne et des îles voisines. On sait en effet qu'il n'y avait en Afrique que 470 évêchés et 406 évêques, lors de la conférence avec les donatistes.

Victor de Vite raconte aussi que dans le but d'intimider les catholiques, Hunéric fit brûler, avant l'ouverture de la conférence et au moment même où elle allait s'ouvrir, un de leurs illustres docteurs, Lœtus, évêque de Nepte, ville de la Byzacène. Or, ce saint homme fut martyrisé le 20 septembre 484, c'est-à-dire sept mois et 20 jours après le commencement de la conférence[2].

Ce qui est certain, c'est qu'on ne permit point aux catholiques d'exposer et de prouver leurs croyances, comme ils se montraient tout disposés à le faire, ayant chargé dix d'entre eux de répondre, au nom de tous, à leurs adversaires. Quand on se réunit dans le lieu désigné par les Vandales, Cyrila,

---

1. *Notitia Provinciarum et Civitatum Africæ.* Incipiunt nomina episcoporum catholicorum diversarum provinciarum qui Carthagine ex præcepto regali venerunt pro reddenda ratione fidei die calend. februarias, anno sexto regis Hunerici. — Apud Ruinart.

2. *Victoris Tonnennensis Chronica* (édit. Mommsen, Monum. Germ., in-4°, Auct. Antiq., t. XI. pars I, ann. 479, I, p. 189). — Ruinart, *in Historiam Persecutionis Vandalicæ Commentarius historicus* (édit. Migne, Patrologie Latine, t. LVIII) et note de Ruinart dans son édition du texte de Victor Vitensis.

le chef des ariens, se plaça sur un trône élevé, entouré de ses satellites; tandis que les catholiques étaient réduits à demeurer debout. Les dix évêques désignés pour porter la parole au nom de leurs collègues, protestèrent contre cette attitude arrogante et demandèrent par qui les questions seraient examinées et décidées. « Par le patriarche Cyrila, leur répondit le notaire royal ». Ce titre de patriarche, usurpé par un évêque arien, provoqua de nouveau les protestations des catholiques. Ils demandèrent qu'on leur fît connaître par quelle autorité il avait été concédé à Cyrila ; mais ils furent aussitôt interrompus par les clameurs et les injures de leurs adversaires. Ils réclamèrent qu'on laissât dans la salle les fidèles qui, sans être évêques, étaient venus assister à la conférence. On leur répondit en ordonnant d'administrer cent coups de bâton à chacun des fils de l'Église catholique présents à la séance. Saint Eugène s'écria alors : « Que Dieu soit témoin de la violence que nous souffrons, de l'affliction et de la persécution que nos persécuteurs nous font supporter. » Puis, les délégués des catholiques, s'étant tournés vers Cyrila, lui dirent : « Posez-nous les questions que vous désirez ». Cyrila répondit : « Je ne sais pas le latin ». Les évêques catholiques répliquèrent : « Nous savons, le fait est manifeste, que vous avez toujours parlé latin. Vous ne devez point ici chercher des excuses; vous en avez moins que tout autre, puisque c'est vous qui avez suscité cette discussion. ». Cyrila voyant que les évêques catholiques étaient bien préparés à la controverse, voulut, à tout prix, décliner la conférence. Il eut recours à diverses chicanes. C'était ce que les catholiques avaient prévu ; aussi, avaient-ils préparé un mémoire, rédigé avec modération et contenant un exposé suffisant de la foi. Quand ils virent qu'on n'était point disposé à les écouter, ils présentèrent ce mémoire en disant : « Si vous voulez connaître notre foi, voici la vérité que nous professons[1]. »

Que se passa-t-il après la présentation de ce mémoire ? Victor de Vite s'abstient de nous l'apprendre. Son récit paraît,

---

1. Victor Vitensis, *de Persecut. Vandal.*, lib. II, cap. xviii (édit. Migne, Patrologie Latine, t. LVIII, p. 218-219).

en cet endroit, incomplet et embrouillé. Son troisième livre, qui suit immédiatement le passage que nous venons de reproduire, est composé tout entier et uniquement du texte d'une profession de foi, présentée à Hunéric par les évêques catholiques. Cette profession de foi est datée du 12 des calendes de mai, c'est-à-dire du 20 avril ; tandis que l'édit de persécution, promulgué par Hunéric et dont Victor de Vite nous donne le texte dans son livre IV, porte la date du 6 des calendes de mars ou du 24 février. Y a-t-il erreur dans la date de la profession de foi et faut-il lire le 12 des calendes de mars, au lieu du 12 des calendes de mai ? Y a-t-il, au contraire, erreur dans la date de l'édit et faut-il lire le 6 des calendes de mai, au lieu du 6 des calendes de mars ? Dans le premier cas, il reste à savoir ce qui s'est passé entre le 1er février, jour de la conférence et le moment où les évêques catholiques ont présenté au roi leur profession de foi. Dans le second cas, il reste à expliquer ce qui s'est passé pendant plus de deux mois et demi, qui s'étaient écoulés depuis le jour de la conférence, quand fut présentée la profession de foi des catholiques, bientôt suivie de l'édit de persécution. L'attitude des catholiques a-t-elle provoqué les rigueurs des Vandales, comme le prétend Hunéric, dans le texte de son édit ? On ne peut que remarquer les lacunes et les contradictions évidentes de l'histoire de Victor de Vite et reproduire les motifs qu'allègue Hunéric. Son édit contre les catholiques est conçu en ces termes :

« *Hunéric, roi des Vandales et des Alains, à tous les peuples soumis à son pouvoir.*

« Il est du devoir de la Majesté triomphale et royale de faire tourner les mauvais desseins contre leurs auteurs. Celui qui tente une mauvaise action, doit s'en prendre à lui-même des conséquences de son fait. Notre clémence suit en cela les voies de la justice divine qui récompense et punit chacun suivant ses mérites. Nous avons donc résolu de réprimer avec sévérité les provocations de ceux qui ont cru pouvoir résister

aux ordres de notre père, de glorieuse mémoire, et à ceux
de notre Mansuétude. Nous avons fait savoir à tous nos
sujets, par les autorités compétentes, que défense était faite
aux *omoousiens* (aux catholiques) de tenir des conciliabules
sur le territoire des Vandales et d'y célébrer leurs mystères
qui sont une profanation. Mais on n'a pas tenu compte de
notre avertissement et nous avons appris qu'un grand nombre
de gens prétendaient être en possession des vrais articles de
la foi. Nous avons fait faire sommation à ces gens de se
rendre sans crainte à Carthage, à l'expiration d'un délai de
neuf mois, le jour des calendes de février de la huitième
année de notre règne, pour que l'on examinât, dans une nouvelle conférence, si l'on pouvait se rapprocher de leurs doctrines. Comme ils arrivaient de toutes parts à Carthage, on
leur a accordé un nouveau délai de plusieurs jours, ·après
l'expiration du temps prescrit et, lorsqu'ils se sont montrés
enfin prêts à conférer, nos vénérables évêques les ont invités,
le premier jour de la réunion, à prouver leur *omoousion*, par
les divines écritures, ou à condamner ce qui a été rejeté à
Ariminum et à Séleucie par plus de mille évêques. Ils n'ont
voulu ni discuter, ni se soumettre et ont excité le peuple à la
sédition. Le second jour de la conférence, lorsque nous leur
avons enjoint de rendre raison de leur foi, en ·répondant aux
questions qu'on leur posait, ils ont poussé la témérité jusqu'à
mettre partout le désordre par leur mutinerie et leurs clameurs, afin d'empêcher qu'on en vînt à la discussion.

« Leurs provocations nous ont décidé à ordonner que leurs
églises demeureraient fermées, tant qu'ils ne voudraient pas
accepter la discussion. Ils ont persisté néanmoins dans les
mauvais desseins qu'ils avaient formés. Il est donc nécessaire
et de toute justice, que l'on rétorque contre eux les lois qu'ils
ont fait promulguer, à diverses époques, par les empereurs
qui partageaient leurs erreurs. Par ces lois, ils ont fait décréter
qu'il n'y aurait point d'autres églises que celles où les prêtres
de leur doctrine faisaient l'office ; qu'il ne serait point permis
aux personnes d'une opinion autre que la·leur, de former des
associations cénobitiques, de tenir·des conciliabules, de rece-

voir ou de faire bâtir des églises dans une ville ou dans une localité quelque petite qu'elle fût ; que les lieux qui auraient été affectés à cet usage, seraient dévolus au fisc ; que le patrimoine de ces personnes serait adjugé à leurs évêques, comme biens de leur Église ; que ces personnes ne pour-raient se trouver rassemblées en aucun lieu et qu'elles seraient expulsées des villes et de toutes les localités ; qu'il leur serait interdit de baptiser, de discourir sur des matières religieuses, d'ordonner des évêques, des prêtres ou d'autres dignitaires de l'ordre ecclésiastique ; que ceux qui se laisseraient revêtir de ces dignités et ceux qui les conféreraient, seraient punis d'une amende de dix livres d'or ; qu'il ne leur serait pas accordé audience ou recours en grâce et que si ces personnes avaient mérité une distinction quelconque, il ne leur en serait pas tenu compte ; que dans le cas où ces personnes persis-teraient dans leur perversion, elles seraient enlevées de chez elles et envoyées en exil, sous bonne et sûre garde. Les empe-reurs susdits ont sévi contre les laïques, en les privant du droit de faire des donations, de tester et de recevoir entre vifs ou à cause de mort, soit à titre de fidéicommis, de legs ou de donation, soit comme héritiers légitimes, soit en vertu d'un codicille ou d'un autre contrat quelconque. Ces mêmes empereurs ont édicté que les personnes employées à la cour, seraient frappées des peines les plus rigoureuses ; qu'elles seraient privées de leurs dignités, notées d'infamie et assimi-lées aux coupables de crimes contre la chose publique ; que les officiers de tous les magistrats civils seraient passibles d'une amende de trente livres d'argent ; que, si ces derniers persistaient dans leur erreur, après cinq condamnations, ils seraient, en cas de nouvelle récidive, battus de verges et envoyés en exil. Les empereurs ont ordonné de livrer aux flammes tous les livres des prêtres qu'ils proscrivaient et de leurs partisans. Nous ordonnons qu'on fasse de même des livres dans lesquels l'iniquité prêche l'erreur des *omoou-siens*. Les empereurs ont prescrit à l'égard des personnes, chacune d'après son rang, que les illustres payeraient cin-quante livres d'or, les spectables quarante, les sénateurs trente, les populares vingt, les prêtres trente, les décurions cinq, les négociants cinq, les plébéiens cinq, les circoncellions dix livres d'argent ; que ceux qui persisteraient dans leur perversion, seraient condamnés à l'exil et à la confiscation de tous leurs biens. Il a été ordonné que les habitants de tout rang dans les villes, les intendants des immeubles d'autrui et les fermiers qui recèleraient un délinquant et ne le dénonceraient pas, ou qui tenteraient de soustraire un prévenu au jugement, seraient frappés d'une peine consistant, pour les fermiers des domaines royaux, à verser dans la caisse du fisc, à titre d'amende, une somme égale à celle qu'ils payaient pour leur ferme. Cette pénalité a été édictée, d'une façon générale, contre les fermiers des particuliers et les propriétaires fonciers qui s'obstinaient à persévérer dans leur croyance. La peine de la proscription et la peine de mort ont été édictées contre les magistrats civils qui n'auraient pas tenu la main à l'exécution de ces lois et contre les trois employés supérieurs du bureau du gouverneur civil ; les autres employés de ce bureau devant être condamnés à une amende de vingt livres d'or.

« Telles sont les lois dont il y a lieu de faire application aux *omoousiens* (catholiques) convaincus d'avoir été ou d'être attachés à cette fausse croyance. Qu'ils renoncent à tout ce que nous venons d'interdire ; sinon on instruira contre eux et contre les juges convaincus d'avoir négligé d'infliger des peines sévères aux coupables. L'*omoousion* a été condamnée, à l'unanimité, par une nombreuse assemblée d'évêques. Nous ordonnons donc que les partisans de cette fausse croyance renoncent aux pratiques et aux actes interdits ci-dessus. Qu'ils sachent qu'on ne peut les tolérer et que si, avant le jour des calendes de juin de cette huitième année de notre règne, ils ne se convertissent pas à la vraie religion, laquelle est pour nous une chose sainte et sacrée, ils seront punis des peines édictées. Notre Piété a daigné fixer ce délai, pour qu'il y ait une voie ouverte à l'indulgence en faveur de ceux qui condamneront leur erreur. Les autres seront, comme il convient, punis de leur obstination. Les employés de notre

maison et ceux de l'État, qui persisteront dans leur égare-
ment, seront passibles, chacun d'après son rang, des amendes
indiquées ci-dessus et il ne leur servira de rien d'avoir, en
apparence, droit à une distinction. Nous ordonnons en outre
par le présent édit, que l'on consulte les lois citées ci-dessus,
pour les peines à infliger aux particuliers dans toutes les
localités. Quant aux magistrats civils des provinces qui négli-
geraient d'exécuter nos ordres, nous ordonnons qu'on leur
applique la peine que la loi précitée prononce contre eux.

Nous ordonnons également par le présent édit, que nos
prêtres, les véritables serviteurs de la Majesté divine, deviennent possesseurs de toutes les églises situées dans les contrées
soumises à notre empire et de leurs dépendances. C'est faire
beaucoup de bien aux indigents que de laisser jouir nos saints
pontifes de ce qui leur revient de droit. Que l'on porte donc
la présente loi à la connaissance de tous. Elle est basée sur
les principes mêmes de la justice et nous voulons que personne ne puisse prétexter l'ignorance de ce qu'elle prescrit.
A tous ceux qui les présentes verront, salut. Fait à Carthage,
le VI des calendes de mars (le 24 février) [1]. »

Hunéric ne se contenta point de promulguer cette loi
rigoureuse. Sans attendre l'expiration du délai que lui-même
avait fixé, il fit exercer les plus horribles cruautés, non seulement contre les prêtres, mais encore contre tous les catholiques. Aussitôt après la promulgation de cet édit, raconte
Victor de Vite, le roi ordonna que tous les évêques assemblés
à Carthage, fussent dépouillés de ce qu'ils portaient sur eux
et expulsés de la ville. Leurs églises, leurs demeures et leurs
biens avaient été préalablement saisis. On ne leur laissa rien,
ni un serviteur, ni un animal, ni les vêtements de rechange
qu'il avaient apportés ; on défendit de leur accorder des
secours ou un abri. Ceux qui, par pitié, auraient tenté de leur
donner asile, auraient été exposés à être brûlés, avec toute
leur maison. Les évêques firent sagement de ne point s'éloigner, bien qu'ils fussent réduits à mendier; car s'ils étaient

---

1. Victor Vitensis, *de Persecut. Vandal.*, lib. IV, cap. II (édit. Migne,
Patrologie Latine, t. LVIII, p. 235-238).

partis, non seulement on les aurait ramenés de force, mais on aurait prétendu qu'ils fuyaient la conférence. Tandis qu'ils gisaient dans cet état, en plein air, autour des murailles, il arriva que le roi sortit de la ville pour se rendre aux piscines. Tous les évêques allèrent à sa rencontre et lui dirent : « Pourquoi sommes-nous tourmentés ainsi? Pour quelles fautes nous fait-on subir un pareil traitement? Si on nous a assemblés pour discuter, pourquoi nous a-t-on dépouillés? Pourquoi sommes-nous traqués et repoussés? Pourquoi sommes-nous jetés hors de la ville au milieu des immondices, souffrant de la faim et n'ayant point de quoi nous couvrir? » Hunéric, leur jetant de terribles regards et ne prenant pas le temps d'écouter leur plainte, fit lancer contre eux des chevaux qui, pensait-il, les fouleraient aux pieds et les tueraient. Il y en eut plusieurs, âgés et infirmes, qui furent écrasés.

Une autre fois, on essaya d'une ruse pour se jouer d'eux. On leur ordonna de se rassembler en un lieu nommé le temple de Mémoire. Lorsqu'ils y furent venus, on leur exhiba un papier roulé et on leur dit : « Le roi Hunéric, notre maître, voit avec peine le mépris que vous avez fait de ses ordres, le peu d'empressement que vous mettez à obéir à sa volonté et à vous faire de la religion qui est la sienne. Cependant, il est en ce moment bien disposé pour vous. Si vous voulez prêter serment d'agir comme il est dit dans ce papier, il vous renverra à vos églises et à vos maisons. Tous les évêques répondirent : « Nous persistons à déclarer, comme nous avons déclaré et comme nous continuerons à déclarer, que nous sommes chrétiens et évêques et que nous professons la seule et vraie foi apostolique. » Cette profession de foi fut suivie d'un court silence, puis les envoyés du roi pressèrent de nouveau les évêques de prêter le serment qu'on s'efforçait de leur arracher. Alors deux des évêques, Hortulanus et Florentianus, exprimèrent la pensée commune de tous ces saints hommes : « Sommes-nous donc des animaux privés de raison, dirent-ils, pour qu'on pense que nous puissions prêter ainsi un serment à la légère, sans savoir ce que contient ce papier! » Les agents du roi s'offrirent à leur exposer la teneur de cette pièce et le firent en ces termes : « Jurez que vous désirez voir régner, après la mort du roi, notre seigneur, son fils Hildéric et qu'aucun de vous n'enverra des lettres dans les pays d'outre-mer. Si vous prêtez ce serment, vous serez rendus à vos églises. »

Beaucoup d'évêques eurent la naïveté de penser que mieux valait prêter serment, malgré la défense de la loi divine, afin que le peuple fidèle ne pût dire un jour que la faute et l'obstination de ses prêtres avaient empêché la restitution des églises. D'autres, plus perspicaces, soupçonnèrent quelque ruse et refusèrent de jurer, alléguant l'autorité de l'Évangile ; car il est dit : *vous ne jurerez point*. Les agents du roi reprirent : « Que ceux qui sont disposés à jurer se placent à part. » Quand ils eurent formé un groupe séparé, des notaires écrivirent les dires de chacun, avec indication du siège de son évêché. Ceux qui n'avaient point juré furent soumis à la même formalité. Puis tous furent arrêtés sur-le-champ. La ruse apparut alors. On dit à ceux qui avaient prêté serment : « Puisque vous avez juré, contrairement aux préceptes de l'Évangile, le roi ordonne que vous ne revoyiez jamais vos évêchés et vos églises ; vous serez relégués dans des campagnes qui vous seront données à cultiver, à titre de colons. Il ne nous sera permis, ni de chanter les psaumes, ni de dire les prières, ni d'avoir en main aucun livre ; vous ne baptiserez point, vous ne pourrez conférer les ordres, ni donner l'absolution. » A ceux qui n'avaient point prêté serment, on tint un langage semblable : « Vous ne souhaitez point l'avènement du fils de notre maître, voilà pourquoi vous n'avez pas voulu jurer. Voilà pourquoi aussi, ordre est donné que vous soyez relégués dans l'île de Corse où vous serez employés à couper les bois destinés aux navires du roi. »

« Les évêques n'étaient point encore déportés en exil, que déjà Hunéric avait envoyé dans toutes les provinces de la terre d'Afrique des bourreaux chargés d'y exercer les plus terribles cruautés. Il n'y eut ni lieu, ni maison, qui ne fussent remplis

---

1. Victor Vitensis, *de Persecut. Vandal.*, lib. IV, cap. iv et v (édit. Migne, Patrologie Latine, t. LVIII, p. 239-240).

de pleurs et de gémissements. Sans égard à l'âge, ni au sexe, on n'épargna que ceux qui se soumirent à la volonté du roi. Partout on fustigeait, on pendait, on brûlait. Quant aux femmes, aux femmes nobles de préférence, on les exposait et on les torturait, complètement nues, en public, sans respect des lois de la nature[1]. »

C'est en ces termes que Victor de Vite commence et résume son récit de la persécution générale, dont il raconte de nombreux faits particuliers qu'il n'y a pas lieu de rapporter ici. On a prétendu que Victor de Vite avait extrêmement exagéré les cruautés des Vandales; on a cité comme preuve, ce que nous apprend l'auteur de la vie de saint Fulgence. « Hunéric, dit le biographe de ce saint, relégua Faustus, évêque de Præsidium, dans un endroit situé non loin de celui où était le siège épiscopal de ce saint prélat; il en agit de même à l'égard de beaucoup d'autres chefs du clergé catholique, s'imaginant qu'ils ne voudraient pas longtemps vivre misérablement dans un pays où ils avaient connu des jours plus heureux. Faustus fonda un monastère dans le lieu de son exil. On l'y laissa d'abord tranquille; mais plus tard, il se vit forcé de quitter souvent son monastère et d'aller se cacher, tantôt d'un côté, tantôt de l'autre, pour échapper à ses persécuteurs. Alors il conseilla à saint Fulgence, qui n'aimait pas rester seul dans le monastère de Faustus, ni changer souvent de séjour, de se faire recevoir dans un monastère voisin[2]. »

Il est certain que plus d'un passage de Victor de Vite présente tout au moins des apparences d'exagération, et la haine dont il est animé contre les barbares ariens, n'est point pour faire de lui un historien impartial. Mais il n'est pas moins certain que la persécution, ordonnée par Hunéric, fut extrêmement cruelle. Jamais les chrétiens d'Afrique ne furent persécutés avec autant d'injustice et de cruauté qu'ils le furent par Hunéric, dit Procope. Voulant les forcer à entrer dans la secte des ariens, il fit arrêter et mettre à mort, par le feu

1. Victor Vitensis, *de Persecut. Vandal.*, lib. V, cap. I.

2. *Vie de saint Fulgence*, IV et VIII (édit. Migne, Patrologie Latine, t. LXV, p. 121 et 124).

et par toutes sortes de supplices, ceux qui s'y montraient peu disposés[1]. Ce fut en vain que l'empereur Zénon envoya à Carthage un ambassadeur, nommé Uranius, avec mission de prendre la défense des églises catholiques. Hunéric, afin de montrer qu'il ne craignait personne, fit placer des bourreaux, connus comme les plus cruels, sur les places et dans les rues par où l'ambassadeur devait passer, pour se rendre au palais et en revenir[2].

Cette horrible persécution ne s'était pas ralentie quand, après une grande sécheresse qui, durant tout l'été, avait désolé l'Afrique entière et produit la disette, la peste éclata à l'approche de l'hiver. Vers la fin de la même année 484, le 11 décembre probablement, Hunéric mourut, après avoir régné sept ans et dix mois environ[3]. Il y a apparence qu'il mourut de la peste, car Victor de Vite, après avoir marqué qu'il eut une mort digne de ses œuvres, ajoute que, quand on l'ensevelit, ce ne fut point son corps qui fut mis au tombeau, mais des morceaux de son corps grouillant de vers, tant il était en putréfaction[4]. Grégoire de Tours raconte qu'il fut enlevé par le démon et qu'il mourut en se mordant et en se déchirant lui-même[5].

Hunéric eut pour successeur Gundamund, fils de son frère Genzon. Gundamund, étant le plus âgé des princes de la maison royale, fut appelé au trône en vertu de la loi établie par Genséric. Les persécutions cessèrent après son avène-

1. Procope, de Bello Vandal., lib. I, cap. 8.

2. Victor Vitensis, de Persecut. Vandal., lib. V, cap. vii (édit. Migne, Patrologie Latine, t. LVIII, p. 246).

3. Pagi, ann. 484, XXIII.

4. Victor de Vite, considérant les fléaux qui désolèrent l'Afrique comme un juste châtiment du ciel, se complaît longuement dans une description dont les exagérations manifestes attestent l'étrange exaltation de son esprit. Les rues et les places dans les villes, les routes et les chemins et jusqu'aux sentiers dans la campagne auraient été encombrés de morts et de mourants. Il ne serait pas resté un seul être vivant dans toute l'Afrique car il fait périr les animaux en même temps que les hommes. De Persecut. Vandal., lib. V, cap. xvii (édit. Migne, Patrologie Latine, t. LVIII, p. 253-254). — Mort d'Hunéric. Victor Vitensis, de Persecut. Vandal., lib. V, cap. xxi, p. 258-259.

5. Gregorii Turonensis Historia Francorum, lib. II, cap. iii (édit. Arndt, Monum. Germ., in-4o, p. 66).

ment et peu, à peu il reprit, à l'égard des catholiques, la politique bienveillante qui avait été suivie pendant les premières
années d'Hunéric. Dans la troisième année de son règne, il
rappela d'exil saint Eugène, l'évêque de Carthage, puis rendit
aux catholiques leur cimetière de saint Agilée, martyr. Sept
ans plus tard, dans la dixième année du règne du nouveau roi,
le culte catholique put enfin être exercé librement partout en
Afrique. Les églises furent rouvertes, après avoir été fermées
pendant plus de dix ans et six mois et, à la demande de
l'évêque de Carthage, tous les prêtres furent rappelés de
l'exil [1].

Le cardinal Baronius croit que Gundamund fut entraîné, à
son tour, à recommencer de persécuter les catholiques et que
saint Eugène se vit de nouveau réduit à reprendre le chemin
de l'exil. C'est fort peu probable ; car l'auteur qui nous
apprend comment l'Église fut pacifiée après la mort d'Hunéric,
ajoute que Gundamund vécut encore deux ans et un mois
après le rétablissement du culte catholique et il ne fait aucune
mention d'une persécution quelconque, suscitée par ce prince,
dont tous les écrivains catholiques ont d'ailleurs fait l'éloge [2].
Ce ne fut qu'après sa mort, que les persécutions recommencèrent.

Gundamund mourut le 24 septembre 496 et eut pour successeur son frère Trasamund qui, par son mariage avec Amalafrède, devint le beau-frère de Théodoric le Grand [3]. Il fut,
dit Procope, un prince remarquable par la beauté, l'esprit et
la grandeur d'âme [4]. Sous son règne, les Maures de la Tripolitaine firent subir aux Vandales de plus grands dommages
que par le passé. Procope rapporte à ce sujet un conte qui ne
manque point d'intérêt ; car on y aperçoit un indice des véritables motifs qui déterminèrent Trasamund à ne pas continuer,

---

1. Ruinart, *Historia Persecutionis Vandalicæ*, IIe partie, cap. viii.

2. Ruinart, *in Historiam Persecutionis Vandalicæ Commentarius historicus*, cap. viii (édit. Migne, Patrologie Latine, t. LVIII, p. 398-399). —
Baronius, *ann.* 495, XXVI. — Pagi, *ann.* 495, VII,

3. Ruinart, *in Historiam Persecutionis Vandalicæ Commentarius historicus*, cap. xi (édit. Migne, Patrologie Latine, t. LVIII, p. 420).

4. Procope, de *Bello Vandal.*, lib. I, cap. 8 (Corpus Script. Hist. Byzant.).

à l'égard des catholiques, la politique bienveillante de son prédécesseur.

Gabaon, raconte Procope, était chef d'une tribu des environs de Tripoli. C'était un homme énergique et habile à la guerre. Lorsqu'il apprit que les Vandales s'apprêtaient à l'attaquer, il établit parmi ses hommes la discipline la plus rigoureuse, allant jusqu'à les contraindre à la plus complète abstinence. Puis, considérant que si, comme on le disait, le Dieu des chrétiens était juste, il ne pouvait manquer de frapper ceux qui lui faisaient injure et de venir en aide à ceux qui le servaient, il mit en campagne des espions, avec ordre de suivre l'armée des Vandales et de réparer, aussitôt après le départ de ceux-ci, les profanations qu'ils auraient commises dans les temples des chrétiens. Ces espions allèrent donc parmi les Vandales et quand ils virent leur armée se mettre en marche pour Tripoli, ils la suivirent, déguisés sous de pauvres habits. Dès le premier jour de marche, les Vandales se logèrent, avec leurs chevaux et leurs bêtes de somme, dans les églises des chrétiens et y commirent toutes sortes de profanations. Ils donnaient des soufflets aux prêtres et se faisaient servir par eux, comme par de vils esclaves. Dès que les Vandales se furent éloignés, les espions de Gabaon exécutèrent fidèlement ce qui leur avait été ordonné. Ils nettoyèrent les églises, en ôtèrent les ordures, brûlèrent de l'encens, se mirent en adoration devant les prêtres que les impies avaient bafoués et distribuèrent des aumônes aux pauvres qui étaient en prières devant les églises. Ils continuèrent à suivre ainsi les Vandales, expiant partout les profanations dont ils se rendaient coupables [1].

Dans ce récit, il faut entendre par églises des chrétiens, les églises catholiques, car les Vandales n'eussent point agi d'une façon irrévérencieuse à l'égard des prêtres ariens et de leurs temples. Il semble donc que les Maures ménageaient les catholiques et ceux-ci ne pouvaient que leur être favorables ; tout ennemi des Vandales étant nécessairement leur allié.

[1]. Procope, *de Bello Vandal.*, lib. I, cap. 8.

Cela étant, on s'explique pourquoi Trasamund se remit à les traiter avec rigueur. Il publia un édit, défendant aux catholiques de nommer de nouveaux évêques en la place de ceux qui étaient décédés. Cette défense fut observée, tant qu'il n'y eut que quelques sièges vacants. Mais il arriva, dans la suite, qu'un certain nombre d'évêques de la Byzacène étant morts, les autres évêques de cette province, frappés du danger qui menaçait l'Église, n'hésitèrent plus à agir au mépris des ordres du roi. Ils assemblèrent tout à coup le clergé dans tous les endroits où le siège épiscopal était vacant, procédèrent à la hâte à des élections et consacrèrent immédiatement les élus. Les risques d'une persécution leur paraissaient moins à craindre que le manque de pasteurs. Ils pensaient que, même au milieu d'une violente persécution, les évêques réussiraient à accomplir leur ministère. Ils se trompaient ; ces élections, faites avec tant de joie, devinrent bientôt, pour l'Église d'Afrique, une cause de profonde affliction.

Trasamund fit saisir les évêques nouvellement ordonnés et ceux qui les avaient sacrés et les relégua tous outre-mer[1]. Soixante évêques de la Byzacène furent ainsi exilés. Bientôt, la persécution fut étendue aux autres provinces et le nombre des évêques déportés en Sardaigne, s'éleva jusqu'à cent vingt[2]. Ce fut sans aucun doute à ce moment que saint Eugène, chassé de Carthage, alla mourir à Albi[3]. Trasamund se borna à sévir contre les évêques. Il épargna aux catholiques les tourments qu'ils avaient eu à souffrir de ses prédécesseurs. Loin de les traiter avec cruauté, il essaya de les gagner, en distribuant des richesses, des dignités et des honneurs à ceux qui changeaient de religion et en affectant d'ignorer ceux qui ne cédaient point. Si un catholique se trouvait poursuivi comme auteur ou comme complice d'un crime, il lui offrait l'im-

---

1. *Vie de saint Fulgence*, cap. xvi (édit. Migne, Patrologie Latine, t. LXV).

2. *Victoris Tonnennensis Episcopi Chronica*, ann. 497 (édit. Mommsen, Monum. Germ., in-4°, Auct. Antiq., t. XI, pars I, p. 193). — *Isidori Brevis Historia Vandalorum.*, ann. 526. — *Chronicon breve*, publié par Ruinart (édit. Mommsen, Monum. Germ., in-4°, Auct. Antiq., t. XI).

3. Baronius, *ann.* 495, XXV-XXVI.

punité, à condition de se convertir à la secte des ariens [1].

Il se défendait d'ailleurs de toute passion religieuse, disant qu'il ne demandait pas mieux que de voir les catholiques prouver la vérité de leurs croyances, mais qu'il n'en trouvait point qui pussent le satisfaire, quoiqu'il leur donnât à tous liberté de dire ce qu'ils voulaient. Quelqu'un lui ayant dit un jour que s'il voulait de bonne foi être éclairci de la vérité de la foi catholique, il n'avait qu'à faire venir de Sardaigne où il était en exil, Fulgence, l'évêque de Ruspe, le roi donna ordre qu'on l'amenât promptement à Carthage. Il ne se laissa pas plus convaincre par Fulgence que par les autres; mais il prit plaisir à l'entretien de ce saint homme et à la lecture de ses ouvrages. Il ne consentit qu'à grand'peine, à le renvoyer en exil, comme les prêtres ariens ne cessaient de l'en presser [2].

Trasamund mourut le 28 mai 523. Le chagrin que lui causaient les succès des Maures avait, dit-on, précipité sa fin [3]. Il laissait une situation pleine de périls pour le royaume des Vandales qui avaient à redouter de plus en plus, non seulement les incursions des Maures et la constante hostilité des masses catholiques et romaines, mais encore leurs propres divisions. Les origines, le caractère et les tendances du prince que la loi de Genséric appelait au trône après Trasamund, n'étaient point de nature à le rendre sympathique aux hommes de sa nation. Ce prince se trouvait être Hildéric, fils d'Hunéric et de la fille de Valentinien III, Eudoxie. Les crimes commis jadis par Hunéric afin d'aplanir à ce fils les voies du trône, n'avaient servi qu'à le rendre odieux à sa propre famille et à un grand nombre de chefs; tandis que la masse des Vandales le considérait, en quelque sorte, comme un étranger en opposition avec ses goûts et ses traditions. Depuis l'an 484, époque de la mort de son père, c'est-à-dire depuis trente-neuf

1. Procope, de Bello Vandal., lib. I, cap. 8.

2. Vie de saint Fulgence, cap. XXI (édit. Migne, Patrologie Latine, t. LXV).

3. Ruinart, in Historiam Persecutionis Vandalicæ Commentarius historicus, cap. XI (édit. Migne, Patrologie Latine, t. LVIII, p. 430).

ans, il avait constamment vécu à Constantinople, où il s'était lié d'une étroite amitié avec Justinien [1].

Le premier usage qu'il fit de son autorité, montra combien il était peu disposé à suivre la politique de ses prédécesseurs. Trasamund l'avait, dit-on, appelé à son lit de mort et avait exigé de lui le serment de ne jamais rendre aux catholiques leurs églises et leurs privilèges, durant son règne. Aussitôt après la mort de Trasamund, Hildéric se tira d'embarras par une de ces subtilités habituelles aux barbares. Ce qu'il avait promis de ne pas faire durant son règne, il se hâta de le faire avant de régner. Avant de prendre possession de la royauté, il rappela les évêques exilés et fit rouvrir les églises [2]. Il s'imagina peut-être, car tel était l'esprit des barbares, n'avoir pas manqué à sa parole, comme le dit naïvement un auteur contemporain [3].

Le rétablissement du culte catholique était, sans aucun doute, une des principales conditions de l'alliance conclue entre Hildéric et Justinien. Or, Hildéric avait le plus grand intérêt à conserver cette alliance qui supprimait, dans un moment où il ne pouvait compter sur la fidélité des principaux chefs de sa nation, la crainte d'une guerre toujours imminente avec l'Empire et qui lui assurait la soumission de ses sujets de race romaine, en leur enlevant le seul espoir qui pouvait les pousser à la révolte. Les Africains ne pouvaient en effet essayer de secouer le joug de la domination barbare, sans le secours de l'empereur. Mais en se rapprochant de l'Empire et en favorisant les catholiques, Hildéric se rendait plus impopulaire parmi les Vandales et jetait un plus grand nombre d'entre eux dans le parti de ses adversaires.

Une première conspiration, formée par les intrigues d'Amalafrède et dont il a été fait mention précédemment, fut décou-

---

1. Procope, de Bello Vandal., lib. I, cap. 9. — Marcus, Histoire des Vandales, lib. III, ch. xi.

2. Ruinart, in Historiam Persecutionis Vandalicæ Commentarius historicus, ch. xii (édit. Migne, Patrologie Latine, t. LVIII, p. 430).

3. Victoris Tonnennensis Chronica (Monum. Germ. in-4°, Auct. Antiq., t. XI, p. 197). — Isidori Historia Vandalorum (édit. Mommsen, Monum. Germ., in-4°, Auct. Antiq., t. XI, p. 299).

verte et réprimée. Amalafrède, ayant réussi à fuir de Carthage, fut arrêtée à Capsa, sur la limite du désert, au moment où elle allait passer chez les Maures[1]. Elle fut retenue en prison; Hildéric n'ayant osé la mettre à mort, par crainte de son frère, Théodoric le Grand. Le traitement infligé à Amalafrède, qui fut mise à mort quand Théodoric eut cessé d'exister, fut, comme on l'a vu, la cause de la rupture qui mit fin à l'ancienne alliance des Vandales et des Goths et qui acheva d'isoler ces deux nations.

Cependant les Vandales, mécontents, continuaient à s'agiter et se groupaient autour de Gélimer, fils de Genzon et petit-fils de Genséric. Gélimer était, après Hildéric, le prince le plus âgé de la famille royale et se trouvait donc être l'héritier présomptif du trône. C'était un homme habile et d'une grande expérience militaire; mais avide et ambitieux. Impatient de régner, il ne cessait d'intriguer contre Hildéric, l'accusant de faiblesse, de lâcheté, de trahison ; répétant que son incapacité était cause des succès remportés par les Maures et que s'il envoyait des ambassades à Constantinople, c'était pour livrer à Justinien l'Afrique et les Vandales. Ces calomnies trouvaient d'autant plus facilement créance parmi les Vandales qu'Hildéric semblait ne rien entendre à la guerre. Il abandonnait le commandement de ses armées à son neveu Hoamer, qui s'y était acquis tant de réputation qu'on le nommait un nouvel Achille. Malgré sa valeur, Hoamer ne put arrêter les progrès des Maures. Il fut vaincu par Antalla, chef des Maures voisins de la Byzacène[2]. Antalla méditait la ruine de la domination des Vandales. Profitant de l'irritation que la captivité d'Amalafrède avait excitée à Ravenne, il avait fait, dit Procope, alliance avec Théodoric, qui vivait encore à cette époque et qu'il avait invité à unir les forces des Goths à celles des Maures, pour combattre Hildéric et les Vandales. La difficulté de réunir la flotte nécessaire pour passer en Afrique, avait empêché Théodoric de rien entreprendre[3].

1. *Victoris Tonnennensis Chronica*, ann. 523 (édit. Mommsen, p. 197).
2. Procope, *de Bello Vandal.*, lib. I. cap. 9.
3. Procope, *de Bello Vandal.*, lib. I. cap. 9.

Si Procope est exactement renseigné, l'alliance offensive entre les Maures et les Goths aurait donc été conclue plusieurs années avant la victoire d'Antalla, puisqu'elle l'aurait été du vivant de Théodoric, qui mourut en 526, et puisque la victoire d'Antalla paraît avoir précédé de fort peu les événements qui s'accomplirent en Afrique dans le courant de l'année 530. Au mois d'août de l'année 530, les Vandales se révoltèrent et proclamèrent roi, Gélimer dont les intrigues les avaient persuadés que leur défaite était due à l'incapacité d'Hildéric[1]. Hildéric, détrôné après avoir régné sept ans et trois mois, fut arrêté et retenu prisonnier. Hoamer et son frère Euagée ou Euagène partagèrent la captivité du malheureux roi dont ils étaient les principaux soutiens[2]. Telle était la situation de l'Afrique, lorsqu'en 532, Justinien, libre de toute guerre et maître de disposer de toutes ses forces, entreprit de rétablir la domination romaine en Occident.

Le moment était enfin venu, pour Justinien, de détruire l'un après l'autre les royaumes barbares établis sur les rives de la Méditerranée et de reconquérir les provinces de l'Occident arrachées à l'Empire. Depuis son avènement, Justinien n'avait cessé de préparer cette grande entreprise[3]. Il s'était posé, dès l'abord, en défenseur de la foi orthodoxe, afin de se concilier la sympathie des catholiques de l'Afrique et de l'Italie, persécutés ou menacés par les barbares ariens. Il avait promulgué une constitution qui, contenant une profession de foi strictement catholique, faisait des dogmes de l'Église une loi de l'Empire et ordonnait, contre quiconque professerait des opinions contraires, des poursuites, qui devaient être exercées sur la dénonciation des évêques. Les hérétiques furent exclus des fonctions publiques et, pour frapper de terreur les ariens répandus dans l'Empire, les plus en vue d'entre eux furent condamnés au supplice et à la confiscation des

---

1. Procope, *de Bello Vandal.*, lib. I, cap. 9. — *Isidori Historia Vandalorum* (édit. Mommsen, Monum. Germ., in-4°, Auct. Antiq., t. XI, p. 299). — Pagi, *ann.* 530, VIII.

2. Procope, *de Bello Vandal.*, lib. I, cap. 9.

3. *Novella* xxx, in fine, cap. xi, § 2.

biens[1]. Justinien fit plus encore pour le clergé. Il soumit l'administration de la justice au contrôle des évêques et plaça les juges sous leur surveillance; les autorisant même à dénoncer directement à l'empereur les magistrats qui, au mépris de leur intervention, refuseraient de donner audience et de rendre la justice aux habitants de leurs diocèses[2].

Il ne négligeait aucune occasion de donner des marques de son dévouement à l'Église. Aux approches de la solennité de Pâques, on le vit se livrer au jeûne le plus rigoureux, s'imposer une vie de pénitence si dure, qu'elle eût paru intolérable, non seulement à tout autre souverain, mais même à n'importe quel particulier. Il ne s'accordait que peu d'instants de repos, fort tard dans la nuit et, à peine était-il couché, qu'il se relevait, comme s'il lui eût été insupportable de demeurer au lit. Ils s'abstenait de vin, de pain et de toute nourriture, à l'exception d'herbes sauvages, macérées dans du sel et du vinaigre. Il ne buvait que de l'eau. Encore se privait-il de ces grossiers aliments, dont il n'absorbait qu'une quantité très insuffisante pour sustenter un homme[3]. Il voulait, fût-ce au prix de fatigues surhumaines, comme il le dit lui-même à la fin de la novelle 30, reconquérir les provinces enlevées aux Romains. Rien ne lui coûtait, pour exciter l'enthousiasme des populations dont le concours allait lui devenir nécessaire. Il assurait ainsi à ses troupes l'avantage d'opérer en pays ami.

En même temps, il s'occupait de recruter de nouvelles forces parmi les barbares voisins de l'Orient. Il réussit à avoir à sa dévotion le roi des Hérules, nommé Graétis, qui se fit chrétien, la reine Boarex qui commandait à cent mille Huns et un autre roi des Huns, nommé Gordas, qui se fit également

---

1. *Georgii Cedreni Historiarum Compendium* (Corpus Script. Hist. Byzant. Cedreni, t. I, p. 642, édit. de Bonn.).

2. *Justini Novell.*, LXXXVI.

3. Procope, *de Ædificiis*, lib. I, cap. 7. De ce passage de l'ouvrage de Procope, l'auteur des Anecdotes ou Histoire secrète de Justinien, a tiré ce qu'il raconte des mœurs de Justinien (*Anecdotes*, ch. 13), d'où résulte une preuve de plus et une preuve décisive que cet absurde pamphlet n'est pas l'œuvre de Procope l'historien.

baptiser et auquel l'empereur servit lui-même de parrain[1]. Mais la sympathie des populations catholiques et toutes les forces dont pouvait disposer l'Empire, par lui-même et par ses alliances, ne suffisaient pas pour triompher des barbares, tant qu'ils demeuraient unis et agissaient de concert. Les échecs que les précédents empereurs avaient subis dans toutes leurs entreprises, en étaient une preuve évidente. Chaque fois qu'ils avaient cherché à conserver ou à recouvrer l'Afrique et l'Italie, ils s'étaient vus immédiatement contraints d'abandonner leur projet et de rappeler leurs troupes, pour défendre leurs propres frontières envahies, en Asie par les Perses, en Europe par les Goths demeurés au bord du Danube.

Justinien résolut de rendre une pareille diversion impossible à l'avenir, en réduisant d'abord à l'impuissance les Goths orientaux et les Perses.

Mais si ces peuples avaient empêché les empereurs de combattre les barbares de l'Occident, ceux-ci pouvaient également, par leur intervention, mettre l'Empire dans l'impossibilité de rien entreprendre en Orient. Il importait donc de s'assurer la neutralité des Vandales et des Goths. Ce fut le but de la diplomatie de Justinien, au commencement de son règne. Il offrit son alliance d'une part à Hildéric, roi des Vandales, de l'autre à Amalasunthe. Hildéric et Amalasunthe, menacés par les intrigues des chefs de leurs nations, souhaitaient également la paix et la soumission de leurs sujets. L'alliance de l'empereur supprimait pour eux la crainte d'une guerre toujours imminente et enlevait à leurs sujets romains le seul espoir qui pouvait les pousser à la révolte ; car les populations romaines de l'Afrique et les Italiens ne pouvaient essayer de secouer le joug de la domination étrangère, sans le secours de l'empereur. Les avances de Justinien furent donc bien accueillies à Ravenne et à Carthage.

Certain de n'avoir plus à compter avec les Vandales et les Goths, Justinien n'hésita plus à poursuivre l'exécution de ses projets. Dès l'année 530, comme on l'a vu, les Goths orientaux

---

1. Theophanès, *Chronographia* A. C. 520 (Corpus Script. Hist. Byzant., Theophanès, t. I, p. 268, 269 et 270).

furent défaits et mis en fuite par les troupes impériales sous les ordres de Mundus[1]. La même année, les Bulgares, qui avaient envahi la Thrace, furent également défaits[2]. Débarrassé ainsi de toute crainte d'être attaqué du côté du Nord et de l'Occident, Justinien s'occupa de terminer la guerre qui avait été entreprise en Orient, contre les Perses, dès avant la mort de l'empereur Justin[3]. Le 8 septembre de l'année 531, Cabab, le roi des Perses, qui était âgé de plus de quatre-vingt-deux ans, fut frappé de paralysie et mourut le cinquième jour de sa maladie[4]. Il avait désigné pour lui succéder Cosroès, le troisième de ses fils, qui fut proclamé roi, avec le consentement des principaux personnages de l'État, en dépit des prétentions de son frère aîné[5]. Cosroès, ayant à craindre les intrigues du parti de son frère que pouvait rendre redoutable un revers dans la guerre contre l'Empire, était nécessairement disposé à écouter des propositions de paix. Les négociations entamées sans retard, aboutirent à un traité, dit de paix perpétuelle, qui fut conclu dans le cours de la septième année du règne de Justinien[6].

Au moment même que l'empereur pensait pouvoir mettre enfin à exécution ses vastes projets de conquêtes en Occident, deux grandes séditions, éclatant tout à coup, mirent en danger sa couronne et sa vie. Pour donner de nouveaux gages aux catholiques, il avait ordonné, en 531, l'exécution rigoureuse des lois contre les hérétiques. Il en résulta de grands troubles dans Antioche. Il fallut envoyer des troupes pour combattre les séditieux, dont les principaux furent mis à mort. Cette révolte était à peine apaisée, lorsqu'au mois de janvier de l'année 532, Constantinople fut presque entièrement détruite

---

1. *Marcellini Comitis Chronicon* (édit. Mommsen, Chronica Minora, Monum. Germ., in-4°., Auct. Antiq., t. XI, pars I, p. 103).

2. *Marcellini Comitis Chronicon* (édit. Mommsen, p. 103).

3. Pagi, *ann.* 527, VI.

4. *Agathias*, lib. IV, cap. XXVIII (Corpus Script. Hist. Byzant. Agathias, p. 269). — *Joannis Malalæ Chronographia* (Corpus Script. Hist. Byzant. Malala, II° partie, n° 211, p. 471).

5. Procope, *de Bello Persico* lib. I, cap, 21.

6. Procope, *de Bello Pers.*, lib. I, cap. 22 (Corpus Script. Hist. Byzant.).

par la plus terrible insurrection qui s'y fût jamais produite. Justinien ne dut son salut qu'aux conseils énergiques de Théodora et à la fidélité de Bélisaire et de Mundus [1].

Dès l'année précédente, avant même que la paix avec les Perses ne fût signée, Justinien s'était mis en mesure de se préparer un prétexte pour porter la guerre en Afrique. Mais il avait affecté de n'intervenir que comme protecteur d'Hildéric et de n'avoir d'autre but que de rétablir son allié sur le trône. Les ambassadeurs qu'en 531, il envoya à Carthage, eurent mission, non de menacer, mais de négocier et de porter à Gélimer les représentations de l'empereur, contenues dans une note presque bienveillante que Procope résume en ces termes : « L'emprisonnement d'Hildéric, votre roi légitime, est une violation sans excuses du testament de Genséric que, plus que tout autre, il vous convient de respecter; la loi établie par ce testament vous appelant à régner un jour. Vous pouvez donc devenir prochainement roi légitime; tandis que votre impatience ne fait de vous qu'un usurpateur et un tyran. Laissez donc à ce vieillard l'ombre de la royauté, pendant le peu de temps qui lui reste à vivre. Vous parviendrez ainsi légalement au pouvoir, au lieu de le détenir injustement. Cela vaudra mieux pour vous et notre alliance vous sera acquise [2] ».

En prenant cette attitude conciliante, Justinien comptait éviter de donner aux Vandales le sentiment d'un danger commun, capable de mettre fin aux divisions qui les affaiblissaient. Gélimer ne pouvant d'ailleurs céder aux représentations de l'empereur sans se perdre dans l'estime de ses partisans, la rupture devait nécessairement venir de lui. Comme il était aisé de le prévoir, Gélimer renvoya sans réponse, les ambassadeurs de Justinien. Il fit plus. Il fit crever les yeux à Hoamer et resserra Hildéric et Euagée dans une prison plus étroite, les invitant, par dérision, à aller se mettre sous la protection de Justinien. Celui-ci, malgré ces provoca-

---

1. Procope, de Bello Pers. lib. I, cap. 24 et 25. — Charles Diehl, Justinien, lib. III, ch. i. — v.

2. Procope, de Bello Vandal., lib. I, cap. 9.

tions, continua à négocier. De nouveaux ambassadeurs furent envoyés à Carthage pour remettre à Gélimer une seconde lettre, dont Procope nous a conservé le sens, en ces termes : « Nous n'espérions pas vous convaincre, quand, précédemment, nous vous avons adressé nos avertissements. Il vous plaît de régner par la violence ; vous ne pourrez vous en prendre qu'à vous-même de ce que l'avenir vous réserve. Ne vous refusez pas au moins à envoyer auprès de nous Hildéric, Hoamer que vous avez privé de la vue et le frère de celui-ci. Nous voulons leur assurer par nos soins la seule consolation possible dans leur malheur. Si vous nous refusez cette satisfaction, vous nous forcerez à renoncer à votre alliance ; vous nous obligerez à rompre le traité conclu avec Genséric et observé jusqu'à ce jour à l'égard de ses successeurs. »

Voici quelles furent, suivant Procope, la réponse et les excuses de Gélimer : « Gélimer, roi, à Justinien, empereur, salut. Je ne suis point parvenu au trône par la violence, au mépris du droit de mes parents. La nation des Vandales a détrôné Hildéric, pour déjouer ses projets contre l'héritage de ma maison et l'honneur de régner me revenait de droit, comme au plus âgé de la famille de Genséric. Un prince fait sagement et honnêtement de ne point s'immiscer dans les affaires qui ne concernent pas le pays qu'il gouverne et vous agissez d'une façon étrange et injuste, en vous occupant de ce qui doit vous demeurer étranger. Vous me menacez de rompre les traités qui nous lient, de nous déclarer la guerre. Je suis prêt à vous répondre, à vous opposer les forces dont je pourrai disposer ; tout en continuant à réclamer la foi promise par les serments de Zénon dont vous êtes le successeur[1] ».

Justinien, se montra fort irrité de cette fière réponse. Il ne dut l'être qu'en apparence ; car, aux yeux des Vandales, qui en majorité ne demandaient que la paix, elle mettait tous les torts de la rupture du côté de Gélimer et, aux yeux des sujets de l'Empire, elle motivait une guerre peu populaire en la

---

1. Procope, *de Bello Vandal.*, lib. I, cap. 9.

rendant inévitable. Le souvenir des funestes défaites, éprouvées dans toutes les expéditions en Afrique, était demeuré si vif en Orient; la terreur des Vandales y était si grande, qu'il semblait qu'une guerre contre cette nation redoutable ne pouvait aboutir qu'à des désastres. Aussi, lorsque Justinien, après avoir conclu la paix avec les Perses et rétabli son autorité dans Constantinople, décréta la guerre contre Gélimer, il n'y eut dans le peuple qu'un cri d'indignation. Tout le monde murmurait, rappelant le sort de la flotte de l'empereur Léon et le désastre de Basiliscus, qui avait coûté tant d'hommes et tant d'argent. Le préfet du prétoire et le questeur du trésor, chargés de trouver les ressources nécessaires, étaient au désespoir et calculaient avec effroi les sacrifices qu'allait exiger cette guerre dispendieuse. Les généraux eux-mêmes, de qui dépendait le succès, redoutaient les immenses difficultés d'une campagne dans laquelle il faudrait lutter contre un ennemi particulièrement redoutable, après avoir subi les périls et les fatigues d'une longue traversée. L'armée, à peine de retour de la guerre contre les Perses, guerre longue et pénible, n'avait point eu le loisir de se refaire dans ses garnisons et n'avait goûté aucun repos. Elle se voyait, avec mécontentement, rejetée dans les nouvelles fatigues d'une expédition maritime et rappelée de l'Orient pour aller, au bout de l'Occident, combattre ces farouches Vandales qu'elle ne connaissait que de nom. Seuls, comme toujours en pareil cas, ceux qui n'étaient exposés à aucun danger, se réjouissaient, dans l'attente d'événements et d'émotions.

Personne n'osait pourtant porter à l'empereur les plaintes de tout le monde. Jean de Cappadoce, le préfet du prétoire, plus audacieux et mieux en situation de parler que tout autre, fut le seul qui ne craignit pas d'adresser à Justinien d'énergiques protestations, que Procope reproduit en ces termes :
« Votre bienveillance et votre douceur à l'égard de vos sujets, nous donnent le courage de vous exposer, avec une soumission complète à votre volonté, ce que nous croyons utile à votre intérêt et au bien de votre service. Vous avez en effet constamment exercé le pouvoir avec tant de justice que vous

n'avez jamais jugé dignes de votre bonté ceux qui, pour vous plaire, vous donnaient raison en toutes choses. N'estimant que la sincérité et la franchise, vous n'avez jamais traité durement ceux qui pensaient devoir vous contredire. Je vous dirai donc toute ma pensée, pour que vous ne puissiez me reprocher d'avoir manqué de dévouement. Je prévois et je crains de grands malheurs. Si, sans rien vouloir entendre, vous vous décidez à déclarer la guerre aux Vandales, vous reconnaîtrez combien j'ai raison de vous prédire de longs ennuis. Non seulement la victoire ne peut être achetée qu'au prix des plus grands sacrifices en hommes et en argent, mais elle vous entraînera à de nouvelles et difficiles entreprises. Car le succès fait oublier les efforts qu'il a coûtés et fait concevoir de nouvelles ambitions. Avant de vous engager dans cette voie, considérez qu'il y a tout lieu de craindre, dans cette guerre, les funestes résultats qu'elle a eus jadis. La sécurité et la paix ne valent-elles pas mieux que les dangers et les tracas ? Vous songez à diriger une expédition contre Carthage ? On n'y peut arriver par terre, qu'après une marche de cent quarante jours, et par eau, qu'après avoir traversé la mer tout entière. Il s'écoulera presque une année, avant que vous puissiez avoir seulement des nouvelles de ce qui se passera là-bas. Ajoutez à tout cela, que la victoire sur vos ennemis ne vous assurera pas la conquête de l'Afrique, tant que l'Italie et la Sicile ne seront point en votre pouvoir. En cas de défaite, vous aurez attiré de grands dangers sur nos pays, qui ne seront plus protégés par des traités contre les incursions des Vandales, et des revers peuvent déterminer le renversement d'un état de choses, désormais solidement établi. Il convient donc d'être prudent, pour n'être pas exposé un jour à d'inutiles repentirs. Avant de se lancer dans le péril, il faut s'arranger pour n'agir qu'à coup sûr et choisir le moment opportun[1]. ».

La démarche et les paroles de Jean produisirent sur Justinien une impression si vive qu'elles le détournèrent, pendant quelque temps, de ses projets. Mais il y fut bientôt ramené

---

1. Procope, *de Bello Vandal.*, lib. I, cap. 10.

par le clergé catholique, dont les hésitations de l'empereur ruinaient les espérances et qui, peu sensible aux craintes des politiques et des militaires, poussait de toute son influence à une guerre destinée à enlever l'Afrique aux ariens. Pour entraîner l'empereur, malgré l'opposition de ses ministres, on chercha à frapper l'imagination populaire. On sut bientôt à Constantinople qu'un évêque, venu des provinces orientales de l'empire, s'était présenté au palais, déclarant qu'il avait une révélation à faire à l'empereur et que, reçu en audience par Justinien, il avait déclaré que Dieu lui avait manifesté en songe sa colère contre l'empereur qui, après avoir résolu de délivrer les chrétiens d'Afrique du joug des barbares, manquait à sa mission. Dieu lui avait révélé, ajoutait-il, que le moment était venu d'agir et que l'empereur serait maître de l'Afrique. Justinien, tout disposé à obéir aux avertissements du ciel, déclara qu'il ne lui était plus permis d'hésiter. Il donna l'ordre d'assembler l'armée, dont il donna le commandement à Bélisaire et fit préparer des vaisseaux et des subsistances[1].

Sur ces entrefaites, on apprit qu'un soulèvement avait été organisé dans la région de Tripoli, par un personnage de ce pays, nommé Pudentius, qui envoya presser l'empereur d'expédier aussitôt une armée. Il lui promettait de le mettre en possession de toute la contrée dont il était facile de s'emparer, assurait-il, parce que Tattimuth qui commandait à Tripoli pour Gélimer, ne disposait que de fort peu de troupes. Il arriva en effet dans la suite, que Bélisaire réussit, avec l'aide de Pudentius, à occuper toute la Tripolitaine, sans combat. L'armée romaine eut le temps d'aborder à Tripoli, avant que Gélimer, empêché d'agir, par la révolte d'un de ses généraux, nommé Godas, eût pu réprimer la révolte de Pudentius.

. Godas était un Goth au service des Vandales. C'était un homme actif, habile et dévoué à Gélimer qui, aussitôt après son avènement, l'avait préposé au gouvernement et à la défense de la Sardaigne et lui avait donné mission d'y percevoir les

1. Procope, de Bello Vandal., lib. I, cap. 10.

impôts. Godas, élevé subitement à un si haut emploi, perdit la tête et ne sut point résister à la tentation de se rendre indépendant. Il s'empara du produit des impôts et se rendit maître absolu de toute l'île. Cette usurpation donna à Justinien un allié imprévu. Godas, sachant l'empereur résolu à porter la guerre en Afrique, le prévint de sa défection. « Il agissait ainsi, écrivit-il, non par perfidie ou par ingratitude, mais par indignation des cruautés de son maître et pour ne pas obéir aux ordres iniques d'un tyran ». Sa lettre se terminait par la demande d'un prompt secours, nécessaire pour le mettre en état de se maintenir et de se défendre. Justinien s'empressa de répondre aux avances qui lui étaient ainsi faites. Il dépêcha en Sardaigne un légat, nommé Eulogius, porteur d'une lettre dans laquelle il louait les sentiments d'équité et de justice dont Godas se montrait animé, approuvait sa démarche et lui promettait l'envoi prochain de troupes et d'un général, pour le mettre en situation de conserver la Sardaigne. Godas, qui s'était entouré de gardes et de tout l'appareil de la royauté dont il s'était arrogé le titre, répondit à Eulogius qu'il désirait l'arrivée de troupes de secours, pour augmenter ses forces ; mais qu'il n'avait point besoin d'un général [1]. Justinien, avant d'avoir reçu cette réponse, avait déjà fait partir Cyrille avec quatre cents hommes.

Gélimer l'avait devancé. Ayant peu d'espoir de recouvrer la Tripolitaine, où il pensait que les Romains avaient déjà dû opérer leur jonction avec Pudentius et les rebelles, il avait remis à un autre temps la soumission de cette province, pour agir plus résolument en Sardaigne. Il comptait anéantir Godas, avant qu'il fût possible aux Romains de venir à son secours. Il avait donc fait embarquer sur cent vingt vaisseaux, cinq mille Vandales, commandés par son frère Tzazon qui, ayant fait route directement vers la Sardaigne, avait abordé à Calaris, la moderne Cagliari, dont il s'était emparé sans coup férir. Il avait ensuite vaincu aisément et supprimé Godas et ses partisans. De telle sorte que, quand Cyrille

1. Procope, *de Bello Vandal.*, lib. I, cap. 10.

parvint en Sardaigne, l'île tout entière était retombée sous la domination des Vandales. Cyrille ne put que reprendre la mer, pour rallier la flotte qui, sous les ordres de Bélisaire, allait opérer contre Carthage [1].

L'hiver s'était passé en préparatifs et, dès le printemps de l'année 532, la flotte et l'armée, destinées à reconquérir l'Afrique, s'étaient trouvées prêtes à prendre la mer. Elles n'étaient point comparables, par le nombre, aux forces réunies jadis par l'empereur Zénon, mais elles étaient composées d'éléments choisis avec le plus grand soin, de troupes aguerries, pleines de confiance en leurs chefs qui, eux-mêmes, obéissaient avec confiance à Bélisaire, nommé au commandement général de toute l'expédition. L'armée ne comptait que dix mille hommes et cinq mille chevaux [2]. La flotte, sous les ordres de Calonymus d'Alexandrie, était composée de cinq cents bâtiments de transport, montés par trois mille matelots égyptiens, ioniens et ciliciens. Ces bâtiments étaient escortés par quatre-vingt-douze vaisseaux de guerre, fort légers, à un seul rang de rames et couverts de toits, pour mettre les rameurs à l'abri des traits. Procope, assesseur, c'est-à-dire secrétaire ou conseiller juridique de Bélisaire, nous a laissé, dans son histoire de la guerre vandale, un récit de toutes les circonstances de la campagne à laquelle lui-même avait pris part. Il suffira de résumer brièvement ici ce récit, déjà reproduit plus d'une fois dans notre langue [3].

Vers le milieu du mois de juin, la flotte étant sur le point de mettre à la voile, Justinien voulut marquer, par une cérémonie religieuse, que son but principal était la délivrance des catholiques. Il comptait avant tout sur la sympathie des populations catholiques de l'Afrique, pour mener à bien son entreprise. Il fit donc amener devant le palais le vaisseau amiral. Le patriarche Épiphane y monta et, après avoir imploré les bénédictions du ciel, il fit entrer dans le vaisseau un soldat

1. Procope, de Bello Vandal., lib. I. cap. 11.
2. Procope, de Bello Vandal., lib. I, cap. 11.
3. Lebeau, Histoire du bas Empire, lib. XLII. — Charles Diehl, l'Afrique Byzantine.

nouvellement baptisé. La flotte partit ensuite, au milieu des acclamations de la foule[1]. Elle alla mouiller en rade d'Héraclée où il lui fallut attendre, pendant cinq jours, un grand nombre de chevaux amenés des haras de la Thrace pour les besoins de l'armée. Elle gagna ensuite Abydos où le calme la retint encore pendant quatre jours. Un vent frais la poussa rapidement d'Abydos à Sigée ; mais à partir de cet endroit, le vent étant tombé, la traversée de la mer Égée devint fort lente jusqu'au cap Malée, puis jusqu'à Ténare, qu'on nommait alors Cœnopolis, et à Méthone, aujourd'hui Modon, où Bélisaire se résolut à débarquer ses troupes. Le calme était devenu si complet qu'il fallait renoncer à poursuivre la navigation. Au bout de quelques jours, employés en exercices pour ne pas laisser les hommes dans une inaction qui aurait pu nuire à la discipline, on put reprendre la mer et se diriger sur l'île de Zacynthe, la moderne Zante. On y prit de l'eau en quantité suffisante pour le reste du voyage jusqu'en Sicile. Le vent était si faible qu'on mit seize jours pour faire ce trajet[2].

On aborda enfin en Sicile, non loin du mont Etna. Bélisaire se trouvait dans une grande perplexité. Il manquait des renseignements nécessaires pour décider sur quel point de la côte africaine il y aurait avantage à débarquer et par où il convenait d'aborder les Vandales. Il lui importait, en ce moment, de ne rien aventurer, de n'avancer qu'avec une extrême prudence ; car les fatigues d'une longue et lente traversée avaient déprimé le moral des soldats, peu habitués à la mer. Ils murmuraient et ne craignaient point de déclarer à haute voix qu'ils étaient tout disposés à faire leur devoir en gens de cœur, lorsqu'il s'agirait de combattre sur terre ; mais que si on les engageait dans une bataille navale, ils n'hésiteraient pas à prendre la fuite. Bélisaire donna donc mission à Procope d'aller à Syracuse, pour chercher à y recueillir secrètement des indications sur les dispositions prises par l'ennemi en Sicile ou en Afrique et sur l'endroit où on pourrait débar-

1. Procope, de Bello Vandal.. lib. I, cap. 12.
2. Procope, de Bello Vandal., lib. I, cap. 13.

quer avec succès pour entamer les hostilités[1]. Il lui donna
l'ordre de se rendre ensuite à Caucane, lieu situé à deux cents
stades de Syracuse, où toute la flotte devait passer, pour
prendre à bord une quantité de vivres que Procope était
également chargé d'acheter aux Goths. Amalasunthe avait
contracté l'engagement, en exécution de son alliance avec
Justinien, de fournir aux armées impériales tous les approvisionnements qui leur seraient nécessaires.

Arrivé à Syracuse, Procope eut le bonheur inespéré de
reconnaître dans le pourvoyeur de la marine, un de ses
amis, qui était établi depuis longtemps en Sicile. Cet ami
s'empressa de lui venir en aide. Non seulement il lui procura
les vivres et les objets nécessaires à la flotte, mais il se trouva
en situation de fournir les informations les plus complètes.
Un de ses serviteurs, revenu depuis trois jours seulement
d'un voyage à Carthage, racontait en effet qu'il n'y avait
remarqué aucune disposition pour surprendre la flotte
romaine ; que tous les préparatifs des Vandales étaient faits
en vue de combattre Godas ; que Gélimer, ne pensant pas être
attaqué, s'était éloigné de Carthage et des pays maritimes,
pour aller séjourner à Hermione, en Byzacène, à quatre journées de la mer ; qu'il y était sans inquiétude et ne craignait
rien moins que l'approche de la flotte romaine. Procope, ayant
entendu ces nouvelles de la bouche même du serviteur de son
ami, prit cet homme par la main et se mit à se promener
sur le port d'Aréthuse, où son navire était à l'ancre, en continuant à l'interroger et à lui demander des détails. Il avait
résolu de l'emmener à Caucane. Il le fit donc monter avec lui
dans son navire, comme pour continuer à l'entretenir, puis
donna l'ordre de mettre immédiatement à la voile, au grand
étonnement du pourvoyeur de la marine qui, resté à terre,
demeurait tout stupéfait de l'enlèvement de son serviteur.
Procope lui cria, de son bord, qu'il le priait de l'excuser, mais
qu'il voulait conduire cet homme à son général et l'emmener
jusqu'en Afrique, d'où il serait renvoyé avec une récompense

1. Procope, *de Bello Vandal.*, lib. I, cap. 14.

considérable. Les nouvelles apportées par Procope, firent une heureuse diversion au deuil dans lequel il trouva l'armée qui venait de perdre Dorothée, le commandant des troupes tirées de l'Arménie. La mort de ce général laissait d'universels regrets[1].

Bélisaire, enchanté des renseignements qu'il devait au zèle de Procope, n'hésita plus à donner l'ordre d'appareiller. La flotte prit sa route par les îles de Mélita et de Gaulos, actuellement Gozo, et, poussée par le vent du nord, elle atteignit, en deux jours, les rives de l'Afrique, en un lieu nommé Caputvada, à cinq jours de marche de Carthage. Bélisaire donna l'ordre de jeter l'ancre et, ayant appelé tous les chefs de corps à bord de son navire, il les réunit en un conseil de guerre qui, après délibération, adopta le plan d'attaque proposé par le général en chef[2]. Ce plan consistait à débarquer immédiatement les troupes, les chevaux, les armes et les munitions et à établir sur le rivage un camp, fortifié de fossés et de levées de terre, pour mettre l'armée à l'abri d'une surprise, en attendant qu'on fût en mesure de marcher sur Carthage. L'armée prit donc terre, trois mois après son départ de Byzance. Les soldats, encouragés par les exhortations de leurs chefs et aiguillonnés par la crainte de voir paraître l'ennemi; mirent un si grand zèle au travail, qu'avant le soir, on avait fini d'élever les retranchements du camp. En creusant les fossés, on fit jaillir une source abondante. Ce fait, extraordinaire dans cette aride contrée, fut considéré comme un heureux présage.

Le succès de la campagne qu'on allait entreprendre, dépendait principalement du concours de la population romaine de l'Afrique. Il fallait donc veiller avec le plus grand soin à ce qu'aucun excès, commis par les soldats, ne vînt troubler les bonnes dispositions dont on la savait animée. Dès le lendemain du débarquement, Bélisaire voulut marquer, par un exemple d'une extrême sévérité, sa volonté de mettre les habitants à l'abri de toute vexation. Quelques soldats s'étaient

1. Procope, *de Bello Vandal.*, lib. I, cap. 14.
2. Procope, *de Bello Vandal.*, lib. I, cap. 15.

répandus dans la campagne et y avaient dérobé des fruits. Il les fit battre de verges ; puis harangua l'armée en ces termes : « En toutes circonstances, il est honteux, injuste et criminel de commettre des actes de violence et de maraude. Dans notre situation présente, de pareils actes sont en outre dangereux. En vous donnant l'ordre de débarquer dans ce pays, je comptais sur l'aversion et la haine des Africains d'origine romaine contre les Vandales. Grâce à leur sympathie, nous étions assurés de ne manquer de rien et de n'être pas exposés, faute de renseignements, à être surpris par l'ennemi. Votre indiscipline nous a fait perdre tous ces avantages. Vous avez réconcilié, en quelque sorte, les Africains avec les Vandales et vous les avez tournés contre nous ; car il est naturel de détester les auteurs des dommages que l'on subit. Vous pouvez, avec quelque argent, vous procurer toutes choses, sans compromettre votre sécurité, puisque vous avez permission d'acheter ce qu'il vous faut. En agissant comme vous l'avez fait, vous vous exposez, au contraire, à être en guerre avec les Africains, en même temps qu'avec les Vandales et avec Dieu lui-même qui n'aide jamais ceux qui sont injustes. Gardez-vous donc d'usurper le bien d'autrui et de vous créer les plus grands dangers, pour un maigre profit. En ce moment, la moindre violence vous perdrait. Votre salut dépend surtout de votre modération qui vous assurera, avec l'aide de Dieu, la sympathie du peuple africain et vous permettra de vaincre aisément les Vandales[1].

Sur la route de Carthage, qui longeait la côte, et à la distance d'une journée de marche du camp, s'élevait la ville de Syllecte. Les murailles de cette ville avaient été rasées par les Vandales ; mais les habitants, craignant les incursions des Maures, avaient fortifié leurs maisons et étaient par conséquent en état d'opposer une certaine résistance. Avant de rien tenter par la force contre cette cité, dont il était important de se rendre maître, Bélisaire y envoya un de ses gardes, nommé Boraïdé, avec quelques soldats, pour promettre aux habitants,

_____
1. Procope, _de Bello Vandal._, lib. I, cap. 16.

que s'ils se donnaient volontairement aux Romains qui venaient les délivrer, il ne leur serait fait aucun mal et que de grands avantages leur seraient accordés. Boraïde et sa troupe, étant parvenus aux approches de la ville, vers le soir, demeurèrent cachés dans un vallon, pendant toute la nuit. Au point du jour, ils s'emparèrent de chariots que des paysans menaient à la ville. Ils y prirent place et pénétrèrent dans la cité, sans éveiller aucun soupçon. Quand le jour fut complètement levé, sans qu'aucun trouble se fût produit, ils s'adressèrent aux prêtres et aux principaux citoyens et léur communiquèrent les propositions de leur général. On leur remit aussitôt les clefs des portes, qui furent portées à Bélisaire [1]. Le même jour, le directeur de la poste établie dans Syllecte, passa dans le camp romain et y amena tous les chevaux dont il disposait pour le service public.

Tandis qu'aux Africains, le général romain promettait de les délivrer, du joug des barbares, l'empereur continuait à affecter, vis-à-vis de ceux-ci, de n'avoir d'autre but que la restauration d'Hildéric. L'occasion se présenta bientôt de répandre cette idée parmi les chefs des Vandales. Il arriva qu'on arrêta un courrier de Gélimer. Bélisaire, loin de le mal-traiter, le combla de présents et le renvoya, après lui avoir fait donner sa parole de remettre aux commandants des diffé-rentes places une lettre qui leur était adressée au nom de Justinien et que Procope résume en ces termes : « Nous n'avons dessein, ni de détruire les Vandales, ni même de rompre les traités conclus avec Genséric. Nous ne voulons que supprimer votre tyran qui, au mépris du testament de Genséric, tient votre roi dans les fers et qui, poursuivant ses propres parents d'une haine implacable, a fait périr les uns, a emprisonné les autres, après leur avoir fait crever les yeux et leur avoir infligé ainsi un supplice plus cruel que la mort. Soyez donc d'accord avec nous et délivrez-vous vous-mêmes, par tous les moyens possibles, d'une si fatale tyrannie. Si vos efforts tendent à la paix et à votre propre liberté, nous

1. Procope, *de Bello Vandal.*, lib. I, cap. 16.

sommes prêts à vous aider de tout notre pouvoir. Nous nous
y engageons devant Dieu[1] ». Le courrier se chargea de ces
lettres, mais il n'osa les rendre publiques. Elles ne produisirent donc aucun effet digne d'être signalé. Cependant, il les
montra en secret à ses amis et il est permis de croire que Bélisaire obtint, au moins en partie, le résultat qu'il se proposait.
La suite des événements de cette guerre montrera, en effet,
que les Vandales n'opposèrent point aux Romains toute la
résistance dont ils étaient capables.

Dans le camp romain, on s'attendait à être attaqué d'un
moment à l'autre ; car on jugeait que Gélimer, parti d'Hermione, ne pouvait être éloigné. Bélisaire prit donc toutes ses
dispositions pour être prêt à combattre. La marche dans la
direction de Carthage, fut entreprise en ordre de bataille. Trois
cents hommes d'élite, tous vieux soldats, furent choisis pour
former une avant-garde, sous le commandement de l'intendant de la maison de Bélisaire, nommé Jean. C'était un
Arménien, d'une grande prudence et de beaucoup de valeur.
Ordre lui fut donné de précéder la colonne, sans s'en éloigner
de plus de vingt stades[2], et de donner avis de l'approche de
l'ennemi, dès qu'il paraîtrait. Un corps de Massagètes auxiliaires marchait, à la même distance, sur la gauche de la colonne,
pour protéger son flanc de ce côté. Bélisaire lui-même, entouré
d'une troupe d'élite, avait pris place entre ce corps et le gros
de l'armée. Du côté droit, rien n'était à craindre, car on suivait de près le rivage. La flotte avait, d'ailleurs, ordre de
convoyer l'armée de terre sans s'en écarter et, dans le cas où
le vent viendrait à s'élever, de lutter à force de voiles et même
de rames, pour se maintenir le plus près possible de la côte.

Lorsqu'on approcha de Syllecte, Bélisaire avertit de nouveau les soldats d'avoir à rester maîtres d'eux-mêmes *et de
leurs mains*, suivant l'expression de Procope, afin de ne
commettre ni rapines, ni actions contraires à leur devoir. Il
se rendit ensuite dans la ville où, comme dans toute la

---

1. Procope, *de Bello Vandal.*, lib. I, cap. 16.

2. Procope indique les distances en stades d'un peu plus de 180 mètres
chaque.

contrée, il se concilia les Africains par sa mansuétude et son humanité. Partout sur sa route, il marcha comme en pays ami, ne cessant d'agir avec la plus grande modération. Loin de se cacher, les paysans, voyant qu'ils n'avaient rien à craindre, s'empressaient de fournir et de vendre aux troupes tout ce dont elles avaient besoin[1]. L'armée opéra ainsi son mouvement vers Carthage, par une série de marches qui ne dépassaient jamais quatre-vingts stades par jour. On logeait dans les villes ou dans des camps ; mais toujours avec les plus grandes précautions. Après avoir passé par Leptis et Adrumète, on arriva enfin auprès de la ville fortifiée de Grasse, située à trois cent cinquante stades de Carthage. Il y avait là un domaine royal, le plus beau qu'on pût voir, dit Procope. C'était un véritable paradis, arrosé de sources et tout entouré de bois verdoyants et de vergers, dont les fruits commençaient à mûrir. Les soldats s'y construisirent, avec de la verdure, des espèces de tonnelles et se rassasièrent de fruits.

Cependant, Gélimer ne restait point inactif. Aussitôt après avoir reçu à Hermione la nouvelle de la présence des ennemis, il avait envoyé, par écrit, à son frère Ammatas, qui était à Carthage, l'ordre de mettre à mort Hildéric, avec tous ses parents et de faire périr les partisans les plus dévoués de ce prince, qui tous avaient été arrêtés. Cette exécution faite, Ammatas devait faire prendre les armes à tous les Vandales se trouvant dans Carthage et marcher à la rencontre de l'ennemi, pour le surprendre au passage d'un défilé qui était situé à dix milles de Carthage et qui, à raison de cette distance, s'appelait Décime. Gélimer se proposait d'attaquer l'armée romaine par derrière, tandis que son frère l'attaquerait de front. Il comptait l'anéantir dans ce défilé où elle se trouverait prise entre deux corps d'armée. Ammatas avait exécuté les ordres qu'il avait reçus. Hildéric, Euagée et tous leurs partisans avaient été mis à mort. Quant à Hoamer, il avait déjà cessé de vivre. Tous les Vandales, assemblés en

---

1. Procope, *de Bello Vandal.*, lib. I, cap. 17.

armes, se tenaient prêts à partir lorsqu'il serait temps. De son côté, Gélimer suivait l'armée romaine à distance, dérobant sa marche, de façon que les Romains ne pussent avoir connaissance de ses mouvements. Mais, pendant la nuit que les Romains passèrent à l'étape près de Grasse, les éclaireurs des deux armées, courant le pays en tous sens, se trouvèrent en contact. De part et d'autre, ils se replièrent. Bélisaire apprit ainsi que l'ennemi était à peu de distance. A partir de Grasse, on cessa d'apercevoir la flotte, que cachaient aux regards de hauts rochers qui, en cet endroit, s'élevaient de la mer et le promontoire près duquel était construite la ville fortifiée d'Hermès. Bélisaire lui enjoignit de ne pas approcher de Carthage de plus d'environ deux cents stades, jusqu'à nouvel ordre.

Malgré la proximité de l'ennemi, l'armée romaine continua sa marche en avant. Le quatrième jour après son départ de Grasse, elle atteignit Décime, à soixante-dix stades de Carthage. Ce même jour, Gélimer donna ordre à Gibamund, fils de son frère, de prendre les devants, à la tête d'un détachement, fort de deux mille hommes; de se porter sur la gauche de l'armée romaine et de manœuvrer de façon à opérer sa jonction avec le gros de l'armée vandale d'une part, avec Ammatas de l'autre, pour enfermer ainsi les impériaux entre les Vandales et la mer. Les Romains n'eussent certainement pas échappé aux Vandales, si Bélisaire n'avait pas eu soin de couvrir son flanc gauche par les Massagètes et de se faire précéder, comme on l'a vu, par l'avant-garde de Jean l'Arménien. Malgré ces sages dispositions, l'événement eût été bien différent de ce qu'il fut, si Ammatas eût mieux calculé son temps.

Il arriva à Décime vers midi, alors que l'armée romaine et l'armée vandale étaient encore toutes deux fort éloignées de ce point. Au lieu de les attendre, il continua de marcher en avant. Cet acte de précipitation ne fut pas la seule faute qu'il commit. Il avait laissé à Carthage la majeure partie des troupes dont il disposait et s'était borné à annoncer son départ pour Décime. Il n'avait donc avec lui que peu de monde et probablement pas, dit Procope, des gens choisis parmi les meilleurs guerriers. Il avait déjà dépassé Décime, quand il se heurta à Jean l'Arménien. Dès le premier choc, Ammatas qui était d'une intrépidité remarquable et d'une grande habileté dans le métier des armes, abattit douze des meilleurs soldats romains ; mais il fut tué vers la fin du combat. Sa mort décida de la victoire, non seulement dans cette escarmouche, mais dans la bataille qui allait s'engager. Sa troupe prit, en effet, la fuite, dès qu'elle l'eut vu tomber et alla porter la panique dans les rangs du reste de son corps d'armée qui, suivant les ordres qu'il avait laissés en partant de Carthage, s'acheminait à sa suite vers Décime. Ce corps, qui ne s'attendait pas à avoir à combattre, avait rompu les rangs et marchait en désordre, par pelotons trop faibles de vingt ou trente hommes. Quand les soldats aperçurent la troupe d'Ammatas fuyant en désordre, ils crurent qu'elle était poursuivie par une troupe nombreuse et tournèrent, eux aussi, les talons. Jean l'Arménien les poursuivit, avec sa petite escorte, jusqu'aux portes de Carthage et leur tua beaucoup de monde. Autant qu'on en put juger, ils laissèrent sur cette route, longue de soixante-dix stades environ, deux mille morts.

En ce moment même, Gibamund, à la tête de ses deux mille hommes, s'avançait à travers une plaine qui s'étendait à gauche de la route de Carthage, à quarante stades de Décime et qu'on nommait le champ salé, parce que, privé d'habitants et de végétation, il ne produisait que du sel, provenant de l'évaporation des eaux. Le corps de Gibamund rencontra dans cette plaine les Huns qui couvraient la gauche de l'armée romaine. En avant des Huns, marchait, à la tête d'une petite escouade, un guerrier d'un courage et d'une force extraordinaires. Ce guerrier avait le privilège héréditaire d'aborder le premier l'ennemi, dans toutes les expéditions auxquelles les Huns prenaient part. Une coutume, toujours observée par les Massagètes, défendait en effet aux guerriers de cette nation d'en venir aux mains, avant qu'un des leurs ne se fût jeté sur l'ennemi, sans lui porter aucun coup. Lorsque celui à qui était réservé cet honneur, fut parvenu à une petite distance des Vandales, il poussa son cheval ; puis s'arrêta, tout seul, devant eux. Les Vandales demeurèrent immobiles et ne lui lancèrent aucun trait. Soit que l'audace de cet homme leur imposât, soit qu'ils craignissent quelque embûche, soit plutôt que n'ayant jamais vu cette manière d'aller au combat et sachant que les Huns avaient la réputation d'être invincibles, ils hésitassent à braver le danger. Voyant leur hésitation, le Hun se tourna vers les siens et leur cria : « Quelle bonne proie Dieu nous envoie aujourd'hui ! » Aussitôt les Huns chargent les Vandales dont les rangs plient et se rompent. Ils se laissèrent lâchement massacrer, sans opposer aucune résistance [1].

Belisaire, qui ignorait le double succès remporté par son avant-garde et par les Huns, poursuivait sa marche vers Décime. Arrivé à trente-cinq stades de cette localité, il établit un camp, fortement retranché, dans lequel il laissa toute son infanterie. Il voulait, avant de livrer bataille, reconnaître et tâter l'ennemi. Il se mit donc lui-même en campagne, avec toute sa cavalerie. Il fit prendre les devants aux escadrons des peuples alliés qu'il suivit, à la tête de la cavalerie romaine.

Quand les alliés arrivèrent à Décime, ils aperçurent d'abord sur le sol le corps des douze hommes de l'escouade de Jean, puis les cadavres d'Ammatas et d'un certain nombre de Vandales. Bientôt ils rencontrèrent des paysans qui leur apprirent ce qui s'était passé en ce lieu. Ces nouvelles les laissèrent indécis touchant la direction à prendre. Tandis qu'ils délibéraient et battaient les collines voisines pour se renseigner, une nuée de poussière s'éleva tout à coup, du côté du midi et bientôt on distingua un gros de Vandales. Parmi les chefs alliés, les uns voulaient qu'on courût à l'ennemi qui commençait à se montrer, les autres prétendaient qu'on n'était point en nombre suffisant. Pendant qu'ils délibéraient, les barbares que conduisait Gélimer, continuèrent d'approcher. Ils marchaient entre la route occupée par Bélisaire et celle qu'avaient suivie les Massagètes qui s'étaient trouvés aux

---

1. Procope, de Bello Vandal., lib. I, cap. 18.

prises avec le corps de Gibamund. Des collines, qui se dressaient de toutes parts en cet endroit, n'avaient pas permis à Gélimer d'apercevoir, d'une part, la cavalerie de Bélisaire, d'autre part, le corps de Gibamund et les Massagètes. Dans l'endroit où Gélimer se trouva en présence des alliés, s'élevait une haute colline dont, de part et d'autre, on comprit aussitôt l'importance et qui fut disputée comme un point d'où on pouvait, avec avantage, attaquer l'ennemi. Les Vandales gagnèrent de vitesse, s'emparèrent de la colline et, se précipitant ensuite sur leurs adversaires, les mirent en fuite. Ceux-ci se replièrent en déroute sur un village situé à sept stades de Décime. Ils y trouvèrent Uliaris, un des *doryphores* ou gardes de Bélisaire, à la tête de huit cents cavaliers. Cette troupe, au lieu d'arrêter les fuyards et de tenir tête avec eux à l'ennemi, fut prise de panique et se rabattit précipitamment vers Bélisaire.

Si, en ce moment, Gélimer avait marché directement à l'ennemi, Bélisaire n'eût pu soutenir le choc d'une armée bien supérieure en nombre à la sienne. L'armée romaine eût été inévitablement anéantie, tant elle était démoralisée. Gélimer pouvait également marcher droit à Carthage, tailler en pièces le corps de Jean l'Arménien qui, croyant n'avoir plus rien à craindre, s'était débandé et courait la campagne, pour y faire du butin. Il eût ainsi sauvé la ville, pris la flotte romaine qui n'en était guère éloignée et enlevé aux Romains, non seulement tout espoir de vaincre, mais même tout moyen de retraite. Il ne fit rien de tout cela. Descendu de la colline qu'il avait occupée et arrivé dans la plaine, il y aperçut le cadavre de son frère. A cette vue, pénétré de douleur, il n'eut plus d'autre pensée que de donner la sépulture au mort. Il perdit ainsi l'occasion de vaincre ; il ne put la retrouver dans la suite. Bélisaire barra la route aux fuyards, les rallia, reforma leurs rangs et, par ses reproches, leur rendit quelque assurance. Puis, ayant appris le succès de Jean et la mort d'Ammatas et renseigné enfin complètement sur la disposition des lieux et les événements de la journée, il chargea lui-même les Vandales, avec toute sa cavalerie. Les Vandales, surpris en désordre, ne purent soutenir le choc. A leur tour, ils prirent la fuite et perdirent beaucoup de monde. La nuit vint mettre fin au combat. Gélimer s'enfuit, non pas à Carthage ou dans la Byzacène d'où il venait, mais jusque dans les plaines de Bulla, situées à quatre journées de Carthage, dans le voisinage des montagnes de la Numidie [1]. Sur le soir, Jean l'Arménien, puis les Massagètes, se replièrent vers Décime où ils passèrent la nuit, avec toute l'armée qui connut alors en détail, par leurs récits, tout ce qui s'était passé.

Le lendemain, l'infanterie sortit de ses retranchements et toutes les troupes se mirent en mouvement vers Carthage qu'elles atteignirent à la tombée de la nuit. Elles bivaquèrent en dehors de la ville, bien qu'aucun ennemi n'en défendît l'entrée. Les habitants s'étaient empressés d'ouvrir les portes et avaient allumé partout des lumières et des feux qui brillèrent toute la nuit. Les Vandales qui étaient encore dans la ville, s'étaient réfugiés dans les églises [2]. Bélisaire prit toutes ses dispositions, non seulement pour se protéger contre l'ennemi, mais aussi pour protéger les habitants contre ses propres soldats, qui eussent pu profiter des ténèbres pour se glisser dans la ville et y commettre des actes de pillage. Ce même soir, le vent soufflant du nord permit à la flotte de doubler le promontoire. Quand elle parut en vue de Carthage, le peuple courut retirer les chaînes qui fermaient l'entrée du port, afin de permettre aux vaisseaux romains d'y pénétrer [3].

Dans une prison se trouvaient enfermés des malheureux, destinés au supplice, parmi lesquels plusieurs riches négociants, qui avaient refusé à Gélimer de lui fournir des fonds pour entreprendre la guerre. Lorsque la nouvelle de la défaite et de la mort d'Ammatas parvint à Carthage et lorsque, bientôt après, on y vit apparaître la flotte romaine, le gardien de cette prison pénétra auprès des infortunés confiés à sa garde et leur demanda quelle récompense ils consentiraient à donner à celui qui leur rendrait la liberté. Comme

1. Procope, de Bello Vandal., lib. I, cap. 19.
2. Procope, de Bello Vandal., lib. I, cap. 20.
3. Procope, de Bello Vandal., lib. I, cap. 20.

ils lui offraient tout ce qu'il voudrait, il leur répondit qu'il n'exigeait d'eux qu'une seule chose : le serment de le protéger de toutes leurs forces, dans le cas où, après les avoir délivrés, il serait lui-même inquiété. Après avoir tiré d'eux cette promesse, il leur annonça les heureuses nouvelles qu'il leur apportait. Pour les en convaincre, il ouvrit des fenêtres donnant sur la mer et leur montra à l'horizon les vaisseaux romains qui approchaient. Le gardien et ses prisonniers s'évadèrent ensemble dans la ville, où ne subsistait déjà plus rien de la domination des barbares[1].

Ces vaisseaux que le gardien de la prison montrait au loin et que les habitants de Carthage saluaient avec tant de joie, allaient causer à la ville le seul préjudice qu'elle eut à souffrir. Comme on ignorait, à bord de la flotte, ce qui se passait à terre, Archélaus qui la commandait, avait envoyé au promontoire de Mercure pour y recueillir des nouvelles. Instruit de cette façon des succès de Bélisaire, il avait profité de ce que le vent était favorable, pour continuer à se rapprocher de Carthage. Parvenus à cent cinquante stades de cette ville, Archélaus et ses lieutenants avaient donné l'ordre de jeter les ancres ; mais les marins avaient refusé d'obéir ; ils avaient déclaré que ce rivage n'offrait aucun abri ; qu'on ne tarderait pas à essuyer une tempête qu'on appelait la Cyprienne, parce qu'elle s'élevait tous les ans à l'époque de la fête de Saint-Cyprien, et que, si on s'attardait dans les parages où l'on se trouvait, on ne sauverait pas un seul des vaisseaux de la flotte. En présence de l'opposition des marins, Archélaus avait fait carguer les voiles et avait réuni un conseil, dans lequel il avait été décidé que, de toute façon, on ne devait pas, avant d'avoir reçu les ordres de Bélisaire, aborder au port de Carthage, appelé Mandracium ; d'autant plus qu'on voyait ce port fermé par des chaînes et trop petit pour contenir toute la flotte. En conséquence, on s'était occupé de choisir un golfe où l'on pût être en sûreté. Il y avait, à quarante stades de Carthage, un endroit qu'on nommait l'Étang où un grand

<hr>

1. Procope, *de Bello Vandal.*, lib. I, cap. 20.

nombre de vaisseaux pouvaient trouver place et qui présentait un excellent mouillage. On avait donc résolu de s'y rendre et, au commencement de la nuit, tous les vaisseaux y étaient arrivés ; à l'exception de celui de Calonymus qui, avec quelques autres, avait cinglé vers Carthage, malgré les ordres du commandant en chef. Arrivés à Mandracium, les hommes qui montaient ces vaisseaux débarquèrent, sans que personne osât leur résister et pillèrent les richesses d'un certain nombre de marchands indigènes et étrangers, établis dans les quartiers voisins du port [1].

Le lendemain, Bélisaire se prépara à occuper Carthage. Comme il craignait de tomber dans quelque embûche, il fit débarquer les soldats de la flotte et rangea son armée en ordre de bataille, comme pour marcher au combat. Avant de donner le signal du départ, il recommanda de nouveau à ses troupes d'observer la plus stricte discipline. «.Les Africains dit-il dans sa proclamation, sont d'anciens sujets de l'Empire, qui ne peuvent aimer la domination des Vandales dont ils ont eu tant à souffrir. C'est pour les affranchir que Justinien a déclaré la guerre. Il faut donc vous abstenir d'infliger la moindre vexation à un peuple auquel vous apportez le salut et la liberté. » Rappelant à ses soldats les grands et rapides succès que leur avait déjà valus leur modération à l'égard des Africains, il les exhorta à en montrer davantage encore, maintenant qu'ils allaient entrer dans Carthage. Bélisaire pénétra ensuite dans la ville. Il n'y rencontra aucun ennemi et se rendit au palais, où il prit place sur le trône de Gélimer [2]. Bientôt, il vit paraître devant lui les marchands et d'autres habitants du quartier voisin du port, qui lui présentèrent leurs plaintes au sujet du pillage dont ils avaient été victimes la nuit précédente. Bélisaire obligea Calonymus à promettre sous serment de restituer tout ce qu'il avait enlevé. Calonymus en donna sa parole ; mais n'en fit rien. Il s'arrangea pour emporter tout son butin. Sa rapacité ne lui porta d'ailleurs pas bonheur car, après son retour à Constantinople, il fut frappé

1. Procope, *de Bello Vandal.*, lib. I. cap. 20.
2. Procope, *de Bello Vandal.*, lib. I, cap. 20.

d'apoplexie et, après avoir perdu l'intelligence et jusqu'à l'usage de la parole, il finit misérablement [1].

Bélisaire maintint parmi ses troupes une discipline si parfaite qu'aucun excès ne fut commis dans la ville. La population n'eut à souffrir aucune violence, soit contre les personnes, soit contre les biens. Elle ne fut pas même exposée à la moindre menace. On ne se fût point cru dans une ville qui venait d'être prise et qui subissait un changement de régime. Les boutiques demeurèrent ouvertes et les affaires continuèrent à se traiter comme de coutume. Les soldats furent reçus dans les maisons avec billets de logement délivrés par les scribes et ils achetèrent leurs vivres, en payant. Les Vandales eux-mêmes ne furent point inquiétés. Sur la promesse de Bélisaire qu'il ne leur serait fait aucun mal, ils quittèrent les églises où ils s'étaient réfugiés [2]. Seuls, les prêtres catholiques s'empressèrent, aussitôt après la bataille de Décime, d'enlever aux ariens la basilique de Saint-Cyprien-hors-les-murs [3]. Ce fut ainsi que les Romains rentrèrent à Carthage, quatre-vingt-seize ou quatre-vingt-dix-sept ans après la conquête de Genséric. Bélisaire s'occupa sans retard de faire restaurer les murailles qui, depuis longtemps, étaient si négligées qu'en plusieurs endroits, on pouvait passer par les brèches et que des pans entiers étaient écroulés. Comme on payait largement les ouvriers, le travail s'accomplit avec une étonnante rapidité. Les brèches furent bientôt réparées et la fortification fut complétée par un fossé et d'épaisses palissades [4].

Les Romains ne trouvaient pas dans les campagnes autant de sûreté que dans Carthage, car Gélimer avait répandu de l'argent parmi les paysans africains et les avait excités à atta-

1. Procope, de Bello Vandal., lib. I, cap. 20.

2. Procope, de Bello Vandal., lib. I, cap. 21.

3. Procope, de Bello Vandal., lib. I, cap. 21.

4. Procope, de Bello Vandal., lib, I, cap. 21 et 23, p. 403. — Marcellini Comitis Chronicon, ann. 534 (édit. Mommsen, Monum. Germ., in-4°, Auct. Antiq., t. XI, p. 103). — Victoris Tonnennensis Chronica, ann. 534 (édit. Mommsen, Monum. Germ., in-4°, Auct. Antiq., t. XI, p. 198). — Marii Avenlicensis Chronica, ann. 534 (édit. Mommsen, Monum. Germ., in-4°, Auct. Antiq., t. XI, p. 235).

quer les Romains qu'ils pourraient surprendre isolément. Une prime leur était offerte pour chaque tête d'ennemi qu'ils apporteraient aux Vandales. Les paysans tuèrent, pour se procurer cette prime, un certain nombre de valets de l'armée romaine, surpris tandis qu'ils fourrageaient ou pillaient dans la campagne[1].

Il arriva, sur ces entrefaites, qu'un homme d'armes de Bélisaire, nommé Diogénès, fut envoyé en reconnaissance avec vingt-deux cavaliers et s'arrêta dans un village, situé à deux journées de Carthage. Les paysans n'étant pas de force à attaquer ce détachement, avertirent Gélimer qui, aussitôt, fit partir trois cents cavaliers d'élite, avec ordre de s'emparer de ces vingt-deux soldats romains et de les lui amener vivants. Les Vandales arrivèrent dans le village, avant l'aube et entourèrent la maison où les Romains s'étaient logés. Ayant appris que l'ennemi s'était éloigné et se croyant donc parfaitement en sûreté, les soldats romains dormaient dans une chambre de l'étage supérieur et n'avaient point placé de sentinelles. Rien n'eût donc été plus facile que de surprendre ces hommes, non seulement désarmés, mais couchés nus par terre. Les Vandales n'osèrent briser les portes. Ils prétextèrent que, dans un combat nocturne, ils seraient exposés à se méprendre et à en venir aux mains les uns avec les autres, ce qui permettrait aux ennemis de leur échapper. La vérité était qu'ils redoutaient d'avoir à combattre. Ils se contentèrent donc d'observer la maison. Mais un des soldats romains s'étant éveillé, entendit le cliquetis de leurs armes et le murmure de leurs voix; il donna l'alarme à ses compagnons qui avertirent Diogénès. Celui-ci leur ordonna de se vêtir et de s'armer sans bruit, puis de descendre à l'étage inférieur, pour seller et brider leurs chevaux. Cela fut fait avec tant de précautions que l'ennemi ne s'aperçut de rien. Diogénès réunit ensuite sa petite troupe dans la cour, fit ouvrir subitement la porte et s'élança au dehors. Les Vandales ne réussirent pas à lui barrer le passage et il ne perdit que deux hommes;

---

1. Procope, *de Bello Vandal.*, lib. I, cap. 23, p. 401.

mais lui-même, blessé à la main gauche, au cou et au visage, mourut peu après[1].

Quelques jours après la prise de Carthage, Bélisaire apprit de la façon suivante, ce qui se passait en Sardaigne, Tzazon, qui avait achevé de soumettre cette île, s'était empressé d'écrire à Gélimer, pour l'informer de la mort de Godas et de la victoire des Vandales qu'il l'invitait à célébrer en Afrique par de grandes fêtes. Le courrier de Tzazon débarqua sans défiance à Carthage. Il fut arrêté et mené à Bélisaire qui, sans lui faire aucun mal, se fit remettre les lettres dont il était porteur. On arrêta également, à leur débarquement à Car-thage,- des ambassadeurs que Gélimer avait envoyés en Espagne, peu avant l'arrivée de la flotte romaine, pour con-clure alliance avec Théode, le roi des Visigoths. Ces ambassa-deurs rentraient en Afrique, après avoir échoué dans leur mis-sion. Comme ils avaient fait route par le détroit de Gadès et avaient voyagé lentement, ils n'étaient arrivés à la cour de Théode, qu'alors qu'on y connaissait déjà les événements d'Afrique. La nouvelle de ces événements avait été apportée par un navire de commerce qui, parti de Carthage, le jour même que les Romains y étaient entrés, et poussé par un vent favorable, avait atteint rapidement les côtes de l'Espagne. Théode avait tenu cette nouvelle secrète et avait. pris des mesures pour qu'elle ne fût pas ébruitée, avant d'être confir-mée. Quand les ambassadeurs de Gélimer se présentèrent à lui et lui demandèrent son alliance, affirmant que la situation de leur maître était prospère, il les invita à s'en retourner en Afrique où ils trouveraient, leur dit-il, du changement. Les ambassadeurs ne firent point attention à ces paroles. Ils pensèrent que Théode était ivre et ne savait ce qu'il disait. Mais le lendemain, il leur fit la même réponse. Comprenant alors qu'il avait dû se passer quelque chose en Afrique et ne soupçonnant pas que ce pût être à Carthage, ils s'embar-quèrent pour cette ville. Ils furent surpris de se voir menés devant le général de l'armée romaine[2].

1. Procope. *de Bello Vandal.*, lib. I, cap. 23.
2. Procope, *de Bello Vandal.*, lib. I, cap. 24.

Les Maures abandonnaient également Gélimer. Tous les chefs des tribus de la Mauritanie, de la Numidie et de la Byzacène envoyèrent des députés à Bélisaire, pour se déclarer sujets de l'Empire et demander à entrer dans l'alliance de Justinien. Plusieurs de ces chefs donnèrent, d'eux-mêmes, leurs enfants comme otages et sollicitèrent du général romain les emblèmes de la royauté. Suivant un ancien usage, les chefs Maures ne prenaient le titre de roi qu'après avoir été reconnus par l'empereur des Romains et après avoir reçu de lui les marques de leur dignité. Comme ils ne les tenaient que du roi des Vandales, ils ne croyaient pas leur autorité suffisamment établie. Ces insignes de la royauté étaient un sceptre d'argent doré, un diadème d'argent ne couvrant pas entièrement la tête et orné de bandelettes argentées, un manteau blanc qui s'attachait sur l'épaule droite avec une agrafe d'or, une tunique blanche ornée de divers dessins et des brodequins garnis de broderies d'or. Bélisaire envoya ces insignes, avec une somme d'argent, à chacun des chefs qui lui en firent la demande. Cependant, aucun d'eux ne s'unit aux Romains ; ils ne fournirent non plus aucun secours aux Vandales ; ils demeurèrent neutres, en attendant l'issue de la lutte[1]. Gélimer n'eut pour lui qu'un petit nombre de Maures isolés et pas un seul chef.

Réduit à ne compter que sur ses propres forces, il fit appel à tous les Vandales et les convoqua dans la plaine de Bulla, à quatre journées de Carthage, où il s'était retiré après sa défaite. Il envoya également à Tzazon l'ordre de rentrer au plus tôt en Afrique, avec les troupes dont il disposait en Sardaigne. Lorsque cet ordre et les nouvelles des événements qui le motivaient furent parvenus en Sardaigne, Tzazon et les Vandales de son armée furent pénétrés de douleur, mais ils eurent la prudence de n'en rien laisser deviner aux insulaires. Ils s'embarquèrent sans retard et, après une traversée de trois jours, ils atteignirent les côtes d'Afrique sur les confins de la Numidie et de la Mauritanie. Ils marchèrent de là vers la plaine de

---

1. Procope, *de Bello Vandal.*, lib. I, cap. 25.

Bulla où ils opérèrent leur jonction avec les troupes de Gélimer[1]. Tous ces hommes, réunis dans des circonstances si pénibles, donnèrent le spectacle d'une douleur capable de toucher leurs ennemis eux-mêmes. Quand les deux frères se trouvèrent en présence, c'était la dernière fois qu'il devaient se rencontrer, ils s'embrassèrent sans prononcer une parole et les larmes emplirent leurs yeux. Les soldats des deux armées s'abordaient de même ; ceux qui revenaient de Sardaigne, évitaient de s'informer des événements d'Afrique. Le lieu où on était refoulé et la tenue des troupes de Gélimer suffisaient à les instruire de leur malheur. Nul ne demandait des nouvelles de sa femme et de ses enfants; tous étaient convaincus que ceux qu'ils n'apercevaient point, étaient morts ou aux mains de l'ennemi[2].

Gélimer, après avoir réuni toutes les forces des Vandales, conduisit son armée vers Carthage. Parvenu à proximité de la ville il fit couper un superbe aqueduc qui y amenait l'eau ; puis, comme l'ennemi ne sortait pas à sa rencontre, il fit occuper toutes les routes dans l'espoir de le réduire par la famine. Pour se concilier la sympathie des populations, il s'abstint de tout pillage dans la campagne et traita le pays comme le sien propre. Il espérait que ceux des Carthaginois et même ceux des Romains qui étaient dévoués à la secte des ariens, tenteraient quelque trahison en sa faveur. Il s'était mis en relations avec les chefs des Huns et, pour se faire écouter d'eux, leur avait fait les plus séduisantes promesses. Les Huns n'avaient guère de sympathie pour les Romains qu'ils servaient à contre-cœur et dont ils étaient devenus les alliés malgré eux. Ils se plaignaient d'avoir été jadis trompés par les serments d'un général, nommé Pierre, qui, au mépris de ses engagements solennels, les avait conduits à Byzance. Ils acceptèrent les propositions des Vandales et s'engagèrent à faire défection et à tourner leurs armes contre les Romains, quand on en viendrait à livrer bataille.

Bélisaire soupçonnait ces menées. Les rapports de quelques

1. Procope, *de Bello Vandal.*, lib. I, cap. 24-25.
2. Procope, *de Bello Vandal.*, lib. I, cap. 25.

transfuges achevèrent de les lui faire connaître. Aussi, jugeant le moment peu favorable pour opérer une sortie, il se contenta de pousser activement le travail de réparation des murailles, qui n'était pas encore terminé. Un citoyen, nommé Laurus, qui s'était rendu coupable de trahison, ayant été découvert et arrêté par le notaire de Bélisaire, fut attaché à un gibet dressé sur une hauteur voisine de la ville. Cet exemple intimida ceux qui pouvaient être portés à imiter cet homme [1]. Bélisaire réussit également à regagner les Huns. Comme ils montraient peu d'ardeur dans leur service, il s'efforça, par des libéralités, de leur inspirer confiance. En leur faisant distribuer abondamment des vivres, il en vint à les inviter à déclarer franchement la cause du peu de zèle qu'on remarquait en eux et ce qu'ils attendaient de Gélimer. Ils répondirent qu'ils n'espéraient rien de bien précis; mais qu'ils étaient peu disposés à combattre, parce qu'ils craignaient de ne pouvoir obtenir leur congé, après la défaite des Vandales. Ils ajoutèrent qu'ils appréhendaient d'être retenus en Afrique à perpétuité et de se voir même enlever leur butin. Bélisaire les rassura et leur promit sous serment qu'aussitôt après la soumission des Vandales, ils seraient libres de retourner dans leur patrie et d'y emporter tout leur butin. Cette promesse leur inspira le désir de terminer promptement la campagne [2].

Les murailles étaient enfin achevées et l'armée semblait bien préparée à combattre. Bélisaire résolut de prendre l'offensive. Après avoir harangué son armée, comme il avait coutume de le faire avant chaque action, il ordonna à Jean l'Arménien de prendre les devants, à la tête de toute la cavalerie et ne garda auprès de lui que cinq cents cavaliers. Les instructions données à Jean, lui enjoignaient de harceler les ennemis, si l'occasion s'en présentait. Bélisaire lui-même sortit de la ville le jour suivant, avec l'infanterie et ses cinq cents cavaliers. Il n'utilisa les Huns que de façon à ne pas les laisser libres de leurs mouvements; car ils paraissaient peu sûrs et disposés à se tourner du côté où se dessinerait la vic-

---

1. Procope, *de Bello Vandal.*, lib. II, cap. 1.
2. Procope, *de Bello Vandal.*, lib. II, cap. 5.

toire. L'armée romaine atteignit les Vandales à cent quarante stades de Carthage, près de Tricamare où ils avaient établi leur camp[1]. Les Romains campèrent de leur côté à peu de distance de l'ennemi. Pendant la nuit, on vit comme des flammes à la pointe des lances. Les soldats qui aperçurent ces lueurs, en furent grandement effrayés. Ils considérèrent comme un prodige, ce phénomène fort ordinaire, mais qu'ils ne connaissaient pas. Quelques années plus tard, le même phénomène se reproduisit, durant la guerre d'Italie et fut considéré, cette fois, comme un présage de victoire.

Le lendemain, Gélimer fit placer les femmes, les enfants et tous les objets de valeur au centre du camp et à l'abri derrière les retranchements, puis il rassembla son armée qu'il harangua, pendant que Tzazon haranguait de son côté le corps qu'il avait ramené de Sardaigne. Tous deux menèrent ensuite leurs troupes hors du camp; on était à l'heure du repas et les Romains ne s'attendaient pas à être attaqués ce jour-là. Ils étaient occupés à préparer leur nourriture. Les Vandales établirent leur ligne de bataille sur les rives d'un ruisseau qui séparait les positions des deux armées. Ce ruisseau n'était jamais à sec, mais son cours était si peu important qu'il n'était connu dans le pays sous aucun nom.

Les Romains prirent les dispositions suivantes : à l'aile gauche les alliés, à la droite la cavalerie romaine, au centre, sous les ordres immédiats de Jean l'Arménien et, groupé autour de l'enseigne générale, un corps de cavalerie d'élite, avec les gardes de Bélisaire. Bélisaire, quittant l'infanterie qui s'avançait derrière la cavalerie, se porta en avant avec cinq cents cavaliers. Les Huns furent envoyés prendre position loin de la ligne de bataille. Comme on se défiait d'eux, on ne les employa pas dans les rangs de l'armée romaine et ils ne prirent aucune part au combat. Du côté des Vandales, Tzazon occupait le centre et les Maures, placés en arrière, formaient la réserve. Gélimer parcourait les rangs, excitant l'ardeur de ses troupes et leur donnant ordre de ne se servir que de

1. Procope, de Bello Vandal., lib. II, cap. 2.

leurs épées, sans faire usage de leurs lances ou de leurs autres armes.

Les deux armées demeurèrent pendant quelque temps en présence, sans que d'un côté ni de l'autre, on cherchât à s'aborder. Enfin, sur un ordre de Bélisaire, Jean traversa le ruisseau, à la tête de quelques cavaliers et chargea le centre de l'ennemi. Tzazon le repoussa vigoureusement et le força à repasser le ruisseau ; mais ne le suivit pas sur la rive opposée. Jean revint à la charge avec un corps plus nombreux ; il fut repoussé une seconde fois et obligé de se replier sur les lignes romaines. Une troisième fois, il chargea avec toute la cavalerie et les gardes de Bélisaire, parmi lesquels se trouvait l'enseigne générale. Toute cette masse s'ébranla avec une bruit formidable, en poussant de grands cris. Les Vandales ne plièrent pas. La mêlée fut longtemps ardente et indécise, jusqu'au moment où tombèrent plusieurs des plus braves et des plus considérables parmi les barbares. Bientôt après, Tzazon lui-même tomba, frappé à mort. Au même instant, toute l'armée romaine se mit en mouvement, passa le ruisseau et se porta contre les Vandales, dont le centre fut enfoncé. Les deux ailes lâchèrent pied, sans avoir opposé la moindre résistance. Quand les Huns virent la débandade des Vandales, ils firent comme ils se l'étaient promis : ils se joignirent au vainqueur et s'élancèrent, avec les Romains, à la poursuite des fuyards. La poursuite ne fut pas longue, car les Vandales se réfugièrent dans leur camp. Ils s'arrêtèrent quand ils se sentirent à l'abri derrière leurs retranchements. Les Romains, reconnaissant qu'on ne pouvait enlever ces retranchements avec la seule cavalerie, dépouillèrent ceux des morts qui portaient des objets d'or, puis se replièrent vers leurs positions. Ils n'avaient perdu que cinquante hommes, tandis que les Vandales avaienteu huit cents morts.

Bélisaire se mit en mouvement vers le soir, avec toute l'infanterie et s'approcha du camp des Vandales. Quand Gélimer le vit s'avancer avec toutes ses forces, il sauta sur son cheval, sans dire une parole, sans donner un ordre et s'enfuit secrètement avec les siens et quelques serviteurs. Il prit la route de la Numidie. Sa fuite ne fut pas immédiatement connue. Lorsque les Vandales, déjà effrayés et consternés par l'approche des Romains, apprirent la disparition de leur chef, ce fut dans leur camp un désordre complet ; les hommes se mutinaient, les enfants criaient, les femmes hurlaient. Sans même songer à sauver leurs biens et leurs objets précieux, tous se dispersèrent, fuyant en tous sens. Les Romains pénétrèrent alors dans le camp abandonné de ses défenseurs. Après avoir pillé l'argent et les richesses qu'ils y trouvèrent, ils poursuivirent les fuyards, durant toute la nuit, massacrant les soldats, enlevant les femmes et les enfants[1]. Jamais on ne vit richesses si grandes que celles qui furent trouvées dans le camp des Vandales. Depuis l'époque de la conquête, ces barbares n'avaient cessé d'importer en Afrique de grandes quantités d'or et d'argent qu'ils s'étaient procurées par leurs longs pillages et qu'ils avaient conservées dans ce pays étonnamment fertile où, trouvant tout ce qui leur était nécessaire, ils n'avaient nul besoin d'échanger leur or contre des marchandises étrangères. Tout le butin qu'ils avaient accumulé depuis quatre-vingt-quinze ans, retomba ce jour-là aux mains des Romains. Cette bataille décisive fut livrée vers le milieu de décembre, trois mois après l'entrée des Romains à Carthage[2].

Les soldats, qui étaient d'assez pauvres gens, n'étaient plus maîtres d'eux-mêmes et ne pouvaient se rassasier de butin. La vue de tant de richesses, de tant de belles captives qui, tout à coup, tombaient en leur pouvoir, les avait enflammés d'une telle passion, d'une telle avidité, que chacun eût voulu pouvoir tout emporter à Carthage. Ils n'avaient même plus la prudence de piller par groupes. Disséminés, seuls ou à deux, ils erraient partout où ils espéraient trouver quelque proie ; non seulement dans la campagne, mais dans les bois, dans les lieux escarpés, dans des cavernes. Rien ne les retenait plus, ni l'habitude de la discipline, ni la crainte de l'ennemi. Le moindre retour offensif d'une partie des

---

1. Procope, *de Bello Vandal.*, lib. II, cap. 2 et 3.
2. Procope, *de Bello Vandal.*, lib. II, cap. 3.

Vandales eût suffi pour anéantir toute l'armée victorieuse, car aucune résistance n'eût été possible. Bélisaire, très ému de ce danger, passa la nuit tout entière dans la plus grande inquiétude, sans réussir à rassembler aucun corps de ses troupes. Quand le jour commença à paraître, il gagna un monticule, situé au bord de la route. De là, à mesure qu'il voyait passer des officiers ou des soldats, il les appelait et les réprimandait vertement. Ceux qui étaient à portée de sa voix, principalement ceux qui étaient de sa maison, finirent par se ranger autour de lui, quand ils eurent achevé de piller et d'envoyer leur butin à Carthage.

Ordre fut alors donné à Jean l'Arménien de se mettre à la tête de deux cents cavaliers et de poursuivre Gélimer, jour et nuit, jusqu'à ce qu'il l'eût pris mort ou vif. Les Vandales qu'on trouva dans les églises des localités voisines où ils s'étaient réfugiés, furent désarmés et envoyés à Carthage. Bélisaire leur promit qu'aucun mal ne serait fait à ceux qui s'y tiendraient tranquilles jusqu'à son retour. D'autres s'étaient retranchés dans des églises, résolus à se défendre. Ils furent également désarmés et conduits prisonniers à Carthage [1].

Quand Bélisaire eut achevé de rassembler son armée, il marcha, avec toute la rapidité possible, à la suite de Jean l'Arménien. Celui-ci, après avoir chevauché jour et nuit pendant cinq jours, était près d'atteindre Gélimer, lorsqu'il en fut empêché par un funeste accident. Il avait dans son escouade un cavalier de la garde de Bélisaire, nommé Uliaris. C'était un brave et robuste soldat, mais très porté à boire et à s'amuser. Le sixième jour de la poursuite, cet homme, pris de vin dès le matin, aperçut, au moment où l'aube paraissait, un oiseau perché sur un arbre. Il saisit aussitôt son arc et lança un trait qui manqua l'oiseau et alla blesser Jean, arrêté en arrière au haut d'un tertre. Jean mourut presque immédiatement de sa blessure, pendant que Uliaris, qui avait recouvré sa raison, courait chercher un refuge dans l'église d'un village voisin. Les cavaliers de Jean suspendirent leur poursuite, envoyèrent

1. Procope, *de Bello Vandal.*, lib. II, cap. 4.

prévenir Bélisaire et, en attendant de nouveaux ordres, s'occupèrent de donner la sépulture à leur chef. Bélisaire, profondément attristé d'un malheur qui privait l'armée d'un de ses meilleurs officiers, accourut aussitôt. Il fit rendre à Jean les honneurs funèbres et assigna une rente annuelle pour l'entretien de son tombeau. Uliaris ne fut pas inquiété, parce que ses camarades affirmèrent que Jean leur avait fait promettre sous serment de demander la grâce de son meurtrier, qui n'était coupable que d'imprudence.

Le retard causé par cet accident donna à Gélimer le temps de prendre de l'avance et d'échapper aux Romains. Bélisaire continua la poursuite jusque près d'Hippone, à dix journées de Carthage. Là, il apprit que Gélimer s'était réfugié sur la montagne de Pappua où il n'était pas facile d'aller le prendre. Cette montagne, située à l'extrémité de la Numidie, était fort escarpée et une sorte d'enceinte de hauts rochers la rendait presque inaccessible. Elle était habitée par une tribu de Maures dévoués à Gélimer. Au sommet de cette montagne, s'élevait l'ancienne ville de Médénus. Gélimer s'y arrêta et s'y établit avec ses compagnons[1]. Bélisaire reconnut qu'il serait d'autant plus difficile d'emporter cette position qu'on était au milieu de l'hiver. Il laissa donc devant Pappua une partie de ses troupes, sous le commandement de Pharas et retourna lui-même à Carthage où sa présence était nécessaire pour achever de mettre ordre à toutes choses. Pharas était un homme de grand mérite. Il exécuta, avec intelligence et fidélité, sa mission de bloquer la montagne de Pappua pendant la mauvaise saison et d'y faire bonne garde, non seulement pour empêcher Gélimer de s'échapper, mais encore pour lui rendre tout ravitaillement impossible. A Hippone, Bélisaire traita les Vandales comme il les avait traités à Tricamare. Il les tira des églises où ils s'étaient réfugiés, en leur donnant parole de les protéger et les envoya sous bonne garde à Carthage.

Gélimer fut trahi jusque dans sa propre maison, par un de

1. Procope, *de Bello Vandal.*, lib. II, cap. 4.

ses serviteurs en qui il avait pleine confiance. Il avait pour
secrétaire un Africain, originaire de la Byzacène, nommé
Boniface. Dès le début de la guerre, il lui avait donné ordre
de s'embarquer sur un navire où il avait fait charger toutes ses
richesses. Il l'avait envoyé dans le port d'Hippone, lui recommandant d'y attendre les événements et de passer immédiatement en Espagne, si les choses tournaient mal. Quand Bélisaire arriva à Hippone, Boniface fit descendre à terre des gens
qui, après s'être mis en sûreté dans une église, firent prévenir
le général romain qu'ils savaient où se trouvait le dépositaire
des trésors de Gélimer, mais qu'ils n'indiqueraient le lieu où
on pouvait le trouver, qu'après qu'on leur aurait promis sous
serment de lui donner toute sécurité pour sa personne et pour
ses biens propres. Bélisaire, que cette bonne nouvelle mit au
comble de la joie, s'empressa de donner la promesse qu'on
exigeait de lui et entra ainsi en possession des trésors de
Gélimer. Boniface ne manqua pas d'en dérober une bonne
part qu'il emporta avec ce qui lui appartenait[1].

De retour à Carthage, Bélisaire décida d'envoyer tous les
Vandales à Constantinople, dès le commencement du printemps et fit les préparatifs nécessaires pour achever de recouvrer toutes les provinces que les Vandales avaient jadis arrachées à l'Empire. Il envoya en Sardaigne Cyrille avec des
forces importantes. Pensant que les habitants de cette île
hésiteraient à se soumettre aux Romains, parce qu'ils ne croi-
raient pas aisément à la prompte défaite des Vandales qui
leur inspiraient une terreur profonde, il ordonna à Cyrille
d'emporter et de leur montrer la tête de Tzazon. Cyrille eut
également mission d'employer une partie des troupes placées
sous son commandement à s'emparer de la Corse. Un officier,
nommé Jean, partit avec de l'infanterie pour aller, à trente
journées de Carthage, occuper Césarée de Mauritanie. Un
autre officier, nommé également Jean, s'avança jusqu'au
détroit de Gadès et se rendit maître de la forteresse de
Septum, aujourd'hui Ceuta. Le soin de recouvrer les îles de

---

1. Procope, *de Bello Vandal.*, lib. II; cap. 4.

Majorica, Minorica et Ebusa, la moderne Iviça, fut confié à Apollinaire. C'était un Italien qui était passé en Afrique dès sa première jeunesse. Il s'était avancé à la cour d'Hildéric qui l'avait comblé de faveurs. Après la chute de son protecteur, il avait été de ceux qui s'étaient réfugiés à Constantinople, auprès de Justinien. Embarqué ensuite à bord de la flotte romaine, il s'était distingué pendant la campagne et plus particulièrement à la bataille de Tricamare. Enfin, un corps de troupes fut envoyé vers la Tripolitaine que Pudentius avait soulevée et où les Maures ne purent opposer une résistance sérieuse[1].

La conquête de l'Afrique n'était point encore complètement achevée, que déjà surgissait un conflit entre l'Empire et les Goths que Justinien avait moins sujet de ménager, depuis la défaite des Vandales. La possession de Lilybée fut la cause de ce premier conflit. Bélisaire envoya en Sicile des commissaires, avec ordre de réclamer le promontoire et la forteresse de Lilybée que Théodoric le Grand avait jadis concédés en dot à sa sœur Amalafrède et qui, depuis, étaient demeurés au pouvoir des Vandales. Les chefs goths qui commandaient en Sicile, refusèrent de laisser les Romains prendre possession de la forteresse qu'ils revendiquaient. En présence de ce refus, Bélisaire leur adressa une sorte d'ultimatum, dans lequel il réclamait Lilybée, comme faisant partie du royaume des Vandales auxquels il prétendait se substituer et déclarait qu'il considérait l'opposition des Goths comme un acte d'hostilité à l'Empire. Cette pièce fut transmise à Amalasunthe. La reine répondit que le droit d'occupation, concédé par Théodoric à Amalafrède, n'avait pas soustrait Lilybée à la souveraineté des Goths auxquels ce territoire appartenait, comme toute la Sicile, par droit de conquête ; qu'elle n'entendait point se mettre en état d'hostilité avec l'Empire et qu'elle s'en remettait au jugement de Justinien. Elle se borna, en conséquence, à demander à Bélisaire d'attendre la décision de l'empereur. Bélisaire en référa à Justinien dont il attendit les

---

1. Procope, *de Bello Vandal.*, lib. II, cap. 5.

ordres. Cette affaire n'eut pas de suites immédiates ; le moment n'étant point encore venu de mettre à exécution la seconde partie des projets formés à Constantinople[1].

Gélimer n'était point encore au pouvoir des Romains. Pharas fatigué de la longueur d'un siège que les rigueurs de l'hiver rendaient plus pénible, avait essayé d'en finir par un coup d'audace. Il avait tenté d'enlever d'assaut la montagne de Pappua ; mais les Maures, favorisés par la pente du terrain et par les escarpements presque inaccessibles des rochers, lui avaient opposé une vigoureuse résistance et l'avaient repoussé après un combat acharné, dans lequel il avait perdu cent dix hommes. N'osant renouveler une tentative qui présentait si peu de chances de succès, il avait dû se contenter de continuer le blocus, pour réduire l'ennemi par la famine.

Gélimer et ceux qui l'avaient suivi, les fils de son frère et ses proches, accoutumés à l'existence somptueuse et délicate que menaient les Vandales, avaient beaucoup à souffrir parmi les Maures dont la vie était profondément misérable. Ces hommes, faits à toutes les privations, habitaient des huttes étroites où l'on respirait à peine et ne connaissaient aucun préservatif contre l'inclémence des saisons. Ils dormaient sur la terre nue. C'était être riche que d'y pouvoir étendre la peau d'un animal avec son poil. Couverts, en tous temps, d'un vêtement flottant et d'une tunique sordide, ils n'avaient pour se nourrir ni pain, ni vin, ni aucun des aliments les plus nécessaires. Ils n'usaient que de seigle ou d'orge qu'ils broyaient avec leurs dents, comme les animaux, sans le moudre ou le faire cuire. Après avoir supporté longtemps les plus dures privations, Gélimer et les siens en vinrent à souhaiter la mort et à ne plus regarder la captivité comme une honte[2].

Pharas instruit de leur désespoir, prit l'initiative des négociations et fit assurer Gélimer, en lui offrant comme garantie la parole de Bélisaire, que s'il consentait à se rendre, Justinien le nommerait sénateur et patrice et lui concéderait de grandes terres, avec une indemnité considérable. Gélimer

---

1. Procope, de Bello Vandal., lib. II, cap. 5.
2. Procope, de Bello Vandal., lib. II, cap. 6.

répondit en ces termes à la lettre que lui avait adressée
Pharas, pour lui conseiller d'accepter ces propositions relativement avantageuses : « Je vous suis reconnaissant des conseils que vous me donnez; mais je ne saurais supporter de
servir un ennemi qui m'a fait tant de mal, qui sans provocation, sans aucun motif, s'est jeté sur moi et m'a réduit à ce
degré d'infortune. Je souhaiterais plutôt que Dieu me permît
de me venger de lui. Je ne puis avoir d'autres sentiments à
l'égard de Bélisaire. Qui sait si l'empereur et lui n'auront pas
à subir un jour, eux aussi, les vicissitudes des choses
humaines. Je ne puis écrire davantage; mes malheurs m'accablent l'esprit. Adieu, cher Pharas. Envoyez-moi, je vous
prie, une cithare, un pain et une éponge ». Pharas ne comprit
le sens de ces derniers mots que quand le porteur de la lettre
les lui eut expliqués. Gélimer, lui dit cet homme, demande
un pain, parce qu'il n'en a ni goûté, ni même vu depuis qu'il
est à Pappua. Il a besoin d'une éponge, parce qu'il souffre
d'un œil à force d'avoir pleuré. Il désire une cithare, parce
qu'étant bon musicien, il espère adoucir son chagrin en chantant ses malheurs. Pharas, ému d'une vive pitié pour une si
grande infortune, lui fit parvenir tout ce qu'il souhaitait; mais
continua à maintenir le blocus avec plus de rigueur que
jamais.

Le siège durait depuis trois mois, l'hiver était fini et
Gélimer commençait à craindre d'être pris d'assaut, ce qui
ne pouvait tarder. Il souffrait continuellement de douleurs
d'entrailles si violentes qu'on ne comprenait pas comment
il pouvait subsister. Un jour il vit, auprès d'une femme
Maure qui était occupée à faire cuire sur une pierre, suivant
l'usage de ces barbares, un peu de froment écrasé, deux
enfants affamés, dont l'un était le fils de cette femme, l'autre
le propre fils de son frère. Le jeune Vandale se jeta sur le
gâteau, sans même attendre qu'il fût cuit et, avec des transports de joie, le porta à sa bouche, encore tout couvert de
cendres. L'autre enfant saisit aussitôt le neveu du roi par les
cheveux, le jeta par terre et lui arracha son gâteau de la
bouche. Ce spectacle acheva d'accabler Gélimer. Saisi de

désespoir, il écrivit à Pharas qu'il était disposé à se rendre, avec ses parents et les Vandales qui l'entouraient, si Bélisaire se portait garant des promesses faites en son nom. Pharas avertit aussitôt Bélisaire qui, souhaitant vivement de conduire à l'empereur Gélimer prisonnier, dépêcha à Pappua Cyprianus, chef des alliés, avec d'autres officiers. Cyprianus et ceux qui l'accompagnaient se rendirent avec Pharas au pied de la montagne, Gélimer vint les y trouver et, sur la parole qui lui fut donnée solennellement, il partit avec eux pour Carthage[1]. Bélisaire séjournait, en ce moment, dans un faubourg de la ville, nommé Aclas. En l'abordant, Gélimer éclata de rire. Les uns crurent que l'excès de ses malheurs lui avait fait perdre l'esprit ; d'autres pensèrent que ce prince, issu d'une maison royale, habitué depuis l'enfance jusque dans la vieillesse à la puissance, à la richesse, ensuite vaincu, fugitif, accablé des plus cruelles misères, enfin captif de ses ennemis, sentait en cet instant toute la vanité des choses humaines et ne les trouvait dignes que de risée.

La guerre contre les Vandales se trouvait terminée par la prise de Gélimer. Bélisaire en rendit compte par lettre à Justinien, lui marquant le désir d'obtenir congé de rentrer à Constantinople et d'y mener lui-même ses prisonniers. Bélisaire sollicitait son rappel immédiat, pour mettre un terme aux calomnies dont il était l'objet. Il savait, en effet, que plusieurs des chefs qui avaient servi sous ses ordres dans cette guerre, avaient mandé à la cour qu'il s'était emparé en Afrique du pouvoir souverain. Justinien n'avait pas ajouté foi à ces insinuations ou avait jugé à propos de paraître ne pas y ajouter foi. Il s'était contenté de dépêcher à Carthage un commissaire, nommé Solomon, avec mission d'offrir à Bélisaire le choix de revenir à Constantinople avec ses prisonniers ou de les envoyer et de demeurer lui-même en Afrique[2].

Dans le temps que Bélisaire se préparait à partir, éclata tout à coup un soulèvement des Maures de la Byzacène et de la Numidie. Ces barbares, toujours prêts à la révolte, n'étaient

---

1. Procope, *de Bello Vandal.*, lib. II, cap. 7.
2. Procope, *de Bello Vandal.*, lib. II, cap. 8.

retenus ni par la parole donnée, ni par la crainte de perdre leurs otages, fussent-ils les fils où les frères de leurs chefs. Ils ne restaient en paix qu'autant qu'ils étaient contraints par la force. Pendant toute la durée de la guerre contre les Vandales, ils s'étaient abstenus d'intervenir, parce que leurs prophélesses leur avaient prédit qu'une armée commandée par un général imberbe viendrait détruire les Maures, en même temps que les Vandales. La crainte que leur avait inspirée cette prophétie, les avait déterminés à demander la paix à Bélisaire. Quand ensuite ils eurent vu l'armée romaine et se furent convaincus que tous ses chefs portaient la barbe, leurs craintes disparurent. Ils ne songèrent plus qu'à se soulever. Mais ils redoutaient Bélisaire et n'osèrent bouger, tant qu'ils le surent à la tête de l'armée romaine. Le jour qu'ils apprirent son départ, ils prirent les armes et jetèrent la terreur parmi les Africains. Ils se mirent à piller et à ravager toute la contrée. Ils enlevaient, dans leurs courses rapides, les hommes isolés, les femmes et les enfants ; puis se dérobaient par la fuite et emportaient leur butin[1]. Les soldats romains qui se trouvaient dans ces provinces éloignées de Carthage, surpris à l'improviste et d'ailleurs trop peu nombreux, ne purent empêcher leurs irruptions. Bélisaire apprit ce soulèvement, au moment de mettre à la voile. Il ne crut point devoir différer son départ; mais il laissa une bonne partie de sa cavalerie d'élite à Solomon, à qui il avait remis le commandement. A la tête de cette cavalerie, Solomon se mit à la poursuite des Maures et sut les faire repentir d'avoir violé leurs engagements. Peu de temps après, Justinien envoya à Solomon un nouveau renfort, sous les ordres de Théodore de Cappadoce et d'Ildiger, gendre de la femme de Bélisaire. Cet Ildiger servit ensuite avec distinction dans les guerres d'Italie.

Bélisaire fut reçu à Constantinople avec tous les honneurs accordés anciennement aux généraux qui avaient remporté les plus grandes victoires et réservés, depuis six cents ans, aux empereurs et à leurs enfants[2]. Le vainqueur de Gélimer

1. Procope, *de Bello Vandal.*, lib. II, cap. 8.
2. Procope, *de Bello Vandal.*, lib. II, cap. 9.

traversa la ville en triomphe; mais, contrairement à l'usage antique, il marcha à pied, précédé de ses captifs et de leurs dépouilles, depuis sa demeure jusqu'à l'hippodrome et jusqu'à l'endroit où s'élevait le trône de l'empereur. On porta devant lui toutes les dépouilles des rois vandales : des trônes d'or, les véhicules dont avait coutume de se servir la femme du roi, des ornements composés de pierres précieuses, des coupes et vases d'or destinés à la table royale, d'admirables richesses que Genséric avait enlevées jadis au Palatin et parmi lesquelles on remarquait de nombreux objets apportés à Rome par Titus, après la prise de Jérusalem[1]. Un juif, ayant reconnu ces vénérables reliques, dit à quelqu'un qui se trouvait près de lui et qui approchait l'empereur, qu'il ne fallait point porter ces richesses dans le palais impérial; qu'elles ne pouvaient être conservées que dans le lieu où les avait placées le roi Salomon; que leur présence à Rome, puis à Carthage avait été cause de la destruction de Rome par Genséric et de la ruine du royaume des Vandales. Ces paroles, rapportées à Justinien, lui firent craindre de retenir ces redoutables dépouilles. Il les envoya aux églises chrétiennes de Jérusalem[2]. Quand Gélimer aperçut dans l'hippodrome l'empereur siégeant sur un trône élevé et la foule qui se pressait de toutes parts, il s'arrêta et, réfléchissant à l'état présent de sa fortune, sans une larme, sans un regret, il répéta la parole de l'Ecclésiaste : « Vanité des vanités et tout n'est que vanité »: Puis il s'avança avec Bélisaire vers le trône impérial, pour adorer l'empereur.

Justinien et Théodora comblèrent de richesses les enfants et les neveux d'Hildéric qu'ils traitèrent comme alliés de la famille impériale, en leur qualité de descendants de l'empereur Valentinien. Gélimer reçut de grands domaines en Galatie où il alla s'établir avec tous les siens; mais on ne put le recevoir au nombre des patrices, parce qu'il refusa d'abjurer

---

1. Procope, de Bello Vandal., lib. II, cap. 9, p. 446.

2. Procope, de Bello Vandal., lib. II, cap. 9 (Corpus Script. Hist. Byzant., p. 446).

l'arianisme[1]. Bélisaire triompha de nouveau, peu de temps après, lorsqu'il fut créé consul. Il fut alors porté au Sénat, dans sa chaise curule, sur les épaules des prisonniers. Sur son chemin, il jeta au peuple, avec une libéralité inusitée, des vases d'argent, des ceintures d'or et une quantité d'objets précieux, provenant du butin fait sur les Vandales. Quant aux prisonniers amenés à Constantinople, Justinien en forma cinq corps de cavalerie qui furent envoyés en Orient. Le reste des Vandales avait péri dans les combats ou s'était dispersé en divers lieux de l'Afrique. Beaucoup furent massacrés par les Maures, d'autres se mêlèrent aux barbares ; en sorte que bientôt le nom même de leur nation disparut en Afrique. La conquête romaine rendit à l'Église catholique tout son éclat et tout son pouvoir en Afrique. Deux ordonnances, datées du 13 avril 534, réglèrent l'administration civile et militaire des pays nouvellement réunis à l'Empire. Ils furent divisés en sept provinces : la Tingitane, la Mauritanie, la Numidie, la province de Carthage, la Byzacène, la Tripolitaine et la Sardaigne. Un préfet du prétoire fut établi à Carthage. Cinq commandements militaires, avec titre de duc, furent créés en Tripolitaine, en Byzacène, en Numidie, en Mauritanie et en Sardaigne.

1. Procope, *de Bello Vandal.*, lib. II, cap. 9. p. 447. — *Marcellini Comitis Chronicon*, ann. 534 (édit. Mommsen, *Monum. Germ.*, in-4°, Auct. Antiq., t. XI, p. 103).

CHAPITRE VI

CONQUÊTES BYZANTINES EN SICILE ET EN ITALIE

Mort d'Athalaric (534). — Règne d'Amalasunthe et de Théodat. — Reléga-
tion et mort d'Amalasunthe. — Intervention de Justinien. — Mœurs et
caractère de Théodat. — Négociations entre Justinien et les fils de Clovis.
— Soins de Justinien pour se concilier les clercs et l'Église. — Mundus
en Dalmatie. — Conquête de la Sicile. — Négociations de Pierre à
Ravenne. — Conquête de la Dalmatie. — Prise de Rhégium. — Soumission
d'Ebrimuth. — Invasion de la Campanie. — Siège et prise de Naples. —
Appréhensions de l'Église romaine. — Le pape Agapet à Byzance. —
Double politique religieuse de Justinien et de Théodora. – Élection de
Silvère. — Révolte des Goths. — Avènement de Vitigès. — Cession des
territoires de la Gaule. — Occupation de Rome. — Conquête de la Toscane. — Siège de Rome. — Déposition de Silvère. — Vigile pape. —
Siège d'Ariminum. — Bélisaire et Narsès. — Sièges de Fésules et
d'Auximum. — Invasion des Burgundes. — Ruine de Milan. — Prélimi-
naires de paix. — Ruse de Bélisaire. — Reddition de Ravenne. — Captivité de Vitigès. — Soumission des Goths. — Réunion des chefs goths à
Pavie. — Vraïas et Ildibald. — Départ de Bélisaire. — Mécontentement
de l'empereur. — Ravages causés par la peste.

La rapide conquête de l'Afrique était à peine terminée,
quand les événements, dès longtemps prévus, se précipitant
en Italie, donnèrent à Justinien l'occasion d'accomplir les
projets dont sa diplomatie avait préparé l'exécution. Athalaric
mourut à Ravenne le 2 octobre 534 [1]. Il était dans sa dix-
huitième année et avait régné huit ans [2]. Théodoric le Grand
avait partagé ses États entre ses deux petits-fils, sans établir,
comme l'avait fait Genséric, une loi réglant pour l'avenir
l'ordre de succession au trône. Aucun prince de la maison
des Amali n'était en droit de revendiquer le pouvoir souverain et la descendance de Théodoric n'était représentée, en

1. Agnellus, *Vitæ Episcoporum ravenn.*, Pars II. *Vita Sancti Ursicini* (Muratori, Rerum Italicorum Scriptores, t. II, p. I, p. 10).

2. Procope, *de Bello Gothico*, lib. I, cap. 4 (Corpus Scriptorum Historiæ
Byzantinæ).

Italie, que par Amalasunthe ; elle seule pouvait se prétendre appelée à recueillir l'héritage de son fils. Mais, si elle pouvait compter sur la sympathie ou l'obéissance de ses sujets de race latine, elle ne pouvait espérer la soumission et la fidélité des chefs goths qui, hostiles à son gouvernement et n'ayant cessé d'intriguer contre elle, durant sa régence, n'étaient point disposés à l'accepter pour seule souveraine. Elle crut les gagner, en partageant la royauté avec le plus considérable d'entre eux, avec ce même Théodat dont elle avait eu à refréner l'insatiable cupidité. Fils d'Amalafrède, sœur de Théodoric le Grand, il était, en Italie, le seul prince de la famille des Amali. Sa naissance le désignait donc au choix des Goths si, refusant d'obéir à une femme, ils ne reconnaissaient pas les droits d'Amalasunthe et sa puissance en Toscane faisait de lui l'allié le plus utile ou le plus redoutable adversaire. L'avènement d'un prince qui, sous la régence, avait été le principal des mécontents et en quelque sorte leur chef, semblait d'ailleurs devoir satisfaire les chefs goths, en leur donnant une garantie pour l'avenir.

Amalasunthe appela Théodat à Ravenne et s'appliqua tout d'abord à apaiser les ressentiments dont il était animé contre elle. Elle lui déclara qu'en usant de rigueur à son égard, elle n'avait eu d'autre but que de lui être utile ; qu'en effet, prévenue par les médecins de la mort prochaine d'Athalaric qui déclinait de jour en jour, elle avait vu avec peine le seul descendant de la famille de Théodoric se rendre impopulaire parmi les Goths, comme parmi les Italiens ; qu'elle avait donc eu à cœur de rétablir sa réputation, pour supprimer tout obstacle à son avènement[1]. Elle lui offrit ensuite le titre de roi, à condition qu'il s'engageât, par les serments les plus solennels, à se contenter de l'apparence du pouvoir ; tandis qu'elle conserverait l'autorité qu'elle avait exercée du vivant de son fils. Théodat jura à Amalasunthe tout ce qu'elle voulut. Amalasunthe, confiante en ses promesses, s'engagea également à lui sous serment et le créa roi[2]. Elle prit elle-

1. Procope, *de Bello Goth.*, lib. I, cap. 4.
2. Procope, *de Bello Goth.*, lib. I, cap. 4.

même le titre de reine qu'elle s'était abstenue de porter, tant
que son fils avait vécu[1].

Les deux nouveaux souverains se montrèrent d'abord animés
des meilleurs sentiments et du désir de se prêter avec confiance, un mutuel appui. Une ambassade fut aussitôt envoyée
à Constantinople, pour notifier leur avènement à Justinien et
lui remettre deux lettres séparées, l'une d'Amalasunthe, l'autre
de Théodat, dans lesquelles, se félicitant de l'accord intervenu
entre eux, ils marquaient leur volonté de vivre en paix avec
l'Empire et leur désir d'obtenir la bienveillance de l'empereur[2]. Amalasunthe et Théodat adressèrent également au
Sénat romain des lettres séparées, pleines de mutuels éloges,
plus vifs que sincères.

Cassiodore nous a conservé ces lettres. Le message d'Amalasunthe a pour but d'inspirer confiance au Sénat, en lui
donnant l'assurance que le changement de règne n'entraînera
pas un changement de régime; qu'elle continuera à gouverner, comme elle a gouverné précédemment, pour le bien
de tous et que, par l'union de son autorité et de celle d'un
prince qui partage ses sentiments, elle n'a fait que doubler ses
forces pour l'accomplissement de sa mission. Elle rappelle
que ce prince appartient à la famille des Amali et indique
ainsi, d'un mot, son intention d'apaiser l'opposition des Goths,
en plaçant sur le trône l'héritier de ce grand nom. Elle fait
un pompeux éloge des goûts littéraires et philosophiques de
Théodat, avec la pensée évidemment que les sénateurs con-
sidéreront cette culture d'esprit comme une preuve de sa
sympathie pour la civilisation romaine et comme une garantie
contre un retour des idées barbares. Il est versé également
dans les lettres ecclésiastiques, ajoute-t-elle, pour marquer
que les catholiques n'ont point à craindre l'ignorance fanatique d'un barbare arien[3]. Toujours préoccupée de la crainte
d'effaroucher les Goths par des déclarations trop indiscrètes,

1. *Cassiodori Variarum* lib. X. ep. i, iii, ix, x (édit. Mommsen, Monumenta Germaniæ, in-4°, Auct. Antiq., t. XII).

2. *Cassiod. Variar.* lib. X, ep. i et ii.

3. *Cassiod. Variar.* lib. X, ep. iii.

Amalasunthe use de toutes les finesses du style mis en honneur par la chancellerie byzantine, pour faire entendre aux Romains qu'ils peuvent espérer la continuation d'une politique favorable à leurs intérêts.

De son côté, Théodat use du même style, pour faire pénétrer dans les esprits cette idée, que son avènement ne modifiera en rien les procédés et les tendances du gouvernement d'Amalasunthe. Il célèbre, dans les termes les plus enthousiastes, la sagesse de la reine qu'il compare à celle de Salomon. Il loue jusqu'à la rigueur dont elle a usé envers lui-même : « Admirable équité ! s'écrie-t-il. Elle n'a point hésité à soumettre d'abord au droit commun un parent que, bientôt après, elle a voulu placer au-dessus des lois. Elle a mis à l'épreuve la conscience de celui auquel elle allait livrer l'autorité souveraine, afin de faire paraître qu'elle est maîtresse de tous et de pouvoir dignement m'élever au trône, après m'avoir éprouvé. Quand pourrons-nous nous acquitter envers elle de ce que nous lui devons pour ces bienfaits, pour une telle grâce ? Elle qui avait exercé seule la toute-puissance avec un fils enfant, elle a daigné nous associer à son règne. Glorieuse entre tous les rois, elle est la fleur de notre race. Qui pourrait célébrer convenablement tant de piété, tant de dignité de mœurs qui l'honorent ! Si les anciens philosophes vivaient de nos jours, que de choses ils auraient à apprendre d'elle ! Ils avoueraient qu'il lui a été attribué plus de sagesse que n'en contiennent leurs livres. Perspicace en affaires, elle est pleine de sens et de modération dans ses paroles. Le sentiment immédiat de ce qu'il convient de faire et la prudence du langage sont des vertus vraiment royales ; car qui ne parle qu'après réflexion, ne regrette point ses paroles. On lit, dans le livre des Rois, qu'une reine d'Orient vint apprendre la sagesse de Salomon ; que les princes viennent ici entendre et apprendre une sagesse digne de leur admiration ! En peu de mots elle sait renfermer un sens infini et, avec la plus grande facilité, elle assemble des idées que d'autres ne pourraient former qu'après de longues réflexions. Heureuse la république qui a la gloire d'être gouvernée par une telle souveraine » !

De si grandes louanges ont nécessairement pour conclusion la promesse d'imiter Amalasunthe et de lui obéir en toutes choses. Mais le passé de Théodat n'avait rien de bien rassurant; son avarice, dont il avait donné tant de preuves, devait inspirer des craintes, sinon au point de vue politique, au moins au point de vue des intérêts privés. On le savait en effet peu disposé à respecter les droits d'autrui. Aussi crut-il nécessaire de faire montre de désintéressement. Il s'empressa d'adresser à son intendant une lettre pour l'avertir d'avoir à veiller à ce que les gens de sa maison s'abstinssent de toute insolence et donnassent l'exemple de la modération et du respect des lois[1]. « Nous voulons, écrit-il, que la modération impose des limites à notre pouvoir. Plus la Providence nous a accordé de bienfaits, plus nous devons aimer l'équité. C'est pourquoi, étant constitué désormais, avec l'aide de Dieu, le gardien commun des intérêts de tous, nous devons exclure de notre esprit le souci de nos intérêts privés. Nous vous adressons donc la présente instruction, pour que personne des gens de notre maison, qui sont placés sous vos ordres, ne se laisse aller à d'insolentes présomptions. Celui-là seul pourra se dire nôtre, qui vivra en paix avec les lois. Votre devoir est d'augmenter notre réputation par votre patience. Si quelqu'un de ma maison a quelque affaire à démêler avec autrui, qu'il se soumette au droit commun; demandez protection aux tribunaux, mais n'agissez point avec une injuste présomption. Nous voulons que nos domestiques donnent l'exemple de la discipline, afin que tout le monde, voyant que nous n'accordons point aux nôtres licence de commettre aucun excès, ait honte de mal faire. Une dignité nouvelle nous impose un but nouveau. Si précédemment nous avons pu défendre strictement nos droits, nous entendons aujourd'hui être doux et clément ; car les princes n'ont point de maison privée et nous considérons comme notre domaine propre, tout ce que nous gouvernons avec l'aide de Dieu.

---

1. *Cassiod. Variar.* lib. X, ep. V.

Exercez donc une surveillance attentive sur tous ceux qui précédemment étaient dans notre dépendance et ne leur permettez aucun excès contre la loi [1]. »

Toutes ces belles espérances, que les nouveaux souverains cherchaient à répandre dans le public, allaient être bientôt déçues. Théodat ne cherchait qu'à se rendre seul maître du royaume des Goths et à tirer vengeance d'injures qu'aucun bienfait ne pouvait lui faire oublier. Au même moment qu'il témoignait en public l'admiration la plus enthousiaste et la gratitude la plus vive pour Amalasunthe, en secret, il complotait sa perte avec les parents puissants et nombreux des chefs goths qu'elle avait fait mettre à mort, quelques années auparavant. Fort de leur appui, il fit envahir tout à coup le palais d'Amalasunthe dont les serviteurs les plus dévoués furent massacrés. Elle-même fut enlevée et emmenée aussitôt en Toscane où on lui donna pour prison un château fort, situé dans une île au milieu du lac Vulsinus, aujourd'hui le lac de Bolsène [2].

L'usurpation commise par Théodat, ne devait rencontrer, en Italie, aucune opposition sérieuse. Amalasunthe comptait bien peu de partisans parmi les Goths et si les Italiens la préféraient à tout autre chef de sa nation, leurs sympathies n'allaient point jusqu'à les pousser à un soulèvement en sa faveur. D'ailleurs, livrés à eux-mêmes, ils n'étaient point à redouter. Théodat avait sujet de craindre davantage le ressentiment de l'empereur. Il était évident en effet que Justinien devait être disposé à favoriser l'accord intervenu entre Amalasunthe et Théodat, puisque cet accord plaçait sur le trône, à côté de la fille de Théodoric, celui-là même qui, peu auparavant, s'était engagé à livrer la Toscane. Mais il était évident aussi que Justinien comprendrait qu'il était joué, le jour où il apprendrait l'usurpation de Théodat et son intention, désormais manifeste, de continuer à régner en Italie. Le premier

---

1. *Cassiod. Variar.* lib. X, ep. V.

2. Procope, *de Bello Goth.*, lib. I, cap. 4 (Corpus Script. Hist. Byzant.). — *Auctarium Marcellini* (édit. Mommsen, Monum. Germ., in-4º, Auct. Antiq., t. XI, pars I, p. 104).

soin de Théodat, après l'arrestation d'Amalasunthe, fut donc de chercher à apaiser l'empereur. Il s'empressa d'envoyer en ambassade à Byzance deux sénateurs romains, Libérius et Opilion, auxquels il adjoignit plusieurs autres personnages. Il leur donna la mission d'éviter à tout prix la colère de Justinien, en lui affirmant qu'il n'avait fait aucun tort à Amalasunthe, malgré les griefs qu'il avait contre elle [1]. Il écrivit lui-même et força Amalasunthe à écrire également des lettres en ce sens, pour confirmer les paroles de ses ambassadeurs [2].

Tandis que ces événements se passaient en Italie, Justinien, qui ignorait encore la mort d'Athalaric, expédiait de nouveau Pierre à Ravenne, sous prétexte de reprendre les négociations relatives à Lilybée. La véritable mission de Pierre était d'achever de traiter avec Théodat, au sujet de la Toscane ; avec Amalasunthe, au sujet de l'Italie tout entière. Pierre rencontra d'abord en route les ambassadeurs qu'Amalasunthe avait fait partir, aussitôt après la mort de son fils et qui lui apprirent l'avènement de Théodat ; puis il rencontra, dans la ville d'Aulon, située sur les rives du golfe Ionique, Libérius et Opilion qui achevèrent de le mettre au courant des événements. Ces nouvelles le décidèrent à ne pas poursuivre sa route et à faire demander de nouvelles instructions à l'empereur [3]. Justinien écrivit immédiatement à Amalasunthe qu'il la défendrait de tout son pouvoir et ordonna à Pierre de ne point faire mystère de sa résolution à cet égard ; de la déclarer, au contraire, publiquement à Théodat et à tous les Goths [4].

Cependant, les deux ambassades envoyées d'Italie, la première par Amalasunthe, la seconde par Théodat, avaient continué leur route. Arrivées à Byzance, elles achevèrent de faire connaître toute la vérité à Justinien. Opilion fut le seul qui essaya de défendre Théodat et d'affirmer que le nouveau roi des Goths n'avait rien à se reprocher, dans sa conduite envers Amalasunthe. Il fut contredit par les déclarations de son

---

1. Procope, de Bello Goth., lib. I, cap. 4.
2. Procope, de Bello Goth., lib. I. cap. 4.
3. Procope, de Bello Goth., lib. I, cap. 4.
4. Procope, de Bello Goth., lib. I, cap. 4.

propre collègue Libérius, homme d'une honnêteté remarquable
et incapable de déguiser en rien la vérité. Le récit de Libérius ne fit que confirmer l'empereur dans la décision qu'il
avait prise tout d'abord. Justinien avait le plus grand intérêt
à protéger Amalasunthe qui s'était alliée à lui, au point de
s'engager, on l'a vu, à lui livrer l'Italie. Il n'avait point été
dupe, sans doute, de cette vague promesse, que la fille de
Théodoric n'avait pu lui donner que pour le détourner d'agir
contre elle et qu'elle se réservait de ne point accomplir, si elle
trouvait quelque moyen de se sauver, en conservant son
royaume. Il n'en avait pas moins attaché une grande importance à un engagement qu'il comptait bien pouvoir invoquer
un jour. Il lui avait été aisé, en effet, de prévoir que les difficultés se multiplieraient autour d'Amalasunthe et que l'hostilité des Goths la réduirait bientôt à considérer définitivement
Byzance comme son unique refuge. C'était le moment qu'il
attendait, pour se prévaloir de la cession qu'elle lui avait faite
de ses droits sur l'Italie. L'usurpation et l'acte de violence
commis par Théodat, lui fournissaient donc l'occasion qu'il
souhaitait et dont rien ne l'empêchait de profiter, puisque la
guerre africaine était heureusement terminée.

Les instructions transmises à Pierre semblaient indiquer
que Justinien voulait paraître intervenir, non pour revendiquer
l'Italie, mais uniquement pour défendre Amalasunthe et la
restaurer sur le trône. Il comptait adopter ainsi, en Italie, le
système qui lui avait si bien réussi en Afrique et diviser les
Goths, comme il avait divisé les Vandales, en les trompant sur
ses véritables intentions. Il ne put conserver longtemps cette
attitude. Quand Pierre arriva en Italie, Amalasunthe avait
cessé de vivre. Les parents des chefs goths mis à mort autrefois par Amalasunthe, entouraient Théodat. Ils n'avaient cessé
de lui représenter qu'il n'y aurait point de sûreté ni pour lui,
ni pour eux, tant qu'Amalasunthe existerait et Théodat, cédant
à leurs instances, avait consenti au meurtre qu'ils méditaient.
Ils s'étaient alors transportés sans retard dans l'île de
Bolsène et avaient étouffé la reine dans un bain[1].

1. Procope, de Bello Goth., lib. I, cap. 4. — Jornandès, de Rebus Geticis,

Pierre, arrivé à Ravenne, déclara officiellement à Théodat et à tous les Goths que, pour venger le crime dont ils s'étaient rendus coupables, l'empereur était résolu à leur déclarer une guerre sans merci. Théodat eut la sottise de croire qu'il pourrait apaiser Justinien. Bien qu'il eût accordé de grands honneurs aux meurtriers d'Amalasunthe, il essaya de se disculper auprès de Pierre, en niant qu'il eût approuvé leur crime et en prétextant qu'il s'agissait d'un acte de vengeance, commis par les Goths à son insu et malgré lui [1]. Il ne s'en tint pas là et chercha à fléchir l'empereur, à force de prières et de soumission. Lorsque Pierre, sa mission terminée, se mit en route pour Constantinople, il le fit accompagner d'un ambassadeur, chargé d'obtenir la paix et de remettre à Justinien une lettre, pleine de protestations de dévouement. Dans cette lettre, Théodat évite habilement de s'expliquer au sujet du meurtre d'Amalasunthe et au sujet des événements qui ont précédé ce crime. Il n'y fait même pas allusion et, feignant de croire que la mission de Pierre n'avait trait qu'aux affaires de l'Église et de Rome, après avoir parlé en termes généraux de son désir de conserver la paix, il ajoute que le pape et le Sénat de Rome ont été avertis par son ordre, afin que Pierre reçût sans délai une réponse satisfaisante et ne fût pas retardé, contrairement à la volonté de l'empereur. « Car, dit-il, nous désirons faire tout pour ne point vous déplaire. Nous savons que le but de votre Piété est notre bien en toutes choses. Nous avons jugé convenable d'adjoindre à votre ambassadeur un ambassadeur à nous, pour que vous puissiez connaître nos vœux, non seulement à l'occasion de l'ambassade que vous nous avez envoyée, mais par une démarche venant de notre propre initiative [2] ».

Sans attendre l'issue de cette première démarche, il adressa à Justinien une seconde lettre, implorant toujours la paix

---

cap. LIX (édit. Mommsen, Monum. Germ., in-4°, Auct. Antiq., t. V). — *Auctarium Marcellini* (édit. Mommsen, Monum. Germ., in-4°. Auct. Antiq,. t. XI, pars I, p. 104).

1. Procope, *de Bello Goth.*, lib. I, cap. 4.

2. *Cassiod. Variar.* lib. X, ep. XIX.

comme l'objet de son plus ardent désir. Cette seconde lettre
fut portée à Constantinople par un prêtre, dont le nom n'est
point indiqué, mais qui est désigné comme un clerc illustre
et célèbre par sa science. En choisissant un ecclésiastique
comme négociateur, Théodat voulait peut-être inspirer confiance à Justinien et lui marquer son intention d'être favorable
aux catholiques. Mais cette fois, il semble ne plus se contenter
de vouloir fléchir et séduire. Il prend un ton moins humble
et, tout en continuant à employer les termes les plus prudemment mesurés, il laisse entendre que la paix n'est pas uniquement avantageuse aux Goths.

« Vous avez appris, écrit-il, ô le plus sage des princes, et
par nos légats et par Pierre, le personnage très éloquent que
votre Piété a récemment envoyé en mission auprès de nous,
avec quel zèle nous souhaitons vivre d'accord avec votre
auguste Sérénité. Nous croyons bon d'insister, de nouveau
aujourd'hui, sur ce point, par l'entremise du très saint homme
que nous chargeons de la présente lettre ; pour que vous
reconnaissiez combien sont sincères et amicales nos fréquentes
démarches auprès de vous. Nous vous demandons la paix sincèrement, puisqu'il n'existe entre nous aucune cause d'hostilité. Qu'elle s'établisse donc entre nous, assurée et parfaite,
telle enfin que nous avons montré l'appeler de tous nos
vœux.

« Considérez, — les documents du règne d'un prince sage,
votre ancêtre, vous en fourniront la preuve, · — considérez combien vos prédécesseurs ont eu soin d'arriver à conclure des
traités avec nos parents, même au prix de l'abandon d'une
partie de leurs droits. Jugez avec quelle bonne grâce il y a lieu
d'accueillir des offres, dont on avait l'habitude d'avoir à prendre
l'initiative. Il n'y a point d'arrogance de notre part à rappeler
cette vérité. Ce que nous prétendons dire, est plutôt à votre
gloire, puisque nous recherchons aujourd'hui, avec empressement, votre bienveillance et que nous avons conscience de
valoir plus que nos parents. Qu'une amitié qui ne vous
coûtera rien, vous unisse désormais à ceux que vous vous êtes
appliqué autrefois à vous attacher par des sacrifices. Qu'il ne

paraisse pas que vous n'avez apprécié que momentanément, les avantages que vous vous êtes acquis, à force de bienfaits et de bienveillance. C'est pourquoi, en vous adressant l'hommage de notre salutation, nous avons donné mission à ce personnage vénérable, illustre dans le sacerdoce et célèbre par sa science, de vous porter l'expression de nos désirs. Nous prions Dieu avec confiance, pour que ce saint homme puisse vous plaire et obtenir nos justes demandes. Nous espérons qu'il nous reviendra bientôt avec une heureuse solution. Ne pouvant traiter de toutes choses par écrit, nous l'avons chargé de vous entretenir verbalement et officiellement de certaines affaires. Nous vous épargnons ainsi la peine d'une lecture étendue [1]. »

Quelles étaient ces questions auxquelles Théodat fait, à la fin de sa lettre, une si discrète allusion? Peut-être comptait-il amuser Justinien, en lui faisant espérer la continuation de secrètes intrigues en vue de lui livrer l'Italie. Tandis que Théodat multipliait les lettres et les ambassades, sa femme Gudelina était en correspondance suivie avec Théodora, dont elle s'efforçait de faire agir l'influence en sa faveur [2]. Lors du départ de l'ambassadeur que Théodat envoya à Byzance, en compagnie de Pierre, elle avait écrit à Théodora pour appuyer les démarches de son mari [3].

Les relations dont cette correspondance révèle l'existence, entre Théodora et Gudelina, pourraient donner à penser que la femme de Théodat était entrée dans les intrigues de l'impératrice. L'Histoire secrète, attribuée à Procope, reproche à Théodora d'avoir été le principal auteur de la mort d'Amalasunthe. On y lit en effet le récit suivant [4] : « Lorsque Amalasunthe, renonçant aux affaires des Goths, résolut de rentrer dans la vie privée et de se retirer à Byzance, ainsi que je l'ai dit dans

---

1. *Cassiod. Variar.* lib. X, ep. xxii (Monum. Germ., in-4°, Auct. Antiq., t. XII).

2. *Cassiod. Variar.* lib. X, ep. xx, xxi, xxiii.

3. *Cassiod. Variar.* lib. X, ep. xxiv.

4. Procope, *Historia Arcana*, cap. 16 (Corpus Script. Hist. Byzant., Procopii Pars II, vol. III, p. 96, 97), traduction Isambert.

mes précédents écrits, Théodora considéra combien cette
femme était de haute naissance, puisqu'elle était de sang royal,
combien elle était séduisante à la vue et combien elle mettait
d'activité dans l'exécution de ses desseins. Elle réfléchit sur
ses grandes qualités et sur son éminent courage, ainsi que
sur la légèreté de Justinien. Elle en devint excessivement
jalouse et résolut de lui dresser des embûches, jusqu'à ce
qu'elle eût fait périr cette rivale. Elle persuada aussitôt à Justinien d'envoyer au-devant de la princesse, en Italie, un seul
ambassadeur nommé Pierre. L'empereur donna à cet ambassadeur des instructions que, dans la partie de mes ouvrages
où il est parlé de cette mission, j'ai rapportées comme elles
avaient été publiées. Mais Pierre était en réalité chargé d'une
autre mission que je n'ai pu révéler alors, à cause de la crainte
qu'inspirait l'impératrice. Celle-ci, ayant corrompu l'envoyé
par la promesse d'une grande récompense, ne lui donna pas
d'autre instruction que celle de faire disparaître, le plus tôt
possible, cette femme du nombre des vivants. L'homme
partit, avec l'assurance qu'il obtiendrait de grands biens, s'il
exécutait cette mission et il se rendit aussitôt en Italie. On
hésite rarement à commettre le meurtre le plus injuste, quand
on a l'espoir d'obtenir le pouvoir ou de grandes richesses.
Pierre détermina, je ne sais à quelles conditions, un certain
Theudatès (Théodat) à faire périr Amalasunthe. Ce crime
accompli, Pierre fut élevé à la dignité de maître des offices et
parvint au plus grand crédit, malgré l'inimitié universelle dont
il était l'objet. Telle fut la fin malheureuse de cette princesse ».

Ce conte est bien peu vraisemblable, comme le sont
d'ailleurs toutes les anecdotes ridicules, scandaleuses ou
odieuses, qui composent le pamphlet haineux connu sous le
titre d'*Histoire secrète de Justinien*. Les faits précis que, dans
son histoire de la *Guerre gothique*, Procope lui-même rapporte,
avec des détails qui démontrent leur exactitude, ne permettent point de croire au récit qu'on vient de lire. On a vu en
effet que Pierre, ayant appris l'enlèvement d'Amalasunthe,
s'était arrêté à Aulon et avait fait demander à Justinien de

nouvelles instructions. Or, il n'aurait point eu besoin d'instructions nouvelles, si cet événement avait été préparé par lui-
même, pendant son premier séjour en Italie et avait par
conséquent dû être prévu avant son départ de Constantinople.
Procope ajoute que, quand Pierre arriva en Italie, Amalasunthe avait cessé de vivre. Ce n'est donc pas lui qui a pu
conseiller de la mettre à mort. Le Procope de l'Histoire secrète
dit qu'il n'a pu révéler, dans ses précédents ouvrages, les
véritables instructions données à Pierre; soit, mais rien ne
pouvait l'obliger à inventer les circonstances de temps et de
lieux qui démentent ses propres accusations; rien ne pouvait
l'obliger à faire l'éloge de Pierre, qu'il nous représente comme
un négociateur habile et intègre qui ne devait sa fortune qu'à
son mérite et à l'honnêteté de son caractère[1].

Il se peut pourtant qu'il y ait quelque chose de vrai au
fond de cette calomnie. Il est possible qu'à l'époque où Pierre,
avant de se rendre auprès d'Amalasunthe et d'entrer en
négociations avec elle au sujet de l'Italie, traitait de la Toscane
avec Théodat, il ait exploité la haine de ce dernier et l'ait
poussé à entreprendre de détrôner la fille de Théodoric, lui
promettant peut-être l'appui de l'empereur, s'il consentait à
n'être que son lieutenant en Italie et à trahir les Goths. Il
est possible que, pour mieux décider Théodat à se charger
du rôle qu'on voulait lui faire jouer et pour mieux lui inspirer
la pensée qu'il ne risquait pas d'être abandonné par la cour
de Byzance, Pierre lui ait insinué que, par jalousie, Théodora
partageait sa haine contre Amalasunthe. Il est possible aussi
que Théodora ait voulu paraître confirmer les insinuations de
Pierre, en se mettant en correspondance avec Gudelina. Quand
ensuite, Pierre entra en négociations avec Amalasunthe au
sujet de l'Italie tout entière, il dut nécessairement se garder
d'en rien révéler à Théodat et le laisser dans la persuasion
qu'aucun changement n'était survenu dans les vues de
l'empereur. Justinien continuait d'ailleurs à avoir intérêt à
exciter Théodat contre Amalasunthe, dans le but de créer à

1. Procope, de Bello Goth., lib. I, cap. 3.

celle-ci des difficultés qui devaient la décider à lui livrer l'Italie. Cet enchevêtrement d'intrigues, dans lesquelles tout le monde cherchait à se tromper, explique, non seulement les allégations contradictoires de Procope et de l'Histoire secrète, mais encore la confiance qu'on remarque dans les lettres de Théodat. Ainsi s'expliquerait aussi sa persistance à ne point tenir compte de la déclaration de guerre, qui lui avait été signifiée par Pierre.

Il semble que, de son côté, Justinien n'ait pas rompu brusquement toute relation. Une des lettres adressées par Théodat à Justinien est en effet une réponse à une communication de l'empereur, en faveur d'une personne, nommée Véranilda et d'un couvent de femmes, dont les domaines avaient été dévastés par une inondation. Théodat s'empresse d'avertir Justinien que, pour lui plaire, il a donné l'ordre à Cassiodore de faire une enquête, relativement aux dégâts que l'inondation a fait subir aux domaines des religieuses et de les dégrever de toute redevance. Quant à Véranilda, il a pris, dit-il, sur ses propres ressources, l'argent nécessaire pour l'indemniser du dommage qu'elle paraît avoir éprouvé par suite d'un changement de religion. Il se montre particulièrement préoccupé de rassurer Justinien au sujet de ses dispositions à l'égard des catholiques. Il se déclare fermement résolu à accorder la plus complète liberté religieuse, n'ayant point, dit-il, le droit de faire davantage. « Nous ne prétendons pas, dit-il, être juge en ces sortes de choses, pour lesquelles nous n'avons aucun mandat spécial. Puisque la Divinité tolère l'existence de diverses religions, nous n'osons point en imposer une, à l'exclusion des autres. Nous n'oublions pas qu'il est écrit qu'on doit sacrifier au Seigneur volontairement, sans y être contraint par l'autorité d'autrui. Quiconque tenterait de faire autrement, serait donc en contradiction évidente avec les préceptes de Dieu et c'est avec juste raison, que votre Piété nous invite à agir comme nous le prescrivent les commandements divins [1]. »

---

1. *Cassiod. Variar.* lib. X, ep. XXVI.

Les anciens récits ne nous apprennent point quelle fut l'attitude de la population romaine, pendant que se poursuivaient ces tentatives de conciliation entre Ravenne et Constantinople. Mais on trouve, dans le recueil de Cassiodore, une série de pièces qui indiquent que Rome commençait à s'agiter. La première de ces pièces est un message adressé au Sénat, dans lequel le nouveau roi des Goths reproche à la haute assemblée de n'avoir rien fait pour calmer l'émotion populaire. « Les vénérables évêques qui ont été députés vers nous, écrit-il, nous ont quitté, emportant une réponse favorable. Nous ne nous sommes point opposé à votre requête, bien qu'elle eût quelque chose de répréhensible. Cependant, on vient nous apprendre que la ville de Rome est encore travaillée d'une folle inquiétude et qu'on s'y conduit de telle façon, que sans notre mansuétude, on y risquerait de s'attirer de réels dangers par de fausses appréhensions. La vaine légèreté du peuple, comprenez-le bien, ne peut être imputée qu'à votre ordre dont le devoir eût été de tout apaiser. Vous eussiez dû, par votre sagesse, donner l'exemple à toutes les provinces et provoquer partout des sentiments de nature à inaugurer glorieusement notre règne. Car quelle cité ne serait pas excusable, si Rome manque à ses devoirs ? On s'empresse de suivre l'exemple d'un plus puissant que soi et celui qui donne l'exemple de mal faire, est responsable à bon droit de la faute d'autrui.

« Mais nous rendons grâce à la divinité, car vos excès ont fait briller davantage les dons qu'elle nous a accordés. Voici en effet qu'il nous est donné de pardonner, avant d'avoir reçu la moindre marque de dévouement. Nous nous acquittons avant de rien devoir et, commençant par répandre des bienfaits, nous acquerrons pour l'avenir des droits à la reconnaissance de nos sujets.

« Bien qu'il y ait lieu de remarquer combien est grande notre modération en cette circonstance, nous ne voulons cependant pas être seul digne d'éloges et nous entendons que la sincérité du dévouement de Rome paraisse également. Nous attachons plus de prix à votre estime qu'à notre propre et continuelle tranquillité. Éloignez donc de vous des soupçons qui ont toujours été étrangers à votre ordre. Il n'est point convenable qu'on ait à réprimander le Sénat qui a charge de modérer les autres par de paternelles exhortations. Qui donc inspirera de bonnes mœurs politiques, si ceux qui sont les tuteurs naturels de la société, se montrent au-dessous de leur tâche ?

« Ces observations doivent suffire à convaincre les nobles esprits, comme nos reproches doivent suffire à ramener ceux qui ont à avoir honte de leur conduite et il est inutile d'insister pour inspirer à tous le zèle le plus dévoué. Après mûres réflexions et dans votre propre intérêt, nous avons désiré que vous vous présentiez à nous, non pour vous faire l'injure d'une contrainte, mais pour mieux vous amener à faire ce que nous avons reconnu vous convenir. Voir votre prince est certainement votre devoir et nous avons voulu que vous fassiez, pour le bien de la République, une démarche qu'on a toujours eu coutume de souhaiter, au commencement d'un règne. Mais, pour que nulle part on ne puisse penser que nous entendons remédier à une situation fâcheuse, avec la sévérité qu'elle justifierait, nous avons ordonné de n'appeler vers nous que quelques-uns d'entre vous. De cette façon, nous ne priverons pas Rome de ses principaux citoyens et nos conseils seront fortifiés par les avis d'hommes prudents et sages. Reprenez donc vos traditions de dévouement, afin de nous aider à accomplir la mission dont nous sommes chargés pour le bien de l'État tout entier. Vous avez toujours, en effet, eu pour principe d'offrir à vos princes l'hommage de votre fidélité et de vous soumettre au souverain, volontairement et par affection, non par nécessité et par crainte. Nous avons chargé le porteur de la présente lettre de vous fournir oralement d'autres explications, pour que, débarrassés de vos craintes et de vos doutes, vous ne puissiez plus ne pas vous rendre avec confiance à nos avertissements[1] ».

Ce premier message fut bientôt suivi d'un second, annonçant au Sénat l'envoi d'un corps de Goths qui avait reçu

---

1. *Cassiod. Variar.* lib. **X**, ep. XIII.

l'ordre de camper sous les murs de Rome. Comme aucun
ennemi ne menaçait alors l'ancienne capitale de l'Empire, il
est évident que Théodat voulait intimider les Romains et se
mettre en mesure de réprimer par la force toute tentative de
soulèvement ; mais pour ne point exaspérer les esprits déjà
surexcités, il jugea prudent de paraître n'avoir en vue que
la sûreté de la ville. « Nous ne pouvons souffrir, écrit-il, que
des mesures, prises par nous dans votre intérêt et sans arrière-
pensée, soient rendues nuisibles par de fâcheux soupçons.
Sachez donc que nos armements sont destinés uniquement à
assurer votre salut et à opposer, avec l'aide de Dieu, les
forces des Goths à ceux qui essayeraient de vous attaquer. Si
un pasteur courageux met son troupeau à l'abri des embûches,
si un père de famille diligent ne laisse point son bien exposé
aux rapines, avec quelle attention ne devons-nous pas
défendre Rome, qui n'a pas sa pareille dans le monde ? Pour
ne pas mettre en péril les plus grands intérêts, il faut être
persuadé que ne pas prévoir tous les dangers, c'est n'être pas
assez diligent.

« Ne voulant même point que vos défenseurs soient une
charge pour vous, nous avons prescrit au commandant des
troupes que nous vous envoyons, d'acheter les vivres nécessaires au prix du marché. De cette façon, les troupes n'auront
aucun motif de commettre des excès et toute causé de dépense
vous sera épargnée. Nous avons mis à leur tête Vuaccénès,
chef de notre maison, que l'éclat de ses vertus militaires
fera justement respecter des guerriers. Son exemple évitera
tout excès et inspirera la bravoure. De plus, nous avons
ordonné que les troupes demeurent campées. Vous aurez
ainsi, au dehors, une armée pour vous défendre et la tranquillité de la ville ne sera nullement troublée. Comprenez la
pensée que le souci de veiller sur vous, a inspirée à votre prince.
Vos défenseurs vous entourent, pour qu'une armée ennemie ne
puisse vous assiéger et nous éloignons tout péril de ceux que
nous défendons au prix de notre sang. Nous ne voulons point
que la ville dont le seul nom a frappé de terreur les nations,
soit réduite, de nos jours, à n'être protégée que par ses mu-

railles. Nous espérons qu'avec l'aide de Dieu, celle qui fut toujours libre, ne souffrira pas l'outrage d'un siège [1] ».

Malgré toutes ces protestations, la présence des barbares aux portes de la ville, provoqua dans Rome une vive émotion qu'atteste la proclamation suivante, adressée par Théodat au peuple romain : « Il est dans vos traditions d'aimer vos maîtres avec fidélité et de mériter leur clémence par vos hommages. Le propre de vos ancêtres a toujours été de se montrer attachés à leurs princes, comme le corps à la tête. Que de nos jours également, il ne se trouve rien en vous qui puisse exciter notre indignation ! Que votre fidélité, constante jusqu'à ce jour, paraisse avec plus d'éclat en ce moment. Il ne convient pas au peuple romain d'être vain, mobile, infidèle et séditieux. Votre nom même rappelle combien ces défauts sont contraires à vos mœurs. Il est même étonnant que nous soyons forcé de donner un avertissement à votre gravité qui, d'elle-même, a toujours su n'être point en défaut. Que d'ineptes soupçons ne vous détournent point de vos devoirs ; qu'aucune ombre de crainte ne vous trouble. Votre prince souhaite, avec un zèle pieux, avoir en vous l'objet de son affection.

« Opposez-vous à vos ennemis, non à vos défenseurs. Vous auriez dû réclamer du secours, au lieu de le repousser. Mais votre sentiment vous vient sans doute de ceux qui comprennent peu ce qui importe à l'intérêt général. Revenez plutôt à votre propre sentiment. De quoi vous êtes-vous effrayés ! Vous êtes-vous trouvés en présence d'une race d'hommes nouvelle pour vous ? Pourquoi craignez-vous ceux que, jusqu'à ce jour, vous nommiez vos protecteurs ? Ceux qui abandonnaient leurs foyers et se hâtaient de courir vers vous, n'étaient occupés que de votre sûreté. Quand, je vous prie, a-t-on fait pareil accueil à des gens qui avaient droit à toutes les avances ?

« En ce qui nous concerne, vous devez savoir que, jour et nuit, notre constant désir est de ¡fortifier sous notre règne et d'accroître, s'il est possible, avec l'aide divine, l'état de choses créé au temps de nos ancêtres. Où serait donc la gloire

1. *Cassiod. Variar*. lib. X, ep. xviii.

de notre règne, si nous supportions, ce qu'à Dieu ne plaise, que vous soyez diminués? N'allez point vous imaginer des desseins que vous voyez être si peu dans notre pensée. Bien au contraire, si quelqu'un a souffert quelque iniquité, qu'il ne se désespère point; car notre plus vif désir est d'élever tous ceux que nous trouverons animés d'un bon esprit. Nous avons chargé celui que nous envoyons vers vous, de vous exhorter oralement afin que, comprenant combien notre pensée vous est favorable en toutes choses, vous ne puissiez point ne pas nous être sincèrement dévoués, en nous adressant les hommages qui nous sont dus [1].».

Résolu à n'épargner aucun effort pour calmer les craintes de la population et gagner sa confiance, Théodat envoya à Rome des délégués chargés de prêter solennellement serment, en son nom, au peuple et au Sénat. Il en prit occasion pour renouveler, dans un message et dans une proclamation, ses assurances bienveillantes [2]. Comme Théodoric le Grand, il crut que le meilleur moyen de plaire aux Romains était de paraître partager leur admiration et leur goût pour les anciens monuments de la ville éternelle. Mais, comme Théodoric le Grand, il voulut s'en tirer à peu de frais et ne fut prodigue que de phrases pompeuses.

Averti que deux éléphants de bronze, placés sur la voie Sacrée, menaçaient ruine, il s'empressa d'adresser à Honorius, préfet de la ville, un long édit, contenant une description tout à fait enthousiaste de ces vieilles œuvres d'art et ordonnant, ce sont ses expressions, que cette admirable grandeur fût préservée d'une honteuse ruine. Les travaux ordonnés se bornèrent à consolider tant bien que mal les pièces disjointes par des crampons de fer [3]. Le désir de se rendre populaire lui dicta des mesures plus sérieuses, pour venir en aide à la population de Rome et de l'Italie qui souffrait d'une grande famine, conséquence de mauvaises récoltes. Rome, la Vénétie et la Ligurie étaient particulièrement affligées. Théodat

1. *Cassiod. Variar.* lib. X. ep. XIV.
2. *Cassiod. Variar.* lib. X, ep. XVI et XVII.
3. *Cassiod. Variar.* lib. X, ep. XXX.

s'occupa de soulager la misère dans ces contrées, par des
remises d'impôts, par des distributions de blé, tiré des greniers publics et vendu à bas prix et par des privilèges
accordés pour cinq ans aux fournisseurs de l'alimentation,
dans les villes de Rome, de Ravenne, de Pavie et de Plai-
sance. Cassiodore, étant préfet du prétoire, fut chargé, en cette
occasion, de l'exécution des édits dont il était sans doute l'inspirateur [1].

Théodat continuait ainsi la politique d'Amalasunthe à l'égard
des Italiens, comme dans ses relations avec l'Empire. Lui aussi,
s'efforçait de conserver la paix, à tout prix ; car il ne pouvait,
pas plus qu'Amalasunthe, risquer une guerre extérieure ou
une lutte en Italie. Étranger aux mœurs guerrières de sa
nation, ignorant les choses de la guerre et le métier des
armes, ayant toujours affecté de vivre à la romaine dans ses
domaines de Toscane et de ne se plaire qu'à de vaines connaissances philosophiques ou littéraires, il était un objet de
mépris pour les Goths, prêts à se donner comme roi le général
qui saurait les mener au combat. La guerre, même victorieuse, était nécessairement la fin de son règne. Il ne comprit
pas que cette circonstance achevait de rendre la guerre inévitable ; Justinien sachant bien qu'il n'était pas en situation de
pouvoir tirer parti des forces redoutables dont disposaient les
Goths.

Ces forces étaient si considérables, que Justinien crut utile
de se ménager une alliance offensive avec les Francs. Théodebert, fils de Théoderic, avait franchi les Cévennes, était descendu dans la Narbonnaise et, après avoir emporté diverses
forteresses, avait poussé jusqu'à Arles qui, attaquée à l'improviste, avait ouvert ses portes et livré des otages. Les Ostrogoths étaient rentrés, aussitôt après, dans la place et Théodebert, rappelé par suite de la mort de son père, n'avait point eu
le temps de la leur disputer de nouveau. Les Francs étaient donc
en hostilités ouvertes avec les Ostrogoths. Ils étaient prêts à
profiter du moment où ceux-ci seraient occupés en Italie, pour

1. *Cassiod. Variar.* lib. X, ep. xxvii et xxviii (édit. Mommsen, Monum.
Germ., in-4°, Auct. Antiq., t. XII).

venger leurs anciennes défaites, en s'emparant des possessions que les successeurs de Théodoric le Grand avaient conservées au nord des Alpes. Justinien envoya en présent aux rois francs une grande somme d'argent et leur promit un subside annuel plus considérable, à condition qu'ils attaqueraient les Ostrogoths dans les Gaules, en même temps que lui-même les attaquerait en Italie. Les rois francs agréèrent les propositions de l'empereur. Mais bientôt après, ils prêtèrent l'oreille aux envoyés de Théodat, qui leur fit offrir cent vingt mille sous d'or et l'abandon de toutes ses possessions transalpines[1]. Se voyant recherchés ainsi par les deux partis et comprenant qu'ils pouvaient faire pencher la balance à leur gré, ils résolurent de laisser espérer leur alliance à l'empereur et à Théodat et d'attendre les événements sans bouger, avec l'espoir de tromper à la fois l'un et l'autre.

L'alliance que Justinien considérait comme devant lui être la plus utile était celle de l'Église catholique, dont la grande influence pouvait achever de disposer en sa faveur les populations latines, excitées contre les barbares ariens et contribuer à faire recevoir en Italie ses soldats comme des libérateurs. Se posant en défenseur de la foi orthodoxe, il appelait les Francs à la guerre sainte. « Il est juste, leur écrivait-il, que vous nous aidiez dans cette entreprise qui doit nous être commune ; puisque, animés de la même haine contre les Goths, nous professons la même religion, ennemie de l'erreur des ariens[2]. » En même temps, il s'appliquait à donner à l'Église de nouvelles preuves et de nouveaux gages de son dévouement. Dès le commencement de l'année 535, année du consulat de Bélisaire, il promulgua une série de dispositions légales dans l'intérêt du clergé et pour régler, en Orient, la discipline ecclésiastique, conformément aux règles des conciles. Le XVII des calendes d'avril, c'est-à-dire le 16 mars, il adressait à Épiphane, patriarche de Constantinople, un règlement fixant le nombre de clercs chargés du service

---

1, Procope, *de Bello Goth.*, lib. I, cap. 5 et 13.

2. Procope, *de Bello Goth.*, lib. I, cap. 5.

de la basilique majeure de Byzance ou Sainte-Sophie[1]. Une seconde constitution, datée du même jour et adressée également à Épiphane, ordonne d'observer strictement, comme loi de l'Empire, les règles établies par les conciles pour la nomination des évêques, des prêtres, des diacres et des diaconesses[2].

Dans la préface de cette seconde constitution, Justinien déclare nettement que son but est d'obtenir l'assistance divine et par conséquent, le secours de l'Église catholique, dans l'œuvre qu'il se prépare à entreprendre. « Les plus grands biens que la toute-puissante clémence de Dieu ait accordés aux hommes, dit-il, sont le sacerdoce, chargé du ministère divin et l'Empire, dont la mission est de présider au gouvernement des choses humaines. L'un et l'autre, procédant du même principe, assurent la gloire de l'humanité. Aussi, n'y a-t-il rien de plus cher aux empereurs que l'honnêteté de ceux qui, revêtus du sacerdoce, ne cessent de prier Dieu pour eux. Que le sacerdoce soit partout irréprochable et plein de confiance en Dieu, l'Empire gouvernera heureusement et glorieusement la République qui lui est confiée. Un bienfaisant accord sera, à tous égards, utile à l'humanité. Nous avons donc particulièrement souci des vrais dogmes et de l'honnêteté des prêtres, grâce à laquelle nous espérons obtenir de Dieu les plus grands bienfaits : la conservation de nos possessions actuelles, l'acquisition de ce qui n'est point encore en notre pouvoir. Tout nous réussira, si nous inaugurons notre entreprise (allusion évidente à la guerre contre les Goths[3]), d'une façon digne et agréable à Dieu. Tels sont les avantages que nous attendons de l'exacte observation des règles sacrées que nous ont transmises les saints apôtres, ministres du Verbe divin qu'il leur a été donné de voir et que les Pères nous ont conservées et expliquées. » Suivent les règles à observer pour l'ordination des évêques.

Le xvi des calendes d'avril, c'est-à-dire le 17 mars, le

1. *Novelles,* Const. III.
2. *Novelles,* Const. VI.
3. Baronius, *ann.* 535, VIII.

lendemain du jour où furent promulguées les deux constitutions précédentes, une troisième constitution, relative à la discipline de la vie monastique, était adressée également à Épiphane[1]. Un mois plus tard, Justinien donnait une nouvelle
preuve de sa continuelle sollicitude pour les intérêts des
Eglises et du clergé. Le xvii des calendes de mai, 15 avril 535,
il défendait les aliénations, ventes, échanges, donations,
emphytéoses perpétuelles ou dations en hypothèque à des
particuliers, des immeubles appartenant aux églises et éta-
blissements religieux, tant de Constantinople que des provinces d'Orient et d'Occident[2].

Dans une constitution adressée le même jour, xvii des
calendes de mai, à Jean, préfet du prétoire et relative à l'administration de la justice, l'empereur renouvelle la loi, édictée
précédemment, qui met les magistrats sous la surveillance des
évêques. « Si un magistrat commet quelque injustice dans sa
province et fait tort ou injure à nos sujets, l'évêque du lieu et
les primats de la province auront qualité pour nous adresser
une supplique, dans le but de nous dénoncer les abus commis
par ce magistrat. Sur cette dénonciation, nous enverrons un
commissaire dans la province, afin de punir les délits, là où
ils auront été commis et d'empêcher, par cet exemple, que nul
ose en commettre de semblables[3]. » La veille, xviii des
calendes de mai, 14 avril 535, Justinien avait témoigné sa bienveillance toute particulière à l'Église de Rome, en adressant
au pape Jean, qu'il intitule archevêque et patriarche de l'ancienne Rome, une constitution qui fixe à cent ans la durée de
la prescription, à l'égard de l'Église romaine[4]. »

En accordant à l'Église de Rome ce privilège exceptionnel,
en la plaçant en dehors et au-dessus du droit commun, l'empereur reconnaissait, une fois de plus, sa suprématie sur toutes
les autres Églises, tant d'Orient que d'Occident et lui donnait
ainsi satisfaction, en ce qui la touchait le plus[5].

1. *Novelles*, Const. V.
2. *Novelles*, Const. VII.
3. *Novelles*, Const. VIII.
4. *Novelles*, Const. IX.
5. Baronius, *ann.* 535, XVII.

Tandis que la chancellerie impériale ne négligeait aucun moyen pour s'assurer d'utiles alliances, une double expédition se préparait à Constantinople, dans le but d'attaquer les Goths aux deux extrémités de leur Empire, sur le Danube et en Sicile. D'une part, Mundus, maître de la milice en Illyrie, celui-là même qui après avoir vaincu les troupes impériales, sous le règne de Théodoric le Grand, était ensuite passé au service de Justinien et avait si efficacement coopéré à la répression de l'émeute de Constantinople, avait reçu ordre d'envahir, à la tête d'un corps d'armée, la Dalmatie, soumise aux Goths et d'attaquer Salone[1]. D'autre part, en vue de s'emparer de la Sicile, on avait assemblé à Constantinople une flotte et une armée, composée, de quatre mille hommes de troupes régulières, de trois mille Isauriens et autres alliés, de deux cents Huns et de trois cents Maures.

Le commandement de cette armée avait été confié à Bélisaire. Il avait sous ses ordres trois autres généraux : Péranius qui, issu de la famille des rois d'Ibérie, pays voisin de celui des Mèdes, avait émigré pour ne pas adopter les usages des Perses ; Constantinus et Bessas, tous deux originaires de la Thrace. La cavalerie était commandée par Valentinus, Magnus et Innocentius; l'infanterie par Hérodianus, Paulus Démétrius et Ursicinus. Les Isauriens étaient sous les ordres d'Ennès. Un grand nombre d'hommes d'élite, tirés des troupes prétoriennes, avaient été désignés pour former une garde au général en chef. Bélisaire avait ordre de feindre de se diriger vers Carthage ; puis, lorsqu'il serait à la hauteur de la Sicile, d'y aborder, comme s'il ne pouvait poursuivre sa route et de s'emparer de cette île. Dans le cas où il ne pourrait se rendre maître de la Sicile, il devait reprendre au plus vite sa course vers l'Afrique, sans laisser deviner son dessein.

Tout étant prêt et la saison favorable étant arrivée, Mundus pénétra en Dalmatie, battit les Goths et prit Salone. De son côté, Bélisaire débarqua en Sicile, s'empara de Catane et se rendit rapidement maître de Syracuse et des autres villes qui

1. Procope, *de Bello Goth.*, lib. I, cap. 5.

toutes, à l'exception de Panorme, aujourd'hui Palerme, capitulèrent, sans opposer la moindre résistance. Panorme était solidement fortifiée. La garnison, composée de Goths, refusa de se rendre et somma au contraire l'armée impériale de se retirer. Bélisaire reconnut que la place, réellement très forte, était imprenable par terre. Il donna donc ordre à sa flotte de pénétrer dans le port qui, situé en dehors des fortifications, s'étendait jusque contre les murailles de la ville et avait été complètement abandonné. Lorsque les vaisseaux y furent à l'ancre, on remarqua que les mâts s'élevaient plus haut que le parapet des remparts. Bélisaire fit alors remplir les chaloupes de soldats et les fit hisser au haut des mâts. De sorte que les soldats purent accabler de traits les défenseurs de la ville qui, pris d'épouvante, ne tardèrent pas à capituler. La Sicile tout entière se trouva ainsi réduite en l'obéissance de l'empereur. Cette conquête avait été achevée si rapidement que le dernier jour de son consulat, Bélisaire rentra dans Syracuse, à la tête de son armée. Il y fut accueilli avec d'autant plus d'enthousiasme que, ne pouvant déposer le consulat dans la curie de Byzance comme l'exigeait la coutume, il fit cette cérémonie à Syracuse et, à cette occasion, jeta à la foule quantité de pièces d'or[1].

Tandis que Bélisaire s'emparait de la Sicile, presque sans coup férir, Justinien avait de nouveau envoyé Pierre en Italie. Son but était évidemment de détourner l'attention de Théodat, en paraissant vouloir négocier, plutôt qu'agir et de profiter de l'émotion que ne manquerait pas de produire la conquête de la Sicile, si elle réussissait. Quand la nouvelle de cette rapide conquête parvint en Italie, Pierre s'y trouvait déjà et il ne négligea rien pour achever d'effrayer l'esprit timoré de Théodat. Celui-ci, atterré, comme si déjà il eût partagé le sort de Gélimer, se hâta de traiter avec Pierre, sans prendre aucun conseil. Il convint de céder à Justinien la Sicile tout entière ; de lui envoyer chaque année une couronne d'or de trois cents livres et de lui fournir, quand bon lui semblerait,

---

1, Procope, *de Bello Goth.*, lib. I. cap. 5.

trois mille guerriers Goths ; de ne pouvoir frapper de mort ou de confiscation aucun évêque ni aucun sénateur, sinon en exécution d'une sentence impériale; de ne pouvoir conférer la dignité de patrice ou élire des sénateurs ; de n'avoir que le droit de solliciter ces dignités pour ceux de ses sujets qu'il désirerait y voir élever par l'empereur; d'introduire dans les spectacles, dans les jeux du cirque et partout où il y avait lieu à acclamations publiques,, l'usage d'acclamer l'empereur avant le roi des Goths ; de n'élever jamais sa propre statue en aucun endroit, sans y placer également la statue de l'em-
. pereur. Celle-ci à droite, la sienne à gauche [1].

Pierre prit congé de lui, après qu'il eût signé ces prélimi-naires. Mais aussitôt après le départ du légat impérial, Théodat fut pris d'une terreur folle, à la pensée d'une guerre imminente, dans le cas où Justinien ne se déclarerait pas satis-fait. Il fit rappeler Pierre qui était déjà dans les monts Albains et lui demanda s'il croyait que l'empereur aurait pour agréable la convention conclue. Pierre affirma qu'il le pensait. Cette réponse, qui ne donnait pas à Théodat une assurance absolue, provoqua le dialogue suivant : « Mais si le traité ne lui plaît pas, qu'arrivera-t-il? — Vous aurez la guerre. — Quoi ! Cela est-il juste, cher légat? — Comment juste ! N'est-il pas naturel que chacun agisse suivant son caractère? — Que voulez-vous dire? — Vous aimez passionnément philosopher ; Justinien, au contraire, aime la gloire d'un empereur romain. Il y a là une grande différence. Il ne convient guère à un philosophe de tuer, encore moins de causer la mort d'un grand nombre d'hommes. Les principes de Platon le lui défendent et, comme vous êtes pénétré de ces principes, vous devez vous abstenir de tout meurtre, comme d'une tache. Mais rien n'empêche Justinien de revendiquer dès provinces, les armes à la main ; puisque c'est chose conforme aux anciens usages de son Empire ». Le résultat de cette nouvelle confé-rence fut d'accroître encore les terreurs de Théodat qui finit par se déclarer résolu à céder son royaume à Justinien, s'il

1. Procope, *de Bello Goth.*, lib. I, cap. 6.

n'y avait point d'autre moyen d'éviter la guerre. Il en fit la promesse sous serment, conjointement avec sa femme. Mais en même temps, il exigea de Pierre le serment de ne point parler de cette promesse, avant que l'empereur n'eût refusé de ratifier la convention précédemment conclue. Il le congédia ensuite et, pour le surveiller, lui adjoignit un prêtre romain, du nom de Rusticus, qui était fort avant dans sa confiance. A tous deux, il remit des lettres destinées à l'empereur[1].

Arrivés à Byzance, Pierre et Rusticus proposèrent d'abord à l'empereur, suivant leurs instructions, le premier traité qui fut immédiatement repoussé. Ils produisirent alors les lettres dont ils étaient porteurs et dans lesquelles Théodat déclarait que, ne se sentant aucun goût pour la guerre et ne voulant point, par ambition de régner, abandonner pour les armes les études qui lui étaient chères, il consentait à céder à l'empereur l'Empire des Goths et des Italiens, à condition qu'on lui assurât une terre d'un revenu de douze cents livres d'or. Il pressait donc l'empereur de désigner sans retard le personnage auquel il aurait à faire remise de l'Italie et de tous les pouvoirs de la royauté. Ces promesses n'assuraient point à Justinien la possession de l'Italie, sans guerre et sans lutte. S'il était possible à Théodat de se démettre de la royauté et s'il n'était point douteux que le retour à l'Empire serait accepté avec joie par la masse de la population italienne, il n'était pas moins certain que les Goths ne se soumettraient point, qu'ils n'hésiteraient pas à élire un nouveau roi et à défendre, de toutes leurs forces, leur Empire et leur indépendance. Cependant, Justinien accueillit avec la joie la plus vive les propositions de Théodat auquel il s'empressa de répondre en ces termes :

« Je savais que vous avez la réputation d'être homme de sens ; l'expérience m'apprend que vous l'êtes en effet, puisque vous êtes résolu à ne pas tenter les chances de la guerre, comme l'ont fait d'autres dont les vains espoirs ont été déçus. Vous n'aurez point sujet de vous repentir de vous

---

1. Procope, *de Bello Goth.*, lib. I, cap. 6.

être fait de nous un ami, au lieu d'un ennemi. Non seulement vos demandes vous seront accordées, mais de plus, vous serez admis au rang des magistrats romains les plus élevés. Quant à présent, je vous envoie Athanase et Pierre, qui règleront toutes choses dans notre intérêt commun. Bélisaire ira ensuite mettre la dernière main à ce qui aura été préparé entre nous [1] ».

Conformément à la résolution déclarée dans cette lettre, Athanase, frère d'Alexandre, qui avait rempli jadis les fonctions de légat à la cour d'Athalaric, et Pierre reçurent mission de se rendre de nouveau en Italie et d'assigner à Théodat les terres du patrimoine royal, c'est-à-dire celles qui étaient attribuées à la maison du roi. Aussitôt après la signature du traité et sa confirmation par serment, les légats impériaux devaient inviter Bélisaire à quitter la Sicile, pour prendre possession de l'Italie. D'autre part, Bélisaire reçut l'ordre de se tenir prêt à agir sans retard, dès qu'il serait averti par les légats [2].

Pendant que se poursuivaient ces négociations, la guerre continuait en Dalmatie. Mundus y avait obtenu, au commencement de la campagne, des succès analogues à ceux de Bélisaire en Sicile. Il avait remporté une victoire et s'était rendu maître de Salone ; mais les Goths n'avaient pas tardé à reprendre l'offensive. Une puissante armée, commandée par plusieurs chefs, parmi lesquels on cite Asinarius et Grippa, était entrée en Dalmatie et s'était avancée jusque dans les environs de Salone. Mundus ordonna à son fils, nommé Mauritius, d'aller, avec un petit corps de troupes, opérer une reconnaissance, sans combattre. Il ne fut point possible d'éviter un engagement. Les Goths perdirent un grand nombre de leurs guerriers. Procope dit les premiers et les meilleurs d'entre eux ; mais tous les Romains périrent avec leur jeune chef. A la nouvelle de la mort de son fils, Mundus, transporté de douleur et de colère, marcha à l'ennemi, sans avoir pris des dispositions suffisantes. La lutte fut acharnée et se termina par une victoire qui coûta cher aux Romains: Mundus, animé du désir

1. Procope, *de Bello Goth.*, lib. I, cap. 6.
2. Procope, *de Bello Goth.*, lib. I, cap. 6.

de venger son fils, s'étant lancé avec trop d'ardeur à la poursuite des fuyards, fut atteint d'une blessure à laquelle il succomba. Les Goths ne tentèrent point de tirer parti du trouble
que la mort de Mundus jetait dans l'armée romaine. Ils se
retirèrent dans les forteresses du pays, n'osant tenir la campagne avec des troupes fort affaiblies et craignant de s'enfermer dans Salone dont les murailles leur inspiraient peu de
confiance et dont la population, toute romaine, leur était
hostile. L'armée romaine, privée de ses chefs, se mit en retraite
vers les frontières de l'Empire et laissa les Goths maîtres de
la Dalmatie [1].

La nouvelle de ces événements changea les dispositions de
Théodat. Aussi prompt à concevoir d'audacieuses espérances
qu'il l'était à perdre tout courage, il crut n'avoir plus rien à
craindre. Il commença par se jouer des légats impériaux, il
leur opposa toutes sortes d'arguties ; bientôt, il en vint à les
menacer. Pierre lui ayant reproché de violer le pacte conclu
avec l'empereur, il fit appeler les deux légats en audience
publique et leur tint ce langage : « Un ambassadeur est
revêtu d'un caractère sacré que respectent toutes les nations.
Mais ce respect ne lui est dû qu'autant qu'il se conduit avec
convenance et modération. Le droit commun de toutes les
nations permet de mettre à mort l'ambassadeur qui outrage
ouvertement un roi ou qui se rend coupable d'adultère ».
Théodat n'entendait pas reprocher à Pierre des relations coupables avec une femme quelconque, mais lui montrer qu'il
est des crimes qui exposent un ambassadeur à la peine capitale.

Les légats impériaux répondirent : « Prince, il ne s'agit
pas ici de tout ce que vous venez de dire. Il ne vous suffira
pas de vagues et futiles prétextes, pour nous accuser des
crimes les plus graves. Un ambassadeur qui se trouve si
étroitement surveillé qu'il ne pourrait même pas obtenir
aisément un peu d'eau, sans la permission de ceux qui le
gardent, ne pourrait commettre un adultère, en eût-il la

---

1. Procope, de Bello Goth., lib. I, cap. 7.

volonté la plus arrêtée. Quant au langage que Pierre vous a
tenu, comme il n'a fait que vous répéter les paroles de celui
qui l'a envoyé vers vous, c'est à celui-là qu'il faut vous en
prendre et non à un orateur qui se borne à remplir sa mission. Nous vous répétons ce que nous avons entendu de la
bouche même de l'empereur ; faites en sorte de nous écouter
avec calme. Toute irritation serait contraire au droit des
gens ; vous ne tarderiez pas à l'apprendre. Le temps est venu
de tenir les promesses que vous avez faites à l'empereur et
nous sommes venus vers vous pour en presser l'exécution. Vous
avez déjà reçu les lettres que l'empereur vous a écrites, à ce
sujet ; nous allons remettre aux chefs goths celles qu'il leur
a adressées ». Les chefs goths, présents à l'audience, ordon-
nèrent alors aux légats de remettre à Théodat les lettres à
leur adresse dont ils se disaient porteurs. Justinien leur y
déclarait son intention de les recevoir au nombre de ses
sujets et les invitait à considérer leur réunion à l'Empire
comme un accroissement de dignité et comme un retour à
un état ancien qui n'avait été interrompu que pendant quelque
temps. Après avoir lu ces lettres, Théodat, moins disposé
que jamais à accomplir ses promesses, tint les légats enfermés
sous bonne garde [1].

Justinien, instruit des événements survenus en Dalmatie
et de l'attitude de Théodat, se hâta d'envoyer en Illyrie
Constantianus, comte des écuries impériales, avec ordre de
rassembler une armée et de s'emparer de Salone que Grippa
et les Goths avaient occupée. En même temps, Bélisaire fut
averti d'avoir à se hâter d'envahir l'Italie et de combattre les
Goths. Constantianus se rendit donc à Épidamne, où il ne
demeura que le temps nécessaire pour former son armée et
rassembler une flotte qui le transporta à Épidaure, aujour-
d'hui Raguse, à l'entrée du golfe Ionique. Des coureurs,
envoyés par Grippa pour reconnaître cette région, aperçurent
l'armée romaine qui leur parut couvrir la terre et la mer. Ils
se retirèrent aussitôt et annoncèrent aux Goths l'approche

---

1. Procope, *de Bello Goth.*, lib. I, cap. 7.

de forces innombrables. Ces rapports émurent fort Grippa qui ne se crut pas en état de s'opposer à la marche d'un ennemi si redoutable et qui craignait d'avoir à soutenir un siège dans Salone. L'hostilité des habitants et l'état des murailles, en grande partie ruinées, lui paraissaient rendre cette place intenable. Il en sortit en toute hâte avec ses troupes et alla camper dans la plaine située entre Salone et la ville de Scardona. Cependant, Constantianus quittait Épidaure et faisait voile vers Lissa, d'où il envoyait reconnaître la position de Grippa.

Il apprit ainsi le mouvement de retraite effectué par les Goths. Il reprit aussitôt la mer et se dirigea droit sur Salone. Il aborda à quelque distance de la ville, débarqua ses troupes et envoya en avant l'un de ses gardes, nommé Siphyllas, avec une troupe d'élite de cinq cents hommes, pour occuper certains défilés qu'on lui avait indiqués et qui étaient situés à la sortie de Salone, entre cette place et le camp des Goths. Le lendemain, Constantianus entra dans Salone, du côté de la terre, avec son armée, en même temps que sa flotte pénétrait et s'établissait dans le port. On s'occupa immédiatement de réparer les brèches des murailles; mais on n'eut point à repousser une attaque. Le septième jour après la prise de Salone par les Romains, Grippa mit son armée en retraite vers Ravenne. Constantianus conquit ainsi la Dalmatie et la Liburnie, sans résistance de la part des barbares établis dans ces provinces. Cette facile conquête, accomplie avant l'hiver de 535, termina, par un nouveau succès des troupes impériales, la première année de la guerre entreprise par Justinien contre les Goths[1].

Au printemps de l'année suivante, Bélisaire mit des garnisons dans Syracuse et dans Panorme; puis, avec le reste de ses troupes, il passa le détroit de Messine et s'empara de Rhégium. Les habitants de la contrée, qui haïssaient la domination des Goths et qui d'ailleurs ne pouvaient songer à défendre leurs villes depuis longtemps démantelées, s'empres-

---

1. Procope, de Bello Goth., lib. I, cap. 7 (Corpus Script. Hist. Byzant.).

sèrent de se rendre en foule auprès du général romain et de se mettre à sa discrétion. Un chef goth, Ebrimuth, qui avait épousé une fille de Théodat, nommée Théodenantha, passa, lui aussi, aux Romains et se rendit à Byzance, où Justinien lui accorda la dignité de patrice. L'armée romaine débarquée à Rhégium, s'avança vers le nord en suivant, escortée par la flotte, les rivages du Brutium et de la Lucanie. Elle entra ensuite dans la Campanie et parvint, sans avoir rencontré de résistance, jusqu'aux portes de Naples qui était bien fortifiée et munie d'une importante garnison de Goths. Bélisaire établit sa flotte dans le golfe, à l'entrée du port et hors de la portée du trait. Lui-même posa son camp à proximité de la ville.

Après s'être rendu maître, par capitulation, d'un fort situé dans le voisinage immédiat de la place, il consentit, sur la demande des habitants de Naples, à recevoir une délégation des principaux d'entre eux, pour entendre leurs propositions et rendre public, par leur entremise, ce qu'il avait à leur déclarer. Les Napolitains lui déléguèrent un de leurs concitoyens, nommé Stéphane, qui lui parla en ces termes : « Il n'est point juste que vous, commandant de l'armée romaine, vous fassiez la guerre à une population de Romains, si fortement contenus par la garnison de leur ville qu'ils ne leur est point possible de s'affranchir des barbares. La garnison envoyée pour nous contenir, est composée d'hommes dont les femmes, les enfants et les biens sont demeurés sous la main de Théodat, de sorte que s'ils agissaient de connivence avec nous, contre le service de leur maître, ce serait eux-mêmes, bien plus que notre ville, qu'ils livreraient. D'ailleurs, à dire vrai, votre entreprise contre nous contraire à vos propres intérêts. Sans vous laisser arrêter devant cette place, c'est sur Rome qu'il vous faut marcher. Rome prise, vous serez maître de Naples et si vous êtes repoussé de Rome, vous ne pourrez, selon toute apparence, vous maintenir ici. Entreprendre le siège de notre ville, c'est donc perdre votre temps inutilement ».

Bélisaire leur répondit : « Nous n'avons pas proposé aux Napolitains d'examiner la question de savoir si notre entreprise nous est avantageuse ou non. Ce que nous vous demandons, c'est de considérer les conséquences de notre entreprise, en ce qui vous concerne et de voir ce que vous avez à faire. Faites donc bon accueil à l'armée que l'empereur a chargée de vous remettre en liberté, vous et tous les Italiens; et ne préférez pas au plus grand des biens, la pire des conditions. Un peuple décidé à combattre, plutôt que de subir la honte de la servitude, acquiert, en cas de succès, la gloire et la liberté; en cas de défaite, il lui reste au moins la consolation de ne supporter son infortune que malgré lui. Préférer combattre pour rendre plus lourd le joug qu'on supporte, quand on peut s'en affranchir sans avoir à lutter, s'est se frustrer soi-même du bien le plus nécessaire. Alors même qu'on aurait chance de vaincre et quelle que soit l'issue de la lutte, c'est rendre sa situation plus désastreuse. Voilà ce que nous avons à dire aux Napolitains. Quant aux Goths de la garnison, nous leur donnons le choix de vivre désormais avec nous dans l'obéissance de l'empereur, ou de se retirer chez eux, sans qu'il leur soit fait aucun mal. Si, rejetant les conditions que nous vous offrons, vous avez l'audace de porter les armes contre nous, nous traiterons en ennemis ceux qui nous atta-queront. Si, au contraire, les Napolitains se décident à se déclarer pour l'empereur et à se délivrer de leur dure servi-tude, nous vous engageons notre parole de vous assurer les mêmes avantages que nous avons promis aux Siciliens. Ils n'ont point eu sujet de nous accuser de parjure. »

Bélisaire se borna, en public, à charger Stéphane de rappor-ter à ses concitoyens la réponse qu'il lui avait faite; mais en particulier, il lui promit de grandes récompenses, s'il réussissait à gagner les Napolitains au parti de l'Empire. Rentré dans la ville, Stéphane, après avoir fait connaître les propositions du général romain, ajouta qu'à son avis toute résistance serait néfaste. Il fut secondé par Antiochus, marchand d'origine syrienne, depuis longtemps établi à Naples où il jouissait d'une grande réputation d'habileté et d'honnêteté. Tous leurs efforts furent rendus vains par deux avocats, fort en renom dans la ville, Pastor et Asclépiodotus qui étaient dévoués aux

Goths. Ces deux personnages, résolus à faire échouer les pourparlers, s'entendirent pour engager le peuple à exiger des conditions excessives, avec parole de n'en pas différer l'exécution. Ces conditions furent rédigées par écrit et Stéphane se vit forcé de les porter au camp romain. Ceux qui avaient inspiré de si énormes prétentions, comptaient bien qu'elles ne seraient pas acceptées; mais Bélisaire ne fit aucune difficulté de se déclarer prêt et de s'engager sous serment à tout accorder.

Quand Stéphane revint avec une réponse si favorable, la joie fut grande dans Naples. Déjà, on se préparait à recevoir dans la ville l'armée impériale; la foule se précipitait tumultueusement, à grands cris, vers les portes pour les ouvrir et les Goths se retiraient, impuissants à s'opposer au mouvement de la population entière, quand Pastor et Asclépiodotus réussirent à se faire écouter. Ils représentèrent que si Bélisaire consentait à acheter la reddition de Naples, au prix des plus grands sacrifices, il fallait conclure de ce fait qu'il n'était point de force à s'en rendre maître; que d'ailleurs, s'abandonner à lui, c'était s'exposer en tous cas aux plus grandes calamités; qu'en effet, si les Romains étaient dans la suite vaincus par les Goths, ceux-ci châtieraient cruellement la trahison des Napolitains; que si Bélisaire remportait définitivement la victoire, l'empereur, les jugeant capables de trahir leurs princes, ne manquerait pas de leur imposer, à perpétuité, une garnison pour les contenir; qu'il était donc plus avantageux de demeurer fidèles aux Goths et de combattre avec courage; qu'en agissant ainsi, les Napolitains mériteraient toutes les faveurs des Goths, si ceux-ci finissaient par repousser leurs ennemis et que, dans le cas contraire, Bélisaire victorieux ne pourrait qu'estimer leur fidélité et pardonner leur résistance; que la ville était bien pourvue de vivres et que sa garnison suffisait à la défendre. A l'appui de leurs paroles, ils produisirent des juifs qui garantirent qu'aucune chose nécessaire ne manquerait dans la ville et les Goths se firent forts de défendre les remparts. Ces belles promesses achevèrent de séduire les Napolitains. Ils firent signifier à Bélisaire d'avoir à s'éloigner.

Le siège fut alors immédiatement entamé, mais sans grand succès.

Plusieurs assauts, donnés successivement de différents côtés, furent tous repoussés. Bélisaire fit couper les aqueducs; les habitants n'en souffrirent pas beaucoup, car la ville contenait un assez grand nombre de puits pour n'être pas complètement privée d'eau [1]. Bélisaire, convaincu qu'il n'y avait point moyen d'enlever la place de vive force et qu'il n'y avait plus à espérer une reddition volontaire, en était arrivé à regretter une perte de temps, qui pouvait l'obliger à marcher contre Théodat et à attaquer Rome pendant l'hiver. Il avait déjà donné l'ordre de concentrer les troupes, pour opérer prochainement la levée du siège, lorsqu'une circonstance imprévue le fit changer de résolution [2].

Un soldat isaurien, curieux d'examiner la structure des aqueducs, pénétra dans un de ceux que Bélisaire avait fait couper et qui se trouvaient vides, dans la partie comprise entre la ville et l'endroit où ils avaient été rompus, l'eau s'étant écoulée par la brèche. Ce soldat, continuant à suivre le canal à l'intérieur de l'aqueduc, fut arrêté, près des murailles de la ville, par un rocher que la nature avait placé en ce lieu et dans lequel on s'était borné à percer un conduit, suffisamment large pour donner cours à l'eau, mais trop étroit pour livrer passage à un homme, surtout à un homme couvert de son armure et chargé de ses armes. L'Isaurien, ayant examiné ce conduit, pensa qu'il suffirait de l'élargir, pour introduire une armée dans la place. Comme il n'avait aucun grade et n'avait jamais eu de rapports avec aucun officier supérieur, il ne put que communiquer son idée à un homme de sa nation, nommé Paucaris, qui servait avec distinction parmi les gardes de Bélisaire. Paucaris en donna avis à son général qui, tout réconforté de cette chance inespérée de succès, encouragea notre homme, par la promesse d'une grande récompense, à se mettre à la besogne. Il lui ordonna de s'adjoindre quelques Isauriens

1. Procope, de Bello Goth., lib. I, cap. 8.
2. Procope, de Bello Goth., lib, I, cap. 9.

et de les employer à élargir le passage, en prenant bien
gardé de ne pas attirer l'attention. Paucaris et ses Isauriens
travaillèrent sans répit à entamer le rocher ; ne se servant que
de pointes de fer, pour éviter le bruit des coups de haches et
de scies. En peu de temps, ils réussirent à élargir le canal,
suffisamment pour y donner passage à un homme tout armé.

Bélisaire, désireux d'épargner à Naples le sort d'une ville
prise d'assaut, appela Stéphane et, après lui avoir rappelé
toutes les calamités auxquelles était exposée une ville livrée
à la fureur du soldat, fureur d'autant plus à redouter, dans le
cas présent, que l'armée impériale était en partie composée de
troupes barbares qui brûlaient de venger leurs frères et leurs
amis, tués depuis le commencement du siège, il lui déclara
qu'il possédait le moyen de prendre infailliblement la place.
Il le supplia de faire un nouvel effort pour sauver ses concitoyens du malheur qui les menaçait. Mais Stéphane eut beau
avertir les Napolitains ; ils n'écoutèrent ni ses conseils, ni ses
supplications [1]. Bélisaire se prépara donc à envahir la ville,
sans plus de retard.

Vers le soir, il commanda à Magnus, général de cavalerie
et à Ennès, chef des Isauriens, de former une troupe de quatre
cents hommes d'élite et de la tenir tout armée, prête à obéir
à ses ordres. La nuit venue, il mit ces deux officiers au courant du stratagème préparé, en leur ordonnant de se munir de
lanternes et de pénétrer dans la ville avec leurs quatre cents
hommes, par la voie ouverte à travers l'aqueduc. Il leur adjoignit deux trompettes qui, aussitôt entrés dans la ville, devaient,
par leurs sonneries, jeter l'alarme parmi les assiégés et donner
aux assiégeants le signal attendu pour monter de toutes parts
à l'assaut. Un grand nombre d'échelles se trouvaient toutes
préparées. Bélisaire s'occupa ensuite, avec Bessas et Photius,
de prendre les dispositions nécessaires. Il envoya par tout le
camp, des estafettes, chargés d'éveiller silencieusement les
soldats et de leur faire prendre les armes. Lui-même se mit au
milieu des troupes dont la valeur lui inspirait le plus de con-

---

1. Procope, de Bello Goth., lib. I, cap. 9.

fiance. Cependant, la plus grande partie de ceux qui composaient le corps destiné à s'avancer vers la ville, par la voie de l'aqueduc, fut pris d'épouvante et rebroussa chemin. Magnus s'efforça en vain de les retenir. Il se vit forcé de rétrograder avec eux, jusqu'au quartier général. Bélisaire les y reçut fort mal et choisit immédiatement, dans les corps qui l'entouraient, deux cents hommes pour accompagner Magnus. Photius voulut leur servir de chef et se jeta dans l'aqueduc ; mais Bélisaire lui défendit de s'y engager plus avant. Quant à ceux qui avaient fui devant le danger, les reproches de Bélisaire et de Photius provoquèrent en eux un mouvement de honte qui les entraîna à suivre les autres.

Pour éviter que le poste ennemi, de garde dans la tour voisine de l'aqueduc, ne découvrît le stratagème, Bélisaire occupa son attention, en se portant lui-même de ce côté et en ordonnant à Bessas d'engager, avec les hommes de ce poste, des pourparlers en langue gothique. Bessas commença à les interpeller à très haute voix et à leur faire mille promesses, comme pour essayer de les gagner. Cette ruse réussit d'autant mieux que les Goths, répondant par des railleries et des quolibets à l'adresse de Bélisaire et de l'empereur, se mirent, eux aussi, à crier et à mener grand bruit.

L'aqueduc était couvert d'une voûte de briques, non seulement jusqu'à l'endroit où il traversait le mur d'enceinte, mais jusque fort avant dans la ville. De sorte que Magnus, Ennès et leurs hommes avancèrent sans trouver d'issue et sans savoir où ils étaient, jusqu'à un endroit à ciel ouvert, où se trouvait une maison abandonnée qu'une pauvre femme habitait toute seule. A cet endroit, un olivier avait poussé sur le sommet de l'aqueduc. Dès qu'ils aperçurent le ciel et qu'ils eurent reconnu qu'ils étaient en pleine ville, Magnus et les siens voulurent sortir du canal ; mais il n'y avait pas moyen, surtout pour des hommes armés, de grimper le long des parois, qui étaient fort élevées et ne présentaient aucune saillie dont on pût s'aider. Les soldats, s'étouffant dans ce lieu étroit où ils s'entassaient, à mesure que toute la troupe arrivait, commençaient à perdre confiance, quand un soldat se mit en tête de tenter de grimper. Il déposa ses armes et, s'aidant des pieds et des mains, finit par atteindre la maison voisine. Il y rencontra la femme qui l'habitait et la força à se taire, en la menaçant de la tuer au premier cri. Puis, il attacha aux racines de l'olivier une forte corde, qu'il fit pendre dans l'aqueduc. Les soldats saisirent cette corde, les uns après les autres et se hissèrent ainsi hors du canal. Deux heures avant le lever du jour, tous étaient dans la ville et se portaient vers les murailles. Ils surprirent et massacrèrent les gardes de deux tours, situées au nord de la ville, du côté où Bélisaire, Bessas et Photius s'étaient portés, dans l'attente de l'événement.

Quand les généraux entendirent le bruit des trompettes, ils donnèrent le signal de l'assaut. Aussitôt, les échelles furent appliquées aux murailles ; mais comme on les avait construites en secret, sans avoir pu mesurer exactement la hauteur des remparts, elles se trouvèrent trop courtes. Il fallut en attacher deux au bout l'une de l'autre. La résistance ne fut acharnée que du côté de la mer, où la garde des remparts avait été confiée, non à des barbares, mais à des Juifs. Ceux-ci, sachant que les Romains étaient fort animés contre eux, parce qu'ils avaient grandement contribué à empêcher la ville de se rendre sans combat, continuèrent à se battre en désespérés, quoique la place fût déjà prise et qu'il ne leur restât aucune chance de repousser l'ennemi. Ils ne lâchèrent pied que lorsqu'au lever du jour, une partie des troupes qui avait escaladé les remparts du nord, vint les assaillir par derrière. Toutes les portes furent bientôt au pouvoir de l'armée romaine qui envahit la ville, de tous les côtés à la fois. L'épouvante des assiégés fut telle, que les défenseurs de la partie orientale de l'enceinte s'enfuirent à la seule vue des ennemis qui, faute d'échelles, mirent le feu aux portes, sans que personne cherchât à les en empêcher.

Naples eut beaucoup à souffrir[1]. Les soldats, animés de colère et du désir de venger la mort de leurs frères d'armes, pillaient et tuaient partout. Pénétrant dans les maisons, ils

---

1. *Auctarium Marcellini*, ann. 536 (édit. Mommsen, Monum. Germ., in-4°, Auct. Antiq., t. XI, pars I, p. 104).

enlevaient les femmes, les enfants, les richesses. Les Massagètes agirent avec une fureur extrême. Ils ne respectèrent pas même les églises, dans lesquelles ils massacrèrent le peuple qui avait couru y chercher refuge. Bélisaire dut parcourir lui-même la ville en tous sens, pour mettre un terme au pillage, rassembler ses soldats et leur faire entendre sa volonté, qu'il sut imposer, de laisser le butin aux soldats ; mais de rendre les femmes à leurs maris et les enfants à leurs pères. Les femmes furent ainsi à l'abri des outrages et tous les captifs furent remis en liberté.

Les Napolitains, réconciliés promptement avec leurs vainqueurs, grâce à la modération de Bélisaire, retrouvèrent, en rentrant dans leurs demeures, leurs principales richesses en or et en objets précieux que, pendant le siège, ils avaient eu la précaution d'enfouir et que les pillards n'avaient pu découvrir. Quant aux prisonniers goths, au nombre de près de huit cents, Bélisaire les préserva de tout mal et les traita aussi honorablement que ses propres soldats. Le siège de Naples avait duré vingt jours. Les deux hommes qui avaient contribué le plus à prolonger la résistance, ne survécurent pas aux malheurs qu'ils avaient attirés sur leur concitoyens. Pastor mourut subitement d'apoplexie, en apprenant la prise de la ville ; Asclépiodotus fut mis en pièces par le peuple. Avec les principaux habitants échappés au massacre, il s'était rendu auprès de Bélisaire. Il y avait trouvé Stéphane, qui ne lui avait pas ménagé les reproches et auquel il avait répondu, en lui reprochant à son tour son peu de constance et de dévouement à ses maîtres. Il s'en revenait de cette entrevue, lorsque la populace l'aperçut. Elle ne le laissa point échapper. Elle le tua et déchira son corps en morceaux. Cette populace de Naples courut à la maison de Pastor ; refusant de croire à sa mort, jusqu'à ce qu'on lui eût montré son cadavre dont elle se saisit pour aller l'attacher à un gibet. Elle se porta ensuite au quartier de Bélisaire, pour demander au général pardon des excès où l'avait portée ce qu'elle appelait sa juste colère [1].

---

1. Procope, *de Bello Goth.*, lib. I, cap. 9 et 10.

Théodat n'avait rien fait pour secourir Naples et n'avait pas même essayé d'envoyer à la garnison les renforts qu'elle lui avait demandés. Considérant la guerre comme devant iné-vitablement entraîner sa perte et, préoccupé uniquement de se sauver, il n'avait rien su préparer pour repousser l'inva-sion qui, après l'avoir longtemps menacé, le surprenait à l'improviste. Il s'était remis à négocier. Dans l'espoir qu'une intervention du pape et du Sénat romain aurait quelque influence sur l'esprit de Justinien, il les avait contraints à une démarche en sa faveur. Il lui avait fallu menacer les séna-teurs de les massacrer, eux et leurs familles, pour les forcer d'adresser à l'empereur une épître qui le suppliait, dans les termes les plus pathétiques, d'éviter à l'Italie les malheurs de la guerre[1].

Théodat ne pouvait penser qu'à Constantinople, on était assez peu informé de l'état des esprits dans le Sénat et dans la population italienne, pour croire, d'après des éloges et des supplications de commande, que les Italiens étaient dévoués aux barbares. Mais il lui importait d'établir que le Sénat était dans sa dépendance complète; qu'il n'était pas en situation de lui opposer aucune résistance et qu'il ne pouvait par con-séquent être d'aucun secours à l'empereur.

Quant au pape, les circonstances semblaient favorables pour obtenir son intervention, dont l'influence pouvait être décisive, puisque pour réussir en Italie, Justinien avait le plus grand besoin du concours du clergé et de la population catholiques. Or, ce qui se passait à la cour de Byzance, n'était pas fait pour inspirer au Saint-Siège une confiance aveugle. Tandis que l'empereur affectait le plus grand zèle pour l'Église et la foi orthodoxes, l'impératrice favorisait ouvertement les hérétiques, qui, grâce à sa protection et à l'apparente faiblesse de Justinien, poursuivaient librement leurs intrigues et ten-daient à s'emparer des principaux sièges épiscopaux de l'Orient. Le siège d'Alexandrie était demeuré en leur pouvoir,

1. *Cassiodori Variarum* lib. XI, ep. xiii. — Liberatus Diaconus, *Breviarium Causæ Eutychianorum*, cap. xxi (édit. Migne, Patrologie Latine, t. LXVIII, p. 1039).

depuis l'époque où ils s'en étaient rendus maîtres. Timothée,
qui l'occupait en ce moment, rejetait, comme ses prédéces-
scurs, le concile de Chalcédoine [1]. A Constantinople même,
l'influence de l'impératrice assurait aux hérétiques la possession du siège épiscopal. Épiphane étant mort le 5 juin 535,
après quinze années et trois mois d'épiscopat, Anthimus,
évêque de Trébizonde, fut appelé à lui succéder; grâce aux
intrigues de Théodora, disent les écrivains catholiques [2].

[1]. Ce qui se passa à la mort de ce prélat, survenue en 537, est un exemple
saisissant de l'ardeur des luttes religieuses en Orient et des sentiments
de la cour de Byzance, au moins dans l'entourage de Théodora. Lorsqu'il
s'agit de nommer un successeur à Timothée, un prêtre nommé Théodose
fut précipitamment ordonné, grâce à l'autorité et aux promesses de Calatychus, cubiculaire appartenant au parti de Théodora. Mais les moines et
le peuple, qui tenaient pour un autre prêtre, du nom de Gajanus, empêchèrent l'installation du protégé de l'impératrice. La coutume de l'église
d'Alexandrie exigeait que le prêtre désigné pour succéder à l'évêque
défunt, accomplît la cérémonie suivante, pour prendre légitimement possession du siège épiscopal. Il s'approchait du corps de l'évêque défunt
dont il s'imposait sur la tête la main droite, puis il l'ensevelissait lui-même
et recevait ensuite le pallium de saint Marc. Avant que Théodose eût
réussi à accomplir cette cérémonie, les moines et le peuple apprirent ce
qui s'était fait à l'évêché, sous l'influence de Calatychus et des magistrats.
Aussitôt, ils se mirent à la poursuite de Théodose et le chassèrent de la
ville, pour l'empêcher de célébrer les funérailles de Timothée. Puis, ils
intronisèrent Gajanus qui, soutenu par une partie du clergé et par la
population de toute la province, se maintint dans l'épiscopat pendant
cent trois jours; au bout desquels les magistrats l'expulsèrent. Deux mois
après son expulsion, Narsès, envoyé par Théodora, intronisa Théodose.
Gajanus fut conduit à Carthage, d'où on le transporta en Sardaigne. On
ne sait ce qu'il y devint. Théodose demeura sur le siège épiscopal pendant un an et quatre mois, contre le gré de presque toute la population
qui refusa d'entrer en communion avec lui et continua à communier avec
Gajanus. Alexandrie se trouvait ainsi divisée en deux partis : les Gaja-
nites et les Théodosiens. Cette querelle religieuse fut cause d'une révolte
qui dura plusieurs jours et dans laquelle le peuple combattit contre les
troupes de Narsès, avec tant d'acharnement que les femmes même massacraient les soldats et jetaient sur eux, du haut des maisons, tout ce qui leur
tombait sous la main. Les troupes n'eurent raison d'une si furieuse résistance, qu'en mettant le feu à la ville ; les partisans de Gajanus furent alors
massacrés; ce qui n'empêcha point de nouvelles émeutes et de nouveaux
combats qui finirent par forcer Théodose d'abandonner son siège. Sur
l'ordre de Théodora, il fut envoyé à Constantinople, avec de grandes marques de respect. Théodora avait promis à Justinien que si l'on faisait
venir Théodose à la cour, il ne manquerait pas d'admettre le concile de
Chalcédoine. Mais ce prélat, attaché à l'hérésie, n'en voulut rien faire. Il
fut alors relégué à six milles de Constantinople. Baronius, *ann.* 535, LXV-
LXXVIII. — Pagi, *ann.* 535, XI.

[2]. Baronius, *ann.* 535, LVIII et LIX. — Pagi, *ann.* 535, IX.

Cet Anthimus affectait de faire profession de la foi orthodoxe, mais était secrètement attaché à l'hérésie d'Eutychès. Aussi, dès que son élévation avait été connue, l'hérésiarque Sévère qui, sous le règne de Justin, avait été chassé de son siège épiscopal d'Antioche, s'était empressé de quitter sa retraite pour accourir à Constantinople, dans l'espoir de se faire rétablir par l'autorité de Théodora et d'Anthimus. Il avait amené avec lui Pierre d'Apamée et un moine de Syrie, nommé Zoara. Ces trois personnages, abusant de la tolérance dont on les laissait jouir, s'étaient mis à tenir des assemblées et à répandre leurs erreurs dans la foule. Sévère poussait Anthimus à se déclarer ouvertement contre le concile de Chalcédoine et à préférer la doctrine d'Eutychès aux avantages temporels de l'épiscopat; c'est-à-dire qu'il le poussait à entrer en lutte contre les orthodoxes, au risque d'être expulsé de son siège [1]. Trop prudent pour se compromettre ainsi à la légère, Anthimus continuait à déguiser ses doctrines. Interpellé par Justinien, il avait déclaré qu'il professait les dogmes du concile de Chalcédoine et tous ceux que professaient les orthodoxes; que de plus, il s'engageait à obéir, dans tous ses actes, aux prescriptions du siège apostolique auquel il se soumettait, comme il l'avait écrit dans une lettre adressée aux patriarches [2]. Mais toutes ces protestations ne trompaient personne et sa présence sur le plus important des sièges de l'Orient ne pouvait qu'inspirer à l'Église catholique les plus vives appréhensions.

Dans ces circonstances, Théodat conçut sans doute l'espérance que le pape, mécontent de la cour de Byzance, considérerait la conservation du royaume des Goths comme utile aux intérêts de l'Église romaine. Le pape pouvait craindre, en effet, de trouver l'empereur moins affectionné à la foi orthodoxe et moins respectueux de l'autorité du Saint-Siège lorsque, maître de Rome et de l'Italie, il n'aurait plus à ménager les catholiques, comme des alliés nécessaires. Mais Agapet, qui le 28 avril 535, avait succédé dans la chaire de

1. Baronius, *ann.* 535, LXX.
2. Baronius, *ann.* 535, LXXXVI.

Saint-Pierre à Jean II, mort le 21 avril de la même année, ne se montra nullement disposé à intervenir en faveur des Goths. Théodat ne l'en contraignit pas moins à partir pour Constantinople. Il comptait évidemment que le chef de l'Église orthodoxe ne pourrait entrer en communion avec Anthimus et que sa présence, dans la capitale de l'Empire, provoquerait des conflits, qui enlèveraient à Justinien la sympathie et le concours des catholiques. Cette rupture que Théodat souhaitait ardemment, faillit se produire, dès l'arrivée du pontife romain dans la ville impériale.

Agapet se mit en route, au commencement de l'année 536, après avoir été obligé, pour payer les frais de son voyage, d'engager au trésor royal les vases sacrés qui appartenaient à la basilique de Saint-Pierre et dont la restitution fut ensuite ordonnée par Cassiodore [1]. Dans toutes les villes qu'il eut à traverser, il fut accueilli avec une vénération enthousiaste. D'après le récit de saint Grégoire [2], son passage en Grèce fut marqué par les guérisons miraculeuses d'un paralytique et d'un muet. Les difficultés commencèrent lors de son entrée à Constantinople. Il reçut avec honneur ceux que Justinien avait envoyés au-devant de lui; mais Anthimus se trouvant parmi eux, il affecta de ne point s'apercevoir de sa présence et quand l'évêque de Byzance voulut le saluer, il refusa ses hommages. Reçu ensuite en audience par l'empereur, il exposa tout d'abord le but politique de son ambassade. Justinien refusa d'écouter ses supplications en faveur de la paix. Il était fermement résolu à ne pas retirer son armée de l'Italie et à ne pas perdre le fruit des dépenses faites par le fisc impérial. Le pape aborda alors la question religieuse, à laquelle il entendait donner la plus grande importance, dans sa négociation. Justinien et Théodora l'ayant invité à accueillir les hommages d'Anthimus et à entrer en communion avec lui, il répondit que cela pouvait se faire, si Anthimus prouvait son orthodoxie par un mémoire justificatif et retournait à son siège épiscopal de

---

1. *Cassiod. Variar.* lib. XII, ep. xx.

2. Saint Grégoire, *Dialogues*, liv. III, ch. iii (édit. Migne, Patrologie Latine, t. LXXVII, p. 224).

Trébizonde; attendu qu'il était impossible de laisser subsister la translation de cet homme sur le siège de Constantinople.

Théodora eut en vain recours aux promesses et aux
menaces; Agapet persista à ne vouloir même pas écouter sa
demande. Sur quoi, une discussion s'engagea entre le pape et
l'empereur, celui-ci voulant que le pape fît accueil à Anthimus
et le pape lui opposant un refus absolu. Justinien en vint à
dire : « Consentez à notre volonté, ou je vous ferai déporter
en exil ». Cette menace ne provoqua, chez le pape, qu'un
mouvement d'enthousiasme. « Moi, pécheur, répondit-il, j'ai
souhaité me rendre auprès de Justinien, l'empereur très chrétien; c'est Dioclétien que je vois aujourd'hui. Je ne crains
point tes menaces; mais, pour que tu saches bien que ton évêque
ne convient pas à la religion chrétienne, mets-le en demeure
de confesser l'existence des deux natures dans le Christ ».

Anthimus fut donc appelé, par ordre de l'empereur. Interrogé
par le pape, il ne voulut jamais confesser l'existence des deux
natures dans Jésus-Christ. Ce refus public d'admettre les
dogmes du concile de Chalcédoine, assurait le triomphe du
pape, car il rendait impossible à Justinien de soutenir Anthimus,
sans se déclarer ouvertement pour l'hérésie d'Eutychès et sans
devenir, par conséquent, l'ennemi irréconciliable des catholiques du monde entier. C'eût été, non seulement perdre tous
les avantages qu'il espérait, mais, de plus, risquer une révolution en Orient. Il se vit donc forcé de s'humilier devant le
Saint-Siège et de lui abandonner l'évêque de Constantinople.

Le pape saisit cette occasion d'établir, par un précédent et
de mettre en pratique l'autorité absolue que le siège apostolique revendiquait sur toutes les Églises. De sa seule autorité,
sans réunir aucun concile, il déclara Anthimus déchu de son
siège épiscopal et le frappa de bannissement. Puis, le 13 mars,
il ordonna évêque de Constantinople, un prêtre de cette ville,
nommé Mennas. Ce choix et cette ordination furent faits, dit
le biographe d'Agapet, à la prière de l'empereur. Il faut évidemment entendre par là que le pape, satisfait de l'acte d'autorité qu'il lui avait été donné d'accomplir, jugea prudent de

ne pas entreprendre de désigner seul un nouvel évêque. Il admit le choix de l'empereur. Cette concession lui permettait d'ailleurs d'obtenir un avantage de plus, en réalisant la prétention du Saint-Siège de substituer, dans le mode de désignation des évêques, la nomination par le pape au système de l'élection. Mennas fut choisi et ordonné, sans qu'il fût procédé à aucune élection et aucun synode ne fut réuni à Constantinople, avant le 2 mai, date postérieure à la mort d'Agapet [1]. Mennas avait la réputation d'être parfaitement orthodoxe ; néanmoins, Agapet exigea de lui une profession de foi écrite, dans les termes imposés par le Saint-Siège à tous les évêques de l'Orient qui sollicitaient la communion du Siège Apostolique [2].

Anthimus avait été condamné en dehors de tout synode et sans forme de procès, par la seule autorité suprême du Siège Apostolique, considérée comme supérieure à tous les canons des conciles. Le pape avait tenu à montrer que son autorité était, autant et mieux qu'un concile, capable d'énergie et de résistance aux pressions des puissances temporelles, quand il s'agissait de maintenir la pureté de la foi et de la discipline ecclésiastique. Il tenait à montrer aussi qu'elle était, plus qu'une assemblée, capable de clémence. Il avait donc accordé qu'Anthimus serait rétabli sur son premier siège épiscopal d'Antioche, si, après pénitence de son erreur, il faisait retour à l'Église [3]. Un concile orthodoxe eût été en effet moins charitable ; car la décision du pape parut trop indulgente aux archimandrites de l'Église de Constantinople. Ils présentèrent un mémoire, concluant à ce qu'un délai fût fixé, passé lequel Anthimus ne pourrait être rétabli dans l'épiscopat. Ils eurent promptement satisfaction. Anthimus, dominé par l'hérésiarque Sévère, s'obstina à ne point se rétracter. Agapet prononça contre lui une nouvelle sentence qui le déclarait définitivement exclu de l'évêché de Trébizonde et de toute fonction ecclésiastique. De sa seule autorité également, Agapet frappa

1. Pagi, *ann.* 536, VI.
2. Baronius, *ann.* 536, XXVI.
3. Baronius, *ann.* 536, XXIII.

ensuite d'excommunication les hérésiarques Sévère, Pierre, Zoara et Isacius le Persan qui, se croyant protégés par Théodora, continuaient dans Constantinople leurs intrigues et leur propagande et qui avaient été dénoncés au Saint-Siège par les moines et les évêques de l'Orient.

Ayant ainsi rétabli l'ordre dans l'Église de Constantinople, le pape Agapet adressa une encyclique à tous les évêques orientaux qui étaient entrés en communion avec Anthimus, pour leur notifier la déposition de ce dernier et la nomination de son successeur. Dans cette encyclique, le pape affirme hautement son autorité suprême sur toutes les Églises et réprimande les évêques orientaux de ne lui avoir pas dénoncé les désordres de l'Église de Constantinople. « Lorsque nous sommes arrivé auprès de l'Auguste empereur, notre fils, écrit-il, nous avons trouvé le siège de l'Église de Constantinople usurpé, d'une façon peu convenable et au mépris des canons, par Anthimus, évêque de Trébizonde. Nous avons souhaité tirer de la perdition l'âme de cet évêque et le ramener, non seulement à l'observation de la discipline ecclésiastique, mais, ce qui importe davantage, à la confession de la vraie foi. Attaché à l'erreur d'Eutychès, il s'est refusé à rentrer dans la voie de la vérité. Nous l'avons donc jugé indigne et du nom de catholique et de la prêtrise, jusqu'à ce qu'après avoir donné satisfaction convenable de ses erreurs, il accepte toutes les règles qui nous ont été transmises par les Pères et qui assurent la conservation de la foi et de la discipline de la vraie religion. Que votre charité sache aussi que tous ceux qui étaient également coupables et pour lesquels il avait pris parti, ont été également condamnés par une sentence du Siège Apostolique. Nous avons réparé l'injure faite au siège de Constantinople, grâce à l'autorité apostolique et à l'aide de la fidélité des souverains. Mais, la situation à laquelle nous avons porté remède, étant si ouvertement contraire aux décrets des Pères, nous avons été extrêmement surpris que, non seulement vous ayez négligé de la porter à notre connaissance, mais que, de plus, vous l'ayez confirmée par un assentiment répréhensible ».

Passant ensuite à la nomination du successeur d'Anthimus, le pape s'abstient, fort habilement, de préciser le mode de cette nomination. Il insiste avec complaisance sur le consentement de l'empereur et sur l'assentiment général, qu'il confond de nom avec une véritable élection. « Rendons grâces à Dieu, dit-il, dont l'esprit a fait tourner, comme il arrive souvent, ces maux en un plus grand bien. De petites transgressions ont été l'heureuse occasion d'une grande joie. Réjouissez-vous : car l'Église de Constantinople a reçu pour évêque Mennas, notre frère dans l'épiscopat, homme en tous points digne d'éloges. Son élection a plu aux augustes souverains, plus encore qu'à tous autres et pourtant elle a été accueillie par le consentement de tout le clergé et du peuple ; si bien qu'on eût cru qu'il avait été élu par un chacun. C'est que personne n'ignorait ni sa science, ni sa vie. L'intégrité de sa foi, son zèle pour les lettres sacrées, les services de sa pieuse administration lui avaient acquis une réputation telle, qu'il semblait trop tarder à paraître dans la place dont il était digne [1].

« Et, circonstance qui ajoute, croyons-nous, à sa dignité, depuis le temps de l'apôtre Pierre, il est le seul évêque ordonné des mains du pontife de notre siège, qu'ait reçu l'Église d'Orient. Soit peut-être pour sa gloire seulement, soit peut-être aussi pour la destruction de nos ennemis, il se trouve qu'il apparaît semblable à ceux que l'élection du prince des apôtres a jadis ordonnés dans ces contrées. Prenez donc part, frères, avec un pieux enthousiasme, à la joie commune. Vous avez un double sujet d'enthousiasme : le mal a été corrigé sans retard et le but désiré a été atteint. Marquez-nous par votre réponse, suivant l'usage, combien vous approuvez le jugement de notre Siège Apostolique. Veillez attentivement à ce que ni par vous, ce que nous ne voulons croire, ni avec votre consentement, il ne se fasse plus, à l'avenir, rien de contraire aux lois canoniques. L'erreur de celui qui n'a péché qu'une fois, est digne d'indulgence ; mais des transgressions

---

1. *Epist. Roman. Pontif. Agapeti*, ep. I (édit. Migne, Patrologie Latine, t. LXVI, p. 37).

fréquentes appellent un mouvement d'autorité. Que Dieu vous garde sauf, très vénérable frère[1]. »

Agapet mourut peu de jours après son triomphe, le 22 avril 536, comme si, dit un historien, il eût été appelé à la récompense, dès que fut accomplie l'œuvre à laquelle il était destiné[2]. Jamais évêque, jamais empereur n'eut de pareilles funérailles. Un grand nombre d'évêques, venus de diverses provinces, une foule de prêtres et de religieux et le peuple byzantin tout entier lui firent cortège. Les places, les portiques, jusqu'aux toits des maisons étaient couverts de monde. Il semblait que chacun eût considéré comme un sacrilège de ne point rendre un dernier honneur à ce glorieux pontife. On remarqua que la pâleur de la mort n'avait point altéré son visage. Elle lui avait donné une dignité, une gravité singulière. Il avait l'aspect du sommeil, non de la mort.

Pour maintenir et établir plus solidement dans l'avenir, par le consentement formel des Orientaux, l'œuvre accomplie par le pape, Mennas, les légats du Saint-Siège qu'Agapet avait envoyés à Byzance, avant de s'y rendre lui-même et qui y étaient demeurés, assemblèrent, le 2 mai, un concile des évêques présents à Constantinople. Dans ce concile, Anthimus et les autres hérétiques déjà condamnés furent condamnés de nouveau. A la suite de cette nouvelle sentence, Justinien ne put refuser de donner une sanction à la décision du pape, confirmée par un concile. Satisfaisant aux requêtes qui lui furent adressées, il interdit à Anthimus, à Sévère et à Pierre d'Apamée le séjour de Constantinople et des principales villes de l'Empire et ordonna que les livres de Sévère fussent brûlés[3].

Théodora n'en continua pas moins à protéger Anthimus, servant ainsi la politique de Justinien. Car s'il lui fallait, pour l'accomplissement de ses desseins, s'assurer le concours de

1. *Epist. Roman. Pontif. Agapeti.*, ep. V (Baronius *ann.* 536, XXVII à XXX et édit. Migne, Patrologie Latine, t. LXVI).

2. *Auctarium Marcellini*, ann. 536 (Édit. Mommsen, *Monum. Germ.*, in-4°, Auct. Antiq., t. XI, p. 105).

3. *Novelles*, 42.

l'Église romaine et la sympathie des catholiques, il lui fallait, en même temps, conserver la paix intérieure en Orient. Les hérétiques y étaient nombreux et, en bien des contrées, populaires; la suprématie de l'Église de Rome n'étant pas admise volontiers. Se livrer complètement aux catholiques, sans ménagements pour leurs adversaires, c'était, pour le gouvernement impérial, s'exposer à une impopularité dont les suites pouvaient être fâcheuses. Justinien continua donc à se tirer d'embarras en donnant des gages aux catholiques, tandis que Théodora donnait aux hérétiques l'espoir et l'apparence de sa protection.

Lorsqu'on apprit à Rome la mort d'Agapet, les comices sacrés se réunirent sans retard pour procéder, suivant la coutume, à l'élection de son successeur. Mais Théodat, espérant encore enlever à Justinien l'appui du Saint-Siège, résolut d'empêcher, même par la violence, l'élection d'un candidat librement choisi par le clergé et d'imposer à l'Église romaine un pontife favorable aux Goths. Par corruption et par la menace de faire mettre à mort les clercs qui ne consentiraient point à sa volonté, il réussit à faire élire et à faire ordonner, le 8 juin 536, un Campanien, nommé Silvère, qui était fils du pape Hormisdas [1]. Les prêtres protestèrent, en s'abstenant de signer l'acte de cette élection. Ils ne se décidèrent à le dresser par crainte, qu'après l'ordination de Silvère, contrairement à la coutume [2].

Tandis que le roi des Goths imposait à l'Église romaine le candidat de son choix, la cour de Byzance intriguait pour faire élire, par corruption et par pression, un pontife disposé à favoriser, non seulement ses intérêts en Italie, mais ses tendances religieuses en Orient. Comme toujours lorsqu'il s'agissait de protéger les hérétiques, ce fut l'impératrice qui se chargea de cette négociation. Elle fit appeler un diacre d'Agapet, nommé Vigile et lui offrit de lui remettre une somme d'argent et de donner des ordres à Bélisaire pour le faire

1. *Liber Pontificalis*, Vita Silverii.
2. Pagi, *ann.* 536, XVI.

ordonner pape, s'il s'engageait à abolir le concile de Chalcédoine et à écrire à Théodose d'Alexandrie, à Anthimus et à
Sévère des lettres approuvant leur doctrine. Vigile accepta
ce marché et partit aussitôt pour Rome ; mais il n'y arriva
qu'après l'ordination de Silvère[1]. On verra bientôt la suite et
les conséquences de cette intrigue.

Un pape favorable aux Goths, pouvait, jusqu'à un certain
point, aider à contenir le clergé et la population ; il ne pouvait
mettre un terme aux hostilités. Or, la continuation de la guerre
devait amener nécessairement et amena, deux mois après
l'ordination de Silvère, la chute de Théodat[2]. Les Goths,
qui composaient les troupes cantonnées, comme on l'a vu,
aux environs de Rome, avaient été fort surpris de son inaction, à l'approche de l'ennemi. Ils l'avaient bientôt soupçonné
de ne songer qu'à livrer toute leur nation à Justinien, pour se
réserver à lui-même, comme prix de sa trahison, une existence
oisive et opulente. A la nouvelle de la prise de Naples, ils
l'avaient accusé ouvertement, rejetant sur lui seul toute la
faute de ce désastre. Ils étaient donc disposés à se révolter
quand, pour barrer le chemin à l'ennemi, en occupant la route
de Naples, ils furent concentrés à deux cent quatre-vingts
stades de Rome, dans un lieu nommé Régéta, qui parut propre
à l'établissement d'un camp. On y trouvait, en effet, beaucoup
de pâturages pour les chevaux et la route qui conduisait de
Rome à Naples, y était coupée par une rivière; à laquelle les
habitants donnaient le nom de Décennovius, parce qu'elle se
jette dans la mer, près de Terracine, après un cours de dix-
neuf milles ou de cent treize stades[3].

Rassemblés dans ce camp de Régéta et laissés dans une
complète inaction, les Goths ne tardèrent point à se soulever.
Ils proclamèrent roi des Goths et des Italiens, un de leurs
chefs nommé Vitigès. C'était un homme d'obscure naissance,
mais qui s'était grandement illustré dans les batailles livrées

1. Liberatus Diaconus, *Breviar. Causæ Eutychian.*, cap. xxii (édit. Migne,
Patrologie Latine, t. LXVIII, p. 1040).
2. Procope, *de Bello Goth.*, lib. I, cap. 11.
3. Procope, *de Bello Goth.*, lib. I, cap. 11.

autour de Sirmium, pendant la campagne entreprise jadis par
Théodoric contre les Gépides. Au premier bruit de cet événement, Théodat s'enfuit en toute hâte vers Ravenne, suivi de
près par un Goth nommé Optaris, auquel Vitigès avait donné
l'ordre de le poursuivre et de le prendre mort ou vif. Cet
Optaris était animé d'une haine personnelle contre Théodat
qui, gagné moyennant une somme d'argent, lui avait enlevé,
pour la donner à un autre, une riche et belle héritière qu'il
recherchait en mariage. Obéissant à son désir de vengeance,
autant qu'à l'ordre de Vitigès, il se donna tout entier, sans
repos ni jour ni nuit, à la poursuite du fugitif qu'il atteignit
enfin, près des bords du Santernus, le moderne Saterno, sur
la route de Ravenne et sans doute à cinq milles de cette ville.
Cet endroit était désigné, en effet, sous le nom de Quintus.
Après l'avoir jeté à terre, il l'égorgea comme une victime et
rapporta sa tête à Vitigès[1].

Le nouveau roi des Goths entra ensuite dans Rome, avec
ses troupes. Il s'y saisit du fils de Théodat, Théodégisclus
qu'il fit mettre sous bonne garde. Comme rien n'avait été préparé en vue de la guerre, il jugea prudent de se retirer
d'abord vers Ravenne, afin de s'y mettre en état d'entrer en
campagne. Pour éviter que ce mouvement ne fût mal interprété, il exposa, dans une proclamation à son armée, les
raisons qui le lui imposaient. Au pape Silvère, au Sénat et
au peuple romain, il rappela la prospérité du règne de Théodoric et les invita à se montrer dévoués aux Goths. Il les
obligea tous à se lier à lui par un serment de fidélité. Ayant
ainsi achevé de prendre possession de la royauté, il laissa
dans Rome une garnison de quatre mille hommes d'élite, sous
le commandement de Leuderis, officier de réputation, avancé
en âge et d'une grande prudence. Il se mit ensuite en marche
vers Ravenne. Il emmenait, comme otages, un grand nombre
de sénateurs. En traversant la Toscane, il enleva dans l'île de
Bolsène et dans Urbsvetus (Orviéto), les trésors qui y avaient
été amassés par Théodat. Dès son arrivée à Ravenne, il épousa

---

1. Procope, de Bello Goth., lib. I, cap. 11. — Auctarium Marcellini,
ann. 536 (édit. Mommsen, Monum. Germ., in-4º, t. XI, pars I, p. 104-105).

malgré elle, Matasunthe, fille d'Amalasunthe, afin d'affermir sa royauté par cette alliance avec la race de Théodoric le Grand[1]. Son autorité établie et définitivement acceptée, il procéda sans retard à la conscription de tous les Goths, quelle que fût leur résidence. Tous furent convoqués, rassemblés, fournis d'armes et de chevaux, formés en corps de troupes et encadrés[2].

Comme il voulait réunir toutes ses forces pour marcher sur Rome, Vitigès jugea utile de rappeler au sud des Alpes les garnisons composées d'hommes d'élite qui, sous les ordres de . Marcias, occupaient les contrées de la Gaule soumises aux Ostrogoths. Il ne pouvait dégarnir ces pays, par crainte des Francs qui n'auraient pas manqué de les envahir aussitôt et de passer ensuite en Italie, lorsque les Goths auraient été aux prises avec les Impériaux. Les troupes cantonnées dans le sud de la Gaule, n'étaient pas même suffisantes, quelle que fût leur qualité, pour tenir tête aux armées franques et les arrêter. Le seul moyen de disposer de ces troupes et d'éviter le danger dont l'Italie était menacée du côté des Alpes, était donc de reprendre les négociations entamées par Théodat avec les héritiers de Clovis et d'acheter leur alliance, en leur cédant les provinces qu'il était impossible de défendre. Vitigès ne crut pas prudent, pour lui-même, de consentir une cession de territoires si importants, sans l'assentiment des chefs de sa nation. Il réunit donc les principaux d'entre les Goths et leur représenta la nécessité et la possibilité d'assurer la paix avec les Francs et même d'acquérir leur alliance, aux conditions proposées par Théodat. « Mieux vaut, ajouta-t-il, sacrifier une faible partie de notre Empire, pour conserver tout le reste, que de nous exposer à tout perdre et à compromettre notre existence même, en nous obstinant à vouloir tout garder. D'ailleurs, si les événements tournent à notre avantage, vous savez bien que nous ne manquerons point de récupérer notre domination dans les Gaules. » Ces raisons achevèrent de con-

---

1. Procope, *de Bello Goth.*, lib. I, cap. 11.
2. Procope, *de Bello Goth.*, lib. I, cap. 11.

vaincre les chefs goths ; tous approuvèrent le projet de leur nouveau roi. Des ambassadeurs furent donc immédiatement envoyés chez les Francs, pour conclure alliance avec eux, en leur cédant les territoires de la Gaule, avec un subside de deux mille livres d'or.

Childebert, Théodebert et Clotaire se partagèrent entre eux l'or et les territoires, en échange desquels ils promirent de se montrer amis des Goths et de leur envoyer des troupes auxiliaires, composées non de Francs, mais d'hommes tirés des nations soumises à la domination franque. Ils consentaient ainsi à secourir les Goths, sans pourtant se déclarer leurs alliés. Ils ne pouvaient, en effet, contracter ouvertement une alliance contre l'Empire, ayant promis tout récemment à l'empereur leur appui dans cette guerre. Les ambassadeurs de Vitigès retournèrent donc à Ravenne et le premier effet du succès de leur mission, fut le rappel immédiat de Marcias et des troupes qu'il commandait [1].

Cependant, Bélisaire s'apprêtait à un mouvement, en vue de s'emparer de Rome. Cumes et Naples étaient les seules places fortifiées qu'il y eût en Campanie. Il mit dans Cumes une garnison suffisante et confia la garde de Naples à un corps de trois cents fantassins d'élite, sous les ordres d'Hérodianus.

Ces préparatifs n'étaient point encore achevés, quand les Romains, craignant le sort de Naples, jugèrent prudent d'accueillir dans leur ville les troupes de l'empereur, comme le pape Silvère le leur conseillait très vivement. Ils députèrent vers Bélisaire un Milanais, nommé Fidélius, ancien assesseur ou questeur d'Athalaric, pour l'inviter à s'avancer vers Rome et l'assurer que la ville se rendrait, sans combat [2]. Bélisaire mit alors son armée en marche, par la voie latine, laissant à gauche la voie Appia, sur laquelle les Goths avaient, comme on l'a vu, établi un camp qui peut-être était encore occupé. Les Goths qui formaient la garnison de Rome, trop faibles

---

1. Procope, de Bello Goth., lib. I, cap. 13.
2. Procope, de Bello Goth., lib. I, cap. 14.

pour contenir la population et repousser les assaillants, évacuèrent la place à l'approche de l'ennemi et firent retraite vers Ravenne, sans être inquiétés par la population. Ils sortirent par la porte Flaminienne, le jour même que Bélisaire entrait par la porte Asinaria, le 9 de décembre 536, soixante ans après la prise de Rome par Odoacre [1]. Leuderis, leur chef, considérant comme une honte d'abandonner son poste, demeura seul, après le départ de ses troupes. Fait prisonnier, il fut envoyé à Justinien, avec les clefs de la ville [2].

Le premier soin de Bélisaire fut de réparer les murailles qui, çà et là, présentaient des brèches. Comme il ne disposait pas d'une armée assez nombreuse pour garnir la vaste étendue de l'enceinte, il projeta, en avant des remparts, une série de galeries, probablement en bois, qui toutes se terminaient en angle et dont le flanc gauche était surmonté d'un appentis, destiné à mettre de ce côté les défenseurs à l'abri des traits des assiégeants. Il suffisait de poster, dans chacune de ces galeries, un petit nombre d'hommes, dont les traits couvraient tout l'espace s'étendant jusqu'à la galerie voisine, pour rendre impossible, dans ce secteur, l'approche des remparts. Il n'était, par conséquent, plus nécessaire de les défendre [3]. De plus, toute l'enceinte fut entourée d'un fossé large et profond [4]. Les Romains ne laissaient pas d'admirer la prudence et l'habileté du général en chef qui brillaient dans ces ouvrages ; mais ils se demandaient, avec angoisse, ce que Bélisaire s'était mis en tête ; comment il avait pu venir, s'il pensait devoir être assiégé, s'enfermer dans Rome, ville hors d'état de soutenir un siège : tant à cause de la difficulté du ravitaillement, rendu difficile par l'éloignement de la mer, qu'à cause de l'étendue de l'enceinte à défendre et de sa situation au milieu d'une plaine qui facilitait aux ennemis l'investissement de la place. Bélisaire entendait ces rumeurs ;

1. Procope, de Bello Goth., lib. I, cap. 14. — Auctarium Marcellini, ann. 536 (édit. Mommsen, Monum. Germ., in-4°. Auct. Antiq., t. XI, pars I, p. 105).

2. Procope, Ibid.

3. Procope, de Bello Goth., lib. I, cap. 14.

4. Procope, de Bello Goth., lib. I, cap. 14.

il n'en continua pas moins les préparatifs nécessaires, en vue d'un siège. Il fit conserver dans les greniers publics les convois de blé qu'il avait tirés de la Sicile et voiturés à la suite de son armée. De plus, il obligea les Romains, malgré leur dépit de cette mesure, à transporter dans la ville toutes les subsistances que pouvaient fournir les campagnes [1].

Tandis que se faisaient ces préparatifs, un chef goth, nommé Pitzas, vint offrir à Bélisaire de capituler, avec les troupes qu'il commandait dans le Samnium. La moitié de cette province jusqu'au fleuve Tifernus, actuellement Biferno, tomba ainsi au pouvoir des impériaux. La partie de ce pays située au delà du Tifernus, continua à être occupée par des Goths dont aucun ne voulut se soumettre à l'empereur. Bélisaire mit Pitzas à la tête d'un corps peu important et lui confia la défense de la région qu'il venait de livrer. La Calabre, l'Apulie et toute la contrée où se trouve Bénévent, qui n'étaient contenues par aucune garnison de Goths, avaient déjà fait leur soumission [2]. Bélisaire avait donc conquis, presque sans coup férir, toute l'Italie méridionale.

Pour défendre les approches de Rome, il fit occuper et retrancher toutes les localités environnantes. Cela fait, il reprit, sans plus tarder, ses opérations offensives.

Constantinus, un de ses lieutenants, reçut l'ordre d'envahir et de soumettre la Toscane, à la tête d'une armée, formée de diverses troupes et d'un corps important de cavalerie d'élite, composé d'hommes de la garde du général en chef; parmi lesquels on remarquait les Massagètes Zanter, Chorsoman et Œschman. Comme Narnia était puissamment fortifiée, la mission d'aller occuper cette place, fut confiée spécialement à un corps de Goths, recruté parmi les peuples de cette nation qui n'avaient point suivi Théodoric le Grand et avaient continué d'habiter la Thrace. Bessas était leur compatriote et leur chef [3]. C'était un homme actif, d'une grande valeur militaire, sachant parfaitement entraîner ses hommes et agir,

---

1. Procope, *de Bello Goth.*, lib. I, cap. 14.
2. Procope, *de Bello Goth.*, lib. I, cap. 15.
3. Procope, *de Bello Goth*, lib. I, cap. 16.

par lui-même, avec dextérité. Il se rendit maître de Narnia, non sans le concours de la population. Constantinus s'empara de son côté, sans difficulté, de Spolétium, de Pérusia et de diverses autres places. Partout, les Toscans l'accueillirent dans leurs villes, sans qu'il fût besoin de les contraindre. Il mit garnison dans Spolétium et établit son quartier général à Pérusia, ville principale de la Toscane.

A la nouvelle des progrès accomplis par Constantinus, Vitigès se hâta d'envoyer contre lui une armée sous les ordres d'Unila et de Pissa [1]. Constantinus marcha au-devant de ces deux généraux. La rencontre eut lieu dans les environs de Pérusia. Les barbares, ayant la supériorité du nombre, eurent d'abord l'avantage ; mais la valeur des troupes impériales assura la victoire aux Romains. Les barbares furent enfoncés, mis en déroute et poursuivis avec acharnement. Les deux généraux goths tombèrent aux mains des vainqueurs et furent envoyés prisonniers à Bélisaire [2]. La nouvelle de cette défaite décida Vitigès à ne point demeurer plus longtemps à Ravenne, où le retenait l'espoir d'opérer sa jonction avec le corps de Marcias, qui n'était point encore arrivé de la Gaule. Craignant qu'une armée impériale n'envahît l'Italie par le nord-est, tandis que lui-même serait aux prises avec Bélisaire, il résolut de prendre l'offensive en Dalmatie et de chercher à reconquérir ce pays. A cet effet, il confia une armée importante à deux chefs, nommés Asinarius et Uligisale, avec mission d'aller recruter des troupes de barbares en Pannonie et de marcher ensuite sur la Dalmatie et Salone. Pour assiéger cette ville à la fois par terre et par mer, il fit armer en outre une flotte assez nombreuse [3].

Lui-même marcha contre Bélisaire, à la tête de toute son armée, forte de cent cinquante mille hommes. Procope remarque que ses troupes de cavalerie étaient, pour la plupart, cuirassées et montaient des chevaux bardés de fer.

Tandis qu'Asinarius était occupé en Souabie, à recruter une

1. Procope, de Bello Goth., lib. I, cap. 16.
2. Procope, de Bello Goth., lib. I, cap. 16.
3. Procope, de Bello Goth., lib. I, cap. 16.

armée de barbares, Uligisale, demeuré seul pour commander les Goths, continua sa marche et entra en Liburnie. Il y fut battu, dans une rencontre avec les troupes impériales, près de la ville forte de Scardone ou Scardona et fut contraint de faire retraite sur Burnum, où il attendit son collègue[1]. Le contact pris par les troupes impériales avec le corps d'Uligisale, fit connaître à Constantianus l'approche d'une armée ennemie. Il mit aussitôt Salone en état de défense, y rassembla toutes les garnisons des petites places de la région, l'entoura de murs et d'un fossé continu et prit, avec une remarquable activité, toutes les dispositions nécessaires pour lui permettre de soutenir un siège. Cependant Asinarius, ayant assemblé de grandes troupes de barbares, se porta sur Burnum, où il opéra sa jonction avec Uligisale et d'où les deux chefs se portèrent contre Salone. Ils élevèrent des contrevallations, pour investir la ville du côté de la terre, tandis qu'elle l'était, du côté de la mer, par la flotte sur laquelle des soldats furent embarqués. Cette flotte fut détruite par les assiégés qui réussirent à la surprendre, s'emparèrent des vaisseaux non garnis de troupes et coulèrent les autres, avec les soldats qui les montaient. Malgré cet échec, les Goths ne levèrent point le siège. Ils le poussèrent au contraire avec plus de vigueur.

Pendant que les Goths et les Romains luttaient ainsi en Dalmatie, Vitigès, croyant, d'après les renseignements qui lui parvenaient, que l'armée de Bélisaire était dans une situation critique, regrettait d'avoir abandonné Rome et hâtait l'exécution de ses projets. Il semblait craindre que Bélisaire ne lui échappât; car ayant rencontré, pendant sa marche, un prêtre qui venait de Rome, il lui demanda avec insistance si Bélisaire y était encore[2]. Ce prêtre eut beau lui répondre que quant à cela, il pouvait être tranquille et que Bélisaire n'avait point coutume de fuir ou d'abandonner son poste, il ne cessa de se hâter et de témoigner son impatience d'arriver sous les

---

1. Procope, de Bello Goth., lib. I, cap. 16.
2. Procope, de Bello Goth.. lib. I, cap. 16.

murs de Rome, avant que son adversaire n'eût eu le temps d'en sortir[1].

Quand Bélisaire apprit qu'il allait être attaqué par toute l'armée des Goths, il ne crut pas, à cause de la faiblesse de ses effectifs, pouvoir se priver des troupes de Constantinus et de Bessas. Mais les rappeler, c'était livrer la Toscane aux Goths et leur donner un point d'appui pour leurs opérations contre Rome. Il se résolut donc à envoyer à Constantinus et à Bessas l'ordre de mettre des garnisons suffisantes dans les places qui avaient le plus d'importance et de venir le joindre immédiatement avec le reste de leurs troupes. Constantinus mit garnison dans Pérusia et dans Spolétium et se rabattit sur Rome, en toute hâte. Bessas agit avec moins d'activité. Il était encore à Narnia, quand l'avant-garde de l'ennemi parut dans les environs de cette ville. Le corps de Bessas attaqua cette avant-garde qui lui barrait la route et, contrairement à ce qu'il y avait lieu de craindre, réussit à la mettre en fuite, en lui infligeant de grandes pertes. Mais, comme le nombre des ennemis grossissait, Bessas rentra dans Narnia où il laissa une garnison ; puis, à marches forcées, il gagna Rome. Il y annonça l'approche de l'armée des Goths, car Narnia n'est qu'à trois cent cinquante stades de Rome[2].

Uniquement préoccupé de ne point laisser échapper Bélisaire, Vitigès ne toucha ni à Pérusia ni à Spolétium, pour ne point perdre de temps devant les solides fortifications de ces deux villes. Il ne voulut rien tenter non plus contre Narnia dont il connaissait la position escarpée et les abords difficiles, lorsqu'il sut que les impériaux ne l'avaient pas abandonnée. Renonçant à toute entreprise qui eût pu le retarder inutilement, il marcha droit sur Rome, par la Sabine[3]. Arrivé si près de Rome qu'il n'en était plus qu'à quatorze stades, il se heurta au pont du Tibre que Bélisaire avait fortifié, en y construisant une tour défendue par un poste de troupes. Ce pont

---

1. Procope, de Bello Goth., lib. I, cap. 16.

2. Procope, de Bello Goth., lib. I, cap. 17.

3. Procope, de Bello Goth., lib. I, cap. 17. — Auctarium Marcellini, (édit. Mommsen, ann. 537, p. 105).

n'était pas l'unique passage du Tibre ; sur divers points il y avait plusieurs autres ponts et, en plus d'un endroit, il était possible de se procurer des bateaux de transport. Mais Bélisaire, qui attendait d'un moment à l'autre, de nouvelles troupes expédiées de Constantinople et qui, par conséquent, avait le plus grand intérêt à retarder l'approche de l'ennemi, avait calculé que si les Goths, repoussés sur ce point, étaient forcés d'aller chercher un autre pont, ce serait pour eux un retard de vingt jours et que le retard serait plus considérable encore, s'ils essayaient d'amener dans le Tibre assez de bateaux pour le traverser.

Les Goths passèrent la nuit en face du pont, résolus à l'attaquer dès le lendemain. Ils y furent rejoints par vingt cavaliers barbares de l'armée romaine, qui firent défection ; et, durant la nuit, les défenseurs du pont, effrayés de la multitude des Goths, abandonnèrent la tour, prirent la fuite et se sauvèrent en Campanie ; soit qu'ils s'imaginassent que Rome leur serait fermée, soit qu'ils eussent peur d'être châtiés ou méprisés de leurs compagnons d'armes. Le lendemain, les Goths n'eurent point de peine à briser les portes de la tour et traversèrent le fleuve sans rencontrer de résistance [1].

Ce même jour, Bélisaire sortit de Rome, à la tête de mille cavaliers, pour opérer une reconnaissance. Rien ne l'avait averti de la fuite des troupes chargées de garder le pont et il avait formé le projet d'établir un camp sur les rives du Tibre, afin de mieux défendre le passage du fleuve. Il voulait choisir, lui-même, l'emplacement de ce camp. Arrivé près de l'endroit qu'il voulait reconnaître, il se heurta à un gros de cavalerie ennemie qui déjà avait passé le fleuve. Il ne put éviter une rencontre. Les deux corps de cavalerie s'abordèrent. Bélisaire, prudent d'habitude, dans cette occasion, ne s'en tint pas à son rôle de général ; il combattit en soldat au premier rang, mettant ainsi en grand péril le sort de l'armée romaine ; car de sa vie dépendait le succès de la campagne. Il montait un excellent cheval de guerre, admirablement dressé,

---

1. Procope. *de Bello Goth.*, lib. I, cap. 17.

ardent, souple et vigoureux, mais d'une robe qui permettait de le distinguer dans la mêlée. Bai sur tout le corps, il avait le devant de la tête, depuis le haut du front jusqu'aux narines, complètement blanc. Cette sorte de chevaux était appelée *phalion* par les Grecs et *balan* par les barbares.

Parmi les Goths, se trouvaient ces barbares qui la veille avaient fait défection. Il reconnurent Bélisaire et, sachant bien que l'armée romaine serait perdue par la mort de son général, ils poussèrent à lui, criant pour le désigner : au balan ! Ce cri se répéta dans tous les rangs des Goths, sans qu'ils cherchassent à savoir pourquoi ; comme il arrive dans un grand tumulte. Les Goths ne connaissaient nullement Bélisaire, mais ils prirent pour but le cheval qu'on leur désignait. Ce fut de son côté, que tous s'acharnèrent à lancer leurs traits. Les plus ardents d'entre eux, enflammés du désir d'accomplir une action d'éclat, avaient déjà réussi à pousser leurs chevaux jusqu'à lui, s'efforçaient de le prendre et frappaient avec furie, de la lance et de l'épée. Bélisaire abattait incessament ceux qui l'approchaient. Dans ce danger, on vit briller le dévouement de ses gardes. Rangés autour de lui, ils montrèrent une bravoure sans exemple, recevant sur leurs boucliers les traits lancés contre le général et son cheval, repoussant sans cesse les ennemis qui s'efforçaient de l'atteindre. Les Goths eurent plus de mille des leurs tués dans ce combat ; mais Bélisaire perdit un grand nombre des guerriers de sa maison. Ce furent les plus valeureux qui périrent et parmi eux, leur chef, Maxentius, qui tomba, après avoir accompli des prodiges de valeur. Bélisaire, qui avait été constamment l'objectif de la lutte, eut le bonheur de s'en tirer sans une seule blessure [1]. La belle conduite des Romains finit par lasser l'effort de leurs ennemis, malgré l'énorme supériorité de leur nombre. Ils tournèrent bride et ne s'arrêtèrent de fuir qu'à l'entrée de leur camp. Les cavaliers de Bélisaire, qui les avaient poursuivis, y furent arrêtés par de l'infanterie. Ils ne purent rompre ces troupes qui entraient en ligne, fraîches et en bon

1. Procope, *de Bello Goth.*, lib. I, cap. 18.

ordre contre un ennemi déjà fatigué de la lutte. De nouveaux escadrons de Goths chargèrent alors les Romains qui, pour leur échapper, se dispersèrent dans la plaine et coururent se reformer au sommet d'un monticule. Les cavaliers goths les y suivirent et le combat de cavalerie recommença.

Dans ce second combat, Valentin, écuyer de Photius, le fils d'Antonine, fit preuve d'un merveilleux courage. Il se jeta seul au milieu des ennemis, soutint leur choc et donna ainsi aux autres le moyen de se sauver. Échappés grâce à lui, les Romains gagnèrent les remparts de Rome et, toujours poursuivis par les barbares, atteignirent la porte Pinciana qui, en mémoire de cette journée, a été nommée depuis la porte de Bélisaire. La crainte de voir l'ennemi pénétrer dans la ville, pêle-mêle avec les fuyards, fit que, du dedans, on refusa d'ouvrir la porte, malgré les ordres et les menaces de Bélisaire, qui vainement cherchait à se faire reconnaître. Du haut de la tour, personne ne pouvait distinguer ses traits dans l'obscurité de la nuit qui approchait ; tant il avait le visage couvert de sueur et de poussière. D'ailleurs, dans la ville, on croyait à sa mort ; car tous les hommes de son escorte qui ne s'étaient pas ralliés sur le monticule et avaient fui directement vers Rome, y avaient répandu le bruit que le général avait succombé, en combattant vaillamment, dès le commencement de l'action. Les barbares arrivaient en grand nombre et brûlaient de traverser le fossé ; au delà duquel les Romains s'étaient groupés dans un angle de la muraille, pressés les uns contre les autres ; tandis que ceux de l'intérieur, sans ordres et surpris à l'improviste, craignaient pour eux-mêmes et pour la ville et ne savaient comment secourir leurs camarades, en un si pressant péril.

Bélisaire eut alors l'inspiration d'un mouvement plein d'audace qui, contre toute attente, le sauva et sauva ainsi la puissance romaine dont le sort dépendait de lui. Ayant animé de la voix tous ceux qui l'entouraient, il se précipita brusquement sur les ennemis. L'ardeur de la poursuite avait mis dans leurs rangs un désordre que l'obscurité augmentait encore. Lorsqu'ils se virent attaqués tout à coup par la

troupe qui tout à l'heure fuyait devant eux, il furent surpris par ce retour offensif et le croyant soutenu par une sortie des assiégés, ils prirent peur et s'enfuirent à leur tour. Sans se laisser entraîner à les suivre, Bélisaire revint immédiatement aux remparts dont les défenseurs, rassurés par l'éloignement de l'ennemi, lui ouvrirent enfin les portes. Il faisait nuit noire, quand finit ainsi ce combat qui durait depuis le matin[1].

Sans perdre un instant, Bélisaire s'occupa de mettre la ville à l'abri d'une surprise. Il ordonna aux soldats et à presque tous les hommes de la population, de prendre leurs postes sur les remparts, de tenir des feux allumés et de faire bonne garde, durant toute la nuit. Lui-même inspecta les remparts et préposa un officier supérieur à la défense de chacune des portes. Pendant la nuit, Bessas qui était préposé à la porte Prénestine, fit dire à Bélisaire que les ennemis avaient envahi la ville et qu'ils y avaient pénétré par la porte, située au delà du Tibre, qui tire son nom du voisinage de l'église de Saint-Pancrace[2]. A cette nouvelle, ceux qui se trouvaient auprès de Bélisaire, émirent l'avis qu'il ne restait qu'à sortir sans retard par une autre porte. Mais lui, sans se laisser émouvoir, n'hésita pas à affirmer que cette nouvelle était fausse. Il envoya au delà du Tibre de la cavalerie qui, après avoir exploré ce quartier, revint annoncer que tout était tranquille de ce côté. Pour éviter le trouble que pouvaient encore produire de fausses alarmes de ce genre, Bélisaire avertit les officiers préposés à la garde des portes, de demeurer à leur poste, quoi qu'on pût leur apprendre et de se reposer sur lui de tout autre soin[3].

La ville était encore tout en rumeur, quand un officier goth d'un rang élevé, nommé Vacis, s'approcha de la porte Salaria, par ordre de Vitigès et tenta d'émouvoir les Romains, en leur reprochant leur perfidie envers les Goths, qui les avaient protégés et qu'ils trahissaient pour les Grecs, gens incapables de les défendre et dont ils n'avaient jamais

1. Procope, *de Bello Goth.*, lib. I, cap. 18.
2. Procope, *de Bello Goth.*, lib. I, cap. 18.
3. Procope, *de Bello Goth.*, lib. I, cap. 18.

réçu que des tragédies, des mimes et des pirates. Cette tenta‾tive d'entrer en communication avec les habitants, n'eut aucun succès. Personne ne répondit aux reproches et aux objurga‾tions de Vacis. Pourtant, les Romains trouvaient bien ridicule la confiance que Bélisaire affectait et cherchait à leur inspirer, quand lui-même venait d'échapper avec tant de peine aux barbares[1].

Le lendemain, les Goths prirent leurs dispositions pour investir la ville. Ils comptaient réduire aisément par la famine, une cité si vaste et si populeuse. L'enceinte de Rome avait quatorze grandes portes et un certain nombre de poternes. Les Goths entreprirent d'investir la partie de cette enceinte qui s'étendait sur la rive gauche du Tibre, depuis la porte Fla‾minienne, aujourd'hui porte du Peuple, jusqu'à la porte Pré‾nestine, la moderne porte Majeure. Il n'était pas possible d'élever une contrevallation sur une si grande étendue ; Vitigès se décida à y établir six camps retranchés. Il en établit un septième sur la rive droite du Tibre, dans le champ de Néron, situé entre le fleuve et le monte Mario, afin que le pont Mil‾vius, se trouvant entre ce septième camp et celui placé devant la porte Flaminienne, fût fortement protégé. Il craignait, en effet, que les Romains ne réussissent à rompre ce pont et à enlever aux Goths toute communication avec la vaste plaine qui s'étend, au delà du fleuve, jusqu'à la mer. L'impossibilité pour les Goths de surveiller cette plaine, eût permis aux assiégés de ne ressentir aucun inconvénient de l'investisse‾ment partiel de la ville. L'établissement de ce septième camp eut encore pour effet de bloquer deux portes de plus, la porte Aurélienne, déjà connue sous le nom de Saint-Pierre, à cause du voisinage du tombeau du prince des apôtres et la porte Transtibérine[2]. Les camps des Goths entouraient donc, en somme, la moitié du périmètre total de l'enceinte et aucune de leurs positions n'étant séparée de la ville par le fleuve, ils étaient prêts à pouvoir donner l'assaut où bon leur semblerait.

Ils avaient creusé, autour de chacun de leurs camps, un fossé

1. Procope, de Bello Goth., lib. I, cap. 18.
2. Procope, de Bello Goth., lib. I, cap. 19.

profond et, avec la terre qui en provenait, ils avaient élevé, du côté intérieur, de hauts retranchements, munis de pieux acérés. Ils s'étaient entourés ainsi de défenses aussi sérieuses que celles d'une fortification permanente. Chacun des camps était commandé par un général. Marcias, arrivé récemment de Gaule avec son corps d'armée, commandait le camp du champ de Néron et Vitigès s'était réservé le commandement du sixième camp[1]. Ces dispositions prises, les Goths coupèrent tous les aqueducs, pour que la ville fût privée d'eau. Rome avait quatorze aqueducs construits en briques, si hauts et si larges qu'un homme à cheval pouvait marcher dans l'intérieur du canal.

Bélisaire prit, de son côté, toutes les mesures nécessaires à la défense de la ville. Lui-même, s'établit près de la petite porte nommée Pinciana et de la porte Salaria, qui en est voisine, parce que c'était l'endroit le plus faible de l'enceinte et en même temps, le plus propre à faire des sorties[2]. Il assigna à Bessas le poste de la porte Prénestine et confia à Constantinus la garde de la porte Flaminienne, située à gauche de la porte Pinciana. Les portes Prénestine et Flaminienne furent bouchées à l'intérieur par des amas de grosses pierres, destinés à empêcher qu'elles pussent être ouvertes par trahison. Le voisinage des camps ennemis faisait craindre, de ces côtés, la possibilité de quelque ruse. Toutes les autres issues furent placées sous la garde d'officiers, à la tête de gros détachements d'infanterie. Les aqueducs furent solidement murés; de peur que les Goths ne pénétrassent dans Rome, comme les impériaux étaient entrés dans Naples[3].

La rupture des aqueducs avait pour conséquence d'arrêter le fonctionnement des moulins établis sur les pentes du Janicule, en face du pont connu, de nos jours, sous le nom de ponte Sisto; et mis en mouvement par les eaux de l'aqueduc de Trajan[4]. Pour parer à l'inconvénient qui en pouvait résulter,

1. Procope, de Bello Goth.. lib. I, cap. 19.
2. Procope, de Bello Goth., lib. I, cap. 19.
3. Procope, de Bello Goth., lib. I, cap. 19.
4. Gregorovius, Histoire de la Ville de Rome au Moyen âge, liv. I, chap. IV, § 1.

Bélisaire imagina d'établir sur le fleuve même, au-dessous du pont, des moulins montés sur des bateaux et dont les roues étaient mises en mouvement par le courant du Tibre, très resserré et très rapide en cet endroit. L'usage des moulins flottants s'est conservé à Rome jusqu'à nos jours ; naguère, on en voyait encore de cette sorte, dans le même endroit, près du ponte Sisto. Les Goths, ayant eu connaissance de l'invention de Bélisaire, par le rapport que leur en firent quelques transfuges, tentèrent de rompre les moulins. Ils jetèrent dans le Tibre de grands arbres et des cadavres de Romains qu'ils avaient surpris et mis à mort. Ces bois et ces corps, entraînés par le courant, vinrent heurter et briser un certain nombre de moulins. Bélisaire les fit rétablir et les protégea, en faisant tendre en amont, le long du pont, des chaînes, placées de façon à arrêter les objets que charriait le courant et que des hommes, postés à cet effet, tiraient incessamment sur la rive. Par cette précaution, Bélisaire comptait, de plus, empêcher les ennemis de s'introduire dans la ville en descendant la rivière, à l'aide de barques. Les ennemis, voyant l'inutilité de leurs efforts, y renoncèrent [1].

. La pénurie d'eau priva les habitants de Rome de l'usage des bains ; mais, pour l'eau nécessaire à la consommation, ils n'en manquèrent pas. Les quartiers éloignés du fleuve étaient approvisionnés suffisamment par les puits qui s'y trouvaient. On n'eut point à se préoccuper de barrer les cloaques ; tous se déversaient dans le Tibre et il n'y avait pas à craindre que l'on pût s'introduire dans la ville, par cette voie [2].

La privation des bains, fermés par suite de la rupture des aqueducs, les rations distribuées avec parcimonie, l'obligation d'être de garde la nuit sur les remparts, la vue des campagnes dévastées, le peu d'espérance de se maintenir longtemps dans une situation si critique et si fâcheuse, décourageaient et faisaient murmurer le peuple de Rome. Des rassemblements se formaient, où l'on reprochait hautement à

---

1. Procope, *de Bello Goth.*, lib. I, cap. 19.
2. Procope, *de Bello Goth.*, lib. I, cap. 19.

Bélisaire d'avoir eu l'imprudence d'entreprendre cette guerre avec une armée insuffisante. Les sénateurs eux-mêmes le blâmaient en secret[1]. Vitigès, instruit par des transfuges, des sentiments de la population, chercha à l'aigrir davantage contre Bélisaire, en offrant une capitulation; comme si, avant tout combat, il jugeait l'armée impériale incapable de lutter avec la sienne. Il envoya des parlementaires qui, introduits auprès de Bélisaire, en présence des sénateurs et des chefs de l'armée, tinrent ce langage :

« Témérité et courage sont choses différentes. L'une est une vertu, digne de toutes les louanges; l'autre, une source de périls. Nous verrons bientôt si c'est le courage ou la témérité qui vous pousse contre nous. Car, si vous êtes en état de combattre les Goths, voici l'occasion de prouver votre valeur ; vous avez leurs camps sous vos yeux, au pied de vos murailles. Si, au contraire, vous êtes venus les braver, sans autre ressource que votre audace, vous vous repentirez d'une action si téméraire. Au moment de la lutte, il n'y a que regrets pour ceux qui l'ont abordée follement. Cessez d'accabler de misères les Romains que Théodoric a comblés de prospérités, en protégeant leur liberté. Cessez de faire obstacle au roi des Goths, maître légitime des Italiens. N'est-il point absurde, que vous demeuriez enfermés dans Rome, d'où la crainte de l'ennemi vous empêche de sortir et que vous forciez le souverain de cette ville à tenir la campagne contre ses propres sujets et à leur faire sentir les dommages de la guerre? Quant à vous, nous vous offrons de vous laisser partir avec armes et bagages; car nous ne croyons ni juste, ni humain, d'insulter ceux qui se rendent à ce qui est de leur devoir et font preuve de modération. En ce qui concerne les Romains, nous leur demanderons quels griefs ont pu les pousser à se trahir eux-mêmes, en nous trahissant, nous dont ils ont éprouvé la bienveillance et qu'aujourd'hui encore, ils voient prêts à leur porter secours[2]. »

Bélisaire leur répondit : « Nous prendrons nos résolutions,

---

1. Procope, de Bello Goth., lib. I, cap. 19.
2. Procope, de Bello Goth., lib. I, cap. 20.

quand il nous conviendra, non quand il vous plaira ; on n'a pas coutume de faire la guerre au gré de ses ennemis et chacun agit comme il le juge à propos. Moi aussi, je vous prédis l'avenir et je vous assure qu'il ne vous restera pas ici un pouce de terrain. En nous emparant de Rome, nous n'avons pris que ce qui nous appartenait. Vous, au contraire, vous l'avez jadis occupée sans aucun droit et c'est à ses anciens maîtres, qu'il vous a fallu, malgré vous, la rendre aujourd'hui. Du reste, s'il en est parmi vous, qui pensent y rentrer sans combattre, ils se trompent. N'espérez pas que Bélisaire vous l'abandonne, tant qu'il vivra[1]. »

Après cette fière réponse, les Romains demeurèrent terrifiés et silencieux. Ils n'osèrent repousser les objurgations des envoyés de Vitigès, qui leur reprochaient vivement leur trahison envers les Goths. Seul Fidélius que Bélisaire avait créé préfet du prétoire, osa leur adresser la parole et se montra, plus que tous les autres, dévoué à l'empereur[2]. A leur retour dans son camp, Vitigès demanda à ses députés quel homme leur avait paru être Bélisaire et s'il était disposé à capituler. Les députés lui répondirent que si les Goths pensaient faire peur à Bélisaire, ils se flattaient d'une vaine espérance. Ce rapport décida Vitigès à pousser le siège avec ardeur et à se procurer les moyens d'attaquer les murailles et d'y faire brèche.

Il fit construire des tours en bois aussi hautes que les remparts de la ville. Ces tours furent montées sur des roues, afin qu'en y attelant des bœufs, on pût les traîner où on voudrait. Il fit préparer aussi un grand nombre d'échelles, assez hautes pour atteindre les créneaux et une quantité de bois et de fascines pour combler le fossé, afin qu'on pût approcher les machines et les béliers, montés sur roues, comme les tours et destinés à faire brèche dans les murailles. Bélisaire, de son côté, fit armer les tours de balistes et placer sur les remparts les machines alors en usage pour lancer des pierres

---

1. Procope, *de Bello Goth.*, lib. 1, cap. 20.
2. Procope, *de Bello Goth.*, lib. I, cap. 20.

et qu'on appelait onagres. Les portés furent munies de herses, garnies de grosses pointes de fer, qui, dans le cas où les assiégeants approcheraient, pourraient être abattues sur eux et les écraser[1].

Le dix-huitième jour du siège, les Goths marchèrent à l'assaut, dès le lever du soleil.

Quand les Romains virent avancer les béliers et les tours, traînés par des bœufs, ce spectacle, tout à fait nouveau, les émut vivement. Bélisaire, au contraire, se prit à rire et ordonna à ses troupes de ne point engager le combat, que lui-même, en personne, n'en eût donné le signal. Les Romains, ne comprenant pas sa pensée, dans le premier moment, le taxèrent d'imprudence et de légèreté. Ils furent mécontents de voir qu'on laissait approcher l'ennemi, sans chercher à l'arrêter. Lorsque les Goths furent parvenus au bord du fossé, Bélisaire saisit un arc et tira sur un chef qui, couvert d'une cuirasse, marchait en tête de la ligne ennemie. Ce chef tomba, blessé mortellement au cou. Les Romains poussèrent des cris de joie, voyant dans ce fait un heureux présage. Un second trait, tiré par Bélisaire, eut le même succès et les cris redoublèrent sur les remparts, comme si déjà l'ennemi fût vaincu. Bélisaire donna alors à ses troupes le signal de tirer, en leur recommandant de ne viser que les bœufs. Dès la première décharge, ces animaux furent tous abattus et l'ennemi, dans l'impossibilité de faire mouvoir ses tours, s'arrêta hésitant et ne sachant que faire. On comprit alors combien Bélisaire avait eu raison de défendre de tirer de loin et pourquoi il n'avait pu s'empêcher de rire de la simplicité des barbares, qui s'étaient imaginé pouvoir amener leurs bœufs jusque contre les remparts.

Quand Vitigès vit que son attaque était manquée, il laissa devant la porte Salaria un corps nombreux, avec ordre de demeurer en masses profondes, comme formé pour donner l'assaut et d'occuper Bélisaire par de fréquentes décharges de traits, afin de ne pas lui laisser le temps de porter secours ailleurs.

1. Procope, *de Bello Goth.*, lib. I, cap. 21.

Ces dispositions prises du côté de la porte Salaria, Vitigès s'avança rapidement vers la partie des murailles voisine de la porte Prénestine et désignée par les Romains, sous le nom de Vivarium. C'était un point faible de l'enceinte et les Goths y avaient préparé des machines, des tours, des béliers et une quantité d'échelles[1]. En même temps, la porte Aurélienne fut attaquée. En dehors de cette porte, à la distance d'un jet de pierre, s'élevait le tombeau d'Adrien. Ce monument, plus élevé que les murailles de la ville, était construit en marbre de Paros dont les blocs étaient joints sans aucun lien intérieur. Il présentait quatre côtés égaux et le sommet était orné d'admirables statues d'hommes et de chevaux, également en marbre de Paros. Comme, par sa position, il était propre à servir de défense, on l'avait anciennement joint aux murailles, en construisant deux ailes qui le reliaient au rempart. Il apparaissait ainsi comme une tour élevée, destinée à protéger la porte voisine. Bélisaire avait confié à Constantinus la garde de cette défense, dont l'importance était capitale.

Il avait également confié à Constantinus le soin de veiller à la sûreté des remparts contigus, où l'on avait placé fort peu de monde, dans la pensée que l'obstacle qu'opposait le cours du Tibre, empêcherait l'ennemi de rien tenter de ce côté. Au commencement du siège, il n'y avait pas dans Rome, au dire de Procope, plus de cinq mille hommes de troupes impériales. Il avait fallu les distribuer sur les points les plus menacés et laisser le reste de l'enceinte presque complètement dégarni. Constantinus, informé que l'ennemi tentait de passer le Tibre, avait craint pour cette partie de la muraille et s'y était porté avec une poignée d'hommes, laissant le gros de sa troupe à la garde de la porte et du mausolée, auxquels les Goths donnèrent l'assaut dans ce moment même, sans autres machines que des échelles et des traits.

Ils s'avancèrent, sans être aperçus, jusque tout près du mausolée, en marchant à couvert sous un portique qui

---

1. Procope, *de Bello Goth.*, lib. I, cap. 21, 22.

s'étendait depuis la basilique de Saint-Pierre et d'où ils s'élancèrent tout à coup. Se trouvant au pied de l'édifice, ils n'avaient plus rien à craindre des balistes et leurs larges boucliers les mettaient à l'abri des flèches ; tandis que les créneaux étaient criblés de leurs traits. Déjà, ils appuyaient des échelles pour escalader les murs du mausolée, lorsque l'idée vint aux Romains, qui d'abord s'étaient cru perdus et étaient demeurés inactifs, de briser un grand nombre des statues les plus importantes, dont le sommet du monument était orné et de s'en servir comme de blocs, qu'à deux mains ils jetèrent sur les assaillants. Ils les forcèrent ainsi à lâcher pied. Alors les Romains, reprenant courage et s'animant par de grands cris, firent usage de leurs arcs et de leurs machines de guerre qui jetèrent la terreur parmi les Goths et les contraignirent, bientôt après, d'abandonner leur entreprise. Constantinus arriva dans ce moment, après avoir repoussé ceux qui avaient tenté de passer le Tibre et qui s'étaient retirés, dès qu'ils avaient reconnu que, de ce côté, les murailles n'étaient pas dépourvues de défenseurs.

Dans la région transtibérine, les ennemis approchèrent de la porte qui, déjà à cette époque, était nommée la porte Saint-Pancrace. La force de la muraille et les difficultés que présentait le terrain, rendirent impossible tout effort sérieux, en cet endroit dont la défense était confiée à une cohorte d'infanterie, sous le commandement d'un officier nommé Paul [1].

Les Goths s'abstinrent de rien tenter contre la porte Flaminienne où était postée, sous les ordres de son chef Ursicinus, l'infanterie qu'on nommait infanterie du roi. La nature escarpée du terrain, rendait fort difficile l'accès de cette porte ; mais, entre la porte Flaminienne et la petite porte Pinciana, la muraille présentait une sorte de brèche, dont il y avait à craindre que l'ennemi ne cherchât à profiter. Le mur y était fendu, non jusqu'au sol, mais depuis la moitié de sa hauteur jusqu'au sommet. Il ne s'était pas écroulé et n'était même pas complètement ébranlé ; mais il penchait, au point d'être en

---

1. Procope, *de Bello Goth.*, lib. I, cap. 21, 22.

partie, en saillie, en partie, en rétrait du reste des remparts. Depuis longtemps, les habitants de Rome désignaient cet endroit sous le nom de Murus ruptus. Bélisaire avait voulu démolir ce mur pour le reconstruire ; les habitants s'y étaient opposés; parce que, disaient-ils, le prince des apôtres s'était chargé de défendre cette brèche. L'événement répondit à leur attente; ni ce jour-là, ni dans la suite du siège, il n'y eut aucune tentative de ce côté. « Il y a lieu, ajoute Procope, de s'étonner de ce fait que les ennemis, qui tant de fois tentèrent l'assaut soit ouvertement, soit par surprise pendant la nuit, négligèrent ou oublièrent toujours cette partie des remparts. Aussi, personne n'osa jamais la restaurer et elle existe encore, fendue comme elle l'était alors [1]. » C'est dans ce même état, qu'elle existe encore de nos jours, connue à Rome sous le nom de Muro torto.

Du côté du Vivarium, Bessas et Péranius, vivement pressés par Vitigès, appelèrent Bélisaire à leur aide, au moment même où le combat finissait dans le voisinage de la porte Salaria, à la suite de la mort émouvante d'un guerrier goth. Ce guerrier, revêtu d'un casque et d'une cuirasse, s'était séparé du reste de sa troupe et était allé s'adosser à un arbre. De là, il ne cessait de tirer aux créneaux. Un trait, lancé par une machine, l'atteignit, perça sa cuirasse, le traversa de part en part et le cloua à l'arbre, en s'y enfonçant jusqu'à la moitié de sa longueur. A cette vue, les Goths jugèrent leur position intenable, se retirèrent en bon ordre hors de la portée des traits et cessèrent de harceler les défenseurs de la place.

Cette circonstance permit à Bélisaire de se rendre à l'appel de Bessas et de Péranius. Il courut à leur secours, avec d'autant plus de hâte qu'il savait la fortification très faible du côté du Vivarium, où le terrain, fort uni, donnait un facile accès aux assaillants et où la plus grande partie de la muraille était en fort mauvais état. En cet endroit, les anciens Romains avaient élevé, à l'extérieur du rempart, un autre mur plus bas; non pour servir de défense, car il n'était muni ni de

---

1. Procope, de Bello Goth., lib. I, cap. 23.

tours, ni de créneaux, ni d'aucun ouvrage propre à opposer une résistance, mais pour former un enclos où on enfermait des lions et d'autres bêtes féroces. De là, venait le nom de Vivarium, donné à ce quartier ; les Romains désignaient sous ce nom les lieux où étaient conservés les animaux destinés aux spectacles. Vitigès avait donné l'ordre aux Goths d'escalader ce petit mur extérieur. Il comptait avoir ensuite facilement raison du rempart dont il connaissait la faiblesse.

Bélisaire trouva les troupes de Bessas et de Péranius hésitantes et frappées de crainte, à la vue du grand nombre des ennemis. Il leur rendit confiance, en les exhortant à mépriser les barbares et leur ordonna de ne pas s'efforcer d'empêcher l'ennemi de pénétrer dans l'enclos du Vivarium. Il ne laissa que quelques gardes sur les remparts et posta ses soldats en bas, derrière la porte, sans autres armes que leurs épées. Lorsque les Goths, après avoir percé le petit mur, furent entrés dans le Vivarium, Bélisaire lança sur eux Cyprien à la tête d'une poignée d'hommes. Les Goths, surpris de cette attaque imprévue, se laissèrent massacrer sans se défendre et, voulant se sauver par la brèche étroite qui leur avait donné entrée, ils s'y écrasèrent les uns les autres. Ceux d'entre eux qui réussirent à s'échapper, allèrent porter le désordre dans les rangs de leur propre armée. Bélisaire saisit ce moment ; il fit tout à coup ouvrir la porte et lança toutes ses troupes sur les ennemis qui, pris de panique, se mirent à fuir de toutes parts. Les Romains les poursuivirent. Ils en massacrèrent un grand nombre, car cette partie de l'enceinte étant fort éloignée du camp des Goths, la poursuite dura longtemps. Bélisaire fit incendier leurs machines et les flammes qui s'élevaient dans les airs, ajoutèrent naturellement à la terreur des fuyards [1].

Les choses se passèrent de même à la porte Salaria. Les portes y furent ouvertes tout à coup et une sortie soudaine des assiégés mit les Goths en déroute. Ils ne songèrent même pas à opposer la moindre résistance ; ils se laissèrent massacrer

1. Procope, de Bello Goth., lib. I, cap. 23.

dans leur fuite. Là aussi, on mit le feu à leurs machines, de sorte que, de tous côtés, les flammes s'élevaient autour des murailles, au milieu de l'étourdissante clameur des Romains qui, du haut des remparts, excitaient à grands cris les soldats à la poursuite des vaincus et des Goths qui, dans leurs camps, gémissaient sur leur funeste défaite.

De l'aveu même de leurs chefs, ils avaient perdu dans cette journée trente mille hommes, sans compter les blessés, dont le nombre fut plus considérable encore. A cause de leur multitude et de la formation en masse compacte qu'ils avaient adoptée, presque tous les traits tirés des créneaux avaient porté et, dans les sorties, les assiégés avaient fait un terrible massacre de leurs troupes en déroute. Le soir mit fin à cette lutte qui durait depuis le lever du jour. Toute la nuit, la ville retentit des chants de triomphe et des louanges de Bélisaire qu'acclamaient les Romains, chargés de dépouilles; pendant que les Goths pleuraient leurs morts et pansaient leurs blessés [1].

Bélisaire craignait, malgré un si grand succès, de ne pouvoir continuer à se maintenir dans Rome et en Italie avec une armée si peu nombreuse. Il envoya en toute hâte à l'empereur un rapport des opérations, depuis le débarquement des troupes impériales en Sicile et le supplia de lui faire parvenir promptement des secours en armes et en hommes. Justinien, inquiet des termes pressants de cette demande, fit assembler sans retard des vaisseaux et des troupes et envoya à Valérien et à Martin l'ordre de hâter leur marche. Ces généraux étaient partis, vers le moment du solstice d'hiver, avec des troupes destinées à l'armée d'Italie; mais, arrivés en Grèce, ils n'avaient pu poursuivre leur traversée. Ils s'étaient mis en quartiers dans l'Étolie et l'Acarnanie [2]. La réponse de Justinien, qui annonçait à Bélisaire de prompts secours, redoubla le courage et l'ardeur des Romains.

Le lendemain du jour que les Goths avaient été repoussés, Bélisaire, pour ménager les vivres, prescrivit à tous les habi-

---

1. Procope, *de Bello Goth.*, lib. I. cap. 23.
2. Procope, *de Bello Goth.*, lib. I, cap. 24.

tants de Rome d'envoyer à Naples leurs femmes, leurs enfants
et tous leurs esclaves qui ne pouvaient être utiles à la défense
de la place. Il donna de même aux soldats l'ordre de faire
partir pour Naples les serviteurs ou les servantes qu'ils pouvaient avoir et il les avertit qu'il se trouvait dans la nécessité
de ne plus leur distribuer que la moitié des rations ordinaires ;
mais il promit de leur payer le surplus en argent. Tous se
soumirent. Bientôt, une foule de peuple se mit en route pour
la Campanie, partie sur des navires trouvés dans le port de
Rome, partie à pied par la voie Appia, sans être aucunement
inquiétée par les assiégeants.

L'étendue de l'enceinte avait empêché les ennemis de l'entourer entièrement et la crainte que les assiégés ne fissent une
sortie, les retenait de lancer des détachements un peu loin
de leurs camps. De sorte que, pendant quelque temps, les
assiégés purent sortir librement de la ville et y faire entrer
des vivres. C'était surtout pendant la nuit, que les barbares se
tenaient sur leurs gardes et n'osaient s'aventurer hors de leurs
retranchements ; car des escouades sortaient de Rome, battaient la campagne, surprenaient et massacraient les Goths
qui s'écartaient pour aller au fourrage ou pour faire paître
les chevaux, les mulets et les bestiaux destinés à la nourriture des troupes. Ils étaient sans cesse harcelés par les cavaliers maures qui servaient dans l'armée romaine. Les hommes
de cette nation, habitués aux courses rapides et armés à la
légère, les dépouillaient en un coup de main et échappaient,
par la vitesse de leur fuite, lorsqu'il leur arrivait de rencontrer
une troupe supérieure en nombre. La multitude qui, par suite
de ces circonstances, put s'éloigner librement de Rome, se
réfugia, partie en Campanie, partie en Sicile ou dans d'autres
provinces. Chacun gagna la contrée où il avait le plus de
chance de trouver des ressources[1].

Il ne suffisait pas de supprimer les bouches inutiles; il
importait encore de former de nouvelles troupes pour continuer
à garder l'immense étendue de l'enceinte. Les soldats étaient

_____

1. Procope, _de Bello Goth._, lib. I, cap. 24, 25.

en trop petit nombre pour garnir continuellement tous les postes ; d'autant plus que les mêmes ne pouvaient être sans cesse de garde. Bélisaire enrôla donc des hommes du peuple, des artisans qui manquaient de travail, à cause du siège et étaient réduits à la misère. Une solde leur fut assignée et ils furent organisés en un nombre suffisant de compagnies pour assurer le service des gardes, sur tout le circuit des remparts.

Pour rendre toute trahison impossible et empêcher qu'on pût corrompre les gardiens des portes, Bélisaire ordonna que, deux fois par mois, toutes les clefs seraient changées et que les gardiens seraient transférés dans des postes éloignés de ceux qu'ils venaient d'occuper. Les commandants des postes de faction furent changés chaque nuit et des officiers eurent ordre de faire des rondes, chacun dans un quartier déterminé ; de faire l'appel des hommes de garde ; de remplacer immédiatement ceux dont ils constateraient l'absence et de remettre, le lendemain, leur rapport au général lui-même, afin qu'il pût sévir contre ceux qui auraient manqué à leur devoir. Il voulut aussi que les corps d'artisans, nouvellement enrôlés, eussent des instruments de musique, pour en jouer pendant la nuit. Des patrouilles, composées de soldats et principalement de Maures, furent organisées toutes les nuits, en dehors des murailles, pour explorer les fossés avec des chiens ; afin que nul ne pût approcher des remparts, sans être découvert [1].

Dans ce même temps, on put remarquer qu'un certain nombre de Romains demeuraient encore attachés à leur antique religion. Il fut constaté qu'on avait essayé d'ouvrir de force les portes du temple de Janus, que Procope décrit en ces termes : « Janus est le premier des anciens dieux et, dans leur langue, les Romains l'appelaient les Pénates. Son temple est situé au Forum, devant la Curie, un peu au-dessus des trois Destins, nom romain des Parques. C'est un édicule carré, tout en bronze et juste de la grandeur suffisante pour contenir la statue de la divinité. Cette statue, haute de cinq coudées, est également en bronze. Elle a la forme d'un homme sauf

---

1. Procope, *de Bello Goth.*, lib. I, cap. 25.

qu'elle a deux visages, l'un tourné vers l'Orient, l'autre vers l'Occident. Devant chaque visage, se trouvent des portes en bronze qu'on fermait jadis pendant la paix et les temps heureux et qu'on ouvrait en temps de guerre. » Depuis que les Romains s'étaient convertis au christianisme, avec plus de passion que tout autre peuple, ces portes n'avaient plus jamais été ouvertes, même aux époques des guerres les plus furieuses. Les personnes, entichées d'ancienne superstition, qui, pendant le siège, tentèrent de les rouvrir, ne réussirent pas complètement dans leur projet : elles ne purent que les entr'ouvrir légèrement. On ne découvrit point les auteurs de cette tentative ; car, dans l'agitation de ce moment, on négligea de faire une enquête. Le fait ne fut d'ailleurs connu ni des magistrats, ni du public ; peu de personnes en furent informées[1].

Procope place également à cette époque du siège, un événement qui fut le résultat des intrigues nouées à Constantinople, après la mort du pape Agapet. « Comme on soupçonnait Silvère, évêque de la ville, de préparer une trahison d'accord avec les Goths, dit brièvement Procope, Bélisaire n'hésita point à le reléguer en Grèce et, peu après, éleva Vigile au pontificat. Quelques sénateurs furent également exilés pour le même motif. Ils furent rétablis dans la suite, après la levée du siège et l'éloignement des ennemis[2]. » Le fait que des sénateurs furent chassés de Rome, en même temps que le pape Silvère et sous la même accusation d'entente avec les Goths, semble indiquer qu'il y eut en effet une tentative de trahison. On accusa Silvère d'y avoir pris part, pour se donner un prétexte de le déposer ; mais son véritable crime était la résistance qu'il opposait aux désirs de Théodora.

De connivence avec Vigile, Théodora avait adressé au pape Silvère, rapporte le biographe des papes, une lettre, dans laquelle elle le priait et le suppliait de ne point tarder à se rendre auprès d'elle ; ou du moins de rétablir Anthimus sur

---

1. Procope, de Bello Goth., lib. I, cap. 25.
2. Procope, de Bello Goth., lib. I, cap. 25.

son siège. A la lecture de cette lettre, Silvère gémit et s'écria :
« Ceci sera cause de ma mort » ; mais, mettant sa confiance
en Dieu et en saint Pierre, il fit cette réponse : « Auguste
impératrice, rétablir un hérétique justement condamné, c'est
chose que jamais je ne ferai. » Sur quoi Théodora, fort irritée,
envoya à Bélisaire, par le diacre Vigile, ses ordres ainsi
conçus : « Tâchez de trouver quelque prétexte pour incriminer
le pape Silvère et déposez-le. Si vous n'y pouvez réussir,
envoyez-le-moi sans retard. Vous avez maintenant à Rome
l'archidiacre Vigile, légat de l'Église, qui nous est cher et
qui nous a promis de rétablir le patriarche Anthimus. »

En recevant ces ordres, Bélisaire déclara qu'il obéirait ; mais
que ce serait à celui qui poursuivait la mort de Silvère, à en
répondre devant Dieu. Répugnant à l'acte de violence qu'on
exigeait de lui, Bélisaire essaya secrètement, par lui-même et
par sa femme Antonine, de persuader Silvère de céder aux
volontés de l'impératrice, de supprimer le concile de Chalcédoine et de confirmer, par une épître, la doctrine des hérétiques.
Cependant, on suscitait de faux témoins, qui prétendirent
avoir découvert qu'à plusieurs reprises, le pape avait adressé
au roi des Goths des messages dans les termes suivants :
« Présentez-vous à la porte Asinaria, proche du palais de
Latran et je vous livrerai la ville et le patrice Bélisaire. »
Bélisaire n'accueillit point d'abord ces dénonciations qu'il
savait inspirées par la haine. Mais, comme elles se multipliaient
et se reproduisaient avec insistance, il n'osa pas les dédaigner
plus longtemps. Silvère, suivant les conseils de ceux qui l'entouraient, avait quitté le palais où il résidait et s'était réfugié
dans la basilique de Sainte-Sabine. Bélisaire lui envoya Photius, le fils d'Antonine, pour l'inviter à se rendre au quartier
général et lui fournir un sauf-conduit, garanti sous serment.
L'entourage de Silvère le détourna en vain d'ajouter foi à la
parole des Grecs. Il se rendit au palais des Pinci, résidence du
général. Ce jour-là on observa la parole qu'on lui avait donnée.
On le laissa retourner à Sainte-Sabine. Bientôt après, il fut
appelé de nouveau. Se doutant qu'on lui préparait un piège,
il refusa d'abord de quitter l'église ; puis, s'étant mis en prière

et se confiant à Dieu, il quitta son refuge et se rendit au palais des Pinci.

Les clercs qui l'accompagnaient, furent retenus dans la première et la seconde salle et il fut introduit seul auprès de Bélisaire. On ne le revit plus. Le biographe des papes rapporte ainsi ce qui se passa : Le pape fut introduit seul, en même temps que Vigile, dans une pièce où Antonine était étendue sur un lit ; Bélisaire était assis à ses pieds. Dès qu'elle vit entrer Silvère, elle l'apostropha en ces termes : « Dis, seigneur pape Silvère, que t'avons-nous fait, à toi et aux Romains, pour que tu veuilles nous livrer aux mains des Goths ? » Elle parlait encore, quand le sous-diacre de la première région entra et enleva le pallium des épaules du pape. Il l'entraîna dans une chambre voisine où, après l'avoir dépouillé et couvert d'un habit de moine, il le cacha. Alors Sixtus, sous-diacre de la sixième région, sortit et dit, s'adressant au clergé : « Le seigneur pape a été déposé et fait moine ». A cette nouvelle, tous s'enfuirent. Le lendemain, Bélisaire convoqua les prêtres, les diacres et tous les clercs et leur ordonna d'élire un nouveau pape. Il dut employer son autorité pour faire ordonner Vigile, malgré bien des hésitations et des oppositions. Cette ordination fut faite le dimanche 29 mars de l'année 537 [1].

Silvère fut d'abord déporté en exil à Patara, en Lycie. Mais, dès qu'il y fut, l'évêque de cette ville se rendit auprès de l'empereur pour lui représenter l'énormité de cette violence, commise sur la personne du chef unique de l'Église universelle. Les discours de ce saint homme décidèrent Justinien à ordonner qu'on ramenât Silvère à Rome et qu'on y fît son procès, au sujet des lettres qu'on l'accusait d'avoir écrites; voulant, dans le cas où il serait prouvé qu'il avait réellement écrit ces lettres, qu'il fût relégué, tout en conservant sa dignité d'évêque, dans une ville autre que Rome et qu'il fût rétabli sur son siège, dans le cas où on reconnaîtrait que ces

---

1. Pagi. *ann.* 538, VI (note). — Procope, *de Bello Goth.*, lib. I, cap. 25. — *Liber Pontificalis, Vita Silverii* (édit. de Mᵍʳ Duchesne, t. I, p. 292-293 et note 20, p. 295).

lettres étaient fausses. Tandis que Justinien donnait ainsi satisfaction aux catholiques, suivant sa coutume; suivant sa coutume aussi, Théodora s'arrangeait pour que les ordres de l'empereur n'eussent ancun effet. Quand Silvère arriva à Rome, Vigile alla trouver Bélisaire et lui dit : « Livrez-moi Silvère. Je ne pourrais, autrement, faire ce que vous exigez de moi ». Bélisaire avait sans doute ses instructions. Silvère fut donc remis aux mains de deux serviteurs de Vigile, qui le déportèrent dans l'île Palmaria, où ils le firent lentement périr de misère [1]. Il mourut le 12 des calendes de juillet 538 [2].

L'entente entre Bélisaire et Vigile ne fut pas de longue durée. Une fois élu, Vigile, poussé par son avarice et par la crainte de mécontenter les Romains, refusa de payer la somme de deux cents livres d'or qu'il avait promise [3]. Il prétexta qu'il ne pouvait tenir sa parole sur ce point, sans se rendre coupable de simonie. Mais, ne pouvant se dispenser de paraître prêt à accomplir les promesses qu'il avait faites à Théodora, il expédia en Orient, par l'intermédiaire d'Antonine, une lettre, dans laquelle il approuvait la doctrine d'Eutychès et anathématisait ses adversaires. Cependant, il s'abstenait prudemment, dans la suscription de cette lettre, de désigner les personnes auxquelles elle était adressée et d'employer les formules en usage dans les écrits émanant du Siège Apostolique. Il s'abstenait même de prendre les titres de pape, d'évêque ou de patriarche. La suscription portait simplement ces mots : « Vigile aux seigneurs ses frères » ou, suivant un autre texte : « Vigile aux seigneurs ses pères ». Or, jamais les papes, en écrivant à des évêques, ne leur avaient donné le nom de père ou le titre de seigneur.

Ce manquement aux usages de l'Église romaine et un passage de la lettre, dans lequel Vigile, après avoir approuvé la doctrine eutychienne, anathématise Dioscore, ce qui

---

1. Liberatus Diaconus, *Breviar. Causæ Eutychian.*, cap. xxii (édit. Migne, Patrologie Latine, t. LXVIII. p. 1041).

2. Pagi, *ann.* 540, II.

3. Liberatus Diaconus, *Breviar. Causæ Eutychian.*, cap. xxii (édit. Migne, Patrologie Latine, t. LXVIII, p. 1040).

implique une contradiction, ont fait croire que cette pièce était apocryphe [1]. Mais il ne semble pas qu'il y ait lieu de douter de l'authenticité d'une pièce rapportée par plusieurs auteurs ; quant à la contradiction signalée entre l'approbation de la doctrine eutychienne et l'anathème prononcé contre Dioscore, elle n'est due évidemment qu'à une erreur des manuscrits, dans lesquels il faut lire au lieu de Dioscore, Diodore, comme l'indique l'ordre des noms cités dans l'anathème. Vigile anathématise, en effet, suivant le texte, Paul de Samosate, Dioscore, Théodore et Théodoret. Or, il a dû, suivant l'ordre des temps, anathématiser, après Paul de Samosate, Diodore, puis Théodore et Théodoret. Dioscore n'a répandu son hérésie que quelques années après la mort de Théodoret [2].

Quant au manquement aux formules en usage, il s'explique par l'intention secrète qu'avait Vigile, de désavouer plus tard cette lettre et de se réserver, par ces irrégularités, le moyen de la déclarer nulle. C'est encore dans ce but, qu'il exigea qu'elle ne fût point divulguée. « Il importe que ce que je vous écris ne soit connu de personne ; que, de plus, votre sagesse feigne, devant les autres, de me tenir pour suspect. Je pourrai ainsi travailler plus facilement à l'exécution de mon projet et le mener à bonne fin [3] ». En donnant ainsi aux hérétiques la fausse espérance d'une prochaine satisfaction et en évitant de mécontenter les catholiques, Vigile agissait conformément à la politique religieuse de la cour de Byzance et faisait sans doute ce qui lui avait été commandé.

Les rigueurs exercées par Bélisaire contre les sénateurs favorables aux Goths, furent suivies de terribles représailles. Vitigès donna ordre de massacrer tous les sénateurs qu'au commencement de la guerre, il avait emmenés comme otages à Ravenne. Quelques-uns, avertis à temps, réussirent à s'échapper. De ce nombre, furent Cerventinus et Réparatus,

---

1. Baronius, *ann.* 538, XIX.

2. Pagi, *ann.* 538, IX.

3. Liberatus Diaconus, *Breviar. Causæ Eutychian.*, cap. XXII (édit. Migne, Patrologie Latine, t. LXVIII, p. 1041).

frère du nouveau pape Vigile. Ils se réfugièrent en Ligurie. Tous les autres furent mis à mort[1].

Jusque-là, Rome avait pu être facilement ravitaillée par terre et par mer. Pour gêner le ravitaillement de la place, Vitigès résolut de couper ses communications directes avec la mer. Le Tibre, vers la fin de son cours, se partage en deux bras, formant une île, large de quinze stades, qu'on appelait l'île Sacrée. A l'embouchure du bras qui coule à droite, les Romains avaient fondé une ville puissamment fortifiée qui, à cause de sa destination, avait reçu le nom de Portus. Elle était reliée à Rome par une route unie et commode et un service de halage, organisé avec des bœufs, permettait d'amener, jusque dans Rome, les marchandises transbordées sur des bateaux de rivière.

La situation de Portus et ses fortifications la rendaient facile à défendre. Trois cents hommes eussent suffi, dit Procope, pour empêcher l'ennemi de rien tenter de ce côté. Bélisaire, uniquement occupé de la défense de Rome, n'y avait mis aucune garnison. Les Goths s'en emparèrent sans coup férir, trois jours après l'échec de l'assaut donné à la ville ; massacrèrent une grande partie de la population et y laissèrent une garnison de mille hommes[2]. La prise de Portus eut pour conséquence d'enlever, presque complètement, aux Romains la possibilité de se ravitailler par mer. A l'embouchure du bras gauche du Tibre, se trouvait, il est vrai, le port d'Ostie ; mais cette ville, jadis si célèbre, était bien déchue. Elle n'était point fortifiée et la route qui la reliait à Rome, était mal entretenue. Elle était bordée de bois et ne côtoyait pas le fleuve ; de sorte qu'elle était peu sûre et ne pouvait servir au halage. Les navires n'abordaient plus à Ostie et préféraient s'arrêter à Antium, situé à une journée de marche au sud d'Ostie, d'où, avec le peu de monde dont on disposait pendant le siège, il était difficile de faire voiturer les convois jusqu'à Rome[3].

1. Procope, *de Bello Goth.*, lib. I, cap. 26.
2. Procope, *de Bello Goth.*, lib. I, cap. 26.
3. Procope, *de Bello Goth.*, lib. I, cap. 26.

Vingt jours après la prise de Portus, Martin et Valérien amenèrent au secours de Rome une troupe de seize cents cavaliers, composée en grande partie de Huns, de Slavènes et d'Antes, tirés des pays riverains du Danube. Ce renfort réconforta Bélisaire et lui donna l'idée de harceler l'ennemi par une série de combats. Dès le lendemain, il donna l'ordre à un de ses gardes, nommé Trajan, homme résolu et actif, de prendre deux cents archers à cheval, de sortir par la porte Salaria et de marcher droit aux barbares. Il lui prescrivit la tactique suivante : faire ferme sur un monticule, situé à proximité du camp ennemi ; recevoir les Goths à coups de flèches lorsqu'ils s'avanceraient à sa rencontre, sans se laisser aborder, pour qu'ils ne pussent faire usage de leurs épées et de leurs lances ; puis, quand ses archers auraient épuisé leurs carquois, se rabattre à toute bride vers la ville.

Tout se passa comme Bélisaire l'avait ordonné. Les barbares, surpris, prirent les armes à la hâte et sortirent de leur camp. Ils furent reçus à coups de flèches qui, à cause même de leur grand nombre, leur firent perdre beaucoup d'hommes et de chevaux. Leurs traits épuisés, les cavaliers de Trajan prirent la fuite. Les Goths les poursuivirent inutilement jusque près des remparts, où ils furent arrêtés par une décharge des balistes. Cette escarmouche leur coûta plus de mille hommes [1]. Peu de jours après, Bélisaire ordonna à deux de ses officiers les plus intrépides, nommés Mundilas et Diogènes, de se mettre à la tête de trois cents archers et d'observer la même tactique qui eut le même succès. Une troisième sortie de trois cents archers à cheval, réussit mieux encore que les précédentes. De telle sorte que ces légères escarmouches firent perdre aux Goths environ quatre mille hommes [2].

Cette manœuvre ne pouvait réussir qu'avec des archers à cheval, très exercés, comme l'étaient les cavaliers romains et comme l'étaient surtout les Huns qui servaient dans l'armée impériale. Elle ne pouvait réussir avec une cavalerie

---

1. Procope, *de Bello Goth.*, lib. I, cap. 26.
2. Procope, *de Bello Goth.*, lib. I, cap. 26.

comme celle des Goths, qui était armée uniquement de lances et d'épées. Tous les archers goths étaient des fantassins. Vitigès ne tint aucun compte de ce fait et crut pouvoir imiter les Romains et leur infliger à son tour des pertes sérieuses, en les faisant attaquer par des troupes peu nombreuses. Il fit donc approcher des remparts cinq cents cavaliers, avec ordre de gagner une éminence et d'y provoquer une sortie des assiégés, comme ils avaient vu ceux-ci venir les provoquer. Bélisaire fit sortir mille cavaliers d'élite qui, au lieu d'aborder les Goths de front, les tournèrent, s'arrêtèrent derrière eux et les accablèrent de traits ; puis, après les avoir délogés du monticule où ils avaient pris position, les chargèrent en plaine et les accablèrent, leur étant supérieurs en nombre. Les Goths furent taillés en pièces ; bien peu parvinrent à regagner leur camp. Vitigès leur reprocha leur défaite, comme un acte de lâcheté. Trois jours après, il choisit encore cinq cents cavaliers parmi les plus braves de toutes ses troupes et, après les avoir exhortés à montrer plus de courage, il leur ordonna d'aller de nouveau provoquer les Romains. Bélisaire lança sur eux quinze cents cavaliers, commandés par Martin et Valérien, qui, trois fois plus nombreux que les Goths, les mirent aisément en déroute et les massacrèrent presque tous [1].

Les Romains, enflés de ces succès, souhaitaient vivement une action générale contre les Goths. Bélisaire, qui ne perdait pas de vue la différence numérique des deux armées en présence, hésitait, au contraire, à courir les chances d'une bataille et préférait continuer à harceler l'ennemi [2]. Mais les Goths, avertis par des transfuges, se tinrent désormais sur leurs gardes. De sorte que Bélisaire, ne pouvant contenir l'ardeur de ses troupes et du peuple de Rome, se vit contraint de leur donner satisfaction. Il fit défiler son armée par la porte Salaria et par la petite porte Pinciana. Il importait d'empêcher les nombreux corps de Goths campés dans le champ de Néron, de joindre l'armée de Vitigès. A cet effet, Béli-

---

1. Procope, *de Bello Goth.*, lib. I, cap. 27.
2. Procope, *de Bello Goth.*, lib. I, cap. 27.

saire fit sortir, par la porte Aurélienne, un détachement sous les ordres de Valentin, l'un des chefs de la cavalerie, auquel il recommanda de ne point approcher trop près du camp ennemi et de n'engager aucun combat ; mais de se montrer constamment prêt à charger [1].

On avait armé un certain nombre de volontaires dont on ne voulait point se servir dans l'action. C'étaient des artisans, gens du menu peuple, qui n'étaient point exercés au métier des armes et qui, en présence du danger, auraient pu jeter le trouble dans toute l'armée. Bélisaire en fit une troupe séparée qu'il plaça près de la porte Saint-Pancrace, au delà du Tibre, avec ordre d'y demeurer immobile. Il comptait, ce qui arriva en effet, que leur présence, jointe à celle des cavaliers de Valentin, retiendrait les Goths de sortir de leur camp du champ de Néron, pour passer le pont Milvius et augmenter les forces qu'il allait avoir à combattre.

Dans cette journée, Bélisaire ne voulait faire usage que de cavalerie. Son infanterie était sans valeur et fort diminuée. Beaucoup de fantassins avaient été transformés en cavaliers ; ils montaient les chevaux pris à l'ennemi et ne faisaient pas un mauvais service. Ce qui restait d'infanterie était donc peu de chose, ne pouvait former un corps de quelque importance et n'osait se mesurer avec les barbares. C'était une troupe qui, d'habitude, lâchait pied dès le premier choc. Principius, un Pisidien d'origine, qui servait avec distinction dans les gardes du général en chef, et Tarmut, frère d'Ennès le chef des Isauriens, se rendirent auprès de Bélisaire et lui demandèrent la permission de se mettre à la tête de cette troupe pour la conduire au combat. Ils le supplièrent de ne point se priver du service de son infanterie, quand il allait avoir à combattre une armée si nombreuse. Ils lui représentèrent que si cette arme, à laquelle Rome avait dû jadis sa grandeur, ne faisait plus rien de mémorable dans la présente guerre, la faute en était à ses chefs qui, à cheval au milieu des rangs, dédaignaient de partager les conditions militaires de leurs hommes

1. Procope, *de Bello Goth.*, lib. I, cap. 27.

et n'étaient bons qu'à donner l'exemple de la fuite, même avant le combat. Bélisaire leur opposa d'abord un refus. Il affectionnait ces deux officiers, à cause de leur remarquable bravoure, mais il ne voulait point hasarder dans l'action cette infanterie, trop peu nombreuse. Il finit pourtant par céder à leurs instances. Il plaça une partie des fantassins aux portes et sur les remparts, pour servir les machines avec les soldats tirés du peuple de Rome et consentit à former avec le reste de l'infanterie régulière, un corps de bataille sous les ordres de Principius et de Tarmut. Cependant, comme il craignait que cette troupe peu solide ne devînt une cause de désordre dans toute l'armée, il lui ordonna de ne point quitter sa position à l'arrière-garde et de se borner à servir de soutien, pour arrêter l'ennemi, dans le cas où un des corps de cavalerie viendrait à être mis en déroute [1].

Vitigès, averti des préparatifs de Bélisaire, fit prendre les armes à son armée tout entière qu'il rangea en ordre de bataille. Il plaça son infanterie au centre et sa cavalerie sur les deux ailes. Persuadé que, si on s'abordait, les Romains ne résisteraient pas un instant, il s'établit tout contre son camp ; afin de laisser à sa cavalerie plus de champ pour poursuivre l'ennemi jusqu'aux remparts de la ville [2]. Il envoya l'ordre à Marcias, campé dans le champ de Néron, de ne point quitter son poste et d'empêcher les Romains de passer le pont Milvius pour tourner l'armée des Goths.

La bataille commença, dès le point du jour, par des décharges de flèches ; ce qui donna d'abord l'avantage aux Romains. Les Goths perdirent énormément de monde. Cependant, leurs lignes ne fléchirent point ; ils étaient si nombreux que ceux qui tombaient étaient remplacés dans l'instant. Ainsi leurs pertes n'apparaissaient même pas. Vers midi, les Romains, satisfaits d'avoir soutenu, pendant si longtemps et avec succès, un combat inégal et d'avoir été affronter les barbares, jusque tout contre leurs camps, non sans leur

---

1. Procope, de Bello Goth., lib. I, cap. 27.
2. Procope, de Bello Goth., lib. I, cap. 28.

infliger de grandes pertes, comprenaient que leur petit nombre ne leur permettait pas de pousser plus loin leur avantage et ne songeaient plus qu'à trouver l'occasion de se mettre en retraite. A ce moment, les Goths, toujours appuyés à leurs camps et couverts de leurs boucliers, ripostèrent de plus en plus vigoureusement. Ils mirent beaucoup d'hommes hors de combat et tuèrent un grand nombre de chevaux. Les rangs des Romains où les vides ne se comblaient pas, ne tardèrent pas à s'éclaircir. La cavalerie qui formait l'aile droite des barbares, s'ébranla alors, chargea l'aile gauche des Romains qui, dispersés à coups de lance, se rabattirent en désordre et à toute bride vers l'infanterie. Celle-ci, enfoncée par le choc, se mit en fuite, pêle-mêle avec les cavaliers. Bientôt, le reste des troupes romaines plia sous l'effort de l'ennemi et fut rejeté en arrière.

Principius et Tarmut, entourés d'un petit groupe de fantassins, accomplirent des actions dignes de gens de cœur. Seuls, ils ne lâchèrent point pied et arrêtèrent longtemps la masse des Goths, frappés d'admiration. Leur dévouement assura le salut du reste de l'infanterie et d'une partie de la cavalerie. Principius tomba, couvert de blessures, avec quarante-deux fantassins qui, autour de lui, vendirent chèrement leur vie. Tarmut, maniant des deux mains deux javelots dont il était armé, ne cessait d'abattre tous ceux qui approchaient de lui. Percé de coups, il allait défaillir, quand Ennès, son frère, courut à lui avec quelques cavaliers. Ranimé par ce secours, il se redressa et prit rapidement sa course vers la ville, sans lâcher ses deux javelots. Grâce à sa légèreté, il échappa aux ennemis qui le poursuivaient ; mais, couvert de sang et de blessures, il tomba, au moment où il atteignait la porte Pinciana. Ses compagnons, qui le croyaient mort, l'emportèrent sur un bouclier. Il n'expira que le surlendemain, laissant, parmi les Isauriens et dans toute l'armée, le souvenir de sa glorieuse renommée[1].

Dans Rome, les habitants, saisis d'épouvante, s'étaient

---

1. Procope, *de Bello Goth.*, lib. I, cap. 29.

portés en foule vers les remparts. Ils craignirent que l'ennemi ne pénétrât dans la ville, pêle-mêle avec les fuyards ; ils se précipitèrent aux portes et les fermèrent, coupant ainsi la retraite à ceux qui n'avaient pu encore rentrer dans la place. Ceux-ci traversèrent le fossé et allèrent s'adosser contre le mur. Ils y demeurèrent sans défense ; car la plupart avaient rompu leurs lances dans le combat ou dans la fuite et ils étaient tellement pressés les uns contre les autres qu'ils ne pouvaient faire usage de leurs arcs. Ils auraient été massacrés jusqu'au dernier, si les Goths, après les avoir accablés de traits, ne s'étaient retirés, en voyant les créneaux se garnir d'une couronne de défenseurs [1].

Dans le champ de Néron, la journée avait été également funeste aux Romains. Les deux armées y étaient restées longtemps en présence, sans s'aborder. Malgré de fréquentes charges exécutées par les cavaliers maures, les Goths n'avaient point bougé. Mais vers midi, l'armée romaine fit un brusque mouvement d'attaque. Comme elle paraissait très nombreuse, les Goths craignirent d'être enveloppés et comme ils avaient ordre d'éviter de combattre, ils n'attendirent pas le choc. Ils se retirèrent précipitamment et allèrent occuper, sur la pente des collines voisines, une position qui leur permettait de prendre à revers les troupes romaines, si elles cherchaient à passer le pont Milvius.

Cette manœuvre des Goths avait pour conséquence de découvrir leur camp et de le laisser sans défense. Les Romains, auxquels s'était mêlé un grand nombre de valets et de matelots qui portaient dans les rangs le trouble et l'indiscipline, n'eurent pas plutôt aperçu ce camp sans défense qu'ils s'y précipitèrent en désordre et le mirent au pillage. Les barbares, après être demeurés quelque temps immobiles à les observer, se mirent lentement en mouvement. Puis, quand ils les virent chargés et embarrassés de butin, ils fondirent sur eux avec de grands cris, en massàcrèrent la plupart et mirent les autres en fuite [2].

1. Procope, *de Bello Goth.*, lib. I, cap. 29.
2. Procope, *de Bello Goth.*, lib. I, cap. 29.

L'échec subi par les Romains, les décida à en revenir au système d'escarmouches qui seul leur avait réussi et qui continua à leur être avantageux. Dans soixante-sept combats livrés ainsi autour de Rome, les Goths perdirent un grand nombre de leurs guerriers les plus braves, sans que jamais l'occasion leur fût donnée de tirer parti de leur supériorité numérique. Un simulacre de sortie qui ne donna lieu qu'à une mêlée de cavalerie, permit à Bélisaire de détourner l'attention des Goths, pour faire pénétrer dans la ville un convoi, dont l'approche lui avait été signalée et qui lui apportait l'argent destiné à la solde des troupes.

Le siège se prolongeant, les vivres manquèrent dans Rome. Bientôt après, on manqua de pain. Le peu qui en restait était distribué aux soldats qui ne recevaient plus d'autres rations et les habitants mouraient de faim. Vers l'époque du solstice d'été, la peste, conséquence de la famine, vint mettre le comble aux souffrances des Romains. Les Goths, instruits de la situation des assiégés, résolurent de ne plus combattre et de les forcer à se rendre, en les empêchant de tirer aucune ressource du dehors. Ce but ne pouvait être atteint qu'en complétant l'investissement de la place, du côté du sud. Entre la voie Latine et la voie Appienne s'élevaient deux aqueducs qui, d'abord écartés l'un de l'autre, se croisaient à cinquante stades de la ville et, après s'être éloignés quelque peu, venaient se croiser de nouveau pour reprendre ensuite leur première direction. Ces deux aqueducs, par suite de leur disposition parallèle et de leur double entre-croisement, entouraient complètement de leurs arcades un espace qu'il était aisé de fortifier, comme le firent les Goths, en bouchant les arcades inférieures avec des pierres et des levées de terre. Ils en firent une sorte de forteresse dans laquelle ils mirent un corps de sept mille hommes. Ils barrèrent ainsi les deux routes qui aboutissent à Rome du côté du sud [1]. Les souffrances des Romains en furent grandement augmentées.

1. Procope, *de Bello Goth.*, lib. II, cap. 3.

On était au cœur de l'été et le blé était mûr dans la campagne. Des soldats, hardis et avides de gain, entreprirent de l'aller couper. Chaque nuit, ils sortaient de la ville à cheval, menant en main des chevaux non montés,, sur lesquels ils chargeaient la moisson qu'ils réussissaient à faire, en trompant la vigilance de l'ennemi et qu'ils vendaient à grand prix aux habitants riches. Le reste du peuple ne vivait plus que des herbes qui croissaient en abondance autour des faubourgs et même à l'intérieur des murailles. Quand il n'y eut plus de blé dans la campagne voisine, la population tout entière se trouva réduite à une commune misère. On en vint, malgré les ordres de Bélisaire, à vendre secrètement la chair des chevaux et des mulets qui mouraient dans la ville. Il n'y eut que les fourrages qui ne manquèrent point; la campagne romaine demeurant verdoyante, presque en toute saison.

Les habitants, réduits à la dernière extrémité, s'assemblèrent et se portèrent au quartier général pour décider Bélisaire à ordonner une sortie et une bataille. Tous promettaient de marcher à l'ennemi[1]. Bélisaire réussit à leur faire prendre patience, en leur représentant leur inexpérience du métier des armes et en leur annonçant qu'ils seraient promptement secourus et délivrés. « L'empereur nous envoie, leur dit-il, une armée innombrable, et la flotte la plus puissante que les Romains aient jamais armée couvre en ce moment les rivages de la Campanie et une partie du golfe Ionique. Dans peu de jours, cette flotte et cette armée seront ici et vous délivreront et de la disette et des barbares. Mieux vaut donc attendre leur approche pour combattre, que de compromettre notre salut par trop de précipitation. D'ailleurs, je vais m'occuper de hâter l'arrivée de nos libérateurs[2]. »

La nouvelle s'était en effet répandue qu'un corps de troupes envoyé par l'empereur venait de débarquer à Naples. Bélisaire ne faisait donc qu'exagérer l'importance du secours qu'il espérait[3]. Pour le rendre plus prompt et plus efficace, il donna

1. Procope, de Bello Goth., lib. II, cap. 3.
2. Procope, de Bello Goth., lib. II, cap. 3.
3. Procope, de Bello Goth., lib. II, cap. 3.

ordre à Procope de se rendre immédiatement à Naples; d'y
assembler des navires; de les charger de blé; d'y faire embarquer, avec les troupes récemment arrivées de l'Orient, tous
les soldats dispersés dans la Campanie; de s'adjoindre une
partie des garnisons laissées dans cette région et de se rendre
au plus vite dans le port d'Ostie. Procope, escorté de quelques
cavaliers sous les ordres de Mundilas, sortit de Rome, pendant la nuit, par la porte Saint-Paul; ce qui lui permit de
s'éloigner, sans être aperçu du camp ennemi placé près de
la voie Appia[1].

Tandis que Procope accomplissait sa mission en Campanie,
Bélisaire fit sortir de Rome des détachements de cavalerie
qui allèrent prendre position à Terracine, à Tibur (Tivoli) et
à Albe, pour inquiéter l'ennemi par des courses continuelles
et surprendre ses convois. Les Huns, sous les ordres de
Valérien, sortirent également de la ville et allèrent camper au
bord du Tibre, près de la basilique de Saint-Paul; afin d'avoir
plus de facilités pour faire subsister leurs chevaux et de resserrer l'espace autour du camp des Goths. Par ces dispositions, ceux-ci se trouvèrent eux-mêmes comme assiégés. Ils
ne tardèrent point à manquer de vivres. La peste envahit leurs
camps et sévit principalement dans le camp formé entre les
deux acqueducs. Ils furent contraints de l'abandonner. La
peste se communiqua au camp des Huns, qui furent, à leur tour,
obligés de rentrer dans la ville. Les Romains furent aussi
chassés d'Albe. Seuls, les détachements retranchés dans Terracine et dans Tibur purent continuer à harceler l'ennemi.

Antonine, femme de Bélisaire, avait profité de la sortie du
corps destiné à aller occuper Terracine, pour traverser les
lignes ennemies. De Terracine, elle se rendit à Naples où elle
devait attendre, en sûreté, l'événement du siège. Par son activité et son intelligence, elle aida grandement Procope à former
une flotte, qui fut chargée de blé, de vin et de toutes sortes
de provisions[2]. Procope était à Naples, quand y abordèrent

---

1. Procope, *de Bello Goth.*, lib. II, cap. 4.
2. Procope, *de Bello Goth.*, lib. II, cap. 4.

des troupes envoyées de Byzance. Ces troupes se composaient
de trois mille Isauriens, commandés par Paul et par Conon
et de dix-huit cents hommes de cavalerie, parmi lesquels
huit cents cavaliers thraces, sous les ordres particuliers de
Jean, neveu de ce Vitalien qui s'était jadis révolté contre
Anastase. Déjà, un corps de trois cents cavaliers, sous les
ordres de Zénon, s'était rendu à Rome, par le Samnium et la
voie Latine. Jean, qui avait le commandement supérieur de
l'armée de secours, se joignit à Procope. Celui-ci avait rassemblé environ cinq cents hommes, tirés des garnisons de la
Campanie. Il marcha vers Rome, le long de la mer, avec un
convoi de chariots chargés de vivres, derrière lesquels il se
proposait de se retrancher, comme dans un camp, s'il se trouvait
attaqué. Paul et Conon avaient ordre de conduire rapidement
dans le port d'Ostie, la flotte qui portait leurs troupes et que
suivaient les navires réunis par Procope[1]. Jean comptait
rallier à Terracine les troupes que Bélisaire y avait envoyées.
Mais elles étaient déjà retournées à Rome.

Bélisaire, averti de l'approche de Jean, résolut d'occuper
l'ennemi, pour l'empêcher de se porter, avec des forces supérieures, au-devant de l'armée de secours. Afin de mieux
surprendre les Goths, il décida d'attaquer le camp qu'ils
avaient établi près de la porte Flaminienne. Aucun combat ne
s'était encore livré de ce côté et les Goths ne s'attendaient
point à y être attaqués, car ils savaient que la porte Flaminienne avait été murée dès le commencement du siège. Pour
qu'ils ne pussent être avertis de ses préparatifs de sortie, Bélisaire ne révéla son projet à personne. Il attendit la nuit, pour
faire démolir le mur qui bouchait la porte, derrière laquelle il
rangea la plus grande partie de son armée. Au point du jour,
il fit sortir, par la porte Pinciana, mille cavaliers sous le commandement de Trajan et de Diogénès, auxquels il donna
ordre d'aller lancer des traits dans le camp des Goths et de se
rabattre sur la ville, comme s'ils fuyaient, dès que les Goths
sortiraient de leurs retranchements.

1. *Auctarium Marcellini*, ann. 538 (édit. Mommsen, Monum. Germ., in-4°
Auct. Antiq., t. XI, pars I, p. 105).

Les Goths accoururent de leurs différents camps, pour repousser cette attaque et, quand les cavaliers romains prirent la fuite, ils se précipitèrent à leur poursuite. Bélisaire fit alors ouvrir la porte Flaminienne et lança tout à coup ses troupes sur les barbares. Un retranchement, élevé par les Goths au haut d'une pente rapide, commandait la route, très encaissée en cet endroit. Un Goth, d'une taille avantageuse et couvert d'une cuirasse, aperçut les Romains, au moment où ils s'engageaient dans cette sorte de gorge ; il appela à grands cris ses camarades pour l'aider à défendre le passage qu'il fit mine de vouloir disputer. Mundilas lui abattit la tête et réussit à empêcher qu'aucun barbare n'approchât du défilé. Les Romains, trouvant le chemin libre, se jetèrent sur le camp des Goths. Ce fut en vain qu'ils tentèrent de s'en emparer. Il n'y était resté qu'un petit nombre d'hommes ; mais ils suffirent à le défendre, parce qu'on avait pris soin de l'entourer d'un fossé profond, dont la terre, rejetée à l'intérieur, formait une enceinte continue. Seul, un cavalier de la garde de Bélisaire, nommé Aquilinus, força son cheval à franchir tous les obstacles et sauta au milieu du camp. Entouré d'ennemis et ayant eu son cheval tué sous lui, il réussit néanmoins à se sauver à pied et à rejoindre, du côté de la porte Pinciana, ses camarades qui, après avoir renoncé à s'emparer du camp, venaient prendre à revers les Goths lancés à la poursuite des cavaliers de Trajan et de Diogénès. Ces cavaliers s'arrêtèrent alors, reprirent leurs rangs et chargèrent les barbares qui, pris entre deux corps d'ennemis, furent taillés en pièces. Peu d'entre eux parvinrent à regagner leurs camps ; d'où on n'osa se porter à leur secours, car on s'y attendait à avoir à repousser une attaque [1].

Après ce nouvel échec, les barbares commencèrent à désespérer du succès. Ils avaient perdu tant de monde que leur nombre était considérablement diminué. La famine et la peste continuaient à causer parmi eux les plus grands ravages et ils apprenaient qu'il arrivait aux Romains, par terre et par

1. Procope, *de Bello Goth.*, lib. II, cap. 5.

mer, des secours, que les bruits répandus leur faisaient croire
beaucoup plus formidables qu'ils n'étaient en réalité. Toutes
ces circonstances les mettaient dans la nécessité de ne point
tarder à lever le siège. Ils envoyèrent donc à Rome trois
parlementaires, dont un était un Romain qui jouissait d'une
grande autorité parmi eux. Après avoir fait allusion aux
maux que la guerre avait causés aux deux partis, aux maux,
plus grands encore, dont elle les menaçait et aux avantages
qu'aurait pour tous une solution équitable, il ajouta :

« Vous, Romains, vous avez agi injustement en nous déclarant la guerre, à nous qui étions vos amis et vos alliés. Il
n'est point nécessaire d'insister sur ce fait; personne de vous
ne l'ignore. Vous n'ignorez point, en effet, que quand les
Goths se sont rendus maîtres de l'Italie, ils n'ont commis
aucune violence contre les Romains et ne les ont point
dépouillés. Ce fut Odoacre qui détrôna l'empereur en Occident et soumit ce pays à sa tyrannie. L'empereur Zénon qui
régnait alors en Orient, désirant venger cette injure et
délivrer l'Italie, mais ne pouvant détruire la puissance
d'Odoacre, persuada à notre roi Théodoric, qui se préparait
à assiéger Byzance, de ne point oublier les honneurs qui lui
avaient été accordés dans l'Empire où il avait été admis au
rang de patrice et créé consul. Il l'invita à conclure une
entente et à aller venger l'injure qu'Odoacre avait faite à
Augustule. Il lui concéda, pour lui et pour les Goths, à perpétuité, la légitime possession de ces provinces. Ce fut en
exécution de ce traité, que nous avons acquis le royaume
d'Italie, auquel nous avons conservé ses lois, ses magistrats,
sa religion, avec autant de zèle que n'importe lequel des
anciens empereurs. Il n'a été dérogé à ce régime par aucune
loi, écrite ou non écrite, ni sous le règne de Théodoric, ni sous
celui de ses successeurs. En ce qui concerne la religion,
nous avons voulu laisser aux Italiens une indépendance
complète et leur liberté a été telle, que jusqu'à ce jour aucun
d'eux n'a changé de croyance, ni par contrainte, ni même
volontairement. Bien plus, les Goths qui se sont convertis à
leur culte, n'ont été l'objet d'aucune rigueur. Nous n'avons

cessé d'honorer, avec le plus grand respect, les églises des Romains. Ceux d'entre eux qui y ont cherché refuge, y ont toujours été à l'abri de toute violence. Ils ont toujours exercé eux-mêmes toutes leurs magistratures, sans avoir à les partager avec les Goths. Ce sont là des faits que nul ne peut nier. Il a même été permis aux Italiens d'obtenir, chaque année, de l'empereur, par l'entremise des Goths, la dignité consulaire. Pourtant, vous venez troubler par une injuste violence notre légitime domination, vous qui, pendant dix ans que l'Italie a été foulée par les barbares d'Odoacre, n'avez point tenté de la délivrer. »

A ce discours, Bélisaire répondit : « L'empereur Zénon avait donné mission à Théodoric de combattre Odoacre pour délivrer l'Italie et la remettre sous l'autorité de l'empereur, non pour s'en faire un royaume. Quel intérêt eût pu avoir l'empereur à changer un tyran contre un autre tyran ? Mais Théodoric a abusé de sa victoire, en refusant de restituer l'Italie à son maître légitime. Prendre le bien d'autrui ou refuser de le lui rendre, sont choses également criminelles. L'Italie appartient à l'empereur et je ne livrerai à personne les terres qui lui appartiennent. Si vous désirez autre chose, je suis prêt à écouter vos propositions. »

« Les faits que nous avons rappelés sont présents à la mémoire de tout le monde, même parmi vous, reprirent les députés des Goths, mais pour terminer toutes contestations, nous vous cédons la grande et opulente île de Sicile, sans laquelle vous ne pourriez vous maintenir avec sécurité en Afrique. — Et nous, répartit Bélisaire, pour ne point être en reste de générosité, nous offrons aux Goths la Bretagne tout entière. Elle a jadis été soumise aux Romains et elle est bien plus grande que la Sicile. — Et si nous proposons de vous abandonner la Campanie et même Naples, l'admettrez-vous, dirent les députés ? — Point du tout, répliqua Bélisaire, nous n'avons ni le droit, ni la possibilité de céder, sans l'assentissement de l'empereur, ce qui lui appartient. — Et si nous promettons de payer chaque année à l'empereur un tribut déterminé, reprirent les députés. — Pas davantage, répondit Bélisaire, nos pouvoirs ne nous permettent pas autre chose que de conserver à leur maître les territoires que nous avons recouvrés. — S'il en est ainsi, dirent alors les députés, qu'il nous soit permis de nous rendre auprès de l'empereur, pour traiter avec lui et qu'une trêve soit convenue entre les deux armées, pendant le temps nécessaire à cette négociation. — Soit, répondit Bélisaire, je n'apporterai jamais d'obstacles à votre désir d'obtenir la paix. » L'entrevue prit fin sur ces paroles. Les députés des Goths retournèrent dans leurs camps, d'où ils revinrent les jours suivants pour entamer des conférences, en vue de la conclusion d'une trêve [1].

Pendant ces négociations, la flotte aborda à l'embouchure du Tibre, en même temps que Jean arrivait à Ostie. Bien qu'aucun ennemi ne parût pour s'opposer au débarquement et au campement des troupes, elles attendirent la nuit, afin de n'avoir à craindre aucune surprise. Les Isauriens s'établirent tout près du port et s'entourèrent d'un fossé profond. Les troupes de Jean se retranchèrent derrière leurs chariots. Bélisaire se rendit à Ostie pendant la nuit, avec une escorte de cent cavaliers, pour exalter le courage de ces troupes nouvellement débarquées, en leur apprenant lui-même le succès qu'il venait de remporter et les négociations entamées avec les Goths. Il leur donna ordre de hâter leur marche vers Rome et d'y conduire les convois destinés à approvisionner la place. Il leur promit de veiller de son côté à la sûreté du trajet. Lorsqu'il fut retourné à Rome au point du jour, Antonine, revenue avec la flotte, assembla les chefs en conseil pour aviser aux moyens de transporter les vivres dans la ville, ce qui ne se pouvait faire sans difficultés. Les bœufs, excédés de fatigue et à demi morts, ne pouvaient être employés; il n'y avait d'ailleurs, aucune sûreté à engager dans un chemin étroit une quantité de chariots et on ne pouvait pas penser à établir un système de halage pour les bateaux. La route, à droite du fleuve, était impraticable et celle de gauche était occupée par l'ennemi. On se décida à choisir les bateaux les plus légers et

1. Procope, *de Bello Goth.*, lib. II, cap. 6.

on les entoura de planches, assez hautes pour mettre ceux qui les montaient à l'abri des traits. Après avoir chargé ces bateaux suivant leur capacité et les avoir garnis de matelots et d'archers, on mit à la voile pour remonter le fleuve, grâce à un vent favorable.

Une partie de l'armée côtoya le Tibre, par la voie d'Ostie, afin de défendre les navires; tandis que les Isauriens demeuraient à Ostie, pour garder la flotte. Dans les endroits où le fleuve coule en ligne droite, les bateaux remontaient le courant sans difficulté, poussés par le vent qui enflait leurs voiles ; mais dans les détours, on ne pouvait avancer que péniblement à force de rames. Les barbares n'essayèrent point de gêner la marche des convois et des troupes. Ils craignaient d'empêcher, par un acte d'hostilité, la conclusion de la trêve dont Bélisaire leur avait donné promesse. Peut-être aussi, pensaient-ils que les bateaux ne réussiraient point à arriver jusqu'à Rome. On les y amena sans encombre. Les matelots furent immédiatement renvoyés à Ostie et la flotte se hâta de retourner à Constantinople, parce qu'on approchait du solstice d'hiver.

Toutes les troupes demeurèrent dans Rome, à l'exception d'un corps d'Isauriens qui fut laissé à Ostie, sous le commandement de Paul. Un armistice fut enfin conclu pour trois mois, afin de donner le temps aux Goths d'envoyer des ambassadeurs à Constantinople et de recevoir la réponse de l'empereur. Des otages furent échangés. Les Romains livrèrent Zénon et les Goths un personnage important, nommé Ulias. Il fut convenu que, dans le cas où l'armistice serait rompu par le fait de l'une ou de l'autre partie, les ambassadeurs envoyés à Byzance n'y seraient point retenus. Les ambassadeurs de Vitigès partirent aussitôt, accompagnés d'officiers de l'armée romaine [1].

Dans le même temps, les forces romaines se trouvèrent encore augmentées d'une troupe de cavalerie assez nombreuse qu'amenait d'Afrique Ildiger, gendre d'Antonine. Ces renforts permirent à Bélisaire de faire occuper les localités que les Goths

---

1. Procope, *de Bello Goth.*, lib. II, cap. 7.

furent bientôt contraints d'abandonner. Le manque de vivres
força les barbares à évacuer Portus, Centumcellæ, aujourd'hui
Civita-Vecchia, et Albe. Les Romains s'y établirent et les Barbares se trouvèrent ainsi enveloppés de toutes parts. Pour se
tirer d'une situation si désavantageuse, ils brûlaient de rompre
brusquement la trêve et de surprendre les Romains. Ils
envoyèrent des députés, se plaindre de l'occupation de ces
places et déclarer qu'ils étaient décidés à se venger, si elles
ne leur étaient point restituées. Bélisaire ne fit que rire de leurs
plaintes et de leurs menaces. A partir de ce moment, les deux
armées se tinrent en défiance l'une de l'autre.

Bélisaire, ayant désormais à sa disposition plus de monde
qu'il n'en avait besoin à Rome, envoya hiverner dans les
environs d'Alba du Picénum, aujourd'hui Alba dans l'Abruzze
ultérieure, un corps de huit cents cavaliers sous les ordres
de Jean, neveu de Vitalien, quatre cents chevaux commandés
par Damianus, neveu de Valérien, et un autre corps de huit
cents hommes de cavalerie, commandés par deux de ses gardes, Sutan et Abigis. Ces divers détachements, placés sous le
commandement supérieur de Jean, avaient pour instructions
de s'abstenir de tout acte d'hostilité, tant que les Goths obser-
veraient la trêve ; mais, s'ils venaient à la rompre, de dévaster
aussitôt la contrée dans laquelle il ne restait plus guère que
des femmes et des enfants ; tous les hommes ayant marché
contre Rome. Les cavaliers de Jean devaient enlever les femmes
et les enfants des Goths et piller leurs biens. S'il se rencontrait quelque résistance, ils devaient essayer de la vaincre et
s'emparer des places fortes. Dans le cas où ils ne pourraient
réussir à enlever les places d'emblée, ils devaient battre en
retraite ou se maintenir dans leurs positions, sans s'exposer
à être attaqués à leur tour ou à perdre leur butin auquel toute
l'armée devait avoir part[1].

Vers la même époque, l'évêque de Milan, Datius et quelques-uns des principaux citoyens de cette ville, vinrent à
Rome pour demander à Bélisaire de leur envoyer un corps de

---

1. Procope, *de Bello Goth.*, lib. II, cap. 7 et 8.

troupe, lui affirmant qu'un faible secours suffirait à les mettre en état d'enlever aux Goths et de soumettre à l'empereur, non seulement la ville de Milan, mais la Ligurie tout entière. Bélisaire leur donna promesse de les aider, ce qu'il fit un peu plus tard[1].

Les Goths, résolus à rompre la trêve, tentèrent d'envahir la ville, pendant la nuit, en y pénétrant par un des aqueducs. Munis de torches et de lanternes, ils s'introduisirent dans le canal et le suivirent jusque dans l'intérieur de la place, près du palais des Pinci, où ils se trouvèrent arrêtés par un mur que Bélisaire y avait fait construire au commencement du siège. Ils se virent donc obligés de rebrousser chemin. Dès le lendemain, Bélisaire fut averti de cette tentative. La lueur des torches avait été aperçue, à travers une ouverture, par un homme de garde qui l'avait fait remarquer à ses camarades. Ceux-ci avaient pris cette lueur pour l'éclat des yeux d'un loup et n'y avaient point fait autrement attention dans le moment, mais ils avaient raconté la chose. Leur récit parvint aux oreilles du général qui fit visiter l'aqueduc. On y trouva des traces de flambeaux et on remarqua qu'une pierre du mur qui bouchait l'aqueduc, avait été arrachée. Bélisaire fit redoubler de vigilance et l'ennemi, comprenant qu'il ne pouvait surprendre la ville par ruse, résolut de l'attaquer ouvertement[2].

A l'heure que les Romains prenaient leur repas et que les défenseurs étaient moins nombreux sur les remparts, les Goths s'approchèrent de la porte Pinciana, avec des échelles et des torches. Ildiger était de garde à cet endroit. Voyant l'ennemi s'avancer en désordre, il agit avec résolution et promptitude. Il rassembla immédiatement ses hommes et opéra une brusque sortie. Il surprit les assaillants, avant qu'ils eussent le temps de se former en ordre de bataille, jeta la confusion dans leurs rangs et leur infligea de grandes pertes. Au bruit de la lutte, les Romains accoururent de toutes parts aux murailles ; de

1. Procope, *de Bello Goth.*, lib. II, cap 7.
2. Procope, *de Bello Goth.*, lib. II, cap. 9.

sorte que les Goths durent renoncer à leur entreprise et se retirer dans leurs camps[1].

La violence ne leur ayant point réussi, ils essayèrent de nouveau d'user de ruse. La muraille, du côté du Tibre, était extrêmement basse et assez faiblement gardée. Vitigès conçut l'espoir de la surprendre aisément. Il gagna deux habitants du quartier voisin de la basilique de Saint-Pierre. Ces deux hommes s'engagèrent, pour de l'argent, à se rendre à la tombée de la nuit auprès des soldats en faction; à leur porter une outre de vin; à les faire boire, en leur témoignant la plus vive sympathie et à rester boire avec eux. Ils devaient ensuite, lorsque la nuit serait complète, jeter dans leurs coupes un somnifère qu'on leur avait remis. Des barques avaient été préparées sur la rive opposée, pour faire passer un corps de troupes chargé d'escalader la muraille, dès qu'un signal convenu aurait fait connaître que la garde était endormie. En même temps, toute l'armée des Goths devait s'avancer pour achever de s'emparer de la ville. Mais un de ces deux hommes vint, de lui-même, découvrir le complot et dénoncer son complice. Celui-ci, immédiatement arrêté, avoua sa trahison. Bélisaire épargna le dénonciateur et fit couper le nez et les oreilles à son complice qu'il envoya, dans cet état, monté sur un âne, au camp des Goths. Les barbares rebutés dans cette dernière tentative, comme ils l'avaient été dans toutes les autres, comprirent que jamais ils ne réussiraient à s'emparer de Rome[2].

Cependant, Jean, averti par lettre de la rupture de la trêve, se mit, avec ses deux mille cavaliers, à ravager le Picénum; pillant et réduisant en esclavage les femmes et les enfants des Goths. Oulithéos, oncle de Vitigès, se porta à sa rencontre, avec une armée. Il fut défait et tué dans le combat. Un autre chef goth, nommé Trémon, fut également battu près d'Aternum. Cette ville tomba au pouvoir des Romains ainsi qu'Ortona[3]. Les deux villes d'Auximum et Urbinum n'étaient

---

1. Procope, de Bello Goth., lib. II, cap. 9.

2. Procope, de Bello Goth., lib. II, cap. 9.

3. Marcellini Comitis Chronicon (édit. Mommsen, Monum. Germ., in-4°, Auct. Antiq., t. XI, pars I, ann. 538, p. 105).

défendues que par de faibles garnisons ; mais elles étaient trop fortes pour qu'on pût espérer les enlever, sans en faire le siège. Jean passa outre et marcha sur Ariminum (Rimini), qui n'est qu'à une journée de marche de Ravenne Il s'en empara sans résistance ; car les barbares qui se défiaient beaucoup des habitants, s'empressèrent d'abandonner la ville à l'approche des Romains et se retirèrent précipitamment à Ravenne. En laissant derrière lui aux mains des Goths Auxinum et Urbinum, Jean contrevenait aux instructions de Bélisaire ; mais il comptait, par cette pointe hardie, forcer les Goths à lever le siège de Rome pour défendre Ravenne.

Matasunthe détestait Vitigès qu'elle avait été contrainte d'épouser. Dès qu'elle apprit la présence de Jean à Ariminum, elle lui envoya proposer secrètement de la prendre pour femme et lui offrit, à cette condition, de lui livrer Ravenne[1].

La nouvelle de la prise d'Ariminum arriva au camp des Goths, au milieu des souffrances qu'y causait la disette et au moment où la trêve de trois mois allait finir. Elle les décida à lever le siège, sans attendre le retour de leurs députés. On était près de l'équinoxe du printemps et le siège durait depuis un an et neuf jours. Les Goths incendièrent leurs camps et se mirent en marche de grand matin. Quand les Romains les virent s'éloigner, ils hésitèrent à les poursuivre. Presque toute la cavalerie romaine était dispersée au loin ; il ne restait pas dans la ville assez de forces pour attaquer un ennemi si supérieur en nombre. Néanmoins, Bélisaire fit prendre les armes à toute l'infanterie et à ce qui lui restait de cavalerie. Lorsqu'il vit que plus de la moitié de l'armée ennemie avait passé le pont Milvius, il fit sortir ses troupes par la porte Pinciana. Un combat s'engagea alors. Il ne fut pas moins acharné que ceux qui s'étaient livrés précédemment. D'abord les barbares soutinrent le choc de pied ferme et les pertes furent à peu près égales des deux côtés ; mais ensuite, mis en déroute, ils furent eux-mêmes cause de leur désastre. Se pressant pour passer le pont, se bousculant, s'écrasant les uns

---

1. Procope, *de Bello Goth.*, lib. II, cap. 10.

les autres, ils tombaient sous les coups des leurs, autant que sous les coups de leurs ennemis. Beaucoup d'entre eux furent précipités dans le Tibre et, alourdis par leurs armes, s'y noyèrent. Ceux qui parvinrent à passer le fleuve, rejoignirent le corps qui l'avait passé, avant cet engagement. L'armée de Vitigès opéra sa retraite par la Tòscane [1].

Vitigès détacha de son armée divers corps de troupes, pour augmenter les garnisons des principales places fortes demeurées en son pouvoir. Il jeta dans Clusium mille hommes, commandés par un chef goth nommé Gibimer; mille autres, sous les ordres du goth Albilas, dans Urbsvetus (Orvieto); quatre cents, sous les ordres d'Uligisale, dans Tuderte. Visandus, avec quatre mille hommes, fut envoyé à Auximum, aujourd'hui Osimo, ville principale du Picénum et Morra, avec deux mille, à Urbinum. Pétra était occupée par quatre cents hommes qui y furent laissés et les forteresses de Céséna et de Monsférétrus (Montefeltro) reçurent chacune une garnison d'au moins cinq cents hommes. Avec le reste de ses troupes, Vitigès marcha droit sur Ariminum qu'il avait résolu d'assiéger [2].

Aussitôt après la retraite des Goths, Bélisaire avait commandé à deux de ses lieutenants, Ildiger et Martin, de se rendre à marches forcées, avec mille cavaliers, à Ariminum; d'où ils avaient ordre de faire sortir immédiatement Jean et tous ses escadrons. Il leur était ordonné de remplacer la cavalerie de Jean par de l'infanterie tirée d'Ancône que Conon avait occupée tout récemment avec un corps assez nombreux de Thraces et d'Isauriens. Bélisaire espérait que les Goths dédaigneraient d'assiéger Ariminum, si cette place n'était défendue que par de l'infanterie sous les ordres d'officiers sans grand renom et qu'ils passeraient outre, pour continuer leur retraite sur Ravenne. S'ils entreprenaient le siège, l'infanterie pouvait subsister dans la ville plus longtemps que la cavalerie, exposée à manquer de fourrages et

---

1. Procope, *de Bello Goth.*, lib. II, cap. 10.
2. Procope, *de Bello Goth.*, lib. II, cap. 11.

cette cavalerie, forte de mille chevaux, évoluant autour des
assiégeants, devait les incommoder grandement. Ildiger et
Martin suivirent la voie Flaminienne et devancèrent de beaucoup les barbares. Le nombre de ceux-ci ralentissait leur
marche et ils étaient obligés à un long détour, pour faire vivre
leurs troupes et pour éviter la voie Flaminienne que leur barrait une série de places fortes, Narnia, Spolétium et Pérusia,
toutes demeurées aux mains des impériaux.

La petite troupe d'Ildiger et de Martin se heurta à un
obstacle qui faillit l'arrêter. Elle arriva à un endroit où la
route était resserrée entre un rocher extrêmement élevé et une
rivière dont le cours était si rapide qu'il était impossible de
la traverser. Primitivement, le rocher s'étendait jusqu'à la
rivière et barrait le défilé. Pour livrer passage à la route, il
avait fallu percer ce rocher. On y avait pratiqué une étroite
ouverture qui, se resserrant à la sortie, finissait en une simple
porte, de façon à constituer une défense naturelle, connue
sous le nom de Petra Pertusa, la roche percée, aujourd'hui
Pietralata.

Ildiger et Martin, après avoir tenté en vain de forcer le
passage, défendu par des Goths établis dans le vallon où débou-
chait le défilé, firent grimper sur le rocher une partie de leurs
hommes qui tournèrent la position et d'en haut, essayèrent
d'atteindre les barbares à coups de pierres. Ceux-ci coururent se mettre à l'abri dans leurs habitations. Les soldats
romains eurent alors l'idée de détacher de la montagne de
grands quartiers de roc qu'ils firent ébouler, dans l'espoir
d'écraser les maisons. Ils ne firent pas grand dommage ; mais
jetèrent la terreur parmi les barbares qui se rendirent, sous
condition qu'il ne leur serait fait aucun mal. Ils s'engagèrent
même à entrer au service de l'empereur et à obéir à Bélisaire.
Ildiger et Martin emmenèrent une partie d'entre eux, enrôlés
comme soldats, et laissèrent les autres, avec les femmes et les
enfants, à la garde du passage qu'ils devaient défendre
désormais contre les ennemis des Romains. Les deux généraux se rendirent ensuite à Ancône, d'où ils tirèrent la plus
grande partie de l'infanterie qui s'y trouvait, et arrivèrent à

Ariminum, après trois jours de marche. Jean refusa d'obéir
.aux ordres.du général en chef et retint avec lui, dans Ariminum, quatre cents cavaliers, commandés par Damianus. Le
reste de la cavalerie suivit Ildiger et Martin qui laissèrent
dans la place l'infanterie d'Ancône et se hâtèrent de retourner
vers Bélisaire [1].

Vitigès parut, peu de temps après, sous les murs d'Ariminum. Il tenta d'abord d'enlever la place d'assaut. Repoussé
avec des pertes considérables, il renonça à.s'en emparer de
vive force, comptant réduire bientôt par la famine une ville
qui n'avait pu être approvisionnée en vue d'un long siège.
Tandis que Vitigès investissait Ariminum, Bélisaire faisait
partir pour Milan, avec les députés de cette ville, un .corps
de mille hommes, Isauriens et Thraces. Les Isauriens étaient
commandés par Ennès et les Thraces, par Paul. Mundilas,
auquel le général en chef avait donné une escorte de ses
gardes, était chargé du commandement supérieur de cette
expédition. Il emmenait avec lui Fidélius, préfet du prétoire,
qui était originaire de Milan et dont le crédit en Ligurie pouvait être d'un grand secours. Ce détachement se rendit par
mer à Gênes, d'où il se mit en marche. Il eut soin d'emporter, sur des chariots, les chaloupes des navires, pour
n'être pas arrêté au passage du Pô. Après avoir traversé ce
fleuve, il se dirigea vers Ticinum. C'était une ville puissamment fortifiée et les Goths qui, de toute la contrée voisine, y
avaient mis en sûreté leurs biens les plus précieux, avaient
laissé pour sa défense une solide garnison. Aux approches
de cette place, les Romains donnèrent dans un gros d'ennemis qui s'avançaient contre eux. Les Goths étaient nombreux
et braves ; le combat fut acharné. Les Romains eurent le
dessus et mirent en déroute leurs ennemis, auxquels ils
infligèrent des pertes sérieuses, en les poursuivant jusque
sous les murs de la ville où ils faillirent pénétrer. On eut
à peine le temps d'en fermer les portes.

Tandis qu'après cette poursuite, les troupes romaines se

---

1. Procope, *de Bello Goth.*, lib. II, cap. 11.

ralliaient, Fidélius demeura en arrière, à prier dans une église. Quand il voulut rejoindre les siens, il tomba de cheval, tout près des remparts de la ville. Des Goths l'ayant vu tomber, sortirent et le tuèrent, avant que, dans la troupe romaine, on se fût aperçu du danger qu'il courait. Sa mort fut considérée comme une grande perte[1]. Mundilas continua sa route vers Milan, dont les Romains s'emparèrent sans coup férir. Ils se rendirent maîtres de toute la Ligurie. A cette nouvelle, Vitigès détacha, pour recouvrer Milan, un corps d'armée considérable, sous les ordres de Vraïas, fils de sa sœur. Déjà, il avait appelé à son secours Théodebert, roi des Francs.

Les successeurs de Clovis qui, avant d'accepter la cession des possessions transalpines des Ostrogoths et leur subside de cent vingt mille sous d'or, à condition de les aider à se défendre contre les impériaux, avaient accepté également les subsides de Justinien, à condition de le seconder contre les Ostrogoths, ne voulurent point violer tout d'abord leur traité avec l'empereur. Ils ne voulurent point non plus négliger l'occasion que leur donnait leur traité avec Vitigès, de mettre le pied en Italie. Ils n'expédièrent donc point d'armée franque au sud des Alpes; mais dix mille Burgundes allèrent joindre les Goths, sans l'aveu apparent de leurs nouveaux maîtres. Après avoir opéré sa jonction avec cette armée de Burgundes, Vitigès parut subitement sous les murs de Milan qui ne s'attendait point à être assiégée et n'était ni ravitaillée, ni défendue. Les vivres faisaient complètement défaut et Mundilas avait disséminé ses troupes, pour occuper Bergomum, Comum et Novaria. Lui-même était demeuré dans Milan avec Ennès et Paul; mais n'avait conservé que tout au plus trois cents hommes. Tout le poids de la défense tomba donc sur les habitants qu'on fut obligé d'employer, à tour de rôle, à la garde des remparts.

Cependant Bélisaire, résolu d'aller combattre Vitigès et la principale armée des Goths, se mit en marche, vers l'époque du solstice d'été, à la tête de toute son armée. Il ne laissa

1. Procope, *de Bello Goth.*, lib. II, cap. 11 et 12.

dans Rome, pour la garde de la ville, qu'un corps peu nombreux[1]. Il envoya en avant quelques détachements, avec ordre de préparer ses campements devant Tuderte et Clusium qu'il avait dessein d'attaquer, pour ne point laisser derrière lui ces deux places au pouvoir de l'ennemi. Les Goths qui les occupaient, capitulèrent, sans attendre d'être attaqués. A la seule nouvelle de l'approche de l'armée romaine, ils envoyèrent des parlementaires, chargés d'offrir au général en chef la reddition des deux villes et de leurs garnisons, sous la seule condition qu'on leur garantirait la vie sauve. La capitulation fut fidèlement observée de part et d'autre; les Goths furent remplacés par des garnisons romaines et dirigés sur Naples et la Sicile.

De son côté, Vitigès cherchait à reprendre le château d'Ancône, contre lequel il faisait marcher un corps d'armée, grossi des troupes stationnées à Auximum. L'imprudence de Conon qui commandait dans Ancône, faillit causer la perte de cette place. Il crut faire trop peu en se bornant à défendre le château; il sortit au-devant de l'ennemi, avec toutes ses forces et alla prendre position à cinq stades de la ville, dans un endroit où s'élevait un monticule. Il distribua sa troupe en une ligne peu profonde, au pied et tout autour de ce monticule, comme s'il eût voulu former une enceinte de chasseurs. A la vue de l'ennemi, fort supérieur en nombre, ses hommes lâchèrent pied et s'enfuirent dans la direction du château où les premiers arrivés purent se réfugier, par une poterne que leur avaient ouverte les quelques Romains qui habitaient la forteresse. Mais quand ces habitants s'aperçurent que des Goths poursuivaient les fuyards et menaçaient de pénétrer pêle-mêle avec eux dans la place, ils s'empressèrent de fermer les portes. Conon et quelques-uns des siens réussirent seuls à se sauver, en se faisant hisser avec des cordes sur la muraille que d'autre part, les Goths tentaient d'escalader avec des échelles. Ils ne furent repoussés que grâce au dévouement d'un Thrace, nommé Ulimun et d'un Massagète, nommé Bulgudu. Le premier était à la solde de Bélisaire, le second à la solde de Valé-

---

1. Procope, *de Bello Goth.*, lib. II, cap. 13.

rien. Ces deux hommes, qu'un accident de navigation avait
jetés, peu de temps auparavant, dans Ancône, précipitèrent, à
coups d'épée, les barbares qui montaient à l'assaut et sortirent
de ce combat vainqueurs, mais couverts de blessures et mourants.

Ce fut pendant sa marche sur Ariminum, que Bélisaire
apprit la présence dans le Picénum de Narsès qui arrivait de
Byzance, avec de nombreuses troupes. Cet eunuque, préfet
du trésor impérial, était doué d'une extraordinaire énergie
et d'un caractère extrêmement vif. Il amenait cinq mille
hommes sous plusieurs commandants, parmi lesquels Justin,
maître de la milice en Illyrie ; et environ deux mille Hérules,
sous la conduite de trois des chefs les plus vaillants de leur
nation [1].

Bélisaire et Narsès opérèrent leur jonction près de Firmum,
aujourd'hui Fermo, à une journée de marche d'Auximum.
Les deux généraux réunirent aussitôt en conseil tous les chefs
des deux armées, pour délibérer sur les opérations à entreprendre. Il y avait lieu de craindre que la famine ne forçât
Ariminum à se rendre, si on tardait à la secourir. D'autre part,
marcher directement à son secours, en laissant derrière soi
Auximum, c'était exposer l'armée à être attaquée, à revers, par
la garnison de cette place et laisser les Romains, établis dans
la région, à la merci des barbares. D'ailleurs, la plupart des
officiers, indignés de la conduite de Jean qui, avec une
aveugle audace et par cupidité, s'était mis dans une situation
si critique, malgré les ordres formels de Bélisaire, étaient
peu disposés à rien hasarder pour le tirer d'embarras. Narsès,
au contraire, lui était favorable plus qu'homme au monde, car
ils étaient étroitement unis ensemble. Narsès combattit donc
l'avis qu'il craignait de voir prévaloir dans le conseil. Il
représenta avec chaleur que, si on remettait à plus tard
d'assiéger Auximum, il ne pouvait en résulter aucun danger
sérieux ; que la chute d'Ariminum aurait, au contraire, les
conséquences les plus funestes ; que ce serait, pour l'Empire

---

1. Procope, *de Bello Goth.*, lib. II, cap. 13.

la perte d'une ville dont il était maître, de toutes les troupes
qui s'y trouvaient et d'un général d'une incontestable valeur;
que de plus, ce serait, pour les Goths, un grand succès qui,
interrompant la suite de leurs revers, ranimerait leur courage
abattu par de continuelles défaites et ferait succéder en eux
une ardeur nouvelle à ce manque de confiance qui était
l'unique cause de leur infériorité, puisqu'ils étaient supérieurs
en nombre; que, pour Jean, il était assez puni de sa désobéis-
sance par l'extrémité où elle l'avait réduit, puisqu'il dépendait
de Bélisaire de le sauver ou de l'abandonner à l'ennemi et
qu'il ne fallait pas châtier l'imprudence d'un officier, aux dépens
de l'armée tout entière et de l'Empire. En ce moment arriva
au camp un soldat d'Ariminum qui, après avoir réussi à
franchir les lignes des barbares, apportait à Bélisaire une
lettre de Jean. Cette lettre portait que les défenseurs d'Ariminum manquaient de vivres, depuis longtemps déjà et ne
pouvaient plus ni contenir la population, ni repousser l'ennemi;
qu'ils ne pouvaient tenir plus de sept jours; que, ce terme
expiré, une nécessité assez puissante pour leur servir d'excuse,
les forcerait à se rendre et à livrer la ville [1].

Malgré ce pressant appel, Bélisaire hésitait à marcher sur
Ariminum. S'il craignait pour les assiégés, il redoutait non
moins vivement d'être pris à revers par la garnison d'Auximum, au moment où il aurait en face l'armée de Vitigès.
Résolu enfin à secourir Ariminum, il prit les dispositions suivantes : il donna ordre à Aratius d'aller, avec un corps de
mille hommes, établir un camp retranché dans une position
située près du rivage de la mer, à environ deux cents stades
d'Auximum et il lui défendit de faire aucun mouvement, d'engager aucun combat, à moins que ce ne fût pour repousser une
attaque directe contre son camp. Aratius, ou plus exactement
Harhad, était frère de Nersès ou Nerseh qui, peu auparavant,
avait amené quelques troupes en Italie et avait opéré sa
jonction avec Bélisaire, à peu près dans le même temps que
Narsès. Ces deux frères étaient arméniens, probablement de-

---

1. Procope, *de Bello Goth.*, lib. II, cap. 16.

l'illustre maison de Camsar; car Procope nous apprend qu'ils possédaient le château de Bolon et on sait que cette forteresse appartenait à la maison de Camsar qui avait eu un rôle important dans les affaires d'Arménie [1]. Ils avaient autrefois combattu et vaincu Bélisaire, pendant la campagne que ce général avait été chargé de commander,—avec Sittas, en l'année 523, dans la Persarménie [2]. En établissant un camp dans le voisinage d'Auximum, Bélisaire espérait contenir la garnison de cette ville et l'empêcher de rien entreprendre, sur les derrières de l'armée romaine.

Les meilleures troupes de l'armée furent ensuite embarquées sous les ordres d'Hérodianus, d'Uliaris et de Nersès, le frère d'Aratius. Ildiger était préposé au commandement de la flotte, qu'il avait mission de diriger droit vers Ariminum, en longeant les côtes que devait suivre, par la voie de terre, un corps sous les ordres de Martin. Il était recommandé à Ildiger de ne pas aborder à Ariminum, tant que le corps de Martin n'en serait pas proche. Martin avait ordre d'allumer un grand nombre de feux, lorsqu'il serait en vue des ennemis; de façon à leur faire croire à la présence d'une armée très considérable. Bélisaire lui-même accompagné de Narsès, se mit à la tête de toutes les autres troupes et s'avança par une autre route, très loin du rivage. Il passa par la ville de Salvia qu'Alaric avait jadis ruinée, au point qu'on n'y voyait plus qu'une seule porte et quelques restes de pavements. Bélisaire venait de s'engager dans les montagnes situées à une journée de marche d'Ariminum, quand son avant-garde rencontra une petite troupe de Goths que quelque nécessité avait fait envoyer de ce côté. Ces Goths tentèrent de barrer la route; mais ils furent rapidement dispersés. Ceux d'entre eux qui réussirent à se sauver, se réfugièrent, couverts de blessures, sur les rochers voisins. Ils aperçurent de là l'armée impériale qui convergeait de toutes parts vers le défilé et qui leur parut beaucoup plus nombreuse qu'elle ne l'était en réalité. Leur

---

1. Procope, *de Bello Pers.*, lib. I, cap. 15.
2. Procope, *de Bello Pers.*, lib. I, cap. 12.

impression devint plus vive encore quand, à la vue des étendards de Bélisaire, ils reconnurent que ces troupes étaient con-
duites par le général en chef en personne. Ils regagnèrent,
par des chemins détournés, le camp de Vitigès où ils arrivèrent vers midi, montrant leurs blessures et annonçant l'approche de Bélisaire qui s'avançait, dirent-ils, à la tête d'une
armée innombrable. Les Goths prirent aussitôt leurs dispositions pour combattre cet ennemi formidable qu'ils s'attendaient
à voir paraître au nord d'Ariminum.

Ils demeurèrent tout le jour sous les armes, les yeux fixés
vers les montagnes. Les troupes de Bélisaire ne parurent pas,
parce qu'on avait jugé prudent d'attendre au lendemain pour
continuer la marche. La nuit venue, les Goths s'apprêtaient à
prendre quelque repos, lorsqu'ils aperçurent avec terreur, à
la distance de soixante stades, du côté de l'orient, les feux que
Martin allumait en grand nombre. Persuadés qu'ils étaient
enveloppés, ils passèrent la nuit dans la plus vive inquiétude.
Aux premières clartés du jour, ce fut la flotte qui leur apparut,
cinglant vers le rivage. Il n'y eut plus alors parmi eux
qu'épouvante et débandade. Ce fut à qui se précipiterait le
premier hors du camp, pour fuir vers Ravenne. La confusion
était telle qu'il était impossible de faire entendre aucun ordre.

Si les assiégés avaient eu assez de force et d'ardeur pour
opérer une sortie en ce moment, ils eussent immanquablement infligé aux barbares un désastre si complet, que du coup
la guerre eût été terminée [1]. L'état d'extrême faiblesse où le
manque de vivres les avait réduits et aussi la crainte que leur
avaient inspirée les événements du siège, les empêchèrent d'inquiéter les ennemis qui coururent en désordre jusqu'à Ravenne
et abandonnèrent, dans leur camp, une partie de leurs bagages
dont s'emparèrent les troupes débarquées par Ildiger. Bélisaire arriva vers midi, avec toute l'armée. Quand il vit la pâleur
et la misère de la garnison d'Ariminum et de son chef, il dit
à ce dernier, pour lui reprocher son imprudente audace, qu'il
avait la plus grande obligation à Ildiger. A quoi Jean répondit

---

1. Procope, *de Bello Goth.*, lib. II, cap. 16 et 17.

qu'il devait beaucoup à Narsès, rien à Ildiger; donnant ainsi à entendre que c'était à l'intervention de Narsès, non à la volonté de Bélisaire, qu'il devait d'avoir été secouru.

La rivalité entre les deux chefs de l'armée impériale était désormais déclarée. Les amis de Narsès le poussaient à ne pas continuer à marcher à la suite de Bélisaire. Ils lui représentaient qu'il n'était point de sa dignité, à lui qui était dans les secrets de l'empereur, de n'avoir point la conduite de la guerre et d'obéir à un général en chef; qu'il ne devait point espérer que Bélisaire consentirait à partager le commandement suprême; que, dans le cas où il se déciderait à se mettre à la tête d'une armée séparée, il aurait avec lui le plus grand nombre de troupes et, sans aucun doute, les meilleurs chefs, car les Hérules, ses propres gardes, les troupes de Jean, d'Aratius et de Nersès, qui ensemble comptaient au moins dix mille hommes des plus courageux et des mieux aguerris, souffraient de voir Bélisaire s'attribuer à lui seul, sans aucune part pour son collègue, tout le mérite d'avoir soumis l'Italie; qu'il leur paraissait inadmissible qu'un homme habitué à vivre dans l'intimité de l'empereur, eût quitté la cour uniquement pour venir, au risque de compromettre sa propre situation, affermir la gloire de Bélisaire. Ils ajoutaient que, séparé de lui, Bélisaire ne pourrait plus rien accomplir d'important; car, la plus grande partie de ses troupes ayant été laissée en garnison dans les places de la Sicile et du Picénum, l'effectif de son armée se trouvait grandement diminué. Narsès était tout disposé à se laisser convaincre. Il en vint bientôt à ne plus se posséder, à ne plus pouvoir se contraindre. Il ne cessait de s'opposer à tout ce que Bélisaire proposait d'entreprendre et, sous prétexte d'avis différent, il débauchait tantôt les uns, tantôt les autres.

Pour mettre un terme à ces intrigues, Bélisaire assembla tous les chefs en conseil. Il leur exposa qu'ils semblaient ne pas se rendre un compte exact de la situation et qu'ils avaient grandement tort, s'ils considéraient comme définitive, la défaite des barbares; que les Goths étaient encore en état de mettre en campagne plusieurs armées, au moins égales en nombre à l'armée romaine; que, de plus, l'alliance des Francs menaçait de les rendre plus formidables que jamais. Il conclut qu'à son avis, il était urgent, avant d'entreprendre aucune autre opération, de faire marcher une partie de l'armée au secours de la Ligurie et de Milan et d'employer le reste des troupes à combattre le corps ennemi posté à Auximum qu'il fallait réduire, sans plus tarder.

Narsès, déclarant enfin son ambition et ses projets, prit alors la parole et, après avoir approuvé les considérations générales exposées par Bélisaire, il ajouta : « Mais ce n'est point, à mon avis, tirer bon parti de l'armée impériale, que de l'employer tout entière autour de deux villes. Prenez, dit-il à Bélisaire, ce que vous voudrez de troupes et conduisez-les à Auximum et à Milan. Quant à nous, nous irons soumettre à l'empereur l'Émilie, d'où les Goths tirent, semble-t-il, leurs principales ressources et nous inquiéterons si bien Ravenne que vous serez en état de réussir, dans tout ce qu'il vous plaira d'entreprendre contre ceux des ennemis que vous aurez à combattre; car il ne leur restera aucun espoir d'être secourus. Si, au contraire, nous devions être employés, avec vous, au siège d'Auximum, je craindrais de voir les barbares sortir de Ravenne, nous réduire à être nous-mêmes comme assiégés et nous faire périr sur place, en nous coupant le passage des vivres. »

Pour prévenir ce partage de l'armée, qui pouvait compromettre le succès de la campagne, Bélisaire produisit un ordre de l'empereur, adressé aux chefs de l'armée et conçu en ces termes : « Narsès, préfet de notre trésor, envoyé par nous en Italie, n'a pas mission d'y commander l'armée. Nous voulons donc que le commandement de toutes les troupes soit exercé par Bélisaire et qu'il les dirige, comme il le jugera convenable. Vous lui devez tous obéissance, pour le bien de notre service ». Narsès prit prétexte de ces derniers mots, pour déclarer que, dans la conjoncture présente, Bélisaire agissait contrairement au bien du service et qu'on n'était pas obligé de le suivre [1].

---

1. Procope, de Bello Goth., lib. II, cap. 18.

Sans discuter davantage, Bélisaire donna ordre à Péranius d'aller, avec un corps nombreux, entreprendre le siège d'Urbsvetus (Orvieto). Lui-même marcha contre Urbinum, ville solidement fortifiée et occupée par une garnison suffisante. Narsès, Jean et tous les autres chefs le suivirent ; mais ne joignirent point leurs forces à celles qui étaient placées directement sous ses ordres. Arrivés devant Urbinum, ils campèrent séparément, à l'ouest de la place ; tandis que Bélisaire plaçait son camp à l'est [1]. Bélisaire espérait que les Goths, qu'il croyait démoralisés, pourraient être facilement amenés à se rendre. Il leur dépêcha des parlementaires, chargés de leur offrir une capitulation avantageuse. Les barbares refusèrent de recevoir les parlementaires dans la ville et repoussèrent toutes les propositions qui leur furent faites. Ils étaient bien approvisionnés et comptaient sur la forte position de la place, située sur une colline circulaire qui, bien que n'étant point escarpée, était d'un accès difficile. Cette ville n'était guère accessible que du côté du nord. Bélisaire, résolu à donner l'assaut, fit construire par ses soldats une longue galerie, destinée à leur permettre d'approcher à couvert et d'attaquer le rempart, du côté où la pente du terrain était le moins raide.

Tandis que se faisait ce travail, les familiers de Narsès lui représentaient l'entreprise de Bélisaire comme d'une difficulté extrême et comme impraticable. Ils lui rappelaient, ce qui était vrai, que Jean avait déjà tenté d'attaquer cette place, quand elle n'avait qu'une faible garnison et qu'il avait reconnu qu'elle était inexpugnable. Ils ajoutaient que Narsès devait s'occuper de faire rentrer l'Émilie dans l'obéissance de l'empereur. Narsès se laissa convaincre et, malgré les instances de Bélisaire qui le suppliait de l'aider à prendre Urbinum, il leva son camp, pendant la nuit et se dirigea, à marches forcées, avec son armée, vers Ariminum. Le lendemain matin, les assiégés, s'étant aperçus du départ de la moitié de l'armée ennemie, accablèrent de railleries et de quolibets ceux qui étaient demeurés devant la place.

1. Procope, *de Bello Goth.*, lib. II, cap. 19.

Bélisaire s'apprêtait à poursuivre le siège, avec ce qui lui restait de troupes, quand une circonstance fortuite vint le tirer d'embarras. Il n'existait, dans Urbinum, qu'une seule fontaine qui alimentait d'eau toute la ville. Tout à coup, cette source diminua et trois jours après, elle tarit complètement. Privés d'eau, les barbares n'eurent plus qu'à se rendre. Au moment de donner l'assaut, Bélisaire les aperçut qui, du haut du rempart, tendaient les bras pour signifier qu'ils demandaient à capituler. De part et d'autre, on fut bien aise de n'avoir pas à combattre. Les Goths eurent la vie et les biens saufs et s'engagèrent à servir dans l'armée impériale, aux mêmes conditions que les autres troupes. La nouvelle de ce succès surprit et affligea Narsès qui ne quitta point Ariminum et se contenta d'ordonner à Jean d'aller attaquer Céséna, à la tête de toutes les troupes qui avaient fait défection devant Urbinum. Cette entreprise ne fut pas heureuse. Jean fut repoussé, dans un assaut qu'il tenta contre Céséna et où il perdit beaucoup de monde. Phanothéos, chef des Hérules, y fut tué. La place paraissant imprenable, Jean n'osa hasarder un second assaut. Il réussit mieux à Forum Cornelii (Forli), dont il s'empara par surprise. Les barbares se mettaient partout en retraite, sans jamais en venir aux mains, de sorte qu'il soumit l'Émilie tout entière, à la puissance de l'empereur.

Après la prise d'Urbinum, Bélisaire ne jugea pas à propos d'attaquer Auximum. On était à l'époque du solstice d'hiver et Auximum, défendue par une garnison solide, nombreuse et bien approvisionnée, était en situation de soutenir un long siège. Quant à la prendre de vive force, il n'y fallait point songer. Bélisaire se contenta donc de placer en quartiers d'hiver, à Firmum, Aratius, avec un gros corps de troupes, pour surveiller la garnison d'Auximum et l'empêcher de continuer à dévaster la contrée environnante. Lui-même conduisit un corps d'armée vers Urbsvetus où l'appelait Péranius qui, informé par des transfuges du manque de vivres dont souffrait la garnison de cette ville, comptait que, dans l'état où elle était réduite, la présence de Bélisaire et l'augmentation des forces des assiégeants l'amèneraient plus facilement à se rendre. Arrivé devant

Urbsvetus, Bélisaire donna ses ordres pour l'établissement de son camp. Il alla ensuite reconnaître la place. Il demeura convaincu, après en avoir fait le tour, qu'on ne pouvait penser à l'enlever d'assaut. Elle était située au haut d'une colline isolée, dont la partie supérieure, en pente douce, se terminait par une plate-forme ; mais dont les flancs, dans la partie inférieure, étaient verticaux. Elle était entourée de roches de même hauteur. Mais, de la colline au rocher qui en était le plus rapproché, il y avait la distance d'un jet de pierre. De sorte qu'aucun de ces rochers ne rendait possible de tenter l'escalade. La position d'Urbsvetus avait toujours paru si inexpugnable que, de tout temps, on s'était dispensé de l'entourer de murailles ou d'y construire aucun ouvrage. Entre les rochers et la colline, coulait une rivière qui barrait le passage partout, sauf en un point par où était l'unique accès à la ville et qu'il suffisait de garder pour qu'elle fût à l'abri de toute attaque. Les Romains y avaient autrefois élevé un ouvrage et établi une porte que les Goths avaient occupés. Bélisaire entreprit le siège, espérant que, du côté de la rivière, il ne serait peut-être pas impossible de surprendre la place avec succès et certain, en tous cas, d'en venir à bout par la famine. Elle finit par capituler ; mais la résistance des Goths se prolongea au delà de toute prévision. Tant que les subsistances ne leur firent point absolument défaut, ils souffrirent patiemment la faim et, après avoir complètement épuisé leurs vivres, ils se sustentèrent quelque temps encore, à l'aide de peaux et de cuirs détrempés dans l'eau. Albilas, leur commandant, homme d'une grande renommée parmi les Goths, soutenait leur courage, en leur inspirant le vain espoir d'être secourus [1].

Dans les contrées foulées par la guerre, les champs n'avaient pu être labourés et ensemencés. Des grains abandonnés, gisant à la surface du sol, en dehors de tout sillon creusé, purent seuls germer et firent paraître çà et là, quand vint l'été, de rares épis, poussés au hasard, qui n'arrivèrent point à maturité et auxquels aucune moisson ne succéda.

---

1. Procope, *de Bello Goth.*, lib. II, cap. 20.

Dans l'Émilie, les habitants abandonnèrent leurs demeures et émigrèrent dans le Picénum. Ils espéraient que, dans cette contrée maritime, la disette serait moins extrême. En Toscane, la famine ne fut pas moindre. Les habitants des régions montagneuses y furent réduits à moudre des glands de chêne et à se nourrir de pain fait avec cette farine, qui causa des maladies dont bien peu se rétablirent. Dans le Picénum, on prétendait, rapporte Procope, qu'il périt près de cinquante mille laboureurs. Dans d'autres provinces, la mortalité fut plus grande encore.

Procope, qui fut témoin de cette horrible agonie des populations italiennes, a décrit leurs souffrances. On ne voyait, dit-il, que des êtres décharnés, dont la peau était collée sur les os. Semblables à des torches éteintes, ils avaient pris une couleur de noir de fumée. Leurs visages étaient hagards ; dans leurs yeux, brillait comme une sombre fureur. Les malheureux qui trouvaient quelque aliment, s'en repaissaient avec trop d'avidité pour leurs organes affaiblis et mouraient, plus tôt encore qu'ils ne seraient morts de la faim. Il y en eut qui se dévorèrent les uns les autres. Près d'Ariminum, deux femmes étaient restées seules de tout un village. Elles donnaient à loger aux passants, les égorgeaient, pendant leur sommeil et s'en nourrissaient. Elles en tuèrent ainsi dix-sept. Le dix-huitième s'éveilla, lorsqu'elles approchaient de son lit et, après avoir tiré de leur bouche l'aveu de ces horreurs, il les massacra. La campagne était couverte de morts, dont les mains étaient encore attachées aux herbes et aux racines qu'ils n'avaient pas eu la force d'arracher. Ces cadavres demeuraient sans sépulture, rebutés même des oiseaux de proie, car la faim avait déjà consumé toutes leurs chairs [1]. Datius, évêque de Milan, rapportait qu'une femme attachée au service de son église, avait mangé son propre enfant.

Dans le nord de l'Italie, Martin et Uliaris, envoyés, comme on l'a vu, par Bélisaire, au secours de Milan, s'étaient arrêtés à une journée de marche de cette ville, sur les bords du Pô où

---

1. Procope, *de Bello Goth.*, lib. II, cap. 20.

ils demeuraient campés, perdant beaucoup de temps en hésitations et ne se décidant point à passer le fleuve. Quand Mundilas, qui commandait dans Milan, apprit la présence et l'inaction de l'armée de secours, il dépêcha vers elle, pour la presser de se remettre en mouvement, un Romain, nommé Paul. Cet homme, après avoir réussi à franchir les lignes ennemies, ne trouva aucune barque, sur les rives du Pô ; il se dépouilla de ses vêtements, traversa le fleuve à la nage, malgré la force et la largeur du courant et parvint ainsi au camp de Martin et d'Uliaris. Les deux généraux le renvoyèrent, avec promesse de le suivre promptement. Il réussit de nouveau à traverser les lignes ennemies et rentra, pendant la nuit, dans Milan, où la promesse qu'il apportait, rendit espoir et courage à la garnison et aux habitants. Mais Martin ne continua pas moins à ne pas bouger. Après avoir perdu encore bien du temps, il voulut mettre sa responsabilité à couvert et écrivit à Bélisaire qu'il avait mis tout son zèle à accomplir la mission qui lui avait été confiée ; qu'il s'était avancé, à marches forcées, jusqu'aux rives du Pô ; mais que là ses troupes avaient marqué de l'hésitation, en apprenant le grand nombre des Goths et des Burgundes rassemblés dans la Ligurie, contre lesquels elles ne se voyaient pas en état de lutter, sans renforts. Il suppliait en conséquence le général en chef d'ordonner à Jean et à Justin, qui se trouvaient dans l'Émilie, relativement à proximité, de s'avancer, pour contrebalancer la supériorité des ennemis. La jonction des corps de Jean et de Justin avec le corps stationné aux bords du Pô, devait, ajoutait-il, constituer une armée capable d'infliger, à coup sûr, aux barbares une défaite décisive.

Bélisaire transmit en toute hâte à Jean et à Justin l'ordre d'opérer conjointement avec Martin. Mais Jean et Justin refusèrent tous les deux d'obéir ; à moins que l'ordre ne leur fût donné par Narsès. Sur quoi Bélisaire écrivit à Narsès qu'il devait considérer que toutes les troupes impériales faisaient un seul corps et que si, au lieu d'agir avec ensemble, elles tendaient à des actions distinctes, on ne réussirait à exécuter aucune des opérations nécessaires ; que l'Émilie n'avait point de places fortes et ne pouvait, en ce moment, procurer le moindre avantage aux Romains; qu'il fallait donc ne point s'en occuper et donner ordre sans retard à Jean et à Justin de se joindre à Martin, pour se porter avec lui au secours de Milan ; que les troupes que lui-même pourrait y envoyer, auraient trop de chemin à faire pour arriver à temps et n'arriveraient qu'avec des chevaux harassés et hors de service; tandis que Jean et Justin pouvaient marcher rapidement sur Milan et, avec le corps de Martin et d'Uliaris, constituer une force suffisante pour battre, à coup sûr, les barbares assemblés dans cette contrée ; que cela fait, aucune résistance ne les empêcherait de soumettre l'Émilie. Narsès, au reçu de cette lettre, fit parvenir à Jean et à Justin l'ordre de marcher sur Milan. Jean se rendit alors promptement sur les côtes, pour s'y procurer les barques nécessaires au passage du Pô; mais une maladie dont il fut atteint, rompit toutes ses mesures.

Les hésitations de Martin, l'obstination de Jean à vouloir attendre les ordres de Narsès, avaient fait perdre beaucoup de temps. Dans Milan, les assiégés, pressés par la faim, étaient réduits à manger les chiens, les rats et les animaux les moins propres à la nourriture des hommes. Les barbares envoyèrent des parlementaires à Mundilas, pour lui offrir de s'abstenir de toute violence envers lui et envers la garnison, s'il consentait à rendre la ville. Mundilas répondit qu'il était prêt à capituler ; mais à condition que l'immunité qui lui était promise, fût étendue à tous les habitants. Comme il paraissait évident que les barbares, très irrités contre les Milanais, méditaient les plus terribles représailles, il fit assembler ses troupes et les exhorta à tenter une vigoureuse sortie, pour mourir du moins avec gloire, si la fortune leur était contraire, plutôt que d'accepter la honte d'assister au massacre de toute une population romaine. Les soldats refusèrent tous de se sacrifier; ils acceptèrent les propositions des barbares, se rendirent et livrèrent la ville. Ils furent retenus prisonniers avec Mundilas, sans qu'il leur fût fait aucun mal ; mais la ville fut rasée jusqu'au sol. Tous les hommes au nombre de près de trois cent mille furent massacrés, sans distinction d'âge.

Les femmes furent abandonnées, comme esclaves, aux Burgundes, pour les récompenser de leurs services. Réparatus, préfet du prétoire, fut mis en pièces et ses membres furent jetés aux chiens. Cerventinus, qui se trouvait dans Milan, réussit à se sauver avec ses gens et, par le pays des Vénètes, gagna la Dalmatie, pour aller porter à l'empereur la nouvelle de cet immense désastre [1]. L'évêque Datius qui, avec le faible détachement qu'il était allé demander à Bélisaire, avait déterminé Milan à se déclarer pour les impériaux, réussit également à se sauver et à se retirer à Constantinople, où il mourut en 552, quinze ans après la ruine de sa malheureuse patrie [2].

Bélisaire s'était déjà mis en route, dès la fin de l'hiver, pour entrer dans le Picénum, avec toute son armée, lorsqu'il apprit les événements de Milan. Il refusa d'admettre Uliaris en sa présence et adressa à l'empereur un rapport détaillé qui décida Justinien à rappeler Narsès et à laisser à Bélisaire seul la direction de la guerre [3]. Narsès partit et n'emmena avec lui à Byzance que quelques soldats; mais les Hérules refusèrent de continuer à servir en Italie, après son départ, malgré les offres et les promesses que Bélisaire leur fit, tant en son nom qu'au nom de l'empereur. Après avoir rassemblé tous leurs bagages, ils se dirigèrent vers la Ligurie où ils rencontrèrent Vraïas qui, au prix d'une somme d'argent importante, obtint d'eux la promesse de ne plus porter les armes contre les Goths. Ils passèrent ensuite dans le pays des Vénètes où les exhortations de Vitalis les fit rentrer dans le devoir envers l'empereur. Ils laissèrent dans la Vénétie, Visandus, un de leurs chefs, avec ses troupes. Le reste retourna à Byzance, sous la conduite de Alueth et Philémuth, successeurs de Phanothéos.

Les succès des barbares, dans la Ligurie, n'empêchèrent

---

1. Procope, *de Bello Goth.*, lib. II, cap. 21.

2. Baronius, *ann.* 538.

3. *Auctarium Marcellini* (édit. Mommsen, Monum. Germ., in-4°, Auct. Antiq., t. xi, pars I, p. 106, *ann,* 539.

point Vitigès et les chefs goths qui l'entouraient, d'être frappés de crainte, à la nouvelle que Bélisaire s'apprêtait à marcher sur Ravenne, dès le retour du printemps. Ne se jugeant pas en état de lui résister, avec leurs seules forces, après de longues délibérations, ils décidèrent d'appeler à leur secours d'autres nations-barbares. Ils ne voulurent point s'adresser aux Germains, dont ils connaissaient par expérience la ruse et la perfidie. Ils croyaient avoir sujet de s'estimer heureux si les Germains ne joignaient pas leurs armes à celles de Bélisaire et observaient la neutralité. Ils s'adressèrent donc aux Langobards et envoyèrent une ambassade à Vacès, roi de cette nation, pour l'engager à une alliance, par l'offre de grandes sommes d'argent. Cette ambassade revint, sans avoir rien obtenu; elle avait trouvé Vacès déjà lié à l'empereur par un traité d'amitié.

Vitigès, ayant assemblé de nouveau les chefs goths en conseil, un de ceux-ci fit observer que l'empereur n'avait jamais pu porter la guerre dans les États des barbares d'Occident, avant d'avoir fait la paix avec les Perses et les rois d'Orient; que, depuis cette paix, les Vandales et les Maures avaient été détruits et les Goths réduits à l'extrémité dans laquelle ils se trouvaient présentement; que si on réussissait à amener une rupture entre le roi des Mèdes et l'empereur et à les mettre aux mains, l'Empire ne serait plus en état de soutenir une guerre, contre n'importe quelle nation. Cet avis réunit tous les suffrages et Vitigès se décida à envoyer vers Cosroès. Il ne voulut point charger des Goths de cette mission, de crainte qu'ils ne fussent aisément reconnus; ce qui aurait pu nuire à ses desseins. Il préféra employer des Romains. Par l'appât d'une grande récompense en argent, il décida deux prêtres de la Ligurie à entreprendre ce voyage. Celui de ces deux prêtres qui paraissait avoir le plus d'importance, prit la qualité et l'habit d'évêque, l'autre l'accompagna, comme son subalterne. Vitigès les chargea de remettre au roi des Perses des lettres qui déterminèrent Cosroès à recommencer la guerre contre l'Empire.

Justinien, dès qu'il eut deviné le dessein de Cosroès, ne

pensa plus qu'à terminer promptement la Guerre en Occident et à rappeler Bélisaire, pour l'opposer aux Perses. Les députés de Vitigès, qui se trouvaient encore retenus à Byzance, furent renvoyés sans retard à Ravenne, avec promesse d'y être bientôt suivis par des délégués de l'empereur, chargés de négocier, entre les Romains et les Goths, une paix conforme aux intérêts des deux nations. A leur arrivée en Italie, les députés de Vitigès furent retenus par Bélisaire, jusqu'après la mise en liberté de Pierre et d'Athanase, demeurés prisonniers des Goths, depuis leur ambassade auprès de Théodat. A leur retour à Constantinople, ils furent récompensés par les plus grands honneurs. Athanase fut nommé préfet du prétoire d'Italie et Pierre devint maître des offices[1].

Malgré ces tentatives de négociations, Bélisaire ne laissa pas de rentrer en campagne et de pousser vigoureusement la guerre. Son plan était de se rendre maître d'Auximum et de Fésules, afin de pouvoir marcher ensuite sur Ravenne et attaquer Vitigès, sans avoir à craindre d'être pris à revers par une armée ennemie. Il détacha, pour aller faire le siège de Fésules (Fiesole), Cyprien et Martin, avec les forces qu'ils commandaient, augmentées d'une troupe d'Isauriens et de cinq cents fantassins du corps de Démétrius. Pour empêcher Vraïas qui était dans Milan, de se porter au secours de la place, il fit avancer vers le Pô Jean et Martin, avec leurs escadrons, renforcés de ceux que commandait un autre Jean, surnommé Phagas, c'est-à-dire *le mangeur*. Ceux-ci avaient ordre d'observer Vraïas, tout en évitant de combattre, et de tâcher, s'ils ne pouvaient éviter une rencontre, de le prendre à revers. Ces trois officiers s'emparèrent de Dortona, aujourd'hui Tortona, qui n'était point fortifiée. Ils s'y retranchèrent.

Bélisaire alla attaquer lui-même Auximum, à la tête de onze mille hommes. Cette ville était située sur une colline escarpée de toutes parts, à quatre-vingt-quatre stades de la mer et à quatre-vingts stades ou à trois journées de marche de Ravenne. Vitigès, qui supposait bien que les Romains ne se

---

1. Procope, *de Bello Goth*, lib. II, cap. 22.

hasarderaient point à marcher sur Ravenne, tant qu'ils ne se seraient pas emparés de cette place, y avait mis en garnison l'élite de l'armée des Goths. Dès que les troupes romaines furent parvenues devant Auximum, Bélisaire leur donna ordre de disposer leurs campements de façon à entourer la colline sur laquelle s'élevait la ville. Pendant que les Romains étaient occupés çà et là à dresser leurs tentes, les Goths remarquèrent que, par suite de l'étendue de la plaine, les différents corps étaient trop éloignés les uns des autres pour pouvoir aisément se soutenir. Ils en profitèrent pour faire sur le soir, une sortie du côté de l'Orient, où Bélisaire présidait à l'établissement de son camp, avec les troupes d'élite qui formaient sa garde. Ces troupes coururent aux armes, reçurent le choc des assaillants, les repoussèrent sans peine et, quand ils furent en désordre, les poursuivirent sur la colline où les barbares, se sentant dans une situation avantageuse, tinrent ferme. Jusqu'au moment où la nuit sépara les combattants, ils accablèrent de leurs traits, lancés de haut, les Romains auxquels ils infligèrent des pertes sérieuses.

La veille de ce combat, une troupe de Goths était sortie de la place pour aller chercher des vivres dans les campagnes voisines. A leur retour, ils furent saisis d'étonnement et de frayeur, en apercevant les feux des campements romains. Un certain nombre d'entre eux eurent la hardiesse de poursuivre leur route et réussirent à traverser les lignes des assiégeants. D'autres se jetèrent dans les bois, avec la pensée de gagner Ravenne. Ils furent découverts et taillés en pièces. Bélisaire dut reconnaître qu'Auximum était trop bien fortifiée et qu'il était impossible de tenter un assaut, pour qu'on pût prendre cette place de vive force ; mais il conçut l'espoir de la réduire par la famine.

Une prairie, voisine des remparts, devint, chaque jour, le théâtre de combats meurtriers dans lesquels, de part et d'autre, on rivalisait de bravoure et d'audace. Chaque jour, les Romains qui voyaient l'ennemi aller au fourrage, de ce côté, gravissaient la colline et en venaient aux mains, pour empêcher le transport des fourrages dans la place. Les Goths, toujours repoussés, imaginèrent de détacher de leurs chariots les roues avec les essieux et de les faire rouler, du haut de la colline, sur les Romains qui gravissaient la pente. Elles roulèrent jusque dans la plaine, sans atteindre les assaillants. Les Goths usèrent alors d'un autre artifice. Ils dissimulèrent dans les chemins creux voisins des remparts, une troupe choisie parmi leurs meilleurs soldats et ne firent paraître, dans la prairie, qu'un très petit nombre de fourrageurs, contre lesquels les Romains ne manquèrent point de s'avancer. Le combat engagé, les Goths sortirent de leur embuscade et tombèrent tout à coup, en nombre supérieur, sur les assaillants qu'ils mirent en fuite, en leur tuant beaucoup de monde. Ce fut en vain que, du camp romain d'où on avait aperçu les Goths surgir de leur embuscade, les soldats essayèrent d'avertir leurs camarades par de grands cris. L'éloignement et le bruit des armes, que les Goths augmentaient à dessein, empêchèrent de les entendre. Pour éviter le retour de semblables accidents, Bélisaire, sur le conseil de Procope, rétablit, dans ses troupes, l'ancien usage des armées romaines de transmettre les divers commandements par des sonneries de trompettes. Le général décida d'employer la trompette de cavalerie pour transmettre l'ordre d'engager le combat et la trompette d'infanterie pour ordonner la retraite. Ces deux sons ne pouvaient être confondus. La trompette de cavalerie était faite d'un bois mince recouvert de cuir ; celle de l'infanterie était d'airain et rendait un son plus éclatant [1].

Au bout de quelque temps, les vivres commencèrent à manquer dans la place. Les assiégés cherchèrent un moyen d'avertir Vitigès de la situation critique où ils se trouvaient réduits et de le presser de les secourir. Mais nul n'osa se charger de ce message ; car les Romains faisaient si bonne garde, jour et nuit, qu'il paraissait impossible de réussir à traverser leurs lignes. Pour permettre à leurs envoyés d'échapper à la vigilance de l'ennemi, les Goths eurent alors recours à un stratagème. Ils attendirent une nuit sans lune et, quand elle

---

1. Procope, *de Bello Goth.*, lib. II, cap. 23.

fut bien obscure, ils se mirent à pousser de grands cris, de différents côtés, sur les remparts, de façon à faire croire à un grand tumulte et à une mêlée, comme si la ville se trouvait envahie tout à coup. Les Romains, qui ne pouvaient se rendre compte de ce qui se passait et qui se croyaient sur le point d'être attaqués à la fois, par une sortie des assiégés et par une armée de secours, venue de Ravenne, ne bougèrent point de leur camp. Bélisaire avait, en effet, jugé plus prudent de ne pas les exposer, en plaine, à un combat pendant une nuit sombre. Le stratagème des Goths réussit donc pleinement. Les courriers qu'ils voulaient envoyer à Vitigès, passèrent inaperçus au milieu du tumulte et atteignirent Ravenne, au bout de trois jours.

Vitigès les renvoya sans retard porter à Auximum sa promesse de marcher immédiatement, avec toute son armée, au secours de la place. Il n'en fit rien ; car il reconnut ensuite les difficultés d'une pareille entreprise. Il avait à craindre, en effet, d'être coupé de sa base d'opérations par les corps de Jean et de Martin et il ne doutait point que Bélisaire n'eût avec lui des troupes solides et nombreuses. De plus, il devait appréhender de ne pouvoir faire subsister son armée ; car, tandis que les Romains, maîtres de la mer et du château d'Ancône, tiraient, par cette voie, de la Sicile et de la Calabre, tout ce qui leur était nécessaire, les Goths ne pouvaient espérer trouver aucune ressource dans le Picénum où il leur faudrait opérer. Les vaines promesses, apportées dans Auximum par les courriers qui parvinrent à y rentrer, sans être aperçus, n'eurent d'autre conséquence que de relever le courage des assiégés. Bélisaire, averti par des transfuges de la façon dont la garnison avait communiqué avec Ravenne, fit redoubler de vigilance.

Cependant Cyprien et Justin qui avaient entrepris le siège de Fésules, ne pouvaient ni donner l'assaut, ni même approcher des murailles, à cause des obstacles que leur opposait le terrain. Les barbares, au contraire, faisaient de fréquentes sorties. Dans les combats qui en résultaient, les succès furent d'abord balancés. Mais les Romains finirent par avoir la supé-

riorité et purent dès lors bloquer complètement la place. Les
barbares manquèrent bientôt de vivres. Réduits à la plus
grande extrémité, ils avertirent Vitigès qu'ils ne pouvaient
tenir plus longtemps. Vitigès s'empressa de faire parvenir à
Vraïas l'ordre de concentrer, autour de Ticinum, les troupes
dont il disposait en Ligurie et de manœuvrer de façon à
seconder le mouvement que lui-même se préparait à opérer
avec toutes les forces des Goths, pour se porter au secours des
assiégés. Vraïas obéit. Il passa le Pô et il vint camper en face
du camp romain. Bien que les deux camps ne fussent distants que de trois lieues environ, soixante stades, il n'y eut
aucun combat. De part et d'autre, on évitait toute action. Les
Romains croyaient assez faire en empêchant Vraïas d'approcher des assiégés et Vraïas ne voulait point courir les chances
d'une rencontre dont les conséquences pouvaient devenir
désastreuses pour les Goths, s'il était battu et mis hors d'état
de faire sa jonction avec Vitigès, pour coopérer à la levée du
siège [1].

Telle était la situation dans la Haute-Italie, quand les
Francs, qui souffraient impatiemment de voir livrer tant de
combats pour la possession d'un pays si voisin du leur et
d'en rester tranquilles spectateurs, apprenant que les forces
des Goths et celles des Romains étaient bien diminuées par le
fait de la guerre, crurent qu'il leur serait facile de s'emparer
d'une grande partie de l'Italie. Avec leur perfidie habituelle,
ils ne tinrent aucun compte des engagements qu'ils avaient
contractés, d'une part avec l'empereur, d'autre part avec les
Goths. Ils réunirent une armée de cent mille hommes qui
passa les Alpes, sous les ordres de Théodebert et pénétra en
Ligurie [2]. Cette armée ne comptait qu'un petit nombre de
cavaliers qui, seuls, étaient armés de lances. L'infanterie, dont
elle était presque exclusivement composée, n'avait ni arcs ni
lances. Ses seules armes étaient l'épée, le bouclier et l'angon,
hache d'un fer très épais et tranchant des deux côtés, montée

1. Procope, de Bello Goth., lib. II, cap. 24.
2. Auctarium Marcellini, ann. 539 (édit. Mommsen, Monum. Germ., in-4°,
Auct. Antiq., t. XI pars I, p. 106.)

sur un manche de bois fort court. Au signal du combat, dès qu'ils étaient proches de l'ennemi, ils lançaient cette hache, pour briser les boucliers et chargeaient ensuite à l'épée[1].

Les Goths, qui avaient ressenti le plus vif dépit de ne pouvoir les décider à tenir leur promesse de se joindre à eux, malgré des offres répétées de cession de territoires et de subsides, exultèrent, quand ils apprirent l'entrée en campagne de Théodebert. Ils se promettaient déjà d'être bientôt délivrés de leurs ennemis. Les Francs se gardèrent bien de révéler d'abord leurs véritables intentions. Tant qu'ils furent en Ligurie, ils ne commirent aucun acte d'hostilité contre les Goths et, arrivés devant Ticinum où existait un pont sur le Pô, construit autrefois par les Romains, ils multiplièrent les protestations d'amitié pour obtenir le libre passage du fleuve. Les Goths n'hésitèrent point à le leur accorder. Mais, dès que les Francs se furent assurés du pont, ils commencèrent par massacrer et jeter dans le fleuve les femmes et les enfants des Goths que la curiosité avait attirés. Convertis au christianisme, ces barbares conservaient leurs superstitions païennes. Ils voulurent se rendre leurs anciennes divinités favorables, en leur sacrifiant ces victimes humaines. Les Goths, épouvantés, s'enfuirent se réfugier dans la ville. Après avoir ainsi passé le Pô, les Francs marchèrent vers le camp de Vraïas où les Goths furent d'abord ravis de joie, quand ils les aperçurent, avançant par petites escouades. Ils se persuadaient en effet que ces troupes venaient se joindre à eux. Mais, lorsque, bientôt après, ils reconnurent leur nombre, lorsque les Francs lancèrent leurs haches et se mirent à les tailler en pièces, ils furent saisis d'une telle panique qu'ils se précipitèrent pêle-mêle à travers les positions de l'armée romaine et coururent, sans s'arrêter, jusqu'à Ravenne.

A la vue de cette fuite désordonnée, les Romains s'imaginèrent que c'était Bélisaire qui arrivait les soutenir et qui, après avoir défait l'ennemi, s'était emparé de leur camp. Aussitôt ils prirent les armes et se portèrent en toute hâte au-

---

1. Procope, *de Bello Goth.*, lib. II, cap. 25.

devant de l'armée qu'ils croyaient celle de Bélisaire. Surpris d'être reçus en ennemis et obligés de combattre sans préparation, ils furent, à leur tour, complètement vaincus et coupés de leur camp. Ils se retirèrent en désordre vers la Toscane, d'où ils firent savoir à Bélisaire ce qui leur était advenu.

Les Francs trouvèrent, dans les deux camps abandonnés, de quoi subsister ; mais ils étaient en si grand nombre que ces vivres furent bientôt consommés. La disette, dans un pays ruiné, d'où les habitants avaient fui, et la mauvaise qualité des eaux du fleuve engendrèrent parmi eux une terrible dysenterie qui leur fit perdre le tiers de leurs hommes et les força de suspendre leur marche. Bélisaire, craignant pour toute son armée, mais particulièrement pour le corps qui assiégeait Fésules et qui se trouvait le plus à proximité de ces barbares, adressa à Théodebert un message dans lequel, après lui avoir reproché sa perfidie, il l'exhortait à ne point persister dans son injuste agression et lui rappelait la puissance de l'empereur qui saurait tirer une éclatante vengeance d'une telle injure. Ce message dut contribuer à augmenter le prestige de l'Empire, car on put répandre dans l'armée et dans les populations le bruit qu'il suffit à décider la retraite des Francs. Ce fut en effet après l'avoir reçu, que Théodebert, cédant au mécontentement de ses troupes qui lui reprochaient de les laisser périr sans but et sans raison, au milieu d'une contrée déserte, et ne sachant d'ailleurs quel parti prendre, se résigna à ramener dans les Gaules les débris de son armée[1].

Après la retraite des Francs, Martin et Jean reprirent les positions qu'ils occupaient précédemment, pour empêcher les Goths d'attaquer les corps de l'armée romaine occupés aux sièges d'Auximum et de Fésules. Les assiégés d'Auximum, qui n'avaient eu aucune nouvelle de l'irruption des Francs, se désespéraient d'avoir à attendre si longtemps les secours qu'ils avaient demandés. Il leur était devenu impossible d'envoyer de nouveau des députés vers Vitigès, car les assiégeants faisaient bonne garde. Ils réussirent cependant à faire passer un nouvel

---

1. Procope, *de Bello Goth.*, lib. II, cap. 25.

avis au roi des Goths, ayant corrompu un soldat romain de la troupe de Nersès l'Arménien. Un jour, vers midi, c'est-à-dire à l'heure que les gardes étaient moins nombreuses, ils aperçurent ce soldat, nommé Bucentius ou Burcentius, placé seul en faction, pour donner l'alarme, dans le cas où des fourrageurs essayeraient de sortir de la ville. Ils s'approchèrent de lui à portée de la voix et l'invitèrent à les écouter, en lui jurant qu'ils ne méditaient ni ruse, ni violence. Burcentius consentit à les entendre ; ils lui proposèrent de porter un message à Vitigès et lui promirent de le récompenser richement, à son retour. Burcentius accepta et porta la lettre .à Ravenne. Vitigès lui remit une forte récompense et le chargea de porter aux assiégés sa réponse, dans laquelle il les informait de l'irruption des Francs qui l'avait empêché de leur faire parvenir des secours et leur mandait que, les Francs s'étant retirés, il ne tarderait pas à se porter à leur aide, avec toute son armée.

Burcentius, de retour devant Auximum, fit passer cette réponse aux assiégés ; puis reparut parmi ses compagnons d'armes, sans éveiller le moindre soupçon. Il expliqua son absence, en disant que, malade, il s'était réfugié dans un temple voisin.

L'espoir d'un prompt secours releva le courage des Goths, au point que malgré leurs souffrances et la famine, ils repoussèrent les conditions les plus avantageuses que leur offrait Bélisaire. Frappé de l'opiniâtreté avec laquelle ils refusaient toute capitulation, malgré l'extrémité où ils étaient réduits, Bélisaire désirait faire prendre vif un des chefs ennemis, dans le but de pénétrer, en l'interrogeant, la cause d'une constance si inexplicable.

Valérien, instruit de l'intention du général, lui fit savoir qu'il serait facile d'opérer une semblable capture, puisque quelques Slavènes qui servaient dans ses troupes, avaient réussi, plusieurs fois déjà, à enlever des soldats ennemis, en s'embusquant derrière un certain rocher. Il lui amena un de ces Slavènes qui, parmi ses camarades, passait pour particulièrement souple et entreprenant. Bélisaire promit une forte récompense à cet homme qui, dès le lendemain de grand matin, alla se poster en un endroit couvert d'herbes que, depuis qu'ils manquaient de vivres, les Goths venaient couper pour se nourrir. Au point du jour, un homme sortit de la ville, se rendit dans ce lieu et se mit à couper de l'herbe, sans se douter qu'il pouvait être surpris par quelqu'un caché dans le champ même. Il n'était attentif qu'à regarder si, du camp romain, personne ne venait l'attaquer. Tout à coup, le Slavène se jeta sur lui par derrière, le saisit à bras-le-corps et l'entraîna dans le camp où, livré à Valérien, il raconta comment Burcentius s'était laissé corrompre. Burcentius, confronté avec ce prisonnier, se trouva convaincu et finit par tout avouer. Bélisaire abandonna le traître à ses camarades qui le brûlèrent vif, sous les yeux des ennemis [1].

Les Goths persistaient cependant à ne point se rendre. Pour achever de les y contraindre, Bélisaire forma le projet de les priver d'eau. Une source qui jaillissait à une portée de pierre en dehors des murailles, sur une colline inclinée vers la ville, formait un mince ruisseau. Ce ruisseau allait remplir un antique réservoir maçonné. C'était à peu près l'unique ressource de la place. Bélisaire résolut de détruire ce réservoir, afin de réduire les assiégés à aller remplir leurs amphores au ruisseau même; opération qu'il leur serait impossible de prolonger pendant le temps nécessaire, sous les traits de l'ennemi. Pour détourner l'attention des assiégés et les empêcher de défendre le réservoir, Bélisaire fit prendre les armes à toutes ses troupes et les rangea en bataille, tout autour de la place, comme s'il se préparait à donner un assaut général. Les Goths se laissèrent tromper par ces préparatifs et se mirent en mesure de défendre leurs murailles. Bélisaire fit alors avancer, à l'abri de plusieurs boucliers, cinq travailleurs Isauriens, chargés de rompre, en un coup de main, les parois du réservoir.

Les Goths crurent d'abord que ces travailleurs venaient s'attaquer à la muraille, pour y faire brèche. Ils ne bougèrent

1. Procope, *de Bello Goth.*, lib. II, cap. 26.

point, comptant les percer de leurs traits, après les avoir
laissé approcher. Ce ne fut que lorsqu'ils virent ces hommes
pénétrer dans le réservoir, qu'ils comprirent leur dessein. Ils
lancèrent alors contre eux une multitude de pierres et de
traits. Ces décharges ne produisirent aucun effet ; car les
troupes romaines s'étaient retirées, hors de portée et le réservoir étant recouvert d'une sorte de voûte, les Isauriens qui
y avaient pénétré, pouvaient poursuivre leur travail à l'abri.
A cette vue, les Goths firent, par la porte voisine, une violente sortie. Mais Bélisaire fit aussitôt avancer ses troupes et
une lutte acharnée s'engagea, dans laquelle les Romains
eurent plus à souffrir que les barbares. Ceux-ci avaient
l'avantage d'occuper une position qui dominait celle de leurs
adversaires. Bélisaire se porta au milieu de la mêlée et soutint constamment, par sa présence et ses exhortations, l'ardeur
de ses troupes qu'il ramena sans cesse au combat. Peu s'en
fallut qu'il ne fût atteint par un trait lancé au hasard ou par
un soldat barbare qui l'avait reconnu et visé. Il ne dut son
salut qu'au dévouement d'un de ses gardes, nommé Unigat,
qui, voyant venir ce trait, sans qu'il fût possible au général de
l'éviter, étendit le bras et reçut le coup dans la main droite
dont il demeura estropié.

Le combat avait duré depuis le matin jusqu'à midi, quand
les barbares commencèrent à plier et finirent par lâcher pied,
devant un nouvel effort des Romains, qui pensaient que les
Isauriens devaient avoir achevé leur travail. Ils n'étaient pas
même parvenus à arracher une seule pierre, tant cette
antique construction était inébranlable. Après que les Romains
furent demeurés maîtres du champ de bataille, les Isauriens
furent obligés de rentrer dans le camp, sans avoir pu accomplir leur besogne. Bélisaire parvint pourtant à ses fins. Il
empoisonna l'eau, en y faisant jeter des cadavres d'animaux,
des herbes vénéneuses et de la chaux. De sorte que les
Goths furent réduits au seul puits qui se trouvait à l'intérieur des murailles et qui était fort peu abondant. Bélisaire
renonça à toute attaque et se contenta de faire bonne garde
pour empêcher toute communication des assiégés avec

l'extérieur ; il comptait qu'ils ne pourraient tenir longtemps, dans l'état où ils étaient réduits. Mais l'espoir qu'ils conservaient d'être bientôt secourus de Ravenne, fit qu'ils ne bougèrent point, malgré l'extrême famine dont ils souffraient.

Cependant, la garnison de Fésules avait épuisé toutes ses ressources et comme elle n'était pas soutenue par l'espoir d'un prompt secours, elle était entrée en pourparlers avec Cyprien et Justin. Elle obtint une capitulation qui lui assurait la vie sauve et rendit la place et le château. Cyprien et Justin mirent dans Fésules une garnison suffisante, vinrent renforcer l'armée de Bélisaire devant Auximum et y amenèrent leurs prisonniers, dont les chefs furent montrés aux assiégés, pour les exhorter à renoncer à leur espérance, désormais vaine, d'être secourus. Les Goths, vaincus par la faim, prêtèrent enfin l'oreille aux propositions du général romain et offrirent de livrer la ville ; mais ils exigèrent pour eux-mêmes la liberté de se retirer à Ravenne, sains et saufs, avec tous leurs biens. Bélisaire hésitait à accepter ces conditions qui assuraient la jonction, dans Ravenne, d'une armée nombreuse dont il venait d'éprouver la valeur et la résistance, avec l'armée de Vitigès. Il craignait aussi de mécontenter ses troupes qui réclamaient les dépouilles des Goths, comme la récompense de leurs travaux et de leur sang.

D'autre part, il ne voulait point manquer l'occasion de conclure la reddition ; car il était inquiet du bruit répandu parmi les Goths, que les Francs allaient, d'un moment à l'autre, venir à leur secours. Il voulait les prévenir, en attaquant Vitigès dans Ravenne et il ne jugeait pas prudent d'entreprendre cette marche, avant d'être maître d'Auximum. La nécessité d'assurer immédiatement à l'armée romaine la liberté de ses mouvements et la famine dont souffraient les Goths, amenèrent des concessions, de part et d'autre. Les Goths consentirent enfin à abandonner aux vainqueurs la moitié de leurs richesses pécuniaires et s'engagèrent à entrer au service de l'empereur. Cette capitulation mit les Romains en possession d'Auximum dont la garnison accrut les forces de l'armée impériale [1].

Bélisaire mit aussitôt toutes ses troupes en marche, pour entreprendre le siège de Ravenne. Pour empêcher les Goths de se ravitailler par la voie du Pô, il ordonna à Magnus de prendre les devants et d'aller couvrir la rive droite du fleuve, dont la rive gauche était occupée en même temps par Vitalien, qui venait d'amener un corps de troupes de la Dalmatie. L'entreprise des Romains fut favorisée, dès les premiers jours, par une circonstance fortuite qui semblait un présage de leur succès. Les Goths avaient formé, peu auparavant, un immense convoi de bateaux, rassemblés en Ligurie et chargés de blé à destination de Ravenne. Or il advint que les eaux du Pô baissèrent subitement, au point d'interrompre la navigation. Les Romains, qui parurent, en ce moment même, sur les rives du fleuve, trouvèrent le convoi arrêté dans sa marche et n'eurent qu'à s'emparer des bateaux et de leur chargement. Bientôt après, le fleuve reprit son cours habituel ; comme s'il n'eût attendu que cette capture, dont la conséquence fut d'affamer les Goths dans Ravenne. Car, ne pouvant plus être ravitaillés par la voie du fleuve, ils ne pouvaient l'être non plus, du côté de la mer dont les impériaux étaient maîtres.

Les rois des Francs, constamment préoccupés d'étendre leur domination au delà des Alpes, s'empressèrent, dès qu'ils connurent la détresse des Goths, d'envoyer des députés à Vitigès, pour lui offrir leur concours, à condition de partager avec lui la souveraineté de l'Italie. Pour prévenir le danger d'une entente entre les barbares et en détourner les Goths, Bélisaire envoya, lui aussi, à Vitigès une ambassade dont le chef fut Théodose, qui remplissait auprès de lui les fonctions de préfet de sa maison. Procope rapporte, dans les termes suivants, les propositions qui, de part et d'autre, furent faites au roi des Goths. Introduits les premiers auprès de Vitigès, les Francs lui tinrent, dit-il, ce discours : « Les

---

1. Procope, *de Bello Goth.*, lib. II, cap. 27. — *Auctarium Marcellini*, ann. 539 (édit. Mommsen, Monum. Germ., in-4°, Auct. Antiq., t. XI, pars I, p. 106).

rois des Francs, très anxieux, depuis qu'ils vous savent assiégé par Bélisaire et prêts à tout pour vous venir en aide au plus tôt, nous ont délégués vers vous. Nous avons lieu de croire que plus de cinq cent mille hommes ont déjà passé les Alpes et nous pouvons prédire que, dès la première rencontre, l'armée romaine tombera tout entière sous leurs haches. Votre devoir est de faire cause commune avec ceux qui viennent combattre dans l'intérêt des Goths, non avec ceux qui tendent à vous réduire en servitude. Si vous joignez vos armes aux nôtres, il ne restera aux Romains aucun espoir de résister à nos armées coalisées. Nous n'aurons point de peine à les anéantir. Si, au contraire, vous vous unissez aux Romains, vos irréconciliables ennemis, vous ne réussirez qu'à périr avec eux. Les Goths et les Romains, même unis ensemble, ne sont point de force à arrêter les Francs. Vous précipiter à une perte certaine, quand il vous est donné de vous sauver et de n'avoir pas même à redouter les chances de la guerre, ce serait pure folie. D'ailleurs, entre barbares et Romains, séparés pas une haine de race, il ne peut y avoir de confiance. Si vous le voulez, nous serons ensemble les maîtres de l'Italie tout entière. Nous y établirons le régime qui nous paraîtra le meilleur. Et maintenant, à vous et aux Goths de prendre le parti qui vous convient. »

Après les Francs, les envoyés de Bélisaire eurent audience. Procope reproduit leur discours en ces termes : « Cette multitude dont se vantent les Francs, pour vous intimider, ne peut rien contre les armées impériales. Ce n'est point à vous qu'il faut le démontrer ; car une longue expérience vous a appris de quoi dépend le succès dans la guerre. La valeur compte plus que le nombre. Mais ce n'est point là, ce que nous avons à vous faire observer. Cette bonne foi envers tous les barbares, dont les Francs se glorifient, ils vous en donneront sans doute la preuve évidente, comme ils l'ont donnée aux Thuringes et aux Burgundes. Nous leur demanderions cependant bien volontiers, quelle divinité ils comptent invoquer, pour vous donner un gage de leur foi. Pour peu que vous ayez conservé le souvenir des événements récents, vous vous rappellerez parfaitement ce qui s'est passé sur les rives du Pô; comment ils ont montré leur crainte de Dieu que, peu auparavant, ils avaient invoqué dans leurs serments; comment, au mépris des traités qu'ils avaient conclus avec vous et sans la moindre pudeur, loin de joindre leurs armes aux vôtres, ils les ont tournées contre vous-mêmes. A quoi bon, d'ailleurs, rappeler les faits passés? Cette ambassade qu'ils vous envoient aujourd'hui, n'est-elle pas la manifestation la plus évidente de leur scélératesse impie? Comme s'il ne subsistait pas, dans leur pensée, la moindre trace des traités qu'ils ont solennellement jurés, ils veulent vous faire payer leurs secours à l'avenir, au prix de la mise en commun de tous vos biens. Dans le cas où vous seriez disposés à vous laisser persuader de joindre votre armée à la leur, vous auriez à voir s'il vous resterait ensuite quelque moyen d'échapper à leur insatiable cupidité. »

Frappé de cette harangue des députés de Bélisaire, Vitigès tint longuement conseil avec les chefs goths. Il se décida enfin à traiter avec l'empereur et renvoya, sans réponse, les ambassadeurs francs. De ce moment, commencèrent des allées et venues d'envoyés goths et romains, pour traiter de la paix. Bélisaire n'en eut pas moins de vigilance, pour empêcher les Goths de se ravitailler. Il envoya Vitalius occuper diverses positions dans le pays des Vénètes; lui-même surveilla l'une des rives du Pô et il fit surveiller la rive opposée par Ildiger. Il voulait amener les Goths, par la famine, à accepter les conditions qu'il entendait leur imposer. Ayant appris qu'il existait dans les greniers publics de Ravenne une grande quantité de blé, il décida, moyennant une somme d'argent, un habitant de la ville à mettre, sans qu'on s'en aperçût, le feu à ces greniers. On prétend, dit Procope, que le conseil en avait été donné au général romain par Matasunthe, la propre femme de Vitigès.

Dans Ravenne, les uns attribuèrent cet incendie subit à la trahison, les autres le crurent causé par la-foudre. Ces deux opinions, répandues dans le public, augmentèrent, l'une autant que l'autre, les difficultés de la situation des Goths et de Vitigès; car le soupçon de trahison faisait perdre toute confiance en soi-même et la croyance au feu du ciel faisait naître l'idée qu'on était frappé par Dieu lui-même[1].

Bélisaire fut informé que des groupes nombreux de Goths, composés d'hommes de valeur, qui étaient établis, avec leurs femmes et leurs enfants, dans la région des Alpes Cottiennes où ils occupaient toute une série de postes fortifiés, songeaient à capituler. Il y envoya un de ses officiers, nommé Thomas, avec une faible escorte, pour les recevoir à composition. Lorsque cette petite troupe de Romains fut parvenue dans les Alpes, Sisigis qui avait le commandement supérieur des garnisons de cette région, les reçut dans un des châteaux forts, capitula pour lui-même et engagea les autres à imiter son exemple[2].

Vraïas marchait en toute hâte au secours de Ravenne, avec quatre mille hommes, tirés de la Ligurie. Quand les hommes qui composaient ce corps apprirent la défection de Sisigis, ils furent saisis de crainte pour leurs familles et forcèrent leur chef à se porter d'abord de ce côté. Vraïas dut se résoudre à se rendre, avec toutes ses troupes, dans les Alpes Cottiennes où il assiégea Sisigis et Thomas. A cette nouvelle, les corps de troupes impériales qui, sous les ordres de Jean, neveu de Vitalien et de Martin, étaient postés près du Pô, se portèrent au secours de la forteresse assiégée par Vraïas. Ils attaquèrent et emportèrent d'emblée, çà et là, dans le cours de leur marche, quelques forts des Alpes ; dont ils emmenèrent en captivité les habitants, parmi lesquels se trouvaient les femmes et les enfants de beaucoup de guerriers que Vraïas avait tirés de ces forts et qui servaient dans ses troupes. Ces hommes, quand ils surent que les leurs étaient prisonniers, firent défection et allèrent s'enrôler dans le corps de Jean. Il en résulta que Vraïas ne put ni poursuivre son entreprise dans les Alpes, ni se porter au secours de Ravenne. Son but était ainsi manqué; il retourna en Ligurie où il se maintint; tandis qu'à Ravenne, Vitigès et la noblesse des Goths se voyaient pressés davantage de jour en jour[3].

1. Procope, de Bello Goth., lib. II, cap. 28.
2. Procope, de Bello Goth., lib. II, cap. 23.
3. Procope, de Bello Goth., lib. II, cap. 28.

En ce même temps, arrivèrent au camp romain deux sénateurs, Domnicus et Maximinus, munis des pouvoirs de l'empereur, pour conclure la paix, aux conditions suivantes : Vitigès conserverait la moitié du trésor royal et continuerait à régner sur les contrées situées au nord du Pô, l'autre moitié du trésor royal et un impôt annuel, prélevé sur tous les habitants des pays situés au sud du Pô, seraient dévolus à l'empereur. Après avoir donné communication à Bélisaire des lettres impériales dont ils étaient porteurs, les deux plénipotentiaires se rendirent à Ravenne. Vitigès et les Goths prirent avec eux l'engagement de traiter, aux conditions qui leur étaient offertes. Cette conclusion chagrina vivement Bélisaire. Il souffrait avec dépit qu'au moment où il pouvait, sans aucun sacrifice, remporter une victoire définitive et complète et emmener Vitigès captif à Constantinople, on ne lui permît ni l'un ni l'autre. Aussi, lorsque les envoyés de l'empereur revinrent de Ravenne, il refusa de confirmer, par une lettre adressée au roi des Goths, les conventions conclues.

Ce refus excita la défiance des Goths ; ils crurent qu'on ne leur offrait la paix que pour les tromper et déclarèrent qu'ils ne considéraient la convention comme valable que si elle était signée et jurée par Bélisaire. Celui-ci ne tarda pas à apprendre que, dans sa propre armée, il ne manquait pas de chefs qui l'accusaient et qui répandaient le bruit que, s'il ne voulait pas terminer la guerre, c'était parce qu'il tramait quelque entreprise au détriment de l'empereur. Il fit alors assembler tous les chefs de l'armée et, en présence de Domnicus et de Maximinus, il leur tint ce discours :

« La fortune à la guerre est toujours instable, j'en suis convaincu et nul d'entre vous n'en doute. Plus d'un a été trompé dans ses espérances de victoire ; tandis qu'on a vu parfois ceux qui semblaient complètement abattus, finir par avoir le dessus sur leurs ennemis. On doit donc, quand on délibère de la paix, peser les incertitudes et les revers possibles, autant que les chances heureuses. C'est pourquoi, j'ai cru bon de convoquer mes collègues avec les légats impériaux pour délibérer librement, en leur présence et prendre le parti

qui paraîtra le plus convenable aux intérêts de l'empereur. De
cette façon, vous ne pourrez me rendre responsable de ce
qui adviendra. Il serait par trop absurde de se taire, quand
on est libre de choisir et de se plaindre ensuite, si les choses
tournent mal. Vous n'ignorez ni le sentiment de l'empereur
au sujet de la paix, ni les désirs de Vitigès. S'ils vous
paraissent à l'avantage du bien public, dites-le nettement. Si,
au contraire, vous jugez possible de faire rentrer l'Italie entière
dans l'obéissance des Romains et d'en finir complètement
avec l'ennemi, rien ne vous empêche de le déclarer sans
crainte [1]. » Après qu'il eut ainsi parlé, tous déclarèrent que le
parti auquel s'était arrêté l'empereur, leur paraissait préférable
à tout autre et qu'ils n'étaient point en état de pousser plus
loin leurs entreprises contre l'ennemi. Bélisaire exigea qu'il
fût dressé acte, signé par eux, de leur avis, pour qu'ils ne
pussent le désavouer dans la suite. En provoquant cette
délibération, Bélisaire avait évidemment pour but de se disculper des calomnies dont il était l'objet et de faire croire
qu'il n'avait hésité à confirmer la paix que par crainte de
s'exposer aux reproches de ses lieutenants.

Au moment que Bélisaire semblait définitivement forcé de
renoncer à ses espérances et d'accepter le traité conclu par
les légats impériaux, un mouvement se produisit dans
Ravenne, qui lui apporta une chance inespérée de réaliser ses
projets. Les Goths, pressés par la faim et abattus par leurs
revers, supportaient impatiemment la domination de Vitigès,
puisqu'il était malheureux. Ils hésitaient pourtant à s'abandonner à l'empereur ; car ils craignaient d'être déportés à
Constantinople et obligés d'y demeurer. Ceux d'entre les
chefs qui avaient le plus d'autorité et qui passaient pour les
plus habiles, s'entendirent pour se tirer d'embarras, en proclamant Bélisaire empereur d'Occident. Ils le firent donc solliciter secrètement d'usurper l'Empire, s'engageant, s'il y
consentait, à le soutenir de tout leur pouvoir. Rien n'était
plus opposé aux intentions de Bélisaire, qui avait en horreur

---

1. Procope, *de Bello Goth.*, lib. II, cap. 29.

le nom d'usurpateur et qui s'était engagé par serment à ne jamais pratiquer aucune intrigue, du vivant de Justinien. Mais, pour tirer profit de l'occasion qui lui était offerte, il feignit d'être tout disposé à prêter l'oreille aux propositions des Goths. Vitigès, quand il s'aperçut de cette intrigue, comprit que malgré le danger que présentait, pour lui-même, le projet des Goths, l'approuver et y aider était ce qu'il avait de mieux à faire. Il fit donc, lui aussi, assurer secrètement Bélisaire que personne ne ferait obstacle à son usurpation. Bélisaire convoqua alors de nouveau les légats impériaux et tous les chefs de l'armée. Il leur demanda s'ils n'étaient point d'avis que ce serait un glorieux et mémorable succès, que de faire prisonniers de guerre tous les Goths, avec Vitigès lui-même, de s'emparer de toutes leurs richesses et de recouvrer l'Italie tout entière.

Tous convinrent que ce serait le comble de la plus étonnante prospérité et l'invitèrent à procurer un si beau succès, s'il y voyait quelque jour [1]. Là-dessus, Bélisaire envoya certains de ses familiers vers Vitigès et les principaux chefs goths, pour les presser d'accomplir leurs promesses. Ceux-ci, que la famine, chaque jour grandissante, poussait à en finir au plus tôt, députèrent au camp romain des agents qui, très soigneux de ne rien laisser pénétrer de leur mission et reçus par Bélisaire, sans aucun témoin, exigèrent de lui l'engagement sous serment de n'apporter aucun dommage ni à eux-mêmes, ni à aucun des Goths ou des Italiens et d'être, dans l'avenir, le roi de leur nation. Ils déclarèrent qu'ils avaient ordre de convenir de toutes choses et de le mener à Ravenne, avec son armée. Bélisaire ne fit aucune difficulté de s'engager sous serment, dans les termes qui lui étaient prescrits, sauf en ce qui concernait la royauté ; prétendant que, sur ce point, il voulait donner sa parole à Vitigès et aux chefs goths eux-mêmes. Les députés des Goths, persuadés qu'il ne dédaignerait point l'Empire qu'ils croyaient être l'objet de son plus ardent désir, n'insistèrent pas et l'invitèrent à les suivre, dans l'instant même, à Ravenne.

---

1. Procope, *de Bello Goth.*, lib. II, cap. 29.

Bélisaire commença par éloigner et disperser, loin les uns des autres, Bessas, Jean, Nersès et Aratius qu'il soupçonnait d'être très animés contre lui. Prétextant l'impossibilité d'approvisionner l'armée tout entière, dans le pays où elle était rassemblée, il leur ordonna de se disperser avec leurs escadrons et 'de s'occuper de les faire vivre ; ce qu'ils firent. Ils emmenèrent avec eux Athanase, préfet du prétoire, qui était arrivé récemment de Constantinople. Après leur départ, Bélisaire, accompagné des députés des Goths, gagna Ravenne, avec le reste de son armée. Il avait ordonné, d'autre part, à la flotte qu'il avait fait charger de blé et de toutes sortes de vivres, d'aborder le plus promptement possible à Classès, faubourg où était établi le port de Ravenne. Procope assista à l'entrée de l'armée romaine dans cette ville. Il ne laissa pas, dit-il, de réfléchir que le succès ne procède et ne dépend pas de la valeur, du nombre ou du génie ; mais d'une sorte de destin qui incline parfois la volonté humaine dans un sens où rien ne semblait devoir la porter[1]. En effet, les Goths disposaient de forces supérieures à celles de leurs ennemis. Depuis leur retraite à Ravenne ils n'avaient été diminués par aucune défaite, rien n'était survenu qui fût de nature à leur inspirer une terreur capable de briser leur courage ; pourtant on les vit se soumettre à des ennemis moins nombreux qu'eux-mêmes et n'avoir pas même le sentiment qu'il pouvait y avoir quelque chose de honteux dans cette soumission. Quand les femmes, qui avaient entendu leurs maris décrire les Romains comme des hommes de haute taille et comme très supérieurs en nombre, les virent, au contraire, plus petits et moins nombreux que les Goths, elles insultèrent leurs maris et leur montrèrent leurs vainqueurs, en leur reprochant leur lâcheté.

On s'assura de la personne de Vitigès, tout en le traitant avec honneur et libéralité[2]. Quant à ceux des barbares dont la demeure habituelle était dans les pays au sud du Pô, ils furent invités à retourner dans leurs terres, pour les cultiver en toute

1. Procope, *de Bello Goth.*, lib., II, cap. 29.
2. *Auctarium Marcellini*, ann. 540 (édit. Mommsen, Monum. Germ., in-4°, Auct. Antiq., t. XI, p. 106).

liberté. Il n'y avait lieu de craindre aucune hostilité dans ces contrées, ni aucun rassemblement, car elles étaient occupées par une bonne partie de l'armée romaine. Les Goths hâtèrent volontiers leur départ, qui eut pour effet de donner aux Romains toute sécurité dans Ravenne. De ce moment, ils s'y trouvèrent plus nombreux que les Goths. Bélisaire se saisit alors des richesses du Palais qu'il se réservait de porter à l'empereur. Mais, fidèle à ses engagements, il ne spolia aucun des Goths et ne permit à personne de leur causer aucun dommage. Tous conservèrent leurs fortunes et leurs biens.

Quand la nouvelle de la capitulation de Vitigès et de la reddition de Ravenne fut connue des barbares qui tenaient garnison dans les places fortes, tous s'empressèrent d'envoyer des députés à Bélisaire, pour capituler également. Tarvisium et les autres villes de la Vénétie se rendirent ainsi. Céséna, la seule ville qui résistait encore dans l'Émilie, s'était soumise peu auparavant, dans le temps même de la reddition de Ravenne. Tous les chefs goths qui exerçaient le commandement dans ces différentes contrées, vinrent trouver Bélisaire aussitôt qu'ils eurent obtenu leurs sûretés et demeurèrent avec lui [1]. Seul, Ildibald, un des chefs les plus importants et neveu de Theudès, roi des Visigoths, ne quitta point Vérone où il commandait. Il avait toutefois envoyé, comme les autres et dans le même but qu'eux, des députés à Bélisaire. Mais, ses fils ayant été retenus comme otages dans Ravenne où ils se trouvaient lors de l'entrée des troupes romaines, il s'abstint de s'y rendre lui-même et de se mettre à la discrétion de Bélisaire ; ce qui fut cause du mouvement qui se produisit peu de temps après [2].

Quelques chefs de l'armée romaine, calomniant Bélisaire, l'accusèrent auprès de l'empereur de tenter une usurpation. Bélisaire fut rappelé ; non que Justinien ajoutât foi à ces calomnies, mais parce que, pressé par les Perses, il lui tardait de le mettre à la tête de l'armée destinée à les com-

---

1. Procope, *de Bello Goth.*, lib. II, cap. 29.
2. Procope, *de Bello Goth.*, lib. II, cap. 29.

battre. L'Italie fut confiée aux soins de Bessas, de Jean et des autres généraux, et Constantianus eut ordre de passer de la Dalmatie à Ravenne. Les Goths établis au delà du Pô et dans Ravenne même, ne s'émurent point d'abord ; ils pensaient que jamais Bélisaire ne renoncerait à occuper le trône en Italie. Mais, quand il se confirma que Bélisaire faisait sérieusement ses préparatifs de départ, tout ce qui restait de personnages importants parmi les Goths, dans le nord de l'Italie, s'assembla à Ticinum autour de Vraïas, neveu de Vitigès. Ils le pressèrent de se mettre à leur tête, pour recommencer la lutte et mourir au moins dignement, plutôt que de laisser emmener au loin, en captivité, leurs femmes et leurs enfants. Bélisaire se préparait en effet à emmener avec Vitigès, ce qui survivait de leurs guerriers les plus valeureux et à emporter leurs trésors.

« J'en conviens avec vous, leur répondit Vraïas ; dans la situation qui nous est faite, mieux vaut courir les chances de la guerre que supporter la servitude. Mais, quant à me proclamer roi, comme vous le voulez, ce serait, je crois, du tout contraire à l'intérêt commun. Je suis neveu de Vitigès qui a malheureusement gouverné nos affaires. Nos ennemis n'auraient donc pour moi que du mépris. Les parents d'un infortuné semblent naturellement devoir partager sa malchance. D'autre part, si j'usurpais le trône de mon oncle, je paraîtrais commettre un forfait ; ce qui éloignerait de moi beaucoup d'entre vous. Je conclus donc que, dans la situation critique où nous sommes, c'est Ildibald qu'il faut choisir pour roi. Il est homme de très grande valeur et sa naissance lui procurera, selon toute probabilité, l'alliance et le concours de Theudès, roi des Visigoths, dont il est le neveu. Nous engagerons ainsi la lutte avec plus de chances de succès[1]. »

Tous les chefs présents se rangèrent à cet avis. Ildibald, appelé de Vérone et arrivé presque aussitôt, fut couvert de la pourpre et proclamé roi. Sans refuser la royauté qui lui était offerte, Ildibald représenta aux chefs goths qu'il croyait

---

1. Procope, *de Bello Goth.*, lib. II, cap. 30.

prudent, avant de reprendre les armes, de faire une nouvelle démarche auprès de Bélisaire, pour le décider à demeurer en Italie et à accomplir ses promesses. Ce conseil fut approuvé de tous ; d'un commun accord, on convint d'envoyer à Ravenne de nouveaux députés qui, introduits auprès de Bélisaire, lui reprochèrent de manquer à sa parole et de n'avoir pas honte de préférer la servitude au pouvoir suprême qu'ils le pressèrent, de nouveau, d'accepter. Ils lui affirmèrent qu'Ildibald viendrait lui-même mettre la pourpre à ses pieds et lui faire hommage, comme au souverain des Goths et de l'Italie. Bélisaire leur opposa un refus absolu et leur déclara nettement que jamais, tant que vivrait Justinien, il ne consentirait à aucune usurpation [1].

Les Goths, plus nombreux que leurs vainqueurs, paraissaient encore si redoutables, avant la prise de Ravenne, que Justinien menacé d'une guerre imminente avec les Perses s'était hâté de donner pouvoir à ses légats de conclure la paix avec Vitigès ; n'avait exigé que la moitié du trésor royal, plus un tribut annuel pour les provinces au sud du Pô et avait reconnu au roi des Goths la pleine souveraineté de la région au nord de ce fleuve, où les barbares étaient établis en plus grand nombre que dans le reste de l'Italie. La prise de Ravenne et la captivité de Vitigès n'avaient point anéanti leurs forces. Celles qui se trouvaient rassemblées dans Ravenne, n'avaient pu être retenues prisonnières. Il avait fallu se contenter de les licencier, et les Romains avaient dû s'estimer heureux de n'être plus, par suite de leur départ, en minorité dans une ville où, jusqu'alors, ils ne s'étaient pas sentis en sûreté. Dans les provinces au sud du Pô, les Barbares, retournés à la culture de leurs champs, étaient dispersés et l'armée romaine, occupant une grande partie du pays, paraissait en état de les empêcher de se rassembler. Mais, dans les provinces du nord, maîtres de Vérone et de Pavie, ils n'étaient ni dispersés, ni soumis. La conquête de l'Italie n'était donc point achevée et il était certain que les Goths recommence-

---

1. Procope, *de Bello Goth.*, lib. II, cap. 30.   ·

raient la guerre, dès qu'ils reconnaîtraient qu'ils étaient joués.
Les circonstances ne devaient point tarder en effet à leur être
favorables. L'Empire allait avoir à engager en Orient toutes
les forces dont il pouvait disposer, pour protéger ses provinces
d'Asie contre une invasion des Perses.

Les Goths n'ignoraient point les desseins auxquels ils
avaient eux-mêmes décidé Cosroès, par l'ambassade qu'ils
lui avaient envoyée l'année précédente. C'était précisément
pour faciliter le succès des desseins qu'ils avaient préparés et
pour se mettre en état d'en tirer plus d'avantages, qu'ils
avaient offert la royauté à Bélisaire. Leur but était de priver
l'empereur du meilleur de ses généraux et d'assurer leur
propre victoire, en le mettant à leur tête.

Il semble que cette intrigue avait été combinée d'accord
avec le roi des Perses ; car elle était connue en Asie et on y
escomptait ses résultats, dans le temps même qu'elle se tramait à Ravenne. Ce fut, en effet, pendant la cinquième année
de la guerre contre les Goths, qui correspond à la treizième
du règne de Justinien et à l'an 539 de notre ère, vers la fin
de la campagne, après les sièges et les capitulations de Fésules et d'Auximum, après l'invasion des Francs de Théodebert, après le blocus de Ravenne, par conséquent dans l'automne de cette année et à l'approche de l'hiver, que les Goths
enfermés dans Ravenne, firent proposer la couronne à Bélisaire et que Vitigès lui offrit de se démettre en sa faveur [1].
Or, dans son histoire des guerres contre les Perses, Procope
rapporte que les Arméniens, recherchant le secours de
Cosroès contre l'Empire, lui représentèrent, pour lui montrer
combien l'occasion était favorable, que non seulement une
forte partie de l'armée impériale était engagée en Occident,
mais que, de plus, Justinien venait de perdre ses deux meilleurs généraux : Sittas, tué peu de temps auparavant en
Arménie et Bélisaire qui, en ce moment même, avait quitté
son service, pour jouir du pouvoir souverain en Italie et que
vraisemblablement il ne devait plus revoir. A l'époque où

---

1. Procope. *de Bello Goth.*, lib. II, cap. 23 à 30. — Pagi, *ann.* 540, XI.

les Arméniens firent cette démarche, on était, ajoute Procope,
dans l'automne de la treizième année du règne de Justinien [1]:
C'était précisément, on vient de le voir, l'époque où les Goths
cherchaient à procurer la défection de Bélisaire et la nouvelle de ce qui se passait à Ravenne, n'avait pu parvenir en
Asie.

Les Goths n'avaient point bougé, tant qu'ils avaient espéré
que Bélisaire ne résisterait pas à l'appât d'une couronne. A
l'annonce de ses préparatifs de départ, ils s'étaient choisi, il
est vrai, un roi parmi leurs chefs ; mais ils semblaient n'avoir
voulu que triompher des scrupules de Bélisaire par la menace d'un soulèvement, puisque Ildibald s'était empressé de
lui offrir de déposer la pourpre à ses pieds [2]. Comme il était
aisé de le prévoir, ils ne s'occupèrent plus que de réparer
leurs forces et de se préparer à reprendre la lutte quand, vers
la fin de l'année 539 ou dans les premiers mois de l'année 540, Bélisaire, obéissant aux ordres de Justinien, se mit
en route pour Constantinople [3].

Il emmena avec lui à Byzance Vitigès, Matasunthe,
plusieurs chefs goths, les fils d'Ildibald et y transporta toutes
les richesses du trésor royal dont il s'était emparé. Ildiger,
Valérien, Martin et Hérodianus furent les seuls généraux de
l'armée impériale qui l'accompagnèrent. Aucun autre ne
quitta l'Italie [4]. Les prisonniers goths furent traités avec honneur [5]. Vitigès, revêtu des titres de comte et de patrice, mou-

---

1. Procope, *de Bello Goth.*, lib. II, cap. 4.

2. Procope, *de Bello Goth.*, lib. II, cap. 30.

3. Procope termine le chapitre 30 du IIe livre de sa Guerre contre les
Goths par ces mots : Bélisaire partit pour Byzance et en même temps que
l'hiver finit la cinquième année de cette guerre.
    Bélisaire retourna donc à Byzance avant le printemps de l'année 540, la
cinquième année de la guerre contre les Goths ayant commencé au printemps de l'année 539 et finissant au printemps de l'année 540.
    Voir Pagi, *ann.* 540, XI.
    Dans son histoire de la guerre contre les Perses, Procope (*Pers.* l. II,
cap. 4) marque que Bélisaire venait précisément de débarquer à Byzance
quand Justinien apprit que Cosroès était entré en campagne. Or, cet événement s'accomplit au printemps de l'année 540.

4. Procope, *de Bello Goth.*, lib. III, cap. 1.

5. Procope. *de Bello Goth.*, lib. III, cap. 1.

rut, au bout de deux ans, sur les frontières de la Perse où des
terres lui avaient été assignées [1]. Après sa mort, Matasunthe
épousa Germain. Justinien, qui accueillit ainsi avec bienveillance les captifs barbares dont il se plut à louer la haute et
belle taille, évita de donner à Bélisaire des marques publiques
de satisfaction. Les honneurs du triomphe ne lui furent point
décernés, comme à son retour d'Afrique, après sa victoire sur
les Vandales ; et le magnifique trésor de Théodoric, ren-
fermé dans le palais où le Sénat fut seul convié à l'aller voir,
ne fut pas exposé à l'admiration du peuple [2].

Cette froideur de Justinien, à l'égard du général victorieux,
n'était point, comme on l'a cru, l'effet d'un sentiment de
jalousie ou de crainte. Le retour de Bélisaire et sa conduite à
Ravenne ne permettaient aucun doute sur sa fidélité et l'empereur avait intérêt à exalter sa gloire, pour rassurer les populations qu'il allait avoir à défendre, pour augmenter la confiance de l'armée qu'il était destiné à commander. Mais
Justinien n'avait pas sujet de témoigner beaucoup de satisfaction à un général qui n'avait point tenu compte de ses
ordres et qui, pour se donner la réputation de n'avoir pas
quitté l'Italie sans s'être emparé, fût-ce par ruse, du roi et de
la capitale des Goths, avait empêché le succès d'une négociation dont pouvait dépendre le salut de l'Empire.

Le traité avantageux que Justinien avait donné mission à
ses légats de conclure avec Vitigès, lui eût assuré la paix en
Occident et lui eût ainsi permis d'opposer toutes ses forces
aux entreprises de Cosroès qui, ne pouvant plus compter
que l'Empire aurait à soutenir deux grandes guerres à la fois,
eût peut-être hésité à l'attaquer. La ruse de Bélisaire donnait, au contraire, un résultat plus apparent que solide. Elle
eut, comme il était aisé de le prévoir, pour conséquence de
perpétuer la guerre en Italie, pendant que la lutte s'engageait
en Asie et elle fut, par suite, la cause des malheurs qui affli-
gèrent l'Empire.

1. *Historiæ Miscellæ*, lib. XVI (Rerum Italic. Script., t. I, p. 107, colonne 1, lettre D).

2. Procope, *de Bello Goth.*, lib. III, cap. 1.

Aux maux de la guerre s'ajoutèrent, à cette époque, la désolation et la ruine causées par l'épidémie la plus meurtrière
dont l'histoire ait gardé le souvenir, qui, se calmant et se
ranimant tour à tour, pendant une période de cinquante-deux
ans, dépeupla successivement toutes les contrées[1]. Cette
funeste maladie que les médecins cherchaient en vain à expliquer, à connaître et à guérir, commença de paraître, vers
l'automne de l'année 541 ou 542 et probablement dans le
courant du mois d'octobre 541, en Égypte, dans le voisinage
de Péluse, entre le marais Serbonien et la branche orientale du
Nil[2]. De là, elle se répandit dans Alexandrie et dans toute

---

1. Procope, *de Bello Pers.*, lib. II, cap. 22, 23. — *Agathias*, lib. V, cap. 9
(Corpus Script. Hist. Byzant.). — *Evagrius*, lib. IV, cap. xxix (édit. Migne,
Patrologie Pères Grecs, t. LXXXVI).— Paul Diacre, *de Gestis Langobardorum*.
lib. II, cap. iv (Monum. Germ. in-4°, Script. Rerum Langobardicarum et
Rerum Italicarum Scriptores, t. I). — *Victoris Tonnennensis Chronicon*,
ann. 542 (édit. Mommsen, Monum. Germ., in-4°, Auct. Antiq., t. XI, pars I,
p. 201). — *Marcellini Comitis Chronicon* (édit. Mommsen, Monum. Germ.,
in-4°, Auct. Antiq., t. XI, pars I, ann. 543, p. 107). — Théophanès, *Chronographia*, A. C. 534 (Corpus Script. Hist. Byzant., Theophanis t. I,
p. 345). — Pagi, *ann.* 544 t. V et VI.

2. Procope (*de Bello Pers.*, lib. II, cap. 22) décrit les ravages causés
par cette épidémie, immédiatement après les événements de la seconde et
de la troisième invasion de Cosroès et il marque qu'elle sévit dans le
même temps ; c'est-à-dire en 541 et 542.

Evagrius (l. IV cap. xxix) dit que cette épidémie commença de sévir dans
la deuxième année après la prise d'Antioche. Cette ville fut prise durant
l'été de 540. On peut donc expliquer l'expression d'Evagrius comme désignant l'année 542 ou la fin de l'année 541, la seconde année après la prise
d'Antioche étant commencée dès l'été de 541. Evagrius ajoute que ce fléau
dévasta toute la terre, pendant cinquante-deux ans ; d'où il faut conclure qu'il parut en 541 ou 542, puisque Evagrius termina son ouvrage en
593 ou 594.

Victor Tonnennensis mentionne le commencement de cette épidémie
dans la seconde année après le consulat de Basile. qui est l'année 542.

Il est donc bien certain qu'elle parut dans le courant de l'une de ces
deux années 541 ou 542. Mais ces textes ne permettent point de préciser
si ce fut durant la première ou la seconde de ces deux années, comme le
remarque Pagi, *ann.* 541, V et VI.

D'autre part, Théophanès marque, sur l'année 534 de l'Incarnation, selon
les Alexandrins, laquelle commence aux calendes de septembre 541, que
cette année, au mois d'octobre, une effroyable mortalité accabla Byzance
et que, la même année au mois de février on commença à célébrer la fête
de la Purification. Il est vrai que Théophanès se trompe évidemment en
un point ; car Procope, témoin oculaire, dit positivement que ce fut au
printemps que la maladie apparut à Constantinople ; mais on lit dans l'Histoire secrète de Justinien, attribuée à Procope (ch. 3 et 4) : « Bélisaire avait
été envoyé contre les Mèdes et contre Cosroès, aussitôt qu'on avait

l'Égypte d'où elle gagna progressivement : en Orient, la Palestine, la Syrie, toute l'Asie Mineure, la Perse et les Indes ; en Occident, l'Afrique et tout le continent de l'Europe. Hommes, femmes, enfants, vieillards y étaient également exposés. Aucune localité, même parmi les plus retirées, ne fut épargnée.

Elle se manifestait d'abord par des troubles d'imagination. Ceux qui commençaient à en être atteints se figuraient apercevoir des fantômes de démons ayant forme humaine. Il leur semblait que quelqu'un les frappait et, dans l'instant, la maladie se déclarait tout à coup. Les malheureux se mettaient alors à réciter des prières, se répandaient en supplications, pour éloigner le fantôme dont ils se croyaient poursuivis et, comme

appris leur troisième invasion sur le territoire des Romains. Mais le résultat fut défavorable à Bélisaire, quoiqu'il parût avoir obtenu d'abord un avantage assez marqué et qu'il eût repoussé les ennemis de la frontière. Car Cosroès, ayant passé le fleuve Euphrate, s'empara de la ville populeuse de Callinique, sans qu'elle fût secourue et y fit des milliers d'esclaves parmi les Romains.

Bélisaire demeura dans l'inaction, au lieu de se hâter à la poursuite des ennemis et encourut l'un ou l'autre de ces reproches : ou d'avoir trahi, ou d'avoir commis une lâcheté. Vers la même époque, Bélisaire éprouva une autre disgrâce. Une maladie contagieuse, dont j'ai parlé dans mes écrits antérieurs, moissonnait les habitants de Byzance. Justinien en fut atteint d'une manière si grave qu'on disait qu'il se mourait. La renommée porta cette nouvelle jusqu'au camp des Romains (en Orient). A cette occasion, quelques-uns des chefs annonçaient que si les Romains, à Byzance, faisaient choix d'un empereur, eux ne permettraient pas son intronisation. Bientôt après, le prince releva de sa maladie et les chefs de l'armée s'accusèrent les uns les autres de ce propos. Le général Pierre (Petros) et Joannes qu'on surnommait Fagas (grand mangeur) affirmaient que ces paroles avaient été prononcées par Bélisaire et par Buzès, dans les termes que je viens de rapporter. L'impératrice Théodora, s'étant fait remettre les rapports, crut que ces hommes lui en faisaient l'application et en eut le cœur gonflé (de colère). Elle les fit tous appeler à Byzance pour organiser une enquête sur le teneur de ces paroles et fit venir à l'improviste Buzès dans son gynécée, comme pour conférer avec lui sur des affaires très urgentes ».

Ce texte montre clairement que c'est à tort qu'on attribue l'Histoire secrète à l'historien des guerres contre les Perses, les Vandales et les Goths ; puisque tout ce qui est affirmé dans le passage que nous venons de citer, touchant la troisième invasion des Perses et la conduite de Bélisaire dans cette campagne est précisément le contraire du récit de Procope, dans son Histoire de la guerre contre les Perses (liv. II).

Mais, de ce passage, il faut retenir que la peste venait de sévir à Constantinople, au moment où, après la retraite de Cosroès, Bélisaire y fut rappelé. Or on sait, d'une part, que Bélisaire fut rappelé après la campagne de 541-542 et d'autre part, que ce fut au printemps que l'épidémie se propagea à Byzance. Donc au printemps de l'année 542.

fous ou en délire, ils n'entendaient plus les voix de ceux qui les entouraient. On les voyait parfois se cacher dans quelque coin à l'écart. D'autres étaient surpris au milieu de leur sommeil. Une fièvre intense s'emparait d'eux, sans provoquer aucun des phénomènes que l'on observe d'ordinaire chez les fiévreux : ni altération du teint, ni modification de la chaleur du corps, ni inflammation. Cette fièvre, accompagnée d'une certaine toux, ne durait que jusqu'au soir ; de sorte qu'on ne pouvait se douter d'aucun danger et qu'on ne s'avisait pas d'appeler un médecin. Le même jour, le lendemain, ou peu après, une enflure se manifestait aux aines ou bien ailleurs. Parfois, le malade tombait dans un profond sommeil ; d'autres fois, dans une imbécillité si complète qu'il périssait n'ayant même plus l'instinct de se nourrir. Les malades, qui commençaient à se voir en cet état, à sentir leur intelligence se troubler et disparaître, se mettaient à crier, cherchaient à fuir. Leurs serviteurs, ceux qui les soignaient étaient aussi misérables qu'eux-mêmes ; tant ils avaient de peine à les empêcher de se précipiter de leur lit, en proie à des accès de fureur, ou de se jeter dans les cours d'eau vers lesquels ils se ruaient, pour étancher la soif ardente qui les dévorait. Beaucoup mouraient le jour même ; d'autres au bout de peu de jours.

A Constantinople, que cette épidémie atteignit au printemps de l'année 542 et qu'elle dévasta, pendant trois mois, on observa d'abord quelques cas isolés. Bientôt, le nombre des morts s'éleva à cinq et plus fréquemment à dix mille par jour. La mortalité fut si énorme que les malades étaient abandonnés sans secours. On n'enterrait même plus les morts. Les plus riches, quand ils avaient perdu leurs serviteurs, ne trouvaient pas à se faire soigner et demeuraient sans sépulture. Il fallut instituer un service public pour venir en aide, non seulement au peuple, mais à tous ceux qui se trouvaient privés de secours. Justinien désigna, à cet effet, Théodose qui exerçait la charge de référendaire. L'épouvante et le découragement vinrent à ce point, que tout commerce, toute industrie avaient cessé dans la ville. Bien des gens, pressés par la peur, cher-

chaient un refuge dans la religion, changeaient de mœurs et
de conduite, juraient de se consacrer à Dieu. Mais, ajoute Procope, le danger passé, beaucoup s'empressaient de revenir à
leur existence d'autrefois, sans plus se soucier de leurs bonnes
résolutions [1]. Ce fut, dit-on, pour implorer la clémence divine,
pendant cette peste, que Justinien établit ou plus exactement
rétablit, dans tout l'Empire, le 2 février 542, la célébration de
la fête de la Purification de la Vierge qui, depuis longtemps,
était célébrée en Phénicie, en Syrie et dans l'Église d'Égypte.

1. Baronius, *ann.* 544, X. — Pagi, *ann.* 544, VII. — Cette fête a pu être
rétablie, en effet, dans le but d'implorer la cessation du fléau dans les provinces de l'Empire ; ce qui prouverait que ce fut dans l'automne de 541
que l'épidémie commença de paraître ; mais non à Constantinople où, dit
Procope. elle parut après le commencement du printemps de l'année qui
suivit son apparition en Egypte.

CHAPITRE VII

RÉTABLISSEMENT DU ROYAUME DES GOTHS

Succès d'Ildibald. — Indiscipline et inaction de l'armée impériale. — Exactions du logothète Alexandre. — Mort d'Ildibald. — Eraric créé roi par les Ruges. — Avènement de Totila. — Prise et reprise de Vérone. — — Victoire des Goths. — Siège de Florentia. — Combat de Mucella. — Prise de Céséna et de Pétra. — Siège et capitulation de Naples. — Défaite de la flotte de Démétrius. — Humanité de Totila. — Discipline imposée à son armée. — Ses ménagements pour l'Église. — Sa rencontre avec saint Benoît au mont Cassin. — Retour de Bélisaire en Italie. — Campagne autour de Rome. — Prise de Rome par Totila. — Pélage envoyé à Justinien. — Lettre habile de Totila. — Modération dont il fait preuve en renonçant à détruire Rome. — Échec des Goths en Lucanie. — Occupation de Rome par Bélisaire. — Retraite des Goths à Tibur. — Siège de Pérusia. — Siège et capitulation de Ruscia. — Rappel de Bélisaire. — Négociations avec les Francs. — Conquêtes des Francs en Italie. — Convention entre les Francs et les Goths. — Reprise de Rome par Totila. — Les Goths maîtres de l'Italie. — Dévastation de la Sicile. — Envoi de Germain en Italie. — Sa mort en Illyrie.

Pendant que l'Empire, obligé de lutter pour la conservation de ses provinces d'Asie, se trouvait dans l'impossibilité de multiplier ses efforts en Occident, les Goths avaient repris les armes et recommencé, avec succès, la conquête de l'Italie. Dès la fin de l'année 539 ou les premiers mois de l'année 540, quand la nouvelle du départ de Bélisaire fut connue à Pavie, Ildibald, le nouveau roi des Goths, n'eut plus d'autre but que d'affermir son autorité et de relever la puissance de sa nation. Les circonstances lui étaient favorables. Les généraux que Bélisaire avait laissés en Italie, à la tête des troupes impériales, égaux en autorité, étaient indépendants les uns des autres. Chacun d'eux eut uniquement en vue son intérêt particulier; aucun n'eut souci de l'intérêt commun. La discipline ne tarda pas à se relâcher : les chefs ne furent plus obéis et les soldats se mirent à piller[1].

1. Procope, de Bello Goth., lib. III, cap. 1.

Le mécontentement causé par leurs rapines, fut encore augmenté par les exactions du fisc impérial. Justinien avait établi, pour l'administration financière aux armées, des fonctionnaires désignés sous le titre de logothètes. Chargés de toutes les prestations à fournir aux troupes, ils percevaient la synone ou impôt en nature, dû par les populations pour la subsistance des armées en marche. Chargés également des payements à faire aux gens de guerre, ils avaient pouvoir de poursuivre contre eux la restitution de ce qu'ils pouvaient avoir reçu en trop ou perçu au préjudice du trésor impérial. Le quinzième de la synone leur était alloué[1], ainsi qu'une part des sommes dont ils obtenaient la restitution. Leur propre intérêt les poussait donc à exercer des exactions dont les gens de guerre furent souvent victimes. L'auteur des anecdotes attribuées à Procope reproduit, en l'amplifiant ridiculement, l'écho des plaintes provoquées dans l'armée par les agissements des logothètes[2].

« Je ne dois pas taire, dit-il, ce que Justinien entreprit contre les militaires. Il établit sur eux des intendants, avec mission d'exercer sur tous les plus grandes exactions et la certitude d'en tirer la douzième partie des fournitures. Il leur donna le titre de logothètes. Voici comment ils opéraient annuellement.

« La solde militaire n'était pas réglée par la loi, d'une manière égale pour tous. Celle des soldats encore jeunes et qui étaient exercés à manœuvrer, était la plus faible. Il en appartenait une supérieure à ceux qui avaient servi dans les camps et qui atteignaient déjà le milieu du contrôle. Les vétérans, à la veille de prendre congé de l'armée active, obtenaient une prestation beaucoup plus forte, afin qu'ils fussent assurés, en quittant le service, d'une subsistance suffisante pour le reste de leur vie et qu'après leur mort, ils pussent laisser un petit patrimoine à leur famille. Le temps faisait ainsi monter incessamment les soldats en grade, à mesure

---

1. Procope, de Bello Goth., lib. III, cap. 1.
2. Historia Arcana (Corpus Scriptorum Historiæ Byzantinæ, Procopii pars II, vol. III, p. 132-134, édit. de Bonn).

que leurs camarades mouraient ou prenaient leur retraite et distribuait, à chacun selon son ancienneté, les allocations du trésor public. Mais les logothètes ne permirent pas qu'on rayât du contrôle les militaires décédés, soit de mort naturelle, soit par suite des guerres fréquentes qui en enlevaient le plus grand nombre. Ils ne remplirent pas les vides, pendant longtemps.

« De là, il arriva que l'État ne compta plus à son service le nombre de soldats qui lui était toujours nécessaire. Les survivants furent privés de la part qui leur revenait de la succession des vétérans. Les prestations furent moindres que les règlements ne le prescrivaient et les logothètes partagèrent avec Justinien, pendant tout le temps qui s'écoula (depuis leur création), les gains illicites qu'ils faisaient sur les soldats.

« De plus, on rogna les militaires, par beaucoup d'autres inventions fiscales, comme pour les récompenser des dangers auxquels ils s'exposaient à la guerre. Les uns étaient réprouvés, sous la dénomination de grecs, comme si rien de brave ne pouvait sortir de cette race. Les autres furent écartés, sous prétexte que l'empereur ne leur avait pas assigné le service auxquels ils étaient attachés ; quoiqu'ils eussent exhibé leurs commissions officielles, les logothètes osaient sans pudeur les déclarer subreptices. D'autres étaient licenciés, parce qu'ils s'étaient éloignés, pendant quelques jours, de leurs compagnons d'armes.

« Dans la suite, quelques gardes du prétoire furent envoyés dans toutes les parties de l'Empire, pour épurer en quelque sorte les contrôles de l'armée et désigner ceux qu'ils jugeraient incapables de servir. Ils ôtaient aux uns leurs insignes, comme bouches inutiles ou comme hors d'âge ; et ces malheureux étaient obligés de s'adresser en public aux hommes charitables qu'ils rencontraient, pour implorer, avec larmes et par des gémissements, le pain nécessaire à leur subsistance.

« Ils réduisaient les autres à se racheter à haut prix du service, pour éviter un sort semblable. Les soldats, vexés ainsi par toutes sortes d'avanies, furent grandement intimidés et ne conservèrent plus aucun goût pour le métier des armes[1]. »

Parmi ces logothètes, se trouvait un certain Alexandre qui, d'une origine extrêmement humble, s'était élevé jusqu'à cet emploi, par son ardeur à poursuivre contre les gens de guerre des restitutions au profit du fisc et qui, sorti de la misère, avait fait rapidement une grande fortune[2]. Ce fut cet homme d'une révoltante âpreté, qu'après le rappel de Bélisaire, Justinien envoya en Italie, pour y diriger l'administration financière. A peine arrivé à Ravenne, il se mit à agir avec une extravagance insensée ; exerçant des revendications, sans ombre de raison, contre des Italiens qui n'avaient jamais eu occasion de toucher des deniers publics et n'avaient pu causer aucun préjudice à l'État. Il les accusait de fraudes ou de péculat au détriment soit de Théodoric, soit de quelqu'autre des rois goths et les forçait à lui payer les sommes que, prétendait-il, ils s'étaient attribués indûment[3]. Quant aux soldats, il les traita indignement, leur refusant la solde et les récompenses auxquelles leur donnaient droit leurs services et leurs blessures[4]. Ses agissements eurent bientôt fait de rendre tous les Italiens hostiles à l'Empire, d'irriter et de décourager l'armée. Le mécontentement général ne tarda pas à tourner à l'avantage des Goths et, dans l'armée romaine, nul ne pensait à empêcher la reconstitution de leurs forces[5].

Aucun général ne bougeait ; seul Vitalius, qui se trouvait en Vénétie, à la tête d'un corps d'armée important et de nombreuses troupes d'Hérules, se hasarda à combattre Ildibald ; craignant avec raison, comme l'événement le montra dans la suite, de ne pouvoir lui résister, après qu'on lui aurait laissé le loisir d'accroître ses forces. Il fut entièrement défait, dans une sanglante rencontre près de Tarvisium (Trévise). Presque

1. Procope, *Historia Arcana*, cap. 24 (Corpus Script. Hist. Byzant., p. 134) *Traduction Isambert*, Paris, Didot, 1856, p. 279.

2. Procope, *de Bello Gothico*, lib. III, cap. 1 (Corpus Script. Hist. Byzant., p. 284).

3. Procope, *de Bello Goth.*, lib. III, cap. 1.

4. Procope, *de Bello Goth.*, lib. III, cap. 1.

5. Procope, *de Bello Goth.*, lib. III, cap. 1.

tous les Hérules périrent, avec leur chef Visandus. Vitalius
échappa seul, par la fuite et, de tout son corps d'armée, il
ne put rassembler que quelques fuyards[1].

Cette défaite des troupes romaines donna grande réputation à Ildibald. Une jalousie de femmes fut, bientôt après,
cause de sa perte. L'épouse de Vraïas, neveu du précédent
roi Vitigès, surpassait en richesse et en beauté toutes les
femmes des Goths. Très vaniteuse, elle se plaisait à étaler
son faste et le luxe de ses toilettes. Un jour que, parée d'habits magnifiques et accompagnée d'une suite nombreuse de
serviteurs, elle s'était rendue au bain, elle y rencontra la
femme d'Ildibald. Comme celle-ci était très simplement vêtue,
car Ildibald, n'ayant pas la jouissance des trésors royaux,
était encore dans une situation de fortune plutôt modeste, elle
s'abstint de lui rendre les hommages dus à la reine. Elle
poussa même l'insolence jusqu'à la considérer avec dédain et à
lui marquer presque du mépris. La femme d'Ildibald, indignée
d'une pareille offense, courut dans l'instant, tout en larmes,
demander vengeance à son mari; ce qui fut cause qu'Ildibald chercha à perdre Vraïas dans l'esprit des Goths. Il l'accusa de se préparer à trahir la cause de sa nation et à faire
défection pour passer aux Romains. Peu après, il le fit mettre
à mort traîtreusement. Cette action lui attira la haine des
Goths qui ne lui pardonnèrent pas le meurtre d'un de leurs
chefs, commis avec si peu d'apparence de raison.

Déjà, beaucoup d'entre eux avaient formé des réunions,
dans lesquelles ils s'étaient répandus en plaintes contre Ildibald; mais aucun n'avait encore résolu de le punir de son
crime, lorsqu'un certain Vilas, de la nation des Gépides, se
chargea d'en tirer vengeance. Cet homme, qui servait dans
les gardes du roi, avait été fiancé à une femme dont il était
extrêmement amoureux. Pendant une absence qu'il fit, pour
prendre part à une expédition contre l'ennemi, Ildibald maria
sa fiancée à un autre barbare; Vilas apprit ce mariage à son
retour. D'une nature excessivement violente, il n'eut plus

1. Procope, *de Bello Goth.*, lib. III, cap. 1.

d'autre idée que de tuer le roi, persuadé d'ailleurs qu'il ferait ainsi chose agréable aux Goths.

Il choisit, pour accomplir son dessein, un jour qu'il était de service au repas d'Ildibald. Les rois goths avaient coutume de manger en présence d'un grand nombre de personnes et entourés de leurs gardes. Ce jour-là, Ildibald avait à sa table les principaux d'entre les Goths. Saisissant le moment où le roi se trouvait penché, pour mettre la main à un plat, Vilas, d'un coup d'épée, lui trancha la tête qui, devant tous les assistants stupéfaits, alla rouler sur la table, tandis que ses doigts convulsés tenaient encore la nourriture qu'ils venaient de prendre[1].

Les Ruges, bien que de la race des Goths, avaient jadis formé une nation distincte et indépendante. Au commencement du règne de Théodoric, ils s'étaient unis à quelques autres peuplades, avec lesquelles ils avaient constitué un corps qui depuis avait toujours agi en commun, dans toutes les entreprises de guerre. Mais ils avaient évité de contracter mariage avec des femmes des autres peuplades; ils avaient ainsi conservé leur race, pure de tout mélange et, par suite, le nom de leur nation leur était resté[2]. Ils profitèrent du désarroi qui suivit la mort d'Ildibald. Sans laisser aux Goths le temps de se reconnaître, ils proclamèrent roi Eraric, le plus puissant parmi eux. Les Goths en conçurent un vif mécontentement; beaucoup considéraient avec douleur qu'il ne restait rien de l'espérance qu'avait fait concevoir Ildibald, de conserver l'indépendance des Goths et de rétablir leur royaume en Italie[3].

Eraric ne fit rien qui soit digne de mémoire et, le voyant incapable de mener la guerre contre les Romains, les Goths supportèrent plus impatiemment encore son empire. Il y en eut qui allèrent jusqu'à lui reprocher en face d'avoir fait obstacle, depuis la mort d'Ildibald, à tout ce qu'ils voulaient

1. Procope, de Bello Goth., lib. III, cap. 1.
2. Procope, de Bello Goth., lib. III, cap. 2.
3. Procope, de Bello Goth., lib. III, cap. 2. — Auctarium Marcellini, ann. 541 (édit. Mommsen, Monum. Germ., in-4º, Auct. Antiq., t. XI, pars I, p. 106).

entreprendre de grand. Regrettant amèrement Ildibald, ils conçurent l'espoir de retrouver sa valeur dans Totila, fils de son frère, qui commandait à Tarvisium et qui s'était déjà fait remarquer par son énergie et par une rare prudence. A la nouvelle du meurtre d'Ildibald, il avait envoyé à Ravenne offrir à Constantianus de se mettre, lui et les Goths qu'il commandait, en l'obéissance des Romains et de leur livrer Tarvisium, à condition qu'on lui donnât parole de ne faire subir aucun préjudice ni à lui-même, ni à ses hommes. Constantianus s'était empressé d'accepter les propositions de Totila et de s'engager par serment. En conséquence, jour avait été pris pour admettre, dans Tarvisium, un délégué de Constantianus, chargé de recevoir la soumission de la place et des Goths qui y tenaient garnison[1]. Cependant, les Goths s'étaient décidés, d'un commun accord, à solliciter Totila de se déclarer roi. Totila leur découvrit le pacte qu'il avait fait avec les Romains ; mais leur promit d'agir suivant leur désir, si avant le jour convenu avec Constantianus pour sa soumission, ils faisaient disparaître Eraric ; dont les Goths se mirent alors à machiner la perte.

De leur côté, les troupes romaines, assurées du succès des négociations en cours avec l'ennemi, s'abstenaient de toute concentration et de tout projet d'action. Eraric avait, en effet, convoqué une assemblée générale des Goths, à laquelle il avait soumis le projet d'envoyer des députés à Justinien pour lui demander la paix, aux mêmes conditions qui avaient été concédées précédemment à Vitigès : c'est-à-dire, moyennant l'abandon à l'empire de la partie de l'Italie située au sud du Pô, les Goths conservant la région au nord de ce fleuve. Après avoir obtenu l'assentiment des Goths, Eraric avait expédié à Byzance un certain Caballarius, accompagné d'autres de ses confidents, avec mission, en apparence, de traiter à ces conditions avec l'empereur, mais avec ordre secret de traiter tout simplement de la reddition de l'Italie tout entière et de l'abdication d'Eraric, moyennant, pour ce dernier, une

1. Procope, *de Bello Goth.*, lib. III, cap. 2.

grosse récompense en argent et le rang de patrice[1]. Tandis que ses envoyés traitaient ce marché, Eraric fut mis à mort par les Goths et, aussitôt après, Totila fut proclamé roi[2].

A la nouvelle de ces événements, l'empereur Justinien se montra très mécontent des généraux qui commandaient ses armées en Italie et leur adressa les plus vifs reproches de ce qu'ils n'avaient su rien prévoir, ni rien prévenir. Ces reproches de l'empereur décidèrent Jean, neveu de Vitalien, Bessas, Vitalius et les autres chefs à laisser des garnisons dans les différentes villes où ils commandaient et à se rendre auprès de Constantianus et d'Alexandre, dans Ravenne[3]. Ils y tinrent un conseil de guerre, dans lequel la résolution fut prise de marcher sur Vérone ; de se rendre maîtres de cette place et de sa garnison et de se porter ensuite sur Ticinum, pour combattre Totila. Leur armée était de 12 000 hommes, commandés par onze chefs, sous les ordres de Constantianus et d'Alexandre[4].

S'étant donc approchés de Vérone, ils établirent leur camp, à soixante stades de la ville, dans la plaine qui s'étend jusqu'à Mantoue, c'est-à-dire jusqu'à une journée de marche de Vérone et qui présente un terrain favorable aux mouvements de la cavalerie. Un des personnages les plus importants de la Vénétie, nommé Marcianus, occupait un château dans le voisinage. Comme il était tout dévoué aux intérêts de l'empereur, il voulut aider de tout son pouvoir au succès de l'armée romaine. Il envoya quelques-uns de ses familiers trouver un homme qu'il connaissait depuis son enfance et qui se trouvait être gardien d'une des portes de Vérone. Cet homme se laissa corrompre et s'engagea à introduire les troupes impériales dans la ville. Les mêmes intermédiaires qui avaient

---

1. Procope, *de Bello Goth.*, lib. III, cap. 2.

2. Totila est nommé dans l'Historia Miscella, lib. 16 (Muratori Script. Rerum Italic., t. I, pars 1) Baduila et par Jornandès (de regn. success.) indifféremment Totila et Baduila. Il portait donc ces deux noms. Baduila est le même nom que Baodolinus dont Grotius explique ainsi la signification : *Boadolinus Baud-Lins* audax et mitis. Grotius explique le nom de Totila de la façon suivante : Totilas Totila *Tot-las* morte liber, immortel.

3. Procope, *de Bello Goth.*, lib. III, cap. 3.

4. Procope, *de Bello Goth.*, lib. III, cap. 3.

servi à corrompre cet homme, se rendirent, par ordre de Marcianus, auprès des généraux de l'armée romaine, leur firent
connaître l'intelligence qu'ils avaient ménagée dans la place
et les avertirent de se préparer à en profiter pendant la nuit
suivante.

Les généraux romains jugèrent prudent d'expédier d'abord
un d'entre eux, avec un petit nombre d'hommes, pour s'emparer de la porte et assurer ainsi l'entrée au gros de leurs
troupes [1]. Nul, excepté Artabazes qui s'offrit spontanément,
n'osa courir le risque d'une commission si hasardeuse. Cet
Artabazes était un chef arménien, jadis au service de la Perse,
que Bélisaire avait envoyé à Constantinople, après la prise
de Sisaurane, en même temps qu'un autre général nommé
Blischanès [2]. Artabazes choisit, dans les différents corps de
l'armée, cent hommes résolus ; avec lesquels il s'approcha des
murailles, à la faveur de la nuit. La porte lui fut ouverte,
comme on en était convenu. Tandis que quelques-uns de
ses hommes allaient avertir l'armée, les autres montèrent sur
les remparts, tombèrent à l'improviste sur les sentinelles et
les tuèrent [3].

A la première alarme, les Goths, voyant la ville prise, se
hâtèrent d'en sortir, par une autre porte et se retirèrent sur la
colline qui, du côté opposé à l'Adige, s'élevait en face des
remparts. Ils y demeurèrent le reste de la nuit. De cette colline assez élevée, on découvrait au loin toute la campagne
environnante et on pouvait observer ce qui se passait dans
la ville, au point de pouvoir reconnaître le nombre de ceux
qui l'occupaient.

L'armée romaine avait fait halte, à quarante stades de la
place ; une discussion s'étant élevée entre ses généraux, relativement au partage du butin à faire dans la ville. Pendant
qu'ils s'attardaient à disputer entre eux, l'aube parut. Les
Goths s'aperçurent du petit nombre de ceux qui avaient
pénétré dans la ville et de l'éloignement de l'armée romaine.

1. Procope, de Bello Goth., lib. III, cap. 3.
2. Procope, de Bello Goth., lib. III, cap. 3.
3. Procope, de Bello Goth., lib. III, cap. 3.

Aussitôt, ils descendirent en courant de la colline et rentrè-
dans la ville, par la même porte par laquelle ils étaient sortis et
que les Romains n'avaient pu occuper[1]. Ceux-ci se retirèrent
alors sur les remparts et y soutinrent contre les barbares,
infiniment supérieurs en nombre, une lutte acharnée, avec
une admirable valeur dont Artabazes leur donnait l'exemple.
Cependant, les généraux, ayant enfin réussi à se mettre d'accord, s'étaient approchés. Mais, trouvant les portes closes et
bien défendues par l'ennemi, ils se mirent aussitôt en retraite,
malgré les objurgations de la petite troupe d'Artabazes dont
ils voyaient la position critique et qui les suppliait, à grands
cris, de leur donner au moins le temps de se sauver. Artabazes et ses hommes, écrasés par le nombre des ennemis
et sans espoir d'être secourus, sautèrent tous du haut des
remparts. Ceux d'entre eux qui, comme Artabazes, eurent
la chance de tomber sur un terrain uni, parvinrent à rejoindre
l'armée romaine. Les autres se brisèrent dans leur chute. Les
Romains, continuant leur mouvement de retraite, passèrent
le Pô, pour gagner Faventia dans l'Émilie, à cent vingt stades
de Ravenne[2].

A la nouvelle de l'inutile tentative des Romains sur Vérone,
Totila se fit joindre en toute hâte par une grande partie de la
garnison de cette ville; ce qui porta à 5 000 hommes le nombre
des troupes sous ses ordres; avec lesquelles il marcha à l'ennemi. Informés de son approche, les généraux romains réunirent un conseil de guerre où Artabazes émit l'avis de placer
sur les rives du Pô un corps de troupes qui, après avoir
laissé la moitié des barbares traverser le fleuve, en dispute-
rait le passage au reste de leur armée, pendant que le gros de
l'armée romaine attaquerait et déferait aisément ceux qu'on
aurait laissé passer. Ce sage avis ne fut pas suivi. Les généraux ne purent se mettre d'accord; ils ne firent rien de ce qu'il
y avait à faire et demeurèrent dans une inaction complète[3].

1. *Auctarium Marcellini*, ann. 542 (édit. Mommsen, p. 106).
2. Procope, *de Bello Goth.*, lib. III, cap. 3. — Faventia aujourd'hui
Faenza.
3. Procope, *de Bello Goth.*, lib. III, cap. 4.

Totila détacha un corps de 300 hommes, avec ordre d'aller passer le fleuve à vingt stades de l'endroit vers lequel lui-même se portait, de tourner ensuite le camp des Romains, de façon à apparaître sur leurs derrières et de jeter le trouble dans leurs lignes, quand le combat serait engagé. De son côté, il marcha droit aux Romains. Au moment où les deux armées se trouvèrent en présence, un guerrier goth, nommé Viliaris, homme de grande taille, ardent à la lutte et d'un aspect terrible sous sa cuirasse et son casque, se porta en avant de la ligne de bataille et jeta un défi à qui voudrait se mesurer avec lui. Ce fut encore Artabazes qui s'avança à sa rencontre. La lance en arrêt, les deux adversaires poussèrent leurs chevaux, l'un contre l'autre. Artabazes, plus leste que le Goth, l'atteignit au côté droit. Le barbare, frappé à mort, allait tomber quand sa lance, touchant terre derrière lui et venant à s'appuyer contre une pierre, le soutint sur son cheval [1]. De sorte qu'Artabazes, le voyant demeurer en selle, ne le crut pas blessé grièvement et s'anima de plus en plus. Tandis qu'il s'efforçait d'achever son adversaire, il advint que sa cuirasse heurta la lance fichée en terre. Elle glissa sur la cuirasse et le fer pénétra dans le cou d'Artabazes, coupant une artère d'où le sang se mit à couler abondamment. Au même moment, le Goth tombait mort. Artabazes regagna les rangs de l'armée romaine. Il ne ressentait aucune douleur; mais on ne réussit point à arrêter l'hémorragie causée par sa blessure, et il mourut au bout de trois jours [2].

Une action d'éclat, mais inutile au succès de la journée, priva ainsi les Romains de leur chef le plus résolu et leur causa par suite le plus grand dommage. Tandis qu'on le soignait, hors de la portée du trait, la bataille s'engageait entre les deux armées. Au milieu de l'action, les 300 barbares envoyés pour tourner l'armée romaine, apparurent tout à coup. Les Romains se crurent pris en arrière par un corps beaucoup plus nombreux. Une panique se produisit dans leurs

1. Procope, de Bello Goth., lib. III, cap. 4.
2. Procope, de Bello Goth., lib. III, cap. 4.

rangs. Ils se mirent en déroute et, dans leur fuite, furent
taillés en pièces. Il y eut un grand nombre de prisonniers et,
ce qui n'était jamais arrivé à une armée romaine, tous les
étendards tombèrent aux mains du vainqueur. Les généraux
se sauvèrent comme ils purent, chacun de son côté, avec quelques débris de leurs troupes. Ils n'eurent plus d'autre idée
que de mettre en état de défense les places où ils s'étaient
retirés [1].

Totila ne perdit point de temps, après ce succès. Il fit marcher contre Florentia, où commandait Justin, une armée, sous
les ordres de Bléda, Roderic et Uliaris. Parvenus devant
Florentia, ces trois chefs goths, d'une grande valeur, investi-
rent immédiatement la place dont ils entreprirent le siège.
Justin, fort inquiet parce qu'il n'avait point formé d'approvisionnements, envoya avertir les généraux romains de la position dangereuse dans laquelle il se trouvait et les pressa de
le secourir promptement. Son messager, après avoir réussi à
traverser, pendant la nuit, les lignes des assiégeants, parvint
à Ravenne d'où une forte armée de secours fut expédiée sans
retard, sous la conduite de Bessas, de Cyprien et de Jean,
fils de la sœur de Vitalien [2].

L'approche de cette armée n'échappa point aux reconnais-
sances des Goths. Ils se hâtèrent de lever le siège et se retirèrent, à une journée de marche de Florentia, dans une localité
nommée Mucella [3]. Justin se porta alors, avec toutes ses forces,
au devant de l'armée de secours, ne laissant dans Florentia
qu'une faible garnison. Quand les deux armées romaines
eurent opéré leur jonction, elles s'avancèrent ensemble contre
l'ennemi. A peine en marche, il parut préférable aux généraux de faire prendre les devants à l'un des plus considérables
d'entre eux qui, avec son corps, tenterait de surprendre l'ennemi; tandis que les autres corps avanceraient plus lentement. On tira au sort celui qui devait être chargé de cette

1. Procope, *de Bello Goth.*, lib. III, cap. 4.
2. Procope, *de Bello Goth.*, lib. III, cap. 5.
3. *Auctarium Marcellini*, ann. 542 (édit. Mommsen, p. 107).

mission. Jean fut désigné. Mais déjà les généraux n'admettaient plus le plan d'attaque convenu un instant auparavant. Jean dut pourtant se décider à marcher. Les barbares, avertis de son approche, avaient quitté en toute hâte la plaine où ils étaient campés, pour aller s'établir sur une hauteur voisine [1].

Jean se porta vivement à l'attaque de cette position qui fut vigoureusement défendue. Il s'ensuivit une lutte très meurtrière, dans laquelle les Romains et les Goths montrèrent une égale valeur, jusqu'au moment où Jean, se précipitant à grands cris, se jeta, avec trop peu d'ordre, sur les rangs ennemis. Un de ses gardes tomba frappé d'un trait et au même instant, ses troupes, repoussées et rompues, lâchèrent pied.

Les autres corps de l'armée romaine étaient arrivés sur le champ de bataille et attendaient, après avoir pris leurs formations de combat. S'ils avaient arrêté les troupes de Jean, rejetées en désordre, si, avec elles, ils avaient donné contre l'ennemi, la victoire des Romains était certaine ; les Goths n'auraient même pu échapper. Mais le bruit se répandit tout à coup, dans l'armée romaine, que Jean venait d'être tué, de la main d'un de ses gardes. Cette fausse nouvelle arriva aux oreilles des généraux. Aussitôt, aucun d'eux ne voulut plus demeurer à son poste. Tous s'enfuirent, de la façon la plus honteuse. La ligne romaine se rompit complètement, non par unités, mais à la débandade ; chacun fuyait de son côté. La panique fut telle, que ceux qui échappèrent, ne trouvant rien pour les arrêter, continuèrent à courir pendant plusieurs jours [2]. Ils se réfugièrent enfin çà et là, dans les lieux fortifiés qu'ils trouvèrent sur leur route. Aux gens qu'ils rencontraient, ils n'annonçaient d'autre nouvelle que la mort de Jean.

Sans communication les uns avec les autres, les différents chefs ne cherchèrent plus en aucune façon à unir leurs forces contre l'ennemi. Uniquement préoccupé de la crainte d'être attaqué, chacun d'eux ne songea qu'à se tenir enfermé, derrière les murailles qui lui servaient de refuge et à faire des préparatifs pour soutenir un siège.

1. Procope, de Bello Goth., lib. III, cap. 5.
2. Procope, de Bello Goth., lib, III, cap. 5, p. 300,

Totila traita les prisonniers avec tant de générosité qu'il réussit à se les attacher ; si bien que la plupart prirent du service dans son armée, contre les Romains[1].

Après cette seconde victoire, Totila s'empara de Céséna et de Pétra. Il pénétra ensuite dans la Toscane où il fit différentes tentatives contre diverses places fortes. Comme aucune ne se montra disposée à se rendre, il passa le Tibre et, laissant de côté le territoire de Rome, il envahit rapidement la Campanie et le Samnium. Il n'eut aucune peine à se rendre maître de Bénévent, dont il rasa les murailles, pour que des troupes envoyées de Byzance ne pussent s'en faire une base d'opérations contre les Goths. Cette expédition terminée, il alla assiéger Naples qui, malgré ses flatteries et ses promesses, refusait de lui ouvrir ses portes. Elle était défendue par une garnison de 1 000 hommes, Romains et Isauriens, sous les ordres de Conon[2]. Totila établit son camp devant la ville, avec la majeure partie de son armée et envoya un corps de ses troupes s'emparer de Cumes et des autres forteresses de la région; d'où il tira de grandes ressources en argent. Il s'y trouvait des femmes de sénateurs. Totila, loin de leur faire le moindre outrage, les traita fort humainement et leur rendit la liberté. Cet acte de générosité lui valut, dans toute la population romaine, un grand renom de modération et de bienveillance.

Comme aucun corps ennemi ne se présentait, il lui suffit, pour obtenir de grands résultats, de faire parcourir le pays par de très faibles détachements. Il subjugua ainsi, en peu de temps, le Brutium, la Lucanie, l'Apulie et la Calabre. Agissant en souverain de l'Italie, il leva partout des impôts et d'importantes contributions sur les propriétaires[3]. Il en résulta que les Italiens, lésés dans leur fortune et exposés de nouveau à tous les malheurs de la guerre, se plaignirent amèrement et se désaffectionnèrent de l'Empire qui n'avait pas su les défendre. D'autre part, toutes les ressources faisant

1. Procope, de Bello Goth., lib. III, cap. 5.
2. Procope, de Bello Goth., lib. III, cap. 6.
3. Auctarium Marcellini (édit. Mommsen, p. 107).

défaut, les troupes romaines ne reçurent plus leur solde, aux échéances fixées. D'énormes arriérés leur restèrent dus; ce qui les rendit encore moins disciplinées que précédemment et moins disposées à marcher à l'ennemi. De sorte que les généraux demeurèrent inactifs : Constantianus à Ravenne, Jean à Rome, Bessas à Spolétium, Justin à Florentia, Cyprien à Pérusia et de même tous les autres, chacun dans la place où il s'était réfugié.

L'empereur, dès qu'il fut informé de cette situation qui lui parut un désastre, créa immédiatement Maximinus préfet du prétoire d'Italie [1]. C'était ce même Maximinus que, trois ans auparavant, il avait accrédité auprès de Vitigès. Il expédia avec lui une flotte sur laquelle il fit embarquer des troupes nombreuses de Thraces et d'Arméniens, auxquelles était joint un petit corps de Huns. Les Thraces étaient sous les ordres d'Hérodianus, les Arméniens sous les ordres de Phazas, fils d'une sœur de Péranius, lequel était fils du roi d'Ibérie, Gourgénès. Maximinus était tout à fait ignorant du métier de la guerre ; ce qui le rendait minutieux à l'excès et le portait à éviter de se compromettre. Parti de Byzance avec la flotte, il fit escale en Épire et s'y attarda, perdant ainsi le temps, sans aucune raison [2].

L'empereur envoya également en Italie, peu de temps après, comme maître de la milice, Démétrius, qui y avait déjà servi, lors de l'expédition de Bélisaire. Il était, à cette époque, commandant d'une cohorte d'infanterie [3]. Démétrius s'embarqua pour la Sicile. Lorsqu'il y aborda, il apprit que Conon était très resserré dans Naples et réduit à une extrême disette. Sa première pensée fut de se porter immédiatement au secours de Naples. Il dut y renoncer, car il n'avait avec lui que très peu de troupes dont les effectifs étaient, non seulement incomplets, mais à peu près nuls. Il imagina alors de tirer de tous les ports de la Sicile un grand nombre de navires qu'il assembla et fit charger de grains et de toute espèce de vivres. Il

1. Procope, *de Bello Goth.*, lib. III, cap. 6, p. 302.
2. Procope, *de Bello Goth.*, lib. III, cap. 6.
3, Procope, *de Bello Goth.*, lib. III, cap. 6.

prit la mer avec tous ces vaisseaux et s'arrangea pour faire croire à l'ennemi qu'ils étaient montés par un grand nombre de soldats. Les Goths, apprenant qu'une très grande flotte arrivait de Sicile, ne doutèrent pas de l'approche d'une puissante armée. Si, dans ce moment, Démétrius s'était dirigé droit sur Naples, l'impression produite sur l'esprit des Goths, eût été sans doute suffisante pour sauver cette ville [1]. Il n'osa en courir les risques et gagna le port de Rome, où il ne ménagea point sa peine pour se procurer des soldats. Mais tous ceux qui s'y trouvaient, appartenaient aux troupes récemment battues par les barbares et les redoutaient, au point que tous refusèrent de marcher de nouveau contre Totila. Démétrius n'eut donc plus qu'à se diriger sur Naples, avec les seules forces qu'il avait amenées de Byzance.

Il y avait, dans Naples, un autre Démétrius, originaire de Céphalonie ; c'était un ancien matelot, très entendu aux choses et aux hasards de la mer. Son habileté dans son métier lui avait valu quelque célébrité, au temps des expéditions de Bélisaire en Afrique et en Italie et l'empereur l'en avait récompensé en le créant procurateur de Naples. Quand les barbares étaient venus mettre le siège devant cette ville, il avait proféré contre Totila toutes espèces d'injures, avec une pétulance et une intempérance de langue qui avaient paru bien excessives en un pareil moment. Comme les progrès de l'ennemi menaçaient les assiégés d'une catastrophe prochaine, cet homme obtint de Conon l'autorisation d'essayer de se rendre auprès de Démétrius. Il se jeta seul, dans une barque et, ayant réussi, contre toute apparence, à joindre la flotte, il décida Démétrius à tenter un débarquement, sans plus hésiter [2].

A ce moment, Totila était parfaitement renseigné sur l'importance de la flotte qu'amenait Démétrius et avait armé, pour la combattre, un assez grand nombre de vaisseaux légers. Démétrius tenta de débarquer sur le rivage, non loin de Naples ; mais à peine ses hommes avaient-ils touché terre ;

---

1. Procope, *de Bello Goth.*. lib. III, cap. 6.
2. Procope, *de Bello Goth.*, lib. III, cap. 6.

qu'ils furent chargés à l'improviste. Saisis de terreur, ils ne songèrent qu'à fuir. La plupart furent pris ou tués. Ceux-là seuls réussirent à se sauver qui, dans le premier moment de l'apparition de l'ennemi, sautèrent dans les chaloupes des navires et gagnèrent le large. Démétrius, le maître de la milice, fut de ce nombre. Quant aux navires, les barbares les prirent tous, avec leur cargaison et leurs équipages. Démétrius, le procurateur, y fut trouvé et tomba ainsi aux mains des Goths qui lui coupèrent la langue et les mains, puis le laissèrent libre d'aller montrer, où bon lui semblait, le châtiment de son intempérance de langage [1].

Ce ne fut que quelque temps après ce nouveau désastre, que Maximinus se décida enfin à quitter l'Épire et à s'avancer jusqu'en Sicile. Il atteignit Syracuse, d'où son esprit toujours obsédé de craintes l'empêcha de bouger. Les généraux romains et surtout Conon, de plus en plus resserré dans Naples où les vivres commençaient à manquer totalement, lui dépêchèrent, dès qu'ils connurent son arrivée et son inaction, des émissaires pour le presser de venir promptement à leur secours. Ce fut en vain. Il continua à perdre le temps. Les menaces de l'empereur, les reproches de tout le monde l'émurent enfin. Quant à lui, il ne bougea pas davantage; mais il se décida à expédier vers Naples sa flotte, avec toutes ses forces, sous les ordres d'Hérodianus, de Démétrius et de Phazas. Il avait tant attendu que l'hiver était alors commencé. Parvenue dans les eaux de Naples, la flotte fut assaillie par une terrible tempête. Toute manœuvre étant devenue impossible, le bruit des flots empêchant même de s'entendre, il s'ensuivit une effroyable confusion. Les vaisseaux, poussés par le vent, furent tous jetés à la côte, la plupart près de l'endroit où l'ennemi avait établi son camp. Les barbares n'eurent qu'à les envahir. La plupart de ceux qui les montaient, furent précipités dans les flots; beaucoup furent faits prisonniers. De ce nombre fut Démétrius. Hérodianus et Phazas, dont les navires s'étaient échoués assez loin du camp des

---

1. Procope, *de Bello Goth.*, lib. III, cap. 6.

Goths, purent seuls se sauver, avec quelques-uns des leurs [1].

Totila fit traîner Démétrius, la corde au cou, devant les murailles de Naples et le contraignit d'exhorter les assiégés à ne point se perdre par une plus longue résistance, dans le fol espoir d'un secours que l'empereur était désormais dans l'impossibilité de leur fournir, après la destruction de la flotte qui était sa dernière ressource. La vue du triste sort de Démétrius, la certitude affligeante que leur donnaient ses paroles, achevèrent de faire perdre toute espérance aux assiégés, déjà réduits par la famine à la dernière extrémité.

Il n'y eut plus, dans la ville, que trouble et angoisse [2]. Totila s'approcha alors lui-même des murailles et tint ce discours : « Ce n'est point contre vous, habitants de Naples, que nous avons entrepris ce siège. Nous n'avons nul sujet de nous plaindre de vous et, loin de vouloir vous nuire, nous venons, au contraire, vous délivrer d'une domination que vous détestez. Notre seul désir est de vous prouver à tous notre reconnaissance d'avoir supporté, dans cette guerre, pour notre cause, la pénible contrainte que vous ont fait subir nos ennemis. Seuls en effet parmi tous les Italiens, vous avez montré un remarquable attachement à notre nation, une répugnance extrême à tomber au pouvoir de nos ennemis. Nous avons été forcés de vous assiéger avec eux ; mais nous rendons pleinement hommage à votre fidélité. Que personne ne considère donc ce siège comme pouvant avoir pour conséquence la perte des habitants de Naples. S'il vous impose de dures privations, n'en accusez pas les Goths. On ne peut en vouloir à des amis de ne pouvoir, malgré leur désir, procurer ce qui est agréable, sans quelque désagrément. Que la crainte de nos ennemis n'affecte pas vos esprits ; que le souvenir du passé ne vous inspire pas l'appréhension de les voir remporter sur nous la victoire. Ce qui n'est dû qu'au hasard ne dure point et ne se reproduit pas. Voici la convention que nous vous offrons. Conon et tous les soldats qu'il a avec lui, seront libres

---

1. Procope, *de Bello Goth.* lib. III, cap. 7.
2. Procope, *de Bello Goth.*, lib. III, cap. 7.

de se retirer où bon leur semblera, après qu'ils nous auront livré la ville, avant d'en sortir. Nous ne faisons point difficulté de nous engager par serment à ne faire aucun mal ni à eux, ni aux habitants de la ville [1]. »   .

Conon et la garnison tout entière se montrèrent disposés à accepter les conditions offertes par Totila, car la famine leur en faisait une inévitable obligation ; mais, pour ne point s'exposer au reproche de manquer à leur devoir de fidélité envers l'empereur et parce qu'ils espéraient encore l'arrivée d'un secours, ils ne voulurent s'engager à rendre la ville que s'ils n'étaient pas secourus, dans l'espace de trente jours. Totila, voulant leur prouver la vanité de l'espoir qu'ils conservaient encore, leur accorda trois mois. Il s'engagea à ne rien entreprendre et à ne tenter aucun assaut, avant la fin de cette période. Les assiégés eurent bientôt achevé de consommer le peu de vivres qui leur restaient et ne purent attendre la date convenue. Au bout de peu de jours, force leur fut de livrer l'entrée de la ville à Totila et à ses troupes. Procope note que la reddition de Naples eut lieu à la fin de l'hiver et de la huitième année de la guerre contre les Goths. Elle fut donc effectuée avant le printemps de l'année 543, date du commencement de la neuvième année de cette guerre ; et comme Naples ne se rendit qu'après un siège assez long, il est certain que ce siège fut commencé au plus tard dans les derniers mois de l'année 542 [2].

Totila fit preuve, à l'égard des vaincus, d'une humanité qui n'est le fait ni d'un barbare, ni d'un ennemi. Comme les Romains étaient exténués par les privations et à bout de forces, il voulut leur éviter les dangers que produit ordinairement, sur ceux qui ont trop longtemps jeûné, la nourriture absorbée tout à coup. A cet effet, il fit garder le port et les portes et défendit que personne ne sortît de la ville. Il régla ensuite lui-même les distributions de vivres par rations, d'abord hors de proportion avec l'appétit de ces hommes affa-

1. Procope, *de Bello Goth.*, lib. III, cap. 7.
2. Procope, *de Bello Goth.*, lib. III, cap. 7. — Pagi, *ann.* 543, III.

més, puis, de jour en jour, plus abondantes, à mesure que leurs organes le permettaient[1].

Après avoir, de cette façon, rétabli leurs forces, il ouvrit les portes, les laissant libres de se retirer où ils le voudraient. Il fit embarquer Conon et tous ses soldats, à l'exception de ceux qui préférèrent demeurer dans Naples. Ayant honte de retourner à Byzance, ils voulurent se rendre à Rome. Les vents contraires les empêchèrent de mettre à la voile. Obligés d'ajourner leur départ, ils craignirent que le succès ne rendît Totila moins modéré et que, les tenant en son pouvoir, il ne vînt à les maltraiter. Totila s'aperçut de leurs appréhensions. Il les convoqua en sa présence et, après leur avoir renouvelé ses promesses, dans des termes qui ne permettaient aucun doute, il les exhorta à être absolument rassurés ; à vivre avec les Goths sans la moindre crainte et à s'adresser à eux, comme à des amis, pour tout ce dont ils auraient besoin. Comme le temps passait, sans que le vent devînt favorable, il leur fournit, afin qu'ils pussent gagner Rome par terre, des chevaux, des bêtes de somme, même des provisions pour leur route et les fit accompagner de quelques Goths de qualité, chargés de les protéger à leur départ[2]. Lui-même ne tarda pas à se mettre en marche. Mais, avant de s'éloigner de Naples, il y fit raser les murailles ; pour que si les Romains venaient à s'emparer de nouveau de cette ville, elle ne pût leur offrir une base d'opérations contre les Goths. Il se contenta de démolir la plus grande partie des murailles, sans toucher au reste.

Totila ne cessait de s'appliquer à établir, dans ses troupes, une exacte discipline et à se concilier l'esprit des populations italiennes, en leur prouvant sa volonté de les protéger contre toute violence, même au risque de mécontenter les Goths. Un Romain, originaire de la Calabre, dont la fille avait été violée par un de ses gardes, étant venu se plaindre à lui, il fit aussitôt arrêter le coupable et comme celui-ci avouait son

---

1. Procope, de Bello Goth., lib. III, cap. 8.
2. Procope, de Bello Goth., lib. III, cap. 8.

crime, il se prépara, sans hésitation, à le frapper d'un châtiment destiné à servir d'exemple[1]. Les plus considérables
d'entre les Goths, craignant pour la tête de cet homme qui
avait fait preuve d'entrain et de valeur, se réunirent et
allèrent demander sa grâce. Totila les reçut avec bienveillance et les écouta avec le plus grand calme, puis il expliqua,
en ces termes, les motifs de son refus :

« Je ne puis voir, sans déplaisir, arriver malheur à un
homme de notre nation. Ma réponse m'est donc inspirée, non
par un mouvement d'irritation, mais par le souci du salut
commun des Goths. Bien des gens se payent de mots pris à
contre-sens et confondent, sous un même nom, les choses les
plus contraires. La licence, cause de tous les désordres, cor-
ruptrice de toute honnêteté, ils se plaisent à l'appeler humanité et celui qui veut maintenir l'autorité des lois, est, à les
entendre, un homme dur et morose. Sous ce langage, on voile
ses passions, pour se donner plus de liberté de mal faire et
d'être malhonnête, sans avoir à se gêner. En ce qui vous concerne, je vous engage à ne pas racheter la faute d'un seul
par le risque de votre salut à tous et à ne pas vous rendre
complices d'un crime dont vous êtes innocents. Empêcher
qu'un crime soit puni ou s'en être rendu coupable, c'est tout
un, à mon sens. En cette affaire, ne perdez pas de vue qu'il
s'agit de choisir entre l'impunité du coupable et le salut de
notre nation.

« Considérez qu'au commencement de la guerre, nous
avions abondance de glorieux guerriers, rompus aux choses
militaires, des trésors pour ainsi dire innombrables; des
chevaux, des armes en quantité et toutes les ressources de
l'Italie, qui ne peuvent certes pas être regardées comme un
maigre avantage pour engager une lutte. Et pourtant, sous
le règne de Théodat, cet homme sur qui l'amour de l'or avait
plus de pouvoir que l'amour de la justice, nous avons attiré
sur nous la colère de Dieu. Vous n'ignorez pas par quels
hommes nous avons été abattus, quel était leur nombre et

---

1. Procope, *de Bello Goth.*, lib. III, cap. 8.

jusqu'à quels désastres nous sommes tombés. Dieu, nous ayant assez châtié de nos fautes, donne aujourd'hui un autre cours à notre destinée ; pour tout dire en un mot, il nous permet d'espérer. Nous avons remporté sur nos ennemis une victoire bien au-dessus de nos forces. Conservons avec soin le culte de la justice, source de la victoire. La violer, ce serait attenter nous-mêmes à notre prospérité ; car qui pratique l'injustice et la violence, n'apporte pas sur les champs de bataille les qualités qui donnent la gloire. La fortune des combats traite chacun selon son mérite. »

Ce discours fit sur les chefs goths une vive impression ; ils n'insistèrent pas et abandonnèrent le coupable au jugement de Totila qui, peu après, le fit mettre à mort et alloua tous ses biens à la jeune fille qu'il avait outragée [1].

L'Église ne pouvait être favorable au rétablissement définitif de la domination des Goths qui, fidèles à la secte des ariens, étaient toujours pour elle un danger ; mais, malgré ses succès, Totila était bien loin d'être assez puissant pour lui nuire. Elle avait, au contraire, beaucoup à craindre de la domination de Justinien, dont les tendances et la politique religieuse ne devaient pas tarder à provoquer, entre le pape et l'empereur, un nouveau conflit qu'il était aisé de prévoir. Les circonstances forçaient donc l'Église à observer une neutralité, plutôt momentanément bienveillante, à l'égard du chef barbare qui, renouvelant la lutte contre l'Empire, obligeait Justinien à la ménager et qui, lui-même, pour ne pas surexciter la haine des populations catholiques, avait un intérêt évident à compter avec elle.

Totila, comprenant l'avantage et la possibilité d'éviter l'hostilité de l'Église, eut soin d'épargner le clergé catholique et de témoigner aux personnages religieux, particulièrement vénérés par les Italiens, des égards qu'atteste toute une série de pieuses anecdotes. Un an environ après la prise de Naples, au moment de son invasion dans la Campanie et dans le Samnium, il se rendit au mont Cassin, où il eut

---

1. Procope, *de Bello Goth.*, lib. III, cap. 8.

avec saint Benoît une entrevue que saint Grégoire raconte en ces termes [1] :

« Au temps des Goths, leur roi Totila se rendit au monastère de saint Benoît. Comme il avait entendu dire que ce saint homme avait le don de prophétie, il voulut le mettre à l'épreuve. Il s'arrêta donc à quelque distance et fit annoncer sa venue. Puis, quand il sut qu'il était attendu, il ordonna à un homme de sa suite, nommé Riggo, de se couvrir des vêtements royaux et de se présenter au saint, en se donnant pour le roi. Il fit accompagner cet homme par Vultérius, Ruderic et Blindinus, trois personnages qu'il avait le plus souvent auprès de lui. Il leur recommanda de se tenir autour de Riggo, comme ils avaient coutume d'être auprès de lui-même et de le traiter avec un respect qui, joint aux vêtements de pourpre, devait achever de le faire prendre pour le roi. Lorsque, revêtu de ce costume et ainsi accompagné, Riggo pénétra dans le monastère, il aperçut de loin le saint qui ne bougea point de son siège et qui lui dit, dès qu'il fut à portée de la voix : « Dépose, mon fils, dépose les insignes que tu portes ; ils ne sont pas les tiens. » Riggo, épouvanté d'avoir voulu se jouer d'un tel homme, se jeta contre terre ; ce que firent aussi tous ceux qui étaient venus avec lui. Ils ne se relevèrent que pour aller rapporter à leur roi avec quelle promptitude leur ruse avait été déjouée.

« Totila se rendit alors auprès du saint homme et d'aussi loin qu'il l'aperçut, sans oser approcher de son siège, il se prosterna. Ce fut en vain que saint Benoît lui répéta jusqu'à trois fois de se lever, il fallut que le serviteur de Dieu daignât s'approcher de lui et le relever de terre. Après lui avoir reproché sa conduite, le saint homme lui prédit, en peu de mots, tout ce qui devait lui arriver. « Tu as fait beaucoup de mal, lui dit-il, tu fais encore beaucoup de mal ; apaise

---

1. Saint Grégoire, *Dialogues*, liv. II, ch. xiv (Migne, Patrologie Latine, t. LXVI, p. 161). Le livre II des Dialogues de saint Grégoire se trouve dans la Patrologie de Migne, non avec les autres livres des Dialogues (t. LXXVII) mais en tête des œuvres de saint Benoît (t. LXVI). Ce passage se trouve avec d'autres extraits des dialogues de saint Grégoire dans les Monumenta Germaniæ, in-4°, Scriptores Rerum Langobardicarum, p. 527.

quelque peu ton iniquité. Tu es appelé à entrer à Rome, tu
traverseras la mer, tu régneras neuf années et tu mourras dans
le courant de la dixième. » Le roi, très frappé de ces paroles,
s'éloigna de lui après avoir demandé ses prières. Depuis
cette époque, il fut moins cruel. Peu de temps après, il alla à
Rome, passa ensuite en Sicile et, par la volonté de Dieu, perdit
la royauté avec la vie, dans la dixième année de son règne [1].»

De ce récit édifiant, il y a lieu de retenir le fait de la visite
de Totila au mont Cassin, des respects témoignés au saint et
des conseils d'humanité donnés par celui-ci. Totila dut nécessairement voir une marque de bienveillance à son égard dans
ces conseils, dont il comprit si bien l'importance pour le
succès de sa cause qu'à partir de ce moment, il ne négligea
aucune occasion de faire montre de la plus parfaite humanité.

Une autre de ces pieuses anecdotes nous montre saint
Benoît, donnant aux chefs goths les mêmes conseils qu'il
avait donnés à leur roi et usant de son autorité pour les faire
renoncer à la violence contre les populations italiennes et les
prêtres de l'Église catholique. « Au temps du roi Totila, dit
saint Grégoire, il y avait, parmi les Goths, un certain Galla,
arien ardent, qui brûlait de commettre les plus atroces
cruautés contre les religieux de l'Église catholique. Tout
prêtre ou moine qui avait le malheur d'être aperçu de lui, ne
sortait plus de ses mains. Un jour qu'enflammé par ses passions d'avarice et de rapine, il soumettait un paysan à toute
espèce de supplices, pour le forcer à livrer ses biens, cet
homme, vaincu par les tourments, finit par dire, pour obtenir
un moment de répit, qu'il avait remis ses biens en dépôt à
Benoît, serviteur de Dieu. Galla cessa alors de le tourmenter; mais lui lia les bras avec de fortes courroies, puis le
poussa devant son cheval, lui ordonnant de faire voir ce
Benoît à qui il avait confié ses biens. Le paysan, toujours
garrotté, le mena au monastère du saint homme. Ils le trou-

---

1. Saint Grégoire, *Dialogues*, liv. II, chap. xiv et xv (édit. Migne, Patrologie Latine, t. LXVI, p. 162. — Monum. Germ., in-4º, Script. Rerum Langobardicarum, p. 527).

vèrent occupé à lire, assis devant l'entrée de sa cellule. « Voici, dit le paysan, Benoît, notre père, dont je vous ai parlé. »

Le barbare, pensant n'avoir qu'à agir avec sa brutalité ordinaire pour inspirer la terreur, se mit à crier d'une grosse voix : « Lève-toi ! lève-toi et rends les biens de cet homme qui t'ont été remis. » A sa voix, l'homme de Dieu leva les yeux de dessus sa lecture et regarda alternativement le barbare et le paysan. Au moment même où ses yeux se portèrent sur le pauvre homme, les liens qui lui entouraient les bras se défirent et tombèrent, avec une rapidité telle qu'aucun effort humain n'eût pu les délier aussi vite. Quand Galla vit l'homme que l'instant d'avant il menait étroitement garrotté, se dresser libre de tout lien, frappé de terreur en présence d'une telle puissance, il tomba prosterné, le front contre terre, aux pieds du saint homme et se recommanda à ses prières. Sans quitter sa lecture, saint Benoît appela ses frères et leur prescrivit de conduire le barbare dans l'intérieur du monastère, pour qu'il y reçût la bénédiction. Lorsqu'ensuite on le lui ramena, il l'admonesta et l'invita à s'abstenir, à l'avenir, de pareils actes de cruauté. Galla, ainsi dompté, s'éloigna et n'exigea plus rien de ce paysan que l'homme de Dieu avait délivré d'un regard, sans même le toucher [1] ».

Il est aisé de distinguer la signification historique de cette pieuse légende et comment saint Benoît a pu exercer une si bienfaisante influence.

Il résulte encore des récits de saint Grégoire que, même avant sa visite au mont Cassin, Totila s'était mis en rapports avec les personnages ecclésiastiques, dans les différentes localités qu'il avait occupées. A Narnia, il s'était rencontré avec Cassius, l'évêque de cette ville. Cet homme, d'une vie vénérable, était, dit saint Grégoire, d'une extrême humilité qui, en présence du roi, le fit constamment rougir. Cela fut cause que Totila n'eut d'abord pour lui que du mépris, attribuant sa rougeur à des habitudes d'intempérance. Mais la puis-

1. Saint Grégoire, *Dialogues*, liv. II, chap. xxxi (édit. Migne, Patrologie Latine, t. LXVI, p. 190).

sance divine fit bientôt voir quel était l'homme qu'il méprisait ainsi ; car un malin esprit envahit un des gardes du roi et commença de le tourmenter cruellement. Cet homme fut conduit, en présence du roi, auprès de Cassius qui, après s'être mis en prière, d'un signe de croix le délivra. A partir de ce jour, Totila témoigna à ce serviteur de Dieu la plus grande vénération [1].

A Utriculum (Otricoli), les choses se passent à peu près de la même façon. Totila se montre d'abord très irrité contre l'évêque Fulgence et le menace des pires traitements. Il le fait saisir par ses soldats, qui tracent autour de lui un cercle, d'où ils l'empêchent de sortir et où ils le laissent exposé à l'ardeur du soleil. Tout à coup, éclate un violent orage, accompagné d'une pluie torrentielle qui accable les soldats et les empêche de demeurer à leur poste, tandis qu'il ne tombe pas une seule goutte d'eau dans l'intérieur du cercle où l'évêque se trouve enfermé. Le miracle modifie complètement les dispositions du roi à l'égard du saint homme qu'il traite désormais avec la plus respectueuse vénération [2].

A Canusium (Canossa), il n'est plus question de mauvais traitements, de menaces ou de difficultés, au premier abord. Là, l'évêque était saint Sabin ; c'était un personnage illustre dans l'Église. Le pontife romain l'avait honoré de plusieurs légations importantes. A l'époque où les Goths rentrèrent dans l'Apulie, il était brisé par l'âge et était devenu aveugle ; mais il avait conservé toute la vigueur de son esprit. Totila lui témoigna les plus grands respects. Il l'invita à un repas où lui-même alla se placer à sa droite et où il prit soin de lui donner occasion de manifester l'esprit de prophétie que lui attribuait la vénération des catholiques. Comme un serviteur allait présenter à l'évêque une coupe de vin, le roi la prit et, sans dire mot, l'offrit au saint homme qui, faisant paraître qu'il

---

1. Saint Grégoire, *Dialogues*, liv. III, chap. vi (édit. Migne, Patrologie Latine, t. LXXVII, p. 228. — Monum. Germ., in-4°, Script. Rerum Langobardicarum, p. 530).

2. Saint Grégoire, *Dialogues*, liv. III, chap. xii (édit. Migne, Patrologie Latine, t. LXXVII, p. 240. — Monum. Germ., in-4°. Script. Rerum Langobardicarum, p. 532).

avait le don de savoir ce que la perte de ses yeux l'empêchait de voir, dit en prenant la coupe : « Longue vie à cette main ». Le roi rougit, ajoute saint Grégoire, et bien qu'il eût été déjoué, il se réjouit de trouver dans l'homme de Dieu la vertu qu'il désirait en lui [1].

Dans l'anecdote suivante, nous voyons les Goths récompensés pour avoir réparé d'eux-mêmes un acte de rapine, qu'ils avaient commis au préjudice d'un religieux. Saint Libertinus, voyageant pour les affaires de son monastère, cheminait un jour à cheval sur une route du Samnium, quand survint un corps de Goths, sous les ordres d'un de leurs chefs, nommé Darrida. Les soldats jetèrent le saint homme en bas de son cheval. Loin de se montrer dépité de la perte de sa monture, il leur tendit le fouet qu'il tenait à la main et leur dit : « Prenez aussi ceci qui vous servira à pousser le cheval ». Puis, sans plus s'inquiéter d'eux, il se mit en prières. Les Goths le laissèrent sur la route et continuèrent leur marche. Ils ne tardèrent pas à se trouver sur les bords du Volturne qu'ils devaient passer à gué. Arrivés là, tous leurs chevaux refusèrent d'entrer dans l'eau. Coups et éperons, rien n'y fit ; il n'y eut plus moyen de les faire avancer. Après de longs et inutiles efforts, un des soldats observa que ce fâcheux empêchement leur arrivait, en punition du tort qu'ils avaient fait, sur la route, à un serviteur de Dieu. Les Goths revinrent alors sur leurs pas. Ils retrouvèrent Libertinus, toujours en prières, prosterné sur la route et lui dirent : « Lève-toi, reprends ton cheval. — Je n'en ai nul besoin, répondit le saint moine ; poursuivez votre chemin ». Les Goths le mirent de force sur sa monture, puis retournèrent au gué que leurs chevaux passèrent cette fois sans aucune difficulté [2]. Ce miracle rappelle ceux qui, dans les Gaules, se multipliaient sous les pas des Francs, pour faciliter leur marche contre les Goths.

---

1. Saint Grégoire, *Dialogues*, liv. III, chap. V (édit. Migne, Patrologie Latine, t. LXXVII, p. 225. — Monum. Germ., in-4°, Script. Rerum Langobardicarum, p. 530).

2. Saint Grégoire, *Dialogues*, liv. I, chap. II (édit. Migne, Patrologie Latine, t. LXXVII. — Monum. Germ., in-4°, Script. Rerum Langobardicarum, p. 525 et 526).

Tandis que Totila préparait ainsi ses succès par son habile modération et par la discipline qu'il maintenait dans son armée, les chefs et les soldats de l'armée romaine pillaient, à l'envi, les·biens des peuples qui leur étaient soumis et se laissaient aller à la licence la plus effrénée. Les chefs, enfermés dans leurs forteresses, passaient le temps en festins et en débauches ; les soldats, ayant perdu toute discipline, se livraient à toute espèce d'insolences. De sorte que les Italiens avaient à souffrir également des deux armées ennemies. Privés de la culture de leurs champs par les Goths qui tenaient la campagne, ils se voyaient dépouillés de leurs biens meubles par les troupes impériales. Réduits ainsi à n'avoir plus aucune ressource, ils périssaient de misère, et l'armée romaine, non contente de se montrer incapable de les défendre, ne rougissait pas d'exciter dans leur cœur, par sa conduite scélérate, le désir de voir triompher les barbares [1]. Constantianus, qui manquait complètement de résolution, déclarait ouvertement, dans ses lettres à l'empereur, qu'il ne disposait pas de forces suffisantes pour soutenir la lutte contre les Goths, et les autres généraux, comme d'un commun accord, avouaient, sous le même prétexte, leur peu d'envie de combattre.

Totila adressa au Sénat romain une lettre, dans laquelle il l'invitait à se montrer favorable aux Goths, rappelant les bienfaits des règnes de Théodoric et d'Amalasunthe et les opposant aux exactions du logothète Alexandre, à toutes les vexations infligées aux Italiens par l'armée grecque et par ses chefs [2]. Cette lettre fut portée à Rome par des prisonniers que le roi des Goths avait renvoyés, en leur ordonnant de la remettre au Sénat. Jean, qui commandait dans la ville, prit des mesures pour empêcher ceux qui en eurent connaissance d'y faire aucune réponse. Totila écrivit alors une seconde lettre, dans laquelle il promettait par les serments les plus inviolables, que les Goths ne causeraient à aucun Romain le moindre mal. Il fit faire de cette lettre de nombreuses copies

1. Procope, *de Bello Goth.*, lib. III, cap. 9.
2. Procope, *de Bello Goth.*, lib. III, cap. 9.

qui, pendant là nuit, furent affichées dans les endroits les plus fréquentés de la ville, sans qu'on pût savoir par qui elles avaient été apposées. Les chefs des troupes impériales soupçonnèrent de ce fait les prêtres ariens et les firent tous disparaître de la ville.

Totila envoya un corps de troupes en Calabre, pour tenter de s'emparer d'Hydrunte. La garnison de cette place refusant de se rendre, il ordonna de l'assiéger et lui-même, à la tête de la partie la plus importante de son armée, marcha contre Rome. A la nouvelle de ces événements, Justinien, très inquiet de l'état des choses en Italie, jugea nécessaire d'y envoyer Bélisaire; bien qu'il eût encore fort à faire du côté de la Perse. On était alors, dit Procope, à la fin de l'hiver et de la neuvième année de la guerre contre les Goths, c'est-à-dire à l'approche du printemps de l'année 544 [1]. Saint Benoît mourait précisément à la même époque, le VII des Calendes d'avril, 26 mars 544 [2].

Bélisaire partit de Constantinople, pour aller prendre de nouveau le commandement en Italie. Il n'amena que fort peu de soldats; car il n'avait pu distraire ses troupes de l'armée où elles étaient employées contre les Perses. Mais, comme il traversa toute la Thrace, il y prodigua l'argent pour enrôler des volontaires [3]. Par ordre de l'empereur, il était accompagné de Vitalius, maître de la milice en Illyrie, revenu depuis peu de l'Italie où il avait conduit des troupes illyriennes. Avec quatre mille hommes qu'ils avaient rassemblés, Bélisaire et Vitalius gagnèrent Salone, résolus de passer d'abord à Ravenne pour entreprendre de là les opérations que leur permettraient leurs forces. Leurs renseignements indiquant que les Goths étaient établis en Calabre et en Campanie, ils ne jugeaient pas possible de pénétrer sur le territoire romain, ni en passant inaperçus, ni en repoussant l'en-

1. Pagi, ann. 544, III. — Procope, de Bello Goth., lib. III, cap. 9, — Auctarium Marcellini, ann. 545 (édit. Mommsen, Monum. Germ., in-4°, Auct. Antiq., t. XI, p. 107).

2. Pagi, ann., 544, XII.

3. Procope, de Bello Goth., lib. III, cap. 10.

nemi ; car ils ne disposaient que de forces insuffisantes.

Le premier soin de Bélisaire avait été d'expédier, par mer, à Hydrunte un de ses lieutenants, nommé Valentin, avec des navires chargés de vivres suffisants pour un an et un corps de troupes destiné à remplacer la garnison du château qui, réduite par les maladies et par la famine, était incapable de résister aussi opiniâtrement qu'une garnison toute fraîche [1]. Ce secours arriva à temps pour prévenir la reddition de la place dont les défenseurs, après avoir épuisé leurs approvisionnements, s'étaient vus contraints d'entrer en négociations avec les assiégeants et de s'engager à capituler, s'ils n'étaient secourus dans un délai déterminé. Valentin, poussé par un vent favorable, aborda à Hydrunte quatre jours avant l'expiration de ce délai.

Les Goths, assurés de l'exécution de la capitulation, à laquelle les assiégés ne pouvaient se soustraire et persuadés qu'aucune intervention extérieure n'était à craindre, avaient cessé d'exercer une surveillance rigoureuse. Le port n'était pas gardé ; Valentin s'en rendit maître et pénétra dans le château, sans rencontrer aucune résistance sur son passage. Quand les Goths avaient vu aborder la flotte, ils avaient levé précipitamment le siège et étaient allés se retrancher en une position éloignée de la ville d'où ils avaient envoyé en toute hâte un messager vers Totila [2].

A peine délivré, le château d'Hydrunte faillit être de nouveau en péril. Une partie des troupes de Valentin ayant entrepris des courses dans la campagne environnante, pour y faire du butin, il s'ensuivit, près du rivage, une rencontre désastreuse pour les Romains. Ils y perdirent cent soixante-dix des leurs; dont beaucoup s'étaient précipités dans la mer en cherchant à fuir. Toutefois, l'ennemi ne réussit point à empêcher ceux qui parvinrent à échapper, de regagner le château. Suivant ses ordres, Valentin laissa dans Hydrunte les troupes fraîches qu'il avait amenées et, avec l'ancienne gar-

1. Procope. *de Bello Goth.*, lib. III, cap. 10.
2. Procope, *de Bello Goth.*, lib. III. cap. 10.

nison, il se rembarqua pour retourner à Salone, d'où Bélisaire se rendit alors, avec toute sa flotte, à Pola en Istrie. Il y demeura quelque temps, occupé à former son armée [1].

Totila, instruit de son arrivée à Pola, se servit de ruse pour se renseigner sur l'importance de son armée. La garnison romaine de Gênes était placée sous les ordres de Bonus, neveu de Jean qui était lui-même neveu de Vitalien, allié à la famille impériale. Empruntant le nom de cet officier, Totila écrivit une lettre, par laquelle Bonus, comme dans un péril extrême, pressait Bélisaire de venir promptement à son secours. Il choisit, pour aller porter cette lettre à Bélisaire, cinq hommes très perspicaces qui devaient feindre d'être les messagers de Bonus et s'enquérir de l'état des forces du général romain. Bélisaire fit à ces espions fort bon accueil, suivant sa coutume et leur prescrivit de retourner avertir Bonus qu'il ne tarderait pas à paraître, avec toutes ses troupes. De retour au camp des Goths, les espions rapportèrent que l'armée de Bélisaire était fort mince et tout à fait méprisable [2].

Dans le même temps, Totila prit par trahison la place de Tibur dont la garnison était composée d'Isauriens. Des habitants qui étaient à la garde des portes avec des Isauriens, furent insultés par ceux-ci. Ils se vengèrent par une trahison ; la nuit venue, ils appelèrent et introduisirent dans la place l'ennemi qui se trouvait campé dans le voisinage. Les Isauriens, s'étant formés en masse compacte, s'ouvrirent un passage et réussirent presque tous à se sauver ; mais tous les habitants, sans exception, furent massacrés par les Goths. L'évêque et un certain Catellus, personnage illustre parmi les Italiens, furent au nombre des victimes. Les Goths se rendirent également maîtres du cours du Tibre au-dessus de Rome, enlevant ainsi aux Romains toute possibilité de tirer des approvisionnements de la Toscane [3].

Tout ce qu'entreprit Bélisaire pour arrêter les progrès des Goths, n'eut aucun résultat. Dès son arrivée à Ravenne, il fit

---

1. Procope, *de Bello Goth.*, lib. III, cap. 10.
2. Procope, *de Bello Goth.*, lib. III, cap. 10.
3. Procope, *de Bello Goth.*, lib. III, cap. 10.

une proclamation, par laquelle il offrait amnistie entière à tous ceux qui s'étaient déclarés pour Totila ou qui avaient pris les armes contre l'empereur. Il n'excepta point de cette amnistie les soldats à la solde de l'Empire qui étaient passés à l'ennemi ; mais il menaça de traiter, à l'avenir, avec la dernière rigueur, ceux qui persisteraient dans leur hostilité. Promesses et menaces furent inutiles. Il ne réussit à procurer aucune défection, ni parmi les Goths, ni parmi les anciens soldats romains [1]. Il fit entrer dans l'Émilie, pour tenter de s'emparer des places situées dans cette province, un corps d'armée, sous les ordres de Thorimuth. Ce corps était composé des troupes illyriennes que commandait Vitalis et ne comptait qu'un très petit nombre de soldats romains. Vitalis réussit à s'emparer d'une forteresse voisine de Bononia (Bologne) et à s'établir dans cette ville : mais, bientôt après, tous les Illyriens, sans qu'ils eussent à se plaindre de la violation d'aucune convention ni d'aucune promesse, sortirent secrètement de Bononia et retournèrent dans leur pays ; d'où ils envoyèrent faire des excuses à l'empereur. Pour expliquer leur désertion, ils alléguèrent que le trésor leur devait des sommes importantes, à la suite de la longue campagne qu'ils avaient faite en Italie sans recevoir aucune solde et que, d'autre part, les Huns avaient fait irruption en Illyrie et avaient emmené en esclavage leurs femmes et leurs enfants. L'empereur, après s'être d'abord montré très irrité contre eux, finit par leur pardonner [2].

Totila, instruit du départ des Illyriens, fit immédiatement marcher sur Bononia un détachement que Thorimuth et Vitalis attirèrent dans une embuscade et qu'avec le peu de troupes qui leur restait, ils réussirent à mettre en fuite, non sans lui avoir infligé de grandes pertes [3].

Thorimuth étant ensuite retourné à Ravenne, Bélisaire lui donna mission de conduire avec deux autres de ses gardes, Ricilas et Sabinianus, un secours de mille hommes à Auximum

---

1. Procope, *de Bello Goth.*, lib. III, cap. 11.
2. Procope, *de Bello Goth.*, lib. III, cap. 11.
3. Procope, *de Bello Goth.*, lib. III, cap. 11.

où un corps romain, sous les ordres de Magnus, était assiégé par les barbares. Ce secours ayant réussi à pénétrer de nuit dans Auximum, sans être aperçu de l'ennemi, on y prit la résolution de fatiguer les assiégeants par des sorties. Dès le lendemain vers midi, sur un avis que l'armée ennemie s'était approchée, les Romains sortirent pour se porter à sa rencontre. Ils jugèrent prudent toutefois de ne pas s'aventurer, sans avoir reconnu les forces qu'ils allaient avoir à combattre. Ricilas, qui à ce moment était ivre, ne souffrit pas que d'autres que lui fussent chargés de cette mission. Montant aussitôt à cheval, il se précipita seul dans la direction de l'ennemi. Arrivé dans un endroit où le terrain était très abrupt, il aperçut trois soldats goths. D'abord, son audace naturelle fit qu'il arrêta son cheval, prêt à se défendre; mais bientôt, se voyant entouré, il prit la fuite. Son cheval s'abattit dans des fondrières. Il s'éleva alors une grande clameur parmi les barbares qui l'accablèrent de traits. Les Romains se précipitèrent à son secours et repoussèrent les barbares. Mais ils ne purent que rapporter dans Auximum son corps, percé d'une multitude de traits [1].

Après ce premier contact avec les assaillants, Sabinianus et Thorimuth jugèrent qu'ils n'étaient pas de force à livrer bataille, avec quelque chance de succès et que dès lors, leur présence à Auximum ne servirait qu'à faire consommer plus rapidement les approvisionnements de la place et à hâter ainsi sa chute. Magnus partagea cet avis. De sorte que Sabinianus et Thorimuth firent leurs préparatifs, pour effectuer leur départ la nuit suivante. Les Goths en furent avertis par un transfuge qui se rendit à leur camp, sans être aperçu. La nuit venue, Totila posta, à trente stades de la ville, une troupe d'environ deux mille hommes d'élite qui, lorsque les Romains passèrent à cet endroit vers minuit, se précipitèrent sur eux, l'épée à la main et en tuèrent deux cents. Sabinianus, Thorimuth et le reste des leurs, échappés grâce à l'obscurité de la nuit, gagnèrent Ariminum; mais ils durent abandonner,

1. Procope, *de Bello Goth.*, lib. III, cap. 11.

aux mains des Goths, toutes leurs bêtes de somme qui portaient les valets, les armes et les vêtements de la troupe [1].

Entre Auximum et Ariminum, se trouvaient deux places : Pisaurum et Fanum, dont Vitigès avait, au commencement de la guerre, incendié les maisons et ruiné à peu près la moitié des murailles, pour qu'elles ne pussent servir aux Romains contre les Goths. Bélisaire résolut d'occuper Pisaurum qui était situé dans une région d'où on pouvait tirer des fourrages. Il envoya, de nuit, prendre les mesures des portes qu'il fit fabriquer à Ravenne et transporter par mer. En même temps, il expédiait à Sabinianus et à Thorimuth l'ordre d'aller s'établir à Pisaurum, d'y faire mettre ces portes en place et de réparer, par tous les moyens, les brèches des murailles. Le tout fut fait si promptement que Totila qui, à la nouvelle de cette entreprise, s'avança avec un fort détachement pour l'empêcher, ne réussit point à déloger les Romains et se vit obligé, après de longs et inutiles efforts, à regagner son camp devant Auximum. Quant aux Romains, ils se tinrent renfermés dans les places qu'ils occupaient, sans tenter aucune sortie. Bélisaire délégua aussi à Rome deux de ses gardes, Artasire, Perse de nation et Barbation, originaire de Thrace, pour veiller avec Bessas à la défense de la ville. Il leur commanda tout particulièrement d'éviter toute attaque [2].

De son côté, Totila, connaissant l'infériorité des forces de Bélisaire, voulait profiter de la faiblesse de son adversaire, pour porter la guerre dans les contrées les plus fortifiées. Il alla donc s'établir dans le Picénum et forma le siège de Firmum et d'Asculum [3]. Ces divers mouvements, sans résultats décisifs, remplirent toute la dixième année de la guerre contre les Goths [4].

Bélisaire, se voyant dans l'impossibilité de secourir les places assiégées par les Goths, se décida à faire partir pour Byzance Jean, neveu de Vitalien, qu'il chargea de porter à l'em -

1. Procope, de Bello Goth., lib. III, cap. 11.
2. Procope, de Bello Goth., lib. III, cap. 11.
3. Actuellement Fermo et Ascoli.
4. Procope, de Bello Goth., lib. III, cap. 11.

pereur un rapport sur l'état désespéré des affaires en Italie.
Dans ce rapport, il exposait que les soldats, réduits à un
nombre insignifiant et découragés de n'être point payés de
leur solde, désertaient la lutte ; il insistait sur la nécessité
d'envoyer sans retard une armée nombreuse, des armes, des
chevaux, une somme d'argent considérable et déclarait que de
l'Italie, on ne pouvait plus rien tirer et que, sans secours, on ne
pouvait espérer s'y maintenir. Il avait exigé de Jean la promesse sous serment de revenir en toute hâte. Jean se soucia
fort peu de sa mission, prolongea son séjour à Byzance et ne
s'y occupa que de contracter un mariage avantageux avec la
fille de Germain, neveu de l'empereur.[1].

Germain, qui avait épousé, en secondes noces, Matasunthe,
veuve de Vigitès, de laquelle il eut un fils, nommé comme lui
Germain[2], avait eu, de sa première femme, Passara, deux fils :
Justin et Justinien et une fille, nommée Justine. S'il faut
ajouter foi à une des anecdotes de l'histoire secrète de Justinien, l'impératrice Théodora était arrivée, envers Germain, à
un tel degré de désaffection que sa haine avait éclaté et se
manifestait à tous. De sorte que, malgré sa parenté si proche
avec l'empereur, personne n'osait épouser ses enfants. Ses fils
ne purent même être mariés, tant que vécut Théodora[3]. La
difficulté de trouver un époux pour sa fille Justine, que personne ne recherchait, bien qu'elle fût âgée de dix-huit ans,
l'obligea de proposer son alliance à Jean qui l'accepta, parce
qu'il y trouvait un rang supérieur à celui qu'il pouvait espérer[4].

Cependant, Firmum et Asculum avaient capitulé, et Totila
avait pénétré en Toscane, où il était venu mettre le siège
devant Spolétium et devant Asisium[5]. A Spolétium, comman-

1, Procope, *de Bello Goth.*, lib. III, cap. 12.

2. Jornandès, *de Rebus Geticis*, cap. LX.

3. *Historia Arcana*, cap. 5 (Corpus Script. Hist. Byzant., Procope, t. III,
p. 37).

4. *Historia Arcana*, cap. 5. (Corpus Script. Hist. Byzant., Procope, t. III,
p. 37).

5. *Auctarium Marcellini*, ann. 545 (édit. Mommsen, Monum. Germ., in-4º,
Auct. Antiq., t. XI, p. 107).

dait Hérodianus qui s'engagea, en donnant son propre fils comme otage, à rendre la place, s'il n'était secouru dans un délai de trente jours. Ce délai expiré sans qu'aucune armée romaine eût paru, il livra la ville, avec toute sa garnison; ce qu'il fit, disait-on, par haine contre Bélisaire qui l'avait menacé de lui faire rendre compte de ses agissements antérieurs [1]. Dans Asisium, commandait Sisifrid, Goth de nation, mais très dévoué aux intérêts de l'Empire et des Romains. Celui-ci se défendit vaillamment. Mais il fut tué dans une sortie; un grand nombre de ses soldats périt avec lui et les habitants d'Asisium, incapables de se défendre, s'empressèrent de livrer la ville aux assiégeants.

Immédiatement après la reddition de ces deux villes, Totila fit sommer Cyprien, qui commandait dans Pérusia. Cyprien ne se laissa émouvoir ni par ses promesses, ni par ses menaces. Croyant que le sort de la place dépendait de lui seul et ne réussissant ni à le corrompre, ni à l'intimider, Totila paya un de ses propres soldats pour l'assassiner. Cet homme, nommé Uliphe, le surprit dans un moment où il n'était point accompagné, le tua et s'enfuit au camp des Goths qui ne tirèrent aucun avantage de ce forfait; la fidélité de la garnison conserva la ville à l'empereur [2].

Après cette vaine tentative contre Pérusia, Totila marcha sur Rome; dont il se prépara à entreprendre le siège. Afin d'assurer le ravitaillement de son armée, il prit soin, comme il le faisait d'ailleurs dans toutes les contrées de l'Italie, de n'exercer aucune vexation contre les campagnards. Il leur permit de cultiver leurs champs comme de coutume et se borna à exiger d'eux les impôts qu'ils payaient antérieurement et les redevances dues aux propriétaires. Quand le premier corps de l'armée des Goths parut à proximité de Rome, Artasire et Barbation n'obéirent point aux représentations de Bessas qui commandait la place. A la tête de leurs hommes, en assez grand nombre, ils tentèrent une sortie qui d'abord

---

1. Procope, *de Bello Goth.*, lib. III, cap. 12. — *Historia Arcana* (Corpus Script. Hist. Byzant., Procopii pars II, vol. III, p. 37).

2. Procope, *de Bello Goth.*, lib. III, cap. 12.

leur réussit. Au premier choc, ils infligèrent de grandes pertes
aux ennemis et les mirent en fuite ; mais, les ayant poursuivis, ils tombèrent dans une embuscade d'où ils ne se tirèrent
qu'à grand'peine, avec perte de beaucoup de monde. Cet
échec eut pour conséquence, que la garnison de Rome n'osa
plus faire aucune sortie, même quand elle se trouva étroitement resserrée. De sorte que la ville ne tarda pas à souffrir
d'une cruelle disette. Car elle ne tirait plus aucun approvisionnement de la campagne et la mer lui était également fermée.
Après la prise de Naples, les Goths avaient organisé une flotte
de bâtiments légers qui, de Naples et des îles Éoliennes qu'ils
occupaient, surveillait le passage et s'était emparée de tous les
transports expédiés de Sicile [1].

Tandis que lui-même poursuivait l'investissement de Rome,
Totila expédia un corps de troupes, destiné à se rendre maître
de Placentia, par force ou par composition. Placentia, ville très
forte et la principale de l'Émilie, était la seule que les Romains tenaient encore dans cette province. Elle leur donnait
un passage sur le Pô qu'il importait aux Goths de leur enlever, pour barrer la seule voie par laquelle une armée pouvait
encore marcher, de Ravenne, au secours de Rome ; la prise de
Firmum et d'Asculum, d'une part, celle de Spolétium et d'Asisium, d'autre part, avaient en effet fermé toute voie par
l'Umbrie. La garnison de Placentia fut inutilement sommée de
se rendre. Les Goths, qui savaient que la ville n'était point
approvisionnée, se bornèrent à l'investir.

Bélisaire, très inquiet de l'état des choses et du sort de
Rome, regrettait de s'être laissé persuader par Vitalius d'aller
à Ravenne, d'où, avec le peu de troupes qu'il avait, il ne
pouvait rien pour secourir les places assiégées. Jugeant plus
utile au service de l'empereur de ne pas y demeurer davantage, il y laissa Justin, avec une faible garnison et, par la
Dalmatie, il se rendit à Épidamne ou Dyrrachium. Il y
attendit impatiemment les renforts qui devaient lui venir de
Byzance et dont il prit soin de presser l'envoi, par les rapports

---

1. Procope, *de Bello Goth.*, lib. III, cap. 13.

qu'il adressa à Justinien. Il y fut enfin rejoint par une armée, composée en partie de troupes romaines et en partie de barbares, que lui amenaient Jean, neveu de Vitalien, Isaac l'Arménien et le frère de Narsès ou Nersès [1]. L'empereur avait également donné mission à l'eunuque Narsès de se rendre auprès des chefs Hérules, pour recruter un corps de guerriers de cette nation. Il en engagea un nombre assez considérable qui, sous la conduite de Philémuth et d'autres chefs, hiverna dans la Thrace et qui, dès le commencement du printemps, devait opérer sa jonction avec Bélisaire. Au cours de sa marche, ce corps eut occasion de rendre à l'Empire un important service que rien ne permettait d'espérer. Une multitude de Slavènes, qui avait récemment passé le Danube, avait ravagé toute cette contrée et réduit en esclavage une quantité de sujets de l'Empire. Les Hérules, bien que très inférieurs en nombre, leur livrèrent bataille et, contre toute apparence, les taillèrent en pièces. Tous les prisonniers que les barbares emmenaient en esclavage, furent délivrés par cette victoire et regagnèrent leurs demeures [2].

Bélisaire, mis en état de rentrer en campagne, envoya à l'embouchure du Tibre Valéntin et Phocas, excellent homme de guerre qui servait parmi ses gardes, avec quelques troupes, pour renforcer la garnison de Portus que commandait Innocent [3]. Valentin et Phocas, qui avaient ordre de fatiguer l'ennemi, en le harcelant le plus possible, firent donner avis à Bessas, le commandant de la garnison de Rome, qu'ils se préparaient à assaillir les Goths tout prochainement et lui demandèrent de tenir prêt un corps d'élite, pour le jeter, de son côté, sur les barbares, au moment qu'il les verrait aux prises avec la garnison de Portus. Rien n'empêchait Bessas d'agir dans ces conditions, car il avait 3 000 hommes; mais il ne lui plut pas de le faire. Valentin et Phocas, à la tête de 500 hommes, tombèrent à l'improviste sur le camp des ennemis dont quelques-uns furent tués. Le bruit de la lutte fut

---

1. Procope, de Bello Goth., lib. III, cap. 13.
2. Procope, de Bello Goth., lib. III, cap. 13.
3. Procope, de Bello Goth., lib. III, cap. 15.

bien entendu dans Rome, mais personne n'en sortit; de sorte que Valentin et Phocas n'eurent plus qu'à se retirer promptement; ce qu'ils firent, sans éprouver aucune perte.

Ils envoyèrent à Bessas un second message, pour lui reprocher son inaction et l'avertir de leur intention de tenter une nouvelle attaque, à laquelle ils le priaient de coopérer par une sortie, avec toutes ses forces. Il n'en persista pas moins à ne pas bouger. Valentin et Phocas avaient décidé d'attaquer cette fois les Goths, avec des forces plus considérables et firent leurs préparatifs à cet effet. Totila en fut averti l'avant-veille du jour fixé pour l'entreprise, par un soldat d'Innocent qui déserta à l'ennemi. De sorte que, deux jours après, Valentin et Phocas tombèrent dans une embuscade où ils périrent, avec la plupart de leurs soldats, dont bien peu purent regagner Portus [1].

Le pape Vigile, appelé à Constantinople, se trouvait alors en Sicile [2]. Il y avait acheté de grandes quantités de blé qu'il avait expédiées par mer. Il espérait les faire pénétrer, par cette voie, jusque dans Rome. Les navires chargés de ces approvisionnements parurent devant l'embouchure du Tibre, peu de jours après la défaite de Valentin et de Phocas. Quand les Goths virent que ces navires se préparaient à entrer dans le port, qui était hors de la ville de Portus et que la garnison romaine, renfermée dans cette ville, n'était plus en état de défendre, ils s'empressèrent de l'occuper et se dissimulèrent derrière les murailles dont il était entouré. Les hommes de la garnison romaine qui, de la ville, observaient les mouvements des Goths, montèrent sur les remparts et se mirent à agiter leurs manteaux, pour faire signe aux navires de s'éloigner, au lieu de continuer à avancer. Les matelots interprétèrent, au contraire, ces signaux comme des marques d'allégresse et comme une invitation à entrer au port vers lequel les poussait un vent favorable. Ils y pénétrèrent donc sans hésitation. Les Goths sortirent alors de leur embuscade et n'eurent qu'à

---

1. Procope, *de Bello Goth.*, lib. III, cap. 15.
2. *Auctarium Marcellini*, ann. 546-547 (édit. Mommsen, p. 107-108).

s'emparer des navires auxquels ils firent remonter le Tibre, jusqu'au camp de Totila. Les équipages furent massacrés, ainsi qu'un certain nombre de Romains qui avaient pris passage à bord de ce convoi. Parmi ceux-ci, se trouvait Valentin, évêque de Sylva Candida dans le Latium. Les Goths l'épargnèrent et le menèrent à Totila qui, l'ayant interrogé et voyant qu'il cherchait à le tromper par des renseignements inexacts, lui fit couper les deux mains [1]. Valentin survécut à ce supplice; on sait, en effet, qu'il assista au Synode que le pape Vigile tint à Constantinople, en l'an 551.

La campagne suivante, la douzième de cette guerre, débuta, au printemps de l'année 546, par la reddition de Placentia. La garnison romaine, après avoir supporté toutes les horreurs de la faim, jusqu'à être réduite à se nourrir de chair humaine, fut enfin contrainte de capituler et de se rendre à la discrétion du vainqueur.

A Rome aussi la famine était extrême. Les Romains, à bout de ressources, décidèrent le diacre Pélage à aller trouver Totila, pour obtenir de lui une trêve de peu de jours, sous condition de se soumettre et de rendre la ville, si aucun secours ne leur arrivait de Byzance avant l'expiration de cette courte trêve [2]. Le diacre Pélage, membre du clergé romain, était, depuis peu, revenu de Byzance où il avait longtemps demeuré et où il avait pénétré fort avant dans les bonnes grâces de l'empereur. Il avait rapporté de grandes richesses que, depuis le commencement du siège, il avait dépensées, en grande partie, pour soulager les malheureux. Sa charité avait mis le comble à sa réputation et à l'estime qu'il s'était acquise, dans toute l'Italie [3]. Totila l'accueillit avec honneur et d'une façon tout à fait bienveillante, mais tout d'abord il lui tint ce discours :

« La coutume de notre nation est de traiter honorablement les ambassadeurs; de plus, je me suis toujours étudié, dès ma première jeunesse, à rechercher tout particulièrement et à

1. Procope, *de Bello Goth.*, lib. III, cap. 15.
2. Procope, *de Bello Goth.*, lib. III, cap. 16.
3. Procope. *de Bello Goth.*. lib. III, cap. 16.

révérer les hommes vertueux comme vous. Mais le respect à l'égard d'un ambassadeur ne me paraît pas consister uniquement à l'accueillir avec une attitude bienveillante et à ne pas prendre un ton arrogant. Il consiste bien plutôt à lui parler avec sincérité. Le renvoyer avec des mensonges et des illusions, c'est le traiter avec mépris; le mettre en mesure de rapporter la vérité, tout entière, c'est agir dignement avec lui. Donc, Pélage, pour que vous n'ayez pas sujet de me reprocher de vous avoir laissé vous exposer à un refus, je dois vous déclarer que vous obtiendrez de nous tout ce que vous nous demanderez, à l'exception de trois choses dont il ne faut pas que vous fassiez mention. Des demandes inutiles ne conviennent pas à la situation où vous êtes. Ne me parlez, en aucune façon, des Siciliens, de l'enceinte de Rome, ni des esclaves qui se sont joints à nous. Les Goths ne peuvent ni pardonner la conduite des Siciliens, ni laisser subsister les murs de Rome, ni souffrir que les anciens esclaves qui combattent pour eux, retombent au pouvoir de leurs anciens maîtres.

« Pour que vous ne nous accusiez point d'imposer ces conditions par caprice, je veux tout de suite vous en exposer les motifs. La Sicile était autrefois une contrée particulièrement fortunée, grâce à sa richesse acquise et à la fertilité de son sol qui lui permettait, après avoir nourri largement ses habitants, d'exporter ses produits en quantité. C'était de la Sicile que vous autres, Romains, tiriez tous les ans les approvisionnements nécessaires à votre subsistance. Les Romains avaient ainsi intérêt à la prospérité de cette île; ils supplièrent donc Théodoric, au commencement de son règne, de ne point lui imposer la gêne de fortes garnisons de Goths. Théodoric y consentit. Il en résulta, pour la Sicile, une situation privilégiée qui durait encore, quand y aborda une armée ennemie, trop peu nombreuse, trop dénuée de toutes choses pour que son infériorité, dans une lutte contre nous, ne fût pas évidente. Néanmoins, à la vue de la flotte qui la portait, les Siciliens oublièrent nos bienfaits. Au lieu de se mettre à l'abri dans les lieux fortifiés et de s'occuper de repousser l'ennemi, ils s'empressèrent de lui ouvrir les portes de leurs villes, de l'accueillir à bras ouverts, à la façon des esclaves infidèles, toujours prêts à fuir d'auprès de leurs maîtres légitimes, pour se donner à de nouveaux maîtres de rencontre qu'ils ne connaissent point. La Sicile devint ainsi pour nos ennemis, comme une place forte qui leur permit d'envahir et d'occuper l'Italie entière et d'où ils tirèrent des subsistances, en quantité suffisante pour nourrir tous les Romains, pendant l'année entière qu'ils demeurèrent assiégés. En voilà assez au sujet des Siciliens. Jamais les Goths ne leur pardonneront un crime qui exclut toute miséricorde.

« En ce qui concerne les murs de Rome, ils ont fourni à nos ennemis un refuge, qui leur a permis de ne pas se hasarder en rase campagne, d'éviter ainsi une bataille décisive et de surprendre les Goths, par des détours et des ruses dont l'effet a été de faire tomber nos domaines en leur pouvoir. Il y aurait imprudence, de notre part, à ne pas prévoir, pour l'avenir, le retour d'un semblable danger. La destruction des murs de Rome sera, pour vous-mêmes, de la plus grande utilité. Elle vous préservera, dans l'avenir, des misères d'un siège auquel vous ne serez plus exposés. Le sort de la lutte se décidant forcément en bataille rangée, vous n'aurez qu'à vous soumettre au vainqueur.

« Quant aux esclaves qui sont venus se joindre à nous, il n'y a qu'une chose à vous dire. Si nous consentions à les livrer à leurs anciens maîtres, eux qui, se fiant à notre bonne foi, se sont enrôlés dans notre armée, nous ne pourrions plus vous inspirer à vous-mêmes aucune confiance. Si nous étions capables de manquer à notre parole envers des malheureux, si dignes de pitié, nous semblerions devoir apporter dans tous nos engagements la même déloyauté. La perfidie paraîtrait désormais le propre de notre caractère[1]. »

A ce discours, Pélage répondit qu'en ce qui le concernait personnellement, après lui avoir témoigné, en paroles, beaucoup d'estime pour lui-même et pour son caractère d'ambassadeur, le roi le traitait, en fait, avec bien peu de considération,

---

1. Procope, *de Bello Goth.*, lib. III, cap. 16.

puisqu'il rendait sa mission inutile, avant même de l'avoir
entendu ; qu'il eût préféré moins d'égards en apparence et
plus de succès ; que d'ailleurs la haine implacable que le roi
faisait paraître contre les Siciliens, qui jamais ne s'étaient
déclarés contre les Goths, faisait assez juger quelle bienveillance pouvaient attendre les Romains qui avaient pris les
armes contre lui ; qu'il renonçait donc à le prier et s'adres-
serait à Dieu dont la colère poursuit les orgueilleux qui
dédaignent les suppliants [1].

Quand on apprit, dans Rome, que Pélage était de retour,
sans avoir rien conclu, la population commença à s'agiter.
La garnison, qui ne manquait point encore de vivres, se maintenait ; mais les habitants, pour qui la famine devenait plus
dure de jour en jour, souffraient énormément. Bientôt, des
rassemblements se formèrent. La foule se porta chez les généraux Bessas et Conon et les supplia, avec larmes et gémissements, d'ouvrir les portes et de permettre au peuple de
quitter la ville, puisqu'ils ne pouvaient plus le nourrir, ou de
le faire massacrer. Bessas réussit à apaiser ces malheureux,
en leur affirmant que Bélisaire allait tout prochainement
arriver à leur secours, avec une armée envoyée de Byzance.

Bientôt, la famine en vint à ce point, que la population
manqua totalement de vivres et n'eut plus, pour se sustenter,
que les aliments les moins propres à l'homme ou même les
plus contraires à la nature. Au commencement du siège,
Conon et Bessas avaient vendu, à des prix exagérés, les blés
qu'ils avaient accumulés dans Rome, en quantité assez considérable, et les soldats vendaient également une partie de leurs
rations. Le boisseau de blé se vendait sept pièces d'or, soit
près de cent francs de notre monnaie. Les habitants riches
pouvaient seuls se nourrir, à un prix aussi excessif ; ceux qui
ne pouvaient le payer s'estimaient heureux, quand il leur
était donné de se procurer du son ; dont le boisseau leur était
vendu le quart du prix d'un boisseau de blé [2]. Les gardes de

1. Procope, *de Bello Goth.*, lib. III, cap. 16.
2. Procope, *de Bello Goth.*, lib. III, cap. 17

Bessas revendirent cinquante pièces d'or (près de 700 francs) un bœuf qu'ils avaient pris dans une sortie. On estimait heureux celui qui trouvait un cheval mort et pouvait s'en repaître. Le peuple ne mangeait que les orties qui croissaient en grand nombre autour des murailles et dans les ruines. Il fallait les faire cuire, pour les avaler sans se déchirer la bouche.

Il vint un moment que les plus fortunés, manquant d'argent pour acheter du blé et du son, furent contraints de donner en échange tous leurs meubles qu'on les voyait apporter au marché, afin d'obtenir de quoi subsister pendant quelques jours. Enfin, les soldats n'eurent plus de blé à vendre aux habitants; car Bessas gardait pour lui seul le peu qui restait et les Romains n'eurent plus rien à livrer en échange. Tout le monde alors fut réduit aux orties. Il ne s'en trouva pas longtemps en quantité suffisante et d'ailleurs cette nourriture ne pouvait apaiser la faim. De sorte que la population presque tout entière, exténuée par les privations, réduite à une maigreur effroyable et d'une couleur terreuse, paraissait un peuple de spectres. Beaucoup de ces malheureux, errant à la recherche d'orties qu'ils broyaient sous leurs dents, tombaient tout à coup inanimés.

Les chiens, les rats, tous les animaux dont il était possible de se nourrir avaient été dévorés. Les choses les plus immondes étaient utilisées comme aliments et le nombre était grand de ceux que la faim poussait au suicide. Un homme, voyant ses cinq enfants en bas âge l'entourer et s'accrocher à ses vêtements, en lui demandant à manger, l'âme au désespoir, mais sans un gémissement, sans un geste, leur dit de le suivre, comme s'il allait leur donner de la nourriture. Il marcha ainsi jusqu'au pont du Tibre. Là, ramenant son manteau sur son visage, il se précipita dans le fleuve [1]. Les généraux, Bessas et Conon, finirent par accorder à tous ceux qui voulurent, l'autorisation de quitter la ville ou plutôt ils la leur vendirent; car ils ne la donnèrent que contre argent. Bien peu

---

1. Procope, *de Bello Goth.*, lib. III, cap. 17.

demeurèrent. Mais il y en eut un certain nombre qui, à bout
de forces, périrent par les chemins ou dans les navires sur
lesquels ils s'étaient embarqués. Beaucoup furent pris et
massacrés par les ennemis [1].

Lorsque les troupes de Jean et d'Isaac eurent opéré leur
jonction avec Bélisaire, dans Épidamne, Jean proposa de
faire passer l'Adriatique à l'armée tout entière et de la mener,
par terre au secours de Rome, en tenant toutes ses forces réunies, pour être en état de vaincre les résistances qui s'oppose-
raient à sa marche. Bélisaire fut d'avis que ce plan, dont
l'exécution n'était pas sans difficultés, exigeait trop de temps.
Rome était réduite à la dernière extrémité et le moindre
retard pouvait avoir des conséquences funestes. Or, avec un
vent favorable, on pouvait, par mer, gagner Portus en cinq
jours; au lieu que, par terre, une armée partie d'Hydrunte y
parviendrait à peine en quarante jours. Il jugea donc plus sage
de s'embarquer avec ses propres troupes et de faire route
directement pour les rivages voisins de Rome; tandis que
Jean, s'avançant par la Calabre et la région voisine de cette
province où les barbares n'étaient qu'en petit nombre, sou-
mettrait à l'Empire toute la contrée du côté de l'Adriatique,
et viendrait ensuite le joindre en traversant l'Italie.

Après avoir donné ses instructions à Jean, il partit d'Épidamne, avec toute sa flotte et aborda à Hydrunte. Les Goths
qui bloquaient le château de cette ville, s'empressèrent de
lever le siège et de se retirer à Brundusium (Brindes), ville
non fortifiée, située sur la côte, à deux journées de marche
d'Hydrunte. Persuadés que la flotte de Bélisaire allait les y
poursuivre, ils avertirent Totila qui leur manda de s'opposer,
autant qu'ils pourraient, à un débarquement. Lui-même rassembla toute son armée, comme pour se porter au-devant de
l'ennemi. Mais, informé que Bélisaire avait profité d'un vent
favorable pour reprendre la mer, il ne bougea de devant
Rome, dont il ferma toutes les avenues, avec plus de soin
qu'auparavant, afin d'empêcher qu'elle pût être ravitaillée [2].

1. Procope, de Bello Goth., lib. III, cap. 17.
2. Procope, de Bello Goth., lib. III, cap. 18.

Pour barrer complètement la voie du Tibre, entre Rome et Portus, il établit un ouvrage et un poste fortifié, à 90 stades au-dessous de Rome, dans un endroit où le cours du fleuve était très resserré. Il y fit jeter, d'une rive à l'autre, de longues pièces de bois et forma ainsi une sorte de ponton ou de barrage, aux deux extrémités duquel, il éleva deux tours de bois qu'il fit occuper par des guerriers d'élite.

Jean réussit à débarquer en Calabre, à l'insu des Goths restés à Brundusium, qui, après le départ de Bélisaire, pensaient n'avoir plus rien à craindre et se gardaient avec moins de vigilance. Jean mit son corps d'armée en marche. Il s'empara, sur la route, de deux soldats goths qui allaient en reconnaissance. L'un de ces deux hommes fut tué ; l'autre se jeta aux genoux de Jean et le supplia de lui accorder la vie, disant qu'il ne serait pas inutile à l'armée romaine et à son chef. Sur quoi, Jean lui demanda quel avantage il procurerait aux Romains si on l'épargnait. Il promit de faire en sorte que les Romains pussent surprendre et écraser les Goths.

Jean se rendit à ses prières, à condition qu'il indiquerait d'abord les pâturages de la cavalerie des Goths. Tous leurs chevaux s'y trouvaient et furent enlevés. Ils servirent de monture à un grand nombre de soldats romains qui en manquaient. Puis, les Romains coururent assaillir le camp des Goths ; ceux-ci s'enfuirent, sans même tenter de résister. Bien peu échappèrent qui se retirèrent vers Totila. Après cette victoire, Jean réussit, par la douceur et par de belles promesses, à regagner à l'empire l'esprit des habitants de la Calabre. Il passa ensuite dans l'Apulie où il occupa, après une marche de cinq jours, la ville de Canusium (Canossa), située à 25 stades de Cannes où Annibal avait vaincu les Romains [1].

Tullianus, fils de Vénantius, personnage très puissant dans le Brutium et la Lucanie, vint le trouver à Canusium et, après lui avoir exposé que les habitants de ces provinces ne s'étaient ralliés aux barbares ariens que par force et surtout par haine

---

1. Procope, *de Bello Goth.*, lib. III, cap. 18.

des vexations qu'ils avaient eu à subir de la part des troupes impériales, il se fit fort de ramener ces populations à l'Empire, si on les traitait désormais avec bienveillance. Il s'engagea même à faire payer les impôts, comme autrefois. Sur la promesse formelle que les Italiens seraient bien traités à l'avenir, il se joignit à Jean. De ce moment, les Italiens cessèrent de redouter les troupes impériales, et presque toute la région riveraine de l'Adriatique fut soumise et dévouée à l'Empire [1].

Totila, instruit de ces événements et sachant que Jean devait s'avancer par la voie Appia, pour opérer, près de Rome, sa jonction avec Bélisaire, envoya 300 hommes d'élite à Capoue, avec ordre de ne rien entreprendre pour arrêter la marche des Romains venant de la Calabre, mais de les suivre, après les avoir laissé passer. Jean fut informé de ce mouvement; il craignit d'être enveloppé et, renonçant à aller rejoindre Bélisaire, il se détourna vers le Brutium et la Lucanie [2].

Totila avait confié le commandement, dans le Brutium, à un personnage illustre parmi les Goths, nommé Récimund, qui avait sous ses ordres un corps de troupes composées de Goths et de transfuges romains et maures. Il était spécialement chargé de surveiller les rivages du détroit de Messine; de façon à rendre impossible tout passage entre la Sicile et l'Italie. Jean devança par sa rapidité la nouvelle de son approche et tomba inopinément sur ces troupes entre Rhégium et Vibo, actuellement Vibona. Il les surprit si bien qu'elles ne pensèrent même pas à résister. Elles s'enfuirent en désordre, pour aller se reformer, à peu de distance, sur une montagne escarpée et d'accès difficile. Jean les y poursuivit et les attaqua de nouveau, sans leur laisser le temps de profiter des accidents du terrain pour se retrancher. Il tailla en pièces les Romains et les Maures qui opposèrent une résistance acharnée. Récimund, avec les Goths et les débris de

---

1. Procope, *de Bello Goth.*, lib. III, cap. 18.

2. Procope, *de Bello Goth*, lib. III, cap. 18.

ses autres troupes, fut admis à se rendre par capitulation.

De son côté, Bélisaire n'entreprenait aucun mouvement, attendant, de jour en jour, l'arrivée de Jean, auquel il reprochait son hésitation à se frayer un passage et à combattre, avec les meilleures des troupes barbares au service de l'Empire, ces 300 hommes postés à Capoue. Mais Jean ne bougeait pas des côtes du Brutium et, désespérant de pouvoir forcer le passage pour se rendre à Rome, se retirait dans l'Apulie où il mettait ses troupes en quartiers d'été, dans un lieu nommé Cervarium [1].

Bélisaire, craignant que la famine ne poussât les Romains aux pires résolutions, se décida à tout tenter pour les ravitailler. Comme l'infériorité de ses forces ne lui permettait pas de lutter en rase campagne, ce n'était que par la voie du Tibre qu'il pouvait espérer pénétrer jusqu'à Rome, s'il réussissait à détruire les obstacles que Totila y avait élevés. A cet effet, il fit joindre fortement ensemble deux larges bateaux plats, sur lesquels fut construite une tour de bois, plus haute que celles qui avaient été établies, par les ennemis, auxdeux extrémités de leur barrage. Il en connaissait la hauteur, par les rapports de quelques-uns de ses soldats qui s'y étaient rendus, en feignant d'être des transfuges. Il fit ensuite entrer dans le fleuve 200 navires, montés par des soldats et chargés de blé et de vivres de toute sorte. Ces navires avaient été entièrement recouverts de planches, percées d'une quantité de trous, pour que les soldats pussent lancer leurs traits à l'abri des traits de l'ennemi.

Des corps d'infanterie et de cavalerie furent placés près des bouches du Tibre, dans des positions avantageuses, avec ordre de s'y maintenir, pour arrêter les Goths dans le cas où ils tenteraient d'approcher de Portus. Bélisaire confia à Isaac la garde de cette ville où il laissait sa femme avec toutes les ressources de son armée et qui était sa seule base d'opérations, son seul refuge possible, au milieu d'une contrée tout entière au pouvoir de l'ennemi. Aussi, enjoignit-il à Isaac de

---

1. Procope, *de Bello Goth.*, lib. III, cap. 18.

n'en bouger d'un pas, pour quelque raison que ce pût être ;
même dans le cas où on lui apporterait la nouvelle de sa
défaite et de sa mort. Après avoir ainsi disposé toutes choses,
il s'embarqua sur un des navires, pour prendre en personne
le commandement de la flottille et donna l'ordre de tirer les
deux bateaux qui portaient la tour, pour leur faire remonter
le courant. Au haut de cette tour, on avait placé un caisson
plein de poix, de soufre, de résine et d'autres matières propres
à propager promptement le feu et à l'entretenir. Sur la rive
du fleuve, du côté de la route de Portus à Rome, un corps
d'infanterie accompagnait la flottille.

La veille, Bélisaire avait fait passer, dans Rome, un avis à
Bessas et lui avait commandé de multiplier ce jour-là les
sorties contre les camps des barbares, pour les occuper en les
harcelant. Mais Bessas n'exécuta pas plus dans cette circonstance que précédemment les ordres qui lui furent transmis [1].
Bessas n'avait fait distribuer qu'une très faible partie des blés
importés de Sicile avant l'investissement de la ville pour
l'approvisionnement du peuple et de l'armée ; il en avait
dissimulé la plus grande partie qu'il vendait petit à petit aux
sénateurs, à des prix exorbitants. Il lui en restait encore une
certaine quantité et il ne désirait nullement la levée du
siège [2].

La flotte de Bélisaire eut beaucoup de difficultés à remonter le Tibre à cause du courant ; mais elle ne rencontra pas
les ennemis qui ne sortirent pas de leurs camps. Ce ne fut
qu'à peu de distance en avant du barrage, que les Romains se
heurtèrent à des postes de Goths, établis sur les deux rives du
fleuve, pour la garde d'une chaîne que Totila avait fait tendre
en cet endroit, de bord à bord. Ces postes furent dispersés
et taillés en pièces ; la chaîne fut enlevée et la flotte se dirigea droit sur le barrage. Aussitôt qu'elle l'eut atteint, l'action
commença. Les Goths, postés dans leurs tours, opposèrent la
plus vive résistance et déjà, des camps des barbares, d'autres

1. Procope, *de Bello Goth.*, lib. III, cap. 19.
2. Procope, *de Bello Goth.*, lib. III, cap. 19.

troupes s'avançaient en toute hâte, quand Bélisaire fit appliquer les deux bateaux portant la tour contre celle des tours
des ennemis qui se trouvait du côté de la voie de Portus. La
poix et la résine furent jetées sur cette tour et y mirent le
feu. En peu d'instants, elle fut réduite en cendres. Tous les
Goths qu'elle contenait périrent dans les flammes, au nombre
d'environ 200, avec leur chef, nommé Osdas, qui était
réputé l'homme le plus valeureux de sa nation. Les Romains,
animés par la confiance dans le succès, se portèrent contre
les Goths qui, de leurs camps, accouraient à la rescousse et,
les couvrant d'une grêle de traits, de plus en plus drue, firent
sur eux une telle impression, qu'ils tournèrent les talons et
s'enfuirent en désordre [1].

Dans le temps que les Romains atteignaient enfin le barrage qu'ils n'avaient plus qu'à rompre pour pénétrer jusqu'à
Rome, sans aucun obstacle, le bruit de la victoire de Bélisaire
se répandit dans Portus. Aussitôt Isaac, emporté par son
caractère impétueux, veut avoir part à la gloire de cette
journée. Il ne tient plus aucun compte des ordres formels de
son chef, vole vers la rive du fleuve, près d'Ostie ; prend 100
cavaliers des troupes qui y avaient été postées et court donner sur un camp de Goths que commandait Ruderic, guerrier de grande valeur. Un certain nombre de Goths et Ruderic
lui-même furent blessés par cette charge soudaine. Ruderic,
pensant qu'Isaac était suivi de troupes plus nombreuses ou
comptant le faire tomber dans un piège, comme il advint, fit
évacuer son camp. Isaac pénétra dans le camp et se mit à le
piller. Les Goths revinrent alors tout à coup et massacrèrent
les Romains dont bien peu, du nombre desquels fut Isaac,
furent pris vivants.

Des estafettes, envoyées à Bélisaire, vinrent lui annoncer
qu'Isaac était aux mains de l'ennemi. Très troublé, Bélisaire
n'eut point l'idée de demander comment cela s'était fait. Il
crut qu'il s'agissait de la prise de Portus ; que sa femme,
toutes ses ressources étaient au pouvoir de l'ennemi ; qu'il ne

1. Procope, *de Bello Goth.*, lib. III, cap. 19.

lui restait aucune place de sûreté, aucune retraite. Lui, toujours si maître de lui-même, demeura stupéfait. Il n'eut plus
d'autre idée que de recouvrer, en surprenant l'ennemi, cette
place dont il considérait la possession comme son unique
chance de salut. Il abandonna à l'instant son entreprise, pour
se replier en toute hâte vers Portus. Il ne connut qu'en y
arrivant, la folie d'Isaac et la faute que son trouble lui avait
fait commettre ; il en conçut un tel chagrin, qu'il tomba gravement malade. Une fièvre continue mit sa vie en danger.
Deux jours après ces événements, Ruderic mourut de sa
blessure, ce qui fut cause que Totila, outré de la perte d'un de
ses meilleurs hommes de guerre, fit mettre à mort Isaac [1].

Dans Rome, Bessas continuait d'amasser des richesses ; il
vendait son blé plus cher de jour en jour à mesure qu'augmentait la famine. Tout à cette occupation, il n'avait cure de
la sécurité de la ville ; elle était le dernier de ses soucis. Les
soldats avaient toute licence de prendre leurs aises. La nuit,
bien peu montaient la garde sur les murailles et le service s'y
faisait avec la plus extrême négligence. Les factionnaires
avaient pleine liberté de dormir; car il ne se faisait point de
rondes. Personne n'était chargé de la surveillance et personne ne s'en mêlait, bien que l'habitude fût que qui voulait
se rendait aux postes des murailles pour vérifier ce qui s'y
passait. De plus, il n'y avait point d'habitants qui pussent
monter les gardes avec les soldats. La plupart d'entre eux
avaient quitté la ville, comme on l'a vu, et le peu qui restait
était exténué par la faim.

Profitant de ces circonstances, quatre Isauriens, de garde
à la porte Asinaria, prirent le temps que leurs compagnons
dormaient, pour se couler à bas des murailles, à l'aide d'une
corde et allèrent offrir à Totila de l'introduire dans la ville,
avec toute son armée. Rien, affirmaient-ils, ne leur serait plus
facile. Totila leur promit des faveurs et beaucoup d'argent,
dans le cas où ils accompliraient leurs offres ; puis envoya
avec eux deux de ses hommes pour reconnaître l'endroit par

---

1. Procope, *de Bello Goth.*, lib. III, cap. 19.

où ils disaient que les Goths pourraient pénétrer dans Rome. Ces deux hommes, guidés par les Isauriens, se rendirent au pied des murailles et, à l'aide de la corde qui y était restée attachée, ils grimpèrent sur le rempart, sans être interpellés ou aperçus. Les Isauriens leur montrèrent combien il était aisé de monter sur ce rempart et d'en redescendre, sans avoir à craindre le moindre obstacle.

Totila ne fut pas persuadé, car ces Isauriens ne lui inspiraient point confiance. Ils revinrent peu de jours plus tard. Totila les fit encore accompagner par deux de ses hommes qui, à leur retour, lui confirmèrent le rapport des deux premiers. Dans cet intervalle, des soldats romains prirent dans une reconnaissance, non loin de la ville, dix soldats goths qu'ils menèrent à Bessas. Comme celui-ci les interrogeait sur les projets de Totila, ces Goths répondirent qu'il y avait lieu de croire que Rome serait bientôt prise, par la trahison des Isauriens, car le bruit s'en était déjà répandu parmi les barbares. Bessas et Conon ne firent aucune attention à cette réponse et ne prirent aucune précaution. Les mêmes Isauriens retournèrent encore au camp des Goths. Cette fois, Totila se décida à tenter l'entreprise, après une troisième reconnaissance, confiée non seulement à quelques-uns des siens, mais à un de ses propres parents dont le rapport acheva de le convaincre.

Dès les premières heures de la nuit du 16 au 17 décembre, Totila fit prendre les armes à toutes ses troupes et les conduisit près de la porte Asinaria [1]. Quand les quatre Isauriens furent en faction et leurs compagnons endormis, ils firent monter sur la muraille, à l'aide de cordes, quatre Goths des plus résolus et des plus robustes qui, introduits ainsi dans la ville, descendirent à la porte Asinaria, sans même rencontrer personne. Ils brisèrent à coups de hache la barre de bois qui servait à joindre les deux battants et rompirent les ferrements des serrures. Cela fait, ils n'eurent qu'à ouvrir la porte, pour donner libre accès à l'armée des Goths. Elle ne se dispersa pas dans les différents quartiers : Totila craignait

---

1. *Auctarium Marcellini*, ann. 547 (édit. Mommsen, p. 108).

de tomber dans quelque embuscade et la tint rassemblée.
Cependant, l'alarme se répandait par toute la ville. Aussitôt
la garnison romaine et ses chefs se sauvèrent par une autre
porte, chacun comme il put ; tandis qu'un petit nombre de
soldats qui n'avaient pu suivre leurs corps et ce qui restait
de la population romaine cherchaient un refuge dans les
églises. Quelques patriciens, parmi lesquels Décius et Basilius, qui avaient encore des chevaux, suivirent Bessas dans sa
retraite. D'autres, comme Maximus, Olybrius et Orestes, se
réfugièrent dans la basilique de Saint-Pierre apôtre. Les
églises servirent de refuge à presque tous les habitants, dont
le nombre ne dépassait pas cinq cents [1]. C'était tout ce qui
restait de la population romaine qui avait émigré en masse
ou avait péri par la faim.

Dans le courant de la nuit, Totila fut averti, à plusieurs
reprises, de la retraite de Bessas et des troupes impériales. Il
témoigna en avoir la plus vive satisfaction et défendit de les
poursuivre : « Rien, dit-il, ne peut être plus agréable à un
homme que la fuite de son ennemi. » Enfin le jour parut. Il
n'y avait plus lieu de craindre aucune embûche. Les Goths
avancèrent dans la ville, tuant tout ce qu'ils rencontraient.
Vingt-six soldats et soixante habitants furent ainsi massacrés.
Totila se rendit à la basilique de Saint-Pierre apôtre pour y
faire sa prière. Quand il parut à l'entrée du temple, Pélage
se porta à sa rencontre, tenant en ses mains le livre des
Évangiles et l'accueillit par ces mots : « Seigneur, épargnez
les vôtres. — Enfin, Pélage, lui dit Totila souriant d'un air
satisfait, enfin, tu viens en suppliant. — Oui, répondit Pélage,
car Dieu m'a soumis à votre pouvoir. A vous, Seigneur,
d'épargner désormais vos serviteurs. »

Cette prière du pontife émut Totila, à ordonner de cesser le
massacre des Romains ; mais il se réserva pour lui-même ce
qui se trouvait de plus précieux dans la ville et abandonna
tout le reste au pillage [2]. Il tira de grandes richesses des

---

1. Procope, *de Bello Goth.*, lib. III, cap. 20.
2. Procope, *de Bello Goth.*, lib. III, cap. 20.

maisons des patriciens et plus encore, de la maison de Bessas.
L'indigne conduite de ce misérable aboutit ainsi à enrichir
Totila des sommes qu'il avait extorquées aux habitants par la
vente des blés. Pendant les jours qui suivirent, on vit les
débris de la population romaine et les sénateurs eux-mêmes,
couverts de misérables habits d'esclaves ou de paysans,
réduits à demander à la pitié de leurs ennemis du pain ou
quelque autre nourriture. Ils allaient, tout le long du jour, de
maison en maison, frappant aux portes et mendiant.

Parmi ces malheureux on remarquait la fille de Symmaque,
la veuve de Boëtius, Rusticiana, qui avait distribué ses biens
aux pauvres. Les Goths réclamaient son supplice. Ils l'accusaient d'avoir payé les chefs de l'armée romaine pour détruire
les statues de Théodoric, afin de venger ainsi le meurtre de
Symmaque, son père et de Boëtius, son mari. Totila ne souffrit point qu'il lui fût fait aucune injure et il s'acquit une
grande renommée de modération, en protégeant toutes les
femmes contre les outrages et les convoitises de ses guerriers. Par sa protection, les femmes mariées et les filles
échappèrent à la violence [1].

Toujours préoccupé de maintenir la discipline dans son
armée, dès le jour qui suivit la prise de Rome, il fit assembler tous les Goths et leur adressa la proclamation suivante :
« Compagnons d'armes, je vous ai réunis, non pour vous
adresser des exhortations nouvelles, mais, au contraire, pour
vous répéter les mêmes recommandations que je vous ai
faites souvent et dont l'importance nous a été démontrée par
les faits, puisqu'elles nous ont procuré les plus grands avantages. Mon insistance vous paraîtra peut-être fastidieuse. Ne
vous lassez pourtant pas de m'écouter. On ne peut trop
entendre des avertissements salutaires dont on a à tirer
profit. Je vous dis donc qu'autrefois, alors que nous avions
200 000 soldats excellents, de grandes ressources en argent,
en chevaux, en toutes choses et des hommes d'expérience, d'une prudence remarquable, alors que nous possé-

1. Procope, de Bello Goth., lib. III, cap. 20.

dions en abondance tout ce dont on peut s'aider dans la guerre, nous avons été battus, dépouillés honteusement de notre royaume et de tous nos biens par 7 000 Grecs.

« Présentement au contraire, réduits à un petit nombre, nus, misérables, privés de toutes ressources, nous avons vaincu plus de 20 000 ennemis. Tels sont les faits et vous en connaissez fort bien les causes ; je veux encore vous les rappeler. Jadis, l'équité était pour les Goths le dernier des soucis ; entre eux, les uns contre les autres, tous, contre leurs sujets romains, ils commettaient toute espèce de forfaits. Dieu, justement irrité, s'est joint à leurs ennemis pour les combattre. Malgré la supériorité que leur assuraient leur nombre, leur valeur, leur préparation à la guerre, ils ont succombé, brisés par une force mystérieuse. Il dépend donc de vous de conserver les biens que vous venez d'acquérir et que vous devez surtout à votre respect de la justice. Si vous vous en écartez, Dieu se dressera aussitôt contre vous. Sa protection, dans la guerre, n'appartient à aucune race d'hommes, à aucune nation en particulier ; il l'accorde à ceux qui la méritent le mieux par leur culte pour le droit et la justice. Il ne lui est nullement difficile de transférer à d'autres nos biens et nos succès. L'homme ne peut que s'abstenir de ce qui est injuste ; mais tout est au pouvoir et en la puissance de Dieu. Aussi, vous dis-je qu'il faut donner tous vos soins à observer, entre vous et à l'égard de vos sujets, les devoirs de l'équité ; voilà le moyen de conserver et d'assurer votre prospérité[1]. »

Après avoir prononcé cette harangue devant les Goths, Totila fit assembler le Sénat romain. Il s'y rendit et, rappelant aux sénateurs les bienfaits dont ils avaient été comblés par Théodoric et par Athalaric qui les avaient honorés de toutes les magistratures, leur avaient donné part à l'administration de l'État et avaient grandement augmenté leurs fortunes, il leur reprocha leur ingratitude qui était la cause de leur ruine et les avait conduits à trahir leurs propres intérêts, en intro-

---

1. Procope, *de Bello Goth.*, lib. III, cap. 21.

duisant les Grecs dans leur patrie. Il les mit au défi de dire que les Goths leur avaient fait quelque mal, ou Justinien quelque bien. Il se plut à énumérer tous les maux que les Grecs leur avaient fait souffrir : la privation de toutes leurs dignités, les sévices et les exactions des logothètes, pour leur faire rendre compte des bénéfices qu'ils avaient réalisés dans l'administration publique au préjudice des Goths et les impositions levées en temps de paix, comme au plus fort de la guerre.

Après les avoir longuement accablés de reproches, du ton d'un maître irrité contre ses serviteurs, il leur montra Hérodianus et les Isauriens qui lui avaient livré la ville : « Ceux-ci, dit-il, nous ont rendus maîtres de Spolétium et de Rome ; vous, au contraire, qui avez été élevés avec les Goths, vous n'avez pas voulu, jusqu'à ce jour, leur accorder le moindre territoire, même sans valeur. Il est donc juste que ce soit eux, amis et associés des Goths, qui obtiennent vos magistratures et que vous, vous soyez réduits au rang d'humbles sujets [1]. »

Les patriciens souffraient ce langage en silence ; mais Pélage éleva la voix en faveur de ces infortunés et fit si bien que Totila les renvoya enfin réconfortés par la promesse de les traiter avec clémence.

Totila fit ensuite partir en ambassade auprès de l'empereur, Pélage et un avocat romain, nommé Théodore. Il exigea d'eux la promesse sous serment de servir fidèlement ses intérêts et de faire en sorte de revenir le plus tôt possible. Il leur donna mission d'employer tous leurs efforts à obtenir la paix, pour qu'il ne se vît pas forcé de raser Rome, de faire périr le Sénat et de porter la guerre en Illyrie.

Arrivés à Byzance où les événements d'Italie étaient déjà connus, Pélage et Théodore remirent à Justinien les lettres de Totila dont ils étaient porteurs. Ces lettres étaient conçues en ce sens : « Vous avez sans doute connaissance des événements qui se sont accomplis à Rome ; je les passe donc sous silence,

---

1. Procope, *de Bello Goth.*, lib. III, cap. 21.

pour vous exposer tout d'abord le sujet de cette ambassade.
Nous demandons qu'il vous plaise de vous procurer, à vous-
même et de nous accorder les bienfaits de la paix dont Anastase et Théodoric nous ont laissé l'exemple et le souvenir; car
leur règne a rempli leur époque de calme et de prospérité.
Si tel est votre plaisir, vous serez, à bon droit, appelé mon
Père et vous nous aurez pour compagnons d'armes, contre
quiconque sera votre ennemi » [1]. Après lecture de ces lettres,
Justinien entendit les explications des deux envoyés ; mais il
les congédia immédiatement sans réponse écrite, se bornant
à déclarer verbalement que Bélisaire était chef suprême dans
cette guerre et qu'il avait pleins pouvoirs pour traiter avec
Totila [2].

Pélage et Théodore étaient en route pour retourner en
Italie, quand les Goths subirent un échec dans la Lucanie.
Pour les empêcher d'envahir cette province, Tullianus s'était
posté, avec des paysans de la contrée, dans des gorges fort
resserrées que traversait la route. Il avait joint aux paysans
300 Antes que, sur sa demande, Jean lui avait laissés.
Les Antes étaient des peuples de race slave, qui, pour la
guerre de montagne, étaient les meilleurs soldats. Totila ne
jugea pas à propos d'exposer aux hasards d'une expédition
contre eux un corps composé uniquement de Goths. Il leva une
troupe nombreuse de paysans, auxquels il adjoignit un petit
corps de Goths et les achemina vers la Lucanie, avec ordre
de forcer le passage. Après s'être longtemps tâtées dans des
escarmouches sans résultat, les deux troupes en vinrent enfin
aux mains. Les Antes, dont la position avantageuse favorisait
la valeur, avec l'aide des paysans de Tullianus, mirent

---

1. Procope, *de Bello Goth.*, lib. III, cap. 21. Par ces mots : vous serez
appelé mon Père, Totila indique qu'il sollicite de Justinien cette adoption d'honneur que Zénon avait accordée à Théodoric. Depuis que les peuples du Nord se sont répandus dans l'empire romain, dit du Cange, on y a
vu paraître une espèce d'adoption qui n'était pas tant une adoption qu'une
alliance entre les princes, qui se communiquaient réciproquement les titres
de père et de fils et, par ce moyen, contractaient entre eux une liaison de
bienveillance, beaucoup plus étroite (Du Cange, *des adoptions d'Honneur
en fils*, collection Petitot, *Mémoires*, t. III, p. 369 et suiv.).

2. Procope *de Bello Goth.*, lib. III, cap. 21.

l'ennemi en fuite et lui infligèrent un désastre complet.

A cette nouvelle, Totila prit la résolution de raser la ville de Rome, d'y laisser la plus forte partie de son armée et de marcher lui-même contre Jean et les Lucaniens. Après avoir fait abattre les murailles en différents endroits et ruiné à peu près le tiers de l'enceinte, il se préparait à livrer aux flammes les plus beaux et les plus magnifiques édifices, à réduire Rome à l'état de pâturages, quand Bélisaire, averti de son dessein, lui envoya des parlementaires, chargés de lui remettre une lettre conçue en ce sens : « Accroître la beauté des villes par de nouveaux ornements, a toujours été le fait des hommes de cœur et un titre de gloire ; les détruire est donc une œuvre de folie : c'est ne pas rougir de laisser après soi un monument de honte. Or, Rome surpasse toutes les villes en grandeur et en dignité. Son renom est universel ; car elle n'a pas été édifiée par la puissance d'un homme ; elle n'a pas acquis en un moment tant de développement et de splendeur. Une longue série d'empereurs, de nombreuses phalanges d'hommes supérieurs, une longue suite de jours et d'immenses richesses y ont rassemblé, de l'univers entier, architectes, artistes, ouvriers habiles, en même temps que toutes choses et ont lentement édifié la ville que nous voyons, monument, pour la postérité, de leurs longs efforts, de leur commune vertu. Voilà pourquoi tout outrage contre elle rebondirait, à travers les siècles, contre celui qui l'aurait commis, comme le juste châtiment d'avoir dérobé à ceux qui nous ont précédés, les traces de leur vertu, à ceux qui viendront après nous, le bonheur de contempler de telles merveilles. Ayez, d'ailleurs, bien présent à l'esprit que, dans cette guerre, il faut, de deux choses l'une, que l'empereur vous arrache la victoire ou qu'elle vous demeure. Si vous demeurez victorieux, la destruction de Rome sera une perte, non pour autrui, mais pour vous-même ; sa conservation vous grandira de tout le prestige d'une possession sans pareille. Si la fortune vous est contraire, la conservation de Rome vous conservera un titre précieux à la bienveillance du vainqueur ; sa destruction ne laisserait place à aucune pitié. De toute façon, de sa destruction vous ne pouvez tirer aucun avantage. Du parti que vous allez prendre, dépendra l'idée que se fera de vous l'humanité tout entière ; car les princes ne peuvent éviter d'être jugés d'après leurs actes » [1].

Totila lut et relut cette lettre et médita, avec la plus vive attention, l'avertissement qu'elle lui donnait. Il finit par céder. Il congédia les parlementaires, en leur déclarant qu'il renonçait à mutiler Rome. Il établit la plus grande partie de son armée, en quartiers d'été, dans un lieu nommé Algédum, à 120 stades à l'occident de la ville ; pour contenir Bélisaire dans Portus [2]. Puis, avec le reste de ses troupes, il marcha en Lucanie contre Jean, traînant avec lui les sénateurs romains. Quant aux autres habitants, il les envoya, avec les femmes et les enfants, en Campanie et ne permit à personne de demeurer dans Rome qu'il laissa complètement vide [3].

Jean, averti de la marche de Totila, ne voulut pas s'attarder en Apulie et courut se mettre en sûreté dans Hydrunte. D'autre part, Totila obligea les patriciens qu'il avait relégués en Campanie, à envoyer quelques-uns de leurs domestiques porter aux paysans de la Lucanie l'ordre de se désister de leur entreprise et de se remettre à la culture de leurs champs. Leur désertion força Tullianus à prendre la fuite et les 300 Antes se retirèrent auprès de Jean. De sorte qu'à l'exception d'Hydrunte, toute la contrée, jusqu'au golfe Ionique, retomba sous la domination des Goths qui, pleins de confiance, se dispersèrent, pour parcourir toute cette région par pelotons. Jean en fut averti. Il fit sortir aussitôt un corps nombreux qui les surprit et en tua un grand nombre. Totila,

---

1. Procope, *de Bello Goth.*, lib. III, cap. 22.

2. Procope, *de Bello Goth.*, lib. III, cap. 22 (Corpus Script. Hist. Byzant., p. 372-373). On a été tenté de croire qu'il s'agit du mont Algide et c'est en ce sens, que ce passage de Procope est entendu dans la traduction latine qui accompagne le texte, dans le Corpus Scriptorum Historiæ Byzantinæ (p. 373). Mais le mont Algide est à l'est de Rome, à 33 kilomètres environ. Or, Procope dit, le texte est formel, que la position dont il s'agit, est à l'ouest de Rome, à 120 stades ou 22 kilomètres environ. De plus, le texte est non moins formel, Totila veut contenir Bélisaire dans Portus qui est à l'ouest de Rome. L'Algédum ne peut donc être l'Algide. Il ne peut être que Castel Malnome, non loin de Porto.

3. Procope, *de Bello Goth.*, lib. III, cap. 22.

effrayé de cet échec, rassembla toutes ses troupes et alla prendre ses quartiers d'été, dans le lieu même où avait campé Annibal, sur le mont Garganum, en Apulie[1].

Dans le même temps, un byzantin, nommé Martianus, qui était du nombre de ceux qui, lors de la prise de Rome, avaient réussi à se sauver avec Conon, alla trouver Bélisaire et lui demanda l'autorisation de se rendre parmi les ennemis, en se donnant comme transfuge ; ce qui lui permettrait, affirmait-il, de procurer aux Romains de grands avantages. Bélisaire y consentit. Il partit donc et Totila, qui avait souvent entendu vanter les faits de guerre qu'il avait accomplis, dans sa première jeunesse et qui avait été à même d'apprécier, par lui-même, sa valeur, l'accueillit avec une vive satisfaction. Sa femme et deux de ses enfants avaient été pris dans Rome et étaient au nombre des prisonniers. Totila, après lui avoir rendu sa femme et un de ses enfants, ne gardant que le second comme otage, l'envoya à Spolétium avec un petit détachement. Après la reddition de Spolétium, les Goths y avaient rasé les murailles et, pour surveiller la région voisine, avaient établi, dans l'amphithéâtre qui s'élevait à peu de distance en dehors de la ville et dont ils avaient bouché les entrées, une garnison composée de Goths et de transfuges.

Martianus se mit en rapport avec quelques-uns de ces derniers et leur persuada d'accomplir quelque action d'éclat contre les Goths, pour faire ensuite retour à l'armée romaine. Dès qu'il eut réussi à nouer cette intrigue, il en fit avertir le commandant de la garnison de Pérusia et le pressa d'envoyer, au plus vite, des troupes à Spolétium. Depuis la mort de Cyprien, tué par un de ses propres gardes, comme on l'a vu, la garnison de Pérusia était commandée par le Hun Oldogando. Celui-ci n'hésita pas à marcher sur Spolétium. A son approche, Martianus, aidé des quinze soldats avec lesquels il avait formé son complot, assaillit tout à coup le chef des Goths et le tua ; puis ouvrit les portes de la forteresse aux

1. Procope, *de Bello Goth.*, lib. III, cap. 22.

Romains qui massacrèrent une partie de la garnison et conduisirent le reste prisonnier à Bélisaire [1].

A peu près à la même époque, Bélisaire s'approcha de
Rome, avec un détachement composé d'hommes d'élite. Son
but était de pénétrer dans la ville, pour se rendre compte
de l'état dans lequel les ennemis l'avaient laissée. Les Goths,
campés dans le lieu nommé Algédum, qu'il ne faut pas confondre avec le mont Algide, furent avertis de sa marche
par un homme de race romaine. Aussitôt, ils dressèrent une
embuscade, dans le voisinage de Rome et assaillirent Bélisaire
au passage. Ils furent repoussés avec perte; mais Bélisaire
n'osa s'aventurer plus avant. Il se hâta de regagner Portus [2].

Les habitants de Tarente, ville maritime de la Calabre,
située à deux journées de marche d'Hydrunte, avaient appelé
Jean à leur secours. Il s'y rendit avec un petit nombre
d'hommes, laissant le gros de ses troupes à la défense
d'Hydrunte. Il n'eut point de peine à reconnaître qu'il n'était
pas possible de se maintenir dans cette ville, très peu con-
centrée et complètement dépourvue de fortifications. Mais il
remarqua qu'au nord de la ville, à l'endroit où était situé le
port, la mer entourait, de toutes parts, un espace restreint, rat-
taché à la terre uniquement par un isthme d'environ 20 stades.
Il fit construire, tout au travers de cet isthme, d'un rivage
à l'autre, un mur précédé d'un fossé et établit, à l'abri
de cette fortification et sous la garde d'une forte garnison,
non seulement les habitants de Tarente, mais ceux de toute la
région voisine. La création de cette sorte de place de sûreté
inspira confiance à tous les Calabrais et, dès lors, ils se préparèrent à se tourner contre les Goths [3].

Totila, qui venait de se rendre maître en Lucanie, sur les
confins de la Calabre, d'une place très forte, connue sous le
nom d'Achérontis [4], y établit une garnison de quatre cents
hommes et se mit en mouvement, avec toutes ses forces, pour

1. Procope, *de Bello Goth.*, lib. III, cap. 23.
2. Procope, *de Bello Goth.*, lib. III, cap. 23.
3. Procope, *de Bello Goth.*, lib. III, cap. 23.
4. Ou Acherontia, aujourd'hui Tricarico.

marcher sur Ravenne. Il ne laissa, derrière lui, qu'un petit corps de troupe, en Campanie, pour garder les sénateurs romains qu'il y avait relégués [1].

Bélisaire prit alors, avec une sage audace, une résolution qui d'abord parut à tous ceux qui en entendirent parler ou qui la virent mettre à exécution, un acte insensé. L'événement montra que c'était, au contraire, un merveilleux trait de génie. Il ne laissa dans Portus que très peu de soldats pour garder cette place et, avec tout ce qu'il avait de troupes, il se porta vers Rome, décidé à s'en assurer la possession à tout prix et par tous les moyens. Comme il n'était point possible de relever, en peu de temps, les parties des murailles abattues par Totila, il fit rassembler toutes les pierres qui se trouvaient à proximité et les fit entasser pêle-mêle, sans lien entre elles ; car il n'avait à sa disposition ni chaux, ni ciment d'aucune sorte. Il se contenta donc de donner à son travail l'apparence d'une construction et le garnit, à l'extérieur, d'une grande quantité de pieux. Cette défense était en outre protégée par le fossé continu qu'il avait fait creuser autrefois, comme on l'a vu, tout autour de l'enceinte [2]. Toute son armée fut employée à ce travail et en vingt-cinq jours, le mur fut relevé, partout où il avait été coupé. Alors, tout ce qui se trouvait de Romains dans le voisinage de la ville vint s'y établir, attiré par le désir de vivre dans Rome et par les approvisionnements dont Bélisaire l'avait pourvue. Il y avait, en effet, introduit, par la voie du fleuve, une quantité de navires, chargés de toutes sortes de vivres.

A ces nouvelles, Totila se hâta de rebrousser chemin. Il parut devant Rome, avec toute son armée, avant que Bélisaire eût pu faire rétablir les portes. Totila les avait toutes enle-vées et le manque d'ouvriers n'avait pas encore permis d'en fabriquer de nouvelles [3]. Les Goths établirent leur camp, non loin de la ville, au bord du Tibre et y passèrent la nuit. Le lendemain, dès le lever du soleil, ils se répandirent autour des

1. Procope, *de Bello Goth.*, lib. III, cap. 23.
2. Procope, *de Bello Goth.*, lib. III, cap. 24.
3. Procope, *de Bello Goth.*, lib. III, cap. 24.

murailles, avec des allures tumultueuses qui dénotaient une irritation véhémente. Bélisaire fit choix de ses guerriers les plus valeureux, pour les poster aux entrées de la ville, à la place des portes et mit tout le reste de ses troupes sur les remparts. Le combat fut acharné.

Les barbares avaient espéré emporter la ville, en un instant. Vigoureusement repoussés, ils revinrent plus ardemment à la charge, avec une animation qui augmentait leur audace. Mais le danger surexcitait les Romains ; ils résistaient, au delà de toute espérance. La chute du jour mit seule fin à ce combat commencé dès l'aube. Les barbares, exposés à la fois aux coups de ceux qui défendaient les portes et aux traits lancés du haut des remparts, avaient perdu beaucoup de monde. Quand l'obscurité fut complète, ils se retirèrent dans leur camp où ils passèrent la nuit, occupés à soigner leurs blessés ; tandis que, dans Rome, une partie des troupes veillait aux murailles et qu'aux portes, les corps d'élite, chargés de les défendre, prenaient la garde à tour de rôle[1]. Pour arrêter l'élan de l'ennemi, on avait placé, en avant des portes, une quantité de chausse-trapes, faites de quatre pieux, d'égale longueur, réunis de manière à former de tous côtés des triangles ; il suffisait de les jeter au hasard, pour que trois des pieux reposassent à terre et que le quatrième se dressât, comme un obstacle pour les hommes et les chevaux. Si on renversait la chausse-trape, le pieux qui se trouvait en l'air, demeurait appuyé à terre et aussitôt un des trois autres pieux se dressait à sa place, contre quiconque eût tenté d'approcher[2].

Le lendemain, dès l'aurore, Totila ramena toutes ses troupes à l'assaut. Les Romains combattirent dans le même ordre que le jour précédent. Bientôt, ils eurent le dessus et ils n'hésitèrent plus à prendre l'offensive. Ils s'élancèrent sur l'ennemi. Les barbares se retiraient ; un certain nombre de Romains, entraînés par leur ardeur à les poursuivre, s'étaient aventurés

---

1. Procope, *de Bello Goth.*, lib. III, cap. 24.
2. Procope, *de Bello Goth.*, lib. III, cap. 24.

trop loin des murailles et allaient être entourés, quand Bélisaire vit le péril où ils se trouvaient. Avec une poignée des
siens, il courut les dégager. Les barbares, ainsi repoussés, se
replièrent. Ils avaient perdu un grand nombre de leurs meilleurs guerriers et ramenaient beaucoup de blessés dans leur
camp où ils se tinrent longtemps enfermés [1].

Ce ne fut qu'après plusieurs jours, employés à panser leurs
blessures et à réparer leurs armes, presque toutes rompues,
qu'ils s'approchèrent de nouveau des murailles et firent mine
de vouloir donner l'assaut [2]. Les Romains se portèrent à leur
rencontre et on en vint aux mains. Le porte-enseigne de
Totila tomba, frappé mortellement. A cette vue, ceux des
Romains qui combattaient au premier rang, s'élancèrent pour
s'emparer de son corps et de l'enseigne. Les Goths réussirent
à enlever l'enseigne. Ne pouvant enlever le corps de celui
qui la portait, ils lui coupèrent le poignet gauche qu'il avait
orné d'un bracelet d'or. Ils considéraient comme une honte
d'abandonner une dépouille dont l'ennemi pourrait se faire un
titre de gloire. Le reste du cadavre fut dépouillé par les
Romains, après qu'ils eurent mis en fuite l'armée des Goths [3].
Ils la poursuivirent fort loin, lui tuèrent beaucoup de monde,
puis se replièrent sur la ville.

Alors, les principaux d'entre les Goths allèrent tous ensemble trouver Totila et, sans ménagements, d'un ton fort
dur, lui reprochèrent de n'avoir pas pris le parti de s'assurer
la possession de Rome, quand il en était maître, ou de la
raser entièrement, pour que l'ennemi ne pût revenir l'occuper.
Ils l'accusaient d'avoir perdu, par son imprudence, le fruit de
son labeur et de leurs longs efforts [4]. Tant que Totila avait
réussi dans toutes ses entreprises, ils le considéraient comme
un dieu. A son premier échec, oublieux de leurs éloges, ils l'ac-
cablaient d'injures ; et, changeant de manière de voir suivant
l'événement, ils condamnaient ce qu'ils avaient tant approuvé.

1. Procope, de Bello Goth., lib. III, cap. 24.
2. Procope, de Bello Goth., lib. III, cap. 24.
3. Procope, de Bello Goth., lib. III, cap. 24.
4. Procope, de Bello Goth., lib. III, cap. 24.

Totila dut enfin se résoudre à lever le siège et à retirer son armée dans Tibur. Il rompit tous les ponts sur le Tibre, pour ne laisser aux Romains aucune facilité de le venir inquiéter. Le pont Milvius fut le seul qu'il ne put détruire, à cause de sa proximité de Rome [1]. Il réédifia, avec tous les moyens dont il disposait, le château de Tibur que les Goths avaient précédemment démoli. Il y mit en sûreté toutes ses ressources et y prit ses quartiers. Bélisaire eut alors tout loisir de rétablir les portes de Rome, dont il envoya les nouvelles clefs à l'empereur. Ainsi s'acheva, à la fin de l'hiver de l'année 546-547, la douzième année de cette guerre [2].

Totila avait précédemment expédié en Umbrie un corps de troupes qui, après avoir investi Pérusia, en avait entrepris le siège [3]. Au printemps de l'année 547, il fut averti que les assiégés souffraient du manque de vivres et qu'en les attaquant avec toutes ses forces, il réussirait aisément à s'emparer de la place et anéantirait les troupes romaines qui la défendaient. Mais tel avait été l'effet moral de son échec devant Rome, qu'il jugea prudent de ne pas entrer en campagne, sans avoir regagné la confiance de son armée. Il fit assembler les chefs et les soldats ; il leur représenta les succès que leur avait procurés sa conduite, constamment prudente ; leur rappela combien ils avaient approuvé sa résolution de démanteler toutes les places dont il s'emparait, pour forcer l'ennemi à combattre en rase campagne et s'appliqua à leur montrer qu'à Rome, pas plus qu'ailleurs, il n'avait manqué de prévoyance, parce qu'on ne pouvait prévoir l'acte de témérité tenté par Bélisaire.

Leur reprochant ensuite leur peu de confiance : « Il est impossible, dit-il, de ne pas considérer comme un manque de caractère, chez des hommes que tant de succès viennent de relever, un pareil abattement, une pareille impatience au moindre revers. Nous ne sommes que des hommes et il n'y

---

1. Procope, *de Bello Goth.*, lib. III, cap 24 (Corpus Script. Hist. Byzant., Procopii pars II, volumen II, p. 382.)

2. Procope, *de Bello Goth.*, lib. III, cap. 24.

3. Procope, *de Bello Goth.*, lib. III, cap. 25.

a que Dieu qui ne se trompe jamais. Il faut maintenant en finir avec toutes ces faiblesses et marcher vaillamment contre l'armée ennemie qui occupe Pérusia. Cette armée-là détruite, nous nous trouverons dans l'état le plus prospère. Nous avons, il est vrai, subi un échec. A chose faite, point de remède ; mais ce revers, un nouveau succès l'aura bientôt fait oublier. Vous n'aurez pas, d'ailleurs, grand'peine à prendre Pérusia. Déjà, par un coup du sort que nous avons su préparer, Cyprien qui y commandait la garnison romaine, a été supprimé. Nous n'aurons à combattre qu'une troupe privée de son chef, déjà réduite par la famine, incapable d'un vigoureux effort. Derrière nous, rien à craindre. J'ai fait rompre les ponts sur le Tibre ; aucun parti ennemi ne peut venir nous inquiéter. D'ailleurs, entre Jean et Bélisaire, il y a des défiances, des dissentiments que leurs actes font assez paraître et qui nous sont favorables. Ils se défient tellement l'un de l'autre, que rien n'a pu les amener à associer les forces dont ils disposent. La défiance, toujours accompagnée de haine et d'envie, rend toute action impossible[1]. »

Pendant que Totila allait camper, avec son armée, devant Pérusia, Jean, qui assiégeait, sans arriver à aucun résultat, la forteresse d'Achérontis, prit une audacieuse résolution qui, avec beaucoup de gloire pour lui, procura le salut des sénateurs romains. Informé du mouvement de l'armée de Totila, qu'on lui signalait comme dirigé contre Rome, il se mit à la tête d'une troupe de cavaliers d'élite et s'avança vers la Campanie, à marches forcées, sans s'arrêter ni jour, ni nuit. Il avait eu la précaution de ne mettre personne dans le secret de son entreprise.

Totila avait laissé les sénateurs romains en Campanie, pour mieux les avoir à sa disposition. Comme les places de cette province étaient complètement démantelées, aucune résistance n'y était possible ; il suffisait d'envoyer les saisir, si on le jugeait à propos. Prévoyant qu'un parti ennemi pourrait tenter de les enlever, Totila venait précisément d'expédier

1. Procope, *de Bello Goth.*, lib, III, cap. 25.

dans cette région un corps de cavalerie. Ce corps s'était avancé jusqu'à Minturnes où il s'était arrêté, bien qu'il n'y fût plus qu'à 300 stades de Capoue, parce que ses chevaux avaient besoin de se refaire des fatigues d'une trop longue marche. Quelques escouades, composées des hommes les moins harassés et dont les chevaux avaient le moins souffert, avaient seules été expédiées en avant, pour observer Capoue et les localités voisines. Le hasard fit que ces escouades, formant un escadron de 400 hommes et la troupe de Jean entrèrent dans Capoue le même jour, presque au même instant.

Dès qu'ils s'aperçurent, ils en vinrent aux mains. Ce fut une terrible mêlée, dans laquelle les Romains eurent le dessus. La plupart des Goths furent massacrés. Ceux, en petit nombre, qui échappèrent, coururent d'une traite jusqu'à Minturnes. Ils y arrivèrent, couverts de sang, plusieurs portant encore dans leurs blessures les traits qui les avaient frappés ; tous, hors d'état de rendre compte de ce qui leur était advenu, de proférer même une seule parole, mais témoignant assez leur terreur par leur fuite ininterrompue. A cette vue, les Goths sautèrent sur leurs chevaux et, comme une troupe d'oiseaux effarouchés, volèrent jusqu'au camp de Totila. Pour couvrir leur honte, ils racontèrent qu'ils s'étaient heurtés à une multitude d'ennemis.

Jean trouva en Campanie presque toutes les familles des sénateurs romains ; mais bien peu d'entre eux. Lors de la prise de Rome, presque tous les sénateurs avaient suivi la retraite des troupes romaines et s'étaient retirés à Portus ; tandis que presque toutes leurs femmes étaient tombées au pouvoir de l'ennemi. Le Patrice Clémentinus, qui s'était réfugié dans une des églises de la Campanie, refusa de la quitter. Il craignait la vengeance de l'empereur, parce qu'il avait livré à Totila le château de Naples. Orestes, qui avait été consul à Rome, se trouvait à quelque distance de Capoue. Il ne put se procurer des chevaux et se vit obligé malgré lui de demeurer où il était. Tous les autres sénateurs et tous les membres des familles sénatoriales furent aussitôt embarqués pour la Sicile, où furent transportés également environ 70 soldats, du nombre de ceux qui, de l'armée romaine, étaient passés au service des Goths. Ces soldats, cantonnés dans la Campanie, s'étaient ralliés à Jean, dès qu'il y avait paru [1].

Totila, très affecté de ce nouvel échec et tout entier au désir d'une revanche immédiate, ne laissa devant Pérusia qu'une partie de ses troupes et, avec tout le reste de ses forces, se mit à la poursuite de Jean. Celui-ci, arrivé en Lucanie, avec son corps qui n'était que de 1000 hommes, y avait établi son camp et avait envoyé, en reconnaissance, des coureurs qui avaient exploré et occupé tous les chemins. Mais Totila, pensant bien que Jean ne négligerait pas de surveiller les routes par lesquelles l'ennemi pouvait l'aborder, s'avança à travers les montagnes qui, dans cette région, sont fort hautes, très escarpées et réputées impraticables [2]. Les coureurs de Jean eurent quelque indice de l'approche de l'ennemi et, bien qu'ils n'eussent point de renseignements précis, ils se hâtèrent de se rabattre sur le camp romain. Il était nuit quand ils y arrivèrent. Les Goths l'attaquèrent au même instant.

Cette attaque de nuit fut une grande faute, de la part de Totila. Son armée était dix fois plus nombreuse que la troupe de Jean; il avait donc avantage à engager le combat en plein jour, pour enlever aux Romains la chance d'échapper à la poursuite, grâce aux ténèbres. Mais son emportement ne lui permit aucune réflexion.

Dans le camp romain, surpris en plein sommeil, personne ne songea même à résister; cependant, les Goths n'y firent pas grand carnage. Bien qu'éveillés en sursaut, la plupart des hommes, protégés par l'obscurité de la nuit, purent gagner les montagnes voisines; ce que réussirent à faire également Jean et Arufus, chef des Hérules. Les Romains perdirent en tout une centaine d'hommes. Jean avait avec lui un Arménien nommé Gilacius, chef d'un petit corps de guerriers de sa nation. Cet homme ne parlait que l'arménien et ne

---

1. Procope, *de Bello Goth.*, lib, III, cap. 26.
2. Procope, *de Bello Goth.*, lib. III, cap. 26.

savait pas un mot de grec, de latin, ou de la langue gothique. Il tomba aux mains des Goths qui, n'osant frapper tout ce qu'ils rencontraient, de peur de se blesser mutuellement dans l'obscurité, lui demandèrent qui il était. Il ne put rien leur répondre, sinon qu'il était le « Dux Gilacius ». Il avait retenu ce mot de Dux, s'étant souvent entendu appeler du titre dont l'empereur l'avait honoré. Ce mot fit comprendre aux Goths que c'était un ennemi. Ils le firent prisonnier ; mais ils le mirent à mort peu après. Jean et Arufus, ou Arouph, ayant rassemblé leurs hommes, se sauvèrent précipitamment à Hydrunte. Les Goths se retirèrent, après avoir pillé le camp [1].

L'empereur Justinien, pressé par les lettres de Bélisaire qui, à diverses reprises, lui avait exposé l'état des choses, s'était décidé à expédier de nouvelles troupes en Italie. Il commença par y envoyer Pacurius, fils de Péranius, et Sergius, neveu de Solomon qui, accompagnés de fort peu de soldats, se joignirent, dès leur arrivée, au reste de l'armée. Il fit ensuite partir Vérus, avec 300 Hérules et l'Arménien Varazès, avec 800 hommes. Valérien fut rappelé de l'Arménie, où il était maître de la milice et expédié également en Italie, avec un corps de plus de 1 000 hommes, tirés des gardes de l'empereur [2].

Vérus aborda le premier à Hydrunte. Il débarqua ; mais il ne voulut point demeurer dans le camp de Jean et se mit en route, avec ses 300 cavaliers. C'était un homme léger, très porté à l'ivrognerie qui le rendait d'une témérité tout à fait inconsciente. Il alla camper aux portes de Brundusium [3]. Totila ne tarda pas à en être informé. « Cet homme, dit-il, est pourvu de forces considérables ou d'une singulière démence. Allons donc le trouver, pour reconnaître ses forces ou lui faire connaître sa folie. » Et il se mit en marche, à la tête de solides troupes, dont la vue suffit à mettre en fuite les Hérules qui coururent se réfugier dans une forêt voisine. Les

1. Procope, *de Bello Goth.*, lib. III, cap. 26,
2. Procope, *de Bello Goth.*, lib. III, cap. 27.
3. Brindisi.

Goths les y poursuivirent et leur tuèrent 200 hommes. Vérus et les siens ne durent leur salut qu'à une circonstance fortuite. Les vaisseaux qui portaient Varazès et ses Arméniens, parurent tout à coup. A cette vue, Totila, croyant le corps qui s'approchait, plus important qu'il n'était en réalité, se hâta de se mettre en retraite. Vérus et ce qui restait de sa troupe, en profitèrent pour courir se jeter dans les navires. Varazès, ne jugeant pas prudent de s'aventurer davantage, les ramena à Tarente où Jean, neveu de Vitalien, arriva également, quelque temps après, avec toutes ses forces [1].

Valérien était arrivé sur les côtes du golfe Ionique ; mais il ne crut pas pouvoir le traverser. On était alors à l'époque du solstice d'hiver et il craignit de ne trouver, en Italie, ni vivres, ni fourrages. Il se contenta d'envoyer à Jean 300 hommes et de l'aviser qu'il le rejoindrait, après avoir hiverné.

Bélisaire avait reçu de l'empereur des lettres lui annonçant l'envoi d'une armée nombreuse, avec laquelle il lui était ordonné d'opérer sa jonction, pour prendre ensuite l'offensive. Pour exécuter ces ordres, Bélisaire s'embarqua avec 900 hommes des meilleurs de son armée : sept cents cavaliers et deux cents fantassins. Il laissa tout le reste de son armée sous le commandement de Conon, pour continuer à occuper Rome et son territoire. Afin de dépister l'ennemi, il avait pris soin de faire entendre qu'il se rendait en Sicile ; de fait, c'était vers Tarente, qu'il comptait se diriger [2]. Son projet était de traverser le détroit de Messine, en laissant à gauche la place forte de Skyllée [3]. Sur le littoral, au delà du détroit, dit Procope, les côtes présentaient la forme d'un croissant, dans l'intérieur duquel la mer pénétrait profondément dans les terres. La largeur de ce golfe était de 1 000 stades [4]. A chacune de ses deux extrémités, s'élevait une ville : Crotone

---

1. Procope. *de Bello Goth.*, lib. III, cap. 27.

2. Procope, *de Bello Goth.*, lib. III, cap. 27.

3. Procope, *de Bello Goth.*, lib. III, cap. 27. Cette place forte de Skyllée est la moderne Scilla. Elle devait son nom, dit Procope, à la Scylla des poètes et l'origine de ce nom serait, suivant lui, le fait qu'il y a, en cet endroit, beaucoup de skylaces « chiens marins ».

4. Ou 185 kilomètres, ce qui est exact.

à l'Occident, Tarente à l'Orient ; entre les deux, se trouvait la ville de Thurii [1].

L'état de la mer, soulevée par une violente tempête, empêcha les vaisseaux de Bélisaire de poursuivre leur course dans cette région. Force lui fut d'entrer dans le port de Crotone [2]. Il résolut d'y débarquer et d'y appeler à lui l'armée de Jean. Il ne trouva à Crotone ni munitions d'aucune sorte, ni ressources suffisantes pour faire subsister ses troupes. Il y demeura néanmoins avec sa femme, mais ne garda auprès de lui que son infanterie. Il confia le commandement de toute sa cavalerie à Phazas, Ibérien de nation et neveu de Péranius et à Barbation qui était de ses gardes. Il les envoya camper dans l'intérieur du pays, à l'entrée des gorges qui mettent en communication le Brutium avec la Lucanie. Il avait calculé que sa cavalerie, occupant cette position, se procurerait aisément des fourrages, assurerait son propre ravitaillement dans Crotone et pourrait, sans nul doute, repousser l'ennemi dans les défilés. Les montagnes de la Lucanie, se prolongeant jusqu'aux confins du Brutium, y formaient, en effet, un massif si compact qu'elles n'offraient que deux passages, extrêmement étroits, dont l'un s'appelait Petra Sanguinis dans le mont Caritori, et l'autre Labulla. Près de là, était Ruscia, port de la ville de Thurii. A 60 stades environ plus loin, se trouvait une solide forteresse, construite par les anciens Romains. Jean s'en était emparé, peu auparavant et il l'avait fait occuper par une garnison d'élite [3].

La cavalerie de Bélisaire se heurta à un corps ennemi, que Totila avait expédié pour tenter de surprendre cette forteresse. La cavalerie romaine, bien que fort inférieure en nombre, déploya une valeur qui mit en fuite les barbares ; dont plus de deux cents demeurèrent sur le champ et dont le reste se replia en désordre sur le camp de Totila. Les Romains campèrent et se mirent en quartiers, dans le lieu même où ils

---

1. Procope, *de Bello Goth.*, lib. III, cap. 28. Thurii, près de Cassano, la Sybaris des Grecs.

2. Procope, *de Bello Goth.*, lib. III, cap. 28.

3. Procope, *de Bello Goth.*, lib. III, cap. 28.

avaient combattu. Bientôt, l'absence de leur général, les illusions causées par leur victoire produisirent parmi eux beaucoup de relâchement. Comme ils n'avaient pas établi leur campement à l'entrée du défilé, ils ne pouvaient le surveiller et leurs tentes étaient beaucoup trop éparpillées pour qu'ils y fussent en sûreté, pendant la nuit. Le jour, ils battaient la campagne, à la recherche de vivres, sans poser aucune vedette aux environs, sans prendre aucune précaution.

Totila, parfaitement informé de leur négligence, marcha contre eux, avec 3 000 cavaliers choisis parmi les meilleurs de toute son armée. Il les surprit, dispersés et dans un désordre qui ne leur permettait aucune résistance. Phazas était à peu de distance de son quartier, quand il aperçut l'ennemi. Il se porta à sa rencontre, avec le peu d'hommes qu'il avait autour de lui. A force de bravoure, il réussit à donner à beaucoup des siens le temps de se sauver ; mais il tomba enfin, comme tombèrent tous ceux qui combattaient avec lui. Ce fut, pour les Romains, un grand deuil et une grande perte. Ces guerriers, d'une valeur éprouvée, étaient tout leur espoir. Ceux qui échappèrent aux coups de l'ennemi, se sauvèrent, chacun où il put.

Barbation, suivi de deux autres cavaliers, courut, en toute hâte, à Crotone où il apporta à Bélisaire la nouvelle de ce désastre : ajoutant que, suivant toute apparence, les barbares ne tarderaient pas à paraître. Bélisaire, extrêmement ému, prit aussitôt le parti de remonter sur ses vaisseaux qui, poussés par un vent favorable, le portèrent, le même jour, sur la côte de Sicile, à Messana, en face de Rhégium ; à 700 stades de Crotone, selon les éditions de Procope[1].

Totila, informé que, dans le fort de Ruscia, les Romains

---

1. Procope, *de Bello Goth.*, lib. III, cap. 28. De Crotone à Messana de Sicile, la distance, selon les éditions de Procope, est de 700 stades ; soit 127 kilomètres et demi. La distance réelle est de 1 110, en suivant la côte, ou de 900 stades, en ligne droite. Le chiffre de l'historien paraît donc avoir été altéré. Il est si facile de prendre ce θ' pour un ρ'.

Note de M. Isambert (Anecdotes de Procope, IIe partie, note 17). Il y a lieu de remarquer toutefois que si Procope indique, presque toujours, avec exactitude les distances par terre, il est, en général, beaucoup moins bien renseigné, quand il indique les distances par mer.

manquaient de vivres et ne pouvaient tarder à succomber, s'ils étaient investis, alla s'établir devant cette forteresse dont il entreprit le siège. Ce fut le dernier événement de la treizième année de la guerre contre les Goths, qu'il faut compter du printemps de l'année 547 à la fin de l'hiver de l'année 548 [1].

L'empereur Justinien avait fait passer en Sicile un renfort d'au moins 2 000 hommes et avait envoyé à Valérien l'ordre de rejoindre Bélisaire, sans plus de retard. Valérien avait donc traversé le golfe Ionique et avait abordé à Hydrunte ; où il avait rencontré Bélisaire qui, de Sicile, s'y était rendu également, accompagné de sa femme Antonine. Celle-ci partit aussitôt pour Byzance, où elle allait supplier l'impératrice d'user de son influence pour faire envoyer en Italie des forces plus considérables.

Pendant que Bélisaire et Valérien opéraient leur jonction dans Hydrunte, les assiégés du fort de Ruscia, pressés par la famine, entrèrent en conférences avec les assiégeants et promirent, sous la condition qu'il ne leur serait fait aucun mal, de rendre la place, vers le milieu de l'été, s'ils n'étaient point secourus avant cette époque. Un grand nombre de nobles italiens étaient venus s'enfermer dans ce fort ; entre autres Déophéron, frère de Tullianus dont il a été question précédemment. La garnison se composait de 100 fantassins, envoyés par Bélisaire et de 300 cavaliers illyriens, au service de l'Empire, que Jean avait placés sous les ordres d'un guerrier de grande valeur, de la nation des Massagètes, nommé Chalazar et du Thrace Goudilas [2]. Dans le même temps, les soldats laissés à la garde de Rome, massacrèrent leur commandant Conon qu'ils accusaient de se livrer, à leur détriment, au trafic du blé et de toutes les subsistances. Ce meurtre accompli, ils envoyèrent en ambassade des prêtres, chargés de déclarer que s'ils ne recevaient pas amnistie complète et paiement de la solde qui leur était due, ils se donneraient à

---

1. Procope, *de Bello Goth.*, lib. III, cap. 29 (Corpus Script. Hist. Byzant., p. 400).

2. Procope, *de Bello Goth.*, lib. III, cap. 30.

Totila et passeraient au service des Goths. L'empereur leur accorda leur demande [1].

Bélisaire avait assemblé une flotte importante, sur laquelle il s'embarqua avec Jean qu'il avait appelé à Hydrunte, avec Valérien et avec tous les autres chefs, pour se porter, en toute hâte, au secours de Ruscia. Quand les assiégés aperçurent au loin cette flotte, ils refusèrent de se rendre, bien que le terme fixé par la capitulation fût échu. Mais aussitôt, une terrible tempête dispersa les vaisseaux qui ne pouvaient trouver un refuge le long de cette côte où ne se rencontrait aucun abri. Ils furent longtemps ballottés par les flots, avant de pouvoir se réunir dans le port de Crotone, d'où ils reprirent leur course vers Ruscia. A leur approche, les barbares montèrent à cheval et s'avancèrent promptement vers le rivage, dans l'intention de s'opposer au débarquement. Totila les rangea en une longue ligne, face aux vaisseaux. Ils étaient armés, les uns de lances, les autres d'arcs tendus et prêts à tirer.

Ces dispositions intimidèrent les Romains. Ils demeurèrent quelque temps à l'ancre; puis, désespérant de pouvoir débarquer, ils se retirèrent dans la direction de Crotone où ils abordèrent de nouveau. On y tint un conseil de guerre et il fut décidé que Bélisaire irait à Rome, pourvoir au bon ordre de toutes choses et faire voiturer des vivres dans la ville, tandis que Jean et Valérien, avec les troupes et la cavalerie qu'on débarquerait, gagneraient le Picénum et iraient harceler les ennemis qui assiégeaient les places de cette région. On espérait ainsi forcer Totila à lever le siège de Ruscia. Jean, à la tête de ses hommes, au nombre de 1000, exécuta ce plan. Mais Valérien estima la voie de terre trop dangereuse. Il ne débarqua pas ses troupes et se dirigea directement, par mer, sur Ancône, en contournant les côtes du golfe Ionique. Il comptait gagner en toute sûreté, par cette voie, le Picénum où il devait opérer sa jonction avec Jean.

Totila ne se désista pas de son siège et se borna à envoyer

—————

1. Procope, *de Bello Goth.*, lib. III, cap. 30.

dans le Picénum un corps de cavalerie, fort de 2000 hommes d'élite, qui, joint aux Goths qui se trouvaient dans cette province, devait suffire à repousser Jean et Valérien. Les assiégés de Ruscia, à bout de vivres et privés de tout espoir de secours, déléguèrent vers Totila Goudilas et l'Italien Déophéron pour traiter, à condition qu'ils auraient la vie sauve et que l'inexécution de la capitulation leur serait pardonnée.

Totila s'engagea à faire grâce à tous les assiégés, à l'exception de Chalazar, considéré comme auteur de la violation de la foi jurée. La reddition effectuée, il le fit aussitôt mettre à mort, après lui avoir fait couper les deux mains et l'avoir fait mutiler[1]. Comme dans les autres places dont il s'était emparé, il offrit aux soldats de conserver leurs biens, s'ils s'engageaient à suivre ses enseignes, aux mêmes conditions que les Goths. Ceux auxquels il ne plairait pas de demeurer, devaient être complètement dépouillés et se retirer où bon leur semblerait. Quatre-vingts soldats romains se retirèrent à Crotone, après qu'on leur eut enlevé tout l'argent qu'ils possédaient. Les autres demeurèrent au service des Goths. Tout mauvais traitement fut épargné aux personnes des Italiens ; mais tout ce qu'ils possédaient leur fut enlevé.

L'impératrice mourut d'un cancer le 11 juin de cette année 548[2]. Elle avait passé sur le trône vingt et un ans et trois mois[3]. Antonine n'arriva à Byzance qu'après la mort de Théodora et, se voyant privée de l'assistance sur laquelle elle comptait pour obtenir de puissants secours, elle supplia l'empereur de rappeler Bélisaire. Sa demande lui fut accordée, d'autant plus facilement que Justinien était poussé à prendre ce parti par les graves inquiétudes que lui causait la guerre contre les Perses.

« A cette époque, dit Procope, l'Empire d'Occident fut, tout entier, au pouvoir des barbares. La guerre contre les Goths, dont les commencements avaient été illustrés par les glo-

---

1. Procope, *de Bello Goth.*, lib. III, cap. 30.
2. Procope, *de Bello Goth.*, lib. III, cap. 30.
3. Pagi, *ann.* 548, XII.

rieuses victoires des Romains, tourna de façon que, non seulement elle leur coûta de grands sacrifices en hommes et en
argent sans aucun résultat, mais qu'ils perdirent l'Italie et
qu'ils virent l'Illyrie, la Thrace presque tout entière, dépeuplées et affreusement dévastées. Voici comment arrivèrent ces
malheurs. Tout au commencement de la guerre, les Goths,
comme je l'ai dit précédemment, comprenant qu'ils ne pouvaient résister à la fois aux Francs et aux Romains, avaient
cédé aux Germains (aux Francs) toute la partie de la Gaule
qui leur était soumise. Les Romains purent si peu s'opposer
à cette cession, que l'empereur Justinien la confirma, pour
éviter les difficultés que ces barbares pouvaient lui créer,
s'ils se déclaraient contre lui. Les Francs estimaient que la
possession des Gaules ne pouvait leur être définitivement
acquise, que si l'empereur la leur confirmait par un acte
écrit. Depuis ce temps, les rois des Germains ont possédé
Marseille, colonie des Phocéens, et toute cette région maritime. Dans Arles, ils président aux jeux du cirque et frappent,
avec l'or tiré de la Gaule, des monnaies à leur propre effigie,
non à celle de l'empereur. Le roi des Perses a bien coutume
de frapper de la monnaie d'argent ; mais, quant à la monnaie
d'or, ni le roi des Perses, ni aucun autre roi barbare ne peut
se permettre de la marquer de son effigie ; car une monnaie
qui porterait une pareille effigie, serait exclue du commerce
par les barbares eux-mêmes[1] ».

Pour comprendre l'importance des faits dont Procope fait
mention dans ce passage, il faut considérer l'évolution accomplie par les Francs, depuis leur établissement dans les
Gaules. Après la mort de Clovis, en 510, son héritage fut
partagé, conformément à la loi des Saliens, entre ses quatre
fils et, à l'époque des guerres de Justinien contre les Goths,
trois rois se partageaient la royauté, chez les Francs : Childebert, Clotaire et Théodebert ; les deux premiers, fils de
Clovis ; le troisième, son petit-fils. Mais le partage qui suivit la
mort de Clovis ne détruisit point son œuvre. La nation fran-

---

1. Procope, *de Bello Goth.*, lib. III, cap. 33.

que, unifiée par lui, ne retourna pas à l'état de tribus. Elle' demeura unie, malgré la pluralité de ses rois qui, toujours prêts à tous les crimes pour se dépouiller entre eux, comprirent néanmoins la nécessité de demeurer unis, contre tout ce qui n'était pas de leur race.

Cette union de tous les Francs contre l'étranger, tant barbare que romain, maintenue intacte, malgré les partages et les rivalités intérieures, était un fait nouveau dans l'histoire et réalisait une forme nouvelle de l'existence politique. La cité et la tribu étaient les seules formes d'organisation sociale réalisées dans l'antiquité. L'Empire n'était point et ne pouvait être un organisme social. Ses origines, sa constitution, son caractère essentiel le réduisaient à n'être qu'une domination, exercée d'abord par une cité et une aristocratie, dans la suite par une monarchie, sur des cités et tribus diverses qui, sans autre lien entre elles que leur sujétion à un même maître, n'étaient pas des organes d'une civilisation commune, n'avaient point d'influence sur la civilisation romaine qui leur était importée toute faite et n'était en rien le résultat de leur activité.

A l'Empire, Théodoric le Grand avait voulu opposer la ligue de tous les rois et peuples barbares, confédérés contre l'ennemi commun. Mais une confédération, faite pour protéger des intérêts déterminés, est nécessairement limitée à ces seuls intérêts et ne subsiste qu'autant qu'elle leur est nécessaire ou avantageuse. Elle ne crée pas une vie commune. La fédération établie par Théodoric entre divers conquérants barbares, n'était fondée que sur le seul intérêt qu'avait chacun d'eux, de se maintenir, par l'appui de tous les autres, dans les provinces qu'il avait conquises et où, distincts de la population, par leurs lois, leurs mœurs et surtout par leur religion, les barbares demeuraient à l'état d'armée d'occupation. Elle n'était donc pas même une véritable confédération entre des États et des peuples indépendants, mais semblables; elle se réduisait à une alliance militaire entre des armées, en vue d'agir ou de résister ensemble. Elle devait fatalement se resserrer ou se relâcher, selon que chacun de ses membres la jugeait momentanément plus ou moins avantageuse. Aussi ne fut-elle pas en état d'empêcher Justinien de détruire successivement le royaume des Vandales et celui des Goths en Italie.

Tout autre était l'organisation des Francs. Établis sur tout le territoire des Gaules, ils ne se trouvaient plus groupés en tribus distinctes; tous solidaires entre eux, contre l'Empire et contre les autres barbares, ils reconnaissaient les héritiers de Clovis, non comme rois de royaumes particuliers, mais comme rois des Francs. Ils vivaient tous d'une même vie, ayant les mêmes mœurs, étant soumis à la même dynastie, régis par les mêmes lois, animés, à l'égard des étrangers, des mêmes sentiments dictés par les mêmes intérêts; constituant ainsi, non plus une tribu ou une armée victorieuse, mais ce que les contemporains nommaient la noble nation des Francs. Leur conversion au christianisme des évêques gaulois, supprimant toute différence entre leurs croyances et celles des Gallo-romains, faisait que ceux-ci acceptaient leur domination, de préférence à toute autre et leur assurait, dès cette époque, la paisible possession de leurs conquêtes. Ils n'avaient pas à redouter, de la part des populations soumises, cette impatience, cette hostilité qui, en Afrique et en Italie, avait fait accueillir comme des libérateurs les ennemis des Vandales et des Goths.

N'étant point contraints de contenir les pays qu'ils occupaient, ils étaient toujours libres de porter toutes leurs forces au delà de leurs frontières. Aussi, la puissance des Francs ne souffrit-elle pas de la mort prématurée de Clovis. Bien au contraire, elle ne cessa de croître par la conquête de la Thuringe et de la Burgundie. Les Visigoths furent chassés des cantons aquitains qu'ils avaient envahis et on a vu précédemment que, pour obtenir leur neutralité ou peut-être leur concours, Vitigès avait cédé aux rois francs les territoires que les Ostrogoths possédaient dans les Gaules. D'autre part, la diplomatie de Justinien ne cessait de rechercher leur alliance; leur intervention, en faveur soit de l'Empire, soit des Goths, devant nécessairement déterminer l'issue définitive de la lutte en Italie. Les rois francs avaient tiré fort habilement

parti du marchandage dont leur alliance était l'objet, pour obtenir des concessions et des Goths et de l'Empire. Ils les
tenaient également en crainte, bien décidés à n'agir en Italie
que dans leur propre intérêt, si l'occasion se présentait d'y
étendre leurs conquêtes.

Après que la prise de Rome eut prouvé le relèvement de la
puissance des Goths et acquis à Totila un prestige qui pouvait inspirer confiance dans le succès de ses armes, il crut le
moment venu de décider les Francs à se prononcer en sa
faveur et à conclure avec lui une alliance ostensible et effective. En effet, Procope, après avoir raconté, comme on le verra
dans la suite, la reprise de Rome par les Goths, ajoute : « Totila avait, précédemment, envoyé une ambassade au roi des
Francs pour lui demander sa fille en mariage. Mais celui-ci
avait répondu par un refus, alléguant que Totila n'était pas
roi de l'Italie et ne le serait jamais; puisque, s'étant emparé
de Rome, il n'avait pas su la conserver, n'avait fait que la
détruire en partie et l'avait laissée retomber au pouvoir de ses
ennemis [1]. » Procope ne rapporte ce fait après la reprise de
Rome, que pour expliquer la raison qui détermina Totila à ne
pas agir, cette fois, comme il l'avait fait, deux ans auparavant
et il a soin de marquer que cette ambassade avait été envoyée
au roi des Francs, à une époque bien antérieure. D'ailleurs, le
roi des Francs auquel Totila s'était adressé, était certainement
Théodebert. Car, si Childebert et Clotaire avaient des filles,
ils ne s'étaient ingérés, en aucune façon, dans les affaires
d'Italie [2]. Or, Théodebert mourut en l'année 547 et Rome ne
fut reprise par les Goths qu'en 548, un an après sa mort [3].
C'est donc, sans aucun doute, après s'être emparé de Rome la
première fois, que Totila chercha à s'assurer l'alliance de
Théodebert et c'est, très probablement, à cette même époque,
que Justinien, pour empêcher cette alliance qui eût achevé de
ruiner ses affaires en Italie, renonça, en faveur des Francs, aux
droits de souveraineté que l'Empire continuait à prétendre

1. Procope, de Bello Goth., lib. III, cap. 37·
2. Pagi, ann. 550, II.
3. Pagi, ann. 552, XXI.

sur tous les territoires occupés par les barbares. Les barbares, comme on l'a expliqué, à propos des conventions entre l'Empire et Théodoric en Italie, étaient censés, en droit, n'occuper ces territoires qu'en vertu d'une concession et, en quelque sorte, comme vassaux de l'empereur. C'est pourquoi, les rois barbares ne pouvaient frapper des monnaies, ou tout au moins des monnaies d'or, à leur propre effigie. La monnaie circulant dans les contrées dont ils avaient la possession, devait porter l'effigie impériale, car il ne leur était reconnu qu'un droit d'occupation, non des droits de complète souveraineté.

Par le traité conclu entre Justinien et Théodebert, tous les droits de souveraineté pleine et entière furent reconnus aux Francs dans les Gaules, sans aucune dépendance à l'égard de l'Empire, qui renonçait ainsi formellement à toutes ses prétentions sur ces contrées et qui, comme signe extérieur de cette indépendance complète, reconnaissait la valeur des monnaies frappées à l'effigie des rois francs. Ce traité mémorable introduisit ainsi dans le droit public, la notion nouvelle de la nation indépendante, opposée à la notion de l'Empire. Désormais, il y a en Occident : d'une part, les terres d'Empire ; d'autre part, le royaume des Francs. A côté et en dehors de l'Empire, existe la nation des Francs, sur laquelle l'Empire n'a plus aucune autorité à prétendre, aucune revendication à exercer. A ce moment, l'ordre de choses créé par les conquêtes romaines, fait place à un ordre de choses nouveau ; c'est réellement à ce moment que se termine la période de l'antiquité, que commence, dans l'histoire, une période nouvelle.

Il n'est fait aucune mention des engagements contractés par les Francs, en échange des droits qui leur étaient cédés. Peut-être, l'Empire ne put-il obtenir qu'un engagement de ne pas intervenir en faveur des Goths. Cette hypothèse expliquerait la conduite de Théodebert. Loin de secourir les Goths, il s'empressa de les dépouiller et, comme il ne s'était pas engagé à demeurer en paix avec l'Empire, il profita de l'occasion, pour le dépouiller également. Sous prétexte qu'il était irrité de la vanité de Justinien qui prenait, dans des actes publics, les titres de *francicus* et *alamnicus* et s'intitulait ainsi vain-

queur des Francs et des Alamans, il fit passer des troupes en
Italie et s'empara de contrées que ni les Goths, ni les impériaux, absorbés dans leur lutte, ne pouvaient lui disputer; La
chronique de Marius d'Avenche rapporte qu'un de ses généraux, nommé Lanthacaire, fut battu et tué dans une rencontre
avec les Romains [1]. Marius n'indique ni l'époque, ni les circonstances de cette défaite. Elle n'empêcha pas Théodebert de
se rendre maître, sans aucune peine, dit Procope, de plusieurs
places de la Ligurie, des Alpes Cottiennes et de la Vénétie
presque tout entière. Les Goths n'y conservèrent que
quelques localités ; les Romains occupant le littoral, les Francs,
le reste du pays.

Les Goths avaient assez à faire de tenir tête aux Romains ;
il leur fallait éviter de se susciter de nouveaux ennemis. Ils
entamèrent donc avec les Francs des négociations qui aboutirent à une convention. Il fut stipulé que chacun des con-
tractants demeurerait paisible possesseur des territoires qu'il
occupait et s'abstiendrait, à l'égard de l'autre, de tout acte
d'hostilité, tant que durerait la guerre entre les Goths et les
Romains ; que, si dans cette guerre Totila était victorieux, les
Goths et les Francs feraient entre eux une transaction, au
mieux de leurs intérêts [2].

De tous les côtés à la fois, l'Empire était harcelé par les
barbares. Les Gépides, qui avaient obtenu de s'établir à Sirmium et dans toute la Dacie, à l'époque où Justinien avait arraché cette contrée à la domination des Goths, y réduisirent
en esclavage les habitants romains et étendirent leurs violences et leurs déprédations sur les terres de l'Empire. Ce qui
obligea l'empereur à cesser de leur payer les subsides que,
depuis longtemps, ils étaient accoutumés de recevoir [3]. Justinien avait donné aux Langobards la ville de Noricon, des
lieux fortifiés dans la Pannonie, d'autres territoires encore et

---

1. *Marii episcopi aventicensis Chronica*, ann. 548 (édit. Mommsen,
Monum. Germ., in-4°, Auct. Antiq., t. XI, pars I, p. 236).

2. Procope, *de Bello Goth.*, lib. III, cap. 33 et lib. IV, cap. 24.

3. Procope, *de Bello Goth.*, lib. III, cap. 33. Sirmium, aujourd'hui Mitro-
vitza, sur la Save.

de grandes sommes d'argent. Ces avantages les avaient décidés à abandonner leur patrie et à s'établir sur les rives de l'Ister, non loin des Gépides. Eux aussi, parcouraient la Dalmatie et les confins de l'Illyrie, enlevant du butin et des captifs [1]. S'il arrivait que des malheureux qu'ils avaient capturés, réussissaient à s'échapper et à regagner leurs foyers, ils n'hésitaient pas, en qualité d'alliés, à se rendre partout sur le territoire de l'Empire et à les arracher de leurs demeures et des bras de leurs parents, comme des esclaves fugitifs; et cela, sans que l'on essayât même de s'y opposer [2]. D'autres régions de la Dacie, près de Singédunum, avaient été attribuées par l'empereur à des Hérules qui, eux aussi, dévastaient fréquemment, par leurs courses, l'Illyrie et la Thrace. Quelques-uns des noms de ces peuplades barbares ont servi à désigner certains corps de l'armée impériale, du nombre de ceux qu'on appelait fédérés. Les demandes de ces Hérules et celles des autres barbares au service de l'Empire, étaient toujours bien accueillies à Constantinople, où les délégués qu'ils envoyaient n'avaient point de peine à se faire payer toute leur solde [3].

Un grave différend s'était élevé entre les Gépides et les Langobards, leurs voisins. Également animés à la lutte, ils prirent jour pour vider leur querelle par les armes. Les Langobards, moins nombreux que les Gépides et se trouvant, par conséquent, dans des conditions d'infériorité, prirent le parti d'appeler à leur aide les Romains, dont les Gépides réclamèrent, eux aussi, en vertu de leur traité avec l'Empire, le concours ou tout au moins la neutralité [4]. De part et d'autre, des délégués furent envoyés vers l'empereur Justinien, dans l'espoir d'obtenir une protection effective. Justinien leur donna audience séparément, un jour aux Langobards, le lendemain aux Gépides. Puis, après une longue délibération, il congédia les délégués des Gépides et jura un traité avec les Langobards;

---

1. Procope, *de Bello Goth.*, lib III, cap. 33. Noricon pouvait être Klagenfurth ou Salzburg.

2. Procope, *de Bello Goth.*, lib. III, cap. 33.

3. Procope, *de Bello Goth.*, lib. III, cap. 33.

4. Procope, *de Bello Goth.*, lib. III, cap. 34.

auxquels il envoya un secours de plus de 10 000 hommes de cavalerie, sous les ordres de Constantianus, de Buzès et de l'Arménien Aratius ou Hrahad, Arsacide de la maison de Camsar, dont il a été fait mention précédemment [1]. Justinien leur adjoignit le fils de la sœur de Vitalien, Jean le Sanguinaire, qui était revenu d'Italie et qui reçut l'ordre d'y retourner, avec ses troupes, aussitôt que serait terminée l'expédition contre les Gépides. A la suite de ce corps, marchaient 1 500 Hérules fédérés, sous le commandement de Philémuth. Tous les autres Hérules avaient fait défection et s'étaient unis aux Gépides. Ils se heurtèrent inopinément à une partie des troupes romaines qui marchaient au secours des Langobards, furent taillés en pièces et laissèrent parmi les morts Aordus, frère de leur roi. Cette défaite apprit aux Gépides l'approche de l'armée romaine. Ils s'empressèrent de s'entendre et de faire la paix avec les Langobards, sans l'intervention des Romains qui se trouvèrent alors dans une situation très difficile ; car il ne leur était plus possible de poursuivre leur route et les généraux hésitaient à se mettre en retraite, de crainte que les Gépides et les Hérules ne fissent une incursion en Illyrie, pour piller cette province. Ils prirent le parti de ne point bouger et d'avertir l'empereur de la situation qui leur était faite [2].

Une nouvelle incursion de barbares en Italie fut une des conséquences de l'accord entre les Gépides et les Langobards. Les Langobards avaient eu précédemment pour chef Vacès. Bien que ce chef eût un fils, la loi de sa nation appelait son neveu Risioulf à régner après lui. Vacès, afin d'assurer sa succession à son fils, accusa son neveu d'un crime supposé et le condamna à l'exil. Risioulf se retira chez les Varnes qui, gagnés par l'argent de Vacès, le tuèrent. Il laissait deux fils dont l'un mourut de maladie, l'autre, nommé Ildisgus, se sauva chez les Slavènes. Vacès mourut de maladie, peu de temps après ces événements et eut pour successeur son fils Valdar,

---

1. Procope, *de Bello Goth.*, lib. III, cap. 34.
2. Procope, *de Bello Goth.*, lib. III, cap. 34.

enfant en bas âge dont la tutelle fut confiée à Auduin. Cet enfant étant mort subitement de maladie, peu de temps après son père, ce fut son tuteur Auduin qui obtint le pouvoir. C'était donc ce dernier qui régnait sur les Langobards, au moment de leur querelle avec les Gépides. A ce moment Ildisgus, le second fils de Risioulf, s'empressa de se joindre aux Gépides, leur amenant, outre un certain nombre de Langobards qui l'avaient suivi, un corps nombreux de Slavènes. Les Gépides espéraient le rétablir sur le trône; mais quand ils eurent fait la paix avec les Langobards, Auduin, invoquant sa nouvelle qualité d'allié, le leur réclama. Comme ils ne voulaient point le livrer, ils l'avertirent d'avoir à se mettre en sûreté. Il se hâta de retourner, avec tous les siens et quelques Gépides, qui s'attachèrent volontairement à sa fortune, chez les Slavènes; d'où il se mit en route vers l'Italie, résolu d'aller guerroyer avec Totila[1]. Il n'avait pas moins de 6 000 hommes d'armes, à la tête desquels il entra en Vénétie. Il y rencontra et mit en déroute un corps de troupes romaines, commandé par Lazare. Mais, au lieu de s'unir aux Goths, il rebroussa chemin, repassa le Danube et se retira de nouveau chez les Slavènes.

Dans le même temps, il arriva qu'un homme d'armes de Bélisaire, nommé Ilaouf, qui, ayant été fait prisonnier, était resté en Italie après le départ de son maître, prit du service parmi les Goths. C'était un guerrier de valeur et de grande activité; Totila n'hésita pas à lui confier une troupe nombreuse et des vaisseaux, pour entreprendre une expédition en Dalmatie. Il alla aborder à Muicuron, localité maritime dans le voisinage de Salone[2]. Il s'y donna comme Romain et domestique de Bélisaire, se fit accueillir sans défiance, puis, tout à coup, tirant l'épée et donnant le signal aux siens, massacra les habitants et mit le pays au pillage. Il se rembarqua avec son butin, gagna Laureata, située également sur le rivage, y débarqua et mit à mort tout ce qu'il rencontra. A la nou-

---

1. Procope, de Bello Goth., lib. III, cap. 35.
2. Procope, de Bello Goth., lib. III, cap. 35.

velle de ces incursions, Claudianus, qui commandait dans
Salone, expédia par mer des troupes, montées sur des vaisseaux de l'espèce qu'on appelait dromons. Ces troupes débarquèrent à Laureata, où elles en vinrent aux mains avec l'ennemi. Elles furent battues et dispersées, sans pouvoir regagner
leurs vaisseaux dont Ilaouf s'empara. Il prit aussi d'autres
navires qui se trouvaient dans le port, pleins de blé et d'approvisionnements de toute sorte et retourna vers Totila, chargé
de toutes les richesses de cette contrée ravagée et dépeuplée [1].

Bélisaire, ayant obtenu son rappel, était parti pour Byzance.
Depuis cinq ans que durait son expédition, il était comme
exclu de l'Italie. Réduit à se dérober sans cesse, à se réfugier
avec sa flotte, d'une place maritime dans une autre, il n'avait
réussi à entreprendre aucune opération suivie ; de sorte que
les ennemis avaient eu toute latitude de soumettre Rome et le
pays tout entier. Pérusia, qui était étroitement assiégée, au
moment de son départ, fut prise d'assaut, pendant qu'il était
en route. Il ne quitta plus Byzance où il rentrait sans éclat. Il
y vécut comblé de richesses et de la gloire qu'il s'était
acquise dans ses précédentes expéditions [2]. C'est en ces
termes que Procope raconte, dans son histoire de la guerre
contre les Goths, le retour de Bélisaire. Ces mêmes termes se
trouvent reproduits dans les anecdotes attribuées au même
auteur. On y lit en effet le passage suivant [3] :

« Bélisaire revint honteusement de sa deuxième expédition
en Italie. Pendant cinq ans qu'elle se prolongea, il ne put
débarquer, ainsi que je l'ai expliqué dans mes précédents
écrits, que sur les points où il était appuyé de quelque forteresse. Pendant tout ce temps, il ne fit que longer, avec sa
flotte, les rivages de l'Italie. Totila était furieux de ne pouvoir
le rencontrer en rase campagne ; mais il ne put faire
naître l'occasion d'un engagement avec un général dominé

---

1. Procope, *de Bello Goth.*, lib. III, cap. 35.

2. Procope, *de Bello Goth.*, lib. III, cap. 35 (Corpus Script. Hist. Byzant.,
Γ. 427).

3. *Historia Arcana*, cap. V (Corpus Script. Hist. Byzant., Procopii t. III,
p. 36), traduction Isambert.

par la crainte et qui avait inspiré le même sentiment à l'armée romaine tout entière. Aussi Bélisaire ne répara-t-il aucune des pertes qu'il avait faites; bien plus, il perdit Rome et, pour ainsi dire, toutes les autres places (de l'Italie). Comme il ne recevait aucun subside de l'empereur, il se montra, par-dessus tout et pendant toute la durée de sa mission, très parcimonieux de ses richesses et avide, au plus haut point, d'un gain sordide. Il mit à contribution presque tous les Italiens, les habitants de Ravenne et de la Sicile. Si quelque pays rentrait sous sa domination, il le dépouillait sans aucune mesure, comme pour le punir de la violence que sa population avait eu à supporter par le passé (sous le joug étranger). C'est ainsi, qu'après avoir abandonné Hérodianus, il lui demanda ses trésors, en l'accablant de ses menaces. Celui-ci, fatigué de cette persécution, se détacha de l'armée romaine et se donna, avec tous ses adhérents et avec la ville de Spolétium, à Totila et aux Goths. »

De la reproduction, dans les Anecdotes, du texte de l'histoire de la guerre contre les Goths, faut-il conclure que les deux ouvrages sont bien du même auteur? ou peut-on supposer que l'auteur des Anecdotes a copié le texte de Procope, pour mieux donner le change? Ce qui est certain, c'est que les accusations portées contre Bélisaire, ne se trouvent que dans les Anecdotes qui ne peuvent guère inspirer confiance.

Bélisaire quitta l'Italie vers la fin de la quatorzième année de la guerre contre les Goths, avant le commencement de la quinzième année de cette guerre; c'est-à-dire, dans les premiers mois et avant le printemps de l'année 549 [1]. Au printemps de l'année 549, dès son entrée en campagne, la quinzième campagne de la guerre gothique, Totila alla camper, avec toutes ses troupes, devant Rome dont il entreprit le siège. Bélisaire avait confié la défense de la ville à un corps de 3 000 hommes, choisis parmi ses meilleurs soldats. Il avait placé à leur tête Diogènes, homme d'une valeur éprouvée et d'une remarquable prudence. Aussi le siège traîna-t-il en lon-

---

1. Pagi, *ann.* 549, II.

gueur;. car la résolution des assiégés égala leur petit,nombre
à.la masse de toute l'armée des Goths. Diogènes faisait garder les murailles avec une vigilance si active que nul ennemi
n'en eût pu approcher et il avait su prévenir la famine; en faisant semer du blé partout à l'intérieur de l'enceinte .[1]. Souvent, les barbares tentèrent des attaques de. vive force ; toujours, ils durent se retirer, repoussés par l'inébranlable. constance des Romains. Les Goths s'emparèrent enfin de Portus ;
ce qui rendit plus pénible la situation de Rome.

Le siège durait depuis assez longtemps, quand quelques
Isauriens, gardiens de la porte Saint-Paul, murmurant de
n'avoir rien reçu de l'empereur depuis plusieurs années, tandis
qu'ils. voyaient ceux de leur nation qui avaient autrefois. livré
Rome aux Goths, se targuer de vivre dans l'abondance, se
mirent en rapport avec l'ennemi. Ils offrirent de livrer la
ville à Totila et prirent jour avec lui. Au jour. dit, à la première veille de nuit, Totila fit mettre à l'eau, sur. le Tibre,
deux petites barques, montées chacune par un trompette. Ces
deux hommes avaient ordre de traverser le fleuve pour s'approcher des murailles, le plus près possible et, arrivés là, de
sonner de la trompette. En même temps, Totila disposait, de
façon que les Romains ne pussent s'en douter, son armée en
face de la porte Saint-Paul. Pour que les Romains ne pussent,
à la faveur de l'obscurité, se réfugier dans Centumcellæ, seule
localité fortifiée dont ils étaient restés en possession, il posta
sur la route qui y menait, une forte troupe, avec. ordre de
massacrer les fuyards qui essayeraient de passer [2]. Les barques rangées au pied des murailles, les trompettes commencèrent à sonner. Aussitôt, les Romains, surpris et troublés,
s'empressèrent, de toutes parts, de courir au secours, du côté
qu'ils croyaient assailli. Seuls les Isauriens demeurèrent à
leur poste, ouvrirent la porte et donnèrent libre accès.à l'ennemi. Il se fit alors un grand carnage des Romains. Beaucoup .d'entre ceux qui réussirent à gagner les portes, se

---

1. Procope, *de Bello Goth.*, lib. III, cap. 36.
2. Procope, *de Bello Goth.*, lib. III, cap. 36.

hâtèrent vers Centumcellæ ; ils tombèrent dans l'embuscade dressée sur la route et furent massacrés. Bien peu se sauvèrent ; Diogènes, grièvement blessé, fut de ce nombre [1].

Dans les escadrons romains, servait un officier nommé Paul, originaire de la Cilicie, qui avait commencé par être à la tête de la maison de Bélisaire. Il avait suivi son maître dans son expédition en Italie et il était devenu chef d'un escadron de cavalerie. Il avait été désigné, en même temps que Diogènes, à un commandement dans la garnison de Rome. La ville prise, il courut, avec 400 cavaliers, au Môle d'Adrien et occupa le pont qui conduit à la Basilique de Saint-Pierre [2]. Il y fut attaqué le lendemain, dès le point du jour. Il soutint vaillamment et victorieusement le choc des barbares, auxquels il infligea de grandes pertes, à cause du peu d'espace dans lequel ceux-ci se trouvaient resserrés. Totila fit cesser ce combat, dès qu'il en connut les conditions désavantageuses aux siens. Il ordonna de se contenter d'occuper la rive opposée, ne doutant pas que les cavaliers romains ne fussent forcés de capituler, faute de vivres. Paul et ses 400 hommes passèrent toute la journée et la nuit suivante sans aucune nourriture. Le lendemain, ils se proposèrent de se repaître de la chair de leurs chevaux ; mais, malgré la faim qui les torturait, ils passèrent encore toute la journée, sans pouvoir se résoudre à cette extrémité. Enfin, après de longues délibérations, jugeant qu'il ne leur restait qu'à mourir avec honneur et s'animant les uns les autres à tenter un coup d'audace, ils prirent la résolution de surprendre les ennemis par une charge soudaine, d'en tuer le plus qu'ils pourraient et de tomber en gens de cœur [3].

Prêts à mourir, ils s'embrassèrent, dans un dernier adieu et se mirent en mouvement pour cette charge suprême. Totila comprit leur intention. Pour éviter les pertes que pouvait causer aux Goths le désespoir de ces gens qui avaient fait le sacrifice de leur vie, il envoya leur dire qu'il leur

---

1. Procope. *de Bello Goth.*, lib. III, cap. 36.
2. Procope, *de Bello Goth.*, lib. III, cap. 36.
3. Procope, *de Bello Goth.*, lib. III, cap. 36.

donnait le choix : ou de retourner sains et saufs à Byzance, à condition d'abandonner leurs chevaux et leurs armes et d'engager leur parole de ne plus servir jamais contre les Goths ; ou de conserver tout ce qui leur appartenait, en prenant du service parmi ses troupes, avec les mêmes droits et les mêmes avantages que les Goths. Ils écoutèrent volontiers ces propositions. D'abord, tous préférèrent retourner à Byzance ; mais, la honte d'avoir à y rentrer, démontés et désarmés, la crainte d'être traîtreusement massacrés en route, de plus, le mécontentement de n'être pas payés de leur solde, depuis plusieurs années, firent qu'après réflexion, ils s'engagèrent tous dans l'armée des Goths. Seuls, Paul et un Isaurien, nommé Mindès, requirent Totila de les renvoyer à Byzance où, dirent-ils, ils avaient femmes et enfants, sans lesquels ils ne pouvaient vivre [1]. Totila les congédia, en leur donnant des guides et de l'argent pour leur route. 400 autres soldats romains, qui s'étaient réfugiés dans les églises de la ville, capitulèrent également.

Cette fois, Totila ne voulut plus ni détruire Rome, ni l'abandonner. Il prit cette résolution, dit Procope, à cause de la réponse que Théodebert lui avait faite précédemment, quand il avait demandé sa fille en mariage. La vérité semble être que la situation de Totila s'étant singulièrement fortifiée, il pouvait compter demeurer définitivement maître de Rome ; tandis que la première fois qu'il s'en était emparé, il lui était bien difficile de s'y maintenir. Il y fit donc voiturer des approvisionnements, restaura à la hâte les parties de la ville, ou plus exactement, sans doute, les parties de l'enceinte, qu'il avait précédemment ruinées par le fer et le feu. Prenant des mesures pour la peupler de Goths et de Romains, il y fit revenir les sénateurs et les personnes de toutes conditions qui étaient retenus en Campanie.

Après avoir assisté aux jeux du cirque, il concentra toute son armée, dans le dessein de porter la guerre en Sicile [2]. Il

1. Procope, de Bello Goth., lib. III, cap. 36.
2. Procope, de Bello Goth., lib. III, cap. 37.

fit préparer 400 vaisseaux de petites dimensions, comme pour
un combat naval et une nombreuse flotte, formée de gros
navires qui, expédiés d'Orient par l'empereur, avaient été
pris avec leurs chargements et les hommes qui les montaient.
Mais, avant d'entreprendre cette expédition, Totila donna mission à un Romain, nommé Stéphane, d'aller supplier l'empereur de mettre fin à cette guerre, par un traité qui ferait des
Goths ses alliés dont les armes seraient à son service contre
ses autres ennemis. Justinien refusa de donner audience à cet
ambassadeur et ne fit même faire aucune réponse à ses propositions. Ce refus décida Totila, dès qu'il en fut informé, à
reprendre ses préparatifs [1].

Il jugea prudent de ne passer en Sicile qu'après avoir tenté
une entreprise sur Centumcellæ. La garnison de cette ville
était commandée par Diogènes qui disposait de troupes suffisantes pour s'y maintenir. Totila alla camper devant cette
place et envoya des parlementaires, pour proposer à Diogènes
d'en venir aux mains sans retard, dans le cas où il voudrait
risquer le sort des armes; lui représentant qu'il devait renoncer à tout espoir d'être secouru par l'empereur, puisque la
prise de Rome, dans des conditions où l'on aurait eu largement
le temps de l'empêcher, si on avait pu, obligeait de reconnaître que l'empereur n'était pas en état de soutenir la guerre
contre les Goths. Si Diogènes ne voulait pas combattre, il lui
offrait de prendre rang parmi les Goths, au même titre qu'eux-
mêmes, ou de se retirer à Byzance, vie et biens saufs.

Diogènes et la garnison romaine répondirent qu'ils ne
voulaient point courir les chances d'un combat; qu'ils ne voulaient pas davantage entrer dans l'armée des Goths, attendu
que la vie, sans leurs femmes et leurs enfants, leur serait insupportable; que, d'ailleurs, livrer la ville confiée à leur loyauté,
ne serait ni honnête, ni même sûr pour eux-mêmes; puisqu'ils
avaient l'intention de retourner vers l'empereur, auquel ils
n'auraient à donner aucune excuse de leur capitulation. Ils
demandèrent donc un délai, pour informer l'empereur de leur

1. Procope, *de Bello Goth.*, lib. III, cap 37.

situation; afin de pouvoir ensuite, si on les abandonnait, capituler et se retirer sans reproches. Totila y consentit. On convint d'une trêve jusqu'à une date déterminée et, pour l'exécution de cette convention, trente otages furent livrés de part et d'autre [1].

Les Goths levèrent le siège et se mirent en marche vers la Sicile. Avant de traverser le détroit de Messine, ils tentèrent d'enlever le château fort de Rhégium où commandaient Thurimuth et Himérius que Bélisaire y avait établis. Disposant d'une troupe solide et nombreuse, ces deux chefs repoussèrent l'assaut qui leur fut donné et, dans une sortie, ils eurent le dessus. Mais, très inférieurs en nombre, ils ne se hasardèrent plus hors de leur forteresse, devant laquelle Totila laissa une partie de son armée, pour les réduire par la famine. Un corps de troupes qu'il avait envoyé à Tarente, n'eut point de peine à s'y rendre maître du château et, dans le même temps, les Goths qui étaient dans le Picénum, prirent, par trahison, la ville d'Ariminum [2].

Ces événements décidèrent Justinien à donner à Germain, fils de son frère, la direction de la guerre contre les Goths. La nouvelle de ce choix causa beaucoup d'inquiétude aux Goths, car la réputation de Germain était grande et universelle. Aussi, toute la population romaine et les troupes impériales reprirent-elles courage, au point que déjà elles supportaient, avec beaucoup plus de constance, leurs périls et leurs misères. Mais, on ne sait pour quelle raison, l'empereur changea subitement d'avis. Libérius, citoyen romain qui, douze ans auparavant, avait succédé à Rhodon dans le gouvernement de l'Égypte, fut désigné à la place de Germain [3]. Libérius, tout aussitôt prêt à entrer en campagne, semblait devoir, au premier jour, quitter le port avec une armée; mais lui non plus ne partit pas, l'empereur ayant eu regret de sa décision.

En Italie, les impériaux subirent un nouveau revers.

---

1. Procope, *de Bello Goth.*, lib. III, cap. 37.
2. Procope, *de Bello Goth.*, lib. III, cap. 37.
3. Procope, *de Bello Goth.*, lib. III, cap. 37.

Vérus, qui avait formé un corps entièrement composé d'hommes de grande valeur, attaqua, non loin de la ville de Ravenne, les Goths qui étaient dans le Picénum. Il périt, enveloppé dans le désastre des siens, après avoir opiniâtre-ment combattu [1]. Vers la même époque, une armée de Slavènes, composée de 3 000 hommes seulement, passa l'Ister, sans que personne cherchât à l'en empêcher. Après avoir passé de même, sans rencontrer de résistance, l'Hèbre (la Maritza), elle se partagea en deux corps, dont l'un comptait 1 800 hommes. Ils prirent chacun une direction différente [2]. Les généraux romains qui, en Illyrie et en Thrace, s'opposèrent à leur marche, furent vaincus, contre toute prévision, puisqu'ils ne furent jamais attaqués par ces barbares réunis. Ils périrent en combattant ou furent entraî-nés dans la déroute de leurs troupes.

Après la défaite et la dispersion de ces différentes troupes impériales, un des deux corps de Slavènes en vint aux mains avec les cavaliers vétérans, cantonnés à Tzouroules (aujourd'hui Tchorlou) dans la Thrace, sous le commande-ment d'Asbade, garde de l'empereur et du nombre de ceux qu'on appelait *candidati*. Ces cavaliers vétérans formaient une troupe nombreuse, d'un excellent esprit militaire. Ils n'en furent pas moins dispersés et la plupart périrent dans une fuite honteuse [3]. Asbade tomba aux mains des barbares, qui, dans le moment, lui conservèrent la vie; mais qui, plus tard, le firent périr dans les flammes, après l'avoir écorché.

Rien ne s'opposant plus à leurs déprédations, les Slavènes ravagèrent impunément toute la Thrace et l'Illyrie. Ils assié-gèrent et prirent une quantité de forteresses, chose qui ne s'était jamais vue; car ces barbares n'avaient jamais osé s'attaquer à des fortifications, ni paraître en rase campagne. Ces Slavènes n'avaient point encore tenté aucune incursion dans l'Empire. Il ne paraît même pas qu'avant cette époque, ils aient jamais passé l'Ister, en corps d'armée.

1. Procope, *de Bello Goth.*, lib. III, cap. 37.
2. Procope, *de Bello Goth.*, lib. III, cap. 38.
3. Procope, *de Bello Goth.*, lib. III, cap. 38.

Ceux d'entre eux qui avaient vaincu Asbade, ravagèrent la contrée tout entière jusqu'aux rivages de la mer. Ils prirent de force une ville maritime, bien qu'elle fût défendue par une garnison. Cette ville, nommée Topéros [1], était située à douze journées de marche de Byzance [2]. Ils s'en emparèrent, après avoir réussi à attirer la garnison dans une embuscade. Le gros de leur troupe s'était dissimulé dans des lieux couverts, à proximité de la ville, quelques-uns seulement s'approchèrent de la porte située du côté de l'Orient et se mirent à harceler les Romains qui étaient aux créneaux. Les soldats romains, persuadés qu'ils n'avaient affaire qu'à ceux qu'ils apercevaient, prirent les armes et opérèrent une sortie. Les barbares se retirèrent précipitamment et attirèrent, assez loin des murailles, la garnison qui, tout entière, se mit à leur poursuite. Quand le lieu de l'embuscade fut dépassé, ceux qui s'y tenaient cachés, se dressèrent sur les derrières des Romains, leur coupant la retraite vers la ville ; tandis que ceux qui feignaient de fuir, faisaient ferme et retournaient au combat. Les Romains, ainsi enveloppés, périrent jusqu'au dernier.

Les barbares se portèrent ensuite contre la ville. Les habitants, grandement effrayés lorsqu'ils se virent privés de la garnison, s'efforcèrent néanmoins de repousser l'assaut et se mirent à jeter sur les assaillants des pierres, de la poix et de l'huile bouillante. Mais les barbares, après les avoir délogés des créneaux, par une grêle de traits, appliquèrent des échelles à la muraille et emportèrent la place. Ils massacrèrent tous les hommes au nombre d'environ 15 000, pillèrent toutes les richesses de la ville et réduisirent en servitude les femmes et les enfants, contrairement à ce qu'ils avaient fait jusqu'à ce jour. Depuis leur entrée sur le territoire de l'Empire, ils avaient tué, sans distinction d'âge ou de sexe, tout ce qu'ils rencontraient; de sorte que, dans la Thrace et dans l'Illyrie, le sol était partout jonché de cadavres.

1. Sans doute près de l'embouchure de la Mesta (le Nestus). Il y a dans cet endroit des ruines et un château dont la position paraît être celle qu'indique Procope ; à 12 jours de chemin de Byzance, faisant 2 520 stades ou 467 kilomètres environ.

2. Procope, de Bello Goth., lib. III, cap. 38.

Ce n'était ni par la lance, ni par l'épée qu'ils faisaient périr les malheureux qui tombaient en leurs mains. Ils les empalaient ou bien ils les attachaient par terre à quatre morceaux de bois et, après les avoir écorchés, ils les faisaient mourir à coups de fouet appliqués sur les mains, les pieds et finalement sur la tête. Parfois ils les enfermaient dans des cabanes, avec des bœufs et des moutons qu'ils devaient renoncer à emmener et les y brûlaient vifs. A partir de la prise de Topéros, comme s'ils étaient rassasiés de sang, ils conservèrent la vie à une partie de leurs captifs. Ils en emmenèrent des milliers quand, après tant de dévastations, ils retournèrent dans leur pays [1].

On a vu comment les Goths avaient été repoussés par la garnison du fort de Rhégium, avec une vaillance dont son chef Thurimuth lui avait donné l'exemple et comment Totila, qui n'ignorait pas que les assiégés n'avaient que de très courts approvisionnements, avait laissé une partie de ses troupes pour garder toutes les avenues et les empêcher de se ravitailler. Totila lui-même, avec le reste de son armée, passa en Sicile et se prépara à mettre le siège devant Messana. Domnentiolus, fils d'une sœur de Buzès, qui était à la tête de ce qu'il y avait de Romains dans cette région, se porta à la rencontre de l'ennemi. Après un combat livré, non sans succès, devant les murailles de la ville, il s'y retira et, uniquement occupé de la garder, il n'en bougea plus. De sorte que les Goths, n'étant empêchés par aucune sortie, dévastèrent toute l'île. D'autre part, la garnison de Rhégium et ses chefs, Thurimuth et Himérius, à bout de vivres, se donnèrent aux Goths [2].

L'empereur fit alors équiper une flotte, sur laquelle il fit embarquer des troupes d'infanterie dont il donna le commandement à Libérius, avec ordre de se rendre, au plus vite, en Sicile. A peine avait-il confié le commandement de cette flotte à Libérius, qu'il se repentit de son choix, considérant que

---

1. Procope, *de Bello Goth.*, lib. III, cap. 38.
2. Procope, *de Bello Goth.*, lib. III, cap, 39.

c'était un homme affaibli par l'âge et ignorant de la guerre.
Artaban était rentré en grâce, depuis peu et avait été honoré
de la charge de maître de la milice de Thrace. Il le fit partir
pour la Sicile, avec quelques troupes seulement, mais muni
d'un ordre de s'adjoindre l'expédition commandée par Libérius, lequel était rappelé à Byzance. .

· Quant au commandement général de toutes les opérations
contre Totila et les Goths, Justinien prit définitivement la
résolution de le confier à Germain, son neveu [1]. Il ne lui
donna qu'une armée peu importante; mais il mit à sa disposition une grande somme d'argent, destinée à recruter, en Thrace
et dans l'Illyrie, de brillantes troupes et à les conduire en
Italie, à marches forcées. Germain avait ordre d'y mener
également Philémuth, prince des Hérules, avec les escadrons
que possédait ce chef; et son propre gendre Jean, fils de la
sœur de Vitalien, qui était alors en Illyrie où il avait été créé
maître de la milice.

Un ardent amour de la gloire poussait Germain à vouloir
triompher des Goths, pour s'acquérir le renom d'avoir rendu
l'Italie à l'Empire, comme il lui avait déjà reconquis l'Afrique.
Quelques années auparavant, un chef nommé Stozas, s'étant
emparé du pouvoir en Afrique et s'y étant solidement établi,
Germain, envoyé dans cette province, avait, contrairement à
toutes les prévisions, réussi à vaincre, en bataille rangée, les
partisans de l'usurpateur, à le supprimer et à rétablir la
domination romaine. Comme les affaires étaient tombées, en
Italie, dans l'état que l'on sait, il voulait s'y procurer beaucoup d'honneur et de réputation, en restaurant, dans cette
contrée, la puissance impériale. Veuf de sa première femme
Passara, il avait épousé, quelques années auparavant, la
veuve de Vitigès, Matasunthe, fille d'Amalasunthe et petite-
fille de Théodoric le Grand. Il l'emmena dans son expédition, espérant que le souvenir des règnes de Théodoric
et d'Athalaric, le respect du sang de leurs rois arrêteraient
les Goths de porter les armes contre elle, quand ils

1. Procope, de Bello Goth., lib. III, cap. 39.

apprendraient sa présence dans le camp des impériaux[1].

Avec les ressources que lui fournissait l'empereur et celles, plus considérables encore, qu'il tira sans compter de son propre patrimoine, il n'eut point de peine à recruter, en peu de temps, des troupes de guerriers aguerris, en beaucoup plus grand nombre qu'on n'eût pu supposer. Beaucoup des meilleurs hommes d'armes de l'Empire quittèrent, pour aller se mettre sous ses ordres, les chefs et les préfets qu'ils servaient en qualité de gardes. Il en vint de Byzance, de Thrace et d'Illyrie. Il était accompagné et activement aidé par ses deux fils : Justin et Justinien. Avec la permission de l'empereur, il enrôla un certain nombre des cavaliers de la Thrace. Quant aux barbares de la région du Danube, attirés par la réputation de Germain et par la solde élevée qu'il leur offrait, ils s'engagèrent, en grand nombre, dans l'armée romaine. On cite, parmi ces barbares accourus de tous côtés, le roi des Langobards qui promit de fournir 1 000 hommes, armés de toutes pièces[2].

Quand ces nouvelles, exagérées de plus en plus à mesure qu'elles se répandaient, parvinrent en Italie, les Goths en furent à la fois effrayés et troublés, se demandant s'il leur fallait combattre contre la race de Théodoric. Les Romains, qui volontairement ou par force servaient dans l'armée des Goths, firent avertir Germain que, dès qu'ils le verraient entré et campé en Italie, tous, jusqu'au dernier, se joindraient à lui. A Ravenne et dans les quelques villes qui restaient à l'Empire, les soldats impériaux, réconfortés, désormais pleins d'espoir, rivalisaient de zèle pour la conservation des places confiées à leur garde. Les soldats des corps de Vérus et des autres chefs, qui, depuis leur défaite, erraient, dispersés partout où le hasard les avait poussés, se rassemblèrent dans l'Istrie, dès qu'ils apprirent le départ de Germain et attendirent le moment de rentrer en campagne avec son armée[3]. Quant à Diogènes, lorsqu'à la date convenue pour la reddition de

1. Procope, *de Bello Goth.*, lib. III, cap. 39.
2. Procope, *de Bello Goth.*, lib. III, cap. 39.
3. Procope, *de Bello Goth.*, lib. III, cap. 39.

Centumcellæ, Totila le fit sommer d'avoir à exécuter la capitulation, il répondit que les choses n'étaient plus entières,
depuis qu'on savait que Germain avait accepté le commandement et s'avançait avec son armée. Il se borna donc à
offrir de rendre les otages qu'il avait reçus, en échange de
ceux qu'il avait livrés et il se prépara à se bien défendre,
en attendant l'arrivée de Germain [1]. Telle était la situation,
au moment où, à la fin de l'hiver de 549-550, se termina la
quinzième année de la guerre contre les Goths [2].

Germain était à Sardique, ville de l'Illyrie, occupé à organiser l'armée qu'il avait assemblée et à faire tous ses préparatifs pour pousser la guerre avec la plus grande vigueur,
quand des bandes de Slavènes, plus nombreuses qu'on n'en
avait jamais vu de cette nation, parurent sur les frontières de
l'Empire, passèrent l'Ister et s'avancèrent jusqu'à Naïsos [3].

Un petit nombre d'entre eux, qui s'étaient écartés pour
courir le pays isolément, furent enlevés par une escouade
d'impériaux. Leurs réponses aux questions qu'on leur posa
sur le but de cette incursion, apprirent qu'elle avait été entreprise dans le dessein de s'emparer de Thessalonique et des
villes voisines [4]. L'empereur en fut averti et, très alarmé, il
s'empressa d'écrire à Germain, lui ordonnant d'abandonner,
pour le moment, ses projets sur l'Italie ; de se porter au
secours de Thessalonique et des autres villes et de repousser
avec toutes ses forces, l'attaque des Slavènes. Germain hésitait
à prendre ce parti ; les Slavènes eux-mêmes le tirèrent d'embarras. La nouvelle de sa présence à Sardique suffit à les
intimider ; tant sa réputation était grande parmi ces barbares,
depuis l'époque où, tout au commencement du règne de
Justinien, les Antes, voisins des Slavènes, avaient passé
l'Ister et envahi le territoire de l'Empire, avec des forces

---

1. Procope, de Bello Goth., lib. III, cap. 39.

2. Procope, de Bello Goth., lib. III, cap. 39.

3. Naïsos, aujourd'hui Nisch, sur la Nischava, affluent de la Morava.
Cette ville, ainsi que Sardique, la moderne Sofia, se trouvait dans la
seconde Pannonie ou Dacie méditerranée (Serbie et Bulgarie) qui était un
des diocèses de l'Illyrie.

4. Procope, de Bello Goth., lib. III, cap. 40.

considérables. Germain venait alors d'être créé maître de la milice de toute la Thrace. Il livra bataille aux Antes, les défit et les tailla en pièces. Cette action rendit sa réputation universelle ; elle fit, plus particulièrement sur ces peuples, une impression qui ne s'effaça plus [1].

Les Slavènes, apprenant que cet homme qu'ils craignaient tant, se trouvait entouré d'une armée aussi puissante que leur paraissait devoir être celle que l'empereur envoyait contre Totila, abandonnèrent tout aussitôt leur entreprise sur Thessalonique. N'osant plus tenir la campagne, ils passèrent toutes les montagnes de l'Illyrie pour entrer en Dalmatie [2].

Dès que Germain eut la certitude de leur retraite, il donna l'ordre à toutes ses troupes de rassembler les bagages, pour se mettre, le lendemain, en marche vers l'Italie. Mais tout à coup, il fut pris d'une maladie qui l'emporta rapidement.

« Ainsi périt, dit Procope, d'une mort subite, cet homme doué d'une rare valeur, excellent général, d'une dextérité remarquable dans l'exécution. Durant la paix et les temps de calme, il se montrait serviteur scrupuleux des lois et des institutions civiles, juge plein d'équité de toutes les causes où il était appelé à siéger. Prêtant facilement de l'argent à qui avait recours à lui, jamais il n'exigeait de personne, il ne stipulait même pas un intérêt quelconque, alors même qu'il s'agissait de sommes considérables. Au palais, au forum, il observait beaucoup de gravité et une grande dignité ; chez lui, il était l'hôte le plus aimable, le plus libéral, le plus enjoué.

« Au palais, il s'opposait, autant qu'il le pouvait, aux abus qui dépassaient ce que la coutume rendait inévitable. Il n'eut jamais aucune habitude, aucune relation avec les factions du cirque ; alors que tant de gens dans les honneurs se laissaient aller à ces absurdes entraînements [3]. »

1. Procope, *de Bello Goth.*, lib. III, cap. 40.

2. Procope, *de Bello Goth.*, lib. III, cap. 40. Les montagnes de l'Illyrie dont parle Procope sont sans doute le Vely-Mali, le Kopaonick et les autres chaînes séparatives de la Serbie et de la Bosnie (Isambert, *Anecdotes de Procope*, 2º partie, p. 701).

3. Procope, *de Bello Goth.*, lib. III, cap. 40.

Justinien fut très affecté de cette mort. Il ordonna à Jean, neveu de Vitalien et gendre de Germain, de prendre avec Justinien, l'un des fils de Germain, la conduite de l'armée destinée à l'Italie. Tous deux se rendirent en Dalmatie, résolus à demeurer en quartiers d'hiver à Salone, parce que la saison ne permettait pas de gagner l'Italie en contournant le golfe que, faute de vaisseaux, ils ne pouvaient traverser [1].

Quant à Libérius, ignorant que l'empereur lui avait retiré le commandement de l'expédition de Sicile, il aborda à Syracuse qui était assiégée par l'ennemi. Il força l'entrée du port et pénétra dans la ville, avec toute sa flotte.

Presque au même moment, Artaban arrivait à Céphalonie et apprenait que Libérius en était parti, dans la direction de la Sicile. Il remit aussitôt à la voile pour traverser l'Adriatique. Il était déjà non loin de la Calabre, quand s'éleva une horrible tempête qui dispersa sa flotte. Ballottés et poussés par la violence du vent, bon nombre de ses vaisseaux furent rejetés en arrière et reportés à leur point de départ, dans le Péloponèse. Les autres périrent ou furent contraints de se réfugier où ils purent. Le navire que montait Artaban eut son mât brisé et fut en danger de faire naufrage. Il dut son salut à la direction du vent et des courants qui l'entraînèrent à Mélita (Malte) [2]. Libérius ne disposait pas de forces suffisantes pour opérer une sortie et livrer bataille à l'ennemi; d'autre part, la population assiégée était nombreuse et n'avait pas de vivres pour bien longtemps ; il prit donc la résolution de s'éloigner, sortit du port, à l'insu des assiégeants et se retira à Panorme (Palerme) [3].

Totila renonça subitement à la conquête de la Sicile et ramena toutes ses troupes en Italie. Il laissait la Sicile entièrement dévastée : les chevaux et le bétail, le blé et les approvisionnements de tous genres avaient été enlevés. Les Goths emportaient sur leurs navires toutes les richesses de l'île, et elles étaient considérables. La résolution de cette retraite

---

1. Procope, de Bello Goth., lib. III, cap. 40.
2. Procope, de Bello Goth., lib. III, cap. 40.
3. Procope, de Bello Goth., lib. III, cap. 40.

précipitée fut inspirée à Totila par un personnage, nommé Spinus, de race romaine et originaire de Spolétium. Le roi des Goths l'avait récemment créé questeur. Cet homme, s'étant trouvé dans Catane, qui était ville ouverte, y avait été enlevé par l'ennemi. Totila, très désireux de le délivrer, avait offert de l'échanger contre une noble dame romaine qui était captive ; mais les Romains avaient refusé d'échanger contre une femme un homme de l'importance et de la dignité d'un questeur.

Dans la crainte d'être mis à mort, Spinus avait alors promis aux Romains, s'ils le remettaient en liberté, de déterminer Totila à repasser en Italie, avec toute son armée. Il s'y était engagé sous serment ; de sorte que les Romains l'avaient remis aux Goths et avaient reçu la dame romaine, en échange. De retour auprès de Totila, Spinus s'empressa de lui dire que la Sicile étant complètement dévastée, les Goths n'avaient aucun intérêt à s'y attarder pour réduire quelques faibles garnisons ; qu'il venait d'apprendre, pendant son séjour parmi les ennemis, que Germain, le neveu de l'empereur, était mort ; que Jean, son gendre, et son fils Justinien, avec l'armée formée par Germain, étaient déjà en Dalmatie, prêts à se mettre en mouvement, au premier jour, pour marcher directement sur la Ligurie ; que ces deux généraux comptaient surprendre cette province par une rapide invasion, s'y emparer de toutes les richesses et enlever les femmes et les enfants des Goths. « C'est pourquoi, mieux vaudrait, ajouta-t-il, prévenir leurs desseins, en rentrant hiverner en toute sécurité avec les nôtres. Si nous réussissons à vaincre l'armée de Jean et de Justinien, nous aurons ensuite toute liberté d'envahir de nouveau la Sicile, sans avoir rien à craindre de l'ennemi [1]. » Totila se laissa convaincre ; il mit des garnisons dans quatre des places les plus fortes et repassa le détroit, avec le reste de ses troupes, emportant tout son butin.

Jean, arrivé en Dalmatie avec l'armée impériale, l'avait mise en quartiers d'hiver à Salone et se préparait à la conduire de

---

1. Procope, *de Bello Goth.*, lib. III, cap. 40.

là, directement à Ravenne, dès que la saison le permettrait.
Mais, une nouvelle invasion des Slavènes le força à modifier
ses projets. On crut, sans toutefois en avoir la preuve, que
Totila avait provoqué l'entreprise de ces barbares ; qu'il les
avait même payés, dans le but de forcer l'empereur à employer
contre eux l'armée destinée à opérer contre les Goths [1].
Quoi qu'il en soit, cette invasion causa à toute l'Europe les
plus grands maux. Divisés en trois corps et ne se bornant
pas à des courses rapides, les Slavènes continuèrent à
demeurer sur le territoire de l'Empire pendant l'hiver, comme
s'ils étaient dans leur propre pays. L'empereur finit par faire
marcher contre eux une fort belle armée, dans laquelle servaient, entre autres chefs, Constantianus, Aratius, Nazarès,
Justin, le second fils de Germain et Jean surnommé Phagas.
A leur tête, l'empereur plaça Scholasticus, un des eunuques
du palais.

L'armée impériale rencontra une partie de ces barbares
près d'Adrianopolis, ville de la Thrace méditerranéenne,
située à cinq journées de marche de Byzance. Les barbares
n'avaient pu continuer à avancer, parce qu'ils traînaient des
quantités innombrables de captifs, de bestiaux et de richesses
de toutes sortes. Arrêtés en ce lieu, ils se préparaient à combattre, dans les conditions les plus avantageuses. Ils avaient
pris position sur une éminence qui dominait toute la région.
Les Romains établirent leur camp dans la plaine. Les deux
armées demeurèrent ainsi, assez longtemps, en présence. Dans
l'armée romaine, les soldats perdirent patience. Ils se mirent
à murmurer contre leurs chefs, les accusant de ne pas s'inquiéter des misères qu'enduraient les troupes, pendant qu'eux
vivaient dans l'abondance. Ébranlés par ces reproches, les
chefs se laissèrent aller à attaquer l'ennemi. L'action s'engagea avec ardeur; elle se termina par la défaite des Romains.
Beaucoup de leurs soldats, et les plus valeureux, restèrent
sur le champ de bataille.

Quant aux chefs, tout ce qu'ils purent faire, fut de ne pas

---

1. Procope, *de Bello Goth.*, lib. III, cap. 40.

tomber aux mains des vainqueurs. A grand'peine, ils réussirent à s'échapper et à se retirer comme ils purent, chacun de son côté, avec les débris de leurs troupes. L'étendard de Constantianus fut pris par les barbares qui, dédaignant de poursuivre l'armée romaine, s'avancèrent dans le pays d'Astica qu'ils ravagèrent. Le pays d'Astica est le littoral de la mer Noire, entre Apollonie et Salmydesse [1]. Cette région était restée jusque-là intacte ; ils y firent un butin considérable. Après avoir étendu au loin leurs ravages, ils atteignirent les Longs Murs [2].

Les Longs Murs étaient une fortification, fondée par l'empereur Anastase dans l'isthme qui forme l'extrémité de la Thrace du côté de Constantinople, entre Sélymbrie sur la Propontide et Scylla du Pont-Euxin. Les Longs Murs étaient à 40 milles, environ 60 kilomètres, de Byzance. Leur longueur, dit Procope, était de deux journées de marche ; c'est-à-dire de 420 stades, ou 77 kilomètres 700 mètres [3]. La distance d'une mer à l'autre n'étant que de 46 kilomètres, ou environ 249 stades, la longueur indiquée par Procope ne peut s'expliquer, qu'en supposant qu'il a suivi tous les angles de la fortification. Quoi qu'il en soit, cette défense était si faible que, de l'aveu de Procope, elle n'arrêtait pas les barbares et ne les empêchait pas de causer des pertes énormes aux nombreuses et opulentes villes qui existaient dans l'enceinte de l'isthme [4]. On fut obligé, dans les dernières années de Justinien, d'invoquer l'expérience du vieux Bélisaire pour chasser les Huns qui y avaient pénétré en 559. Cependant, Justinien avait flanqué cette muraille de tours, communiquant de l'une à l'autre et avait également muni de tours Sélymbrie qui lui servait de point d'appui [5].

Un corps de l'armée romaine qui avait suivi les barbares,

---

1. Sisebalie et Iniada (Isambert, *Anecdotes de Procope*, 2e partie, note 17, p. 725).

2. Procope, *de Bello Goth.*, lib. III, cap. 40.

3. Procope, *de Ædificiis*, lib. IV, cap. 9 (Corpus Script. Hist. Byzant., Procopii pars II, vol. III, p. 297).

4. Procope, *de Ædificiis*, lib. IV, cap. 9, p. 297-298.

5. Procope, *de Ædificiis*, lib. IV, cap. 9, p. 298.

en atteignit une partie qu'il mit en fuite, par une brusque attaque. Il en massacra un certain nombre et délivra une foule de captifs. Il leur reprit aussi l'étendard de Constantianus. Après ce combat, le reste des Slavènes se retira dans leur pays, emportant ce qu'ils avaient pu conserver de leur butin [1].

Pendant toute cette année, la seizième de la guerre contre les Goths, du printemps de l'année 550 à la fin de l'hiver 551, les opérations avaient été nulles en Italie. Les chefs de l'armée romaine, qui attendaient l'arrivée de l'armée rassemblée en Dalmatie, s'étaient abstenus de toute entreprise.

1. Procope, *de Bello Goth.*, lib. III, cap. 40.

CHAPITRE VIII

DESTRUCTION DU ROYAUME DES GÒTHS

Siège d'Ancône. — Bataille navale de Sinigaglia. — Succès d'Artaban
en Sicile. — Mission de Léontius auprès de Théodebald. — Invasion de
la Corse et de la Sardaigne. — Levée du siège de Crotone. — Marche
de Narsès sur Ravenne et sur Ariminum. — Bataille de Taginæ. — Mort
de Totila. — Teïas, roi des Goths. — Prise de Rome par Narsès. — Massacre des patriciens romains. — Bataille du Vésuve. — Capitulation des
Goths.

Au printemps de l'année 551, Jean se préparait à mettre
ses troupes en campagne, il allait quitter Salone, quand il
reçut l'ordre d'attendre l'arrivée de l'eunuque Narsès. Les
motifs de cette décision ne furent point connus du public.
L'empereur avait été informé, ce fut du moins l'opinion
généralement répandue, que les différents chefs de l'armée
étaient peu disposés à se soumettre à l'autorité de Jean, auquel
ils ne voulaient pas céder en dignité et qu'il y avait à craindre,
de leur part, des ambitions personnelles, ou des jalousies et
du mauvais vouloir [1].

Procope raconte, à l'occasion de la nomination de Narsès
au commandement général de l'armée réunie en Dalmatie,
l'anecdote suivante qui n'est pas sans intérêt pour l'archéo-
logie romaine. « Pendant mon séjour à Rome, dit-il, voici ce
que m'a raconté un sénateur. Sous le règne d'Athalaric,
il arriva un soir qu'un troupeau traversa le forum de la Paix,
ainsi nommé parce que là s'élève le temple de la Paix, jadis
frappé du feu du ciel. Devant ce forum, il y a une vieille
fontaine, surmontée d'un bœuf en bronze, œuvre, je crois, de
l'Athénien Phidias ou de Lysippe. On voit en ce lieu plusieurs

---

1. Procope, *de Bello Gòth.*, lib. IV, cap. 21, p. 569 (Corpus Scriptorum
Historiæ Byzantinæ).

statues de ces deux artistes : une entre autres dont l'inscription atteste qu'elle est l'œuvre de Phidias ; on y voit aussi une
génisse de Myron. Les anciens Romains s'étaient appliqués,
avec un zèle étonnant, à procurer à Rome la possession des
plus excellents ornements de la Grèce. Ce sénateur me disait
donc qu'un bœuf se détacha de ce troupeau qui traversait le
forum de la Paix, monta sur la fontaine et se posa sur le bœuf
de bronze. Un homme, d'apparence très rustique, vint à passer
là au même moment. C'était un Toscan. Les Toscans sont,
encore aujourd'hui, très adonnés à la divination ; cet homme
se mit donc à prophétiser. Un jour, dit-il, un eunuque chas-
sera le maître de Rome. On rit alors de cet homme et de sa
prédiction que chacun se rappelle aujourd'hui, avec étonnement » [1].

Narsès reçut de l'empereur un beau corps de troupes et
beaucoup d'argent. Il partit pour rejoindre l'armée de Jean ;
mais arrivé en Thrace, il dut s'arrêter à Philippopolis, la
route se trouvant barrée par des hordes de Huns, qui avaient
fait irruption dans l'Empire et pillaient toute la contrée, sans
rencontrer de résistance. Narsès ne put passer outre qu'à
grand'peine et seulement après que ces barbares se furent
éloignés, en partie, dans la direction de Thessalonique, en
partie, dans la direction de Byzance [2].

Pendant que Jean était ainsi retenu à Salone et que l'invasion des Huns retardait la marche de Narsès, Totila n'était
pas resté inactif. Comme on l'a vu, il s'était repenti du traitement qu'il avait fait subir à Rome, quand il en avait incendié
une notable partie, principalement dans les quartiers situés
au delà du Tibre. Il avait donc rappelé dans Rome une partie
des habitants et quelques-uns des sénateurs et il leur avait
ordonné d'employer tous leurs efforts à prendre soin de la
ville. Mais, réduits à l'état d'esclaves, traités en quelque sorte
comme tels, privés de toutes ressources, ils ne purent restaurer, même en partie, ni leurs fortunes privées, ni la richesse

---

1. Procope, *de Bello Goth.*, lib. IV, cap. 21, p. 570-571.
2. Procope, *de Bello Goth.*, lib. IV, cap. 21, p. 572.

publique; malgré le zèle dont, plus que tout autre peuple, les Romains étaient animés pour la conservation de la beauté et de la dignité de leur ville [1].

Totila obtint plus de résultats d'une entreprise contre la Grèce. Il expédia, pour la dévaster, une flotte de 300 vaisseaux longs, montés par des Goths [2]. Procope remarque que dans le trajet du détroit, sur l'un des bords duquel se trouve Charybde, c'est-à-dire du détroit de Messine, jusqu'à Corcyre, il n'y avait aucune île habitée; comme il avait eu, dit-il, plus d'une fois, occasion de le constater, se trouvant dans ces parages et cherchant à reconnaître l'île de Calypso. Il ne vit, que trois îles, extrêmement petites, très voisines l'une de l'autre et situées à 300 stades (55 kilomètres et demi), tout au plus, de l'île des Phéaciens ou Corcyre. C'est là peut-être, ajoute-t-il, qu'habitait Calypso; la proximité de l'île des Phéaciens expliquerait qu'Ulysse put s'y rendre sur un radeau, comme dit Homère. Ces trois petites îles, appelées Othonos, étaient dépourvues d'habitants et de troupeaux. Elles étaient incultes. La flotte des Goths ne s'arrêta donc qu'à Corcyre où elle opéra un brusque débarquement et qu'elle ravagea. Elle fit subir le même sort aux îles voisines, les Sybotes, qui portent encore le nom de Sivota et forment trois petites îles, en face de la pointe méridionale de Corfou, près du cap Nicolaos [3]. Abordant ensuite sur le continent, les Goths firent, dans la région voisine de Dodone, de grands ravages, dont eurent surtout à souffrir les villes de Nicopolis et d'Anchisos [4]. Anchisos devait son nom à Anchise, père d'Énée, qui expira à cet endroit, après la prise de Troie. La flotte des Goths longea toute la côte et captura un certain nombre de navires, avec toute leur cargaison; parmi lesquels, il s'en trouva quelques-uns qui, de Grèce, portaient des approvisionnements aux troupes de Narsès [5].

---

1. Procope, *de Bello Goth.*, lib. IV, cap. 22, p. 572.
2. Procope, *de Bello Goth.*, lib. IV, cap. 22, p. 574.
3. Isambert, *Anecdotes de Procope*, note XVII, p. 706.
4. Procope, *de Bello Goth.*, lib. IV, cap. 22, p. 577.
5. Procope, *de Bello Goth.*, lib. IV, cap. 22, p. 577.

Dès longtemps auparavant, Totila avait expédié dans le Picénum une armée destinée à réduire Ancône. Il en avait confié le commandement à trois chefs, des plus en vue parmi les Goths, Scipouar, Giblas et Gundulph ou Indulf, qui avait jadis été garde de Bélisaire. Il avait mis à leur disposition 47 vaisseaux longs, pour rendre la prise de la forteresse d'Ancône plus aisée et plus prompte, en l'attaquant à la fois par terre et par mer. Après avoir longtemps résisté, les assiégés, investis de toutes parts, commençaient à manquer de vivres. Valérien, qui était à Ravenne, en fut informé. Comme il ne pouvait leur porter secours, lui seul, il adressa à Jean, neveu de Vitalien, dans son quartier de Salone, une lettre dont Procope rapporte le sens en ces termes : « Vous savez, par vous-même, que, de ce côté du golfe Ionique, Ancône est la seule place qui nous reste ; si toutefois elle est encore à nous, car la situation des Romains qui y sont très étroitement assiégés, me donne sujet de craindre que notre secours ne leur arrive pas assez vite. Le péril est trop urgent pour que je prenne le temps de vous écrire davantage. Il n'y a pas un instant à perdre [1]. »

A la lecture de cette lettre, Jean prit sur lui d'agir contrairement aux instructions de l'empereur, qu'il crut devoir subordonner aux nécessités d'une circonstance si pressante. Il embarqua sur 38 vaisseaux longs, qu'il fit charger d'une certaine quantité de vivres, une troupe d'hommes d'élite, choisis parmi ses meilleurs guerriers. Avec cette flotte, il quitta Salone et alla aborder à Scardone, aujourd'hui Scardona en Dalmatie, où Valérien ne tarda guère à le joindre, avec 12 vaisseaux. Les deux généraux décidèrent de reprendre la mer et allèrent mouiller sur la côte opposée, à l'abri d'une forteresse que les Romains appelaient Sénogallia ou Seno Gallorum, la moderne Sinigaglia, non loin d'Ancône [2]. Les chefs des Goths, dès qu'ils apprirent leur approche, s'empressèrent, eux aussi, d'embarquer, sur les 47 vaisseaux longs

---

1. Procope. *de Bello Goth.*, lib. IV, cap. 23, p. 578.
2. Procope, *de Bello Goth.*, lib. IV, cap. 23, p. 578-579.

qu'ils avaient, les meilleurs de leurs guerriers, pour se porter
au devant de l'ennemi. Le reste de leur armée fut laissé
devant le château d'Ancône, sous les ordres de Scipouar [1].
Giblas et Indulph se réservèrent le commandement de l'expédition maritime.

Arrivés en présence l'une de l'autre, les deux flottes prirent aussitôt leur ordre de combat et toutes leurs dispositions
pour une lutte dont les conséquences devaient être considérables, non seulement à raison des résultats immédiats, mais
par l'effet moral que ne pouvait manquer de produire ce premier engagement, au début de la grande campagne qui allait
s'ouvrir. Dans leurs harangues, les chefs des deux flottes
s'efforcèrent, également, d'en donner conscience à leurs
hommes [2]. Les Goths engagèrent la bataille. Ce fut un combat
naval acharné. On y combattit comme sur terre, car les
guerriers, postés sur le tillac des vaisseaux qui s'avançaient
proue contre proue, s'attaquaient à coups de flèches. Les
plus ardents en venaient aux mains d'un bord à l'autre et se
frappaient de la lance et de l'épée, comme en plaine. Mais
les barbares, nullement exercés aux combats de mer, finirent
par ne plus observer aucune formation. Les uns laissaient
entre eux de tels intervalles, qu'ils donnaient à l'ennemi l'occasion de les attaquer isolément ; les autres se serraient de
si près que les vaisseaux n'avaient plus de place pour évoluer et se gênaient mutuellement. Leurs mâts s'entremêlaient,
comme les pièces d'une charpente. Dans ces conditions, à
distance, ils ne pouvaient lancer leurs flèches qu'avec peine et
lenteur ; de près, ils ne pouvaient faire usage de leurs lances
et de leurs épées. Leurs vaisseaux se heurtaient, dans un
désordre complet, au milieu des cris et des invectives des
matelots qui cherchaient à se dégager, avec un trouble qui
augmentait la confusion. Massés ici en une ligne compacte, là,
isolés et en danger, ils s'exhortaient, à grands cris, non à donner
contre l'ennemi mais à observer des distances convenables.
Leur inexpérience fut ainsi la principale cause de leur défaite.

1. Procope, *de Bello Goth.*, lib. IV, cap. 23, p. 579-582.
2. Procope, *de Bello Goth.*, lib. IV, cap. 23, p. 579.

Les Romains, au contraire, firent preuve, non seulement d'énergie, mais d'une entente parfaite des manœuvres navales. Ils opposèrent à l'ennemi les proues de leurs vaisseaux qu'ils dirigeaient avec ensemble, de façon à n'être ni trop rapprochés, ni trop éloignés les uns des autres. Tantôt ils les rassemblaient, tout en conservant entre eux les distances nécessaires ; tantôt ils les séparaient, pour assaillir et couler sans peine, par un brusque choc, quelque vaisseau poussé à l'écart. Sur les points où ils voyaient de la confusion parmi les barbares, ils lançaient une grêle de flèches ; puis arrivaient à l'abordage et les massacraient, en profitant du désarroi qui leur rendait toute manœuvre impossible.

Les Goths, démoralisés par le sentiment d'une situation si désastreuse et par les pertes qu'il avaient déjà subies, en vinrent à ne plus même essayer de soutenir la lutte. Ils cessèrent de combattre et, inertes au milieu du péril, ils s'abandonnèrent à leur sort [1]. Enfin, oublieux de leur glorieux passé, ils cherchèrent à fuir ; mais ils manœuvraient si maladroitement que la plupart de leurs vaisseaux allèrent se jeter, de ci de là, au milieu de la flotte ennemie. Tous furent capturés ou coulés à fond ; les troupes qu'ils portaient, furent, en grande partie, taillées en pièces ou noyées. Il n'y eut que 11 de ces vaisseaux qui parvinrent à s'échapper. Un des chefs fut pris vivant, l'autre, Indulph, se sauva sur un des 11 vaisseaux qu'il réussit à amener à la côte, où, après avoir débarqué en toute hâte, il les fit brûler, pour ne pas les laisser tomber aux mains de l'ennemi. Avec le peu d'hommes qui lui restaient, il rejoignit, par terre, le corps demeuré devant Ancône [2].

A la nouvelle du désastre de leur flotte, les Goths levèrent le siège, avec tant de précipitation qu'ils abandonnèrent leur camp et coururent se réfugier, en pleine déroute, à Auximum, la ville la plus voisine. La flotte des Romains ne tarda pas à paraître devant Ancône. Ils s'emparèrent du camp abandonné par les Goths, ravitaillèrent le château, puis reprirent

---

1. Procope, *de Bello Goth.*, lib. IV, cap. 23, p. 582-584.
2. Procope, *de Bello Goth.*, lib. IV, cap. 23.

la mer pour s'en retourner : Valérien, à Ravenne et Jean, à Salone[1]. Cette bataille affecta profondément Totila et les Goths. Leur confiance en eux-mêmes se trouva singulièrement diminuée[2].

Dans le même temps, les impériaux obtenaient un second succès, en Sicile, où Artaban était venu remplacer Libérius dans le commandement des troupes impériales. Il assiégea les faibles garnisons de Goths que Totila avait laissées dans l'île, repoussa leurs sorties et, en les affamant, les força à capituler[3].

Les Goths furent comme frappés de terreur, en apprenant ce nouveau revers. Leurs défaites continuelles, depuis le commencement de la campagne, leur donnaient le sentiment de ne pouvoir ni résister, ni même se maintenir en Italie, si les impériaux recevaient le moindre secours ; et il ne leur restait aucune espérance d'amener l'empereur à un accommodement. Souvent, il lui avaient envoyé des ambassades, pour lui représenter que les Francs occupaient une grande partie de l'Italie ; que presque tout le reste y était complètement désolé par la guerre ; que, seules, la Sicile et la Dalmatie étaient intactes et qu'ils les lui cédaient ; que, pour posséder ce qui n'était plus qu'un désert, ils lui offraient un tribut annuel, s'engageant en outre, à le servir dans toute guerre, où bon lui semblerait, en alliés fidèles et en sujets dévoués. Chaque fois que leurs ambassadeurs avaient été admis à l'audience de l'empereur, pour lui offrir ces conditions, l'empereur leur avait refusé toute réponse et les avait congédiés, en faisant assez voir qu'il avait en haine jusqu'au nom des Goths, que son intention était de les exterminer dans tout l'Empire.

Vers la même époque, Justinien faisait de nouvelles démarches pour décider les Francs à une intervention armée contre les Goths. Il envoya le sénateur Léontius, gendre d'Athanase, comme légat auprès de Théodebald, qui venait de succéder à

---

1. Procope, *de Bello Goth.*, lib. IV, cap. 23.

2. Procope, *de Bello Goth.*, lib. IV, cap. 23.

3. Procope, *de Bello Goth.*, lib. IV, cap. 24, p. 585 (Corpus Script. Hist. Byzant.).

son père Théodebert. La mission de Léontius était de solliciter le nouveau roi des Francs de joindre ses armes à celles de l'empereur contre Totila et de réclamer l'évacuation des pays occupés, en Italie, par Théodebert, en violation des clauses de son traité avec l'Empire [1].

Arrivé auprès de Théodebald, Léontius exposa, en ces termes, dit Procope, l'objet de son ambassade. « Bien des gens ont vu les choses tourner contrairement à toute prévision, mais je ne puis croire qu'il soit jamais arrivé à personne d'éprouver une déception pareille à celle que vous avez infligée aux Romains. L'empereur Justinien ne s'est en effet arrêté à l'idée d'entreprendre la guerre contre les Goths, qu'après s'être assuré l'amitié et le concours des Francs. Il leur a fourni d'énormes subsides, par suite de leurs promesses formelles et en vue d'une action commune. Mais les Francs, loin d'accomplir en rien leurs promesses, ont fait aux Romains des injures telles que nul ne les eût jamais pu supposer. Votre père, Théodebert, n'a pas hésité à se précipiter, sans aucun motif, sans aucune apparence de droit, sur des provinces qui avaient été soumises à l'empereur, au prix des plus grands efforts. Je ne viens pourtant pas vous adresser des plaintes et des reproches. C'est votre intérêt que je viens vous représenter. En vous demandant de laisser aux Romains ce qui leur appartient, je ne fais que vous proposer d'établir solidement votre prospérité ; car, prospérité durable et iniquité ne vont guère ensemble. La possession injuste d'une simple parcelle de terre, est souvent, même pour les plus puissants, une cause de ruine.

« Je vous demande aussi d'associer vos armes aux nôtres contre Totila et d'acquitter la parole de votre père. Il est du devoir d'un fils, animé des vrais sentiments de justice, d'effacer les fautes que son père a pu commettre, de ratifier, de confirmer les obligations que son père a contractées. Il vous importe d'ailleurs de vous associer aux Romains, même sans en être sollicités, dans cette guerre, entreprise par nous contre

---

1. Procope, *de Bello Goth.*, lib. IV, cap. 24.

les Goths. Les Goths sont, en effet, et ont été, de tout temps, les ennemis des Francs qu'ils ont constamment combattus avec une haine implacable. En ce moment, il est vrai, la crainte que nous leur avons inspirée, les force à ne pas laisser de vous flatter. Mais qu'ils soient débarrassés de nous; et ils vous montreront bientôt leurs sentiments envers les Francs. Ni la bonne, ni la mauvaise fortune ne changent le caractère des hommes animés de mauvais sentiments. S'ils ont coutume d'user de dissimulation, dans les moments difficiles, principalement quand ils ont besoin de leurs voisins, ils ne se contraignent que pour le temps que la nécessité les oblige à cacher leur perversité. Réfléchissez; et vous renouvellerez votre amitié avec l'empereur ; vous irez frapper, de toutes vos forces, votre perpétuel ennemi[1] ».

A cette harangue, Théodebald répondit : « Vous n'avez ni droit, ni raison de nous inviter à nous associer à votre guerre contre les Goths, qui nous sont unis par un traité d'amitié. Vous ne pourriez compter sur la bonne foi des Francs, s'ils manquaient à leurs engagements envers eux ; car, celui qui se met à être déloyal envers ses amis, prend l'habitude d'être déloyal en toute circonstance. Quant aux localités dont vous avez fait mention, il me suffit de dire que mon père Théodebert n'a jamais cherché à faire violence à aucun de ses voisins ou à envahir les possessions d'autrui. La preuve en est qu'il ne m'a point laissé de grandes richesses. Il n'a pas arraché ces localités aux Romains ; il les a occupées, parce qu'elles lui ont été régulièrement cédées par Totila qui en avait la possession. L'empereur Justinien devrait avoir, envers les Francs, la plus grande gratitude ; car, celui qui a été dépouillé de son bien, ne peut que se réjouir de se voir vengé, quand le ravisseur, par un juste châtiment, est dépouillé à son tour ; à moins qu'un sentiment de jalousie, assez fréquent parmi les hommes, ne le porte à embrasser les griefs de son ennemi, par envie contre son propre vengeur. Au reste, nous pouvons soumettre la question à des arbitres. S'il se trouve

1. Procope, *de Bello Goth.*, lib. IV, cap. 24, p. 587-589.

que mon père a enlevé quoi que ce soit aux Romains, nous aurons l'obligation de le rendre. Nous enverrons prochainement à Byzance des légats, au sujet de toute cette affaire [1]. » Sur ce, il congédia Léontius et envoya à Byzance pour négocier, dans le sens qu'il avait indiqué, une ambassade dont le chef était un Franc nommé Leudard. On ne sait rien de cette négociation qui n'avait évidemment pour but que de gagner du temps, en traînant les choses en longueur.

Totila avait armé une nouvelle flotte, sur laquelle il embarqua des troupes et qu'il expédia contre la Corse et la Sardaigne, qui, toutes deux, dépendaient du gouvernement d'Afrique. Cette flotte débarqua d'abord en Corse, puis en Sardaigne, des troupes qui occupèrent ces deux îles, sans rencontrer de résistance et y levèrent l'impôt, au nom du roi des Goths [2]. Jean Troglita, maître de la milice en Afrique, fit aussitôt partir pour la Sardaigne une flotte, chargée de troupes, qui, après avoir débarqué, allèrent établirent leur camp près de Calaris. Comme cette ville était pourvue d'une assez forte garnison de Goths et ne pouvait être enlevée d'assaut, les Romains se préparèrent à l'assiéger. Mais les Goths firent contre eux une sortie, si prompte et si impétueuse qu'ils les mirent en déroute, en leur tuant beaucoup de monde. Ceux des Romains qui réussirent à se sauver, regagnèrent leurs vaisseaux et ne tardèrent pas à s'éloigner, dans la direction de Carthage. On y fit, pendant tout l'hiver, de grands préparatifs, pour porter de nouveau, dès le printemps suivant, la guerre en Corse et en Sardaigne, avec des forces plus considérables.

L'île de Sardaigne était nommée autrefois Sardo. « Elle produit, dit Procope, une herbe qui fait tomber instantanément ceux qui en mangent, en une convulsion mortelle. Leurs traits conservent, après la mort, une contraction qui leur donne l'apparence du rire; d'où le nom de rire sardonique, à raison du nom de l'île où se trouve cette plante. La Corse, ajoute-t-il, était appelée anciennement Cyrnum. Les hommes y ont la

---

1. Procope, *de Bello Goth.*, lib. IV, cap. 24, p. 589-590.
2. Procope, *de Bello Goth.*, lib. IV, cap. 24.

taille de nains, et on y voit également des chevaux qui ne sont guère plus grands que des moutons [1]. »

En Italie, Crotone, que défendait une garnison commandée par Palladius, était étroitement assiégée par les Goths et à bout de subsistances. Ses défenseurs réussirent à envoyer en Sicile, avertir Artaban que, s'ils n'étaient promptement secourus, ils se verraient bientôt obligés de capituler pour eux-mêmes et pour la ville. Ce fut en vain ; aucun secours ne leur fut envoyé. On était alors à la fin de l'hiver et de la dix-septième année de la guerre contre les Goths [2]. A l'approche du printemps, c'est-à-dire au moment où allait s'ouvrir la dix-huitième campagne de cette guerre, l'empereur, informé de la situation désespérée de Crotone, envoya en Grèce l'ordre d'embarquer et d'expédier en Italie la troupe qui gardait les Thermopyles et qu'on désignait sous le nom de ce défilé. Ce corps obéit et se mit en route, avec la plus grande promptitude. Il fut favorisé d'un bon vent; de sorte qu'il atteignit le port de Crotone, avant même qu'on eût pu avoir avis de son départ. A la vue de cette flotte apparaissant tout à coup, les Goths furent saisis d'une terreur extrême. Ils levèrent le siège, dans le plus grand désordre et se retirèrent, en partie, par mer, dans le port de Tarente, en partie, par terre, à Scyllaceum (Squillace) [3]. Procope dit qu'ils se retirèrent vers la montagne de Skyllée, parce qu'en effet cette place est adossée à un grand rocher.

Ce nouvel insuccès augmenta encore le découragement des Goths, au point que Ragnaris qui commandait la garnison de Tarente et Morrhas, commandant de la garnison d'Achérontis, entrèrent en pourparlers, du consentement de leurs troupes, avec Pacurius, fils de Péranius, fils de Gourgenès, roi d'Ibérie. Pacurius était le chef des troupes romaines stationnées à Hydrunte. Ils lui offrirent de conclure une capitulation, pour eux et pour leurs troupes, en livrant les forteresses dont ils avaient la garde, si l'empereur lui-même leur garan-

---

1. Procope, *de Bello Goth.*, lib. IV, cap. 24.

2. Procope, *de Bello Goth.*, lib. IV, cap. 25.

3. Procope, *de Bello Goth.*, lib. IV, cap. 26.

tissait la vie sauve. Cette condition obligea Pacurius à se rendre à Byzance [1].

Cependant, Narsès était parti de Salone, conduisant contre Totila et les Goths une armée véritablement puissante. L'empereur ne lui avait pas ménagé l'argent. Il avait donc pu rassembler les plus belles troupes, se fournir de tout ce qui était nécessaire à la guerre et se mettre en mesure de payer aux soldats qui servaient en Italie, leurs soldes arriérées ; car, comme d'habitude, les montres avaient été décrétées ; mais l'argent n'était pas venu du trésor [2]. Narsès avait de quoi se concilier l'esprit des transfuges qui avaient passé au service de Totila et les ramener, par l'appât du gain, à des sentiments de fidélité. Jusqu'à ce moment, Justinien avait poursuivi la guerre avec trop de négligence ; cette fois, au contraire, il avait admirablement organisé toutes choses. Narsès, qu'il avait sollicité, à diverses reprises, de prendre la direction de l'expédition d'Italie et qui avait l'ambition de faire une guerre digne de l'Empire, avait nettement déclaré qu'il ne voulait se prêter aux désirs de son maître que si on lui donnait à conduire des troupes suffisantes.

Avec les ressources qu'il avait obtenues, Narsès avait tiré de Byzance et de la Thrace, un grand nombre de soldats romains et s'en était procuré beaucoup en Illyrie. Il avait sous ses ordres Jean, neveu de Vitalien, avec ses troupes et celles qu'avait laissées Germain, son beau-père. Auduin, roi des Langobards, que Justinien avait gagné par de grands subsides et par la conclusion d'un traité d'alliance, avait envoyé un corps, composé de 2 200 guerriers d'élite qu'il avait fait accompagner par plus de 3 000 combattants, en place de valets. Plus de 3 000 cavaliers hérules, sous les ordres de divers chefs, parmi lesquels on remarquait Philémuth, suivaient l'armée, dont faisaient également partie un grand nombre de Huns et, avec ses hommes d'armes, Dagisthée, qui avait été remis en liberté, à condition de prendre part à cette expédition. Un

---

1. Procope, *de Bello Goth.*, lib. IV, cap. 26.

2. Procope, *de Bello Goth.*, lib. IV, cap. 26, p. 597.

grand nombre de transfuges perses formaient un corps que commandait Cabad, fils de Zamis et petit-fils de Cabad, roi des Perses. Sauvé par Chanaranges de l'exil que son oncle Cosroès avait décrété contre lui, il s'était jadis réfugié dans l'Empire. Asbade, un jeune chef gépide, de la plus grande valeur, avait amené 400 guerriers de sa nation, tous admirablement propres à la guerre. Un autre corps, composé d'Hérules et assez nombreux, avait pour chef Aruthus, homme de grande énergie, qui avait fait preuve des plus brillantes qualités. Il était de la nation des Hérules, mais il s'était affectionné, dès l'enfance, à la façon de vivre des Romains et avait épousé la fille de Mauritius dont le père était Mundus. Enfin, Jean, surnommé Phagas, dont il a déjà été fait mention, menait une troupe de Romains, tous hommes d'élite [1].

Narsès était extrêmement généreux. Il s'était toujours montré disposé à secourir les gens dans le besoin et, depuis qu'il avait été comblé de grandes richesses par l'empereur, il exerçait plus largement la bienfaisance dont il avait le goût. Bien des gens, des chefs, des soldats, avaient éprouvé les effets de sa libéralité. Aussi, dès qu'on sut qu'il était désigné pour être le général en chef de l'expédition contre les Goths et Totila, ce fut à qui témoignerait le plus d'empressement à servir sous ses ordres. Les uns étaient mus par le souvenir des bienfaits qu'ils avaient reçus de lui, les autres par l'espérance d'obtenir de lui de grandes récompenses. Il s'était attaché principalement, par une munificence toute particulière à leur égard, les Hérules et les autres barbares.

Parvenu à proximité du territoire des Vénètes, il envoya demander aux chefs des Francs qui occupaient la contrée, libre passage en qualité d'ami. Ils répondirent qu'ils ne pouvaient le lui concéder en aucune façon et, sans alléguer l'intérêt des Francs ou leur bienveillance envers les Goths, qui était la véritable raison de leur opposition, ils donnèrent ce

---

1. Procope, *de Bello Goth.*, lib. IV, cap. 26, p. 598-599 (Corpus Scrip. Hist. Byzant.).

prétexte, peu spécieux, que Narsès avait dans son armée des Langobards, leurs ennemis [1].

Hésitant sur le parti qu'il avait à prendre, Narsès demanda des renseignements aux Italiens qui se trouvaient auprès de lui. Ils lui dirent qu'alors même que les Francs concéderaient le passage, l'armée ne pourrait, de ce côté, atteindre Ravenne ; que, par cette voie, elle ne pourrait pas poursuivre sa marche plus loin que Vérone, parce que Totila avait envoyé à Vérone l'élite de son armée, sous les ordres de Teïas, chef goth de la plus grande valeur militaire, auquel il avait enjoint de ne négliger aucun moyen pour barrer le chemin à l'armée romaine. Ce renseignement était parfaitement exact. Teïas, dès son arrivée à Vérone, avait obstrué toutes les avenues et, par des travaux d'art, avait rendu impraticable toute la vallée du Pô. Il avait rompu les chemins, avait couvert le pays d'abatis d'arbres, avait creusé des fossés à travers la campagne et avait fait effondrer le sol, de place en place ; de sorte que la région, tout entière, présentait une alternative de profondes fondrières et de talus semblables à des lagunes [2]. Il avait ensuite pris, avec son armée, les meilleures dispositions pour combattre, si les Romains tentaient le passage.

Totila avait ordonné les défenses préparées par Teïas, parce qu'il était persuadé que les Romains ne pouvaient faire route le long des rivages du golfe Ionique où les estuaires de plusieurs rivières navigables opposaient des obstacles à leur marche. Il pensait qu'ils ne disposaient point d'assez de navires pour transporter, par eau, toutes leurs troupes ensemble au delà du golfe et, que s'ils étaient forcés de le traverser par petits groupes, il lui serait aisé, avec les troupes dont il disposait, d'empêcher le débarquement de détachements séparés [3].

Jean, neveu de Vitalien, connaissait fort bien le pays ; il tira Narsès d'embarras, en lui conseillant de faire route le

---

1. Procope, *de Bello Goth.*, lib. IV, cap. 26. p. 600.

2. Procope, *de Bello Goth.*, lib. IV, cap. 26.

3. Procope, *de Bello Goth.*, lib. IV, cap. 26.

long du rivage de la mer qui, comme on l'a dit, était encore au pouvoir des Romains et de se faire suivre par quelques vaisseaux et par un grand nombre de barques, dont on se servirait pour construire des ponts de bateaux sur les rivières qu'on traverserait ainsi, sans difficulté. Ce conseil de Jean fut adopté et permit à Narsès de se rendre à Ravenne, avec toute son armée [1].

A son arrivée dans cette ville, Valérien et Justin, maître de la milice et tout ce qui y restait de soldats romains se joignirent à lui. Il y était depuis neuf jours, quand Usdrilas, Goth de grande réputation militaire, qui commandait la garnison d'Ariminum, écrivit à Valérien, à peu près en ces termes : « Après avoir tout occupé en paroles et couvert l'Italie entière du spectre d'une immense puissance, vous voici immobiles dans Ravenne. Vous vous y tenez cachés et montrez ainsi à vos ennemis que vos grandes ardeurs sont déjà apaisées. Avec votre confuse multitude de barbares, vous foulez une région sur laquelle vous n'avez aucun droit. Agissez donc ! Mettez-vous en mouvement ! Faites maintenant la guerre ! Venez paraître aux yeux des Goths et ne vous faites pas attendre plus longtemps ! Nous avons envie de vous voir [2]. » Cette fanfaronnade apprêta à rire à Narsès qui, sans plus de retard, mit son armée en marche. Il ne laissa à Ravenne qu'une garnison, sous les ordres de Justin.

Près de la ville d'Ariminum, il se heurta à un passage difficile. Les deux extrémités du pont, existant sur la rivière qui baigne cette ville, avaient été coupées par les Goths. Un piéton sans armes, que personne n'eût cherché à arrêter ou à inquiéter, eût eu peine à le traverser. Il était de toute impossibilité d'y faire passer, en présence de l'ennemi, des troupes chargées de leurs armes. Narsès s'était avancé, avec une simple escorte, près de ce pont où il demeura assez longtemps, cherchant le moyen de poursuivre son entreprise. Usdrilas parut, de son côté, à la tête d'un groupe de cavaliers, pour

---

1. Procope, *de Bello Goth.*, lib. IV, cap. 26.
2. Procope, *de Bello Goth.*, lib. IV, cap. 28, p. 607.

reconnaître les intentions de l'ennemi. Un homme de la suite de
Narsès tendit son arc et tira, sur le groupe d'Usdrilas, une flèche
qui atteignit et abattit un cheval. Usdrilas et ses cavaliers
ne tardèrent pas à se retirer et regagnèrent la ville ; mais ils
en ressortirent aussitôt par une autre porte, après avoir grossi
leur troupe de cavaliers, pris parmi leurs meilleurs guerriers.
Il semblait qu'ils allaient surprendre et écraser Narsès, dès
le premier choc ; car celui-ci, à la recherche d'un passage
pour son armée, avait traversé le fleuve. Mais ils se heurtèrent à une troupe d'Hérules qui tuèrent Usdrilas. Un Romain
le reconnut et les Hérules lui coupèrent la tête qu'ils rapportèrent au camp romain, pour la présenter à Narsès. Ce fut alors,
dans toute l'armée, un grand enthousiasme. Le fait que les
ennemis, en cherchant à surprendre le chef des impériaux,
avaient perdu leur propre chef, non dans une embuscade préparée, mais par un coup imprévu qui ne lui était même pas
destiné, fut interprété comme un signe de la colère divine
contre les Goths [1].

Narsès ne s'arrêta point à Ariminum. Il était résolu à n'attaquer ni cette place, ni aucune autre, pour ne pas perdre de temps
à des entreprises qui l'auraient distrait de son but principal.
Profitant de ce que la garnison, privée de son chef, se tenait
enfermée et ne faisait rien pour retarder la marche de l'armée
impériale, il fit jeter un pont sur la rivière que l'armée tout
entière traversa sans difficulté [2]. La position de Petra Pertusa
que la nature des lieux rendait extrêmement forte et qui était
occupée depuis longtemps par l'ennemi, lui barrait la voie
Flaminienne. Il ne s'engagea donc pas sur cette voie qui était
la plus directe [3]. Obliquant à gauche, il s'avança par où le
passage était libre.

Totila, informé des événements accomplis en Vénétie, avait
rappelé le corps de Teïas et s'était arrêté à Rome, pour l'attendre. Dès que Teïas l'eut rejoint, avec toutes ses troupes,
à l'exception de 2 000 cavaliers qu'il ne voulut point attendre

---

1. Procope, *de Bello Goth.*, lib. IV, cap. 28.
2. Procope, *de Bello Goth.*, lib. IV, cap. 28.
3. Procope, *de Bello Goth.*, lib. IV, cap. 28.

davantage, il mit toute son armée en marche, pour se porter
à la rencontre de l'ennemi. Il était déjà en route, quand il
reçut avis de la mort d'Usdrilas et des progrès de l'armée
impériale. Il prit alors son chemin par la Toscane, atteignit
l'Apennin et établit son camp près d'un village, nommé Taginæ, où il se résolut de prendre position [1].

L'armée de Narsès ne tarda guère à venir camper également-
ment dans l'Apennin, à 100 stades au plus du camp des Goths.
Le lieu qu'elle choisit pour s'y établir, était en plaine, mais
entouré d'un grand nombre de monticules. Une tradition désignait ce lieu comme celui où les Romains, sous les ordres de
Camille, avaient vaincu et taillé en pièces les Gaulois. On lui
donnait, en souvenir de cet événement, le nom de Busta Gallorum ou bûchers des Gaulois, et Procope prétend que les
monticules, formés de terre rapportée, qui se trouvaient dans
cette plaine, étaient leurs tombeaux [2].

Narsès envoya des officiers de son entourage, en parlementaires, vers Totila, pour l'exhorter à déposer les armes ; attendu
qu'il devait comprendre qu'entouré comme il l'était, de misérables troupes, toutes nouvelles et rassemblées sans choix,
il ne pouvait résister longtemps aux forces de l'Empire. Ces
officiers avaient ordre, s'ils voyaient le roi des Goths obstiné à
la guerre, de le sommer de prendre immédiatement jour pour
le combat. Admis en présence de Totila, les parlementaires
impériaux s'acquittèrent de leur mission et Totila leur signi-
fiant, avec une énergique fierté, qu'il n'y avait qu'à combattre,
ils répliquèrent : « Soit, illustre chef ! Quel jour fixez-vous
pour le combat ? — Nous combattrons, répondit Totila, dans
huit jours accomplis [3]. » Cette réponse donna à Narsès sujet de
penser que Totila méditait quelque surprise. Il se prépara donc
comme si la bataille devait être livrée le lendemain. Le jour
suivant, les Goths parurent tout à coup et les deux armées se
trouvèrent en présence, à deux portées de flèche l'une de l'autre.

1. Procope, *de Bello Goth.*, lib. IV, cap. 29. Taginæ est probablement
Tadina, au nord de Nocera.
2. Procope, *de Bello Goth.*, lib. IV, cap. 29. p. 610.
3. Procope, *de Bello Goth.*, lib. IV, cap. 29.

Il y avait, en cet endroit, une colline peu considérable, mais que, de part et d'autre, on désirait vivement occuper. Elle offrait une position avantageuse pour assaillir l'ennemi et dominait un sentier qui, seul, permettait de prendre l'armée romaine à revers, les nombreux accidents du terrain empêchant de la tourner par ailleurs. De sorte que les Goths et les Romains considéraient également cette position comme très importante ; les Goths, pour pouvoir accabler de traits l'armée romaine et la tourner, quand la bataille serait engagée, les Romains, pour les en empêcher. Narsès avait pris soin de faire avancer, pendant la nuit, 50 fantassins de sa cohorte, qui n'avaient rencontré aucun ennemi et s'étaient établis sur cette colline, au pied de laquelle coulait un torrent que longeait le sentier. Les Goths étaient campés au delà de ce torrent, en face de la colline où les 50 fantassins romains étaient serrés les uns contre les autres et avaient à peine l'espace nécessaire pour se mettre en bataille [1].

Dès que le jour parut, Totila porta toute son attention de ce côté. Il fit avancer un escadron, avec ordre de déloger les Romains de la position qu'ils avaient occupée. Quand les cavaliers goths chargèrent, ce fut une clameur, un roulement tels, qu'il semblait qu'au premier choc, la petite troupe des Romains allait être écrasée. Les Goths donnèrent contre eux, de toute l'allure de leurs chevaux, sans conserver aucun ordre ; eux, au contraire, se tinrent en rangs serrés, à l'abri de leurs boucliers qu'ils heurtaient les uns contre les autres pour effrayer les chevaux, tandis qu'ils intimidaient les hommes, en leur opposant les pointes de leurs lances. Ils soutinrent ainsi le choc, avec une admirable fermeté. Les chevaux, gênés par l'inégalité du sol, effrayés par le bruit des bouchers et arrêtés par l'obstacle auquel ils se heurtaient, se rejetaient en arrière, se cabraient, refusaient d'obéir à la pression et aux coups de leurs cavaliers, devenus eux-mêmes hésitants devant l'inébranlable résistance de ce peu d'hommes résolus.

---

1. Procope, *de Bello Goth.*, lib. IV, cap. 29.

Les Goths, repoussés dans cette première attaque, se reformèrent, chargèrent de nouveau, furent reçus de la même façon et, de nouveau, obligés de reculer. Ils chargèrent à plusieurs reprises, toujours sans succès ; puis cessèrent toute attaque. Un deuxième, un troisième escadron, lancés par Totila, furent successivement repoussés comme le premier [1]. Force fut de renoncer à chasser de la position qu'ils occupaient, ces cinquante braves; dont l'admirable intrépidité fut encore dépassée par deux d'entre eux, nommés Paul et Ausilas. Ces deux hommes s'avancèrent seuls, hors du rang, détachèrent et posèrent par terre, à leurs pieds, leurs acinacès [2] ; puis tendirent leurs arcs et, visant de près, abattirent beaucoup d'hommes et de chevaux. Quand leurs carquois furent épuisés, ils tirèrent l'épée, se couvrirent de leurs boucliers et, toujours isolés, en avant de la ligne, reçurent le premier choc de l'ennemi. Des cavaliers se précipitaient sur eux, la lance en arrêt; d'un coup de leurs épées, ils en abattaient la pointe. L'épée de Paul, à force d'avoir coupé le bois des lances, se trouva émoussée, au point de ne lui être plus d'aucun usage. Il la jeta et, saisissant à deux mains les lances des cavaliers, se mit à les leur arracher. Il en arracha ainsi quatre et l'effet moral produit par ce trait d'audace, qui attira l'attention de tous, contribua principalement à décourager les assaillants et à leur faire abandonner leur entreprise. Cet exploit valut à Paul d'être mis et toujours conservé par Narsès au nombre de ses gardes [3].

Après avoir été haranguées par leurs chefs, les deux armées se formèrent en ordre de bataille, en face l'une de l'autre, présentant, toutes les deux, un front très étendu. Narsès et Jean prirent position à l'aile gauche, appuyée à la colline. Ils y étaient avec l'élite de l'armée romaine; puisque, outre leurs troupes, s'y trouvaient leurs gardes. Chacun des

---

1. Procope, de Bello Goth., lib. IV, cap. 29.

2. L'acinacès était une espèce d'épée courte ou de grand poignard qui se portait sur la cuisse droite, suspendu à un ceinturon de cuir et qui était distinct de l'épée, laquelle se portait à gauche (Daremberg et Saglio, Dictionnaire des antiquités grecques et latines, au mot acinacès (ἀκινάκης).

3. Procope, de Bello Goth., lib. IV, cap. 29.

deux généraux, était, en effet, suivi d'une garde composée de
deux corps, l'un désigné du nom de la lance, l'autre, du
nom du bouclier dont ils étaient armés et d'une troupe de
Huns, très nombreuse et tout particulièrement choisie [1]. L'aile
droite était formée par le reste des troupes romaines, sous les
ordres de Valérien, de Jean Phagas et de Dagisthée. Environ
8 000 archers fantassins avaient été placés aux deux ailes.
Au centre, Narsès posta les Langobards, les Hérules et
toutes ses autres troupes barbares. Il leur ordonna de
mettre pied à terre, pour qu'il leur fût moins facile de fuir,
dans le cas où, par suite d'une panique ou d'une perfidie
possible, la volonté de bien faire viendrait à leur manquer.
Narsès fit avancer l'extrémité de l'aile gauche, de façon à
former un angle sur la ligne de bataille et il y plaça
1 500 cavaliers, dont 500 avaient ordre de se porter immédiatement sur tout point de la ligne romaine qui viendrait à se rompre. Les mille autres devaient, aussitôt que
l'infanterie ennemie serait engagée, la tourner, de façon qu'elle
fût entourée et assaillie à la fois de face et à revers [2].

Totila opposa à l'ennemi toutes ses troupes, disposées dans
le même ordre. Puis, galopant tout autour de la ligne de
bataille, par ses paroles et sa fière attitude, il exalta l'ardeur
de ses soldats. Narsès fit de même, montrant, suspendus à
des piques, des bracelets, des colliers, des freins dorés et
d'autres objets propres, dit Procope, à enflammer le cœur
des soldats, par l'espoir des récompenses. Pendant assez
longtemps, on s'abstint, de part et d'autre, d'engager la lutte.
Les deux armées demeurèrent de pied ferme, chacune attendant le choc de l'autre.

Durant cette attente, un cavalier, nommé Cocas, dont la
réputation d'intrépidité était célèbre, se détacha de la ligne
des Goths et, s'approchant à cheval de l'armée romaine,
appela, en combat singulier, quiconque voudrait se mesurer
avec lui. Ce Cocas était du nombre des soldats qui avaient

---

1. Procope, *de Bello Goth.*, lib. IV, cap. 34, p. 618.
2. Procope, *de Bello Goth.*, lib. IV, cap. 31.

fait défection, pour entrer au service de Totila. Bientôt un Arménien, de la suite de Narsès, nommé Anzalas, vint, également à cheval, s'offrir contre lui. Cocas prit le premier son élan et fondit sur son adversaire, la lance en arrêt, visant à le frapper au ventre. Anzalas détourna rapidement son cheval, évita le coup et se déroba au choc. Ce mouvement lui permit de prendre son adversaire en flanc ; il lui plongea sa lance dans le côté gauche. Cocas, renversé de son cheval, tomba mort sur le coup.

De l'armée romaine, s'éleva une formidable clameur ; mais, ni de ce côté, ni du côté des Goths, on n'engagea point l'action.

Totila s'avança seul entre les deux lignes, non pour provoquer un ennemi à un combat singulier, mais pour tirer les choses en longueur. Il était averti de l'approche du corps de 2 000 Goths qui ne l'avait pas encore rejoint et il voulait gagner du temps. Revêtu d'une armure richement incrustée d'or, armé d'une lance d'où pendaient des ornements d'une pourpre éclatante et monté sur un cheval superbe, il fit, dans l'espace resté libre entre les deux armées, parade de sa force et de son adresse. Maniant et faisant évoluer son cheval, il multipliait les voltes les plus compliquées. Il jetait sa lance en l'air, la rattrapait par le milieu, la changeait continuellement de main, avec une dextérité qui faisait paraître la remarquable habileté qu'il avait acquise dans l'art du maniement des armes. Se renversant en arrière, s'inclinant, tantôt d'un côté, tantôt de l'autre, il faisait voir avec quel soin il avait été, dès son enfance, exercé à la voltige.

Il prolongea ces exercices guerriers, si longtemps qu'il réussit à passer de la sorte toute la matinée. Ensuite, pour continuer à différer la bataille, il fit signifier aux impériaux qu'il désirait entrer en conférence. Narsès se borna à répondre que Totila ne cherchait qu'à l'amuser par de vaines paroles, en venant demander une entrevue au milieu du champ de bataille, après avoir témoigné tant d'ardeur de combattre, quand il avait occasion de négocier [1].

---

1. Procope, *de Bello Goth.*, lib. IV, cap. 31, p. 620 (Corpus Script. Hist. Byzant.).

Ces délais donnèrent aux 2 000 guerriers qu'attendait Totila, le temps d'arriver. Dès qu'il apprit leur présence dans son camp, il s'y retira et y fit rentrer toute son armée, pour la rafraîchir. Bientôt après, il la fit sortir, en bon ordre. Il comptait surprendre les impériaux et les écraser en les attaquant à l'improviste. Il les trouva prêts à le bien recevoir[1]. Narsès avait prévu cette manœuvre et avait fait défense à toutes ses troupes de se désarmer et de débrider les chevaux. Elles avaient mangé, sans rompre les rangs[2].

Les deux lignes de bataille furent modifiées. Les deux ailes de l'armée impériale, à chacune desquelles se trouvaient 4 000 archers, se courbèrent de façon que leur front s'avançait en forme de croissant. Du côté des Goths, l'infanterle se forma en rangs serrés, derrière la cavalerie, pour la soutenir si elle venait à plier[3]. Ordre fut donné aux Goths de ne tirer ni flèches, ni traits d'aucune sorte et de se servir uniquement de la lance[4]. Cet ordre, dont on ne peut comprendre la raison, les mettait dans des conditions d'infériorité. Les Romains allaient, en effet, employer toutes les armes dont ils étaient munis : flèches, lances et épées. Ils se préparaient à utiliser à la fois, suivant les circonstances et les nécessités de l'attaque et de la défense, leur infanterie et leur cavalerie[5]. La cavalerie des Goths allait, au contraire, être lancée, dès le début de l'action, dans une charge folle, avec la lance pour seule arme et, derrière elle, leur infanterie devait demeurer inutile. Ils ne devaient pas tarder à payer cher cette étrange imprudence.

Tandis que leur cavalerie chargeait contre le centre de l'armée ennemie, elle ne s'aperçut pas qu'elle était tournée par 8 000 fantassins. Une grêle de traits, l'atteignant de tous côtés, vint tout à coup ralentir son ardeur. Les deux ailes de l'armée romaine avaient lentement accentué leur

---

1. Procope, *de Bello Goth.*, lib. IV, cap. 32.
2. Procope, *de Bello Goth.*, lib. IV, cap. 32.
3. Procope, *de Bello Goth.*, lib. IV, cap. 32.
4. Procope, *de Bello Goth.*, lib. IV, cap. 32.
5. Procope, *de Bello Goth.*, lib. IV, cap. 32.

mouvement en forme de croissant[1]. Par l'effet de cette
manœuvre, les Goths perdirent une quantité d'hommes et de
chevaux, avant même d'en venir aux mains. Ils atteignirent
à peine la ligne romaine, où ils furent reçus, avec une inébranlable fermeté. Les soldats romains et les barbares, leurs
alliés, firent paraître une égale valeur et rivalisèrent d'entrain.

Déjà le jour déclinait, quand, tout à coup, les deux lignes se
déplacèrent. Les Goths reculaient ; les Romains se portaient
en avant[2]. Heurtés par la ligne romaine, les Goths ne résistèrent point. Ils plièrent sous le choc et leurs rangs, rompus,
se renversèrent en arrière. Étonnés par le nombre et la belle
ordonnance de l'armée romaine, ils ne pensaient plus à tirer
parti de leurs forces et semblaient frappés de terreur, comme
en présence d'une puissance surhumaine[3]. Bientôt, ils se trouvèrent ramenés sur leur infanterie. Alors, le mal augmenta et
s'étendit grandement. Comme ils ne se repliaient pas en bon
ordre, leur confusion les empêcha de reprendre possession
d'eux-mêmes et de rétablir le combat, soit en jetant, par un
brusque retour offensif, la panique parmi ceux qui les poursuivaient, soit en leur opposant quelque autre tactique[4]. Leur
désarroi était tel, que beaucoup d'entre eux furent écrasés
sous la charge de la cavalerie romaine. Leur infanterie ne
les reçut pas avec la cohésion nécessaire pour les arrêter et
leur procurer le salut. Elle lâcha pied et s'enfuit, pêle-mêle
avec eux.

Ce fut alors une déroute complète, dans laquelle, se servant
de leurs armes comme au milieu des ténèbres, ils se frappaient les uns les autres[5]. Les impériaux massacraient impitoyablement tout ce qu'ils rencontraient. Les Goths étaient à
leur merci, n'osant ni se servir de leurs armes, ni même lever
les yeux sur l'ennemi. La terreur les dominait davantage

1. Procope, *de Bello Goth.*, lib. IV, cap. 32, p. 622.
2. Procope, *de Bello Goth.*, lib. IV, cap. 32, p. 623.
3. Procope, *de Bello Goth.*, lib. IV, cap. 32, p. 623.
4. Procope, *de Bello Goth.*, lib. IV, cap. 32, p. 623.
5. Procope, *de Bello Goth.*, lib. IV, cap. 32, p. 624.

d'instant en instant [1]. 6 000 Goths périrent dans cette rencontre. Beaucoup se rendirent aux vainqueurs qui, d'abord, les firent prisonniers, mais, peu après les massacrèrent. La plupart des anciens soldats romains qui avaient fait défection et étaient entrés au service de Totila, se trouvèrent parmi les morts. Grâce à la nuit tombante et à la nature du terrain, ceux des Goths qui avaient échappé au désastre, réussirent à se cacher et à se sauver, par la vitesse de leurs chevaux ou la rapidité de leur course [2].

La bataille était terminée ; la nuit couvrait la plaine. Totila continuait à fuir, accompagné, pour toute escorte, de cinq cavaliers, parmi lesquels était Scipouar, l'un des chefs goths qui commandaient au siège d'Ancône. Quelques Romains le poursuivaient. Au nombre de ces soldats de l'armée romaine se trouvait le Gépide Asbade qui, atteignant Totila, allongea sa lance pour le frapper par derrière. Un jeune Goth, domestique du roi qu'il accompagnait dans sa fuite, furieux de voir son maître en péril, cria : « Arrête, chien, pourquoi veux-tu frapper ton maître ? » Mais déjà Asbade avait porté le coup de toutes ses forces, et sa lance perça Totila entre les épaules [3]. Presque dans le même instant, Asbade fut arrêté sur place, blessé au pied par Scipouar, qui lui-même demeura là, frappé par un de ceux qui le poursuivaient. Ceux-ci n'étaient plus que quatre avec Asbade. Ils cessèrent la poursuite, pour s'occuper de sauver leur camarade et de le ramener en arrière. Ils laissèrent courir les ennemis.

Les compagnons de Totila, se croyant toujours poursuivis, ne ralentirent point leur course et entraînèrent leur maître qui, frappé à mort, perdait ses forces et défaillait. Après avoir parcouru ainsi 84 stades, ils arrivèrent en un lieu nommé Capræ. Là enfin, ils interrompirent leur fuite et pansèrent la blessure de Totila. Il mourut bientôt après. Ils l'enterrèrent dans ce lieu même et, tout aussitôt, s'éloignèrent [4].

---

1. Procope, *de Bello Goth.*, lib. IV, cap. 32, p. 624.
2. Procope, *de Bello Goth.*, lib. IV, cap. 32, p. 624.
3. Procope, *de Bello Goth.*, lib. IV, cap. 32, p. 624-625.
4. Procope, *de Bello Goth.*, lib. IV, cap. 32, p. 625.

Totila commandait aux Goths depuis onze ans, quand son règne et sa vie finirent d'une façon si peu digne des grandes choses qu'il avait accomplies. Jusque-là, tout lui avait réussi ; sa fin ne répondit point à l'éclat de ses actions. Étonnant exemple des vicissitudes de la fortune dont la puissance irrésistible anéantit, en un instant, les choses humaines et décide tout événement, dit Procope[1]. Elle lui avait longtemps prodigué un bonheur au delà de toute vraisemblance, pour le conduire ensuite à une mort misérable, dans des circonstances qui eussent paru impossibles. « Tout cela, ajoute Procope et ses réflexions sont intéressantes, car elles indiquent quel était, à son époque, l'état d'esprit d'un homme intelligent, « tout cela, à mon avis, a toujours été et sera toujours in- « compréhensible pour l'intelligence humaine. Ce n'est pas « d'aujourd'hui qu'on a discouru sur ce sujet ; chacun en « pense et en parle comme bon lui semble, donnant des rai- « sons, plus ou moins probables, qui ne servent qu'à le con- « soler de son ignorance. Pour moi, je reviens à mon « récit[2] ».

Les Romains ignorèrent la mort de Totila, jusqu'au moment où une femme de la nation des Goths leur en apprit la nouvelle et leur indiqua sa sépulture. Ceux qui entendirent les paroles de cette femme, soupçonnèrent d'abord quelque mensonge. Ils se rendirent au lieu indiqué, fouillèrent la tombe et en tirèrent le cadavre du roi des Goths. Ils le reconnurent, le considérèrent longuement, puis le replacèrent, dit-on, dans sa tombe et coururent à l'instant avertir Narsès[3].

Après avoir raconté ainsi les événements de cette journée et la mort de Totila, Procope rapporte également un second récit, très différent du premier, que certains considéraient, dit-il, comme plus exact. Suivant ce second récit, la fuite des Goths ne se serait pas produite sans cause, par une panique soudaine. Totila aurait été atteint d'une des flèches tirées par une troupe légère de l'armée romaine, sans que l'archer l'eût

---

1. Procope, *de Bello Goth.*, lib. IV, cap. 32, p. 625.
2. Procope, *de Bello Goth.*, lib. IV, cap. 32, p. 626.
3. Procope, *de Bello Goth.*, lib, IV, cap. 32.

visé spécialement, car il était armé de la même façon que les autres guerriers et était dans la ligne de bataille, sans place déterminée ou distincte, pour n'être pas en évidence et ne pas attirer sur lui l'attention et l'effort des ennemis. Cette flèche, que le hasard avait seul dirigée contre lui, lui fit une blessure mortelle. La douleur aiguë qu'il ressentait, l'obligea de sortir des rangs. Il se retira en arrière, à pied, avec quelques-uns des siens qui le mirent sur un cheval et le conduisirent à Capræ. Là, la douleur augmentant, il commença à défaillir. On le pansa et peu d'instants après, il rendit le dernier soupir. Les Goths, qui, depuis longtemps, se trouvaient, vis-à-vis de l'ennemi, dans des conditions d'infériorité, furent très frappés en voyant leur chef mis ainsi hors de combat et mortellement atteint par un trait qui ne lui était point destiné. L'impression morale produite par un événement si imprévu, leur ôta le cœur; pris d'une terreur folle, ils se précipitèrent dans la plus honteuse déroute. De ces deux récits, on ne sait quel est le plus exact. Chacun, dit Procope, racontait l'événement à sa façon [1].

Narsès, heureux d'un si grand succès, en rendait grâces à Dieu auquel il le rapportait tout entier, comme à son véritable auteur. Il voulut premièrement se rédimer, à prix d'argent, de la licence effrénée des Langobards qu'il avait dans son armée. Ces barbares commettaient toutes sortes d'excès. Partout où ils passaient, ils incendiaient les maisons et violaient les femmes qui s'étaient réfugiées dans les lieux saints. Il leur donna beaucoup d'argent et les renvoya dans leur patrie. Il chargea Valérien et son neveu Damien d'aller, avec les troupes sous leurs ordres, les reconduire jusqu'aux limites de l'Empire; afin de les empêcher, autant que possible, de commettre en chemin des excès et des dégâts [2]. Après que les Langobards eurent quitté le sol de l'Empire, Valérien revint poser son camp devant Vérone dont il se préparait à entreprendre le siège. Les troupes qui y tenaient garnison, entrèrent

---

1. Procope, *de Bello Goth.*, lib. IV, cap. 32, p. 627.
2. Procope, *de Bello Goth.*, lib. IV, cap. 33.

en négociations pour capituler. Mais les Francs, stationnés en Vénétie, se remuèrent, dès qu'ils furent informés de ces conférences et s'appliquèrent à empêcher la capitulation de cette place, située dans une région qu'ils réclamaient comme leur appartenant. Leur intervention fut cause que Valérien retira ses troupes de devant Vérone, sans avoir obtenu aucun résultat.

Les Goths, échappés du désastre de leur armée, s'étaient retirés au delà du Pô, dans la ville et dans la contrée de Ticinum. Ils y créèrent roi Teïas, fils de Phrédigerne, qui, ayant trouvé tout le trésor que Totila avait déposé dans Ticinum, prit le parti de solliciter le concours des Francs. Il s'occupa en même temps de concentrer et de réorganiser les Goths qu'il rassembla, en toute hâte, autour de lui[1]. Narsès, averti de ses préparatifs, envoya ordre à Valérien de garder les rives du Pô, pour entraver le plus possible le rassemblement des Goths. Lui-même s'avança vers Rome, avec le reste de son armée. Il prit Narnia par composition et laissa une garnison dans Spolétium qui était à l'état de ville ouverte. Il fit immédiatement reconstruire les murailles, partout où elles avaient été abattues par les Goths. Il envoya à Pérusia des émissaires pour tenter la garnison. Elle était sous les ordres de deux transfuges romains : Méligédius et Uliphe. C'était ce dernier qui, sept ans auparavant, gagné par les offres de Totila avait traîtreusement tué Cyprien, dont il était un des gardes. Méligédius donna son assentiment aux propositions de Narsès et prit avec les siens la résolution de livrer la ville aux Romains. Uliphe eut avis de ce dessein. Il forma, avec ses soldats, une conspiration contre Méligédius et son parti. Toutes ces intrigues finirent par la mort d'Uliphe qui fut massacré, avec ses affidés. Après sa mort, Méligédius livra aussitôt Pérusia aux Romains. La vengeance divine, dit Procope, parut en tout ceci ; puisqu'Uliphe fut frappé dans le lieu même où il avait fait périr Cyprien[2].

1. Procope, *de Bello Goth.*, lib. IV, cap. 33.
2. Procope, *de Bello Goth.*, lib. IV, cap. 33, p. 629.

Les Goths qui tenaient garnison dans Rome, avertis que
Narsès et l'armée romaine s'avançaient contre eux, se préparèrent à se défendre[1]. Totila, considérant qu'il ne pouvait
laisser dans Rome une garnison de Goths, suffisante pour
garder toute l'enceinte, avait entouré d'un mur une faible
partie de la ville, aux environs du mausolée d'Adrien. Il avait
relié ce mur aux anciennes murailles et avait établi ainsi une
sorte de forteresse. Les Goths avaient déposé dans ce quartier retranché ce qu'ils avaient de plus précieux. Ils y faisaient bonne garde et négligeaient le reste de l'enceinte. A
l'approche de l'ennemi, ils n'y laissèrent, au contraire, qu'une
garde peu nombreuse et, entraînés par un premier mouvement,
se portèrent tous aux remparts. Comme le circuit de l'enceinte était trop étendu pour que les Romains pussent l'investir et les Goths la défendre, de tous les côtés à la fois, les uns
et les autres s'étaient formés en plusieurs corps séparés ; les
Romains, pour donner l'attaque où l'occasion se présentait ;
les Goths, pour les repousser et se porter où la nécessité le
requérait[2].

Narsès, entouré d'une nombreuse troupe d'archers, aborda
une partie du mur d'enceinte ; Jean, neveu de Vitalien, en
attaqua une autre partie, avec les troupes sous ses ordres et
Philémuth, une troisième, avec les Hérules. Ces trois attaques,
auxquelles les Goths avaient à s'opposer et qu'ils soutenaient
simultanément, se faisaient à une distance assez grande les
unes des autres. Toutes les autres parties de l'enceinte, où ne
se portait pas l'effort des Romains, restaient sans défenseurs,
les Goths se portant uniquement sur les points menacés par
l'ennemi. Tout à coup, par ordre de Narsès, Dagisthée, à la
tête d'un gros détachement et ayant avec lui les bannières
de Narsès et de Jean, assaillit, à l'aide d'échelles, un de ces
endroits dépourvus de défenseurs. Il n'eut point de peine à
pénétrer, avec sa troupe, dans la ville. Il ne rencontra personne et n'eut qu'à ouvrir les portes. Les Goths, dès qu'ils

1. Procope, *de Bello Goth.*, lib. IV, cap. 33.
2. Procope, *de Bello Goth.*, lib. IV, cap. 33.

s'aperçurent du succès de cette escalade, abandonnèrent
toute idée de résistance. Tous se sauvèrent où ils purent. Les
uns se jetèrent dans la forteresse, les autres coururent jusqu'à Portus.

« En faisant ce récit, il me vint en l'esprit, dit Procope,
cette réflexion, que la fortune se rit étrangement des choses
humaines. Elle n'aborde pas toujours les mortels d'un même
pas, ne les regarde pas toujours du même œil. Elle varie,
suivant les lieux et les moments. Elle se fait un jeu de changer notre misérable condition, à son heure, à sa façon, où
bon lui semble. Bessas qui avait commencé par perdre Rome,
peu de temps après, reprit Pétra en Lazique. Par contre, Dagisthée, qui avait reperdu Pétra qu'on venait d'enlever aux
ennemis, en un moment, remit l'Empire en possession de
Rome. Il est vrai que ces retours de fortune se sont vus
depuis que le monde existe et se verront toujours, tant que
la fortune dominera les hommes [1] ».

Narsès marcha contre le quartier retranché, avec toute son
armée. Les Goths, épouvantés, capitulèrent sur l'heure, à condition d'avoir la vie sauve, et rendirent la forteresse. Cet événement s'accomplit dans le cours de la vingt-sixième année
du règne de Justinien. C'était la cinquième fois que Rome
était prise, sous le règne de ce prince [2]. Narsès lui envoya
aussitôt les clefs de la ville.

Cette victoire des impériaux eut des conséquences qui
apportèrent le comble aux calamités du Sénat et du peuple
romain. Les Goths, fuyant et ayant perdu tout espoir de
conserver l'Italie, massacraient, sans épargner personne, tous
les Romains qu'ils rencontraient. Les barbares au service de
l'armée romaine, recevaient en ennemis tous ceux qui avaient
le malheur de tomber en leurs mains, à l'entrée de la ville [3].
Beaucoup de sénateurs séjournaient en Campanie, où Totila
les avait relégués. Plusieurs d'entre eux, ayant appris que

---

1. Procope, *de Bello Goth.*, lib. IV, cap. 33, p. 631-632.

2. Rome fut prise en 536 par Bélisaire, en 546 par Totila, en 547 par
Bélisaire, en 549 par Totila et en 552 par Narsès.

3. Procope, *de Bello Goth.*, lib. IV, cap. 34, p. 632.

Rome était au pouvoir de l'armée impériale, se mirent aussitôt en route. Quand les Goths qui tenaient les lieux fortifiés de cette région, s'aperçurent de leur départ, ils firent, dans toute la province, une exacte recherche des patriciens et les mirent tous à mort. Maximus, dont il a été fait mention précédemment, fut du nombre des victimes de cette exécution, qui ne fut pas la seule[1]. Pendant sa marche à la rencontre de Narsès, Totila s'était fait amener, dans chacune des villes qu'il traversait, les fils des habitants nobles de race romaine et, parmi eux, avait choisi 300 jeunes gens que leur beauté et leur apparence lui désignaient comme les plus distingués. Il avait donné comme prétexte à leurs parents qu'il les voulait mettre de sa maison; en réalité il voulait avoir des otages. Il les avait envoyés, à cet effet, dans la région au delà du Pô. Teïas les y trouva et les fit massacrer jusqu'au dernier[2].

Ragnaris, Goth de naissance, qui commandait la garnison de Tarente, avait, dans les circonstances rapportées précédemment, accepté la parole que Pacurius lui avait donnée, avec l'assentiment de l'empereur. Il s'était engagé à passer aux Romains et avait livré six Goths comme otages. Mais, quand il apprit que Teïas recherchait le secours des Francs et avait dessein de combattre l'ennemi, avec toutes les forces de sa nation, il changea de résolution et ne voulut plus s'en tenir à ses promesses. Usant de ruse, dans le but de ravoir les otages qu'il avait livrés, il fit prier Pacurius d'envoyer auprès de lui quelques Romains, pour mieux assurer son passage à Hydrunte, d'où il devait se rendre à Byzance, en traversant le golfe Ionique[3]. Pacurius, qui ne pensait à rien moins qu'à ce qu'il méditait, lui envoya 50 hommes. Ragnaris leur donna accès dans la forteresse, les fit prisonniers, dans l'instant même et signifia à Pacurius que, s'il voulait ravoir ses soldats, il était dans la nécessité de rendre les otages des Goths. Sur quoi, Pacurius ne laissa qu'une faible garnison à

---

1. Procope, *de Bello Goth.*, lib. IV, cap. 34.
2. Procope, *de Bello Goth.*, lib. IV, cap. 34.
3. Procope, *de Bello Goth.*, lib. IV, cap. 34.

Hydrunte et s'avança immédiatement, avec tout le reste de ses troupes. Ragnaris n'hésita pas un instant à mettre à mort les 50 soldats romains et fit sortir ses Goths, pour se porter à la rencontre de l'ennemi. Dans le combat qui s'engagea, les Goths furent défaits. Ragnaris perdit la plus grande partie des siens et s'enfuit, avec les débris de sa troupe. Entouré de toutes parts par les Romains et la retraite sur Tarente lui étant coupée, il se jeta dans Achérontis où il se tint enfermé [1].

Dans le même temps ou, plus exactement, peu après, les Romains prirent par composition, Portus dont ils avaient formé le siège, Népa en Toscane et Petra Pertusa [2]. Quant à Teïas, jugeant les Goths trop faibles pour combattre seuls contre les Romains, il avait envoyé une ambassade au roi des Francs, Théodebald; afin de le presser, par des promesses de grands subsides, de se joindre à lui dans cette guerre. Mais les Francs, uniquement attachés à leurs propres intérêts, étaient peu soucieux de verser leur sang pour la cause des Goths ou des Romains. Ils convoitaient l'Italie pour eux-mêmes et avaient en vue de faire la guerre, sans être engagés dans aucune alliance.

Comme on l'a vu, Totila avait déposé une partie de son trésor à Ticinum; mais il en avait mis la partie la plus importante en sûreté, dans le très fort château de Cumes, en Campanie; à la garde duquel il avait préposé son propre frère avec Hérodianus [3]. Narsès prit la résolution de les en déloger. Il envoya, à cet effet, à Cumes un corps d'armée, pour en former le siège et il fit assiéger, en même temps, Centumcellæ par un autre corps. Lui-même demeura à Rome où il s'occupa de reconstituer toutes choses. Teïas craignait pour la garnison de Cumes et pour son trésor et il désespérait d'obtenir l'aide des Francs. Il prit des dispositions qui indiquaient le dessein d'entrer en campagne. Narsès en fut averti et dirigea sur la

1. Procope, de Bello Goth., lib. IV. cap. 34.
2. Procope, de Bello Goth., lib. IV, cap. 34, p. 635. Nepa aujourd'hui Nepi.
3. Procope, de Bello Goth., lib. IV, cap. 34, p. 635.

Toscane Jean, neveu de Vitalien et Philémuth, avec leur corps
d'armée, pour y prendre leurs quartiers et empêcher l'ennemi
de passer en Campanie, avant que le corps qui assiégeait
Cumes eût réussi à s'emparer de cette place, de vive force ou
par capitulation. Mais Teïas, laissant à sa droite les routes
les plus directes, gagna, par un long détour, le littoral du
golfe Ionique; d'où il pénétra en Campanie, sans rencontrer
aucun ennemi [1]. Narsès, informé de sa marche, rappela à lui
Jean et Philémuth qui gardaient les passages en Toscane et
Valérien qui venait de s'emparer de Petra Pertusa. Quand il
eut rassemblé toute son armée, il s'avança en Campanie,
marchant en ordre de bataille.

« Au pied du Vésuve se trouvaient, dit Procope, des
sources d'eau douce et bonne à boire, d'où provenait un
torrent de peu d'étendue, nommé le Dracon, qui coulait près
de la ville de Nucéria [2]. Ce fut sur les rives du Dracon que
les deux armées établirent leurs camps, le torrent entre deux.
Bien qu'il n'eût pas beaucoup d'eau, il s'opposait au passage
et de l'infanterie et de la cavalerie ; parce que, resserré dans
un lit très étroit, par l'effet du courant ou de la nature du
terrain, il creusait profondément le sol et rendait ses rives
très escarpées. Il s'y trouvait un pont que les Goths avaient
occupé et en face duquel ils avaient placé leur camp [3]. Sur ce
pont, ils avaient élevé des tours en bois et établi des balistes
et autres machines, pour atteindre de haut et harceler
l'ennemi.

L'obstacle que formait le Dracon empêchait d'en venir aux
mains. Mais, de part et d'autre, on se portait sur les rives et
on s'attaquait à coups de flèches. Parfois, s'engageaint des
combats singuliers, quand il arrivait que quelque Goth passait
le pont, pour aller provoquer les Romains. Deux mois entiers
s'écoulèrent de la sorte. Les Goths ne bougèrent point tant

1. Procope, *de Bello Goth.*, lib. IV, cap. 34.
2. Procope, *de Bello Goth.*, lib. IV, cap. 35. Le Dracon est sans doute
le Sarno et il est probable que Nuceria n'est autre que Nocera, surnommée
dei Pagani parceque l'empereur Frédéric II de la maison de Souabe y établit une colonie de musulmans amenés de la Sicile.
3. Procopé, *de Bello Goth.*, lib. IV, cap. 35.

qu'ils eurent l'avantage d'être maîtres de la mer. Leur camp
étant proche du rivage, des navires leur apportaient leurs
subsistances. Mais, dans la suite, le Goth qui commandait leur
flotte, la livra tout entière aux impériaux, et des vaisseaux romains arrivèrent, en grand nombre, de Sicile et d'autres
parties de l'Empire. En même temps, Narsès fit élever, sur les
rives du torrent, des tours en bois, dont la construction produisit une vive impression sur l'esprit des barbares. Effrayés
et manquant de vivres, ils se réfugièrent sur une montagne
voisine qu'on nommait *la montagne du lait* [1]. L'armée
romaine, empêchée par les obstacles que lui opposait le terrain,
ne put les y suivre. Mais ils se repentirent tout aussitôt de
s'être retirés sur cette hauteur ; car il ne leur resta aucun
moyen de subsister et de nourrir leurs chevaux. Résolus à
mourir en combattant, plutôt que de périr de faim, ils marchèrent à l'ennemi et engagèrent tout à coup le combat. Les
Romains ne s'attendaient point à être attaqués. Ils n'en firent
pas moins, aussi bonne contenance que les circonstances le
permettaient. Ils n'avaient pu prendre leurs rangs, se placer
sous le commandement de leurs chefs et se former en lignes
distinctes. Ils combattirent donc pêle-mêle, à la place où le
hasard les avait mis. Dans cette confusion, les ordres n'étaient
point entendus ; mais chacun fit de son mieux. Tout au commencement de l'action, les Goths mirent tous pied à terre,
renvoyèrent leurs chevaux et formèrent toute leur ligne en
masse profonde d'infanterie, le front tourné à l'ennemi. Les
Romains éloignèrent également leurs chevaux et ils adoptè-
rent la même formation [2].

Dans la mémorable bataille qui s'engagea alors, dit Procope, Teïas fit preuve d'une vertu guerrière qui ne fut

---

1. Procope, *de Bell Goth.*, lib. IV, cap. 35, p. 639. — *Cassiodori Variarum* lib. XI, ep. x (édit. Mommsen, Monumenta Germaniæ, in-4°, Auct.
Antiq., t. XII, p. 340). Galien décrit la situation élevée, l'air pur et le lait
nourrissant du mont Lactaire, si connus et si recherchés au temps de
Cassiodore (*Cassiodori Variarum* lib. XI, ep. x). Au temps de Galien, les
médecins y envoyaient leurs malades. C'est du nom antique de cette
montagne, que provient sans doute le nom de la ville de *Lettere*.

2. Procope, *de Bello Goth.*, lib. IV, cap. 35.

jamais surpassée par aucun héros [1]. L'état désespéré de leur
fortune exaltait le courage des Goths, et les Romains, qui les
voyaient combattre en désespérés, se montraient résolus à
ne point subir la honte de céder à un ennemi inférieur en nombre. Les deux armées s'abordèrent avec la plus vive ardeur ;
d'une part, cherchant la gloire, d'autre part, cherchant la mort.

Dès le matin, au début de l'action, Teïas, couvert d'un
bouclier et la lance en arrêt, vint, avec quelques-uns des
siens, se placer en avant de sa ligne de bataille, s'offrant le
premier en vue de tous. Les Romains eurent le sentiment que
s'il tombait, ce serait, dans l'instant même, la fin de la bataille.
Alors, l'atteindre fut le but commun de tous ceux qui, dans
l'armée romaine, avaient du cœur, et ils étaient nombreux.
Tous se portaient contre lui, cherchant à le frapper de leurs
lances ou lançant des traits qu'il recevait sur le bouclier dont
il était couvert, tout en abattant, par de promptes attaques, un
grand nombre d'ennemis. Quand il s'apercevait que son bouclier était tout couvert des traits qui s'y étaient enfoncés, il
le passait à un de ses serviteurs et en saisissait un autre. Il
n'avait cessé de combattre ainsi, pendant le tiers de la journée,
lorsque son bouclier se trouva alourdi par le poids de douze
javelots qui s'y étaient enfoncés ; de sorte qu'il ne pouvait le
manier aisément et en était gêné pour repousser ses adversaires. Il appela vivement un de ses gardes, sans toutefois
bouger d'un pouce, ni reculer d'un pied, sans permettre à
l'ennemi d'avancer d'un pas. Il ne se détourna même point,
ne s'appuya pas le dos à son bouclier, ne fit pas un mouvement de côté. Comme s'il eût été fixé au sol, il demeura sur
place ; de la main droite, jetant la mort parmi les assaillants,
de la gauche, arrêtant leurs attaques ; tandis qu'il appelait
par son nom son homme d'armes. Celui-ci lui apporta un
nouveau bouclier qu'il saisit rapidement, en échange de son
bouclier chargé de javelots. Ce mouvement découvrit, un
instant, sa poitrine. Elle fut transpercée par un trait ; en un
moment, il rendit l'âme [2].

---

1. Procope, *de Bello Goth.*, lib. IV, cap. 35, p. 639.
2. Procope, *de Bello Goth.*, lib. IV, cap. 35.

Des Romains mirent sa tête au bout d'une pique et, l'élevant en l'air, la montrèrent aux deux armées, pour exalter l'audace des Romains, pour enlever aux Goths tout espoir et les amener à déposer les armes. Les Goths ne se laissèrent point émouvoir. Ils ne cessèrent point la lutte. Sachant fort bien que leur roi avait succombé, ils n'en continuèrent pas moins à combattre jusqu'à la nuit. La bataille n'avait pas été interrompue un seul instant. De part et d'autre, on passa la nuit sous les armes [1].

Le lendemain, dès que le jour parut, des deux côtés, tous se dressèrent en même temps, reprirent le même ordre de bataille que la veille et recommencèrent à combattre jusqu'à la nuit ; également obstinés à ne point céder, à ne pas tourner les talons, à ne pas reculer. Malgré le grand nombre des morts, de part et d'autre, ils poursuivirent la lutte, animés d'une haine acharnée. Les Goths ne voyaient que trop qu'ils livraient leur dernière bataille ; les Romains se montraient bien résolus à ne point plier devant eux.

Enfin, les barbares envoyèrent, en parlementaires, quelques-uns de leurs chefs et firent savoir à Narsès qu'ils comprenaient désormais que Dieu s'était déclaré contre eux, comme les événements précédents leur avaient donné sujet de le craindre ; qu'ils sentaient une force hostile qui les contraignait à n'en plus douter et qu'ils voulaient déposer les armes, non pour servir l'empereur, mais pour vivre avec d'autres barbares, sous leurs propres lois [2]. Ils demandaient donc aux Romains de ne pas inquiéter leur retraite, de ne pas leur donner sujet de regretter de bien agir, de leur accorder, pour leur subsistance, la faculté d'emporter les sommes qu'ils avaient déposées dans les lieux fortifiés de l'Italie. Narsès ayant mis la chose en délibération, Jean, neveu de Vitalien, émit l'avis de consentir à leur demande, de cesser la lutte contre des hommes résolus à mourir et de ne pas s'exposer aux effets d'une audace née du désespoir, dont les conséquences

1. Procope, *de Bello Goth.*, lib. IV, cap. 35.
2. Procope, *de Bello Goth.*, lib. IV, cap. 35.

pouvaient être funestes, non seulement pour ceux qui en étaient animés, mais également pour leurs adversaires. Narsès adopta cet avis et convint, par traité, que les survivants d'entre les Goths sortiraient immédiatement de l'Italie, en emportant tous leurs biens et ne pourraient, sous aucun prétexte, entrer désormais en guerre contre les Romains. Tandis que se traitait cet accord, 1 000 Goths, sous la conduite de différents chefs, parmi lesquels Indulf, dont il a été fait mention dans le récit de cette guerre, sortirent du camp et gagnèrent Ticinum ou la région au delà du Pô. Tous les autres confirmèrent le traité et s'engagèrent sous serment.

Cette capitulation eut pour conséquence la prise de Cumes et de tous les lieux fortifiés, dont les Romains s'emparèrent successivement. Ainsi finit, dit Procopé, la dix-huitième année de la guerre contre les Goths [1]. Ces événements s'accomplirent donc dans les derniers mois de l'année 552 ou, au plus tard, dans les premiers mois et avant le printemps de l'année 553 [2]. Avec Teïas finit le royaume des Ostrogoths en Italie, qui, fondé après la mort d'Odoacre, en 493, avait duré soixante ans.

1. Procope, *de Bello Goth.*, lib. IV, cap. 35.
2. Pagi, *ann.* 552, X et XI.

CHAPITRE IX

INVASION DES FRANCS EN ITALIE

Ambassade des Goths à Théodebald. — Siège de Cumes. — Succès de Narsès. — Soumission de la Toscane. — Échec des troupes impériales en Émilie. — Mission de Stéphane à Faventia. — Capitulation de Lucques. — Narsès se rend à Ravenne. — Capitulation d'Aligerne. — Capitulation des Varnes. — Défaite des Francs à Ariminum. — Invasion de Leutharis et de Butilin. — Ravage de l'Italie. — Retraite et mort de Leutharis. — Marche de Butilin en Campanie. — Bataille du Casulinus. — Défaite et mort de Butilin. — Siège et reddition de Campsa. — Mort de Théodebald. — Conquêtes de Narsès dans l'Italie du nord.

Procope termine par le récit de la bataille du Vésuve, sa relation de la guerre contre les Goths. Son œuvre a été continuée par Agathias qui, écrivant en littérateur et n'étant pas à même d'être exactement renseigné, ne mérite pas une égale confiance ; mais que l'on est réduit à suivre, pour les événements accomplis depuis la défaite et la mort de Teïas jusqu'à la fin de la guerre.

Ni Procope, ni Agathias ne font mention des mesures prises par Narsès pour assurer l'exécution de la capitulation accordée aux Goths. Ils ne nous apprennent point, non plus, comment elle fut observée par ceux des Goths qui l'avaient acceptée. Des écrivains ont prétendu que ces Goths se retirèrent en Bavière ; d'autres, qu'ils se fixèrent dans les montagnes d'Uri ; d'autres encore, qu'ils retournèrent dans l'île de Gothland, leur patrie d'origine. Ce sont là de pures suppositions. On ne sait si, fidèles à leur parole, ils quittèrent l'Italie ; ou si, après être retournés, comme la capitulation leur en donnait le droit, dans les lieux où ils habitaient, pour y reprendre et en emporter leurs biens, ils y restèrent et prirent part aux mouvements par lesquels les Goths essayèrent de continuer la lutte. Agathias dit, il est vrai, qu'après la capi-

tulation, les Goths s'en allèrent dans les localités où ils avaient
leur résidence ordinaire : les uns, dans la région voisine du Pô,
les autres, en Toscane et en Ligurie, d'autres encore, dans la
Vénétie ; que, lorsqu'ils y furent arrivés, on s'attendait à les
voir remplir leurs engagements, vivre contents de leur sort,
fuir de nouveaux périls et se remettre de tant de calamités ;
qu'au contraire, ils ne tardèrent pas à se livrer à des manœuvres, pour tenter de nouvelles aventures et recommencer la
guerre ; que, ne se sentant point de force à se mesurer avec
les Romains, ils se tournèrent vers les Francs [1]. Mais Agathias
ne paraît pas exactement renseigné. Il croit que les Goths
avaient obtenu par la capitulation le droit de rentrer chez eux
et d'y vivre en paix. La capitulation ne leur accordait, comme
nous l'apprend Procope, que la faculté d'emporter leurs biens
déposés par eux dans les forteresses et les obligeait à sortir
de l'Italie.

Peut-on admettre que Narsès n'ait pris aucune précaution
pour prévenir une violation de cette convention ; qu'il les ait
laissés s'éloigner, sans les faire escorter, et se soit fié à leur
bonne foi, au point de les laisser libres de tous leurs mouvements ? C'eût été une grande imprudence que Narsès était
trop avisé pour commettre. Agathias confond peut-être ceux
des Goths qui avaient accepté la capitulation, avec les mille
qui, ne voulant pas l'accepter, étaient partis du camp, avant
qu'elle ne fût conclue, s'étaient retirés vers la région du Pô
et avaient montré ainsi une résolution bien arrêtée de ne pas
mettre bas les armes. D'ailleurs, il est certain que les Goths
n'étaient pas tous à la bataille du Vésuve. En très grand
nombre, ils se trouvaient dans les places où ils tenaient garnison ou dans les contrées qu'ils occupaient, principalement
au nord du Pô. Il paraît évident que ces Goths, subsistant
en grand nombre dans l'Italie et en masse au nord du Pô,
furent ceux qui refusèrent de se soumettre. Les 1 000 qui
avaient quitté le camp, avant la capitulation, se joignirent
certainement à eux. Quant aux autres, accomplirent-ils leur

1. *Agathiæ Historiarum* lib. I, cap. 1 (Corpus Scriptorum Historiæ Byzantinæ, édition de Bonn, p. 14-16).

engagement de sortir de l'Italie? Il n'est possible ni de l'affirmer, ni de le nier.

Les Goths, étant donc décidés à recommencer la guerre et ne se sentant point de force à lutter par les armes contre les impériaux, se tournèrent vers les Francs [1]. La royauté franque se trouvait partagée, comme on l'a vu précédemment, entre les deux derniers survivants des fils de Clovis, Childebert et Clothaire, et Théodebald qui avait succédé à son père Théodebert. Théodebert, fils de Théoderic, l'aîné des fils de Clovis, était mort, en 547, des suites d'un accident dont les circonstances font connaître les habitudes des rois francs et la physionomie des contrées où ils se plaisaient à résider. Un jour qu'il était parti en chasse, il aperçut un énorme taureau à longues cornes, « non de l'espèce paisible dont on se sert « dans la culture, dit Agathias, mais d'une espèce qui existe « dans les montagnes et les forêts, dont la rencontre fait « courir un danger extrême et qu'on désigne sous la déno- « mination de « bubalus », sorte de buffle sauvage ou d'au- « roch [2]. » Et Agathias ajoute : « il s'en trouve beaucoup « dans cette contrée; car les forêts profondes, les montagnes « farouches et un climat froid conviennent particulièrement « à ces animaux sauvages [3]. » Dans l'instant que Théode- bert vit ce taureau fondre sur lui, d'un des fourrés de la forêt, il s'arrêta, la lance en arrêt, comme pour le recevoir. Mais le taureau, fonçant et déjà tout près, vint frapper du front un arbre de moyenne grandeur, avec une force telle, que l'arbre, courbé sous le choc, s'inclina à droite et à gauche. Une des plus grosses branches, en se redressant brusquement, attei- gnit le roi à la tête et lui fit une blessure mortelle. Souffrant d'intolérables douleurs, il tomba évanoui. Les siens ne purent qu'à grand'peine le rapporter dans sa demeure où il cessa de vivre le jour même [4].

---

1. *Agathiæ Historiarum* lib. I, cap. 1 (Corpus Script. Hist. Byzant., p. 16).

2. *Agathias*, lib. I, cap. 4, p. 22.

3. *Agathias*, lib. I, cap. 4, p. 22.

4. *Agathias*, lib. I, cap. 4. p. 23. — Grégoire de Tours ne fait point men-

Au moment où il périt ainsi subitement, Théodebert proje-
tait d'envahir la Thrace, de soumettre tout ce qui le séparait
de Byzance et d'aller porter la guerre jusque sous les murs
de la ville impériale. En vue de cette entreprise, il avait fait
appel à ses guerriers les meilleurs et les plus robustes.
Il se disposait à cette expédition, avec tant de passion et de
si grands préparatifs qu'il avait envoyé des légats chez les
Gépides, chez les Langobards, chez d'autres peuples de ces
régions, pour les inviter à s'unir à lui dans cette guerre, parce
qu'il considérait comme intolérable l'arrogance de Justinien
qui prenait les titres de francique, alamanique, gépidique,
langobardique, auxquels il ajoutait les noms d'autres peuples
encore ; comme si tous avaient été réduits par ses armes et
soumis à sa domination. Il était, disait-il, indigné de cette
injure, qui devait irriter tous ceux auxquels elle était faite
également [1]. « A mon sens, dit Agathias, s'il se fût avancé dans
cette voie, il n'eût tiré aucun avantage de sa témérité. Il eût
été perdu immanquablement, quand, soit en Illyrie, soit en
Thrace, il se fût trouvé en présence des armées romaines.
Mais qu'il ait eu de si vastes ambitions, qu'il ait conçu de
tels projets, qu'il ait été résolu à tout tenter pour les exécuter ; il n'y a en cela rien d'étonnant, pour qui se rappelle
l'esprit entreprenant et audacieux de cet homme qui poussait
l'intrépidité jusqu'à la folie. S'il eût vécu, il n'eût pas tardé,
je crois, à entreprendre cette expédition [2]. »

Agathias se fait sans doute illusion sur la valeur des armées
byzantines. Quand on considère que ces armées étaient im-
puissantes à empêcher les invasions continuelles des hordes
barbares qui, sans cesse, dévastaient les provinces de l'Empire
et, à plus d'une reprise, étendirent leurs ravages jusqu'aux
portes de Byzance, quand on pense que la meilleure de ces
armées, celle de Narsès, ne put arrêter, comme on va le voir,
la marche foudroyante d'une armée franque en Italie, on est

---

tion de cet accident. Il dit que Théodebert mourut de maladie (*Historia
Francorum*, lib. III, cap. xxxvi, édit. Arndt, Monum. Germ., in-4°, p. 138).

1. *Agathias*, lib. I, cap. 4, p. 21.
2. *Agathias*, lib. I, cap. 4, p. 22.

porté à ne pas admettre comme impossible le succès d'une entreprise, qui eût lancé à la fois sur l'Empire tous les peuples barbares qu'il avait tant de peine à contenir, alors qu'ils étaient isolés, et la plus redoutable des armées des Francs. Une si formidable attaque, opérée en Europe, au cœur même de l'Empire, alors qu'en même temps, il aurait eu à se défendre en Asie, contre les Perses, eût pu être décisive-et amener l'établissement d'un empire franc. Un pareil événement eût complètement changé le cours de l'histoire ou accompli l'œuvre de Charlemagne, deux siècles plus tôt, d'une façon plus complète, mais non pas, sans doute, d'une façon plus durable. La mort de Théodebert sauva l'Empire d'un danger qui menaçait, non plus sa puissance, sa prospérité ou sa sécurité intérieure, mais son existence même.

Pendant l'expédition qu'il avait conduite dans la Narbonnaise et qu'il dut brusquement interrompre, pour aller recueillir la succession de son père Théoderic, Théodebert s'était épris d'une femme gallo-romaine, une belle matrone, dit l'ancien récit, nommée Déotéria[1]. Il l'avait épousée, bien qu'elle eût déjà un mari et que lui-même fût déjà fiancé à la fille du roi des Langobards. Déotéria avait une fille, née de son mari gallo-romain. Quelques années plus tard, Déotéria, craignant que cette fille, devenue grande, ne lui enlevât l'amour du roi, fit atteler à sa *basterne* des bœufs indomptés qui la précipitèrent du pont de Verdun dans la Meuse[2]. Théodebert, irrité de cette action, répudia Déotéria et épousa la fille du roi des Langobards, à laquelle il avait été fiancé. De son union avec Déotéria, il avait eu un fils, nommé Théodebald, qui, après la mort de son père, fut reconnu pour roi[3]. Au moment où il fut appelé à la royauté, Théodebald était un enfant de treize ans et il était de faible santé. Comme ses grands oncles Childebert et Clothaire ne le dépouillèrent point et ne paraissent

---

1. *Gregorii Turonensis Historia Francorum*, lib. III, cap. XXII (édit. Arndt. Monum. Germ., in-4°, p. 130-131).

2. *Gregorii Turonensis Historia Francorum*, lib. III, cap. XXVI, p. 132.

3. *Gregorii Turonensis Historia Francorum*, lib. III, cap. XXVII et XXXVII (édit. Arndt, Monum. Germ., in-4°, p. 132 et 140).

même pas avoir été tentés de le dépouiller, il y a lieu de croire
qu'ils en furent empêchés par l'attitude des Leudes de Théodebert, qui, lui aussi, avait dû à leur fidélité la succession
de son père Théoderic.

Malgré le jeune âge de Théodebald, sa faiblesse et le peu
d'apparence qu'il pût entrer en guerre contre l'Empire, ce fut
à lui que les Goths s'adressèrent, à cause de la proximité, ses
posséssions étant voisines de l'Italie d'où les deux autres rois
francs étaient éloignés. Childebert et Clothaire ne s'étaient
jamais immiscés dans les affaires de l'Italie; tandis que Théodebert y avait étendu ses conquêtes, dans le nord et dans la
Vénétie. Une ambassade fut donc envoyée vers Théodebald,
non par tous les Goths, dit Agathias, mais par les Goths établis au nord du Pô, qui firent cette démarche publiquement,
sans avoir recours à une négociation secrète[1]. Ceux qui
étaient répandus dans le reste de l'Italie, dit encore Agathias,
désiraient, autant qu'eux, un changement à l'état des choses;
mais incertains de l'avenir, inquiets des chances à courir, ils
demeuraient indécis, hésitaient, cherchaient à se renseigner et
attendaient les événements[2]. Agathias rectifie ainsi lui-même,
dans le sens qui a été indiqué, ce qu'il avait dit au commencement de son récit.

Admis en la présence du jeune roi et des chefs francs, les
envoyés des Goths les supplièrent de ne point considérer
comme un événement sans importance l'écrasement des Goths
par les Romains et de sauver un peuple voisin et ami. Ils ne
négligèrent point de représenter que, même si les Francs ne
voulaient avoir égard qu'à leurs propres intérêts, ils ne pouvaient souffrir l'extension de la puissance romaine qui devait
leur être suspecte. « Quand la race des Goths aura été extir-
pée de l'Italie, dirent-ils, vous vous trouverez bientôt en présence des Romains, décidés à recommencer contre vous les
guerres d'autrefois. Les prétextes ne leur manqueront pas,
pour couvrir leur cupidité d'une apparence de droit. Ils invo-

---

1. *Agathias*, lib. I, cap. 5 (Corpus Script. Hist. Byzant., p. 23).
2. *Agathias*, lib. I, cap. 5, p. 24.

queront le souvenir de Marius, de Camille et de tous ceux des Césars qui ont combattu les Germains, dont ils ont occupé les pays, même au delà du Rhin. Ils chercheront ainsi à justifier leur agression, par le prétendu droit de reprendre par les armes les possessions de leurs ancêtres. C'est de ce même prétexte qu'ils se sont servis contre nous. Comme si Théodoric, qui fut jadis notre prince et nous fit immigrer en Italie, se fût jeté injustement sur ce pays, ils nous ont spolié de nos biens, ont anéanti la plus grande partie de notre nation et emmené, en cruelle servitude, les femmes et les enfants d'hommes qui naguère étaient, parmi nous, les plus éminents et les plus fortunés. Pourtant, ce ne fut pas malgré eux, mais par suite d'une concession de Zénon, alors empereur, que Théodoric vint en Italie. Ce ne fut pas aux Romains, qui l'avaient déjà perdue, que Théodoric enleva cette contrée. Ce fut en expulsant Odoacre, qu'il acquit, conformément aux droits de la guerre, toutes les conquêtes de cet envahisseur étranger. Tout cela n'empêcha point les Romains d'agir sans foi ni loi, dès qu'ils se virent en forces. Ils feignirent d'être irrités contre Théodat, à cause d'Amalasunthe. Ce fut le prétexte et le commencement de la guerre ; depuis lors, ils ne cessent leurs violences et leurs rapines. Voilà quels sont ceux qui se vantent, avec tant de jactance, de posséder seuls, la sagesse, la crainte de Dieu, la justice dont la loi est, à les entendre, l'unique règle de leur conduite.

« Pour n'être pas exposés à subir, à votre tour, les maux qui nous accablent, pour n'avoir pas sujet de regretter, quand il sera trop tard, votre inertie ; il vous faut prévenir vos ennemis, ne point négliger l'occasion présente, mettre en campagne une armée proportionnée à l'effort à accomplir, sous les ordres d'un chef pris parmi les vôtres et entendu à la guerre, qui, menant la lutte contre les Romains avec prudence et énergie, les chasse, au plus tôt, de l'Italie et la remette en notre possession. Agissant ainsi, non seulement vous ferez des Goths vos obligés, car vous serez les auteurs de leur salut et vous les aurez délivrés de toutes les calamités ; mais vous aurez mis vos intérêts en sûreté. Vous aurez repoussé votre ennemi, loin de vos frontières. De plus, les richesses afflueront dans vos mains. Avec la dépouille des Romains, vous recevrez les dons que nous ne vous ménagerons pas, car nous ne serons pas ingrats [1]. »

Ce discours n'émut point Théodebald, jeune homme indolent, affaibli par de fréquentes maladies et sans goût pour la guerre. Il ne se laissa point persuader que du malheur d'autrui, pût naître un péril pour lui-même. D'ailleurs, il est aisé de conjecturer qu'une autre raison le forçait à demeurer en paix. Il avait, à ce moment, dix-huit ou dix-neuf ans, tout au plus et il n'eût pu, apparemment, engager ses guerriers dans une entreprise considérable et lointaine, encore moins quitter lui-même ses possessions, sans avoir à craindre, quand il serait au loin, les effets de la rapacité de ses deux grands oncles, Childebert et Clothaire. Mais, ce qu'il ne voulut ou ne put faire, fut entrepris par deux des chefs de ses guerriers, Leutharis et Butilin, ou Buccellin, qui, agissant sans l'aveu, ou du moins sans l'aveu apparent de leur roi, s'entendirent avec les Goths. C'étaient deux frères, Alamans de naissance, mais en grande considération parmi les Francs [2]. Par la volonté de Théodebert, ils avaient été précédemment établis chefs, dans leur propre nation. De ces deux frères, le premier, Leutharis, n'est mentionné que par Agathias et par Paul Diacre, l'historien des Langobards. Marius, évêque d'Avenche et Grégoire de Tours ne font mention que du second [3]. Agathias le nomme Butilin ; Marius, Grégoire de

---

1. *Agathias*, lib. I, cap. 5, p. 25.
Les discours que Procope prête aux généraux de l'armée impériale et à Totila, doivent être considérés comme ayant une valeur historique. Procope raconte des événements auxquels il a eu part et il a pu être très exactement renseigné, même au sujet des proclamations des chefs ennemis. Quant aux discours qu'Agathias prête aux Goths, ils ne sont, peut-être, que des amplifications de rhétorique.

2. *Agathias*, lib. I, cap. 6, p. 27. — Paul Diacre, *De Gestis Langobardorum*, lib. II, cap. II (Rerum Italicarum Scriptores, t. I, p. 425 et Monum. Germ., in-4°, Scriptores Rerum Langobardicarum, p. 73, lig. 8).

3. *Marii Episcopi Aventicensis Chronica*, ann. 555 (édit. Mommsen. Monum. Germ., in-4°, Auct. Antiq., t. XI, pars I, p. 237). — *Gregorii Turonensis Historia Francorum* (édit. Arndt. Monum. Germ., in-4°, lib. III, cap. XXXII, p. 136).

Tours et Paul Diacre le désignent sous le nom de Buccelin.

Paul Diacre, qui paraît mieux informé que les autres historiens anciens en ce qui concerne ce chef, dit que Narsès fit la guerre au chef Buccelin que Théodebert, roi des Francs, avait laissé en Italie, avec un autre chef nommé Haming, pour en achever la conquête, lorsqu'après avoir envahi cette contrée, il retourna dans les Gaules. Butilin était donc l'un des chefs auxquels Théodebert avait confié, en retournant dans les Gaules, le commandement des troupes franques qu'il avait laissées dans le nord de l'Italie, pour se maintenir en possession des pays dont il s'y était rendu maître. Paul Diacre ajoute que Butilin envoya à son roi Théodebert d'amples trésors, provenant des dépouilles de l'Italie qu'il avait dévastée presque tout entière[1].

Comme ce fut sous le règne de Théodebald et non sous celui de Théodebert, qui était mort depuis cinq ans à cette époque, que les Francs ravagèrent la plus grande partie de l'Italie, on a cru à une erreur ou à une confusion de la part de Paul Diacre. Mais, avant leur grande expédition, entreprise sous le règne de Théodebald, les Francs, cantonnés dans le nord de l'Italie, entreprirent certainement, dès l'époque du règne de Théodebert, d'autres expéditions moins importantes et des courses continuelles; ce que Paul Diacre indique d'ailleurs clairement, en disant que Butilin avait été laissé en Italie pour en achever la conquête. Des richesses, provenant du butin fait dans ces diverses courses et expéditions, ayant été envoyées, tant à Théodebert qu'à son successeur, il n'est point étonnant que Paul Diacre n'ait cité, de ces deux rois, que celui dont le nom était le plus illustre et le plus connu. De même, à cause sans doute du peu d'illustration de Théodebald, Grégoire de Tours place sous Théodebert les expéditions de Butilin et ses combats contre Narsès, bien que Théodebert fût mort depuis plusieurs années, quand Narsès vint en Italie.

1. *Pauli Diaconi, De Gestis Langobardorum* lib. II, cap. II (Rerum Italic. Script., t. I, p. 425 et Monum. Germ., in-4°, Scriptores Rerum Langobardicarum, p. 73, lig. 2).

La manière dont s'exprime Grégoire de Tours, laisse entendre que Butilin fit plus d'une expédition en Italie[1]. Avant celle qu'il entreprit, sous le règne de Théodebald, il en avait fait une ou plusieurs, sous le règne de Théodebert[2]. C'est ce qu'indique aussi un abréviateur de Grégoire de Tours, publié dans le Recueil des historiens des Gaules[3]. Butilin, dit cet auteur, combattant vaillamment, à diverses reprises, contre les patrices Bélisaire et Narsès, les mit en fuite et écrasa leurs armées. Il n'est donc point douteux que Butilin, qui se trouve désigné avec le titre de comte, par un continuateur de la Chronique du comte Marcellin[4], était, depuis le règne de Théodebert, un des principaux chefs investis du commandement des Francs, dans l'Italie du nord. Son frère Leutharis était, sans doute, également un des chefs qui commandaient dans cette région.

Ils se trouvaient au sud des Alpes, prêts à une expédition qu'ils pouvaient entreprendre avec les forces dont ils disposaient, sans l'intervention de Théodebald, sans que celui-ci eût à se séparer de ses guerriers, dont la présence, autour de lui, le défendait contre la rapacité de ses grands oncles. Théodebald donna-t-il sous main son consentement à l'entreprise de Butilin et de Leutharis? Agathias dit qu'ils agirent sans l'approbation de leur roi; et cela est en effet très vraisemblable[5]. Théodebald, ayant besoin de se conserver, à tout prix, le dévouement des chefs de ses guerriers, n'avait pas sur eux grande autorité. Si ces chefs l'avaient reconnu pour successeur de Théodebert et le maintenaient en possession de la royauté, c'était précisément parce qu'ils étaient bien aises d'avoir pour roi un jeune homme faible, sous lequel ils jouis-

---

1. *Gregorii Turonensis Historia Francorum,* lib. III, cap. xxxii (édit. Arndt, Monum. Germ., in-4°, p. 136).

2. *Gregorii Turonensis Historia Francorum,* lib. IV, cap. ix (édit. Arndt, Monum. Germ., in-4°, p. 146).

3. *Recueil des Historiens des Gaules,* t. II, p. 403, n° XLV, Sancti Gregorii episcopi turonensis historia Francorum epitomata per Fredegarium Scholasticum.

4. *Recueil des Historiens des Gaules,* t. II, p. 20. Excerpta ex appendice ad Marcellini Comitis Chronicon, ind. XV.

5. *Agathias,* I, cap. 6 (Corpus Script. Hist. Byzant., p. 26).

saient d'une indépendance complète. Tant que vécut Théodc-
bald, il n'y eut point de véritable royauté chez les Francs
orientaux. Le roi végétait dans ses métairies de la Meuse et
de la Moselle ; les leudes, groupés autour de chefs électifs,
désignés sous le nom de Hérézoghes, s'en allaient à des expéditions lointaines, sans se soucier de l'aveu de leur roi [1].
Butilin dut d'autant moins se soucier d'obtenir l'approbation
de Théodebald, qu'il avait été laissé par Théodebert au sud
des Alpes pour soumettre l'Italie. Il se trouvait ainsi tout
autorisé à profiter, pour accomplir cette mission, d'une occasion qui lui paraissait favorable ; si toutefois il se préoccupait
d'une autorisation quelconque.

Il agissait, d'ailleurs, conformément aux traditions des
Francs, qui, dès l'époque de Clovis et de Théodoric le Grand,
avaient toujours considéré les Goths comme des ennemis, les
avaient combattus au temps de leur puissance et, depuis
qu'ils les voyaient aux prises avec l'Empire, s'étaient abstenus, malgré toutes leurs sollicitations, d'intervenir en leur
faveur. Avides d'étendre leurs conquêtes au sud des Alpes,
ils avaient tout avantage à laisser s'accomplir la ruine du
royaume des Goths, dont la destruction leur laissait le champ
libre. Lorsqu'après la défaite et la mort de Teïas, cette
ruine fut consommée, le moment semblait venu pour les
Francs d'accomplir leurs desseins. Les impériaux avaient
encore à lutter, pour réduire les nombreuses places et les
contrées occupées par les Goths, et les débris des armées des
Goths, capables de fournir contre les impériaux un appoint
à l'envahisseur, étaient trop faibles désormais pour lui disputer ses conquêtes. Ce ne fut point dans l'intérêt des Goths
que Butilin et Leutharis prirent la résolution d'entrer en
campagne, ce fut pour enlever l'Italie à l'Empire et y remplacer
la domination des Goths par la domination des Francs. L'un
et l'autre pensaient que Narsès n'oserait pas même les
attendre ; que d'emblée ils se trouveraient maîtres de l'Italie
tout entière et qu'ils ne tarderaient pas à y ajouter la Sicile.

---

1. Henri Martin, *Histoire de France*, Iʳᵉ partie, liv. IX, t. II. p. 25.

Ils ne pouvaient assez s'étonner, disaient-ils, de la terreur qu'inspirait aux Goths « ce petit bonhomme, gardien de chambres à coucher », habitué à une vie d'ombre et de mollesse, à qui la nature ne permettait rien de viril [1].

Pleins d'illusions et de jactance, ils avaient rassemblé une armée de solides guerriers, francs et alamans, au nombre de 75 000 et hâtaient leurs préparatifs de guerre, dans le but évident de fondre tout prochainement sur l'Italie et la Sicile [2]. Narsès, bien qu'il ne fût pas exactement informé de leurs mouvements, ne laissait pas d'agir avec prévoyance et activité. Il n'était dans son caractère ni de s'enorgueillir outre mesure de sa victoire, ni de se laisser aller à trop d'assurance, ni de se reposer de ses fatigues dans l'oisiveté et les plaisirs.

Sans perdre de temps, il résolut d'enlever de force les villes que les Goths possédaient encore dans la Toscane [3]. Mais, suivant le plan qu'il avait arrêté, ce fut vers Cumes qu'il fit d'abord marcher son armée. Cette place était la plus solide de l'Italie et la prendre d'assaut était extrêmement difficile. Elle était située sur une colline escarpée et presque sans accès, qui s'élevait sur le rivage même de la mer Tyrrhénienne et dont le pied était battu par les flots. Au sommet de cette colline, se dressaient les fortifications de la ville, parfaitement bien munies de tours et de remparts [4]. Pendant les règnes de Totila et de Teïas, ces deux rois et les Goths avaient mis à l'abri dans cette place, comme en un lieu plus en sûreté que tout autre, ce qu'ils possédaient de plus précieux. Narsès ne l'ignorait pas et le désir de s'emparer de ces richesses le rendait plus ardent à vouloir achever sa victoire par la prise de ce réduit, d'où les Goths pouvaient infester l'Italie. Aligerne, le plus jeune des frères de Teïas, se trouvait dans cette place, avec tout ce qui avait pu être rassemblé de guerriers. Il n'était nullement disposé à mettre bas les

---

1. *Agathias*, I, cap. 7 (Corpus Script. Hist. Byzant., p. 30).

2. *Agathias*, I, cap. 7, p. 30.

3. *Agathias*, I, cap. 8.

4. *Agathias*, I, cap. 8.

armes, bien qu'il connût parfaitement la mort de Teïas, la ruine des Goths et leur impuissance. Rien de tout cela ne l'avait abattu. Tant de coups du sort ne l'avaient point effrayé. Plein de confiance dans la solidité de sa forteresse, abondamment approvisionnée de vivres, il montrait une excessive ardeur et se vantait de repousser facilement toute attaque.

Aussitôt arrivé devant Cumes, Narsès en fit commencer les approches. Ce ne fut qu'au prix des plus grands efforts, que ses soldats réussirent à escalader la colline. Parvenus enfin à proximité de la ville, ils lancèrent leurs traits contre ceux qui se montraient aux créneaux. Alors, commença une lutte acharnée [1] : les flèches lancées par les Romains sifflaient de toutes parts, tandis que les frondes et toutes les machines usitées aux sièges étaient mises en usage. Les guerriers d'Aligerne répondaient, avec non moins d'ardeur, par une grêle de traits, de projectiles de toute sorte et de pierres énormes qu'ils lançaient de leurs mains ou à l'aide des machines dont ils étaient également bien pourvus. Les Romains pouvaient aisément discerner les traits qui partaient de la main d'Aligerne, au sifflement particulièrement strident produit par leur rapidité, à leur force qui était telle qu'ils brisaient les pierres et les corps les plus durs. Un guerrier, préfet de cohorte, qui avait nom Palladius et que Narsès tenait en particulière estime, s'était approché résolument des murailles ; Aligerne le vit et d'un trait, le perça d'outre en outre, à travers son bouclier et sa cuirasse.

Les jours suivants, le combat se renouvela, dans les mêmes conditions, à coups de traits, sans amener aucun résultat. Les Romains se faisaient un point d'honneur de ne point renoncer à leur entreprise ; les Goths faisaient assez voir qu'ils étaient en disposition de ne pas céder [2]. Narsès s'impatientait de perdre beaucoup de temps devant une seule place qui, comme ville, était d'une importance secondaire. Après bien des tâtonnements et des hésitations, il imagina un moyen pour faire

1. *Agathias*, I, cap. 9.
2. *Agathias*, I, cap. 9.

brèche aux murailles. Sur le versant oriental de la colline, se
trouvait un antre qui s'enfonçait dans le rocher, en une galerie
large et très profonde, souterraine dans toute son étendue.
C'était là, suivant la tradition, qu'avait vécu la Sibylle ita-
lique [1]. Une partie des murailles de la ville s'élevait au-dessus
de ce souterrain. Narsès eut l'idée de tirer avantage de cette
circonstance. Il fit entrer dans l'antre des hommes, munis des
instruments nécessaires pour entamer le rocher qu'il fit
creuser de bas en haut, jusqu'à ce qu'on atteignît le sol sur
lequel étaient construites les murailles. Quand les fondations
apparurent, Narsès les fit étançonner, à l'aide de poutres
dressées et reliées entre elles, pour empêcher le rempart de
se désagréger. Il voulait éviter d'attirer sur ce point l'attention des Goths. Pour céler le bruit du travail des mineurs,
l'armée romaine fut lancée, sur la hauteur, à l'assaut de la
muraille, avec d'assourdissantes clameurs et un grand fracas
d'armes.

Quand le sol eut été entièrement miné, sous toute la partie
de la muraille construite au-dessus de l'antre et quand les
murs n'y furent plus soutenus que par des étais, les mineurs
accumulèrent, dans la cavité, une quantité de feuilles sèches et
de matières combustibles auxquelles ils mirent le feu [2]. Bientôt,
l'incendie gagna les poutres et les consuma. Les constructions
qu'elles ne soutenaient plus, entraînées par leur masse, s'effon-
drèrent dans le vide. En même temps, les remparts et les tours
voisines, arrachés par les pans de murs auxquels ils tenaient,
penchèrent, menaçant ruine. La porte de ce quartier, que
l'on gardait fermée avec le plus grand soin, à cause du voisinage de l'ennemi, s'écroula tout entière. Les débris vinrent
rouler sur le rivage, au pied de la colline [3]. Il semblait aux
Romains que rien ne pouvait plus les empêcher de pénétrer
dans la place et qu'ils n'avaient plus à tenir compte de la
résistance des assiégés. Il n'en fut pas comme ils l'espéraient.
Les crevasses et les précipices, qui coupaient la colline, sur

1. *Agathias*, I, cap. 10.
2. *Agathias*, I, cap. 10.
3. *Agathias*, I, cap. 10.

de grandes étendues, tant sur le versant que sur le pourtour du plateau, rendaient le passage extrêmement difficile et périlleux. Narsès fit néanmoins donner l'assaut avec l'énergie nécessaire pour emporter la ville. Mais les Goths se défendirent avec tant d'opiniâtreté, que les Romains furent repoussés [1].

Narsès, voyant qu'il ne pouvait venir à bout de cette place ni par un siège régulier, ni par un coup de force, prit la résolution de ne pas fatiguer plus longtemps toute son armée et de se porter sur Centumcellæ, sur Florentia et sur les autres places de la Toscane, afin de s'établir solidement dans toute cette région, avant la venue du nouvel ennemi qu'il allait avoir à combattre. Il avait reçu avis, en effet, que Leutharis et Butilin étaient déjà sur la rive méridionale du Pô, à la tête de leurs troupes de Francs et d'Alamans [2].

Philémuth, chef des Hérules qui formaient un des corps de l'armée romaine, était mort de maladie, peu de jours auparavant. Il était de règle de mettre à la tête de ce corps un chef de sa nation. Narsès désigna donc, pour remplacer Philémuth, un de ses compatriotes, nommé Phulcaris, fils d'une sœur de Phantée dont Procope fait mention et qu'il appelle Phanothée [3]. Paul Diacre nous apprend que ces Hérules, toujours commandés par leurs propres chefs, étaient établis en Italie depuis fort longtemps. Selon cet auteur, ils y seraient venus avec Odoacre [4].

Le nouveau chef des Hérules, Jean, neveu de Vitalien, Valérien, Artaban et d'autres chefs et préfets de cohortes reçurent l'ordre de se mettre en marche, avec la plus grande et la plus forte partie de l'armée. Il leur était enjoint de contourner le massif de l'Apennin qui s'élève entre la Toscane et l'Émilie, de s'avancer jusqu'au Pô, d'occuper les positions les

---

1. *Agathias*, I, cap. 10.

2. *Agathias*, I, cap. 11.

3. Procope, *de Bello Gothico*, lib. II, cap. 13, p. 199. — Lib. II, cap. 19, p. 224. — Lib. II, cap. 22, p. 235 (Corpus Script. Hist. Byzant.).

4. Paul Diacre, *de Gestis Langobardorum*, lib. II, cap. III (Rerum Italic. Script., t. I, p. 426, et Monum. Germ., in 4°; Scriptores Rerum Langobardicarum, p. 73, lig. 11 et 12).

plus importantes de la région, d'y établir un camp et de
s'opposer aux progrès de l'ennemi. Ils devaient lui barrer la
route, si les circonstances s'y prêtaient ; si, au contraire, la
multitude des ennemis ne permettait pas de les arrêter, ils
devaient inquiéter leur marche, les harceler, les retarder le
plus longtemps possible, jusqú'à ce que Narsès eût mené à
bonne fin l'expédition que, de son côté, il avait résolu d'entreprendre [1]. Il laissa devant Cumes un corps assez important, destiné à bloquer la place et à la réduire par un long siège,
s'il n'y avait pas moyen de s'en emparer autrement. La ville fut
entourée d'une contrevallation et toutes les issues furent soigneusement observées, pour empêcher les assiégés de se ravitailler. Il y avait lieu de penser que leurs approvisionnements
étaient à peu près épuisés, car le siège durait depuis un an
entier [2].

Narsès s'avança en Toscane où il se rendit maître de la
plupart des places, sans coup férir [3]. Les Florentins allèrent
au-devant de lui et, sur la promesse qu'il ne leur serait fait
aucun mal, se rendirent, corps et biens. Les habitants de
Centumcellæ, de Volterre et de Pise agirent de même [4]. La
marche de Narsès était une suite ininterrompue de rapides
succès ; tout se soumettait sur son passage. Lucques, seule,
l'arrêta quelque temps. Les habitants refusèrent de se rendre,
malgré une capitulation qu'ils avaient conclue précédemment,
par laquelle ils s'étaient obligés à livrer la place, si, dans un
délai de trente jours, il ne leur arrivait pas des secours suffisants,
non seulement pour défendre leurs tours et leurs murailles,
mais pour combattre en rase campagne. Ils avaient pris cet
engagement, parce qu'ils espéraient que les Francs allaient
survenir bientôt, pour les soutenir. Le délai était expiré et
aucun secours n'avait paru ; néanmoins, ils ne voulurent point
se soumettre [5]. Narsès, grandement déçu, dut donc se prépa-

---

1. *Agathias*, I, cap. 11.
2. *Agathias*, I, cap. 11, p. 37.
3. *Agathias*, I. cap. 11, p. 37.
4. *Agathias*, I, cap. 11, p. 37.
5. *Agathias*, I, cap. 12.

rer à les réduire par la force. Autour de lui, on était d'avis de faire périr, pour punir l'infidélité des habitants, les otages qu'ils avaient livrés. Narsès, accoutumé à se décider, en toutes choses, par la raison, non par les entraînements de la colère, s'opposa à cette cruauté de punir des innocents pour le crime d'autrui ; mais il imagina, raconte Agathias, une scène destinée à émouvoir profondément les assiégés.

Les otages, les mains liées derrière le dos et la tête découverte, furent amenés en vue de la ville et Narsès déclara qu'il allait les mettre à mort, à l'instant même, si les Lucquois ne se hâtaient d'accomplir leur promesse. On avait attaché au dos de chacun des otages deux courts morceaux de bois, qui les protégeaient, depuis le milieu des épaules jusqu'au haut de la nuque et qu'on avait pris soin d'entourer de linges ; de sorte que les ennemis, à la distance où ils se trouvaient, n'en pouvaient rien apercevoir. Les habitants n'obéissant pas à ses sommations, Narsès donna l'ordre de décapiter les otages. Des gens, apostés à cet effet, leur assénèrent alors des coups de glaive, comme pour leur couper la tête. Les coups portaient sur les morceaux de bois et ne faisaient aucun mal aux otages ; mais ceux-ci, suivant l'ordre qu'ils avaient reçu, se laissaient tomber à terre, palpitaient et se contractaient, comme des mourants. A cette vue, les habitants, trop éloignés pour pouvoir se rendre un compte exact des choses dont ils ne pouvaient juger que par l'apparence, se mirent à se lamenter, comme en un grand malheur. Les otages étaient, non des gens du vulgaire, mais les principaux personnages de la cité. Croyant avoir perdu des citoyens de si grande importance, les Lucquois faisaient retentir les airs de longs et lamentables gémissements. Les femmes, persuadées de la mort de leurs pères, de leurs fils et de leurs parents, couraient sur les remparts, se frappaient la poitrine, déchiraient leurs vêtements, vociféraient des malédictions contre Narsès, lui reprochaient de cacher, sous une fausse piété et une hypocrite ostentation de religion, l'orgueil et la méchanceté d'une âme inhumaine et sanguinaire. A ces exclamations, Narsès répondit : « N'est-ce point vous-mêmes qui êtes cause de la perte des vôtres ? Vous qui, violant, de la façon la plus détestable, la foi jurée et la sainteté des traités, êtes sans pitié pour ces malheureux que vous abandonnez. Si vous voulez agir comme vous le devez et remplir vos engagements, il en est encore temps. Vous n'aurez rien perdu. Vos otages reviendront à la vie et aucun mal ne sera fait par nous à votre ville. Si, au contraire, vous vous obstinez, votre malheur ne se bornera pas à la perte de vos otages ; vous avez tous à craindre de partager leur sort [1]. »

Ces paroles donnèrent à penser aux Lucquois que Narsès usait de ruse, puisqu'il leur disait que ceux qui étaient tombés, sous leurs yeux, reviendraient à la vie. Mais il ne leur était point possible, n'ayant pu se rendre compte de ce qui s'était passé, de soupçonner de quelle ruse il s'agissait. Néanmoins, ils promirent, dans l'instant même, de se rendre, si on leur faisait voir d'abord leurs otages vivants. Persuadés de leur mort et de l'impossibilité que les lois de la nature opposaient à la réalisation des offres de Narsès, ils crurent mettre le bon droit de leur côté et se donner l'apparence d'être à l'abri de tout reproche. Alors, Narsès donna l'ordre aux otages de se relever et de paraître, sains et saufs, devant leurs concitoyens. A la vue d'une chose si peu croyable, les Lucquois demeurèrent stupéfaits. Il y en eut pourtant qui s'opposèrent encore à la reddition. Malgré leur déloyauté, Narsès leur renvoya les otages sans leur demander aucune rançon, sans tirer de la ville aucune condition, en échange de leur liberté. Les Lucquois, étonnés d'une telle générosité, en étaient à se demander pourquoi il agissait ainsi. « Il n'est pas dans mes habitudes, leur dit-il, de me laisser amuser par de vaines flatteries et des illusions. Si vous ne vous rendez pas à l'instant, voici ce qui saura vous y contraindre. » Et il montrait les épées de ses soldats [2].

Cependant, les otages, remis en liberté, se mêlaient à leurs compatriotes, répandaient les louanges de Narsès, rappelaient

---

1. *Agathias*, I, cap. 12.
2. *Agathias*, I, cap. 13.

avec quelle bonté, avec quelle bienveillance il les avait traités, ne cessaient de faire l'éloge de sa douceur, de son affa-
bilité, de la générosité de son caractère. Ces discours ne
tardèrent pas à faire plus d'effet que la crainte des armes.
Le peuple, déjà divisé d'opinion et aisé à émouvoir, commença à se montrer, en grande majorité, favorable aux intérêts de l'Empire.

Pendant que Narsès était retenu au siège de Lucques, les
troupes romaines envoyées dans l'Émilie, subirent un échec
qui diminua grandement leur valeur morale. Elles avaient
d'abord opéré avec ordre et avec prudence, enlevant bourgs
et lieux fortifiés, sans se disséminer, sans étendre trop loin
leurs courses, sans cesser de garder leur ligne d'opérations
et d'avancer, formées en un carré, au milieu duquel elles mettaient leur butin, pour le défendre plus aisément. Elles procé-
daient ainsi, depuis quelques jours, à la dévastation des
campagnes de l'ennemi, quand les choses tournèrent au plus
mal par la faute de Phulcaris, le nouveau chef des Hérules.
C'était un guerrier intrépide, d'un très grande valeur; mais
il était téméraire à l'excès. Le propre d'un bon général était,
à son sens, non de bien ordonner et de bien conduire une ·
bataille, mais de se distinguer, en devançant tous les autres,
pour se jeter au plus fort de la mêlée et accomplir des faits
d'armes dont il était extrêmement fier [1].

Un jour, plus emporté encore que de coutume, il se lança
à la légère dans une entreprise contre Parme. Cette place
forte était alors occupée par les Francs. Il eût été conforme
aux règles de la guerre d'envoyer d'abord reconnaître les
dispositions de l'ennemi, d'attendre d'être renseigné et de
marcher ensuite en ordre de bataille. Lui, au contraire, plaçant toute sa confiance dans son audace et son impétuosité,
partit, comme pour une simple course, avec ses Hérules et ce
qu'il avait sous la main de soldats des cohortes romaines. Il
s'avança sans observer aucun ordre, sans avoir pris aucune
disposition pour se mettre en garde contre une surprise.

---

1. *Agathias*, I, cap. 14.

Butilin, informé de son approche, cacha dans l'amphithéâtre, situé en dehors et près de la ville, une quantité de guerriers, choisis parmi les plus valeureux et les plus robustes de son armée. Il les y établit en embuscade et attendit le moment d'agir. Quand Phulcaris et ses Hérules eurent dépassé l'amphithéâtre, les Francs en sortirent tout à coup et, tombant par derrière sur cette troupe qui allait, dispersée sans aucune précaution, en firent un horrible carnage. Étonnés de cette brusque surprise, entourés et comme pris au piège, les soldats de Phulcaris perdirent tout courage, malgré leur longue habitude du métier des armes. Ils s'enfuirent, en une complète débandade[1]. Phulcaris tint ferme, avec ses gardes. Il n'était pas homme à chercher son salut dans la fuite et préférait une mort honorable à la honte de survivre à son désastre. Il s'adossa à un monument funéraire et, assuré ainsi de ne pouvoir être pris par derrière, tantôt il se jetait sur les ennemis, tantôt il se repliait, le visage constamment tourné contre les assaillants dont il abattait un grand nombre. Il lui eût été aisé de fuir. Ceux qui l'entouraient l'en pressèrent en vain. « Comment pourrais-je, leur dit-il, supporter les reproches de Narsès[2]? » Craignant les reproches plus que le fer des ennemis, il s'obstina à ne vouloir point quitter le champ de bataille. Il continua à combattre, sans relâche, jusqu'au moment où, accablé par le nombre, la poitrine percée de plusieurs traits, la tête fendue d'un coup de hache, il tomba mourant sur son bouclier. Tous ceux qui étaient demeurés auprès de lui, les uns volontairement, les autres, parce que les ennemis leur avaient coupé toute retraite, périrent, dispersés çà et là[3].

Ce succès enhardit les Francs. Quant aux Goths qui habitaient l'Émilie, la Ligurie ou les régions voisines et qui, par crainte, faisaient semblant de vouloir vivre en paix avec les Romains, la nouvelle de cet événement leur fit reprendre de l'audace. Ils se déclarèrent ouvertement et, n'écoutant plus

---

1. *Agathias*, I, cap. 14.
2. *Agathias*, I, cap. 15.
3. *Agathias*, I, cap. 15.

que leurs sympathies, se joignirent aux Francs. Les troupes romaines, sous les ordres de Jean, neveu de Vitalien et d'Artaban, auxquelles s'était rallié ce qui restait du corps des Hérules, firent retraite sur Faventia. Elles ne crurent pas pouvoir demeurer plus longtemps dans le voisinage de Parme où s'était concentré l'ennemi, que son succès devait encourager à prendre l'offensive et qui voyait se déclarer pour lui les forteresses occupées par les Goths. S'exagérant la supériorité des Francs, les chefs de l'armée romaine crurent ne pouvoir se mettre en sûreté qu'en se rapprochant de Ravenne.

Narsès fut profondément affligé de l'avantage remporté par les barbares et de la perte d'un guerrier tel que Phulcaris. Mais il ne fut ni abattu, ni effrayé. Voyant que les troupes qu'il avait avec lui se montraient frappées d'un revers si inattendu, il jugea nécessaire de leur adresser une proclamation, pour calmer leurs craintes et relever leur courage. Narsès avait vécu dans le milieu fermé et débilitant de la cour ; il n'avait guère étudié l'éloquence ; mais, doué d'un esprit souple et étonnamment apte à tout ce qu'exigeaient les circonstances, il savait trouver les mots pour exprimer, d'une façon saisissante, la résolution dont il était animé. Petit de taille et d'une complexion grêle, il avait une élévation, une force d'âme incroyables [1]. Il réussit à raffermir l'esprit de son armée et s'occupa à presser le siège de Lucques [2]. En même temps, il dépêcha, vers les généraux qui s'étaient retirés à Faventia, un de ses familiers nommé Stéphane, pour leur reprocher leur défaillance et leur déclarer qu'ils seraient tenus pour coupables d'avoir déserté le service de l'Empire, s'ils ne retournaient immédiatement à leurs postes.

Stéphane était un Illyrien d'Épidamne [3]. Escorté de 200 cavaliers résolus, il partit en toute hâte. Sa mission était difficile et pleine de périls ; car des partis de Francs parcouraient, pour se ravitailler et faire du butin, les territoires qu'il

---

1. *Agathias*, I, cap. 16.
2. *Agathias*, I, cap. 17.
3. *Agathias*, I, cap. 17.

avait à traverser. La petite troupe romaine ne put cheminer, le plus souvent, que pendant la nuit et dut se tenir toujours prête à combattre. Elle entendait sans cesse autour d'elle, les gémissements des campagnards et les beuglements des troupeaux enlevés par les ennemis, le bruit de la chute des arbres qu'ils abattaient[1]. A travers ces horreurs, elle parvint, non sans peine, à atteindre Faventia. Stéphane alla aussitôt trouver les chefs. « Que sont devenues, leur dit-il, vos glorieuses traditions, vos grandes promesses de nouvelles victoires ? Comment Narsès pourra-t-il réduire Cumes et pacifier la contrée en deçà des Apennins, si vous livrez passage à l'ennemi, dans d'autres conditions que celles fixées par vos instructions, si vous le laissez libre d'agir à sa guise ? Je ne veux pas user de paroles trop sévères ; mais il ne manquera pas de gens qui qualifieront votre conduite de lâcheté et de négligence dans le service. Si vous ne vous hâtez pas de retourner vers Parme, craignez la colère de Narsès. Il vous rendra responsables de tout ce qui peut advenir de mal. Craignez aussi de trouver l'empereur implacable à votre égard[2]. »

Les chefs comprirent que les paroles qu'ils entendaient, étaient celles de Narsès lui-même. Ils ne pouvaient prétendre qu'ils ne méritaient point ces reproches. Ils alléguèrent pourtant diverses excuses : qu'ils avaient été forcés à la retraite, parce que les environs de Parme ne leur fournissaient point les subsistances nécessaires à leurs troupes ; qu'Antiochus, qui était chargé du service des ravitaillements, ne leur avait rien fourni ; que la solde n'avait point été payée comme de coutume[3]. Stéphane se rendit, en toute hâte, à Ravenne d'où il expédia immédiatement Antiochus et, remédiant à toutes les difficultés, il fit si bien que l'armée retourna dans les environs de Parme et y établit un camp. Après avoir rétabli ainsi la situation dans l'Émilie, Stéphane retourna devant Lucques, pour assurer Narsès qu'il pouvait être sans inquiétude et poursuivre ses entreprises.

1. *Agathias*, I, cap. 17.
2. *Agathias*, I, cap. 17.
3. *Agathias*, I, cap. 18.

Narsès, décidé à ne pas laisser les Lucquois traîner plus longtemps le siège en longueur, fit approcher ses troupes des remparts et fit avancer les machines. Des traits enflammés furent lancés contre les créneaux; des pierres et des flèches, contre les gardes postés entre les tours. Bientôt des brèches furent faites en plusieurs endroits. A l'intérieur, ceux qui avaient servi d'otages, mettaient de plus en plus de zèle à servir les intérêts des Romains et redoublaient leurs efforts pour décider toute la population à se rendre. Mais les agents des Francs, qui se trouvaient dans la ville, excitaient le peuple et ne cessaient de l'exhorter à repousser les assiégeants. Ils firent tant que, tout à coup, les portes s'ouvrirent pour donner passage à une violente sortie. Ils espéraient que ce coup d'audace leur procurerait la victoire. Mais beaucoup d'entre les assiégés avaient subi l'influence de ceux qui conseillaient la reddition et, opposés à ce combat, y allaient mollement; de sorte qu'après bien des efforts inutiles, ayant perdu un grand nombre des leurs, ils lâchèrent pied et s'enfuirent derrière leurs murailles. Les Romains resserrèrent étroitement la place, pour prévenir une nouvelle tentative de sortie. Tous les habitants comprirent alors qu'il n'y avait de salut pour eux que dans une prompte capitulation. Quand Narsès eut donné sa parole de ne pas leur tenir rigueur de leur conduite, ils se rendirent, après trois mois de siège et reçurent l'armée romaine dans leur ville [1].

Lucques prise, il ne restait aucune place hostile, dans toute cette région. Narsès ne jugea pas à propos de s'y attarder davantage. Pour maintenir Lucques dans l'obéissance et prévenir les entreprises des barbares, il y laissa une garnison assez forte, sous les ordres de Bonus. Ce personnage, né en Mésie, sur les bords du Danube, était très prudent et également habile au gouvernement et à la conduite des opérations militaires [2]. Ces précautions prises, Narsès se disposa à se rendre à Ravenne; tandis que son armée allait s'établir en quartiers

1. *Agathias*, I, cap. 18.
2. *Agathias*, I, cap. 19.

d'hiver dans la région qu'elle occupait. On était à la fin de
l'automne. Déjà le temps devenait brumeux et faire campagne
en cette saison, c'eût été donner aux Francs un très grand
avantage. Ils supportaient avec peine la chaleur; de sorte
qu'en été, ils se trouvaient affaiblis et accablés. Le froid, au
contraire, leur était favorable.

Habitués, dès leur naissance, aux rigueurs du climat glacial
de leur patrie, ils retrouvaient en hiver une température qui
leur laissait toute leur vigueur et les aidait à supporter aisément les fatigues. Cette considération détermina Narsès à
interrompre les opérations et à ne les reprendre que l'année
suivante. Il disloqua donc son armée et donna ordre aux différents corps, commandés par les tribuns et les préfets, de
prendre leurs quartiers d'hiver, dans les places fortes et les
châteaux qui se trouvaient à proximité. Ils devaient, au retour
du printemps, se mettre en marche séparément vers Rome,
pour y opérer leur concentration [1].

Quand la dislocation des troupes fut achevée, Narsès partit
pour Ravenne, sans autre escorte que ses services, ses gardes
et les officiers qui, chargés du soin de son prétoire, faisaient
auprès de lui l'office d'appariteurs et étaient chargés d'empêcher qu'on pût l'aborder. Les magistrats avaient à leur service des officiers de cette sorte, que les Romains nommaient
chanceliers, parce que, pendant les audiences, ils se tenaient
près de la barre, ou cancelle, du tribunal [2]. Narsès était accompagné également de Zandalas, intendant de ses domestiques et
de tous les gens de sa maison, parmi lesquels les *spadones* ou
serviteurs de sa chambre. Toute sa suite ne faisait pas plus
de 400 personnes, ajoute Agathias [3].

Pendant son séjour à Ravenne, Narsès y vit arriver Aligerne, l'héroïque défenseur de Cumes. Ce guerrier, ayant
appris que les Francs avaient pénétré en Italie et que le sort
des Goths dépendait désormais de ces barbares, fut le seul
de sa nation qui jugea sainement de la situation et de ses

1. *Agathias,* I, cap. 19.
2. *Agathias,* I, cap. 19.
3. *Agathias,* I, cap. 19.

conséquences pour l'avenir. Il comprit que les Francs ne se donnaient pour alliés des Goths, qu'afin d'avoir un prétexte pour envahir l'Italie; qu'on ne tarderait pas à voir quel était leur véritable but et que, s'ils réussissaient à vaincre les impériaux, loin de laisser l'Italie aux Goths, ils soumettraient ceux qu'ils se vantaient de venir secourir, leur imposeraient des magistrats francs et ne leur permettraient pas de vivre sous leurs propres lois. Après mûres réflexions, fatigué des misères d'un long siège, il en vint à juger préférable de rendre à Narsès la ville de Cumes et les trésors qu'elle renfermait. Puisque le sort ne permettait pas aux Goths de conserver l'Italie, il lui parut que mieux valait qu'elle fît retour à ses anciens maîtres. Il se décida à accomplir cette restitution, en ce qui le concernait et, ajoute Agathias, à donner cet exemple de bon sens aux hommes de sa nation [1]. Il fit donc savoir aux assiégeants qu'il voulait avoir une entrevue avec leur général en chef. Un accord fut conclu et il se rendit à Classès, faubourg de Ravenne, où il avait appris que Narsès se trouvait alors. En l'abordant, il lui remit les clefs de Cumes et lui promit d'agir, en toutes choses, pour son service. Narsès l'accueillit avec bienveillance et lui répondit que, de son côté, il lui rendrait de bons offices. Sans perdre un instant, Narsès envoya à l'armée devant Cumes l'ordre de pénétrer dans la ville, de prendre possession de la place et des trésors qui s'y trouvaient, d'y laisser une force suffisante pour en assurer la garde et de mettre le reste des troupes en quartiers d'hiver dans les autres places et châteaux de la région [2].

Il s'occupa ensuite de donner au groupe des Hérules un nouveau chef, tiré de leur nation. La sympathie des Hérules désignait à son choix deux hommes également éminents, entre lesquels se partageaient les suffrages. Beaucoup faisaient des vœux pour Aruth, dont ils représentaient la nomination comme un gage de succès; d'autres s'agitaient en faveur de Sindual, guerrier redoutable et d'une grande expé-

1. *Agathias*, I, cap. 20.
2. *Agathias*, I, cap. 20.

rience de la guerre. Ce fut ce dernier que préféra Narsès. Puis
il désigna aux Hérules leur quartier d'hiver [1].

Il prescrivit à Aligerne de se retirer à Céséna et de s'y
montrer sur les remparts, en se faisant connaître à tous ceux
qui passeraient à proximité de la place. Son idée était d'apprendre aux Francs, qu'il prévoyait devoir pousser leurs
courses jusque-là, la capitulation d'Aligerne. Il espérait leur
faire perdre toute confiance dans le succès de leur entreprise,
en leur prouvant que toutes les places importantes étaient
occupées par l'armée impériale et qu'ils ne pouvaient plus
compter sur Cumes et ses trésors. Il advint, en effet, qu'Aligerne aperçut, du haut des remparts, des Francs qui passaient
à proximité de la ville. Il se mit à se moquer d'eux ; leur
criant qu'ils arrivaient trop tard, maintenant que toute chance
était perdue pour eux, puisque les Romains étaient en possession du trésor et des insignes des rois goths [2].

Un corps de barbares, de la nation des Varnes, avait servi
les Goths sous le commandement de Vaccarus, guerrier actif
et expérimenté de la même nation. Ce chef était mort tout
récemment. Son fils, nommé Theudibald, lui ayant succédé,
avait marqué le désir de passer, avec les Varnes qui le suivaient, au service de l'empereur. Ce fut pourquoi Narsès,
après avoir conféré à Ravenne avec les chefs militaires qui s'y
trouvaient et y avoir mis ordre à toutes choses, se rendit,
accompagné de sa suite, à Ariminum, pour se rencontrer avec
Theudibald. Celui-ci y vint en effet. Narsès acquit à l'Empire ce chef et sa troupe, moyennant le don d'une somme
importante.

Dans le temps de son séjour à Ariminum, 2 000 Francs,
partie fantassins, partie cavaliers, envoyés pour dévaster la
contrée et y faire du butin, ravageaient le pays, jusque sous
les murs de la ville. Narsès, se trouvant dans un appartement
élevé d'où la vue s'étendait sur la campagne, fut, lui-même,
témoin de leurs déprédations. Sentant vivement qu'il y aurait

1. *Agathias*, I, cap. 20.
2. *Agathias*, I, cap. 20.

pour lui honte et indignité à laisser accomplir, sous ses yeux, de telles insolences, il monta aussitôt à cheval et se fit suivre de tous ceux des siens qui n'étaient pas inexpérimentés aux armes. Cela fit 300 hommes environ, bien montés, avec lesquels il se porta contre l'ennemi. Les Francs n'eurent pas plus tôt aperçu cette troupe, qu'ils se rassemblèrent et se formèrent en une ligne de bataille peu profonde, mais solide par la masse que formaient leurs boucliers, qui ne laissaient aucun intervalle, et par l'habile disposition qu'ils avaient prise, en plaçant leur cavalerie aux deux extrémités de leur front[1]. Les Romains, arrivés à portée du trait, engagèrent l'action. Ils ne s'attendaient pas à trouver l'ennemi en si bon ordre. Ils tentèrent d'abord de rompre la forte cohésion de sa ligne, en lançant des javelots et d'autre traits ; les Francs demeurèrent sans s'émouvoir ni broncher ; nul vide ne parut dans leurs rangs. Postés à la lisière d'un bois épais, ils se servaient des arbres comme d'un rempart et ripostaient, en lançant ces armes que, dans leur langage, ils appelaient angons[2].

Voyant l'effet, à peu près nul, de son attaque, Narsès eut recours à une tactique des barbares, usitée principalement par les Huns. Il ordonna aux siens de tourner bride et de fuir précipitamment, en stimulant une panique, pour attirer les Francs dans la plaine où il comptait en avoir bon marché. Quand les Francs virent les Romains en fuite, il rompirent leurs rangs et quittèrent la protection de la forêt, pour commencer la poursuite. Les cavaliers se lancèrent en avant, suivis des fantassins les plus robustes et les plus agiles, avec une telle ardeur qu'il semblait qu'ils allaient, sur l'heure, s'emparer de Narsès lui-même et de ce coup, terminer la guerre. Emportés par l'espérance et la joie, il se ruaient sans ordre et sans précaution aucune. Cependant, les Romains couraient à bride abattue et les attiraient de plus en plus dans la plaine, imitant si bien la déroute qu'on ne pouvait

1. *Agathias*, I, cap. 21.

2. *Agathias*, I, cap. 21.

guère ne pas y être trompé. Quand enfin les Francs se trouvèrent loin de la forêt et éparpillés, en pleins champs, les
Romains, sur l'ordre de leur chef, firent tout à coup volte-
face, se rassemblèrent et chargèrent ceux qui les poursuivaient. Ceux-ci, surpris par cette brusque conversion, furent
taillés en pièces et réduits à chercher leur salut dans la fuite,
poursuivis à leur tour. Ceux qui étaient montés parvinrent à
échapper, en regagnant la forêt d'où ils rejoignirent le gros
de leur corps. Mais les fantassins périrent jusqu'au dernier.
Frappés de terreur, ils semblaient privés de sens et n'osaient
pas même lever la main pour se défendre. Ils se laissèrent
massacrer, comme un troupeau de moutons. Il en périt 900
environ, tous hommes d'élite. Leur défaite eut pour résultat
que les Francs, qui s'étaient répandus en courses de différents côtés, se replièrent vers leurs chefs, convaincus qu'il
n'était pas sûr pour eux de se séparer du gros de leur armée.

Narsès retourna à Ravenne, y prit encore diverses dispositions, puis partit pour Rome où il passa l'hiver[1]. Au commencement du printemps, les différents corps de l'armée impériale
se concentrèrent à Rome, suivant les ordres qu'ils avaient
reçus. Pour affermir leur esprit militaire, Narsès les fit
exercer constamment à la course, à la voltige, à toutes les
manœuvres et à tous les mouvements sous les armes.

Cependant, les barbares parcouraient, sans rencontrer de
résistance et ravageaient un grand nombre de contrées. Ils
évitèrent d'approcher de Rome et de son territoire ; ils passèrent outre et pénétrèrent dans la région qui s'étend entre les
deux mers. Parvenus dans le Samnium, ils se partagèrent
en deux corps. Butilin, avec la plus grande et la plus solide
partie de leur armée, suivit le littoral de la mer Tyrrhénienne, dévasta la plupart des lieux de la Campanie, pénétra
dans la Lucanie et le Brutium et poursuivit sa marche, jusqu'au détroit qui sépare l'Italie de la Sicile. Leutharis, avec
l'autre partie de leur armée, ravagea l'Apulie et la Calabre,

---

1. *Agathias*, I, cap. 22.

jusqu'à Hydrunte. Les guerriers de la nation des Francs, qui avaient les mêmes croyances et le même culte que les Romains, épargnèrent les édifices sacrés, avec grand respect et dévotion ; mais leurs compagnons d'origine alamane, ne partageant pas les mêmes croyances, saccagèrent et pillèrent les églises, dont ils enlevaient la toiture ou qu'ils démolissaient, après avoir emporté les vases sacrés et tous les objets précieux destinés au culte. Ce n'était partout que ruines, et les campagnes étaient souillées de cadavres laissés sans sépulture. Tant d'excès furent bientôt suivis de terribles châtiments. L'expédition de Leutharis et de Butilin finit par un désastre [1].

Quand les chaleurs de l'été commencèrent à se faire sentir, Leutharis eut le désir de retourner chez lui, pour y jouir des richesses qu'il s'était acquises. Il envoya des messagers vers son frère et l'exhorta à ne pas s'exposer davantage aux chances de la guerre. Butilin voulut accomplir jusqu'au bout, ses engagements envers les Goths, qui l'avaient séduit en répandant le bruit qu'ils le prendraient pour roi. Il s'obstina donc à rester en Italie et se prépara à combattre. Leutharis, décidé à s'en retourner avec son corps d'armée, partit, après avoir promis à son frère de lui envoyer des secours, quand il serait arrivé chez lui et aurait mis son butin en sûreté [2]. Il ne put ni réaliser son dessein, ni secourir son frère.

Jusque dans le Picénum, sa retraite ne fut point inquiétée, mais, dans cette région, il subit un grave échec. Arrivé à proximité de la place forte de Fanum, il campa et, suivant son habitude, fit opérer une reconnaissance par un corps de 3 000 hommes, pour explorer le pays et repousser l'ennemi qui s'y pourrait rencontrer [3]. Un corps de troupes romaines et un détachement de Huns se trouvaient rassemblés à Pisaurum, sous les ordres d'Artaban et du Hun Uldach, pour chercher à surprendre les barbares dans leur marche. Quand ces deux chefs aperçurent les Francs envoyés en reconnais-

---

1. *Agathias*, II, cap. 1.
2. *Agathias,* II, cap. 2.
3. *Agathias*, II, cap. 2.

sance, qui s'avançaient sur la grève, le long du rivage de
l'Adriatique, ils sortirent promptement de la ville, avec leurs
troupes en bon ordre, les attaquèrent à l'improviste et les
taillèrent en pièces. Les Francs ne purent échapper à la poursuite ; car ils se trouvaient resserrés entre la mer et le littoral
qui, en cet endroit, se dressait en forme de falaise coupée de
profondes crevasses, dont les parois à pic surplombaient des
cavernes et des bas-fonds remplis par les eaux. Empêchés
de se sauver du côté de la terre, bon nombre de Francs se
jetèrent à la mer, dans l'espoir de se réfugier sur les récifs
qui émergeaient le long de la côte. Ils périrent, emportés par
les flots [1].

Ceux qui réussirent à fuir, coururent à la débandade vers
le camp de Leutharis. Ils s'y jetèrent, avec des cris d'épouvante qui y mirent le trouble et l'alarme, comme si les
Romains devaient paraître dans l'instant, à leur suite. Leutharis, croyant qu'il allait être attaqué, mit sur pied toutes
ses troupes, qui prirent les armes à la hâte et formèrent leur
ordre de bataille, en rangs épais et étendus. Pendant qu'elles
prenaient ainsi leurs dispositions pour repousser l'ennemi,
la plupart des captifs, laissés sans gardes, profitèrent
de cette occasion, non seulement pour fuir, mais aussi pour
emporter tout ce qu'ils purent du butin, dans la forteresse
voisine où ils coururent se mettre en sûreté [2]. Artaban et
Uldach, ne se sentant pas de force à risquer une bataille, se
gardèrent de s'aventurer en rase campagne ; de sorte que les
Francs rompirent leur ligne et rentrèrent dans leur camp.
Ils constatèrent alors la perte qu'ils avaient subie. Ils jugèrent
que ce qu'ils avaient de mieux à faire, était de s'éloigner, au
plus vite, de Fanum et de passer outre. Ils se mirent donc
aussitôt en mouvement. Ils laissèrent à leur droite l'Adriatique
et la route le long du rivage, pour s'acheminer, en longeant
le pied de l'Apennin, comme s'ils voulaient gagner l'Émilie et
repasser dans les Gaules par les Alpes Cottiennes. Après

---

1. *Agathias*, II, cap. 2.
2. *Agathias*, II, cap. 2.

avoir passé le Pô, non sans difficulté, ils se détournèrent, entrèrent dans la Vénétie et s'arrêtèrent à Cénéta, place forte qui était en leur pouvoir [1]. Ils s'y trouvaient en sûreté; mais ils n'en étaient pas moins affligés, en voyant le peu qui leur restait de leur butin, d'avoir supporté tant de travaux pour un si maigre résultat. Ce ne fut pourtant pas à cette déconvenue que se borna leur adversité. Bientôt après, une épidémie de peste en fit mourir une multitude. Cette maladie fut considérée, par les uns, comme l'effet de miasmes répandus dans l'air, par d'autres, comme la conséquence du brusque changement d'existence de ces hommes qui, après les fatigues de la campagne et de longues marches, passaient sans transition à une vie d'inaction et de plaisirs. D'autres enfin virent dans ce fléau le châtiment de leurs forfaits, de leur mépris de toutes les lois divines et humaines [2].

La fin horrible de Leutharis fut regardée comme un exemple, plus particulièrement saisissant, de la vengeance divine. Frappé de démence et comme saisi de rage, il tremblait de tous ses membres, poussait des hurlements affreux, tombait à terre les yeux hagards et contorsionnés, l'écume lui coulant de la bouche. Il en vint à ce point de fureur, ajoute Agathias, qu'il se nourrissait de ses propres membres ; il se mordait les bras, il en arrachait les chairs qu'il mâchait, léchant son sang, comme les bêtes féroces. Ainsi, à la fois repu de lui-même et dépérissant peu à peu, il eut la fin la plus misérable [3]. Dans le même temps, mourait le reste de ses hommes ; car la contagion ne cessa qu'après les avoir tous emportés. Beaucoup mouraient d'une fièvre ardente, tout en conservant l'esprit intact ; d'autres souffraient d'une grande lourdeur de tête ; d'autres étaient saisis de délire. La maladie se manifestait par des symptômes divers, mais pour tous le dénouement était la mort.

---

1. *Agathias*, II, cap. 3.
2. *Agathias*, II, cap. 3.
3. *Agathias*, II, cap. 3. — Selon Paul Diacre, il se suicida et mourut entre Vérone et Tridentum (Trente), non loin du lac Benacus (le lac de Garde). — *de Gestis Langobardorum*, lib. II, cap. ii (Monum. Germ., in-4°, Scriptores Rerum Langobardicarum, p. 73, lig. 9 et Rerum Ital. Script., t. I, p. 426).

Pendant que, dans la Vénétie, se terminait ainsi l'expédition de Leutharis, Butilin, après avoir saccagé presque toutes les places et les châteaux jusqu'au détroit de Sicile, était revenu sur ses pas et se dirigeait vers la Campanie et vers Rome [1]. Il marchait au-devant de l'armée de Narsès, bien décidé à combattre ; car il ne pouvait subsister plus longtemps en Campanie. On était au commencement de l'automne. Les vignes étaient chargées de raisins et toute autre subsistance faisait défaut ; Narsès ayant eu la prudence de faire enlever tous les vivres. Les soldats de Butilin s'étaient mis à se nourrir de raisins qu'ils pressaient et absorbaient comme une sorte de vin. La dysenterie en emportait un grand nombre et beaucoup désertaient. Butilin avait donc hâte de livrer bataille, quel qu'en dût être le résultat, avant que les maux dont souffrait son armée eussent achevé de la détruire.

Arrivé en Campanie, il posa son camp non loin de Capoue, sur les bords du Casulinus, rivière qui descend de l'Apennin et se jette dans la mer Tyrrhénienne. Elle était ainsi nommée, d'une ancienne ville qui n'existait plus ; mais on la nommait ordinairement, dans l'antiquité, le Vulturnus [2]. Il retrancha solidement son armée dans cette position, propre à lui inspirer confiance, car sa droite était couverte par le cours de la rivière qui, de ce côté, suffisait à le mettre à l'abri de toute attaque. Il entoura son camp de palissades et d'une ligne ininterrompue de chariots, dont il avait une grande quantité et dont il fit enfoncer les roues dans le sol jusqu'aux moyeux, de façon qu'elles ne sortaient qu'à moitié de terre. Un espace assez étroit, destiné à servir d'issue, fut seul laissé sans retranchement. Un pont joignait les deux rives du Casulinus. Butilin ne négligea pas de s'en rendre maître et de se mettre, de ce côté aussi, à l'abri de tout danger. Il le fit occuper et y fit construire une tour de bois qu'il garnit d'hommes résolus, bien armés et en nombre suffisant pour repousser les Romains, s'ils tentaient le passage.

---

1. *Agathias*, II, cap. 4.
2. Actuellement le Volturno.

Il se croyait, grâce à ces dispositions, maître d'engager la bataille quand et comme il le jugerait à propos. Il ignorait le sort de Leutharis, mais ne recevant aucun avis de l'envoi des secours que son frère lui avait promis, il commençait à craindre quelque revers. Cependant, la supériorité numérique de ses forces lui inspirait l'espoir de vaincre, même sans ce secours. Les restes de son armée attèignaient encore, en effet, le chiffre de 30 000 combattants ; tandis que, sous les étendards romains, il n'y avait pas plus de 18 000 hommes [1]. Pour communiquer à ses guerriers la résolution dont il était lui-même animé, il s'appliquait à leur représenter les inévitables conséquences de la bataille qu'ils allaient engager. « Ou nous serons en possession de l'Italie que nous sommes venus conquérir, leur disait-il, ou il ne nous restera que la mort, une mort honteuse. A vous de choisir, valeureux guerriers ; car si nous faisons notre devoir, nous jouirons de l'objet de nos désirs [2]. »

Par ces paroles, par de semblables encouragements, il ne cessait d'exciter l'ardeur de ses soldats qui, pleins de confiance, se préparaient à combattre. On ne voyàit, dans leur camp, que rajuster les boucliers, qu'aiguiser les haches et ces lances, nommées angons, dont l'usage était propre aux Francs. L'armement de ces barbares était très simple et ils pouvaient le réparer eux-mêmes, sans l'aide d'ouvriers. Ils ne connaissaient en effet, ni les cuirasses, ni les cnémides [3]. Ceux qui portaient le casque étaient fort peu nombreux ; presque tous avaient la tète découverte. Ils avaient la poitrine et le dos nus jusqu'à la taille ; le reste de leur corps était couvert d'un caleçon, de toile pour la plupart, de cuir pour quelques-uns, qui descendait jusqu'aux jambes. Excepté un très petit nombre d'entre eux, ils ne se servaient point de chevaux. Par tradition et par éducation, ils étaient exercés à combattre à pied. Une épée et un petit bouclier leur pendaient le long

---

1. *Agathias*, II, cap. 4.
2. *Agathias*, II, cap. 5.
3. *Agathias*, II, cap. 5, p. 74 (Corpus Script. Hist. Byzant.). — Les cnémidé estaient une sorte de jambarts.

de la cuisse gauche. Ils n'avaient ni arcs, ni frondes, ni aucune arme propre à frapper de loin ; mais ils étaient munis de haches à double tranchant et d'angons, avec lesquels ils produisaient les plus grands effets.

Ces angons étaient des lances, ni longues, ni très courtes, qui pouvaient être lancées et servir également au choc, quand on en venait aux mains. Elles étaient presque entièrement revêtues de fer ; de façon que le bois apparaissait très peu et seulement à l'extrémité qui s'appuyait à terre. La pointe était garnie de crochets, recourbés vers le bas et faisant saillie, de chaque côté, en forme de hameçon. Dans la mêlée, les Francs lançaient avec adresse leurs angons. S'ils atteignaient le corps de leur ennemi, la pointe y pénétrait et le blessé ne pouvait s'en débarrasser, car les crochets s'ancraient dans les chairs et causaient des souffrances telles que, si la blessure n'était pas mortelle par elle-même, la douleur suffisait à provoquer la mort [1]. Si le coup portait dans le bouclier, l'angon y restait suspendu et le déplaçait par son poids, la hampe traînant à terre. Il n'était possible ni de l'arracher, à cause des crochets qui le maintenaient ancré, ni de couper la hampe, à cause du fer dont elle était revêtue. Le Franc, s'approchant de l'extrémité de l'angon qui traînait à terre, mettait le pied dessus et exerçait, sur le bouclier, une pression qui forçait la main qui le soutenait à l'abaisser : ainsi, se trouvaient mis à découvert la tête et la poitrine de l'ennemi dont le Franc avait alors bon marché. Il lui assénait un coup de hache sur le front ou lui transperçait la gorge, avec une autre lance [2].

Narsès, dès qu'il eut avis du mouvement de Butilin, sortit de Rome, avec toute son armée et vint placer son camp à si peu de distance de celui des barbares que, du camp romain, on pouvait observer leurs retranchements et entendre le bruit de leurs préparatifs. Après s'être attentivement observées, les deux armées ennemies se formèrent en bataille, à diverses

---

1. *Agathias*, II, cap. 5, p. 74-75.

2. *Agathias*, II, cap. 5. — Augustin Thierry, *Lettres sur l'Histoire de France*, lettre vi.

reprises, sans en venir aux mains. De part et d'autre, on était continuellement sur ses gardes, on multipliait les postes ; les chefs ne cessaient d'inspecter leurs troupes. L'espérance, la crainte, les hésitations, tous les sentiments divers qui émeuvent les hommes à l'approche d'une lutte suprême, les agitaient tour à tour les uns et les autres. Les villes de l'Italie attendaient, avec anxiété, l'événement qui devait décider de leur sort.

Les Francs continuaient à piller les bourgs voisins, d'où ils tiraient leurs subsistances. Narsès considéra comme une honte de les laisser dévaster les campagnes, aussi librement que s'ils n'étaient en présence d'aucun ennemi et se décida à ne pas souffrir leurs courses plus longtemps. Parmi les tribuns de son armée se trouvait l'Arménien Charangès, homme résolu, prudent et, lorsqu'il le fallait, d'une intrépidité que n'étonnait aucun danger. Il avait ses tentes à l'extrémité du camp, le plus près de l'ennemi. Narsès lui donna ordre d'attaquer les fourrageurs et d'empêcher leurs ravages, en leur faisant le plus de mal qu'il pourrait. Charangès sortit du camp, avec quelques escadrons de ses troupes, enleva un convoi et tailla en pièces ceux qui le conduisaient. Un des chariots dont il se saisit, était chargé de foin sec. Il le fit approcher de la tour, construite par les Francs pour défendre le pont, et y mit le feu. La flamme, s'étendant rapidement, gagna la tour, construite en bois. Les barbares préposés à sa garde, se virent bientôt contraints de l'abandonner. Ils se sauvèrent à grand'peine et s'enfuirent dans le camp de Butilin. Les Romains se trouvèrent ainsi maîtres du pont [1].

Les Francs, grandement impressionnés de ce revers, coururent aux armes, avec une audace folle et une impatience qui ne souffrait aucun retard ; ils voulurent combattre sur l'heure, malgré les devins des Alamans qui leur prédisaient que livrer bataille ce jour-là, c'était s'exposer à une défaite [2]. Les Francs prirent leurs dispositions de combat. De son côté,

1. *Agathias*, II, cap. 6, p. 76-77.
2. *Agathias*, II, cap. 6, p. 77.

Narsès fit sortir ses troupes, en armes, sur le terrain où il comptait établir sa ligne de bataille. Déjà, son armée était en mouvement et lui-même était déjà à cheval, quand on lui apprit qu'un Hérule, très illustre parmi les siens et de noble origine, avait indignement massacré un de ses serviteurs, coupable de quelque faute. Narsès s'arrêta aussitôt et donna ordre d'amener devant lui le meurtrier, à la vue de toute l'armée ; estimant qu'il ne lui était point permis d'aborder l'ennemi, avant d'avoir puni ce forfait. Il interrogea lui-même le barbare, qui avoua son action et se borna à prétendre au droit de faire de ses gens ce que bon lui semblait ; ajoutant : « que les autres sachent qu'ils seront traités de même, s'ils ne font pas leur devoir ». Quand Narsès vit l'excessif orgueil et la jactance de cet homme, il ordonna aux gens de sa suite de le mettre à mort : ce qui fut exécuté sur le champ. La masse des Hérules, avec l'emportement propre aux barbares, fit mine de se retirer. Narsès, satisfait d'avoir fait un exemple nécessaire pour conserver son armée sans tache, ne s'inquiéta point de leur mutinerie. S'avançant sur sa ligne de bataille, il cria, de façon à être entendu de tous : « Qui veut vaincre, me suive » ! Sa confiance en Dieu était telle qu'il se portait à l'action comme s'il eût été sûr de l'avenir. Sindual, chef des Hérules, considérant la honte et l'opprobre dont il demeurerait couvert, si lui-même et ses soldats encouraient le reproche d'avoir déserté dans une si importante journée, fit réflexion qu'on croirait que lui-même et les siens avaient été retenus par la crainte de l'ennemi et n'avaient affecté tant de ressentiment de la mort d'un des leurs, que pour cacher leur poltronnerie. Cette idée le rendit impatient d'agir. Il fit prier Narsès de l'attendre. Narsès répondit qu'il n'avait pas le loisir d'attendre, mais qu'il assignerait une place aux Hérules, dès qu'ils se seraient avancés[1].

Arrivé sur le terrain qu'il avait choisi, Narsès rangea son armée en bataille. Les deux extrémités de sa ligne étaient couvertes par des ailes de cavalerie, armée de lances légères,

---

1. *Agathias*, II, cap. 7, p. 79.

d'arcs et d'épées. Lui-même prit position à l'aile droite, escorté de Zandalas, préfet de ses domestiques et de tous ceux de sa maison qui étaient en état de porter les armes. Valérien et Artaban, avec leurs troupes, furent placés sur les flancs de l'armée. Ils avaient ordre de se tenir dissimulés dans un bois, jusqu'au moment où les ennemis seraient engagés et de sortir alors de cette embuscade, pour les charger en les tournant. Tout l'espace entre les deux ailes était occupé par l'infanterie, dont le premier rang était formé d'hommes d'élite, portant l'armure jusqu'aux pieds, avec de très forts casques. Ils se tenaient couverts de leurs boucliers et serrés les uns contre les autres, de façon à former une masse compacte, derrière laquelle s'étendaient les rangs des fantassins. Derrière les derniers rangs, dans la campagne, l'infanterie légère et les gens de traits évoluaient, prêts à exécuter l'ordre de tirer, quand le moment en serait venu. Une place avait été laissée vide dans le centre. Elle était réservée aux Hérules qui n'étaient point encore arrivés en ligne [1].

Deux hommes de cette nation, qui avaient passé à l'ennemi, au moment de la mutinerie et qui ignoraient, par conséquent, que Sindual s'était ravisé, ne cessaient d'exciter les barbares à attaquer au plus vite. « Vous trouverez, disaient-ils, l'armée romaine, pleine de troubles et de discordes, en ce moment que les Hérules, irrités, refusent de prendre part à l'action et que tous les autres sont consternés de cette défection. » Butilin désirait trop vivement que ce qu'ils disaient fût vrai, pour ne pas les croire aisément. Il s'élança sur l'ennemi. Exaltés par les nouvelles répandues parmi eux, les barbares avaient un entrain extraordinaire. Ils se portèrent contre les Romains, non d'une allure mesurée et régulière, mais avec la plus violente impétuosité, comme s'ils allaient tout disperser au premier choc.

Suivant une manière de disposer les troupes pour l'attaque, en usage, depuis longtemps, chez tous les peuples de la Germanie, leur ordre de bataille présentait la forme d'un delta ou,

---

1. *Agathias,* II, cap. 8, p. 80.

comme dit Agathias, pour donner une idée de cette formation, d'une tête de porc, au museau solide et compact, hérissé de boucliers. Ils formaient ainsi un triangle, dont les deux côtés, distants l'un de l'autre à la base, se rapprochaient, pour se joindre au sommet et constituer un coin [1]. Les deux lignes, s'écartant l'une de l'autre, de plus en plus, depuis le sommet jusqu'à la base, laissaient entre elles un grand vide et les combattants avaient le dos à découvert. Chacune des deux lignes se présentait, face à l'ennemi, protégée par ses boucliers. Mais, par derrière, chacune d'elles n'avait d'autre protection que la ligne opposée. Grâce à la sûreté de son coup d'œil, Narsès sut, par une inspiration imprévue, tirer grand parti de cette circonstance.

Arrivant sur l'armée romaine, au pas de charge, avec fracas et clameurs, les barbares dispersèrent, sous leur choc, le centre de la ligne d'hommes d'élite qui formaient le premier rang et firent irruption dans l'espace vide que les Hérules n'étaient pas venus occuper. Après avoir ainsi percé les rangs romains, sans y avoir fait grand carnage, le premier groupe des barbares tomba sur l'arrière-garde. Un certain nombre d'entre eux poussèrent plus loin encore, dans l'espoir de s'emparer du camp des impériaux [2]. Alors, Narsès mit lentement en mouvement les deux ailes de sa ligne, qui se recourbèrent progressivement [3].

Par suite de ce mouvement, les barbares se trouvèrent attaqués, en même temps, sur leurs deux flancs et obligés de faire face des deux côtés à la fois. De sorte que les deux lignes du triangle qu'ils formaient, se trouvèrent, dos à dos, séparées par un espace vide qui allait s'élargissant du sommet à la base. Cette disposition donna à Narsès l'idée d'ordonner à ses cavaliers, qu'il avait aux deux ailes et qui étaient armés d'arcs, de tirer par-dessus la ligne qu'ils avaient en tête sur la ligne opposée qui se présentait de dos. Cette manœuvre fut

1. *Agathias*, II, cap. 8, p. 81.

2. *Agathias*, II, cap. 9, p. 82.

3. *Agathias*, II, cap. 9. Les tacticiens nommaient cette manœuvre ἐπικάμπιον ἐμπροσθίαν, le mouvement courbe en avant.

exécutée aisément; car, les barbares combattant à pied, les
cavaliers, du haut de leurs montures, voyaient à découvert,
par-dessus les têtes de ceux qui leur faisaient face, ceux qui
leur tournaient le dos. Frappés ainsi par derrière, d'une part,
par les cavaliers romains de l'aile droite, d'autre part, par les
cavaliers de l'aile gauche, dont les traits se croisaient, perçant
tout ce qui se trouvait entre deux, les Francs ne pouvaient ni
éviter les coups, ni même savoir d'où ils venaient; car, étant
aux mains avec l'infanterie légère qui les assaillait, ils ne
voyaient que ceux qu'ils avaient en tête et n'apercevaient pas,
derrière ceux-ci, les archers à cheval [1]. Quand les rangs les
premiers exposés aux coups, furent abattus, les autres demeurèrent découverts et furent fauchés à leur tour; de sorte que,
le carnage augmentant de plus en plus, d'une multitude
qu'ils étaient, les Francs furent réduits à un petit nombre [2].

Cependant, Sindual et les Hérules, arrivant au combat,
rencontrèrent ceux des ennemis qui, au commencement de
l'action, avaient percé la ligne romaine et qui, comme il a été
dit, s'étaient aventurés assez loin des leurs. Les Hérules les
abordèrent avec beaucoup de résolution. Les Francs, étonnés
de cette attaque, à laquelle ils ne s'attendaient aucunement,
se crurent tombés dans une embuscade. Persuadés que les
transfuges les avaient trompés, pour les attirer dans un piège
et criant qu'ils étaient trahis, ils tournèrent aussitôt le dos.
Les Hérules les poursuivirent, abattirent les uns, poussèrent
les autres dans la rivière ; puis vinrent occuper la place
qui leur avait été réservée. La ligne de bataille de l'armée
romaine se trouva ainsi complétée et ne présenta plus aucun
vide.

Les Francs étaient accablés de toutes parts. Leurs rangs
étaient, dès ce moment, entièrement rompus; ils étaient bous-
culés et roulés les uns sur les autres. Tandis que les flèches
des cavaliers continuaient à les abattre, l'infanterie pesam-
ment armée et l'infanterie légère les frappaient à coups de

---

1. *Agathias*, II, cap. 9, p. 83.
2. *Agathias*, II, cap. 9.

lances, de javelots et d'épées. En même temps, les deux corps
de cavalerie avaient accentué leur mouvement et, s'étant
rejoints, les enveloppaient, comme dans un filet. Si quelques-
uns d'entre eux parvenaient à échapper au glaive de l'ennemi, poussés par ceux qui les poursuivaient, ils étaient contraints de se jeter dans le fleuve. On ne voyait partout que
morts et mourants. Le carnage fut tel que l'armée de Butilin
succomba tout entière, avec son chef. Les deux transfuges
hérules périrent également et aucun des Germains ne rentra
dans sa patrie [1].

Suivant le récit d'Agathias qui voit, dans leur entière destruction, le châtiment de leur impiété et l'intervention de la
puissance divine, d'un si grand nombre de Francs, d'Alamans,
de barbares d'autres nations encore, seuls, 5 hommes durent
leur salut au hasard ; tandis que, dans l'armée de Narsès, il
ne manqua que 80 hommes, de ceux qui avaient été exposés
au premier choc de l'ennemi [2].

Dans cette bataille, les troupes romaines, c'est-à-dire les
troupes impériales, montrèrent une valeur digne d'éloge.
Parmi les auxiliaires, le Goth Aligerne qui prit part au
combat et Sindual firent preuve du plus grand courage.
Mais tous glorifiaient et admiraient Narsès ; tous déclaraient
hautement qu'on devait à sa prudence la gloire d'un succès
presque sans exemple [3].

Les Romains rendirent les honneurs dus à leurs morts et
recueillirent les dépouilles des ennemis, dont les armes, rassemblées, formèrent un tas énorme. Puis, après avoir pris et
pillé le camp des barbares, chargés de butin, ceints de cou-
ronnes et chantant des chants de triomphe, ils suivirent, en
bon ordre, leur général jusqu'à Rome.

Une grande partie des plaines autour de Capoue, dit Agathias, non sans exagération sans doute, était baignée de sang
et le fleuve était tellement rempli de cadavres qu'il passa par

---

1. *Agathias*, II, cap. 9, p. 84.
2. *Agathias*, II, cap. 9, p. 85.
3. *Agathias*, II, cap. 9.

dessus ses rives [1]. « Un habitant de la région, ajoute-t-il, m'a
rapporté à moi-même une inscription qui avait été gravée sur
une table de pierre, placée près de la rive. En voici le texte :
« L'onde du Casilinus coula vers les rivages de la mer Tyrrhénienne pleine de cadavres de barbares, quand la lance latine
détruisit les guerriers francs qui suivaient les enseignes de
Butilin, odieuses aux dieux. Heureux fleuve, tes eaux seront
longtemps, comme un éclatant trophée, teintes du sang de
l'ennemi [2]. »

« Soit que ces vers aient été réellement gravés sur une pierre,
ajoute Agathias, soit que, répandus simplement dans le public
et devenus célèbres, ils soient venus jusqu'à moi, j'ai cru
qu'il n'était pas étranger au sujet que je traite, de les rapporter
ici, comme un monument intéressant de cette bataille et de ce
grand événement [3]. »

Dans le même temps, les Romains apprirent ce qui était
advenu, en Vénétie, de Leutharis et de ses troupes. La joie
causée par la victoire de Narsès, en fut doublée. Le peuple et
les soldats furent en fête, pendant plusieurs jours, menant des
rondes, comme gens délivrés de toute crainte et persuadés que
désormais ils allaient jouir de la paix. Les barbares qui avaient
envahi l'Italie ayant été anéantis, il ne venait pas à l'esprit des
Romains que personne osât jamais tenter pareille aventure.
« Ainsi, dit Agathias, pensait le peuple qui, peu accoutumé à
juger exactement des choses et désireux de repos, est porté à

1. *Agathias*, II, cap. 10 (Corpus Script. Hist. Byzant., p. 87).
2. *Agathias*, II, cap. 10 (Corpus Script. Hist. Byzant., p. 87).

    Unda Casilini Tyrrheni ad littoris oram
      Fluit barbaricis plena cadaveribus,
    Butilini cum signa Deis invisa sequentes
      Occidit Francos hasta latina viros.
    Felix amnis, eris tu pro fulgente tropæo,
      Hostili longum sanguine tinctus aquas.

On retrouve cette inscription dans Constantin Porphyrogénète, *de The-
matibus*, lib. II (Corpus Script. Hist. Byzant. *Constantin Porphyrogénète*,
t. III, p. 61). Paul Diacre dit que Buccelin fut défait par Narsès dans un
lieu nommé Tannetum (*de Gestis Langobardorum*, lib. II, cap. II. — Monum.
Germ., in-4°, Scriptores Rerum Langobardicarum, p. 73, lig. 3 et 4).

3. *Agathias*, II, cap. 10 (Corpus Script. Hist. Byzant., p. 87-88).

arranger l'avenir au gré de ses désirs. Mais Narsès, toujours judicieux et prévoyant, considérait comme une folle illusion la confiance de ceux qui croyaient n'avoir plus qu'à se laisser vivre avec insouciance. Il prévoyait de nouvelles guerres contre les Francs et il pensait que le temps n'était peut-être pas loin où il faudrait quitter les amphores et les lyres, pour le casque et le bouclier et reprendre les armes dont on se figurait n'avoir plus que faire [1] ». Craignant que l'oisiveté et les vices qu'elle engendre dans une armée, ne rendissent les Romains peu disposés à affronter les dangers, quand il faudrait de nouveau combattre, il jugea urgent d'apaiser au plus tôt une excessive et dangereuse confiance. Il fit assembler ses troupes, se rendit au milieu d'elles et, leur montrant la nation des Francs, féconde en hommes et redoutable par ses mœurs guerrières, prête à venger sa défaite, il les rappela, par une énergique harangue, à l'observation de leur devoir et de la discipline [2].

Un parti de Goths, composé d'environ 7 000 combattants dont le rassemblement avait été, pour les Francs, d'un grand secours, en diverses circonstances, se voyant menacé d'être attaqué prochainement par l'armée impériale, s'était retiré dans Campsa [3]. Cette place, munie de bonnes fortifications, était située sur une montagne escarpée, au sommet de laquelle se dressaient de grands rochers abrupts qui empêchaient les approches, de tous côtés [4]. Les Goths s'y croyaient en sûreté et ne prenaient pas l'initiative de demander une capitulation. Ils paraissaient résolus à se défendre. L'auteur, l'instigateur de cet acte d'audace était un barbare, un des chefs des Goths, bien qu'il ne fût pas de leur nation. Il était de la race des Huns, d'une tribu de ce peuple nommée Bittors ou Vittors et plus exactement Outtigours ou Vittigours [5]. Il s'appelait Ragnaris. C'était ce même guerrier qui avait commandé dans

1. *Agathias*, II, cap. 11, p. 88-89.
2. *Agathias*, II, cap. 12, p. 89-90.
3. Aujourd'hui Conza.
4. *Agathias*, II, cap. 13, p. 92.
5. *Agathias*, II, cap. 13.

Tarente pour Totila et qui avait refusé de rendre cette place à Pacurius, malgré la capitulation qu'il avait conclue avec lui. Très rusé et habile à se concilier l'affection de la multitude, il avait formé le dessein de recommencer la guerre, pour augmenter sa renommée et se procurer le pouvoir.

Narsès marcha sans retard contre Campsa, avec toute son armée. Comme on ne pouvait emporter de vive force une place défendue par des obstacles naturels qui rendaient tout combat impossible, il se prépara à l'assiéger, en l'investissant étroitement. Les barbares ne s'en émurent nullement. Ils étaient abondamment pourvus de vivres et de munitions et se croyaient dans un refuge inexpugnable. Ils y avaient transporté ce qu'ils possédaient de plus précieux. Pour forcer l'ennemi à lever le siège, ils opérèrent de fréquentes sorties ; mais ils ne firent aucun effet.

Tout l'hiver se passa de la sorte. A l'approche du printemps, Ragnaris crut de son intérêt de demander à Narsès une entrevue qui lui fut accordée. Il se rendit, avec une petite escorte, au lieu désigné, à mi-chemin entre le camp des assiégeants et la place. On y échangea bien des paroles. Mais Narsès, voyant que Ragnaris affectait un ton superbe, parlait haut et exigeait plus qu'il ne convenait à sa situation, comme s'il lui appartenait de dicter des lois, rompit la conférence, refusa de traiter et le congédia. Ragnaris remonta la colline. Quand il fut arrivé à proximité des murailles de la forteresse, transporté du dépit de n'avoir pas réussi dans ses calculs, il banda son arc et, se tournant tout à coup, tira une flèche contre Narsès. Il le manqua : le trait tomba loin de son but, sans blesser personne. Cette perfidie ne resta pas impunie. Les gardes qui accompagnaient Narsès, outrés de l'insolence de cet homme, tirèrent sur lui. Il tomba mortellement atteint[1]. Son escorte ne put qu'avec peine le transporter à l'intérieur de la forteresse. Il ne survécut que deux jours[2]. Après sa mort, les Goths, qui se sentaient incapables de soutenir le

---

1. *Agathias*, II, cap. 14.
2. *Agathias*, II, cap. 14, p. 93.

siège, capitulèrent, à condition d'avoir la vie sauve. Narsès leur en donna parole sous serment, et la redditiou fut accomplie. Narsès se montra fidèle à sa promesse ; mais, pour prévenir une nouvelle rébellion, il les fit partir pour Byzance et les envoya tous à l'empereur [1].

Dans le temps où s'accomplissaient ces événements, le jeune Théodebald qui régnait sur les Francs voisins de l'Italie, mourut du mal dont il était atteint depuis sa naissance [2]. Comme la loi des Francs appelait à sa succession Childebert et Clotaire, ses plus proches parents, de grandes discussions intervinrent entre eux. Childebert, sur le déclin de la vieillesse, diminué et affaibli, n'avait point de descendance mâle : il n'avait que des filles. Clotaire, robuste de corps et arrivé à peine à la vieillesse qui commençait à le marquer de ses premières rides, avait quatre fils, adultes, actifs, entreprenants, dont il se faisait fort pour nier que son frère eût à recueillir une part des biens de Théodebald, puisque, disait-il, le royaume et le patrimoine de Childebert lui-même ne devaient pas tarder à échoir à lui et à ses fils. Il ne fut point trompé dans ses espérances. Le vieillard se désista de toute prétention à la succession de Théodebald, par désir d'éviter les inimitiés et aussi, il y a lieu de le croire, par crainte de la violence de Clotaire. Il termina sa vie, peu de temps après, et Clotaire devint ainsi seul maître de tout le royaume des Francs [3].

Tel était, à ce moment, l'état des choses en Italie et chez les Francs. C'est en ces termes, qu'Agathias termine son récit des derniers événements de la longue guerre qui, après avoir ravagé l'Italie pendant dix-neuf ou vingt années consécutives, fit disparaître de cette contrée jusqu'aux derniers restes de la nation des Goths [4]. Ces événements s'accomplirent en l'année 555 [5].

---

1. *Agathias*, II, cap. 14, p. 94.

2. *Agathias*, II, cap. 14, p. 94. — Grégoire de Tours, *Historia Francorum* lib. IV, cap. 9 (édit. Arndt. Monum. Germ., in-4°, p. 147).

3. Grégoire de Tours, *Historia Francorum*, lib. IV, cap. 20 (édit. Arndt, Monum. Germ., in-4°, p. 157).

4. *Agathias*, II, cap. 14 (Corpus Script. Hist. Byzant., p. 95).

5. *Marii Aventicensis Chronica*, ann. 555 (édit. Mommsen, Monum. Germ., in-4°, Auct. Antiq., t. XI, pars I, p. 236).

Les Goths ne furent point tous expulsés de l'Italie. Ceux qui n'avaient pas pris part aux dernières campagnes, ceux qui s'étaient résignés à accepter le fait accompli et à se soumettre à l'Empire, continuèrent d'habiter dans les lieux où ils avaient fixé leurs demeures. Ils étaient probablement en grand nombre ; principalement, dans les provinces du centre et, plus encore, dans les provinces du nord où avait été établi le gros de leur nation. Mais ils cessèrent de former un corps distinct du reste de la population italienne, dans laquelle ils se fondirent peu à peu.

Les troubles qui agitèrent longtemps la nation des Francs, après la mort de Théodebald et qui les empêchèrent de rien entreprendre hors de chez eux, sauvèrent l'Italie de la nouvelle invasion que redoutait Narsès et lui permirent même, semble-t-il, de reprendre toutes ou presque toutes les places occupées par les Francs dans la Ligurie et la Vénétie. C'est du moins ce que paraît indiquer un passage, d'ailleurs fort obscur, de la Chronique de Marius d'Avenche, qui donne à penser que ce résultat ne fut point atteint sans des alternatives de défaite et de succès. En cette année, rapporte Marius, sous l'an 556, l'armée des Francs battit l'armée de la république romaine ; l'ayant mise en fuite, elle la défit complètement et enleva beaucoup de richesses. La même année, l'armée de la république, reconstituée et renforcée, occupa la partie de l'Italie que Théodebert avait acquise [1].

Il est fait également mention des luttes qui eurent certainement lieu entre l'armée impériale et les Francs occupant le nord de l'Italie, dans un court passage de Paul Diacre, l'historien des Langobards [2]. Haming que Théodebert, lors de son retour dans les Gaules, avait laissé avec Butilin pour soumettre l'Italie, dit cet historien, s'étant efforcé de porter secours à Widin, comte des Goths, qui s'était révolté contre

---

1. *Marii Aventicensis Chronica*, ann. 556 (édit. Mommsen, Monum. Germ., in-4°, Auct. Antiq., t. XI, pars I, p. 237).

2. Paul Diacre, *de Gestis Langobardorum*, lib. II, cap. 2 (Rerum. Italic. Scriptores, t. I, pars I et Monum. Germ., in-4°, Scriptores Rerum Langobardicarum et Italicarum Sæc. VI, cap. IX, p. 73, lig. 4 à 7).

Narsès, tous deux furent vaincus par Narsès. Widin, fait prisonnier, fut exilé à Constantinople. Haming, qui l'avait secouru, périt par le glaive de Narsès. Paul Diacre donne cet événement comme s'étant accompli dans les mêmes temps que la défaite et la mort de Butilin et de Leutharis; ce qui n'indique évidemment pas la même année et n'empêche pas de conjecturer que cette victoire fut remportée par Narsès un an ou même davantage après la défaite de Butilin [1].

Un autre historien contemporain fait allusion au même fait [2]. Sous le règne de l'empereur Justinien, dit-il, le Franc Haming vint camper, avec ses bandes, sur les bords de l'Adige, alors que les Romains voulaient passer ce fleuve. Narsès, en ayant eu avis, lui envoya, comme légats, le patrice Pamphronius et Bonus, comte du patrimoine privé de l'empereur, pour l'inviter à se retirer et à ne pas faire *de nouveau* la guerre aux Romains, durant la trêve entre les Romains et les Francs. Haming se borna à répondre qu'il ne se retirerait point, tant que sa main pourrait lancer un trait [3].

Tout cela est bien vague et bien obscur, mais montre certainement que Narsès profita des difficultés survenues dans la nation des Francs, pour les pousser hors de l'Italie. Y réussit-il aussi complètement que l'affirme la chronique de Marius ? On voit, quelque temps après, Clotaire maître de quelque portion de cette contrée et, lorsque les Langobards s'y établirent, ils payèrent tribut aux rois francs. Grégoire de Tours nous apprend, en effet, que le roi Gonthramm refusa de fournir les troupes que Félix, ambassadeur de Childebert II, roi d'Austrasie, lui demandait contre les Langobards qui avaient usurpé la part du territoire que son père y possédait [4].

---

1. Paul Diacre, *de Gestis Langobardorum*, lib. II, cap. ii (Rerum Italic. Script., t. I, pars I, p. 425-426 et note 12 p. 426 et Monum. Germ., in-4°, Scriptores Rerum Langobardicarum et Italicarum Sæc. VI, cap. ix, p. 73).

2. *Menandri Protectoris Historia*. Excerpta de Legationibus ad Gentes, II (Corpus Script. Hist. Byzant., p. 345).

3. *Menandri Protectoris Historia*. Excerpta de Legationibus ad Gentes, II (Corpus Script. Hist. Byzant., p. 345).

4. Grégoire de Tours, *Historia Francorum*, lib. IX, cap. xx (édit. Arndt, Monum. Germ., in-4°, p. 378, lig. 20).

Grégoire de Tours donne encore un récit détaillé de l'expédition que les Francs, sujets de Gonthramm et de Childebert, firent en Italie contre les Langobards en l'an 590; expédition, dont le but était de rétablir la suprématie des Francs dans l'Italie supérieure[1].

Si le récit de Paul Diacre, relatif à l'entreprise du chef franc Haming, au secours du comte goth Widin, montre que les Francs avaient gardé pied en Italie, il montre également que les Goths s'y trouvaient encore, au moins dans quelques régions, en assez grand nombre pour se rendre redoutables et que certains d'entre eux avaient conservé une véritable puissance. Ce fait est encore attesté par un passage d'un autre chroniqueur qui note, sous l'an 555, correspondant à l'année 563, qu'en cette année, arrivèrent à Constantinople des courriers couronnés de lauriers, apportant l'heureuse nouvelle de la prise de deux villes très fortes, enlevées aux Goths par le patrice Narsès[2]. Il nomme ces deux villes Vérona et Brixia. L'annaliste Cédrène fait aussi mention de la prise de ces deux villes qu'il appelle Viria et Brincæ et qui ne sont autres que Vérone et Brescia; soit que Narsès n'ait pu les soumettre avant l'an 563, soit qu'elles aient été soumises auparavant et que les Goths, s'étant révoltés, s'en soient rendus maîtres de nouveau. Dans cette hypothèse, il se pourrait que cette révolte fût celle dont Widin était le chef[3]. Quoi qu'il en soit, il n'est point douteux que la ville désignée sous le nom de Viria est bien Vérone; car on lit dans Agnellus, historien de Ravenne, qu'il fut combattu contre les habitants de Vérone et que cette cité fut prise par les soldats, le vingtième jour du mois de juillet[4].

1. Grégoire de Tours, *Historia Francorum*, lib. X, cap. 3 (édit. Arndt, Monum. Germ., in-4°, p. 310 à 312).

2. Théophanes, *Chronographia*, ann. 555 (Corpus Script. Hist. Byzant. Theophanis t. I, p. 367).

3. *Georgii Cedreni Historiarum Compendium* (Corpus Script. Hist. Byzant. Cedreni t. I, p. 679, ann. 36).

4. Agnellus, *Vitæ Archiepiscop. Ravenn.* Vita Sancti Agnelli (Monum. Germ., in-4°, Scriptores Rerum Langobardicarum).

CHAPITRE X

DOMINATION BYZANTINE EN ITALIE

État de Rome et de l'Italie. — Pragmatique-sanction de Justinien. — Réparations d'édifices d'utilité publique. — Dissensions religieuses. — Les trois chapitres. — Mort de Vigile. — Élection de Pélage. — Règles pour l'élection des Papes. — Lettres de Gélase. — Schisme en Afrique. — Difficultés en Italie. — Prudence et tolérance de Narsès. — Retraite et mort de Cassiodore. — Conquêtes byzantines en Espagne. — Mort de Justinien, — État de l'Empire. — Ruine de l'Italie.

L'Italie, au moment où elle fut de nouveau réunie à l'Empire, présentait, dans toutes ses provinces, depuis les Alpes jusqu'à la Sicile, le spectacle de la désolation la plus complète et de la plus horrible détresse. Ses campagnes, tant de fois dévastées, étaient presque partout désertes et incultes. Les maisons avaient été incendiées, les arbres coupés, les vignes arrachées ; le bétail détruit ou enlevé. Sa population, déjà bien réduite à la fin de l'empire d'Occident, avait été exterminée, en grande partie, par de continuels massacres, par la famine, par les maladies contagieuses, nées de la putréfaction des cadavres laissés sans sépulture, dont les champs et les routes étaient jonchés. Des bourgs, jadis considérables, n'avaient pas conservé un seul habitant. La plupart des villes, prises, reprises, saccagées plusieurs fois, n'étaient plus que des amas de ruines, dans lesquelles subsistaient péniblement ceux qu'avaient épargnés le fer, le feu, la peste et la faim.

N'ayant plus aucun commerce, aucune industrie, ne tirant plus aucun produit, ni des domaines ruraux, que l'insécurité et la destruction des animaux domestiques ne permettaient pas d'aller cultiver à quelque distance et hors de la protection immédiate des murailles, ni des propriétés urbaines, saccagées ou inoccupées ; n'ayant pu sauver, de tant de dévastations et de pillages, les richesses en or, en argent, en objets précieux, toutes les classes de la population étaient abîmées dans la plus effroyable misère.

Rome, qui, en peu d'années, avait été cinq fois prise d'assaut, avait particulièrement souffert. Quelques milliers d'habitants, tristes restes d'une énorme population, apparaissaient à peine dans son immense enceinte. De vastes quartiers, complètement abandonnés, achevaient de s'écrouler et la ville entière était couverte de ruines. Tel était encore l'aspect de Rome, plus de trente-cinq ans plus tard, sous le pontificat de saint Grégoire le Grand. On n'y voyait que brèches aux murailles, maisons démolies, églises abattues dans la tourmente, édifices tombant de décrépitude. « On a vu ainsi, ajoute saint Grégoire, s'accomplir, de nos jours, une prophétie de saint Benoît. Au temps que Totila s'était emparé de Rome, Sabinus, évêque de Canusium, s'entretenant de cet événement avec saint Benoît et lui exprimant sa crainte que le roi des Goths ne détruisît Rome et ne la rendît inhabitable, le fondateur des moines d'Occident lui avait répondu : Rome sera exterminée, non pas par la main des hommes, mais par de terribles tourmentes et d'horribles bouleversements [1] ».

Ce texte de saint Grégoire le Grand donne lieu de croire que Rome et l'Italie eurent aussi cruellement à souffrir des tremblements de terre qui se firent sentir, à plusieurs reprises, avec une violence inouïe, dans tout le bassin de la Méditerranée. Pendant l'été de la vingt-septième année du règne de Justinien, donc en l'année 553, il y eut, à Constantinople et dans beaucoup d'autres villes, un tremblement de terre qui dura pendant quarante jours et produisit d'effroyables désastres [2]. Béryte, la plus belle ville de la Phénicie, fut entière-

---

1. *Gregorii Magni Dialogor.* lib. II, cap. 15 (édit. Migne, Patrologie Latine, t. LXVI, p. 162). Le livre II des *Dialogues* de saint Grégoire le Grand se trouve dans la Patrologie de Migne, non dans le t. LXXVII, qui contient les autres livres des *Dialogues* de saint Grégoire, mais dans le t. LXVI en tête des œuvres de saint Benoît. — Monumenta Germaniæ, in-4°, Scriptores Rerum Langobardicarum, p. 527-528.

2 *Victoris Tonnennensis Chronica*, ann. 553 (édit. Mommsen; Monum. Germ., in-4°, Auct. Antiq., t. XI. pars I, p. 203). — Théophanès, *Chronographia*, fait mention de ce tremblement de terre, ann. 546 (Corpus Script.

ment détruite. D'un grand nombre d'édifices remarquables, il ne resta que le pavement [1]. A peu près à la même époque, la ville de Cos fut réduite en un énorme amas de décombres [2]. Les cataclysmes de ce genre furent fréquents pendant cette période. En la trente et unième année du règne de Justinien, il est encore fait mention de deux autres tremblements de terre qui se produisirent, le premier, le 6 octobre, le second, le 14 décembre et qui furent des plus terribles dont on eût entendu parler. Ils ruinèrent, dans Constantinople, un grand nombre de palais et de maisons, plusieurs églises et firent périr beaucoup de monde [3]. Ces commotions produisirent sans doute les mêmes effets à Rome et dans une grande partie de l'Italie.

Tant de désastres, de si longues perturbations avaient produit de profonds désordres dans l'état des personnes et des propriétés, que rendaient incertain des alliances formées au mépris des lois, la destruction ou la perte des titres, les usurpations, les accaparements de tous genres. D'autres causes d'insécurité résultaient de l'établissement d'un régime nouveau : les doutes sur la valeur des contrats conclus durant les troubles ; les craintes de revendications de la part du fisc impérial, tant pour les impôts levés par l'ennemi que pour les donations et les concessions accordées par les conquérants barbares et exposées à être révoquées par l'empereur; l'instabilité des droits et des obligations, résultant de la législation promulguée par les rois goths, qui pouvait être annulée par le pouvoir impérial ou même considérée comme n'ayant jamais eu force de loi. Pour porter remède à ce déplorable état des choses, l'empereur promulgua une constitution fixant, pour l'Italie, la législation en matière de droit civil. C'est la célèbre pragmatique sanction de Justi-

---

Hist. Byzant. Theophanis t. I, p. 354. — *Agathias*, II, cap. 15 (Corpus Script. Hist. Byzant., p. 95).

1. *Agathias*, II, cap. 15. (p. 95-96).

2. *Agathias*, II, cap. 16. (p. 99).

3. *Agathias*, lib. V, cap. 3, p. 281-282. *Theophanis Chronographia*, A. C. 550 (Corpus Script. Hist. Byzant. Theophanis t. I, p. 357).

nien. Elle est datée du 13 août de la vingt-huitième année de son règne, c'est-à-dire de l'année 554, et est adressée au chambellan Narsès et à Antiochus, préfet du prétoire d'Italie. Elle fut donnée à la sollicitation du pape Vigile, lorsque ce pontife quitta Constantinople pour retourner en Italie. La pragmatique sanction est composée de vingt-sept articles [1]. L'article premier confirme toutes les concessions accordées par Athalaric, par sa mère Amalasunthe ou par Théodat, sans pourtant qu'il puisse être porté aucune atteinte aux droits conférés par Justinien ou par sa défunte épouse Théodora.

L'article 2 déclare nuls et révoqués tous les actes et toutes les donations de Totila qui est qualifié de tyran. Les biens enlevés à leurs anciens possesseurs, en vertu de ces actes ou de ces donations, devront leur être restitués.

L'article 3 stipule que la destruction partielle ou totale, ou la perte des titres de propriété, de possession et de créance, dans les lieux exposés aux guerres et aux calamités de tous genres, ne causera aucun préjudice aux propriétaires, aux possesseurs et aux créanciers.

L'article 4 porte que quiconque se sera emparé, soit de sa propre autorité, soit de quelque autorité que ce puisse être, des troupeaux d'un absent ou d'un captif, ou les aura tenus à la demande de cette personne, devra les restituer sans délai à l'absent, s'il reparaît, au captif, s'il est délivré ; ou, à leur défaut, à leurs héritiers. Cette restitution aux héritiers sera de droit également dans le cas où l'absent serait mort sans avoir reparu, le captif, sans avoir recouvré sa liberté.

L'article 5 autorise toute personne, qui, par crainte ou par suite de violence, soit en admettant une revendication, soit sous forme d'un contrat quelconque, a aliéné ses biens en faveur de gens exerçant un office, une commission, une autorité au nom de Totila, ou ayant part à sa faveur, à revendiquer et à recouvrer les biens aliénés et à en obtenir du juge la

---

1. La pragmatique sanction de Justinien se trouve dans le Corpus Juris Civilis après les Novelles et les Édits, sous le titre : Aliæ aliquot Constitutiones Imp. Justiniani, Justini et Tiberii Aug., ex diversis fontibus collectæ.

possession ; à condition toutefois de restituer le prix qui lui aurait été payé.

L'article 6 sanctionne les prescriptions de trente et de quarante ans, ainsi que les autres prescriptions légales ; mais stipule que les années de la guerre ne seront point comptées dans le calcul de ces prescriptions.

L'article 7 a trait aux demandes en résiliation de contrats conclus et de titres dressés durant un siège, soit à Rome, soit dans d'autres villes. Il déclare ces demandes non recevables et ces contrats valables, même en cas de disparition des titres, dont la destruction ou la perte ne pourra porter préjudice aux ayants droit.

L'article 8 conserve la possession des meubles, des immeubles, des choses se mouvant par elles-mêmes et de l'argent comptant, aux personnes qui seront reconnues avoir possédé ces choses durant la période écoulée depuis les temps du roi Théodoric jusqu'à l'avènement de Totila.

L'article 11 prescrit l'observation des lois inscrites dans les codes de Justinien, qui avaient déjà été promulgués antérieurement en Italie et ordonne d'y introduire les constitutions promulguées depuis les codes, afin d'assurer l'unité de législation dans l'Empire.

Aux termes de l'article 13, quiconque a trouvé, dans les provinces, du bétail abandonné par les ennemis, sera tenu de le restituer à ceux à qui l'ennemi l'avait enlevé. De même, devra être restituée toute autre chose trouvée dans les mêmes conditions. Dans le cas où le propriétaire du bétail retrouvé ne sera pas connu, ce bétail sera distribué entre les habitants de la province qui ont perdu leurs troupeaux, dans la mesure des pertes de chacun.

L'article 14 ordonne la restitution de tout ce dont les habitants auraient été indûment dépouillés par les collecteurs, à l'occasion de la levée des impôts.

L'article 15 règle l'état des personnes, dans les cas de mariages conclus pendant les troubles, entre personnes libres et serves. L'état de ces personnes est réglé de la façon suivante : Si un homme serf a épousé une femme libre, ou si un

homme libre a épousé une femme serve, la personne libre
aura le droit de s'éloigner ; le serf et la serve demeureront
soumis aux droits de leurs maîtres. Si la personne libre juge
à propos de continuer, à l'avenir, la vie commune, elle n'aura
à subir aucun préjudice dans sa liberté ; mais les enfants sui-
vront la condition de leur mère. Ce qui sera observé également pour les enfants nés de semblables unions, avant la
promulgation de la loi nouvelle.

L'article 16 ordonne la restitution à leurs maîtres des serfs,
des colons et de leurs enfants, détenus par autrui.

L'article 17, considérant que, durant l'état de troubles, une
féroce audace a fait commettre toutes sortes d'illégalités,
comme si elles étaient permises, prévoit les cas de mariages
contractés avec des femmes consacrées à Dieu ou portant
l'habit religieux. Il prescrit de tenir pour nuls ces mariages
ou de restituer la dot qui aurait été stipulée, aux monastères,
aux églises ou à la destination sainte à laquelle elle avait été
précédemment dédiée. C'est-à-dire évidemment que le mariage des femmes consacrées à Dieu, sera nul et que, dans le
second cas prévu, celui du mariage de femmes non consacrées, mais revêtues de l'habit religieux, il y aura lieu à restitution de la dot au monastère, à l'église ou à la destination
pieuse à laquelle elle avait été précédemment assignée.

L'article 19 prescrit, pour la livraison et l'acceptation des
marchandises, l'emploi des poids et mesures dont les types ont été
remis par l'empereur au pape et au Sénat. L'article 20 édicte
que toutes les pièces à l'effigie des anciens princes romains
auront cours dans toutes les provinces et seront reçues en
payement, sans aucuns frais à raison de mutation de valeur.

L'article 21 porte 1° que quiconque aura enlevé, à des immeubles appartenant à autrui, des ornements ou des matériaux,
sera tenu à restitution ou à indemnité, dans le cas où ils
auraient été incorporés à un autre édifice ; 2° que quiconque
détient des titres appartenant à autrui, sera tenu de les restituer ; 3° qu'en cas de perte de titres, s'il en existe un double
aux mains d'un tiers, comme cela se pratique pour les actes
authentiques et pour les contrats, il sera dressé, d'après ce

double, un titre nouveau en remplacement du titre perdu.
Quiconque ayant détourné ou trouvé un titre, l'aura brûlé,
caché ou gâté, ou s'en sera dessaisi, de quelque façon que ce
puisse être, avec intention de nuire, sera tenu d'indemniser
ceux que le titre concerne.

L'article 22 dispose que l'annone que Théodoric avait
coutume de donner aux Romains et que l'empereur leur avait
accordée également, leur sera de nouveau donnée à l'avenir;
que l'annone qu'on avait coutume de donner aux grammai-
riens, aux orateurs, aux médecins et aux jurisconsultes, sera,
dans l'avenir, fournie à ceux qui exerceront ces professions;
« afin que la jeunesse puisse, avec éclat, être instruite dans
les études libérales ».

L'article 23 dispose que les procès entre Romains et ceux
dans lesquels une personne romaine sera en cause, seront
soumis aux juges civils.

L'article 24 ratifie et maintient les échanges, achats et
transactions relatifs à des choses du domaine public, faits
avec l'État jusqu'à l'avènement de Totila, toutefois sans préjudice pour les droits des tiers.

L'article 25 confirme les coutumes et privilèges de la
ville de Rome, pour la réparation des édifices publics, pour le
cours du Tibre, pour le port et le marché de la ville; avec
cette réserve, que ces coutumes et privilèges seront exercés
conformément aux titres établis.

L'article 27 ordonne que les sénateurs qui voudront se
rendre auprès de l'empereur, n'en pourront être empêchés par
personne et que les sénateurs auront pleine liberté d'aller
dans les provinces de l'Italie et d'y demeurer, tant qu'ils voudront, pour réparer leurs domaines et y rétablir la culture.
Narsès est chargé de l'exécution de cette pragmatique sanction et une peine de dix livres d'or est établie contre ceux qui
y porteraient atteinte.

Mieux que toutes les descriptions, l'analyse de cette loi
fait connaître, par l'indication précise des désordres auxquels
elle tend à porter remède, l'état d'anarchie, de complète
désorganisation sociale où tant d'années de guerres et de

bouleversements de tous genres avaient plongé l'Italie. Narsès s'occupa de réparer les dégâts matériels. Ces restaurations, pompeusement célébrées dans des inscriptions emphatiques, se bornèrent à quelques réfections, plus ou moins grossières, de certains monuments de première nécessité. La misère du temps ne permettait pas davantage. Une inscription qui orne, aujourd'hui encore, le pont Salaro, sur le Tévérone, à 3 kilomètres environ de Rome, rappelle que ce pont, détruit par Totila, fut rebâti, en meilleur état qu'il n'avait jamais été, est-il dit, par Narsès, en la trente-huitième année du règne de Justinien [1].

A tant de nécessités, auxquelles Narsès avait à pourvoir, pour rétablir le bon ordre et la tranquillité, s'ajoutaient les difficultés résultant des dissensions religieuses, suscitées par la politique de Justinien. Ces dissensions, qui depuis dix ans causaient de grands troubles, dans tout l'Empire, avaient fait perdre à l'empereur la sympathie de l'Église romaine. Il n'est point douteux que l'éloignement de l'Église romaine, à l'égard de l'Empire, avait beaucoup servi les intérêts des Goths et avait permis leur relèvement, à l'époque de Totila. Comme on l'a remarqué dans tout le cours de cette histoire, les succès des Goths dépendaient, en grande partie, de l'attitude de la population italienne. Or, cette population étant, comme tous les Occidentaux, fidèlement attachée à l'Église, son attitude était plus ou moins hostile à l'égard des Goths, suivant que l'état des relations de l'Église avec l'Empire lui donnait plus

1. Imperante D. N. piissimo ac triumphali semper Justiniano p. p. Aug. Ann. XXXVIII. Narses vir gloriosissimus ex præposito sacri palatii ex Cons. atque patricius post victoriam gothicam, ipsis eorum regibus celeritate mirabili conflictu publico superatis atque prostratis, libertate urbis Romæ ac totius Italiæ restituta, pontem viæ Salariæ usque ad aquam a nefandissimo Totila Tyranno destructum, purgato fluminis alveo, in meliorem statum quam quondam fuerat renovavit. L'inscription se termine par huit vers à la louange de Narsès.

Quam bene curbati directa est semita pontis
Atque interruptum continuatur iter.
Calcamus rapidas subjecti gurgitis undas
Et libet iratæ cernere murmur aquæ.
Ite igitur, faciles per gaudia vestra, Quirites,
Et Narsim resonans plausus ubique canat.
Qui potuit rigidas Gothorum subdere mentes
Hic docuit durum flumina ferre jugum.

ou moins sujet de craindre les conséquences de la domination impériale. Le simple rapprochement des dates montre que la fortune des Goths se releva dans le temps où les dissentiments entre l'Église et l'empereur étaient dans leur période aiguë, puis s'abaissa à mesure que s'apaisait la crise religieuse, dont la solution coïncida à peu près avec la ruine définitive du royaume des Goths. Cette crise religieuse, dont il a fallu remettre de faire mention, pour ne pas embrouiller et interrompre le récit des campagnes de Narsès, produisit donc des effets considérables qui n'intéressent pas uniquement l'histoire ecclésiastique.

Justinien, dont la politique tendait, en toutes choses, à restaurer l'antique puissance de l'Empire, ne bornait pas son ambition à reconquérir les provinces arrachées, par les barbares, à la domination romaine. Jaloux de revendiquer, d'exercer toutes les prérogatives des anciens empereurs, il prétendait soumettre l'Église à son autorité. Ce n'était pas une prétention nouvelle : aucun des empereurs chrétiens ne s'en était abstenu ; mais les prédécesseurs de Justinien s'étaient contentés de faire opposition à la suprématie du Siège Apostolique, de convoquer des conciles, de les présider, de promulguer des lois rendant leurs décisions obligatoires ; ce qui aboutissait à les soumettre à la sanction impériale. Justinien alla plus loin. Il s'arrogea le droit de réformer, de sa seule autorité, les décisions des conciles ; tentant ainsi de devenir, en réalité, pontife du christianisme, religion de l'Empire, comme ses antiques prédécesseurs avaient été pontifes de l'antique religion romaine.

Cent ans environ après le Concile de Chalcédoine, les querelles qu'il avait surexcitées, duraient encore. Il subsistait un parti nombreux et remuant qui, sans professer ouvertement la doctrine d'Eutychès, s'obstinait à honorer sa mémoire et à rejeter le Concile qui l'avait condamné. Ceux qui formaient ce parti, composé principalement de moines d'Orient, étaient connus sous le nom d'Acéphales, parce qu'ils n'avaient point de chef. L'impératrice les favorisa, jusqu'à la fin de sa vie ; tandis que Justinien témoignait, au contraire, avoir fort à cœur l'acceptation, du Concile de Chalcédoine et faisait répandre des écrits, composés par lui-même, contre les sectateurs des doctrines nestoriennes et contre les Acéphales qui, par dérision, le surnommaient le Synodite. Ces tendances opposées de l'empereur et de l'impératrice, qu'elles fussent ou non l'effet d'une habileté concertée entre eux, avaient eu pour résultat de faire prendre patience aux deux partis ; les Orthodoxes comptant triompher par la volonté de l'empereur, les Acéphales se fiant à l'influence de l'impératrice. Mais les divisions excitées par ces deux partis, étaient une source de difficultés continuelles et un danger permanent de troubles. Le désir d'apaiser de si dangereuses discordes, porta Justinien à écouter les conseils de Théodore, évêque de Césarée, en Cappadoce.

Cet évêque était une sorte de prélat de cour qui avait réussi à s'insinuer dans l'entourage de l'impératrice, d'où il ne bougeait guère ; le pape Vigile lui reproche de n'avoir jamais passé un an entier dans son diocèse. Il fit entendre à Justinien qu'il y avait un moyen de réconcilier les Acéphales avec les Orthodoxes, par une espèce de transaction, propre à donner satisfaction à la fois aux partisans et aux adversaires du Concile de Chalcédoine. Ce Concile se contentant de l'anathème que Théodoret avait prononcé contre Nestorius, l'avait reçu à la communion, sans formuler la condamnation de ses écrits contre les douze chapitres de saint Cyrille. Il avait inséré dans les actes, sans faire mention qu'il la réprouvait, la lettre d'Ibas, évêque d'Édesse, au Perse Maris, lettre dans laquelle Ibas donnait des éloges à Théodore de Mopsueste et à Nestorius, blâmait saint Cyrille et reprochait au Concile d'Éphèse d'avoir condamné Nestorius, sans examen suffisant [1].

L'évêque de Césarée représenta à Justinien que l'absence de toute condamnation formelle contre Théodore de Mopsueste, contre les écrits par lesquels Théodoret avait combattu les douze chapitres de saint Cyrille et contre la lettre d'Ibas au Perse Maris, était la principale raison de l'opposition

---

1. Baronius, *ann.* 546, XXVIII, XXXII et suiv.

des Acéphales ; que s'ils obtenaient satisfaction sur ces trois points ou, comme on les appela, sur ces trois chapitres, ils n'hésiteraient plus à admettre le Concile de Chalcédoine [1] ; que cette satisfaction pouvait leur être donnée, sans inconvénient, puisque ces trois condamnations, loin d'être la négation du Concile de Chalcédoine, étaient conformes aux décisions de ce Concile, dont elles devaient être considérées comme la conséquence nécessaire [2]. Il pressa donc Justinien d'adopter la seule solution qui, acceptable pour les Orthodoxes, devait déterminer forcément les Acéphales à reconnaître le Concile de Chalcédoine. Et, afin de couper court à toute discussion, il lui conseilla d'employer l'autorité impériale ; de donner force de loi à cette solution, par un édit relatif aux trois points ou, suivant l'expression des contemporains, aux trois chapitres en question.

Proposer à Justinien de décider des questions de doctrine religieuse par un édit, c'est-à-dire, d'affirmer, par un acte, l'autorité de l'empereur sur l'Église et sur la religion ; lui faire espérer que cet acte serait universellement accepté et deviendrait ainsi un précédent incontestable dans l'avenir, c'était s'assurer de se faire écouter, d'acquérir influence et confiance. Le désir de se concilier les bonnes grâces de l'empereur, en flattant ses plus chères prétentions, fut, sans doute, le but de Théodore de Césarée, l'unique motif de sa conduite. Les auteurs ecclésiastiques de cette époque lui reprochent d'avoir agi avec l'intention de faire échec à la foi orthodoxe, parce qu'il était sectateur d'Origène. Ils l'accusent d'avoir, dans ce but, trompé Justinien, en flattant sa manie de s'occuper de théologie, en lui faisant croire que sa sagesse, unie à sa science théologique, le rendait seul capable de rétablir, dans l'Église, l'unité que nul, depuis si longtemps, n'avait pu restaurer [3].

L'Église romaine, n'admettant pas le droit que s'attribuaient les empereurs, de la soumettre à leur autorité, n'entendait

---

1. Baronius, *ann.* 546, VIII.

2. Baronius, *ann.* 546, XXXVIII et XXXIX.

3. Facundus, *Pro defensione trium Capitulorum,* lib. II cap. I. (édit. Migne, Patrologie Latine, t. LXVII, p. 558-560).

même pas qu'il en fût fait mention. Dans toutes les luttes qu'elle avait eu à soutenir contre les prétentions des empereurs, elle avait toujours eu soin d'éviter que la véritable question fût posée ouvertement. Elle s'était constamment attachée à établir, à l'occasion de toutes les difficultés qui se présentaient et toujours sous le couvert d'une question de doctrine, des précédents en faveur de son indépendance. Ce procédé qui écartait l'alternative d'avoir à admettre des prétentions inadmissibles ou d'en venir à un schisme et à des persécutions, dans le cas où l'Empire redeviendrait maître en Italie, avait, de plus, cet avantage que, dans l'avenir, quand l'indépendance de l'Église se trouverait assurée par des précédents incontestables, il n'apparaîtrait même pas qu'elle eût pu jamais être mise en doute. C'est pourquoi, les écrivains ecclésiastiques, qui défendaient l'Église contre les entreprises de Justinien, se gardent de faire allusion à la véritable raison de sa politique religieuse. Ils l'expliquent par sa vanité, par les flatteries de son entourage et par sa manie de se croire un profond théologien. Si Justinien s'occupait si passionnément des questions théologiques, c'était dans l'intérêt de sa politique : pour faire prévaloir un droit qu'il considérait comme une prérogative essentielle de la souveraineté, de la majesté sacrée de l'empereur.

Quant à Théodore de Césarée, il n'est point douteux qu'il avait en vue sa fortune, plus que les doctrines d'Origène. Plaire à l'empereur et à l'impératrice était son but. Or, lancer Justinien dans des difficultés prévues d'avance, ce n'était guère le moyen de s'assurer ses bonnes grâces. Un homme comme Théodore devait d'autant moins tenter une pareille aventure que, si les détracteurs de Justinien ne lui ont ménagé aucun reproche et l'ont accusé de tous les vices, jusqu'à le représenter comme le diable en personne [1], nul ne paraît s'être avisé de voir en lui un prince faible, sans clairvoyance, dont on pouvait se jouer impunément. Théodore n'eut évidemment pas d'autre but que d'acquérir dans l'épi-

---

1. Procope, *Historia Arcana,* cap. 12 (Corpus Script. Hist. Byzant., Procopii vol. III, p. 80).

scopat une situation exceptionnelle, de se concilier la confiance de l'empereur, en servant son désir de rétablir la paix religieuse et de soumettre l'Église à son pouvoir souverain.

De son côté, Justinien crut à l'efficacité du moyen qu'on lui présentait. A cet égard, sa bonne foi n'est pas contestée[1]. Il dut sans doute s'attendre à des résistances, de la part des Orthodoxes et surtout de la part de l'Église romaine ; mais les circonstances durent lui sembler particulièrement favorables, pour avoir raison de ces résistances. On était, en effet, à l'époque des succès de Totila et l'Église romaine ne pouvait pousser les choses à l'extrême, se séparer violemment de l'Empire, sans s'exposer à demeurer sans appui et sans défense contre la tyrannie du roi des Goths.

A cette époque, la charge de légat du Saint-Siège auprès de Justinien était remplie par Pélage, diacre de l'Église romaine. Pélage s'était naguère montré fortement, à l'occasion des désordres suscités en Palestine par les moines sectateurs d'Origène, que soutenaient Domitien, évêque d'Ancyre et Théodore de Césarée[2]. On a prétendu que ce dernier avait en vue de se procurer une revanche de l'échec qui lui avait été infligé par le légat et que les conseils qu'il donna à Justinien, lui furent inspirés par sa haine contre Pélage[3]. Point n'est besoin de cette hypothèse, pour expliquer sa conduite qu'expliquent suffisamment son ambition et son désir de plaire aux souverains. Mais le caractère de Pélage, la fermeté dont il avait fait preuve contre les erreurs d'Origène, donnaient sujet d'appréhender, de sa part, une énergique opposition, capable de faire échouer le projet qu'on méditait. C'est pourquoi, rien ne se fit tant qu'il demeura à Constantinople. Il quitta la cour de Byzance, où il eut pour successeur Stéphane, en l'année 544. Cette date nous est indiquée d'une façon précise, car Procope atteste que Pélage revint à Rome peu de temps avant qu'elle

1. Facundus, *Pro defensione trium Capitulorum* lib. I. cap. 1 (édit. Migne, Patrologie Latine, t. LXVII, p. 527).
2. Baronius, *ann.* 546, VIII.
3. Baronius, *ann.* 546, VIII.

fût assiégée par Totila, ce qui eut lieu en cette année 544[1].

Pélage était à peine parti, que Justinien profita de son éloignement, pour promulguer l'édit que lui avait conseillé Théodore de Césarée et par lequel il décidait, de son autorité, les trois points en question. Cet édit est connu, dans l'histoire ecclésiastique, sous le nom d'édit contre les trois chapitres du Concile de Chalcédoine[2]. Il fut certainement promulgué l'année même du départ de Pélage; car il fut souscrit par Pierre, patriarche de Jérusalem et par Éphrem, patriarche d'Antioche, qui moururent, le premier, avant la fin de cette même année 544[3], le second, dans le courant de l'année suivante, 545[4].

Cet édit ne nous a point été conservé. Le texte qu'en a publié le cardinal Baronius[5], est évidemment celui d'un autre édit d'une date postérieure. En effet, Facundus, évêque africain, auteur d'un écrit pour la défense des trois chapitres, cite un passage de l'édit de Justinien qui ne se trouve pas dans le texte publié par le cardinal Baronius[6]. Par contre, ce texte contient le passage suivant à propos de Théodore de Mopsueste[7] : « Le clergé de Mopsueste lui-même a ôté son nom des sacrés diptyques de son église, ainsi que le montrent les actes dressés dans cette ville même, en présence du Concile des évêques de cette province[8] ». Or, le Concile de Mopsueste, qui effaça des diptyques le nom de Théodore et auquel il est fait allusion dans ce passage, fut tenu en l'année 550. Il est

---

1, Pagi, *ann.* 546, III et 544, III. — Procope, *de Bello Goth.*, lib. III, cap. 16 (Corpus Script. Hist. Byzant., p. 340).

2. Baronius, *ann.* 546, VIII.

3. Pagi, *ann.* 546, III et IX.

4. Pagi, *ann.* 546, III et VIII.

5. Baronius, *ann.* 546, XI et suiv.

6. Ce passage est le suivant :
Si quis dicit hæc nos ad abolendos aut excludendos sanctos patres qui in Chalcedonensi fuere Concilio dixisse, Anathema sit (Facundus, *Pro defens. Capit.* (édit. Migne, Patrologie Latine, lib. IV, chap. 4, t. LXVII, p. 628).

7. Baronius, *ann.* 546, XXXVI.

8. Deleverunt ipsi ex illo de Sacris Ecclesiæ Diptychis ejus nomen sicut Gesta in eadem civitate apud Concilium Episcoporum illius provinciæ confecta ostendunt (Baronius, *ann*, 546, XXXVI).

inséré dans le cinquième acte du cinquième synode (Concile
de Constantinople), avec la mention qu'il fut célébré dans le
courant de la vingt-troisième année du règne de Justinien ou,
plus exactement, de la vingt-quatrième année de son règne; et
la vingt-quatrième année du règne de Justinien est l'année
550 de notre ère.

L'empereur promulgua donc deux édits contre les
trois chapitres : un premier en 544 : un second en 551, à la
suite du refus des évêques d'Illyrie de se rendre à Constantinople pour la tenue d'un Concile et du refus du pape Vigile de décider quoi que ce fût, en l'absence des évêques
d'Occident, dont bien peu avaient consenti à se rendre à
Constantinople. Le texte donné par le cardinal Baronius,
paraît être celui de ce second édit, promulgué le 14 juillet 551 [1]. Le premier fut sans doute supprimé [2]. Tout ce que
l'on sait, relativement au premier édit, c'est qu'il condamnait :
1° Théodore de Mopsueste ; 2° les écrits de Théodoret contre
les douze chapitres de saint Cyrille ; 3° la lettre d'Ibas au
Perse Maris. Le fait qu'une autre rédaction fut promulguée
dans la suite, donne à penser qu'il était rédigé en une forme
ou en des termes qu'on jugea nécessaire de modifier ou d'expliquer, en y ajoutant une profession de foi orthodoxe. Il fut
entièrement l'œuvre de Théodore de Césarée qui se chargea,
avant qu'il fût rendu public, d'en donner connaissance aux
évêques présents à la cour et de faire des démarches pour
les déterminer à l'accepter. « Par l'effet de vos menées ordinaires, affirme le pape Vigile, dans la sentence qu'il porta
contre Théodore de Césarée, vous présent et agissant, il fut
donné lecture, dans le palais, en présence de certains évêques
de la Grèce, d'un écrit contenant condamnation des trois chapitres et vous avez exigé l'assentiment de ces évêques [3]. »

Comme Théodore de Césarée l'avait insinué à Justinien,
les décisions de cet édit n'étaient point contraires au Concile
de Chalcédoine. Elles l'étaient si peu, qu'après bien des luttes

1. Pagi, *ann.* 546, III ; 551, V et VI ; 554, IX.
2. Baronius, *ann.* 546, VIII.
3. Baronius, *ann.* 546, IX.

et des controverses, elles furent admises par le Concile qui se
réunit à Constantinople, le 5 mai 553, et ratifiées par le pape.
Le pape Vigile, retenu à Constantinople où Justinien l'avait
obligé à se rendre, comme on l'a vu précédemment, se rallia
à la condamnation des trois chapitres, dès la fin de cette
même année 553[1]. Il les condamna formellement, dès le commencement de l'année suivante, au plus tard. Une constitution de Vigile, datée de Constantinople, le VII des calendes de
mars de la vingt-septième année du règne de Justinien,
treizième année après le consulat de Basilius (23 février 554),
semble être l'acte qu'il adressa à l'empereur et aux évêques
pour mettre définitivement fin à son opposition[2]. Il y traite
longuement et doctement la question des trois chapitres qu'il
explique, réfute et condamne[3].

La pacification de l'Église étant achevée par cet acte, Justinien donna enfin à Vigile la liberté de retourner à Rome.
Vigile était encore à Constantinople au milieu du mois
d'août 554 ; car on a vu que ce fut à sa sollicitation et avant
son départ, que Justinien édicta la Constitution ayant pour
objet de rétablir l'ordre à Rome et en Italie. Or, cette Constitution est datée des ides d'août (13 août) 554. Ce ne fut donc
certainement point avant cette époque, que Vigile, emportant
le texte de cette Constitution, s'embarqua pour rentrer en
Italie. Souffrant de la pierre, il ne put dépasser la Sicile. Il
dut débarquer à Syracuse, où il mourut dans la nuit du dimanche 7 juin 555[4]. Son corps fut porté à Rome et enseveli
dans le cimetière de Saint-Marcel, sur la voie Salaria[5].

Le diacre Pélage fut élu en sa place et fut ordonné en
556[6]. Il était sans doute revenu avec Vigile de Constan-

---

1. *Liber Pontificalis. Vigilius* (édit. de Mgr Duchesne, note 28, t. I, p. 301).
2. Pagi, *ann.* 554, IV.
3. *Vigilii Papæ Constitutum pro damnatione trium Capitulorum editum
anno Christi* 554. Definitio fidei sancti Chalcedonensis concilii (édit. Migne,
Patrologie Latine, t. LXIX, p. 143-178).
4. *Liber Pontificalis. Vigilius* (édit. de Mgr Duchesne, t. I, p. 299 et note 33,
p. 302).
5. *Liber Pontificalis. Vigilius* (édit. de Mgr Duchesne, t. I, p. 299).
6. *Liber Pontificalis. Vigilius* (Mgr Duchesne, t. I, p. 302, note 34).

tinople où celui-ci l'avait appelé et où il était certainement
en 553[1]. A l'époque où fut édictée la pragmatique, il y rédigeait encore, pour la défense des trois chapitres, des. traités,
dont un au moins est postérieur à la deuxième indiction, c'est-
à-dire au mois d'août 554[2]. Comme il continuait son opposition au Concile, il avait été mis en prison[3]. Il n'avait recouvré
sa liberté, qu'après avoir cédé à la volonté de Justinien[4].

Son élection fut due à l'autorité de Narsès qui, par ordre
de l'empereur, le soutint de toute son influence, contre l'opposition des clercs et des laïques. Pour se faire consacrer, il ne
put trouver, dans toute l'Italie, un troisième évêque[5]. Il fut
consacré par deux évêques : Jean de Pérusia et Bonus de
Férentinum ; et, à défaut d'un troisième évêque, par un prêtre
nommé Andréas[6]. Un auteur dit qu'il fut élu par les prévari-
cateurs[7]. Son biographe raconte qu'on l'accusait d'avoir provoqué toutes les tribulations que Vigile avait eu à souffrir et
qu'on l'accusait même de lui avoir donné la mort. Il fit une
déclaration en public, pour se défendre de cette calomnie, dit
encore son biographe, qui ajoute que c'était à cause de ces
soupçons, qu'on lui était hostile[8]. Ce sont là des historiettes.
On savait à Rome qu'il n'était pour rien dans la mort de
Vigile[9]. La véritable et unique cause de l'hostilité contre
Pélage était la condamnation des trois chapitres.

A l'occasion de l'élection de Pélage, de nouvelles coutumes
furent introduites. Justinien, qui, depuis quatre ans, était
maître de Rome, s'arrogea, à l'exemple des rois goths, pour lui-
même et pour ses successeurs, le droit de confirmer l'élection
des pontifes romains. De sorte que, depuis la mort de Vigile,

---

1. Baronius, *ann.* 553, CCIX.

2. *Liber Pontificalis. Vigilius* (Mgr Duchesne, note 28, t. I, p. 302).

3. *Liber Pontificalis. Vigilius* (Mgr Duchesne, note 28, t. I, p. 301).

4. *Victoris Tonnennensis Chronica*, ann. 558 (édit. Mommsen, Monum.
Germ., in-4°, Auct. Antiq., t. XI, pars, I, p. 204).

5. *Liber Pontificalis. Pelagius* (édit. de Mgr Duchesne, t. I, p. 303).

6. *Liber Pontificalis. Pelagius* (édit. de Mgr Duchesne, t. I, p. 303).

7. *Victoris Tonnennensis Chronica*, ann. 558 (édit. Mommsen, p. 204).

8. *Liber Pontificalis. Pelagius* (édit. de Mgr Duchesne, t. I, p. 303).

9. Mgr Duchesne, *Liber Pontificalis. Pelagius* (note 3, t. I, p. 304).

il y eut un intervalle d'un trimestre et, dans la suite, un intervalle plus long encore, entre le décès du pontife et la consécration de son successeur, par suite de la nécessité d'attendre la confirmation impériale, que les empereurs n'accordaient qu'après paiement d'une redevance en or[1].

Si les mesures de rigueur, ordonnées par Justinien contre les défenseurs opiniâtres des trois chapitres, aidèrent à la pacification religieuse en Orient, il n'en fut point de même en Occident. En Afrique, les Églises furent troublées et divisées. Il s'y produisit, dans une partie du clergé, un schisme qui fut de longue durée. Dans la Rhétie, la Norique, l'Istrie et la Vénétie, les évêques agirent avec peu de modération ; ils demeurèrent séparés de l'Église catholique, pendant près de cent cinquante ans. Leur schisme, favorisé par l'invasion des Langobards, ne finit que sous le pontificat de Sergius, à la fin du VIIe siècle[2].

En Italie, l'opposition fut d'abord très violente et amena même des troubles, en plusieurs endroits[3]. Mais elle ne tarda pas à devenir plus modérée et s'assoupit, peu à peu, grâce à la sagesse de Narsès.

En présence de son peu d'empressement à user de contrainte contre les dissidents, le nouveau pape, Pélage, lui adressa une lettre, véritable sommation d'avoir à sévir sans plus de retard, qui expose une intéressante théorie de la persécution : « Ne vous attardez pas, lui écrit Pélage, aux vains discours des hommes qui disent que l'Église exerce une persécution, quand elle réprime le mal qui se commet et poursuit le salut des âmes. Ils sont dans l'erreur, ceux qui imaginent et répandent une pareille doctrine. On ne persécute que si on force au mal. Celui qui punit le mal accompli ou empêche de commettre le mal, ne persécute point, mais fait, au contraire, preuve d'affection. Si, comme pensent les gens qui prétendent le contraire, personne ne doit être châtié, à raison

---

1. Pagi, *ann.* 555, X et XI.

2. *Liber Pontificalis. Sergius* (édit. de Mgr Duchesne, t. I, p. 376 et note 45, p. 381).

3. Pagi, *ann.* 556, II.

du mal commis, ni ramené au bien, il faut abolir toutes les lois divines et humaines qui, dictées par la justice, établissent des peines et des récompenses. Or, le schisme est un mal et les hommes qui s'en rendent coupables doivent être frappés, non seulement par l'Église, mais aussi par les pouvoirs séculiers ; comme l'enseignent l'autorité de l'Écriture et les règles établies par les Pères. Il n'est point douteux que quiconque est séparé du Siège Apostolique est dans le schisme et essaye d'ériger un autel contre l'Église universelle.

« Que votre gloire considère ce que statue, au sujet des schismatiques, un des canons du synode de Chalcédoine qui dit, entre autres choses : « Celui qui se sépare de la commu-
« nion, qui forme une secte, qui érige un autel, qui refuse
« de se rendre à l'avertissement de l'évêque et de lui obéir
« après une première et une seconde monition, sera définiti-
« vement condamné. Il sera, à jamais, indigne de prières et ne
« pourra recevoir aucun honneur. S'il persiste à causer des
« troubles et des séditions dans l'Église, il sera contraint,
« comme séditieux, par le pouvoir séculier. » Saint Augustin dit également, au sujet de cette sorte de gens : « Il y a beau-
« coup à faire pour les plier, malgré eux, par une bienveil-
« lante rigueur. Il faut penser à leur utilité, plutôt qu'à leur
« volonté. En corrigeant un fils, avec quelque sévérité que
« ce soit, l'amour paternel ne se perd point. Que celui-là qui
« paraît devoir être guéri malgré lui et ne peut l'être sans
« souffrance, souffre malgré lui. »

« Vous voyez, par le témoignage d'un si grand Père, com-
ment l'Église n'exerce point de persécution, quand elle use de contrainte dans des cas semblables. Elle fait, au contraire, preuve d'affection, en amendant ces gens-là.

« Faites donc ce à quoi nous vous exhortons fréquemment, car nous connaissons vos pieuses intentions. Faites en sorte que de pareilles choses ne se produisent plus dorénavant. Faites aussi, ce qui vous est très facile, je n'en doute point, que ceux qui ont eu l'audace de se séparer de l'Église, soient amenés, sous bonne garde, vers le Prince très pieux.

« Votre altesse doit se rappeler ce que Dieu fit par vous,

dans le temps que le tyran Totila était maître de la Vénétie et de l'Istrie et que les Francs dévastaient toute la région. A cette époque, vous n'avez pas permis la création d'un évêque de Milan, avant que vous n'en eussiez référé au Prince très clément et que vous n'eussiez connu, par sa réponse, ce qu'il y avait lieu de faire. Les ennemis tenaient partout la campagne. Néanmoins, par les soins de votre altesse, celui qui était ordonné et celui qui devait l'être, furent conduits à Ravenne.

« Que dirai-je des évêques de la Ligurie, de la Vénétie et de l'Istrie ? Votre excellence est à même de réprimer leurs excès, par la raison et par la force. Obligez-les à cesser de se glorifier de leur manque d'égards envers le Siège Apostolique. Si quelque difficulté les inquiétait, à propos de la décision du synode universel tenu à Constantinople au cours de la précédente indiction, ils devaient, comme cela s'est toujours fait, déléguer au Siège Apostolique quelques-uns d'entre eux, pour rendre compte de leurs doutes et recevoir des éclaircissements. Ils ne devaient point, les yeux fermés, déchirer le corps du Christ, notre Dieu, qui est la sainte Église.

« Veuillez donc ne pas hésiter à sévir contre eux, par l'autorité souveraine et judiciaire ; car les règles établies par les Pères ont prescrit spécialement que, si une personne exerçant un office ecclésiastique, résiste à celui à qui elle est soumise, fait secte à part, élève un autre autel ou fait schisme, elle sera excommuniée et condamnée ; et que, si elle méprise cette loi et persiste à faire des divisions et un schisme, elle sera contrainte par les pouvoirs publics.

« J'ai pris soin, Seigneur, de vous exposer ceci, conformément à l'autorité des Pères, parce que, peut-être, votre esprit est intimidé par la crainte de paraître exercer une persécution. Il y a mille autres exemples et des constitutions qui font voir, avec évidence, que les pouvoirs publics doivent contraindre ceux qui font des scissions dans la sainte Église, non seulement par l'exil, mais aussi par la confiscation de leurs biens et par une dure prison [1]. »

1. *Pelagii Papæ Epistolæ*. Epistola II (olim III) (édit. Migne, Patrologie Latine, t. LXIX, p. 392-396).

Cette lettre n'ayant point eu de résultat, Pélage écrivit de nouveau à Narsès en ces termes : « Nous vous avons demandé et nous vous demandons, de nouveau, que Paulin, pseudo-évêque d'Aquilée et l'évêque de Milan soient dirigés, sous bonne garde, vers le Prince très clément. Le premier n'a jamais pu être évêque, puisqu'il a été ordonné contrairement à toutes les coutumes établies par les canons ; il ne faut donc pas qu'il perde plus longtemps les autres. Le second a eu la présomption de faire une ordination contraire à la coutume antique ; il doit être soumis à la vindicte des canons. Il n'a jamais été permis et il ne sera jamais permis de réunir un synode particulier. Chaque fois qu'il s'élève quelque doute touchant un synode universel, c'est au Saint-Siège qu'il faut s'adresser. C'est au Saint-Siège, que ceux qui désirent le salut de leurs âmes doivent s'adresser, d'eux-mêmes, pour avoir raison de ce qu'ils ne comprennent point. Quant à ceux qui persistent à être contumaces et se montrent obstinés, au point de ne vouloir pas être instruits, il est nécessaire que le Siège Apostolique les amène au salut, par tous les moyens, ou que, pour les empêcher de causer la perdition des autres, les pouvoirs séculiers les contraignent selon les canons [1]. »

Ces sommations adressées par Pélage au représentant du pouvoir impérial révélaient une prétention nouvelle. Les empereurs avaient, à diverses reprises, rendu obligatoires les décisions des conciles et édicté des mesures et des peines contre les hérétiques ; mais ils avaient toujours agi de leur propre autorité, sans reconnaître aucune autorité supérieure à la leur. Cette fois, Pélage prétendait, au nom de l'autorité du Saint-Siège, mettre en action les pouvoirs publics et faire de l'autorité impériale le bras séculier de l'Église, l'exécuteur de ses volontés. Obéir aux injonctions du pape, c'était donc diminuer l'autorité impériale ; user de rigueur contre les dissidents, c'était risquer de provoquer de graves désordres et de créer, en Italie, un état de choses analogue à celui qui avait ruiné l'Afrique, au temps des Donatistes. On ne sait

1. *Pelagii Papæ Epistolæ*. Epistola IV (olim V) (édit, Migne, Patrologie Latine, t. LXIX, p. 397).

quelle fut la réponse de Narsès ; mais il est certain qu'il
s'abstint d'intervenir. Il laissa au temps le soin de calmer les
passions surexcitées. Le zèle excessif de Pélage, pour imposer
les décisions d'un concile que lui-même avait d'abord refusé
de reconnaître, ne se peut expliquer que par son irritation
contre les évêques italiens qui tous, deux exceptés, avaient
refusé de le consacrer. Le désir de se venger de leur éloignement pour sa personne, non pour le Siège Apostolique, lui
inspira une théorie qui fut, pour l'Église, une cause de calamités.

La prudence de Narsès sauva l'Italie d'un désastre qui eût
encore augmenté la ruine de ce malheureux pays. Elle fut
imitée par les évêques, en Orient comme en Occident. Pour
ramener à l'unité les partisans des trois chapitres, dont l'obstination menaçait d'aller jusqu'au schisme, ils tempérèrent les
rigueurs des canons et de la discipline ecclésiastique. Ils
suspendirent, pour un temps, l'anathème prononcé par le concile de Constantinople et amenèrent ainsi, peu à peu, la pacification qu'il était impossible d'imposer [1]. Pendant des années,
la plupart des Italiens n'admirent point le cinquième concile,
sans pourtant se détacher de la communion catholique. Beaucoup évitaient de le condamner et se bornaient à n'en faire
aucune mention ; d'autres n'hésitaient point à se prononcer
plus ouvertement, mais avec prudence, de façon à éviter les
discussions irritantes. De ce nombre fut Cassiodore [2].

Sénator Cassiodore s'était retiré à Scyllaceum (Squillace),
son lieu de naissance, dans le Brutium [3]. Il avait construit, sur
le littoral, au pied d'une montagne, des viviers dont le voisinage explique le nom de Vivariensis, donné au monastère,
établi sur les rives du fleuve Pelléna, où, après avoir quitté le
monde et les affaires publiques, il vécut jusqu'à un âge
extrêmement avancé [4]. Il nous apprend lui-même qu'il était

---

1. Pagi, *ann.* 555. IV.
   2. Baronius, *ann.* 556, II. — Cassiodore, *de Institutione Divinarum litterarum*, cap. XI (édit. Migne, Patrologie Latine, t. LXX, p. 1123).
   3. Mommsen, *Cassiodori Variæ. Proœmium*, p. VII, note 6 (Monum.
Germ., in-4°, Auct. Antiq., t. XII).
   4. Mommsen, *Cassiodori Variæ. Proœmium*, p. VII-VIII, note 6 (Monum.

âgé de quatre-vingt-treize ans, quand il écrivit son dernier ouvrage [1]. On ne connaît point la date exacte de sa mort. Certains auteurs la placent en 562; d'autres, en 575 [2]. Il se peut qu'il ait vécu jusqu'en 583 [3].

Dans le temps qu'il achevait de détruire les derniers restes du royaume des Ostrogoths, Justinien eut occasion de prendre pied en Espagne. Il put concevoir l'espérance de reconquérir cette contrée, en profitant des divisions entre les barbares qui l'occupaient, comme il avait fait en Afrique et en Italie.

Un chef visigoth, nommé Athanagild, s'étant révolté et ayant pris les armes contre Agila, roi de sa nation, sollicita le secours de l'empereur. Justinien s'empressa de lui envoyer une armée, avec le secours de laquelle il défit Agila, près de Séville. Après sa victoire, Athanagild fut reconnu pour roi par tous les chefs visigoths. Il s'efforça alors de se défaire de ses alliés et de les chasser des différentes cités dont ils s'étaient rendus maîtres. Il entreprit contre eux une série de campagnes, leur enleva plusieurs villes, mais ne réussit point à les expulser de l'Espagne [4]. La chronique d'Isidore de Séville nous apprend que les successeurs d'Athanagild ne cessèrent de harceler les impériaux par des guerres continuelles et leur infligèrent de nombreuses défaites. Bien que fort affaibli et diminué, l'établissement militaire des Byzantins subsistait encore au temps d'Isidore. A l'époque où il rédigeait sa chronique, les impériaux furent, dit-il, de nouveau vaincus par le roi Sisebut et perdirent plusieurs villes [5]. Le territoire recon-

Germ., in-4°, Auct. Antiq., t. XII). — Cassiodore, *de Institutione Divinarum litterarum*, cap. xxix (édit. Migne, Patrologie Latine, t. LXX, p. 1143).

1. Cassiodore, *de Orthographia. Præfatio*, 7 (édit. Migne, Patrologie Latine, t. LXX, p. 1241).

2. Baronius, *ann.* 562, V, et suiv. — Pagi, *ann.*, 562, IV.

3. Mommsen, *Cassiodori Variæ. Proœmium*, p. XI (Monum. Germ., in-4°, Auct. Antiq., t. XII).

4. Grégoire de Tours, *Historia Francorum*, lib. IV, cap. viii (édit. Arndt, Monum. Germ., in-4°, p. 146). — *Isidori Junioris Episcopi Hispalensis Historia Gothorum* (édit. Mommsen, Monum. Germ., in-4°, Auct. Antiq., t. XI, pars II, p. 286).

5. Isidori, *Historia Gothorum* (édit. Mommsen, p. 291).

quis par Justinien s'étendait le long des côtes et se prolongeait dans les terres jusqu'à Ebora, formant deux provinces, gouvernées par deux patrices. Cet établissement subsista près de soixante-dix ans. Ce fut en effet vers l'an 623, que Suinthila, roi des Visigoths, gagna un des gouverneurs, vainquit l'autre et éteignit entièrement, en Espagne, la domination romaine [1].

L'intervention byzantine en Espagne fut le dernier succès de l'immense effort accompli par Justinien. Il mourut, âgé d'environ quatre-vingt-trois ans, le 14 novembre 565 [2]. Ayant été créé empereur le 1er avril 527, il avait régné trente-huit ans, sept mois et treize jours et n'avait cessé de travailler, avec une énergie qu'aucune difficulté ne put lasser, qu'aucun désastre ne put abattre, à l'œuvre qui fut son unique but : la reconstitution de l'Empire. Il réussit à lui reconquérir la plupart des contrées que les barbares lui avaient enlevées, à restaurer sa législation et sa jurisprudence, à le doter d'institutions, de grands travaux d'utilité publique, à l'orner de

1. Lebeau, *Histoire du Bas-Empire*, XLVIII, ch. LXI.

2. Le jour de la mort de Justinien, 14 novembre, est précisé par l'auteur de la Chronique alexandrine et par Théophanès (*Chronographia*, Corpus Script. Hist. Byzant., p. 373), qui dit que Justin, neveu de Justinien, fut élevé à l'Empire le 14 novembre de la XIVe indiction. L'*Historia Miscella*, note que Justinien régna trente-huit ans, sept mois et dix jours (lib. XVI, Muratori Rerum Italic. Script., t. I, p. 110) et Théophanès (p. 372) marque également qu'il régna trente-huit ans, sept mois et treize jours. D'autre part, Marcellinus Comes (Mommsen, Monum. Germ., in-4°, Auct. Antiq., t. XI, p. 102, ann. 527) dit que l'empereur Justin, qui avait précédemment donné à son neveu Justinien le titre de Nobilissime, le désigna pour son successeur, le jour des calendes d'avril de l'année 527 ; et d'un passage de l'histoire secrète attribuée à Procope (*Historia Arcana*, cap. 9, Corpus Script. Hist. Byzant., p. 67) il résulte que Justinien fut salué Auguste, trois jours avant la fête de Pâques. En cette année 527, la fête de Pâques était le 4 avril (Pagi, ann. 527, II). De sorte que Justinien fut créé empereur, le 1er avril 527. Il compta son règne de ce jour, bien que son oncle Justin ne mourut que le 1er août de cette même année, comme l'atteste l'auteur de la Chronique alexandrine. Depuis le 1er avril, jusqu'au 1er août 527, Justin et Justinien régnèrent ensemble. Or, trente-huit ans, sept mois et treize jours après le 1er avril 527, c'est bien le 14 novembre 565. C'est donc par erreur qu'on lit dans quelques auteurs contemporains que Justinien mourut dans la XVe indiction, c'est-à-dire en 566 ; la XVe indiction commençant aux calendes de septembre 566. Ces auteurs sont *Victor Tonnennensis* (Mommsen, Monum. Germ., in-4°, Auct. Antiq., t, XI, p. 206) et *Joannes abbas Biclariensis* (Mommsen, *ibid.*, p. 211).

monuments d'une beauté nouvelle et accomplie qui apparaissait comme le signe d'une rénovation du monde antique.
Il ne put lui rendre la vitalité nécessaire à sa conservation.
Bien supérieur à son époque, il ne comprit point que la société
byzantine était tombée dans une irrémédiable décadence ;
qu'en exigeant d'elle un effort dont elle n'était plus capable,
on ne faisait que précipiter sa ruine. Mais il eut la gloire de
concevoir et d'accomplir de grandes choses, avec une administration défectueuse, rapace et profondément corrompue, avec
des hommes sans allure, sans loyauté, dont l'intelligence
n'était plus apte qu'à de subtiles habiletés, dont les vues ne
s'étendaient point au delà de leur intérêt personnel immédiat ou des rivalités de leurs coteries. Après lui, l'Empire ne
fut plus qu'un corps inerte, d'où la vie se retirait peu à peu.
Il fut le dernier empereur digne de ce nom, le dernier qui
eut l'âme romaine.

Tous ceux dont les ambitions étaient gênées par le rétablissement de l'autorité impériale, conçurent contre lui une
haine qui, mieux que les plus grands éloges, prouve son mérite,
en montrant combien ils le jugeaient redoutable. En vue de
diminuer son prestige et de susciter, dans l'opinion des masses,
des mouvements propres à lui opposer des résistances, ils
eurent recours à tous les moyens dont les factieux ont coutume de faire usage, contre les hommes politiques qui font
obstacle à leurs desseins. Ils s'appliquèrent à représenter les
actes de Justinien, qui n'étaient point de leur goût, comme les
effets d'une manie insensée de son esprit ou d'une faiblesse
de son caractère qui faisait de lui la dupe de conseillers per-
vers. Ils répandirent enfin contre lui toutes ces calomnies,
souvent absurdes et ridicules, qui se trouvent accumulées dans
un pamphlet célèbre, connu sous le nom d'Histoire secrète de
Justinien, auquel on a donné le titre d'Anecdotes et qui fut
attribué à Procope, l'historien des guerres contre les Perses,
les Vandales et les Goths.

Ce pamphlet, bien fait pour séduire l'imagination du
peuple, en donnant satisfaction à son goût pour les scandales,
est un tissu d'exagérations absurdes et d'allégations dont

l'auteur se garde bien d'indiquer l'origine ou dont la pué-
rilité fait sourire. Il aboutit à un résultat bien différent
de celui qu'il se proposait. Les aveux de l'histoire secrète
peuvent être regardés comme le plus incontestable témoignage des vertus qu'elle accorde à Justinien [1]. Son application aux affaires et ses connaissances très étendues sont
attestées par les Anecdotes, bien mieux que par les éloges
contenus dans les histoires publiques et authentiques de
Procope.

« Il était, avoue l'auteur des Anecdotes, de facile accès et
gracieux pour ceux qui l'abordaient. Il ne lui arriva jamais de
refuser audience à personne, ni de maltraiter ceux qui n'avaient
pas une contenance ou un langage convenable envers la
dignité dont il était revêtu [2] ». Sa sobriété est ensuite décrite
en ces termes : « Il était toujours éveillé et, pour ainsi dire,
affranchi du besoin de nourriture. Il ne fut jamais gorgé de
viandes ni de boisson. A peine avait-il touché, du bout des
doigts et goûté les aliments servis à sa table, qu'il se retirait.
Il paraissait ainsi doué d'une nature supérieure aux vils ap-
pétits. Souvent, il demeurait un jour et deux nuits sans se
restaurer, surtout lorsqu'arrivait la semaine dite de Pâques où
ce genre de vie est recommandé.

« Il arrivait fréquemment qu'il se privait, pendant deux jours,
de toute nourriture solide et qu'il se contentait d'un peu de
boisson et de quelques légumes. Il ne prenait, selon l'occur-
rence, qu'une heure de sommeil [3]. Il avait beaucoup d'aptitude
pour l'expédition des affaires de tout genre, sinon par les
lumières de son esprit, au moins, parce qu'il n'éprouvait
presque aucun besoin de sommeil et parce qu'il était accessible
à tous. Cet accès était ouvert même aux individus les plus
obscurs, même à des inconnus ; et l'entrevue ne se bornait
pas à une simple admission en présence du tyran. Elle

1. Gibbon, *Histoire de la Décadence de l'Empire Romain*, chap. XLIII.

2. *Historia Arcana*, cap. XIII (Corpus Script. Hist. Byzant., Procopii
pars II, vol. III, p. 83).

3. *Historia Arcana*, cap. XIII (Corpus Script. Hist. Byzant., Procopii
pars II, vol. III, p. 87).

s'étendait à des conférences et à des entretiens tout à fait con-
fidentiels [1]. »

Naturellement, pour le pamphlétaire, toutes ses qualités ne
sont qu'apparentes, comme la douceur qu'il lui reconnaît [2],
que peu persévérantes, comme sa clémence [3], ou ne sont employées qu'à satisfaire les vices d'un tyran imbécile, cruel et
avide. Ses qualités n'en demeurent pas moins attestées par
le témoignage même de son plus implacable ennemi.

Le portrait de Justinien, tel que le trace l'auteur des Anecdotes, ne donne guère, non plus, l'idée de l'être bête, sombre
et méchant qu'il prétend nous représenter. « Il n'était, dit-il,
ni trop grand, ni trop court de taille : il était de la moyenne.
Sans être grêle, il n'était pas trop gras. Il avait de la rondeur
et n'était pas laid. Son visage était coloré, même quand il
avait jeûné pendant deux jours [4] ».

Quant à sa connaissance des hommes, à sa perspicacité à
discerner leur valeur, il suffit de rappeler, avec Gibbon, qu'il
sut découvrir dans les camps les talents de Bélisaire et ceux
de Narsès dans l'intérieur du palais. Les reproches dont son
long règne n'est certes pas exempt, s'adressent plus justement
à son époque qu'à sa personne. Malgré les conditions peu
favorables qu'offrait la société byzantine, agitée, profondément troublée, tombée dans une grande décadence matérielle
et surtout morale, il eût, peut-être, réussi à restaurer l'Empire,
si la résistance des Goths n'avait dépassé toutes les prévisions
et n'avait exigé des sacrifices dont la durée amena la ruine de
leurs vainqueurs. A la fin du règne de Justinien, l'Empire
était épuisé. Les barbares contre lesquels il eut à lutter
ensuite, étaient bien moins redoutables que les Vandales et les
Goths ; mais il n'avait plus les ressources nécessaires à de
telles luttes.

1. *Historia Arcana*, cap. xv (Corpus Script. Hist. Byzant., Procopii
pars II, vol. III, p. 92).

2. *Historia Arcana*, cap. xv (*ibid.*, p, 93).

3. *Historia Arcana*, cap. xv (*ibid.*, p. 93).

4. *Historia Arcana*, cap. viii (Corpus Script. Hist. Byzant., Procopii pars II,
vol. III, p. 54-55).

- Une série ininterrompue de calamités avait désolé les contrées de l'ancien monde romain, ravagé par de fréquents et terribles tremblements de terre, par la famine, par d'incessantes épidémies qui décimaient la population. Tant de malheurs, qui ne permettaient point de réparer les sacrifices d'hommes et d'argent qu'avaient coûtés des guerres sans répit, étaient encore aggravés par les vices de l'administration impériale. Ses agents, chargés du recouvrement des impôts, pressuraient les sujets de l'Empire et, par des détournements éhontés, s'enrichissaient à la fois aux dépens des peuples et des services publics. Ils prélevaient plus qu'il n'était dû et le trésor manquait des ressources nécessaires. Ces désordres et ces fraudes, particulièrement répandus dans l'administration militaire, avaient amené la destruction des armées. L'argent nécessaire à leur entretien faisait constamment défaut. La solde des troupes n'était point payée, ou ne l'était que très irrégulièrement et le peu qu'elles recevaient, des fonctionnaires, d'une avidité insatiable, trouvaient moyen de le faire rentrer, en grande partie, dans leurs caisses, à titre d'amendes [1]. Ces malversations décourageaient les gens de guerre. N'étant plus attirés, depuis la fin des luttes en Italie, par l'appât du butin, ils quittaient, pour des professions plus lucratives, le service de l'empereur, où ils ne trouvaient que vexations et misères [2]. Les armées impériales, fortes jadis de six cent quarante-cinq mille combattants, instruits et aguerris, étaient réduites à cent cinquante mille hommes tout au plus, qui, dispersés en Italie, en Libye, en Espagne, en Colchide, dans le territoire d'Alexandrie et autour de Thèbes en Égypte, ne pouvaient suffire à défendre l'immense étendue de l'Empire [3]. Justinien, dans les dernières années de sa vie, ne contenait plus les barbares voisins de ses frontières, qu'en les mettant aux prises les uns contre les autres, ou en achetant d'eux, à force d'argent, une paix tou-

---

1. *Agathias,* lib. V, cap. 14 (Corpus Script. Hist. Byzant., p. 307).

2. *Agathias,* lib. V, cap. 14 (Corpus Script. Hist. Byzant., p. 307).

3. *Agathias,* lib. V, cap. 13 (Corpus Script. Hist. Byzant., p. 305).

jours précaire. Au commencement de l'année 559, une irruption des Huns jeta la terreur dans Constantinople.

L'Empire, réduit à un tel degré d'impuissance qu'il n'était plus en état de protéger sa capitale, ne pouvait rien pour la sécurité et la conservation de ses nouvelles conquêtes. L'Italie, en grande partie déserte et privée de toutes ressources, n'avait plus même, depuis la complète ruine de Rome, ni centre, ni vie commune. Elle était abandonnée, sans défense, aux entreprises des hordes de barbares qui la menaçaient de nouveau. La conquête byzantine eut ainsi pour effet de rouvrir l'ère des invasions, interrompue par l'établissement du puissant royaume des Goths. Elle acheva la destruction de l'ancien monde romain qu'elle avait pour but de restaurer et rendit inévitables le morcellement et les longs malheurs de l'Italie, pendant les premiers siècles du Moyen âge.

FIN

TABLE DES MATIÈRES

CHAPITRE III

GOUVERNEMENT DE THÉODORIC

CHAPITRE IV

DÉCADENCE DU ROYAUME DES GOTHS

CHAPITRE V

DÉCADENCE ET DESTRUCTION DU ROYAUME DES VANDALES

CHAPITRE VI

CONQUÊTES BYZANTINES EN SICILE ET EN ITALIE

CHAPITRE VII

RÉTABLISSEMENT DU ROYAUME DES GOTHS

9 781332 376322